LK7 2973

HISTOIRE

DE GIGNY,

AU DÉPARTEMENT DU JURA.

HISTOIRE
DE GIGNY,

AU DÉPARTEMENT DU JURA,

DE SA NOBLE ET ROYALE ABBAYE,

ET DE

SAINT TAURIN, SON PATRON,

SUIVIE DE PIÈCES JUSTIFICATIVES,

Par B. GASPARD,

natif de Gigny,

DOCT. EN MÉD. ET JUGE DE PAIX ;
CORRESP. DE LA SOCIÉTÉ R. ET C. D'AGRIC. DE PARIS ;
DE L'ACAD. ROY. DE MÉD. DE LA MÊME VILLE ;
DE LA SOC. D'ÉMUL. DU JURA ;
DE CELLE DES SCIENCES, LETTRES ET ARTS DE MACON ; etc.

...... Natale solum dulcedine cunctos
Ducit et immemores non sinit esse sui.
OVIDE.

LONS-LE-SAUNIER,
IMPRIMERIE ET LITHOGRAPHIE DE FRÉDÉRIC GAUTHIER.
—
1843.

Aux habitants de Gigny.

Chers Compatriotes,

L'histoire que je vous offre a d'abord été faite pour mon usage particulier. J'ai éprouvé ensuite tant de satisfaction à connaître ce qui s'était passé autrefois dans notre pays, que j'ai cru que vous éprouveriez le même plaisir que moi en la lisant. J'ai donc pensé à la publier, pour vous en rendre participants, et ce projet de publication a obtenu votre sympathie. Je désire que vous ne soyez point trompés dans votre attente, et que vous retiriez d'agréables et d'utiles enseignements de cette lecture. Veuillez au moins excuser les imperfections de cette oeuvre, en faveur du patriotisme et du désintéressement qui ont animé l'auteur.

B. GASPARD.

A St.-Etienne en-Bresse, le 24 juin 1843.

PRÉFACE.

On commence à comprendre qu'il ne suffit pas d'étudier l'histoire des Grecs et des Romains, qu'il convient d'y joindre au moins celle de son propre pays, et qu'une histoire générale de celui-ci ne peut même être obtenue qu'au moyen des histoires locales et particulières qui en sont les éléments. Les esprits actuels, désabusés des déclamations du dernier siècle, sentent aussi qu'il est bon de connaître non-seulement l'antiquité, mais encore cette longue série d'années écoulées depuis la chute de l'empire romain, et connues sous les noms de moyen âge et de temps modernes. Ils pensent avec raison qu'il y a une abondante moisson à recueillir pour l'histoire durant cette période si peu éclaircie, et qu'on ne peut pas se dispenser de s'instruire soigneusement d'une organisation sociale détruite en France en 1789, mais qui existe encore chez beaucoup de nations de l'Europe. Bien des personnes de nos jours, à la vérité, méprisent ce genre de recherches, et jugent au moins inutile, sinon blâmable, de s'occuper de féodalité, de monastères et autres choses pareilles, si peu regrettables à leur avis. Cependant, ne doit-on pas reconnaître qu'il y a des leçons à recueillir d'un ordre de choses qui a subsisté si long-temps, et qu'il faut, comme on a dit, avoir du respect pour le passé aussi bien que de la confiance dans l'avenir ? Ne faut-il pas convenir en outre que celui-ci se trouve souvent écrit dans le premier ?

Le bourg de Gigny, illustré pendant neuf cents ans par une abbaye noble, méritait d'avoir son histoire, autant et peut-être mieux que plusieurs localités voisines, telles que Arnay, Auxonne, Beaune, Chalon, Coligny, Dole, Gray, Miribel, Poligny, Pontarlier, Salins, Tournus, etc. Cette histoire, en effet, n'est point celle d'un couvent moderne et de bas étage, mais d'une antique abbaye de Bénédictins, mère et supérieure de celle de Cluny, ne reconnaissant d'autorité ecclésiastique que celle du pape, destinée à la noblesse à seize quartiers des deux Bourgognes, exerçant seigneurie et haute-justice sur un grand nombre de lieux, ayant la collation ou le patronage de cinquante cures, la dîme dans près de quatre-vingts paroisses, avec plus de vingt prieurés sous sa dépendance. Une telle histoire ne doit donc pas être dénuée d'intérêt, puisqu'elle est relative aux célébrités féodales de la province, aux familles locales du moyen âge les plus distinguées par la naissance, la fortune et l'éducation, aux membres des maisons de l'Aubépin, de Balay, Coligny, Faletans, Menthon, Montmoret, Moyria, Ray, Rye, Scey, Thesut, Thoulonjon, Vergy, Vienne, etc., etc... Il ne faut pas toutefois s'attendre à ce que cette histoire présente le même intérêt que celle d'un empire, d'une nation, ni même d'un conquérant. On n'y trouvera ni révolutions, ni guerres, ni batailles, ni négociations politiques. Mais, outre les faits de tant de localités intéressants pour les personnes en faveur desquelles elle est surtout écrite, on y apprendra beaucoup de choses fort peu connues des lecteurs de nos jours, telles que les mœurs du moyen âge, les coutumes de la féodalité, les usages des cloîtres bénédictins, la vie privée des moines, les droits et la puissance du clergé régulier, etc... Ces connaissances seront tout-à-fait neuves pour ceux qui n'ont pas vu l'ordre social détruit depuis plus de cinquante ans. Ils pourront comparer cet ordre avec celui de nos jours, juger ce que nous avons gagné ou perdu au changement, réfléchir sur l'utilité ou l'inutilité des monastères, sur le bon et le mauvais côté de la noblesse, sur les meilleures bases des gouvernements et de la morale publique, etc., etc...

Sans l'exécution du décret de la convention nationale, qui condamna aux flammes les chartes des églises et des châteaux, l'histoire qu'on va lire eût été bien plus complète et probablement plus intéressante. Elle aurait surtout été bien plus facile à composer. En remplacement des nombreux titres détruits par cet acte de vandalisme révolutionnaire, l'auteur a été forcé de rechercher des documents, soit dans les archives municipales de Gigny, soit dans celles du voisinage, à Cuiseaux, à Lons-le-Saunier, à St.-Claude, à Besançon, à Dijon et à Lyon. Il a recueilli aussi çà et là des copies plus ou moins exactes pour suppléer à quelques originaux, et on verra, en parcourant le recueil des pièces justificatives placées à la suite de l'ouvrage, que ses longues recherches n'ont pas été sans quelques succès. A ces nombreuses chartes inédites, il en a ajouté à peu près autant d'autres relatives à Gigny, provenant en partie des archives de l'abbaye de ce lieu, et qui se trouvaient déjà publiées dans des livres rares, n'existant guères que dans les grandes bibliothèques, et dès-lors peu connus ou peu à la disposition de la plupart des lecteurs. Elles ont été principalement extraites des recueils de d'Achéry, de Baluze, des Bollandistes, de du Bouchet, P.-F. Chifflet, Duchêne, Dunod, Guichenon, Juénin, St. Julien de Balleure, Justel, Labbe, Lamure, Mabillon, Manrique, Marrier, Martenne, D. de Ste. Marthe, Plancher, etc... Deux inventaires du Chapitre de Gigny, échappés par hasard au désastre de 1794, ont été aussi dépouillés avec fruit. Quoique superficiels, incomplets et rédigés avec peu de soin, ils ont néanmoins fourni des renseignements importants et des dates précieuses. L'auteur a consulté, en outre, les notes recueillies par l'abbé Baverel sur toute la Franche-Comté, et par J.-B. Béchet sur les communes du département du Jura, notes manuscrites qui sont déposées à la bibliothèque de Besançon. Il n'est pas jusqu'aux registres civils de Gigny et des lieux voisins, aux minutes des notaires et aux pièces de diverses procédures dont il n'ait cherché à tirer quelque parti. Il n'a pas même négligé les traditions qui ont encore cours dans les nombreuses localités jadis dépendantes de Gigny, et dont il n'a pas voulu parler sans les avoir visitées convenablement. Enfin il a lu avec beaucoup de soin ce qui avait déjà été écrit sur l'objet de ses études, tant par les auteurs précités que par d'autres, notamment par Besson, Chevalier, Courtépée, Durand, Gâcon, Garreau, Gollut, Guillaume, Lequinio, Paradin, Pyot, etc..., sans négliger les ouvrages des hommes de lettres encore vivants, de MM. Clerc, Lorain, Monnier, La Teyssonnière, etc...

Pour remplir la tâche qu'il s'était imposée, l'auteur a eu la satisfaction de rencontrer plusieurs hommes de lettres ou personnes obligeantes qui l'ont aidé de tous leurs moyens, en lui procurant ou indiquant des titres inédits, des livres rares ou des documents de plus d'un genre. Il se plaît à leur en renouveler ici publiquement

châteaux, l'histoire qu'on va lire eût été bien plus complète et probablement plus intéressante. Elle aurait surtout été bien plus facile à composer. En remplacement des nombreux titres détruits par cet acte de vandalisme révolutionnaire, l'auteur a été forcé de rechercher des documents, soit dans les archives municipales de Gigny, soit dans celles du voisinage, à Cuiseaux, à Lons-le-Saunier, à St.-Claude, à Besançon, à Dijon et à Lyon. Il a recueilli aussi çà et là des copies plus ou moins exactes pour suppléer à quelques originaux, et on verra, en parcourant le recueil des pièces justificatives placées à la suite de l'ouvrage, que ses longues recherches n'ont pas été sans quelques succès. A ces nombreuses chartes inédites, il en a ajouté à peu près autant d'autres relatives à Gigny, provenant en partie des archives de l'abbaye de ce lieu, et qui se trouvaient déjà publiées dans des livres rares, n'existant guères que dans les grandes bibliothèques, et dès-lors peu connus ou peu à la disposition de la plupart des lecteurs. Elles ont été principalement extraites des recueils de d'Achéry, de Baluze, des Bollandistes, de du Bouchet, P.-F. Chifflet, Duchêne, Dunod, Guichenon, Juénin, St. Julien de Balleure, Justel, Labbe, Lamure, Mabillon, Manrique, Marrier, Martenne, D. de Ste. Marthe, Plancher, etc... Deux inventaires du Chapitre de Gigny, échappés par hasard au désastre de 1794, ont été aussi dépouillés avec fruit. Quoique superficiels, incomplets et rédigés avec peu de soin, ils ont néanmoins fourni des renseignements importants et des dates précieuses. L'auteur a consulté, en outre, les notes recueillies par l'abbé Baverel sur toute la Franche-Comté, et par J.-B. Béchet sur les communes du département du Jura, notes manuscrites qui sont déposées à la bibliothèque de Besançon. Il n'est pas jusqu'aux registres civils de Gigny et des lieux voisins, aux minutes des notaires et aux pièces de diverses procédures dont il n'ait cherché à tirer quelque parti. Il n'a pas même négligé les traditions qui ont encore cours dans les nombreuses localités jadis dépendantes de Gigny, et dont il n'a pas voulu parler sans les avoir visitées convenablement. Enfin il a lu avec beaucoup de soin ce qui avait déjà été écrit sur l'objet de ses études, tant par les auteurs précités que par d'autres, notamment par Besson, Chevalier, Courtépée, Durand, Gâcon, Garreau, Gollut, Guillaume, Lequinio, Paradin, Pyot, etc..., sans négliger les ouvrages des hommes de lettres encore vivants, de MM. Clerc, Lorain, Monnier, La Teyssonnière, etc...

Pour remplir la tâche qu'il s'était imposée, l'auteur a eu la satisfaction de rencontrer plusieurs hommes de lettres ou personnes obligeantes qui l'ont aidé de tous leurs moyens, en lui procurant ou indiquant des titres inédits, des livres rares ou des documents de plus d'un genre. Il se plaît à leur en renouveler ici publiquement toute sa reconnaissance, et surtout à MM. *Agron*, à Ouroux; *Girod*, à St.-Claude; *Guichard*, à Cousance; *Oudet*, à Dijon; *Pallu*, à Dole; *Piard*, à Lons-le-Saunier; *Weiss*, à Besançon, etc... Il la renouvelle encore plus spécialement à son honorable et savant ami et condisciple M. *D. Monnier*, qui ne cesse d'enrichir l'histoire de l'ancienne Séquanie du fruit de ses précieuses recherches, et qui a coopéré de tout son zèle à l'ouvrage dont il s'agit. Ses nombreuses communications ont été indiquées en marge par l'initiale de son nom, lorsqu'elles ne l'ont pas été autrement.

C'est au moyen de ces matériaux et de ces divers secours que l'histoire de Gigny a été composée, et on a publié à la fin les chartes les plus importantes qui lui servent de preuves ou de pièces justificatives. Ces chartes confirmeront non-seulement la véracité de l'historien, mais encore seront lues avec un certain intérêt par beaucoup de personnes, auxquelles elles feront connaître l'état des langues latine et française au moyen âge, et procureront de nombreux et utiles renseignements. Elles sont indiquées par leurs numéros en marge du corps de l'histoire. Celle-ci étant une histoire de Bénédictins, on a cru devoir tâcher de l'écrire à la manière des Bénédictins du 17.ᵉ et du 18.ᵉ siècle. On l'a donc rédigée en style simple et sans prétention, plutôt sous forme d'annales que d'histoire proprement dite, en y accumulant des faits et des dates, au lieu de la remplir de réflexions ou de déclamations pour ou contre le moyen âge, la féodalité, le monachisme, etc... On s'est abstenu d'y émettre aucune opinion sur ces questions ardues, et on a laissé le champ des réflexions libre à tous les lecteurs. Inspiré par le seul amour du pays, l'ouvrage ne se distinguera donc par aucune couleur politique. Beaucoup de lecteurs, accoutumés au style romantique et dévergondé de nos jours, trouveront celui de cette histoire trop sérieux, trop sévère et même sec. Or, on n'a pas eu l'intention d'écrire un feuilleton ni un roman, mais bien un livre grave, comme la matière qui en fait l'objet. D'ailleurs, un auteur de beaucoup d'esprit a dit, il y a long-temps, que l'histoire plaît toujours, de quelque manière qu'elle soit écrite (*).

L'histoire de Gigny a été annoncée comme une œuvre consciencieuse et de piété patriotique, et non comme un objet de spéculation. Il en sera ainsi, et ceux qui n'ont pas coopéré à la publier, en y souscrivant, ne la trouveront pas dans le commerce. Le nombre des souscriptions ne s'élevait pas à 300 lorsque l'impression a été commencée; mais l'auteur a fait tirer l'ouvrage à 400 exemplaires, soit dans l'espoir d'en obtenir de nouvelles durant le cours de l'impression, soit pour réduire à ses propres dépens le montant de chaque souscription qui s'élève à *six francs*, selon le détail qui suit :

(*) *Historia quoquo modo scripta delectat.* Plin. Lib. V, epist. 8.

Prix de chaque feuille traité à raison de 40 francs, ci pour les 53 feuilles . . . . 2,120 fr.

Id. des plans, cartes et figures lithographiées quelconques, convenu à 225

Id. du brochage. 30

Id. de l'impression des prospectus, etc. . 25

TOTAL. . . 2,400 fr.

LISTE ALPHABÉTIQUE

DES SOUSCRIPTEURS PAR DÉPARTEMENTS.

AIN.

MM.
BAILLAT, curé, à Treffort.	1
BEVIÈRE (D.lle de la), rentière, à Bourg	1
CALLOD, desservant, à Varambon	1
— huissier, à Treffort	1
CLAIRET, curé, à Pont-d'Ain	1
COUSANÇAT, docteur-médecin, à Treffort.	1
DELPHIS, desservant, à Corveyssia	1
DOR, id. à Donsure	1
ÉCOCHARD, id. à Toissia	1
FARJON, id. à Cuisia.	1
FAVRE, juge de paix, à Coligny	1
FRANC, maire, à Pressia	1
GARADOZ (M.me veuve), à Bourg	1
GIRARD, desservant, à Marboz	1
GROMIER, docteur-médecin, à Coligny.	1
GRUEL, desservant, à Pirajoux	1
GUILLAUMOT, desservant, à Dortan.	1
MILLON, id. à Bény.	1
MORAND, id. à Villemoutier	1
MORNAY (Eugène), propriétaire, à Bourg	1
PERRODIN, curé, à Coligny	1
— desservant, à Argis	1
— id. à Courmangoux.	1
— id. à Meillonna	1
— marchand, à Bourg	1
ROUX, desservant, à S.-Étienne-du-Bois	1
TEYSSONNIÈRE (de la), homme de lettres, à Bourg. . . .	2
TOURNIER, agent-voyer, à Belley	1

COTE-D'OR.

MM.
BAUDOT, homme de lettres, à Dijon. 1
FEVRET DE S.-MÉMIN, conservateur du musée, ib. 1
LORIN-LAFARGLRE, conseiller en C. R., ib. 1
OUDET, président en C. R., ib. 1

DOUBS.

BÉCHET, conseiller en C. R., à Besançon. 1
BOURGON, id. ib. 1
BROCARD, directeur du séminaire, ib. 2
CLERC, conseiller en C. R., ib. 1
JOUX (le baron de S.), ib. 1
MONTALEMBERT (le comte de), ib. 1
ROTALIER (Charles de), ib. 2
SYLVESTRE jeune (l'abbé), ib. 1
VATARD, libraire, ib. 1
VAUCHIER (L. comte de), ib. 1
WEISS, hommes de lettres, ib. 1

JURA.

ALVISET, subst. du proc. du roi, à Lons-le-Saunier 1
BADET (Alexis), propriétaire, à Gigny 1
— (Auguste), menuisier, ib. 1
— (Jean-Pierre), adjoint, ib. 1
BAILLY, desservant, à Bourcia 1
— père, avocat, à Lons-le-Saunier 1
— (de S.-Julien), avocat, ib. 1
BALAY (Mme la comtesse de), à Dole 1
BARGAUD (Jean-Pierre), à Gigny 1
BARON (Jér.-Dés.), propriétaire, à Lons-le-Saunier 1
— maire, à Maynal 1
BAUDOT, secrétaire de la mairie, à Lons-le-Saunier 1
BERGER, desservant, à Louvenne 1
BERNARD, id. à la Boissière. 1
BERTHELET (Félix), teinturier, à Gigny 1

DES SOUSCRIPTEURS.

MM.
- BERTHELET (Jean-Claude), ancien maire, à Gigny. 1
- BERTHELON (Pierre), propriétaire, *ib*. 1
- BESANÇON, curé, à Cousance. 1
- — desservant, à Maynal 1
- BOLE, id. aux Petites-Chiettes 1
- BOLOMIER, notaire, à S.-Amour 1
- BONDIL, sous-préfet, à S.-Claude 1
- BONNEFOY, desservant, à Sarrogna. 1
- BOUILLIER (Fidèle), propriétaire, à Lons-le-Saunier . . . 1
- BOUQUEROD fils (Alexis), propriétaire, à Gigny. 1
- — (Hubert) id. *ib*. 1
- — née Caillon (veuve), id. *ib*. . . . . . , 1
- BOUSSAUD, desservant, à Lect 1
- BRUN (J.-S.), propriétaire, à Dole. 1
- BUCHAILLAT, docteur-médecin, à Cousance 1
- BUFFET, desservant, à Loysia. 1
- — (Joseph), propriétaire, à Gigny. 1
- CAILLON (Alexis), propriétaire, au Villars 1
- — (Auguste), id. *ib*. 1
- — (Basile), tanneur, à Gigny 1
- — (Benoît), instituteur, *ib*. 1
- — (J.-B.te), propriétaire, *ib*. 1
- — (Jean-B.), id. au Villars. 1
- — (François), id. *ib*. 1
- — (Claude-Joseph), id. *ib*. 1
- — (Napoléon), id. *ib*. 1
- — ancien officier de cavalerie, à Gigny. 1
- — (Zéphirin), propriétaire, *ib*. 1
- CARDOT, docteur-médecin, à S.-Amour. 1
- CHAFFOLT, ancien percepteur, à Gigny. 1
- CHAIGNON (Th. de), propriétaire, à S.-Amour. 1
- CHAMON (Mgr. de), évêque, à S. Claude 2
- CHAPON (J.-B.te), propriétaire, à Cropet 1
- CHARNAL, curé, à Orgelet. 1
- CHARPY, notaire, à S. Amour. 1
- CHEVASSINE, desservant, au Frasnois. 1
- CHEVASSUS, id. à Véria 1

LISTE

MM.

CHEVILLARD, présid. de la Soc. d'Émul., à Lons-le-Saunier . . 1
CLERC (Adrien), propriétaire, à S. Julien 1
— le jeune (Claude), id., à Digna 1
— notaire, à S. Julien. 1
COMMOY, architecte, à S.-Claude 1
COMTE, desservant, à la Chaux-du-Dombief. 1
COMTESSE, doct. méd., à Montfleur 1
CONSTANCE, desservant, à Pymorin. 1
CONSTANT (Seymour de), offic. de caval., à S. Amour . . . 1
CONVERT (Joseph), propriétaire, à Graye 1
CURNILLON (D.lle), rentière, à S. Amour 1
DANANCHES (J.), propriétaire, ib. 1
DANIEL, doct. méd., à S. Julien. 1
DARBON (Louis), propriétaire, à Orgelet 1
DAUVERGNE, desservant, à Cuisia 1
— médecin, à S. Julien. 1
DAVID, curé, ib. 1
— huissier, ib. 1
— desservant, à Beaufort. 1
DUBOIS, id. à Dessia 1
DUCOEUR (Albert), propriétaire, à Gigny 1
— (Jean-Louis), id. à S. Julien 1
DÉLOY (François), id. à Cropet 1
DEMERSON, doct. méd., à Cousance. 1
DESOUS, garde forestier, à Gigny. 1
— médecin, ib. 1
DETHEL, propriétaire, ib. 1
DUPARCHY, desservant, à Épy. 1
DUPUIS (François), tailleur de pierres, à Gigny 1
ÉCOFFIER, curé, à Salins. 1
FAVIER, desservant, à Montagna-le-Templier. 1
FLOT, id. à Conde. 1
FIEUX (Thaurin), propriétaire, à Gigny 1
FILLOD (Jean-B.te), id. à Cropet 1
FUSIER, curé, à Villers-Farlay, auparavant à Gigny . . . 1
GACON, ancien magistrat, à Orgelet. 1
— (Henri), avocat, à Lons-le-Saunier 1

MM.
GANDILLET (Théophile), tailleur d'habits, à Gigny 1
GANIVET (Charles), propriétaire, *ib.* 1
GASPARD (Thimothé),   id   *ib.* 1
GAUTHIER (Frédéric), imprimeur-éditeur, à Lons-le-Saunier . . 1
— (Ferréol), aubergiste, à Gigny 1
GERMAIN (Alb. de S.), propriétaire, à S. Amour 1
GOY (François-Joseph),   id.   à Gigny 1
— (Xavier),   id.   *ib.* 1
GOYBEL (Abel),   id.   *ib.* 1
— (Claude),   id.   *ib.* 1
— séminariste,   id.   *ib.* 1
GRAMMONT (Joseph),   id.   *ib.* 1
GRÉA, desservant, à Nogna 1
— (Claude-Hippolyte), propriétaire, à Graye 1
— (Félix),   id.   à Charnay 1
— (Joseph),   id.   à Graye 1
— (Nicolas),   id.   à Morges 1
— (Xavier),   id.   à Graye 1
GUICHARD fils, homme de lettres, à Cousance 1
— desservant, à Cressia 1
GUILLAUMOD, doct. méd., à Gigny 1
— maire, à Louvenne 1
GUILLAUMOT (Joseph), propriétaire, à Cropet 1
— fils (Joseph),   id.   à Louvenne 1
HARPIN, directeur des domaines, à Lons-le-Saunier 1
HAUTECOURT (Doms d'), homme de lettres, à Vallefin . . . 1
JACQUENOT, desservant, à Coisia 1
JACQUET,   id.   à Rosay 1
JACQUIN,   id.   à Poille 1
JANET (Ignace), propriétaire, à Cropet 1
— (Raphaël),   id.   *ib.* 1
JEANTET, libraire, à S. Claude 1
JLTOT, desservant, à Montfleur 1
JOBIN, greffier du trib. civil, à Lons-le-Saunier 1
LONS-LE-SAUNIER (Bibliothèque de la ville de) 1
— (Archives de la préfecture de) 1
LUGAN, desservant, à Gigny 4

MM.

MARQUISET, sous-préfet, à Dole. 1
MARTIN, maire, à Gigny 1
MARTIN, desservant à St.-Laurent-la-Roche 1
MAUR (Paul), pharmacien, à Dole 1
MERLE (A.), propriétaire, à S. Amour 1
MESTRE (Pierre), à Gigny. 1
MEYNIER (Pierre), cafetier, ib. 1
MICHOLLET (André), maire, à Loysia. 1
MIDOR (Auguste), propriétaire, à Gigny. 1
  — (Frédéric),   id.   ib. 1
  — (Théodore),   id.   ib. 1
MILLET (Auguste),   id.   ib. 1
MILLET, curé à Clairvaux. 1
MISEREY (Léopold de), propriétaire, à Salins. 1
MONNIER (D.), homme de lettres, à Domblans. 1
MOREL (Gustave), membre du cons. gén., à Arinthod . . . 1
MOTAY, notaire, à Gigny 1
MUNIER (J.-B.le), maire, à Foncine-le-Haut 1
MUYARD, desservant, à Villechantria 1
OUDIT, notaire, à Beaufort 1
OUTHIER, desservant, à Nantey. 1
PALLU, bibliothécaire de la ville, à Dole 1
PASSAQUAY, père, doct. méd., à Saint-Amour 1
PASSOT (Claude-François), à Gigny 1
PAUTHIER (Claude), propriétaire, ib. 1
  — (Joseph),   id.   ib. 1
  — (Laurent),   id.   ib. 1
PÉLAGEY (A. de),   id.   à S. Amour. 1
PELISSARD, desservant, à Lains 1
PERRACHON (François), à Gigny. 1
PERRET, curé, à S. Amour. 1
PERROD (J.-B.te), ancien maire, à Digna 1
PERRODIN, desservant, ib. 1
PETIT, ancien dessery. de Gigny, à Lons-le-Saunier . . . 1
PIARD, receveur municipal, ib. 1
PICOT D'ALIGNY (le baron de), à Montmirey-la-Ville . . . 1
PIASSIN (D.lle Lucile), rentière, à Gigny. 1

MM.
POLY, ancien offic. d'infant., à Andelot 1
POUPON (Augustin), propriétaire, à Gigny. 1
— (Félix), id. à Cropet. 1
— (Joseph), id. ib. 1
POUPON (Louis), propriétaire, à Cropet. 1
POURCHOT, architecte, à Lons-le-Saunier. 1
PUVINEL, notaire, à Montfleur. 1
RABUSSON fils, homme de lettres, à Dole 1
REFFEY, desservant, à Martigna 1
RIBARD, maire, à Graye 1
ROCHET (Jean-Pierre), propriétaire, ib. 1
ROUTHIER (Terréol), maréchal, à Gigny 1
RUBIN DE MÉRIBEL, sous-int. milit., à Lons-le-Saunier . . . 1
SAPPEL (De), propriétaire, à Lons-le-Saunier. 1
SOCIÉTÉ D'ÉMULATION du Jura, ib. 1
THOISY (Adrien, vicomte de), à Gizia 1
TINSEAU (Alph. de), propriétaire, à S.-Ylie 1
TREILLE (Antoine), adjoint, à Loysia 1
VIOT (Antony), propriétaire, à Andelot. 1
VUILLEMEY (Pierre), propriétaire, à Gigny 1
VUILLET (Claude), id. ib. 1
— (François), id. ib. 1

MARNE.

GOUSSET (Mgr.), archevêque, à Rheims 1

RHONE.

BERTRAND, pharmacien, à Lyon 1
BOYAUD, de Gigny, employé à la préfecture, ib. 1
FOURNET, professeur de géologie, ib. 1
GOYBLE, de Gigny, commis-négociant, ib. 1
OUDET, avoué en cour royale, ib. 1
PATEL, négociant, ib. 1
REUDET, de Gigny, doct. méd., ib. 2
SERGENT, de Gigny, négociant, ib. 1

MM.
TABOUREAU, pharmacien, à Lyon. 1

HAUTE-SAONE.

GOYBEL, de Gigny, desservant, à Cresancey 1

SAONE-ET-LOIRE.

AGRON, homme de lettres, à Ouroux-en-Bresse 1
— ancien officier d'infant., *ib.* 1
BARCILLER, officier d'infant., à Cuiseaux. 1
BAZIN, avocat, à S. Étienne-en-Bresse. 1
BESSARD, notaire, à Tournus. 1
BIDAULT, propriétaire, à Branges 3
BOURDON, sous-préfet, à Autun. 1
BOUTELIER-MOYNE, avoué licencié, à Louhans 1
BOUVIER, garde forestier, à Joudes. 1
BRESSAND, instituteur, à S. Vincent-en-Bresse. 1
BRUILLOT, propriétaire, à S. Étienne-en-Br. 1
BUCHOT, huissier, à Louhans. 1
CAILLON, propriétaire, à Cuiseaux 1
CANAT (aîné), id. à S. Vincent-en-Br. 1
CEYSSEL, id. *ib.* 2
CHAUMONT, curé, à Tournus. 1
COULOUMY, procureur du roi, à Autun. 1
DAVIN, principal du collége, à Cuiseaux 1
DESSAINT, juge au trib. civ. de Chalon. 1
DIARD, bibliothécaire de la ville, à Chalon. 1
DIDIER, avocat, à Louhans 1
DOREY, percepteur, à Montret. 1
DUVERNAULT, propriétaire, à S. Vincent-en-Br. 1
FAVIER, huissier, à Montret 1
FOUQUES, libraire, à Chalon. 2
GASPARD, ancien notaire, à S. Étienne-en-Br. 2
— doct. en méd., *ib.* 85
— percepteur des contrib., à S. Martin-en-Br. . . . 1
GILET, triangulateur du cadastre, à Louhans 1
GIRARD, juge de paix, à S. Martin-en-Br. 1

MM.
GIRARD, notaire, à Verdun 1
GRILLET (Émile), avocat, à Louhans 1
JAILLET, maire, à Frontenaud. 1
JOCOTTON, avocat, à Louhans 1
LAVIROTTE, receveur des finances, à Autun 1
LESNE, percepteur des contrib., à Ouroux-en-Br. . . . 1
MARCHE (le marquis de la), à Villegaudin 2
MARTIN, régisseur, ib. 1
— maire, à Vérissey 1
— pharmacien, à Chalon 1
MATHEY (René), homme de lettres, à Thurey. 1
— percepteur des contrib., à Lessard-en-Br. . 1
MOREAU, maire, à S. André-en-Br. 1
MOYRIA (le marquis de), à Alleriot. 2
PEQUEGNOT, desservant, à S. Boil 1
PERNIN, maire, à la Frette 1
PERRET (J.-B.le), marchand, à Cuiseaux 1
PERRUSSON, homme de lettres, à Chalon 1
PETIT, vérific. des poids et mes., à Louhans 1
POCHON, président du trib. civ., ib. 1
POULLEAU, maire, à S. Martin-en-Br. 2
POURVILLE (Mauret de), sous-préfet, à Louhans . . . 1
PROGIN, curé, à Montret 3
REBILLARD, ancien notaire, à Simard 1
— notaire, à Montret. 1
RODDE (le comte de la), à S. Martin-en-Br. 1
ROJAT, percepteur des contrib. à Cuiseaux. 1
VIVIEN, receveur de l'enregistrement, à Tournus . . . 1

SARTHE.

GUÉRANGES (Dom.), abbé, de Solesmes. 1

VIENNE.

MOYNE, pr. président de la C. R., à Poitiers 2

Total des souscriptions 400

HISTOIRE DE GIGNY.

CHAPITRE PREMIER.

Synonymie. Homonymie. Étymologie.

Le bourg dont on va lire l'histoire est une commune du département du Jura, dans la partie de l'ancien Comté de Bourgogne désignée, au moyen âge, sous le nom de pays ou canton de *Scoding* [1]. Il est établi dans un vallon agréable, arrosé par la rivière de *Suran* et dans un site dont la beauté n'a pas échappé à l'auteur d'une ancienne légende.

C. 20.

Ce bourg a été désigné dans les chartes latines par les noms de *Gigniacum, Gigniacus, Gigneacum, Gignium, Ginniacum, Ginyacum, Ginniacus, Giniacus*, et dans les anciens titres en français, par ceux de *Gignie, Gignié, Gignye, Gignyé, Gigney, Gignal* et *Gignia*.

Les dénominations n'ont pas été données arbitrairement aux choses, et, quoiqu'on en puisse dire, il existe des éty-

---

[1] Ce canton était limité, selon M. *Monnier*, à l'orient, par la crête du mont Jura; à l'occident, par une ligne tirée de Verdun à Chavannes-sur-Suran, en passant par Louhans; au sud, par une autre ligne tracée du même lieu de Chavannes à Genève; au nord, par une troisième ligne tendant de Verdun au mont Jura, en passant par Poligny et Nozeroy.

On trouve en effet, dans les chartes du IXe et du Xe siècle, les bourgs ou villages de *Baume, Champagnole, Chapelle-Voland, Château-Chalon, Saint-Christophe, Feligny, Saint-Lamain, Saint-Lauthein, Morges* et *Vincelles*, mentionnés comme dépendants du Scoding. Mais, d'un autre côté, on trouve aussi *Salins* et *Bracon* indiqués comme en faisant partie, quoique situés au nord de la ligne; tandis que *Poligny* même est cité comme étant du canton du Varais.

mologies très certaines. Le nom de Gigny n'a pas été imposé non plus sans motif au lieu qui nous occupe, d'autant mieux qu'il existe en France au moins douze communes ainsi désignées [2]. Il serait donc satisfaisant d'en découvrir l'étymologie ; mais l'auteur de cette histoire avoue n'être parvenu, au moyen de ses recherches et de ses méditations, à en trouver aucune qui fût fondée. A la vérité, on pourrait penser que ce mot signifierait un monastère, si on admettait, avec le célèbre érudit Ducange, que *Gignasium*, dans le moyen âge, voulait dire un collège, un séminaire, comme étant dérivé de *Gymnasium*. Mais rien ne justifie ce sens, et cette dérivation est même contraire aux principes de l'art étymologique. D'ailleurs, pour confirmer cette étymologie, il faudrait qu'il eût existé des monastères dans tous les lieux du nom de Gigny, comme dans celui dont il est ici question ; or, il n'en est point ainsi. D'un autre côté, si ce mot eût désigné par lui-même un établissement monastique, comme le mot *moutier*, on ne trouverait pas dans les plus anciennes chartes les expressions dès-lors redondantes de *monasterium de Gigniaco*, ou *loci qui dicitur Gigniacus*, lesquelles ressembleraient à celles de *monastère de monastère, moutier de moutier*.

Un auteur, qui a voulu dériver de la langue celtique la plupart des noms de lieux de la Franche-Comté, l'abbé *Bullet*, a donné pour radicaux à celui dont il s'agit, *Ginny, Gui, Gwin*, qui, selon lui, signifient *vallon, rivière* et *pré*. Or, notre Gigny est effectivement situé dans un vallon, où coule une rivière à travers une prairie. Cependant, cette étymo-

---

(2) *Gigny*, dans les départements du Jura, de Saône-et-Loire, de la Côte-d'Or, de la Marne et de l'Yonne.

Gigney, dans l'arrondissement d'Épinal, au département des Vosges.

Gigneville, dans l'arrondissement de Mirecourt, au même département.

Gignat, dans le département du Puy-de-Dôme.

Gignac, dans les départements de l'Hérault, de Vaucluse, du Lot et des Bouches-du-Rhône.

logie n'étant pas applicable aux autres lieux du même nom, on doit la regarder comme au moins aussi incertaine que la précédente.

Enfin, on a pensé aussi que Gigny dérivait du mot *Gynécée*; mais M. *Monnier* qui a donné cette étymologie, il y a plus de vingt ans, la reconnaissant aujourd'hui peu fondée, on ne s'attachera pas à la réfuter.

CHAPITRE II.

De Gigny avant son abbaye.

Les religieux de Gigny disaient, en 1762, « Que, dans le « principe, Gigny était un lieu désert, boisé, marécageux, « et, à cause de cela, choisi pour l'établissement d'un mo- « nastère de bénédictins ; que tel était l'esprit du temps et « de l'institut ; que le village ne s'était formé qu'ensuite « et autour de l'abbaye ; qu'il en avait été de même de « Baume, de Saint-Claude, de Cluny, de Luxeuil, etc. »

Cette opinion est au moins bien spécieuse, si elle n'est point établie en réalité. Néanmoins, on peut avoir des doutes à cet égard, et présumer que Gigny était déjà un lieu plus ou moins habité, lorsque l'abbaye y fut fondée. En effet, 1.º ce nom donné, comme on a dit, à douze communes de France qui n'ont point de ressemblances topographiques ou autres, ne s'applique vraisemblablement pas à un lieu désert ; 2.º une légende du onzième siècle au plus tard mentionne des habitations à Gigny, lorsqu'en l'année 912 environ, c'est-à-dire, peu de temps après la fondation de l'abbaye, les reliques de saint Taurin y furent apportées ; 3.º une charte de 1517 déclare positivement qu'il y existait déjà un bourg ou village avant cette même fondation ; 4.º le

C. 20.

C. 103.

nom de *Sarrazine*, que porte la belle et excellente source qui fournit d'eau les fontaines de ce lieu, prouverait peut-être qu'il a été envahi, en 731 environ, par les Sarrasins, lorsqu'ils s'emparèrent de la Bourgogne et qu'ils pénétrèrent jusqu'à Besançon, Luxeuil, Gray, Dijon, Auxerre et Sens [3].

Au reste, à supposer l'existence de Gigny à une époque reculée, aucun document ne ferait connaître en quoi ce lieu aurait consisté alors, ni quels événements s'y attacheraient, et il faut convenir qu'on ne peut commencer son histoire que par celle de son abbaye.

CHAPITRE III.

BERNON, 1.er ABBÉ.

Fondation de l'abbaye de Gigny.

§ 1.er *Bernon*, appelé aussi, on ne sait pourquoi, *Wernier* et *Bruno* par le vieil historien de la Franche-Comté, était d'une illustre naissance, d'une grande fortune et de l'une des premières familles de Bourgogne. La plupart des historiens, d'après de vieilles légendes, et sur la foi d'un chroniqueur du onzième siècle, ont dit qu'il était comte de

(3) Ces peuples, lors de leur invasion et de leur séjour, ont probablement donné leur nom à d'autres localités plus ou moins voisines de Gigny : à *Sarrazin*, hameau de Saint Sulpice ou Coudat, près Saint-Amour ; au *Fort Sarrazin*, près d'Ambronay ; au *Camp Sarrazinet*, près Bourg ; aux *camp et mur des Sarrazins*, près Saint-Christophe et la Tour-du-Meix ; au *Pont-Sarrasin*, sur la Saône entre Ouroux et Chalon, et à beaucoup d'autres lieux cités dans les ouvrages de MM. *Clerc*, *Monnier* et *La Teyssonnière*. On leur attribue aussi en 732 le martyre de saint Maurin près Moirans ; et cette petite ville, nommée en latin *Mauriana*, avait des têtes de Maures dans ses armoiries.

Bourgogne, et qu'il avait quitté le monde et la cour avec leurs grandeurs et leurs plaisirs, pour servir Dieu dans les austérités du cloître. Ils ont encore soupçonné ou même prétendu qu'il était fils d'Audon ou Atton, comte de Bourgogne et beau-frère du roi Louis-le-Bègue, et qu'il était fils ou petit-fils d'Yve ou Ève, comtesse de Bourgogne et de Mâcon, et petite-fille elle-même de l'empereur Lothaire (1); que dès-lors il descendait doublement de la race royale carlovingienne par son père et par son aïeule. Ils sont allés jusqu'à dire qu'il avait gouverné lui-même le comté de Bourgogne, et qu'il avait eu pour successeur Hugues-le-Noir, fils du duc Richard-le-Justicier. Or, il faut convenir que ces assertions sont purement conjecturales, que quelques-unes sont même démenties par l'histoire, et qu'il n'y a de grave que le témoignage du moine Sigebert, qui dit que de comte, Bernon devint abbé de Gigny, monastère fondé par lui. Les autres chroniqueurs ou légendaires n'ont fait que répéter à satiété le passage de cet auteur qui écrivait déjà deux siècles après l'événement.

C. 20, 22, 26, 27, *

§ 2. On ne sait rien des premières années de Bernon. Il est seulement présumable qu'il est né en 850 environ, ou dans la première moitié du neuvième siècle, puisqu'à l'époque de sa mort, en 927, il était, dit-on, accablé de vieillesse. A la vérité on lit çà et là qu'il a pris l'habit religieux à Baume, et qu'il y a été disciple de saint Eutique; qu'il est devenu moine dans l'abbaye de Saint-Savin en Poitou, et qu'en l'année 886, saint Hugues de Poitiers, chef de ce mo-

850

C. 25.

886

---

(1) On ignore où Paradin, puis Gollut, ont trouvé que la mère ou l'aïeule de Bernon s'appelait Yve. On voit bien que la femme de Warin, comte de Mâcon, est nommée *Ava* ou *Avana* dans une charte de 845; que la sœur du comte Guillaume, fondateur de Cluny, morte en 892, est appelée *Ava Abbatissa* dans des chartes de 892 et 907, *Avana* dans l'acte de fondation de Cluny en 909, *Ava Comitissa* dans une charte 951 et dans la chronique de Sigebert; qu'une comtesse de même nom, fille de Gérard de Roussillon, a signé en 867 l'acte de fondation de l'abbaye de Vezelay. Mais, en tout cela, on ne voit désignée aucune parente de Bernon.

886

C. 21.

nastère, l'a envoyé, avec seize autres religieux, dans l'abbaye de Saint-Martin d'Autun qui venait d'être rétablie. Mais ces assertions ne sont étayées d'aucun document positif, ou sont même des erreurs palpables. Si on en croit seulement une légende du onzième siècle assez suspecte d'ailleurs, il est établi que Bernon a été effectivement moine à Autun ; que de là il a été envoyé à Baume avec saint Hugues d'Autun, pour y remettre en vigueur la discipline monastique, et qu'après avoir rétabli convenablement ce monastère, il en a fondé ou réformé plusieurs autres célèbres.

C. 23.

C. 39.

§ 3. Bernon n'a donc pas été le fondateur de l'abbaye de Baume, quoiqu'en dise une légende de saint Odon. Il n'en a été que le restaurateur et le réformateur ; il l'a seulement rétablie de fond en comble, pour parler comme une charte contemporaine. Aussi, cette abbaye est bien plus ancienne, soit qu'elle remonte à saint Désiré, patron de Lons-le-Saunier, mort avant l'an 390, ou à saint Lauthein, décédé en 547 ; soit qu'elle reconnaisse pour fondateurs saint Colomban, mort en 615, ou saint Eutique, autrement saint Benoit d'Aniane, en 821.

§ 4. On a attribué, avec assez de fondement, l'établissement des monastères et la retraite dans les couvents, aux guerres, aux calamités publiques et aux malheurs des temps en général. Mais il ne faut pas croire que ces causes aient été les seules ; il convient aussi de tenir compte des idées du siècle, de ce qu'on appelle la mode, et du goût de certains individus. Or, Bernon avait certainement un zèle dominant pour instituer ou rétablir les monastères. Ce zèle était donc trop grand pour se borner à la restauration de celui de Baume, et pour s'étouffer dans l'enceinte de ce cloître et dans la vallée étroite de la Seille. Ce grand zélateur de la vie cénobitique s'occupa, en 893 ou 894 au plus tard, de fonder et d'ériger une abbaye à Gigny, de concert avec son

893
C. 20, 22, 26, 27,
28, 37, 39.

CHAPITRE III.

cousin *Laifin*. Ce lieu leur appartenait en propre ; c'était probablement leur patrimoine, et ils en dotèrent leur nouvel établissement qu'ils mirent sous la protection de saint Pierre, et dont Bernon fut en même temps fondateur et premier abbé. Il fut probablement bénit, en cette dernière qualité, par Aurélien, archevêque de Lyon, métropolitain de Gigny, plutôt que par Thierry, prélat de Besançon, nonobstant l'opinion contraire de l'historien Dunod.

§ 5. Bernon ne se contenta pas d'avoir doté cette abbaye de ses propres biens et de ceux de son cousin; il voulut l'enrichir encore davantage dès le commencement. Il s'adressa donc à Rodolphe I.er, roi de la Bourgogne transjurane, et le pria de faire quelques libéralités au nouveau monastère alors en construction. Et en effet, ce prince lui fit don perpétuel de l'abbaye de Baume, du prieuré de Saint-Lauthein et encore des villages ou domaines de *Chavanne*(5) et de *Clémencey*(6), avec toutes leurs dépendances, sans aucune réserve, même en y comprenant les serfs ou esclaves attachés à tous ces biens situés dans le comté de Scoding.

893

894

C. 39.

(5) Ce lieu est probablement celui qui est déjà nommé avec *Ahèze* dans une charte de 869, et qui est situé au voisinage de Vatagna et de Montaigu près Lons-le-Saunier. L'abbaye de Baume y eut ensuite un prieuré sous le vocable de saint Martin. Mais cette obédience, quoiqu'encore rappelée dans une bulle de 1155, était déjà ruinée vers l'an 1140, et les religieux allèrent alors s'établir près de l'église Saint-Désiré, autre dépendance de Baume. Par un accord fait, en 1208, entre l'abbé de ce dernier lieu et le comte Étienne, le premier céda en fief et société au second la *montagne de Chevagnay*, en laquelle le comte avait bâti le château dit de *Montaigu*, sous la condition qu'il y construirait encore un *priorey tel qu'avait été celui de Saint-Martin de Chevannay proche Vatagna*. Mais cet engagement ne paraît pas avoir été rempli. Les prés et vignes de la localité sont restés de la censive des moines de Saint-Désiré, et les religieux de Gigny ont perçu une partie des dîmes de Montaigu jusqu'à la fin, sans doute ensuite de la donation du roi Rodolphe. On voyait encore, il y a 40 ans, le puits de la maison prieurale de Chevannay.

(6) S'agit-il ici de Clémencey, hameau de la commune de Frangy, où l'abbé de Baume a toujours eu le patronage ou droit de nommer à la cure? S'agit-il au contraire des *Prés-Clémencey* aux environs de Lons-le-Saunier?

894

La charte de cette donation est datée de Neuville le dix décembre de l'an 904, seizième année du règne de Rodolphe. Mais cette date est erronnée, sinon il faut dire qu'elle a été écrite ou expédiée dix ans après la donation. En effet, celle-ci est rappelée formellement dans une bulle de 895, et dans une sentence de 898 dont il sera bientôt question. D'ailleurs, cette charte dit que l'abbaye de Gigny était alors en construction, ce qui ne peut s'entendre de l'an 904. A défaut d'admettre la supposition dont il s'agit, on pourrait être conduit à considérer cet acte important comme faux et fabriqué par intérêt par les moines du douzième siècle; mais cette opinion aurait aussi ses difficultés.

895

C. 37.

§ 6. La fondation de l'abbaye de Gigny avait encore besoin d'être sanctionnée par l'autorité pontificale. C'est pourquoi Bernon fit, en l'an 895, le voyage de Rome que les moines faisaient fréquemment dans ce siècle. Il remit alors au pape Formose une déclaration écrite ou un acte par lequel il faisait don de l'abbaye de Gigny à saint Pierre, portier du paradis, et il obtint du successeur des apôtres la confirmation ou sanction de son établissement. Le souverain pontife le mit sous la protection de saint Pierre et des papes ses successeurs, ainsi que tous les immeubles qui en dépendaient, même les serfs ou colons des deux sexes qui y étaient attachés [7], sans oublier le petit monastère (cellule) de Baume, ni ses annexes, ni les biens déjà donnés à Gigny par de glorieux rois ou par d'autres personnes pieuses. Il défendit à quiconque, quoiqu'élevé en dignité ou puissance, même aux donateurs, de porter violence ou vexation à ce monastère et d'en distraire aucun des biens. Enfin, il déclara par sa bulle

---

[7] Dès le VI.ᵉ et le VII.ᵉ siècle, il y avait des esclaves attachés aux biens des monastères, comme à tous autres, mais seulement chez les moines latins et non chez les moines grecs. D'après une charte de Cluny de l'an 945, un individu qui avait tué un serf de cette abbaye s'en constitua esclave lui-même en punition de sa faute et se livra aux religieux, corps et biens.

qu'après la mort de Bernon, les moines se choisiraient parmi eux un nouvel abbé, selon Dieu et selon la règle de saint Benoît, et ainsi de suite à l'avenir, d'après l'usage; qu'au reste, leurs biens seraient exempts de toutes dîmes, parce qu'il était écrit que les prêtres n'en devaient point.

895

Une année plus tard, le pape Formose était descendu dans la tombe, et Étienne VII, son successeur, insultait cruellement à sa mémoire et à ses dépouilles mortelles. Par le motif, ou plutôt sous le prétexte que, de simple évêque, il était devenu pape sans avoir été cardinal, et pour le punir *d'avoir quitté son épouse pour en prendre une autre*, il fit déterrer son cadavre, le revêtit d'habits pontificaux, le plaça dans la chaire de saint Pierre, l'accusa d'avoir violé les règles de l'Église pour satisfaire son ambition, et le condamna comme s'il eût été vivant. Il fut ensuite dépouillé de ses ornements; on lui coupa les trois doigts de la main avec laquelle il avait donné la bénédiction; son corps fut jeté dans le Tibre avec une pierre au cou; tous les actes qu'il avait faits furent annulés, et un concile tenu à Rome approuva cette conduite barbare.

896

Si on ajoute que Formose lui-même avait acheté, en 891, la papauté contre un nommé Sergius dont il avait fait décapiter les partisans; que Boniface VI, successeur immédiat de Formose, avait été mis à mort quinze jours après son élection, on reconnaîtra avec Paradin que, *dans ce temps, les papes faisaient un mesnage merveilleux à* Rome.

La fondation de l'abbaye de Gigny se trouvait donc invalidée par la décision d'Étienne et de son concile. Mais Romain, qui lui succéda en 897, révoqua et annula tout ce que son prédécesseur avait prononcé. Quelques années après, Jean IX, successeur de Romain, cassa, dans un concile tenu à Ravenne en 901, tout ce qui avait été fait contre Formose, excommunia ceux qui l'avaient exhumé, et condamna au feu les actes du concile de Rome.

897

897

Au reste, il résulte de ce qui précède, ainsi que de la comparaison des chartes et de la série des événements, que l'abbaye de Gigny n'a pu être fondée en l'année 886, comme l'ont écrit les abbés Circaud et Baverel, ni en 889, comme on le lit dans quelques ouvrages de MM. Monnier et Pyot.

En effet, à l'une ou à l'autre de ces époques, Bernon ne pouvait se trouver qu'au monastère de Saint-Martin d'Autun ou à celui de Baume, et nullement à Gigny.

898
C. 38.

§ 7. Malgré la défense expresse du pape Formose, les moines de Gigny ne tardèrent pas à être troublés par un homme puissant qui, sans doute, portait déjà envie à leurs grands biens, par un nommé Bernard, vassal du royaume, qu'il ne faut pas confondre avec Bernard *plante-velue*, comte de Mâcon, mort douze ans auparavant. Cet usurpateur fut cité, en l'année 898, par Bernon et ses religieux, à comparaître devant la reine Hermengarde, veuve de Boson, roi d'Arles et de Bourgogne, et tutrice du prince Louis son fils. Cette reine tenait alors le *plaid* à Varenne (lieu qu'on ne peut guère préciser maintenant), entourée des grands seigneurs ou comtes et des évêques. Elle y rendait la justice probablement sur la place publique et *sous l'orme*, comme faisait à la même époque son beau-frère le duc Richard dit le Justicier, et comme, plusieurs siècles après, saint Louis sous les chênes de Vincennes [8]. Les plaignants s'écrièrent dans leur humilité monacale, pour parler comme la sentence, que Bernard s'était emparé injustement du monastère de Baume qu'ils tenaient de la libéralité du roi Rodolphe [9]. L'accusé

---

(8) « Je me souviens, disait Malesherbes en 1775, que dans ma jeunesse j'en-
« tendais souvent regretter le *chêne de Vincennes*. Ce souvenir cher au peuple
« a engagé quelques successeurs de saint Louis à vouloir suivre un si bel
« exemple. Ils donnèrent réellement quelques audiences ; mais ils s'en en-
« nuyèrent bientôt, et cela fut fort heureux, car s'ils avaient rendu beaucoup
« de jugements dans cette forme, ils en auraient rendu de très mauvais. »

(9) Rodolphe fut couronné roi de Bourgogne transjurane en 888, et ne mourut qu'en 912. D'un autre côté, Boson fut roi d'Arles et de Bourgogne de 879 à

allégua pour sa défense que les biens réclamés lui avaient été donnés par le prince Louis, fils de Boson et roi lui-même. Mais, ni la reine, ni les seigneurs de la cour ne voulurent accueillir ce moyen, et Bernard, condamné à déguerpir, promit de ne plus inquiéter à l'avenir les religieux de Gigny. Cette sentence fut signée de la reine, des évêques ou archevêques d'Arles, de Grenoble et de Chalon, et de plusieurs comtes et autres grands personnages.

898

§ 8. Après cet événement, Bernon et ses moines vécurent sans doute tranquilles dans leurs cloîtres de Baume et de Gigny. L'historien Dunod dit que cet illustre cénobite fit sa demeure à Baume, comme dans son établissement plus considérable. Il se fonde encore sur une bulle du pape Grégoire VII de l'an 1078, dans laquelle il aurait été dit que Bernon avait soumis le monastère de Gigny à l'abbaye de Baume : ...... *Subjugavit monasterium Ginniacum abbatiæ Balmensi* [10]. Il s'appuie enfin sur ce que les biographes de saint Odon et de saint Adhégrin parlent de la résidence de Bernon à Baume, lorsque ces deux pieux personnages y arrivèrent en l'an 909 environ. Cependant, on peut élever des doutes sur cette assertion, quand on voit dans la charte du roi Rodolphe, dans la bulle du pape Formose, dans la sentence de la reine Hermengarde, desquelles il vient d'être question, comme encore dans le testament de Bernon et dans d'autres pièces qui seront analysées bientôt, que Gigny est toujours

909

891, et son fils Louis lui succéda sous la régence de sa mère jusqu'en 924. Or, on comprend difficilement le règne simultané de Rodolphe et de Louis sur l'abbaye de Gigny. Rodolphe n'aurait il été roi que sous la suzeraineté de Boson et de Louis? Les qualifications de *sérénissime*, de *sérénité*, qu'il prend dans la charte de 894, analysée ci devant, et dans une autre de 910, peuvent le faire penser. Le royaume de Boson ou de Rodolphe était limité par la Saône à l'occident.

(10) Ce passage de la bulle est ainsi rapporté dans un inventaire des titres de Baume fait en 1754 : .... *Monasterium Ginniacum quod subjugavit....*, *Berno abbas* ; il n'est donc pas tout-à-fait identique avec celui que Dunod cite.

909

C. 21, 22, 23, 24

C. 20.

désigné comme l'établissement principal, l'abbaye, le monastère (*abbatia, cœnobium, monasterium*), et Baume comme l'établissement secondaire, comme une celle, un prieuré (*cella, cellula*). D'un autre côté, dans toutes ces chartes, ainsi que dans la chronique de Sigebert, Bernon est toujours qualifié d'abbé de Gigny et non d'abbé de Baume, remarque qui s'applique aussi à Guy son successeur. A la vérité, les biographies de saint Odon et de saint Hugues d'Autun sont très positives ; mais elles ont été écrites long-temps après les événements, et dès-lors, elles ne peuvent pas, non plus que la bulle peu connue de 1078, inspirer la même confiance que des chartes contemporaines. On peut, d'ailleurs, leur opposer la légende de la translation de saint Taurin, qui constate que les reliques de ce saint évêque furent apportées à Gigny à peu près à la même époque, lorsque Bernon y restait avec ses moines, comme il sera dit amplement dans un chapitre particulier.

§ 9. On peut présumer que, vers ce temps-là, Bernon devint le chef ou peut-être le fondateur d'un autre établissement religieux dont il dispose dans son testament sous le nom de monastère d'Ætique, *cœnobium Æticense*. Il est comme certain que c'est celui de *Mouthier-en-Bresse*, dans l'arrondissement de Louhans, lequel, ancien membre de l'abbaye de Baume, a été sécularisé en 1760, en même temps qu'elle et par la même bulle. Il a toujours eu saint Oyen pour vocable, et dans des titres de 1089, 1107, 1111, 1153, 1190, etc.,

M.

il est désigné comme dépendance de Baume, sous les dénominations de *abbatia, monasterium, ecclesia sancti Eugendi*

C. 20.

Ethicæ ou *Ethicensis*. Une de nos anciennes légendes le nomme aussi *monasterium Etiense*. Ce n'est que dans l'ancien catalogue des bénéfices de Cluny, rédigé au commencement du seizième siècle, qu'il est appelé : *Prioratus de monasterio in Bressia*. Sa mention dans le testament de Bernon empêche de croire qu'il ait été fondé en 1050 par les seigneurs de Bellevèvre, comme on le trouve écrit. Quelques auteurs ont attribué l'origine de l'abbaye de Mouthier à saint Lauthein, mort en 547, ou à quelqu'un de ses successeurs antérieur à Bernon. Ce qui est certain, c'est qu'elle dépendait anciennement de celle de Saint-Lauthein, c'est que le prieur de Mouthier possédait encore, en 1516, un meix auprès de l'église de Saint-Lauthein.

909

§ 10. S'il est incertain que Bernon ait été le premier abbé de Mouthier, il est bien constant qu'il l'a été de Cluny et qu'il a coopéré à la fondation de cette célèbre et puissante abbaye. Ce fut en l'année 909 que Guillaume-le-Pieux, comte d'Auvergne et duc d'Aquitaine, manda Bernon et le consulta sur le dessein qu'il avait de fonder un monastère, et que cet abbé, de concert avec saint Hugues d'Autun, l'encouragea dans son dessein et choisit Cluny pour le lieu convenable. En conséquence, ce puissant seigneur, gendre du roi Boson, qui, en 892, avait obtenu cette terre de la comtesse Ave, sa sœur, en fit donation, pour y établir un monastère selon la règle de saint Benoît, en l'honneur de saint Pierre et de saint Paul, et il en nomma Bernon premier abbé. Cette donation fut faite à Bourges, le 11 septembre de la onzième année du règne de Charles-le-Simple, c'est-à-dire en l'an 909. Elle fut souscrite et signée par le duc Guillaume, par Ingelberge, sa femme, et par plusieurs évêques, comtes et autres grands personnages. Au reste, on n'y trouve pas la preuve qu'une comtesse Ève ou Yve, mère ou aïeule de Bernon, ait contribué à cette fondation, comme Paradin et Gollut l'ont avancé. Il y est seulement dit qu'elle est faite pour le repos de l'âme d'Avane qui avait laissé au duc Guillaume, son frère, les biens en question par son testament. Dans une variante de cette charte, Bernon est qualifié abbé de Baume en Séquanie.

C. 20, 21, 24, 25, 26, 27, 28, 29, 30, 40, 42.

C. 40.

Bernon, dit Sigebert, ne construisit le monastère de Cluny que comme un prieuré ou une celle dépendante de l'abbaye de Gigny. Il le peupla ensuite, à l'exemple de saint Benoît,

C. 26, 27, 28.

au rapport de l'historien Glaber, de douze moines seulement. On a écrit, d'après je ne sais quels documents, que six de ces religieux furent tirés de Baume et six autres de Gigny [11].

Gigny peut donc se glorifier d'avoir donné naissance à l'établissement cénobitique le plus célèbre de la chrétienté, lequel eut, par la suite, plusieurs milliers de monastères sous sa dépendance, et qu'un vieil historien de Bourgogne a dit, avec une sorte de raison, être devenu le chef d'un petit royaume : « Berno, abbé de Gigny, dit Paradin, fit Cluny « tributaire à Gigny d'une maille d'or annuellement, pour « recognoissance de la supériorité : car alors l'abbaye de « Gigny estoit grosse abbaye : mais croissant la sainteté « monacale à Cluny, les grandes richesses quant et quant « la suivirent, tellement que les princes et autres personnes « de tous estats ayant admiration de la sainte conversation « des religieux, donnoyent libéralement leurs biens, et qui « ne pouvoit leur donner leur gettoit. Ainsi estant l'abbé de « Cluny le plus riche de toute la Gaule, tous autres lui dé- « férèrent la primace dessus toutes les congrégations de son « ordre. Ainsi demoura Gigny en arrière, etc. »

§ 11. Quoique les fondements de l'abbaye de Cluny eussent été jetés en l'an 909 ou 910, il paraît qu'elle ne fut achevée qu'en 915, et qu'à cette époque seulement, au rapport d'une ancienne chronique, Bernon en prit le gouvernement ou la direction qu'il conserva pendant onze ans. Ce fut donc probablement alors qu'il cessa de résider à Baume ou à Gigny, pour aller se fixer à Cluny.

§ 12. Après avoir formé ce grand établissement, Bernon aurait pu se reposer et croire avoir assez fait pour la vie cénobitique ; mais, comme on l'a déjà dit, son zèle était

---

(11) *Gollut*, Mém. histor., p. 268, 269. *Mabillon*, Annal. Bened. III, 272. *Hist. de saint Taurin*, p. 46. *Circaud*, Conclus., etc., p. 13. *Ed. Clerc*, Essai, p. 203.

incessant. Aux quatre grands monastères de Baume, Gigny, Mouthier et Cluny, il joignit encore, pour les diriger, ceux de *Déols* et de *Massay*, peut-être même aussi ceux d'*Aurillac*, de *Souvigny* et de *Château-sur-Salins*.

915

La première de ces abbayes, située dans le canton de Châteauroux, au département actuel de l'Indre, nommée encore BOURGDIEU, BOURDEOIS (*abbatia Dolensis*, *abb. Burgi-Dolensis*, *abb. Castri Dolensis*), fut fondée, le 2 septembre 918, par Ebbes-le-Noble, puissant prince du Berri, en l'honneur de la Vierge et des apôtres saint Pierre et saint Paul. La charte de cette fondation, insérée au nombre des preuves de cette histoire, à cause de Bernon, est rédigée à peu près dans les mêmes termes que celle de Cluny, probablement parce que notre abbé fut le rédacteur de toutes les deux. Ainsi, il y est dit que cette abbaye aura aussi pour défenseur le souverain Pontife; qu'elle paiera tous les cinq ans à Rome cinq sous pour le luminaire des apôtres; que les moines y suivront la règle de saint Benoît; qu'ils seront sous la puissance et la domination de Bernon; qu'après la mort de celui-ci, ils auront la faculté de s'élire un autre abbé, etc...

918

c. 29, 31, 41, 42.

Au reste, cette abbaye ne fut dédiée solennellement que deux ans après, en 920.

Déols est, dit-on, une petite ville ancienne fondée, sous Auguste, par Léocade, gouverneur du Lyonnais, de la Bourgogne et du Berri. Raoul, fils d'Ebbes, mort en 952, en céda le château à l'abbaye et en fit construire un autre à peu de distance, lequel fut appelé, de son nom, *Château-Raoul*, puis *Château-Roux*. Autour de ce château, il s'éleva bientôt une ville de même dénomination. Les seigneurs qui lui succédèrent prenaient les titres de princes de Déols et de barons de Châteauroux. Ils avaient le droit de frapper monnaie, et on en conserve plusieurs pièces dans les cabinets.

Quant à l'abbaye de *Massay*, située au canton de Vierzon, arrondissement de Bourges, instituée en l'honneur de saint

918

(. 2).

Martin, et désignée sous les noms latins de *Masciacensis*, de *Masciaco*, de *Massayo*, elle est beaucoup plus ancienne que celle de Déols. On voit qu'elle fut fondée en 738 par le comte Égon ; que saint Benoît d'Aniane y envoya quarante moines en 806 ; que Louis-le-Débonnaire la fit reconstruire ou réparer avant l'année 840 ; que Bernon en fut abbé et en disposa dans son testament, aussi bien que de celles de Déols et autres ; qu'elle avait également le droit de battre monnaie depuis l'an 838, etc... L'abbé Bourlet, prédicateur du roi, lecteur et bibliothécaire du comte d'Artois (depuis Charles X), en a été le dernier titulaire ; mais il a peu joui de ce bénéfice, n'ayant été nommé qu'au mois de décembre 1788.

Une chronique estimée du douzième siècle rapporte que Bernon fut encore le premier chef de l'abbaye *d'Aurillac* fondée par saint Gérald, comte de cette ville, à peu près à la même époque que celle de Cluny. Mais cette assertion n'est confirmée ni par le testament de notre illustre cénobite, ni par aucun autre témoignage. On a même la preuve que saint Odon en a été le troisième abbé, ce qui indique que le fondateur de Gigny n'en a pas été le premier titulaire, à moins qu'il ait donné sa démission avant de mourir.

Quelques auteurs pensent aussi que Bernon a été, en outre, le premier abbé de Souvigny en Bourbonnais, parce que ce lieu, où il y avait une église en l'honneur de saint Pierre, fut cédé en l'an 916 à l'abbaye de Cluny par le comte de Bourbon. Il est certain, en effet, qu'en 994, il y existait déjà une abbaye où saint Mayeul mourut. Cependant le même silence du testament précité fait présumer qu'elle a été établie postérieurement à Bernon.

Enfin l'historien Dunod lui a encore attribué l'érection du prieuré de *Château-sur-Salins*. Mais, dans notre article consacré à cet ancien membre du monastère de Gigny, on verra combien cette opinion a peu de fondement. Notre célèbre cénobite a joué un si grand rôle dans les établissements religieux du neuvième et du dixième siècle, qu'on cherche, pour ainsi dire, à les lui donner tous, comme on attribue toutes les anciennes routes à la reine Brunehault.

§ 13. Bernon passa probablement le reste de ses jours à Cluny, occupé à administrer ses nombreuses abbayes et à consolider des établissements naissants, dont il sentait toute l'imperfection. Il eut le chagrin de voir mourir, en 918, le duc Guillaume, fondateur de Cluny, et on voit que cette perte lui fut très douloureuse. Cependant, il lui survécut encore huit ans, quoique Sigebert, mal informé, rapporte déjà sa mort à l'année 912.

Les derniers moments de Bernon furent touchants et même un peu dramatiques, si on s'en rapporte à des légendes presque contemporaines. Accablé de vieillesse et de maladie, et sentant sa fin prochaine, il fit venir les évêques du voisinage, déposa en leur présence la supériorité abbatiale, confessa avec larmes qu'il en avait toujours été indigne, dit qu'il était temps de remettre le soin du troupeau à un pasteur plus vigilant, et invita ses Frères à se choisir un Père, à lui élire un successeur. Il ajouta ensuite que, s'ils avaient quelque égard encore pour sa manière de voir, s'ils croyaient son opinion un peu sensée, il lui semblait convenable de partager le fardeau abbatial entre deux abbés, l'un pour la mère église de Baume ou Gigny, et l'autre pour celle de Cluny, sa fille. Les assistants approuvèrent la sagesse de cette proposition et prièrent son auteur de la mettre à exécution en se désignant lui-même deux successeurs. Bernon, cédant alors aux instances des évêques et aux supplications des moines ses frères, ou plutôt ses enfants, désigna Guy, son neveu, pour l'abbaye de Gigny, et Odon pour celle de Cluny. Ce dernier résista à sa nomination, se fit apporter violemment par les moines à l'assemblée, et ne céda qu'à l'ordre des évêques et aux menaces de l'excommunication [12].

918

C. 26.

926
C. 23, 24.

(12) Odon naquit à Tours, en 879, où il fut d'abord musicien et premier

C. 26

§ 14. Quoiqu'on puisse penser de la réalité de toutes ces circonstances, embellies peut-être par les hagiographes, il est certain que Bernon, prévoyant que sa riche succession pourrait donner lieu à des prétentions rivales et à des dissensions fâcheuses, chercha à les prévenir en nommant lui-même ses successeurs. En cela, il s'autorisa de l'exemple de saint Benoît et autres chefs de son ordre; mais il est certain qu'il n'en avait guère le droit, puisque les chartes fondatrices des abbayes de Gigny, de Cluny et de Déols réservaient expressément l'élection abbatiale aux religieux de chaque abbaye, et ne permettaient pas à un ou deux individus de cumuler tant de bénéfices. Il fit donc un testament contenant partage de ses monastères, et, dans cet acte, qui est un monument remarquable de l'époque, il se choisit, du consentement des religieux, deux successeurs, savoir Guy, son parent, et Odon, son ami. Il désigna ce dernier pour lui succéder dans les abbayes de Cluny, Déols et Massay, et Guy dans celles de Gigny, Baume et Mouthier, y compris le prieuré de Saint-Lauthein, avec toutes les dépendances de ces divers établissements. Cependant, il détacha de ce dernier lot le village d'*Alafracte* [13], le quart des chaudières ou salines de

C. 42

C. 26.

chantre de l'église. C'est par erreur que le chroniqueur Sigebert dit qu'il fit profession monastique en 898, sous Bernon, puisqu'il est bien établi qu'il ne vint à Baume que onze ans plus tard. Plusieurs l'ont qualifié de premier abbé de Cluny, à cause de la grande part qu'il a prise à cet établissement. Il mourut le 18 novembre 942, jour auquel on célèbre sa mémoire.

M.

(13) Ce village se trouve encore mentionné, sous les noms d'*Alafracta*, *Alefracta*, *Ala Fracta*, *la Fracte*, dans quatre bulles apostoliques de 1089, 1107, 1155 et 1190, portant confirmation de ses biens à l'abbaye de Baume. Deux chartes de l'empereur Frédéric Barberousse des années 1153 et 1157 portent aussi que cette abbaye possède des biens à Alafracte, *Allefractæ*, *la Frantem*. Or, je crois reconnaître ce lieu dans la commune actuelle de *la Frette*, en l'arrondissement de Louhans, où il y avait anciennement un prieuré et où l'abbé de Baume nommait autrefois à la cure. Dans un terrier de 1584, il est encore mention de terres mouvantes des sieurs de Baume. Cette commune est nommée *la Frocta* dans

Lons-le-Saunier [14], les biens provenant d'un nommé Samson et la moitié du pré d'un certain. Saimon. Il fit cette distraction en faveur de l'abbaye de Cluny, sous la condition que cette dernière paierait à celle de Gigny un cens annuel ou une rente de douze deniers pour l'investiture ou mise en possession [15]. Le testateur fait tous ses efforts pour prouver qu'il n'y a aucune injustice de sa part à détacher de l'abbaye de Gigny ces divers biens et à les donner à celle de Cluny. Les raisons qu'il en produit sont toutes sentimentales : 1.º il a choisi Cluny pour le lieu de sa sépulture ; 2.º ce dernier établissement reste imparfait, à cause de sa mort et de celle du duc Guillaume prédécédé, de sorte que c'est comme un enfant posthume qui ne naîtra ou ne se développera qu'après le décès de ses auteurs ; 3.º il est plus pauvre en biens et plus chargé de famille que celui de Gigny ; 4.º les enfants qui naissent les derniers ne doivent pas être plus déshérités que les premiers, surtout quand ils reconnaissent un père commun, un même patron (saint Pierre), etc...

926

un acte de foi et hommage en 1272, et *la Fraite* dans un dénombrement de 1374.

(14) Le testament de Bernon est le titre authentique le plus ancien connu, qui parle des salines de Lons-le-Saunier. Cependant on lit que, d'après de vieux manuscrits de l'Église de Besançon, l'empereur Lothaire, mort en 855, avait déjà concédé un droit sur ces salines à l'archevêque Arduic, pour le luminaire de l'église de Saint-Étienne. Quelques auteurs ont prétendu qu'elles existaient déjà avant la conquête des Romains, et que, si saint Oyen, abbé de Condat, mort en 510, envoya deux de ses disciples s'approvisionner de sel en Toscane ou en Provence, c'est que les salines de Lons-le-Saunier et de Salins étaient inabordables à cause du brigandage des Allemands en Franche-Comté.

(15) Cette rente perpétuelle de douze deniers, dont le moine Sigebert parle aussi deux siècles après, est sans doute indiquée par Paradin et Gollut sous le nom de *Maille d'or*, donnée selon eux par reconnaissance. La maille ou obole d'or était, dans le XIII.ᵉ siècle, une pièce de monnaie valant cinq sols tournois ou 60 deniers. Il y avait aussi une maille d'argent et une maille de billon de très petite valeur, d'où le proverbe, *n'avoir ni sou ni maille*, en latin *macula*.

926

Au reste, Bernon termine son testament en recommandant à ses religieux de persévérer dans l'observance de la règle monacale; dans leur esprit d'union et d'unanimité: dans leur genre de vie; dans l'habitude du silence; dans leur mode de nourriture, de vêtements, de prières et de psalmodie; et surtout dans la vie commune et dans le mépris des biens propres ou personnels. Enfin, il supplie les princes et les seigneurs qui rendent la justice sur terre de respecter et de protéger ses dernières dispositions.

Cette charte importante, qui paraît n'avoir pas été inconnue aux moines Sigebert et Nalgod, est datée de la quatrième année du règne de Raoul, roi de France, laquelle correspond à l'an 926. Elle est signée de Bernon, abbé, d'Odon, abbé, de Guy, abbé moderne [16], avec mention de son consentement, de Geoffroy et de Wandalbert.

927
C. 2', 30, 31,
42, 43, 44.

§ 15. Bernon survécut peu à la confection de son testament, car il mourut le 13 janvier 927, et, selon ses désirs, il fut inhumé à Cluny, dans l'ancienne église de Saint-Pierre, derrière l'autel de Saint-Benoît, remplacé ensuite par celui de Sainte-Catherine. Il mourut en odeur de sainteté, mais il n'est pas certain qu'il ait été canonisé; le contraire est plus probable. Quelques auteurs l'ont qualifié de saint (*sanctus*, *sanctitate decoratus*); d'autres l'ont seulement appelé bienheureux (*beatus*).

On célébrait la fête de ce grand chef de moines à Cluny le 13 janvier. Selon le livre des anniversaires du prieuré de Souvigny, on faisait le même jour, dans ce monastère, un office complet pour dom Bernon, abbé, et on y donnait la réfection à douze pauvres. Au reste, son nom n'est inscrit que

---

(16) Que signifie ici le mot *moderne*? L'auteur de cette histoire avoue n'en avoir point découvert le sens. On trouve le même terme qualificatif donné en 1787, par une bulle apostolique, au nombre de nos preuves, aux religieuses de Lons-le-Saunier, aux chanoines de Gigny, et à l'official et au promoteur de l'évêque de Mâcon, *in Christo filiæ modernæ, filii moderni*, etc.

dans le martyrologe des bénédictins, au jour de janvier précité. Mais, on ne trouve pour lui aucune légende, aucune commémoraison, aucune nomination aux calendriers, dans les bréviaires de la Bourgogne, ni dans ceux de la Franche-Comté, pas même dans celui de l'ordre de Cluny !... On a lieu d'en être surpris avec l'auteur d'une de nos légendes, quand on songe aux biens qu'il a donnés à l'Église, aux abbayes qu'il a dirigées ou fondées, aux vertus qu'il a pratiquées, au rôle qu'il a joué dans les neuvième et dixième siècles, et surtout quand on réfléchit que, sur ses cinq successeurs immédiats à Cluny, quatre ont été canonisés.

927
C. 34.

C 29.

Il ne faut pas confondre Bernon, fondateur de Gigny, avec plusieurs de ses homonymes plus ou moins contemporains, comme un évêque d'Autun en 842 ; un abbé de Messay en Poitou en 865 ; un évêque de Chalon-sur-Marne en 875, 878 ; un évêque de Metz en 927, non plus qu'avec un évêque de Mâcon, élu en 928, avec lequel la confusion a été faite dans la statistique du département de Saône-et-Loire, publiée récemment.

CHAPITRE IV.

GUY, II.e abbé.

Invasion des Hongrois. De saint Guy, ermite à Fay.

§ 1. Guy succéda donc dans l'abbaye de Gigny à Bernon, son parent, qui, de l'avis des religieux, l'avait désigné dans son testament pour être son successeur.

927

Le fondateur avait bien senti qu'en reprenant à Gigny le village d'Alafracte, le quart des salines de Lons-le-Saunier, et d'autres biens qu'il lui avait donnés antérieurement, il

927

c. 43.

c. 43.

928
c. 44.

faisait un acte rétroactif ; il revenait sur sa première donation ; il enfreignait la bulle du pape Formose, portant défense aux donateurs eux-mêmes de rien distraire des biens cédés. C'est pourquoi il avait fait valoir tant de motifs d'équité, plutôt que de droit, pour justifier cette distraction. Or, ces motifs ne furent pas accueillis par les moines de Gigny, ni même par l'abbé Guy qui avait donné cependant son adhésion au testament de Bernon. Ils reprirent ces biens, comme par violence, à l'abbaye de Cluny, arguant de ce que le testateur avait fait une disposition illégale.

Les moines de Cluny se pourvurent alors auprès du pape Jean X, qui, par une bulle adressée à Raoul, roi des Français, à Guy, archevêque de Lyon, à Stataeus, évêque de Chalon, à Bernon, évêque de Mâcon, et aux comtes Hugues [17] et Gislebert [18], ordonna la restitution. Le souverain pontife terminait par recommander spécialement au roi Raoul l'établissement de Cluny.

Cette bulle décida sans doute Guy et ses moines à ratifier les dispositions du testament de Bernon. En effet, par un acte daté du 21 janvier de la sixième année du règne de Raoul, laquelle correspond à l'an 928, ils remirent au monastère de Cluny les biens distraits de celui de Gigny. On voit seulement que les salines de Lons-le-Saunier n'y sont pas mentionnées [19], et qu'il n'y est question que du village d'Alafracte avec ses dépendances, de l'alleu donné à Gigny par Samson, et de la moitié du pré provenant de Nonnus Saimon. Cette ratification fut faite à la charge du cens ou de la rente de cire en valeur de douze deniers, portée au testa-

---

(17) Probablement **Hugues le-Noir**, comte héréditaire de Bourgogne, mort en 951.

(18) Probablement **Gilbert**, fils de Manassès de Vergy, gendre du duc Richard le Justicier, comte d'Autun, Chalon, Beaune et Avalon, et mort en 956.

(19) Il est à remarquer aussi que la bulle de Jean X n'est pas adressée à l'archevêque de Besançon, dont Lons-le-Saunier dépendait.

ment. Elle fut en outre faite sous la condition expresse que 928
les moines de Cluny ne pourraient pas aliéner ces biens et
qu'ils en jouiraient par eux-mêmes, à moins qu'ils ne vinssent
à rentrer dans la vie séculière ou canoniale. Cette charte est
précieuse aussi en ce qu'elle nous fait connaître le nombre et
les noms des moines qui composaient l'abbaye de Gigny dans
son commencement, et qu'elle nous fait juger qu'il ne s'y
trouvait à cette époque d'autre dignité que celle de l'abbé.
Elle est écrite et souscrite par le prêtre Rotgaire et signée par l'abbé Guy et par les moines *Gualan*, *Huineran*,
Julien, *Sannon*, *Raginelme*, *Déodat*, *Ermendrad*, *Ardria* et
Witbald.

§ 2. Pendant que Guy était abbé à Gigny, les Hongrois 935
firent deux irruptions en France, notamment en Alsace, en
Lorraine et en Bourgogne. Ce peuple féroce et barbare,
originaire de la Scythie, qui, sur la fin du neuvième siècle,
s'était emparé du pays auquel il a donné son nom, fit une
première tentative en l'année 935; mais il fut bientôt re-
poussé par le roi Raoul. Deux années plus tard, les Hongres 937
firent avec plus de succès une nouvelle irruption. Ils rava-
gèrent alors les deux Bourgognes, incendièrent Besançon,
Chalon, Tournus, Mâcon, Semur en Brionnais, etc.... Ils
passèrent même la Loire et pénétrèrent jusqu'en Berry, où
ils furent enfin battus et repoussés. Dans leur retraite, pour
gagner la Suisse et l'Italie, ils portèrent de nouveau la désolation dans nos pays, à tel point qu'il s'en suivit une famine
et qu'il en résulta une dépopulation durant plusieurs années. Comme ils s'attaquaient surtout aux richesses des monastères, et qu'ils mirent au pillage et livrèrent aux flammes
les abbayes de Bèze, de Saint-Pierre de Chalon, de Saint-
Marcel, de Tournus, de l'Isle-Barbe, d'Ainay, de Savigny, etc., il est à présumer que celle de Gigny se ressentit de leur dévastation, mais on n'en a pas de preuve directe.
Ces peuples barbares firent une nouvelle invasion en 954,

937 parcoururent les montagnes du Jura, jusqu'au Rhône, pillant et brûlant tout ce qui était sur leur passage.

§ 3. En ce qui concerne d'ailleurs notre abbé Guy, on ne sait rien de bien certain que ce qui a été déjà dit. Cependant, *Fr. F. Chevalier*, auteur de l'histoire de Poligny, prétend qu'il quitta son abbaye pour se faire ermite à Fay, commune du canton actuel de Poligny, qu'il y mourut en odeur de sainteté et devint le patron de l'église de ce lieu. Il y est honoré, d'après cet historien, sous le nom de saint *Fort*, à cause qu'on va l'y invoquer pour le rétablissement des forces du corps; mais le curé de la paroisse fait son office le 17 juin, sous le nom de saint *Guy* ou saint *Widon*. Cet auteur ajoute que son tombeau se voit dans un oratoire au côté droit de l'église; qu'il est élevé de terre d'environ un pied et demi, et environné d'une balustrade en bois; que ce tombeau ayant été ouvert pour la première fois en 1716, par ordre de l'archevêque de Besançon, on y trouva un corps sans aucun dérangement, déposé en un cercueil creusé dans le roc, fermé par des tablettes de pierre bien taillées, jointes et cimentées, et recouvert de trois pieds de terre, avec une pierre tumulaire superposée. Il affirme avoir lu sur cette pierre les mots suivants d'une inscription mutilée, en caractères du dixième siècle : *Hic fuit in mundo celeber.... virtutibus ornatus et irradiatus..... invictus vitiorum repulictus..... presbyter.... Bernonis Clun..... animam creatori suo.* Enfin, il cite un diplôme de l'empereur Frédéric Barberousse, sous la date de 1165, et une bulle apostolique de l'an 1184, en faveur de l'abbaye de Château-Chalon, insérés l'un et l'autre dans l'histoire de Dunod, où il est question de monsieur Guy, ermite à Fay, et de son ermitage :... *Insuper tres corvatæ Widonis heremitæ.... Ecclesiam de Fay cum ædificio Domini Guidonis heremitæ.*

Si l'inscription rapportée plus haut était telle que l'historien de Poligny la donne, et qu'il y fût en outre question d

Guy, on ne pourrait guère douter que ce ne fût celle de l'abbé de Gigny, puisqu'il y est qualifié de prêtre de Bernon de Cluny. Malheureusement, elle est presque toute controuvée et défigurée à un point tel, qu'il faut penser que Chevalier ne l'a pas lue de ses propres yeux. En effet, voici cette inscription telle que M. Monnier l'a relevée dans l'église de Fay, et qu'il me l'a complaisamment communiquée. Or, il est bien question dans ces six vers léonins mutilés [20] d'un Guy et d'un ermite, mais nullement de notre Bernon :

> .....ibus ornatus, virtutibus irradiatus,
> ......sit in hac vitâ seu Lucifer hic heremita.
> .....it invictus vitiorum repulit ictus
> .....asit celebris tibique lux instat aprilis
> .....ctori....... oboni sis clemens Christe Widoni.
> .....radisus ..... c ..... sit ...... det .... s .... k ....

L'opinion de Chevalier est donc purement conjecturale ou même dénuée de fondement. Quant au culte de saint Guy ou saint Fort, à Fay, il est comme certain qu'il se rapporte à saint Witt, martyrisé en Calabre dans le premier siècle, dont l'Église fait la fête le 15 juin, et dont le corps fut apporté d'Italie en France dans le huitième siècle, ainsi que la pierre sur laquelle il reçut la couronne du martyre. Cette pierre existe, dit-on, dans l'église de Mouthier-en-Bresse, placée en effet sous le vocable de saint Witt. De nos jours, non-seulement on y porte, comme à Fay, les enfants faibles ou malades, mais on y conduit encore les paralytiques, qui étendent sur cette pierre noire leurs membres perclus, dans l'espoir que le mouvement s'y rétablira par l'intercession du saint martyr [21].

(20) Les vers léonins ou rimés quelconques ont été usités dès le IX.e siècle, et fort employés au moyen âge pour les inscriptions.

(21) A Cluny, selon M. Lorain, il y avait aussi à la porte d'entrée de l'église,

937   Il faut se garder de confondre le deuxième abbé de Gigny avec Guy, archevêque de Lyon, mort en 949, et auquel le pape Jean X adressa la bulle dont il a été question ci-devant.

CHAPITRE V.

MAYEUL, abbé.

Donation des églises de Chevreau, Marboz et Treffort à l'abbaye.

974   § 1. On ignore l'époque à laquelle Guy a cessé d'être abbé à Gigny, soit par suite de décès, soit parce qu'il se serait retiré dans un ermitage à Fay. Mais il paraît à peu près constant qu'entre lui et l'abbé Mayeul, dont il s'agit dans ce chapitre, il y a une lacune d'un ou de plusieurs abbés dont on n'a pu découvrir aucune trace.

L'abbé Mayeul lui-même ne nous est connu que par la donation qui fut faite de son temps à l'abbaye de Gigny, des églises de *Treffort*, *Marboz* et *Chevreau*, situées dans le pays du Revermont [22], avec leurs dîmes, oblations, terres, prés, eaux, cours d'eau et dépendances quelconques. Cette riche

une table de pierre sur laquelle les mères et les nourrices apportaient les enfants afin de les empêcher de pleurer. Elles nommaient cette table *table de saint Criard*.

(22) Le Revermont, ou la côte de Saint-André (*Reversus mons*), était autrefois l'un des cinq petits états souverains de la Bresse, lequel commençait à peu près à la rivière de Cousance, au nord, ou même encore au-delà, et finissait vers le Pont-d'Ain, au sud, en comprenant surtout le revers occidental de la chaîne de montagnes. Il s'étendait peu dans la plaine à l'ouest et peu dans la montagne à l'orient. La vallée de Suran en faisait à peu près la limite orientale. Le bourg de Coligny en était la capitale, et les sires de ce lieu en étaient les souverains.

donation fut faite par Manassès III, comte en Bourgogne, sire de Coligny et du Revermont, fils de Manassès II, dit le Jeune, et de Judith, et petit-fils de Manassès I, duc et comte de Bourgogne, de Chalon et d'Autun. L'acte de cette donation fut passé au château de Coligny, au mois d'août de l'an 974, sous le règne de Conrad-le-Pacifique, roi de la Bourgogne jurane. Il fut signé du comte Manassès, de la comtesse Gerberge, son épouse, et de leurs trois fils Manassès, Richard et Walace.

974

C. 45.

Ainsi, c'est à la munificence de l'illustre et antique maison de Coligny que l'abbaye de Gigny dut les riches prieurés de Marboz, de Châtel et probablement de Cuisia, qu'elle fonda bientôt en ces lieux et dont elle a joui pendant huit siècles, comme on l'expliquera en détail dans des chapitres particuliers.

§ 2. Mayeul, abbé de Gigny, est-il le même que saint Mayeul, abbé de Cluny à la même époque, qui, ayant été fait prisonnier, en juillet 973, par les Sarrasins des Alpes [23], fut racheté au mois d'août suivant ? Il y a lieu d'en douter pour les motifs suivants : 1.° il y avait dans ce siècle plusieurs homonymes du nom de Mayeul, notamment un abbé de Payerne en Suisse, en 932 ; 2.° le cumul des deux abbayes de Gigny et de Cluny n'aurait guère été toléré dans la même personne, surtout à une époque si voisine du testament de Bernon ; 3.° dans les notices très détaillées sur saint Mayeul, par Syrus, Nalgod et Mabillon, l'abbaye de Gigny n'est point recensée au nombre des monastères qu'il gouverna ; 4.° enfin on trouve un abbé d'un autre nom à Gigny, dix ans avant que saint Mayeul ait abdi-

---

(23) En 884, vingt Sarrasins jetés par la tempête à Frainet, au bord du golfe de Grimaud, entre Toulon et Fréjus, s'y établirent et en firent venir d'autres. Ce fut une espèce de colonie de brigands qui finirent par occuper les passages des Alpes où ils arrêtaient les pèlerins qui allaient à Rome. Ils ne furent chassés de Frainet qu'en 980.

974 qué l'abbaye de Cluny en faveur de saint Odilon. C'est celui dont on va parler.

CHAPITRE VI.

ZANTLIN, abbé.

981
C. 46.
Cet abbé est connu par une charte de l'abbaye de Tournus, dans laquelle il a comparu avec les religieux de Gigny pour consentir à ce qu'un nommé Henri donnât à Tournus l'église d'Huilly, sur la Seille, ainsi qu'un meix ou domaine avec le serf qui en dépendait. Ce consentement fut donné par l'abbé Zantlin, en suite des sollicitations de Henri et de quelques échanges qu'ils firent entre eux, parce que les objets donnés avaient été destinés par les auteurs ou ancêtres de celui-ci au monastère de Gigny, et le donateur voulut empêcher ainsi les moines de Tournus d'être inquiétés à l'avenir.

Cette charte est signée non-seulement de Henri et de l'abbé Zantlin, mais encore d'un prévôt et de dix-neuf autres religieux, ce qui fait voir que leur nombre avait bien augmenté depuis l'année 928, lors de laquelle ils n'étaient que dix, y compris l'abbé. Elle est datée de la 31.e année de Conrad-le-Pacifique, roi de la Bourgogne jurane. Or, ce roi ayant succédé à Rodolphe II, son père, mort en l'an 936, la date de cette charte tomberait en 967, si on commençait à compter le règne de ce roi dès la mort de son père. Au contraire, elle ne tombe qu'en 981, en ne commençant à compter que dès 950, année où il cessa d'être détenu prisonnier par l'empereur Othon, son beau-frère, et dès laquelle seulement il gouverna son royaume par lui-même. Il faut bien admettre ici cette dernière manière de compter, parce que l'acte de donation de Henri a été stipulé au profit d'Eudes, qui n'était point encore abbé de Tournus en 967, ni même en 980. D'un autre côté, on trouve plusieurs chartes qui datent positivement le règne de Conrad de 936 et de 937, et font correspondre, par exemple, sa cinquième année à 942, sa huitième à 945, et sa quinzième à 951. Ainsi, ce roi a eu, comme Louis XVIII, un règne de droit et un règne de fait; mais tantôt on l'a daté du droit, tantôt du fait, tandis que le roi de France a toujours daté le sien du droit, sans songer que l'histoire ne le datera que du fait.

Au reste, cette charte, ainsi que la précédente et celle du roi Rodolphe I.er, prouve que Gigny et toute la Bresse dépendaient du royaume de la Bourgogne jurane, limitée par la Saône. M. *Clerc* a pensé le contraire (*page* 211) à cause de notre bulle de 928, adressée au roi de France Raoul. Il aurait pu s'appuyer encore de la déclaration de l'abbé Guy et de ses moines, datée de la 6.e année du même roi. Néanmoins, cette opinion nous paraît peu fondée, soit à cause de nos trois chartes précitées, soit à cause de beaucoup d'autres du même siècle qui concernent les communes de la Bresse, à l'orient de la Saône. Ainsi, on voit en 943 notre roi Conrad donner à l'abbaye de Cluny le village de Toissey, près de cette rivière, tandis qu'à la même époque le roi de France, Louis d'Outre-Mer, lui faisait des donations sur le bord occidental du même fleuve. Il n'est probablement question du roi Raoul dans les deux titres de 928 qu'à cause de Cluny, qui dépendait du royaume de France.

CHAPITRE VII.

Saint HUGUES, abbé.

Soumission de l'abbaye de Gigny à celle de Cluny. — Donation du prieuré de Bellesvaux en Bauges.

§ 1. Après l'abbé Zantlin, nos recherches les plus assidues n'ont pu parvenir à remplir une lacune de presque un siècle dans l'histoire de Gigny. On peut présumer que l'abbé de ce monastère fut un des sept qui assistèrent, en 994, à l'installation de saint Odilon sur le siége abbatial de Cluny. Mais on n'en a pas la preuve, parce que, bien qu'on connaisse leurs noms, on ne sait pas quelles abbayes six d'entre eux gouvernaient. Ces sept abbés étaient : *Teuton*, abbé de Saint-Maur-les-Fossés, *Hugues*, *Richfred*, *Wagon*, *Théobald*, *Warenberg* et *Guillaume*. L'auto-da-fé déplorable de 1794 fait donc éprouver ici les plus vifs regrets, car cette grande lacune aurait pu être plus ou moins comblée au moyen des chartes livrées aux flammes, et le lecteur n'en serait pas réduit à arriver si vite sur le déclin du onzième siècle.

§ 2. A cette époque, si on en croit une bulle apostolique de l'année 1076, l'abbaye se trouvait dans un triste état de décadence et de dépérissement. La négligence des abbés et des prévôts aurait été telle que la discipline religieuse en aurait été entièrement relâchée, et que le monastère se serait même trouvé dépourvu de revenus ou subsides temporels. Les moines de Gigny auraient eu recours au pape Grégoire VII, lui auraient exposé leur déplorable situation, l'auraient prié avec larmes de les secourir, et l'auraient supplié instamment, à diverses reprises, de confier leur monastère à la conduite et à la vigilance de saint Hugues, alors abbé de Cluny, afin d'y faire revivre la religion, et de rendre à cet établissement sa prospérité temporelle antérieure.

1076

Ce pape obtempéra d'autant plus volontiers à cette demande vraie ou prétendue, qu'il était ami intime de saint Hugues, avait fait ses études à Cluny et y avait été moine avant 1073, année de son élévation à la papauté. Il confia donc dès ce moment l'abbaye de Gigny et toutes ses dépendances à cet abbé, avec pleins pouvoirs de la gouverner pendant qu'il vivrait, et d'y faire les règlements, corrections, modifications et changements qu'il jugerait convenables. Le souverain pontife disposa aussi qu'après la mort de saint Hugues, ses successeurs dans l'abbaye de Cluny auraient les mêmes pouvoirs que lui sur le monastère de Gigny, et qu'aucun abbé n'y serait élu ou ordonné sans la présence et l'approbation de l'abbé de Cluny ou de son délégué. Cette bulle, adressée à saint Hugues, est datée du palais de Latran, le 9 décembre de la quatrième année du pontificat de Grégoire VII, laquelle correspond bien à l'an 1076.

En conséquence, l'abbaye de Gigny cessa d'être indépendante, et de mère et supérieure de celle de Cluny, elle devint sa succursale subordonnée. Saint Hugues se trouva le chef de l'une et de l'autre, réunissant ainsi ce que Bernon avait jugé à propos de diviser; ou plutôt celle de Gigny resta sans abbé propre, soumise au régime de Cluny, *sine proprio abbate, Cluniacensi regimini subjecta*, comme porte une bulle dont nous parlerons bientôt.

§ 3. L'abbaye de Baume que nous avons vue, dès le principe, annexée et soumise à celle de Gigny, eut-elle le même sort, en vertu de la bulle de Grégoire VII, qui comprenait toutes les dépendances de celle-ci, *cum omnibus suis pertinentiis?* On pourrait le penser, à la vue d'une bulle adressée, en 1089, à un abbé de Baume du nom de Hugues, *Ugoni carissimo filio Balmensi abbati*, par laquelle le souverain pontife lui confirme la direction de cette abbaye. Mais on

M.

doit croire que cet abbé n'était point saint Hugues de Cluny, soit parce qu'il n'est pas qualifié tel dans cette bulle, comme il l'est dans celle de 1076, soit parce qu'on connaît des abbés de Baume d'un autre nom, après cette dernière bulle d'union et avant la mort de celui de Cluny, comme un Bernard I.er en 1078, 1080, 1083, un Renaud en 1100, un Bernard II en 1104, et un Albéric en 1107. Nous verrons bientôt d'ailleurs qu'en l'année 1100, l'abbaye de Baume ne se trouve pas recensée au grand nombre des monastères soumis à Cluny. Bien plus, il faut comme reconnaître qu'après Guy, les deux abbayes de Baume et de Gigny ont été possédées séparément, chacune par un titulaire distinct. En effet, nos deux abbés Mayeul et Zantlin ne figurent point sur la liste de ceux de Baume, et on trouve parmi ces derniers un Odon, en 1055, qui ne paraît pas avoir été abbé à Gigny.

Au reste, l'union de l'abbaye de Baume à celle de Cluny ne fut tentée que postérieurement. On voit que, d'après un bref du pape Eugène III, Guillaume d'Auxonne, comte de Bourgogne-Scoding et de Mâcon, soumit, en 1147, cette abbaye à celle de Cluny, et que, deux ans plus tard, Humbert, archevêque de Besançon, conformément à une bulle du même pape, lui en fit aussi don, sous le titre de prieuré. Cette donation, ratifiée en 1153 par un diplôme de l'empereur Frédéric Barberousse, devenu prince souverain du comté de Bourgogne, fut encore confirmée, en 1155, par le pape Adrien IV, en punition de la rébellion et de l'insolence des religieux de Baume. Cependant, en 1157, l'empereur, outré de ce que cette abbaye, fondée pour la Noblesse par ses prédécesseurs, d'abbaye noble et impériale était devenue simple prieuré, simple *grange* de Cluny, la réintégra en dignité abbatiale et en indépendance de toute autre abbaye, à la supplication des religieux, des princes et des barons. L'anti-pape Victor, en 1162, sanctionna ce diplôme qui fut encore renouvelé, en 1186, par Henri VI, fils de Frédéric.

1076

« L'abbaye de Baume, dit *M. Lorain*, n'avait jamais ac-
« cepté, sans résistance et sans modification, l'autorité
« suprême de l'abbé de Cluny, et une grande rivalité avait
« toujours régné à ce sujet entre l'abbé de Cluny et l'arche-
« vêque de Besançon. Bertrand de Colombiers, abbé de
« Cluny, voulut, en 1297, aller visiter le monastère de
« Baume. Mais les moines lui ayant fermé les portes, il les
« interdit et réclama contre eux l'assistance de Renaud de
« Bourgogne, comte de Montbéliard. Néanmoins, malgré ce
« secours, l'obédience de Cluny eut peine à être reconnue
« par Baume, jusqu'à l'an 1300, qu'une transaction inter-
« vint, qui partagea les droits et les honneurs, d'une façon
« très bizarre, entre l'abbé de Cluny et l'archevêque de
« Besançon. »

§ 4. Il conviendrait peut-être ici de discuter si la réunion de l'abbaye de Gigny à celle de Cluny a été le résultat d'un vœu sincèrement émis par les religieux de la première, ou d'une intrigue ambitieuse de ceux de la seconde. Or, je ne suis pas éloigné de croire à cette dernière cause, quand je réfléchis aux motifs donnés pour la réunion de tant d'abbayes dans le laps d'un siècle et demi. Il est difficile, en effet, de croire au maintien de la bonne discipline et de la bonne administration dans cette abbaye de Cluny, et au relâchement, au désordre et au gaspillage dans toutes les autres. Tels furent néanmoins les motifs banaux allégués pour absorber tant d'établissements célèbres et historiques, Nantua en 959, Saint-Marcel en 990, Paray en 999, Gigny en 1076, Vaux-sur-Poligny à peu près à la même époque, et tant d'autres situés hors de notre voisinage, dont il sera parlé dans le chapitre suivant.

Le motif probablement plus réel fut l'ambition de la suprématie et des richesses. Les efforts continués, pendant

1076 plus de deux siècles, pour absorber aussi l'abbaye de Baume, paraissent le prouver assez. Cluny eut, dans le onzième siècle, l'ambition de se constituer en *chef-d'ordre*. Il fallut donc, pour y parvenir, composer un ordre, et, pour cela, soumettre à l'obéissance un grand nombre de monastères. On alla par degrés, afin de ménager les esprits, et on se contenta d'abord de soumettre les abbayes au régime et de les priver de leur droit d'élection abbatiale, en se réservant celui de nommer leurs chefs que, par ménagement d'égalité, on voulut bien appeler *coabbés*. Mais ensuite, sous saint Hugues, comme on le verra dans le chapitre suivant, on réduisit toutes les abbayes en simples prieurés; le titre d'abbé fut supprimé, et elles furent placées plus strictement sous la puissance de Cluny [24]. Ce fut alors que cette grande abbaye prit le titre d'*Ordre* et le surnom de *monastère des monastères*. Ce fut dès ce moment que l'abbé de Cluny s'attribua le titre orgueilleux d'*archi-abbé*, d'*abbé des prieurs*, et même celui d'*abbé des abbés*, qui appartenait anciennement à l'abbé du mont Cassin, et que celui de Citeaux s'arrogea aussi peu après.

Mais revenons à Gigny, dont la réunion causa sans doute à Cluny une satisfaction plus particulière, en ce que cette dernière abbaye se trouva ainsi libérée du tribut quelque peu humiliant des douze deniers ou de la maille d'or qui lui avait été imposé par Bernon.

1078 § 5. Ce fut du temps de l'abbé saint Hugues, deux ans après la bulle d'union, que le prieuré de *Bellesvaux-en-Bau-*

---

(24) *Nondùm sub Odone absoluta fuit Congregationis seu Ordinis Cluniacensis erectio : aut neque sub Aymardo aut sub Maiolo, imo nec sub Odilone ; sed tantùm sub sancto Hugone, abbate sexto, qui, pro ea qua pollebat apud principes et subditos auctoritate, non modo præposituras ac prioratus sibi subjecit, sed etiam nobiles abbatias suæ ditioni addixit, exstinctisque (quoad licebat) abbatum titulis, ad prioratuum, ut vocant, statum nonnullas 1 edegit, ne se deinceps à Cluniacensis abbatis potestate eximerent*, MABILLON. Act. Sanctor. Præfat. in sæcul. decimum, n.º 52.

ges, dans la Savoie, fut donné à Gigny. Cette donation fut faite, en 1078, par un riche individu nommé Nantelme, du consentement du comte de Savoie et de l'évêque de Genève; mais l'église placée sous le vocable de la Vierge ne fut consacrée qu'en 1090. Il en sera parlé en détail dans le chapitre spécial consacré aux prieurés.

1078

1090
C. 48.

CHAPITRE VIII.

Saint HUGUES, 1.er prieur.

Réduction de l'abbaye de Gigny en prieuré conventuel.

§ 1. L'abbaye de Cluny ne se contenta pas d'avoir rangé à son ordre celle de Gigny et de tant d'autres lieux célèbres. Ce nom *d'abbaye* lui était sans doute odieux ou importun, parce qu'il indiquait toujours une sorte d'égalité. C'est pourquoi, toutes ces abbayes furent réduites en *prieurés conventuels*. Cette grande usurpation paraît avoir été consommée en l'an 1095, à la sollicitation de saint Hugues, au concile de Clermont en Auvergne, auquel il assista. Le pape Urbain II, qui avait été son disciple et moine à Cluny sous lui, y fit cette grande concession à son ancien supérieur [25].

1095
C. 49.

Après la mort de ce pape, arrivée en 1099, l'abbé de Cluny, qui avait *l'astuce du serpent*, comme disait Grégoire VII en 1075, eut grand soin de faire confirmer cette mesure hardie par Paschal II, son successeur. En conséquence, par une bulle donnée à Anagny le 15 novembre de l'an 1100, et adressée à saint Hugues, il confirma non-seulement tous

1100
C. 49.

---

[25] Cependant, le monastère de Gigny ne se trouve pas encore recensé avec les autres, dans une bulle du pape Urbain, en 1095, confirmative des biens et dépendances de l'abbaye de Cluny. *Biblioth. Clun.* Col. 516.

1100 les avantages accordés à Cluny par les papes Grégoire VII et Urbain II, mais il disposa encore qu'à l'avenir il ne serait nommé aucun abbé dans les monastères soumis à ce chef-d'ordre qui s'en trouveraient alors dépourvus, et que tous ces prieurés, toutes ces celles dépendraient entièrement de l'abbé Hugues et de ses successeurs. Il ajouta que leurs églises et chapelles seraient franches et exemptes de tout impôt, sauf le droit disciplinaire de l'évêque sur les prêtres qui compromettraient la dignité de leur ordre, en exceptant toutefois les églises qui n'étaient pas alors sous la juridiction de l'évêque, et qui ne dépendaient que de leur abbé.

Cette bulle donne ensuite la nomenclature de tous les monastères dont il s'agit, et au nombre desquels se trouve non-seulement Gigny, mais encore Nantua, Romain-Moutier, Saint-Marcel, Paray, Marcigny, Charlieu, La Charité, Souvigny, Saint-Martin d'Auxy, Saint-Vivant sous Vergy, Saint-Orient d'Ausch, etc., etc. D'autres bulles analogues confirmèrent à l'abbaye de Cluny tous ces monastères, y compris celui de Gigny, en 1109, 1125, 1204, 1272, 1278, etc.

Il est à croire qu'en suite de cette bulle, saint Hugues resta chef du prieuré conventuel de Gigny, comme, depuis 1076, il en était resté abbé. Au moins, on ne trouve aucun indice qu'il y ait eu un autre titulaire avant sa mort.

§ 2. Saint Hugues était né en 1024 de parents très nobles, à Semur-en-Brionnais. Il était fils de Dalmace, seigneur de Semur, et d'Aremberge de Vergy. Après avoir fait ses premières études à Chalon-sur-Saône, il entra à Cluny à l'âge de quinze ans, y reçut l'habit religieux des mains de saint Odilon, en devint prieur quelques années après, et en fut nommé abbé à l'unanimité, en 1049, après la mort d'Odilon. C'est lui qui, aidé des libéralités d'Alphonse VI, roi de Castille, fit édifier, de 1089 à 1109, la magnifique basilique de Cluny, démolie après 1793, la plus belle église de la chrétienté après celle de Saint-Pierre à Rome. Il fit plusieurs règlements sur l'office divin, et introduisit l'usage de chanter le *Veni creator* pendant l'octave de la Pentecôte. Il assista aux conciles de Rome en 1063, d'Autun en 1077, et de Clermont en 1095. Il érigea Cluny en chef-d'ordre, lui assujettit un très grand nombre d'autres monastères, le porta au plus haut point de puissance et de splendeur, et fut à la tête de plus de dix mille moines. Après avoir gouverné pendant plus de soixante ans cette célèbre abbaye, et avoir joui de l'amitié et de la haute considération des princes, des rois et des papes, il mourut en odeur de sainteté. Le pape Callixte II le canonisa, douze ans environ après, et l'Église honore sa mémoire le 29 avril, jour de sa mort.

1100

1109

CHAPITRE IX.

VAUCHIER, II.ᵉ prieur.

Le second prieur de Gigny fut Vauchier *(Walcherius)*. Il en est fait mention dans une charte de Cluny, où il est dit qu'à sa prière, Guillaume, archevêque de Besançon, fit donation à l'abbé Ponce de l'église de *Moutier-Haute-Pierre*, actuellement commune du canton d'Ornans, au département du Doubs. On y énonce, comme de coutume, que le motif de cette donation est de faire revivre la discipline monastique tout-à-fait relâchée à Haute-Pierre, en y rétablissant des religieux de Cluny. Mais on ignore pourquoi et en quelle qualité le titulaire de Gigny sollicita cette donation, à laquelle, d'ailleurs, Ponce, prieur de Haute-Pierre, consentit. A la vérité, cette charte est sans date ; mais elle en reçoit une de ce que l'abbé Ponce y est nommé ; car cet abbé succéda en 1109 à saint Hugues dans l'abbaye de

1109
C. 50.

1109 Cluny, comme sans doute Vauchier succéda à ce dernier dans le prieuré de Gigny. Au reste, la donation de Moutier-Haute-Pierre fut confirmée en 1114 par une bulle apostolique.

CHAPITRE X.

GUY de Mugnet, prieur.

Affaire de l'abbaye du Miroir. — Saint Bernard et Pierre-le-Vénérable. Sceaux du prieuré et du chapitre de Gigny.

1118 § 1. Je n'ai pu découvrir durant combien d'années Vauchier a été prieur à Gigny, ni s'il a eu pour successeur immédiat *Guy de Mugnet* dont il va être parlé. Je vois seulement que M. Monnier énonce, j'ignore d'après quel document, qu'en 1118 le premier a cessé d'être titulaire. Ainsi, ce n'est qu'après cette époque que le second a pu devenir chef du prieuré.

Le village de Monnet dans la combe d'Ain, au canton de Champagnole, a donné son nom à une ancienne et noble famille du département du Jura, qui possédait la vicomté de Salins, et dont notre prieur était membre. On trouve *Hugues de Munnet* témoin en 1115 dans une charte du prieuré de Vaux près Poligny; *Guy de Munnet* qualifié vassal de Guillaume d'Auxonne, comte de Bourgogne-Scoding en 1147; *Hugues* seigneur *de Munnet* en 1238; *Richard de Monnet* vicomte de Salins en 1276; *F. Pierre de Muguet* prieur de Brou (Ain) en 1367; etc... On lit aussi que le *Fief-Lige de Mugnet* fut cédé, en 1284, par Jean de Vienne, seigneur de Mirebel, à Jean de Chalon, comte d'Auxerre et seigneur de Rochefort. Les armoiries de Monnet étaient d'azur à six besants d'argent.

§ 2. Guy de Mugnet est le premier connu de nos prieurs qui ait porté un nom propre ou de famille, et un nom qui indique la noblesse. Aussi bien, ce ne fut que de son temps, c'est-à-dire, au commencement du douzième siècle, qu'on cessa de désigner simplement les individus par leurs noms de baptême et par ceux de leurs pères, comme Jean, fils de Pierre, etc... C'est alors aussi qu'on prit l'usage des noms patronymiques ou de famille, qui devinrent dès ce temps héréditaires. Ces derniers noms furent ordinairement tirés du lieu de la naissance, de celui de la résidence, du genre de profession, etc... Quant à la noblesse, elle avait été établie plus d'un siècle auparavant, en même temps que les fiefs, et il ne faut pas douter que le monastère de Gigny ne lui ait été destiné dès le principe. 1118

§ 3. On peut penser que Guy de Mugnet était déjà prieur de Gigny en 1132, lorsqu'un chapitre général fut tenu à Cluny pour réformer les règlements et statuts de l'ordre, et qu'il fut l'un des 200 prieurs qui y assistèrent. 1132

On peut penser aussi que, déjà de son temps, commencèrent les graves différends qui survinrent, dans ce siècle, entre le prieuré de Gigny et l'abbaye du Miroir. Ils furent tels, qu'ils mirent en émoi tous les monastères des ordres de Cluny et de Citeaux, et que, non-seulement saint Bernard et Pierre-le-Vénérable, deux hommes supérieurs de cette époque, y prirent une grande part, mais encore deux archevêques et surtout le pape lui-même. En voici l'historique dès le commencement.

§ 4. Le pape Honorius II étant mort le 14 février 1130 [26], quelques cardinaux, au nombre de vingt seulement, se

---

[26] Dans ce siècle, et dès la troisième race des rois de France, l'année ne commençait qu'à Pâques, ou plutôt le samedi saint après vêpres. Voilà pourquoi on lit dans une vieille charte: *Anno pene finito* 1010, *indictione* 9, *mense februarii*: Ce n'est que depuis l'ordonnance du roi Charles IX, rendue en 1564, que l'année a commencé au premier janvier, et même seulement depuis 1573 en Franche-

1132

hâtèrent de lui élire Innocent II pour successeur. Ils firent cette élection clandestinement et comme par surprise, avant que la mort d'Honorius fût publiée, sans appeler les autres cardinaux, et en se réunissant dans un local inaccoutumé. Ceux-ci, au contraire, au nombre de vingt-sept, qui passaient pour les cardinaux les premiers et les plus sages de l'église romaine, ayant appris le décès d'Honorius, procédèrent à l'élection de son successeur dans l'église accoutumée, et choisirent Anaclet II, qui avait été moine à Cluny. De là grand schisme, et Innocent, qui avait peu de partisans à Rome, fut obligé de s'enfuir et de se réfugier en France avec les siens.

§ 5. Les deux élus intriguèrent ensuite de part et d'autre pour se faire reconnaître par les souverains et par le clergé. Innocent se rendit à Clairvaux auprès de saint Bernard, dont il connaissait toute l'adresse et l'influence, et il le mit dans son parti. Aussi, cet homme éloquent plaida si chaudement en sa faveur et sollicita si heureusement, qu'il le fit reconnaître en France, au concile d'Étampes, malgré le vice évident de son élection. Ce pape voulut témoigner sa gratitude pour un si grand bienfait, et il offrit à l'abbé de Clairvaux les évêchés de Chalon-sur-Marne ou de Gênes qu'il

c. 53.

refusa. Mais par une lettre datée de Cluny, le 10 février 1132, et adressée à Étienne, abbé de Citeaux, ce souverain pontife accorda un privilége de dîmes à tout son ordre, statuant qu'aucune personne ecclésiastique ou séculière n'eût à se permettre d'exiger ni de recevoir de ses religieux les dîmes des terres cultivées de leurs mains et à leurs dépens, non plus que les dîmes de leurs bestiaux. Cette exemption qui valait mieux qu'un évêché fut acceptée, et on ne tarda pas d'en prendre jouissance.

Comté. Ainsi la mort d'Honorius arriva réellement en février 1131. On doit avoir égard à cette remarque, lorsqu'il s'agira dans cette histoire des mois de janvier, février, mars, et même avril, avant 1573.

§ 6. Un membre de l'illustre maison de Coligny avait fondé, le 5 septembre 1131, l'abbaye du Miroir de l'ordre de Citeaux, et lui avait cédé, non-seulement sa terre et sa forêt du Miroir, mais encore son vignoble de Gisia, avec droits d'usage et de pâturage dans ses autres bois. Cette donation avait été faite en présence de Renaud de Cuisia, de Milon de Beaufort, d'Aymon Lumbel de Cuiseaux, d'Humbert de Thoire, et de Girard de Chavannes.

1132
C. 52.

Or, les moines de Gigny ayant voulu percevoir, comme de coutume, leurs dîmes dans ces deux localités, ceux du Miroir s'y opposèrent en vertu du privilége concédé par Innocent à tout l'ordre de Citeaux. Les premiers insistèrent, poursuivirent le recouvrement des dîmes, et saint Bernard instruisit le pape du peu d'égards qu'ils montraient pour sa lettre de privilége [27]. Ce pontife en écrivit à Pierre-le-Vénérable, abbé de Cluny, dont dépendaient les religieux de Gigny, en fulminant une interdiction contre ces derniers, s'ils ne se désistaient dans un délai de quarante jours.

1133
C. 54, 55.

L'abbé Pierre [28] épousa d'autant plus chaudement la

---

(27) Saint Bernard enleva ainsi aux moines de Baume leurs droits sur le territoire de Vosci près d'Arbois, pour en enrichir l'abbaye de Balerne, fille de celle de Clairvaux et fondée en 1136.

(28) Pierre Maurice, dit le vénérable, fils de Maurice de Montboissier et de sainte Raingarde, naquit en Auvergne en 1093, fut élu abbé de Cluny en 1122, et mourut le 24 décembre 1156. Il n'a pas été canonisé dans les formes ordinaires, mais il est inscrit au nombre des saints dans quelques martyrologes, à la date du 25 décembre.

Pierre-le-Vénérable fut non seulement un des plus dignes et des plus célèbres abbés de Cluny, mais encore l'une des plus grandes figures du moyen âge et l'un des plus grands écrivains de son siècle, avec saint Bernard. Ces deux dignes athlètes eurent ensemble plusieurs démêlés très piquants. Le premier arriva en 1125, au sujet de la vie et de la discipline claustrale, dans les deux ordres de Cluny et de Citeaux; le second en 1133, à l'occasion des dîmes; et un troisième en 1138, à cause de la nomination d'un moine de Cluny à l'évêché de Langres. Il est très curieux de lire l'histoire des débats animés de ces deux célèbres et saints chefs de cénobites. On ne peut refuser

1133

cause des moines de Gigny, qu'elle était celle de l'ordre entier de Cluny, pour lequel il s'agissait de perdre la meilleure source de ses revenus. En conséquence, il écrivit, en manière de plaidoyers, trois lettres admirables de sentiment, de conviction et de pathétique, l'une au pape lui-même, l'autre au cardinal Aimeric, chancelier de la cour de Rome, et la troisième au chapitre général de Citeaux.

c. 4.

§ 7. Dans la première de ces lettres, il témoigne au pape combien sa décision est extraordinaire, et combien elle est préjudiciable aux religieux de l'ordre de Cluny. Il dit qu'aucune interdiction n'a encore été prononcée contre le moindre couvent de cet ordre, et qu'il y a lieu de s'étonner d'en voir une fulminée contre le grand monastère de Gigny; qu'on veut lui enlever des dîmes qu'il a perçues sans contradiction depuis plus de 200 ans; que l'ordre de Cluny a obtenu des papes précédents beaucoup de priviléges pour se dispenser de payer les dîmes; mais qu'il n'a jamais usé de cette faveur, parce qu'il était écrit : *Malheur à celui par qui le scandale vient;* qu'en conséquence et pour un bien de paix, il avait toujours payé les dîmes dues et non dues, non-seulement aux moines, aux chanoines et autres ecclésiastiques, mais encore à des laïcs et à des gentilshommes; qu'il est juste aussi qu'on paie à l'abbaye de Cluny les dîmes qui lui sont dues.

un haut talent et un grand esprit à tous les deux. Mais, n'en déplaise à mon bienheureux patron, l'éloquence de son adversaire était celle d'un cœur sincère et convaincu; il était modéré, calme, mesuré et raisonnable dans la controverse ; tandis que saint Bernard était passionné, véhément, amer, fougueux et irrité. La modestie chez l'abbé de Cluny n'était point un orgueil caché; la charité chez lui n'était point un vain nom, elle était toujours mise en action. C'était elle, s'écriait-il, qui était la grande loi des changements humains! Elle éclata avec toute sa douceur dans sa conduite à l'égard du malheureux Abailard, contrastant péniblement avec la manière toute vindicative de l'abbé de Clairvaux. Pierre Maurice observa et fit observer la discipline monacale, comme la nature humaine le permet, et non avec une rigueur excessive, par pure ostentation, pour se distinguer. Il fut étranger aux intrigues de la politique, de l'ambition, de la vengeance........

L'abbé Pierre ajoute qu'à la vérité il a fait don volontaire et par charité de quelques dîmes, en certains lieux, à ses frères de Cîteaux; mais que, grâce à Dieu, le nombre de ces derniers et des autres religieux s'est tellement multiplié autour des monastères de l'ordre de Cluny, que, si ce dernier cédait les dîmes à tous ces nouveaux venus, il perdrait la dixième partie de ses moines, lesquels mêmes, en certains lieux, seraient obligés d'abandonner leurs monastères. Il prie ensuite le pape de ne pas renoncer ses premiers enfants qui n'ont pas démérité, par amitié pour les derniers nés, et il termine en le suppliant de ne point empêcher la célébration de l'office divin à Gigny, le jour même de Noël, et de suspendre au moins son interdiction jusqu'à Pâques, afin qu'on puisse lui envoyer des sages négociateurs de ce différend.

§ 8. Dans sa lettre au chancelier Aimeric, l'abbé de Cluny garda encore moins de ménagements envers le pape. Après avoir reproduit la plupart des observations contenues dans la précédente lettre, après avoir parlé de la dignité de l'abbaye de Cluny et de la protection spéciale que le saint Siége lui avait accordée depuis sa fondation, il ajoute : De quel droit un pape peut-il dépouiller, non pas une église ou un monastère, mais un simple particulier? De quel droit peut-il prendre le bien de l'un pour le donner à l'autre, sans le consentement de celui auquel il appartient?... Mais, dit-on, en se faisant généreux du bien d'autrui, ceux de Cluny sont riches et ceux de Cîteaux pauvres!... Bien! Mais qu'on fasse attention : la richesse et la pauvreté sont relatives et non absolues; un pauvre dans sa chaumière est quelquefois plus riche qu'un roi sur son trône. Il faut comparer les revenus et les dépenses de chacun des deux établissements, pour juger lequel est plus riche ou plus pauvre. Or, le monde entier sait à quel usage Cluny emploie ses dîmes et ses revenus. Qu'on suppose encore cette plus grande richesse : est-ce donc une raison pour que les pauvres dépouillent les riches, au lieu de leur demander l'aumône? Parce que ceux de Cluny ont donné par charité quelques dîmes à ceux de Citeaux, s'ensuit-il que ces derniers puissent se les approprier par force?...

Après avoir ensuite témoigné son étonnement de la sentence prononcée contre les religieux de Gigny, sans les avoir appelés, sans les avoir entendus dans leurs moyens de défense, l'abbé Pierre ajoute que les moines de son ordre croyaient avoir mieux mérité du pape, en raison des sacrifices qu'ils avaient faits pour lui, et des bienfaits qu'ils ne voulaient point lui reprocher, mais qu'ils lui laissaient sur la conscience. Qu'il se rappelle, dit-il, que, par une faveur qui aurait flatté plusieurs de ses prédécesseurs, il a consacré de ses propres mains l'église de Cluny, et que maintenant il ne détruise pas lui-même son ouvrage. Ses nombreux ennemis continueront à nous insulter, comme ils ont déjà fait, en disant : Religieux de Cluny, voilà votre pape, celui que vous avez choisi, que vous avez même préféré à Anaclet, votre propre confrère; vous obtenez la juste récompense de votre conduite.... Enfin, Pierre-le-Vénérable termine cette lettre comme la précédente, en sollicitant un prompt sursis jusqu'à Pâques à la sentence d'interdiction, de manière que le monastère de Gigny ne soit pas privé de l'office divin le jour même de Noël [29].

§ 9. Dans sa lettre au chapitre de Citeaux, l'abbé de Cluny discute, comme dans les deux autres, la question des dîmes; il répond aux objections et finit par engager les religieux de cet ordre à renoncer à leurs prétentions. Vous perdrez,

---

(29) Pendant l'interdit, il était défendu de célébrer l'office divin, d'inhumer les morts en terre sainte, et d'administrer d'autres sacrements que le baptême. Le son des cloches cessait; on descendait les statues et les tableaux des saints dans les églises; on les voilait de noir; on les couchait, ainsi que les reliques, sur la cendre et les épines. Enfin tout prenait un aspect lugubre.

leur dit-il, plus en réputation que vous ne gagnerez en réalité. Tout le monde admirait votre détachement des richesses, et aujourd'hui vous voilà intéressés. Endurez plutôt votre pauvreté que de causer un semblable scandale.

§ 10. Le lecteur jugera facilement que les moines de Gigny étaient dans tous leurs droits, et que ceux de Citeaux voulaient les dépouiller injustement ; cependant, ils n'obtinrent pas satisfaction. Le pape, mû peut-être par une fausse honte, ne voulait pas revenir sur le privilége qu'il avait accordé par reconnaissance au profit de l'ordre de saint Bernard. Ce dernier, de son côté, aux risques de parler comme un tribun pour le partage des terres d'autrui, ne voulait pas renoncer aux grands avantages qui lui résultaient de ce privilége. Ainsi, sans qu'on sache quelles furent les suites et quelle fut la durée de l'interdiction prononcée contre Gigny, il est certain que cette question des dîmes ne reçut pas de solution satisfaisante, que les moines du Miroir ne les payèrent plus à ceux de Gigny, et qu'après le laps de plusieurs années, il s'en suivit un fâcheux événement.

§ 11. Les moines de Gigny, pénétrés de la bonté de leur cause, voyant qu'ils ne pouvaient obtenir, par les négociations, la restitution qui leur était due, se décidèrent à se rendre justice de leurs propres mains; ou plutôt, une indignation jusqu'à un certain point excusable les porta à exercer contre leurs spoliateurs une vengeance éclatante. En effet, en l'année 1150, ils firent détruire ou démolir de fond en comble, par leurs hommes, l'abbaye tout entière du Miroir, et en firent mettre les meubles au pillage.

§ 12. Cette grave voie de fait fut bientôt portée à la connaissance du pape Eugène III par saint Bernard, et ce souverain pontife, qui avait été disciple de ce dernier, ne tarda pas d'en écrire des lettres sévères à Pierre-le-Vénérable. Il lui enjoignit de faire estimer de suite les dommages et de donner satisfaction aux religieux de Citeaux ; que sinon il

1150 sévirait contre les coupables. Il ajouta qu'à cet effet il donnait à l'archevêque de Lyon le pouvoir d'appliquer les censures ecclésiastiques, si, dans le délai de vingt jours, on n'avait pas traité sur les pertes éprouvées.

1151
C. 56.
En conséquence, en l'année 1151, on en vint à des explications dans une réunion fixée à Cluny, où les moines de Gigny se rendirent, ainsi que saint Bernard qui représentait ceux du Miroir. Ces derniers évaluèrent leurs pertes à plus de 30,000 sols (environ 600 marcs d'argent, ou 30,000 fr. de la monnaie actuelle), consentant néanmoins à en rabattre beaucoup par sacrifice à la paix. Ceux de Gigny répondirent que le mal avait été fait par quelques mauvais individus de leurs gens, qu'eux-mêmes y étaient étrangers, et qu'ils déclinaient toute responsabilité. Néanmoins, par pure concession bénévole, ils offrirent une faible et insignifiante indemnité qui ne fut point acceptée. Saint Bernard soutint au contraire qu'il était notoire que ce grand attentat avait été commis par des gens d'église, que quelques moines y avaient assisté, et que tous les autres y avaient donné leur assentiment et en étaient complices.

C. 56.
On négocia inutilement pendant quatre jours sans pouvoir s'entendre; on se sépara ensuite sans avoir rien réglé, et saint Bernard en fit son rapport au pape, en lui déclarant que sa main puissante pouvait seule infliger la correction nécessaire et obtenir l'amendement désirable.

§ 13. On ignore quelle décision prit le souverain pontife, qui peut-être mourut sans avoir rien statué. On voit seulement que, par esprit de paix et en cédant à une sorte de violence, l'abbé de Cluny paya provisoirement à celui du Miroir une somme de 17,000 sols, monnaie de Lyon.

C. 57.

Cependant saint Bernard et le pape Eugène, son disciple, c'est-à-dire, deux hommes puissants opposés à la cause de Gigny, étant morts en 1153; et, d'un autre côté, Héraclius de Montboissier, frère de Pierre-le-Vénérable, étant devenu

CHAPITRE X.

à la même époque, archevêque de Lyon et légat du saint Siége en France, les chances devinrent plus favorables à nos moines. L'abbé de Cluny et celui du Miroir, nommé Eustorge [30], se rendirent donc, en 1154, auprès du nouveau pape Anastase, pour faire juger leurs différends. Or, ce pontife ayant écouté et pesé en plein conseil les plaintes et observations des parties, condamna l'abbé du Miroir à rendre à celui de Cluny les 17,000 sols qu'il en avait obtenus par violence. A l'égard des dommages réclamés aux moines de Gigny, il en ordonna la réparation au jugement de son légat en France. Cette sentence mécontenta l'abbé Eustorge, qui partit incontinent, sans en demander la permission. C'est pourquoi, le pape adressa, quelques mois après, aux archevêques de Lyon et de Besançon [31], une bulle qui leur faisait connaître sa décision et qui statuait en même temps que, si cet abbé n'acquittait pas, dans un délai fixé, le montant de la condamnation, il se trouverait, ainsi que son prieur, sous le poids de l'excommunication et de l'interdit.

Ce fut en conséquence de ces dispositions qu'en 1155 les moines du Miroir rendirent à Cluny 11,000 sols sur les 17,000 [32] qu'ils avaient reçus de Pierre-le-Vénérable. En même temps, par la médiation de l'archevêque Héraclius et de Henri, évêque de Winchester [33], ils terminèrent leur dif-

1151

1154
C. 57.

C. 58.

1155
C. 59.

---

(30) Cet abbé est encore connu par une charte de 1151 ; mais il ne faut pas le confondre avec Eustorge, premier abbé de Saint-Rigaud, dans la commune actuelle de Ligny en Brionnais, mort en 1072.

(31) L'abbaye du Miroir ayant toujours dépendu du diocèse de Lyon, ainsi que celle de Gigny, on ne comprend pas pourquoi cette bulle fut aussi adressée à l'archevêque de Besançon.

(32) La charte qui constate ce fait est remarquable en ce qu'elle est une des premières où l'on trouve des chiffres arabes. Ceux-ci y sont même mélangés aux chiffres romains, pour désigner un nombre composé, X7 pour XVII ou 17 ; ce qui indique l'époque de transition de l'usage des uns à celui des autres. On croit que Gerbert, archevêque de Reims, mort pape en 1003, sous le nom de Sylvestre II, a introduit d'Espagne en France les chiffres arabes.

(33) Cet évêque d'Angleterre, grand ami de Pierre-le-Vénérable, était frère

1155 férend par un traité dont les conditions furent en outre
1.º qu'à l'avenir, les religieux du Miroir paieraient à ceux
de Gigny, en remplacement des dîmes, une rente annuelle de 70 sols, monnaie de Lons-le-Saunier (34); 2.º que dès

du roi Etienne, après la mort duquel il se retira à Cluny avec ses trésors, en fu
un bienfaiteur et y mourut en 1173.

(34) D'autres chartes parlent encore de la monnaie de Lons-le-Saunier, e
1152, 1176, 1185, 1199, 1204, 1270, 1291, 1341, 1356 et 1363. Les cabinets,
notre connaissance, n'en contiennent aucune pièce; mais on voit qu'en 129
cette monnaie devait être comme le denier *parisis*, au titre de quatre deniers
12 grains, et à la taille de 221 au marc. Une de nos chartes de l'an 1356 prouv

C. 108. qu'alors elle n'avait plus cours, et que le sol de Lons-le-Saunier valait quatr
sols estevenants de Besançon. Le droit de frapper monnaie n'appartient qu'a
souverain de Besançon, qui, au moyen âge, le concéda à beaucoup de barons,
prélats et d'établissements religieux, desquels il fut racheté assez généralemen
dans le xiv.e et le xv.e siècle. Guillaume d'Auxonne, consul des Bourguignon
et comte de Vienne, de Mâcon et de Bourgogne-Scoding, exerça le premier
droit à Lons-le-Saunier, dès l'année 1149, mais probablement par une espè
d'usurpation. Après lui, l'empereur Frédéric Barberousse, prince souverain
la Franche-Comté, à cause de son mariage, puis Etienne d'Auxonne, petit f
de Guillaume et comte de Bourgogne-Scoding, continuèrent à y frapper mo
naie, ainsi que Jean de Chalon, fils d'Etienne et leurs successeurs. Ces dernie
en obtinrent la faculté des empereurs Rodolphe et Albert. Ces mêmes princ
de la maison de Chalon faisaient aussi battre monnaie à Orgelet dans le xiv
siècle, par concession de l'empereur Charles IV; mais à ce sujet ils furent e
communiés plusieurs fois par les archevêques de Besançon.

Les abbayes de Cluny, Déols, Massay, Souvigny, Saint-Claude et Tournu
avaient aussi obtenu le privilége de frapper monnaie, mais on ne trouve pas qu
le monastère de Gigny l'ait jamais eu. Les cabinets des curieux renferme
des pièces de Cluny, de Souvigny et de Tournus, et l'auteur de cette histoire
eu l'occasion d'en voir lui-même.

La monnaie de Cluny était plus forte que la monnaie *parisis*, et avait cou
dans le Mâconnais et le Chalonnais, peut-être aussi dans toute la Bourgog
D'un côté elle portait l'empreinte d'une clef avec l'inscription *Petrus et Pa
lus*; de l'autre celle d'une croix avec la légende *Cenobio Cluniaco*.

La monnaie de Souvigny offrait d'une face l'effigie de saint Mayeul, avec s
bâton pastoral, et l'inscription *Scs. Maiolus*, et au revers *de Silviniaco*.

Enfin celle de Tournus présentait aussi une croix sur une face, avec l'in
cription *Tornucio Cast.*, et sur l'autre un monogramme ou une petite tête e
tourés de la légende *Scs. Valerian.* ou *Scs. Philibert.*}

CHAPITRE X.

lors aussi, ils auraient droit de faire pâturer sans dommage leurs bestiaux sur les terres de ceux de Gigny, et que réciproquement ceux-ci auraient le même droit sur les terres de ceux du Miroir ; 3.° que chaque monastère contraindrait ses hommes à réparer les dommages ou injures qu'ils auraient pu commettre contre l'autre ; 4.° qu'ils se feraient tradition réciproque des malfaiteurs transfuges ; 5.° enfin, qu'en cas de nouveaux différends, les mêmes évêques en seraient arbitres.

1155

Cette transaction fut faite à Cluny, le 2 mars 1155, confirmée le même jour en plein chapitre, et revêtue des sceaux de l'archevêque Héraclius, de l'évêque Henri, de Pierre, abbé de Cluny, d'Eustorge, abbé du Miroir, et de Guy de Mugnet, prieur de Gigny (35).

(35) Cette charte est la première où il soit question d'un sceau relatif au monastère de Gigny. On retrouvera bientôt des sceaux mentionnés dans des titres de 1204, 1213, 1219, 1226, 1227, 1238, 1244, 1346, 1255, 1279, 1294, 1310 et 1356. L'apposition de ces sceaux suffisait pour donner l'authenticité aux actes, et leur usage n'est tombé en désuétude que dans le xiv.e siècle, par l'institution des notaires. Dans les grands monastères, comme celui de Gigny, il y avait ordinairement plusieurs sceaux, celui de l'établissement et celui de chacun des dignitaires. Le premier était toujours le même, mais les autres variaient avec les individus qui étaient revêtus des dignités. Ceux-ci offraient ordinairement pour légendes les noms et qualités des dignitaires ou officiers claustraux, et le plus souvent les armes de leurs maisons, s'ils étaient nobles. Le sceau de l'abbé ou chef du couvent n'offrait pas d'autre distinction, excepté que quelquefois il représentait un abbé en costume avec le bâton pastoral à la main.

Le sceau du prieuré de Gigny, dans le xiii.e et le xiv.e siècle, tel qu'empreint sur de la cire, il est encore attaché à des chartes qui se trouvent aux archives de Besançon et de Lons-le-Saunier, était rond et d'un diamètre un peu plus grand que celui d'une pièce actuelle de cinq francs. Il offre l'effigie de saint Taurin en costume d'évêque, tenant une crosse de la main droite et le livre de l'évangile de la gauche. Autour, on lit l'inscription : † *Sigill. Sci. Taurini Gigniaci.* Ce sceau n'étant plus mentionné dans nos chartes postérieures au xiv.e siècle, il est à croire, comme il a été dit, qu'on ne s'en est plus servi depuis l'institution des notaires. Mais d'après la bulle de sécularisation du prieuré et après l'année 1768, le chapitre de la noble collégiale en fit graver un nouveau. Il était de forme ovale, moins grand que l'ancien, et portait la légende: *Sigill. prænobilis Capituli*

Fig. 1.

Fig. 2.

1155

§ 14. Ainsi fut terminée la question des dîmes et la querelle qui s'en était suivie entre Gigny et le Miroir. Mais cette question resta la même à l'égard des autres établissements monastiques. Elle ne fut résolue qu'en l'année 1215 par un canon du concile général de Latran, qui disposa que, nonobstant tous les priviléges, les moines de l'ordre de Citeaux paieraient les dîmes des terres qu'ils acquerraient par la suite, lorsque ces terres y seraient sujettes. En consé-

Gigniacensis. Au milieu, était un écusson où se trouvait figuré un agneau tenant entre ses pieds antérieurs une longue croix garnie de deux rubans flottants. Au dessus de cet écusson, deux clefs de saint Pierre étaient posées en sautoir.

L'auteur de cette histoire a vu aussi, aux mêmes archives, l'empreinte de sceaux très ovales de trois anciens prieurs de Gigny, de *Guillaume* en 1279 ; de *Mayeul de Rebucin* en 1310, et de *Jean de la Grange* en 1356. Sur le premier est représentée la Vierge tenant l'enfant Jésus, avec une fleur de lys à droite et une étoile à gauche, et l'inscription : *S. Guillelmi prioris Gigniaci*. Sur le second, on voit un oiseau tenant une fleur en son bec, et la légende : *S. Maioli prioris Gign.* Le troisième offre l'effigie probablement de saint Étienne assis, vêtu en pontife, avec une auréole, tenant une palme de la main gauche, et ayant l'avant-bras droit avec les deux doigts de la main dans une position verticale. L'inscription n'existe plus.

Quant aux officiers claustraux de notre prieuré, on trouve que deux au moins d'entre eux, le chambrier et le sacristain, avaient chacun un sceau. Nous n'avons pas vu celui du chambrier de 1336, mais bien celui d'Étienne de Châtillon, sacristain en 1310. Or, ce dernier était rond, assez petit, représentant aussi un agneau ou *aignel*, tenant une croix à laquelle était attaché un guidon, avec l'inscription : *S. Stephan. Castilionis sacriste Gign.* On ne peut guère douter que les autres officiers claustraux n'aient eu également chacun un sceau particulier, surtout le prieur cloîtrier, l'aumônier et l'ouvrier. En effet, dans ce moyen âge, l'usage des sceaux était comme général en place des signatures, et chaque curé, par exemple, avait le sien dont l'écusson portait un emblème ou une figure arbitraire. Ainsi, on verra bientôt que celui de Jacques de Gigny, curé d'*Epy*, offrait, en 1300, la représentation d'une main tenant quelques *épis* de blé. Au reste, à l'égard des figures, emblèmes ou armoiries de ces sceaux, nous ajouterons ici qu'un auteur très grave (*N. de Peiresc*) a pensé que c'était depuis la croisade contre les Albigeois, en 1206, qu'on avait frappé des monnaies d'or à l'*aignel* ou au *mouton*, et que le clergé de France, aussi bien que plusieurs églises, avaient mis dans leurs armes l'agneau ou *aignel* qui était figuré sur les drapeaux des chefs de cette armée de croisés.

Fig 1ère   Page 50

1279 — 1356

Fig 2ᵉ

1785

L. Monnier del.   Lith de Fred Gauthier

quence, le privilége ne fut rapporté que pour l'avenir, et il fut maintenu à l'égard des biens dépendants déjà de l'ordre. 1155

§ 15. Ce fut sans doute encore sous le prieur Guy de Muguet, un an environ après l'arrangement de l'affaire du Miroir, qu'un incendie accidentel réduisit en cendres tout le village et le monastère de Gigny. Quelques maisons seulement, avec l'église, ne furent point atteintes, et, pour obtenir des secours réparateurs d'un tel désastre, on porta en procession, en l'année 1158, les reliques de saint Taurin à Cluny, Mâcon, Lyon, etc. Mais il en sera parlé plus en détail dans le chapitre spécialement consacré à ce saint patron. 1157 C. 60. 1158

§ 16. Le pape Adrien étant mort en 1159, Alexandre III fut désigné pour son successeur; mais, par l'influence de l'empereur Frédéric Barberousse, on lui opposa au concile de Pavie un concurrent, autrement un antipape dans la personne de Victor IV. L'abbé de Cluny ayant refusé de reconnaître Alexandre, celui-ci excommunia tous les monastères de l'ordre et dès-lors celui de Gigny, dont Guy de M. pouvait être encore chef. Ce schisme ne cessa qu'en 1161, année du concile de Toulouse, où Alexandre fut reconnu. Hugues de Montlhéry ou de Frazan, abbé de Cluny, abdiqua alors et se retira au monastère de Vaux-sous-Poligny, dépendant, ainsi que Gigny, des états de Frédéric, où il mourut sous sa protection, en 1164 environ. 1159 1161

CHAPITRE XI.

D'ANDEL, prieur.

On ignore quel a été positivement le successeur de Guy de Muguet; mais il est possible que le prieur d'*Andel* l'ait

1161 immédiatement remplacé. Ce dernier titulaire n'est même connu que par un inventaire des titres de Gigny, pour
1176 avoir donné en 1176, à l'abbaye de Balerne, tout ce que l'église d'Ilay possédait au vallon de Chambly. Cette indication laisse certainement beaucoup à désirer, mais elle n'en est pas moins précieuse, à cause du prieuré d'Ilay qui dépendait déjà de Gigny et dont il sera parlé dans un chapitre particulier.

Ce prieur était-il de la maison d'*Andelot*, déjà branche en 1158 de celle de Coligny?

CHAPITRE XII.

AYMON, prieur.

Garde du prieuré. — Murs et portes de Gigny.

1191 § 1. Nous sommes arrivés à une époque où les établissements religieux avaient beaucoup à souffrir, soit des guerres que les princes se faisaient entre eux, soit des vexations ou brigandages que les seigneurs exerçaient contre de pauvres cénobites sans défense, dont ils convoitaient les richesses. Ces petits tyrans, que le pouvoir royal très affaibli n'avait presque pas la force de contenir, rançonnaient les religieux, les faisaient prisonniers, ravageaient leurs terres, usurpaient leurs biens, massacraient leurs hommes ou serfs, pillaient leurs églises, etc... Deux comtes de Chalon, père et fils, du nom de Guillaume, un comte de Mâcon nommé Girard, Humbert IV, sire de Beaujeu, et Joceran, sire de Brancion, se signalèrent surtout dans ce temps par ces lâches expéditions, tant contre les abbayes de Cluny et de Tournus que contre les églises de Chalon et de Mâcon. Leurs excès vinrent même à un tel point que les deux rois Louis-le-Jeune et Philippe-Auguste furent obligés de venir cinq fois à la tête de leurs armées en 1161, 1166, 1171, 1180 et 1185, pour les mettre à la raison.

1191

Des brigandages analogues avaient lieu aussi dans le comté de Bourgogne, où les prétentions à la souveraineté du pays par Othon, duc de Méranie, et par Étienne II, tous deux comtes de Bourgogne, entretinrent si long-temps la guerre civile. Les seigneurs, ayant pris parti pour l'un ou l'autre des prétendants, se fortifièrent contre les invasions de leurs ennemis, et on pense avec raison que c'est alors que furent construits la plupart de ces châteaux forts si multipliés dans le département du Jura et dont on voit encore les ruines aujourd'hui (36).

§ 2. Les moines, troublés continuellement et harcelés dans leurs cloîtres par tous ces guerroyeurs, se virent obligés, dans les 11.ᵉ, 12.ᵉ et 13.ᵉ siècles, de se mettre sous la protection, *garde* ou *avouerie* de quelques-uns de ces princes ou seigneurs un peu puissants. Or, cette protection était accordée ou consentie à diverses conditions. Quelquefois elle l'était au moyen d'une somme une fois payée au protecteur. D'autres fois c'était à raison d'une redevance de corvées, ou d'une rente annuelle et rachetable d'argent, d'avoine, de cire ou autres objets. Mais, le plus souvent, les moines n'obtenaient cette protection qu'en donnant la moitié de

---

(36) Telle est l'opinion de Paradin et de Gollut, confirmée par ce qui a déjà été dit (*Not.* 5.) au sujet du château de Montaigu, et par ce qui le sera bientôt à l'égard de ceux de Montfleur et de Saint-Laurent. Cependant, M. *Clerc* fait déjà remonter leur établissement aux invasions des Normands et des Hongrois, ainsi qu'aux règnes tumultueux de Boson, de Rodolphe, etc. Ce qui est certain, c'est que le château de Coligny existait déjà en 945 et 974. Quant à la Bourgogne, l'abbé *Gandelot* dit que, dans le Beaunois, la plupart des châteaux forts ne furent bâtis que vers le milieu du xiv.ᵉ siècle, lorsqu'après la bataille de Poitiers, les Anglais entrèrent en Bourgogne, et lorsqu'ensuite les *Tard-Venus* pillèrent le pays.

1191 leurs biens à un seigneur qui s'engageait à défendre l'autre moitié. On appelait cette cession ou donation à titre onéreux, un *acte d'association*, un *acte de pariage*. On en trouve de tels pour Saint-Rambert en 1066, Cluny en 1196 et 1236, Chaux en 1173, Romain-Moutier en 1181, Baume en 1200 environ, Saint-Pierre de Mâcon en 1208, Saint-Claude en 1216, 1264 et 1299, Ogny en 1243, Ambronay en 1282, Lure en 1299, etc., etc.

§ 3. C'est par de semblables actes d'association qu'en 1191 et 1192, notre prieur *Aymon* plaça une partie des biens du monastère de Gigny sous la protection et garde d'Étienne II, comte de Bourgogne (37).

C. 61. Dans la première de ces années, il céda à ce prince le lieu de *Montfleur-sur-Suran* (38), pour y établir une forteresse et une ville libre ou franche, à la condition que la moitié des revenus, ainsi que la moitié des bénéfices à retirer de ces nouveaux établissements, appartiendrait à l'église de Gigny. Les amendes furent déclarées communes et partageables par moitié entre le comte et les religieux ; mais les dîmes et autres redevances ecclésiastiques furent réservées en entier à ces derniers. Il ne fut pas permis non plus au comte de retirer quelqu'un ou de percevoir le droit de gîte,

---

(37) Ce comte, trop peu connu de la plupart des lecteurs, était membre de la branche cadette des comtes de Bourgogne, fils d'Étienne I, mort en 1174, neveu de Gérard, comte de Vienne et de Mâcon et sire de Salins, petit-fils de Guillaume d'Auxonne et de Poncette de Traves, et arrière-petit-fils d'Étienne, dit *Tête-Hardie*, comte de toute la Bourgogne. Étienne II, ainsi que son père et son aïeul, fut comte d'Auxonne et de la Franche-Comté méridionale, tandis que Othon de Méranie, époux de l'héritière de la branche aînée, était comte du restant de cette province. Il devint encore comte de Chalon, en 1188, par son mariage avec Béatrix de ce nom, d'où naquit le célèbre Jean, comte de Chalon et de Bourgogne, puis sire de Salins. Il fut long-temps en guerre avec Othon qui lui contesta et lui fit quitter quelque temps le titre de *comte de Bourgogne*. Il y eut un premier traité de paix entre eux en 1211, et un second en 1227. Étienne mourut en 1241.

(38) La charte dit *Monteux-sur-Soran*, sans doute par erreur de copiste.

sans leur consentement. A l'égard du village de *Marlia* (39), il fut dit que le droit d'habitation à exiger appartiendrait par moitié aux contractants, à la réserve en faveur des moines de Gigny d'une rente de six deniers et un minot d'avoine par chaque manouvrier, et de douze deniers et aussi un minot d'avoine par chaque cultivateur tenant des bœufs.

Le prieur Aymon, du consentement de tous ses religieux, céda de la même manière au comte ce qui leur appartenait dans les villages de *Monnetay, Morges, Lancette, Leyns, Pouilla, Villechantria, Broissia, Avenans* (40), *Morval, Florentia, Nantel, Montceyria* et *Augisel*. La cession comprend encore d'autres lieux moins connus ou plus difficilement reconnaissables aujourd'hui, comme *Moysia* (41), *Sainte-Fontaine* (42), *Chichivère* (43),

(39) S'agit-il ici de *Marcia*, hameau de Joudes, où le monastère de Gigny a eu jusqu'à la fin la dîme et des fonds censables, même la seigneurie jusqu'en 1557 ? Cependant, ce lieu dépendait au xii.e siècle de la sirerie de Coligny, et il se trouve éloigné de la vallée de Suran.

(40) *Avenans*, hameau de la commune actuelle de Morval, était autrefois un gros village, avec tour féodale et justice, réduit maintenant à deux *granges* ou deux simples domaines. — Dans le xvii e et le xviii.e siècle, on trouve les Michaud, sieurs de la Tour d'Avenans, dont l'un acheta en 1710 la seigneurie de Cressia, et en 1711 la justice à Avenans, laquelle lui fut cédée par le seigneur d'Andelot.

(41) On peut présumer que *Maysia* était l'ancien nom du village de *la Pérouse*, dont une localité porte encore cette dénomination. Il en sera de nouveau question plus tard.

(42) M. Monnier pense que c'était l'ancien nom de la *Balme d'Epy*, parce que les habitants de ce lieu dénomment encore ainsi la source qui sort de leur belle *baume* ou grotte. Les religieux de Gigny, en effet, y ont toujours perçu la dîme, et les détails topographiques contenus sur cet ancien lieu, dans une de nos chartes de 1227, confirment assez cette opinion. En 1306, Étienne de Coligny, seigneur d'Andelot, tenait en fief de la comtesse de Bourgogne la moitié de Montagny-le-Templier et de Sainte-Fontaine.

(43) On pourrait croire qu'il s'agit de *Montagna-le-Templier*, dont une localité s'appelle encore *Chevire* ou *Chevière*, et où nos moines avaient aussi la dîme et le patronage. Cependant cette commune portait déjà le nom de *Montagny* dans la charte de 1227 précitée, et rien ne prouve que le finage cultivé de Chevière ait jamais été un lieu habité. Il n'est pas probable non plus, à cause

1191   *Expernia* [44], *Exvens* [45], *Dompierre* [46], *La Chiria* [47], *Samonat* [48], *Crameria* [49], et *Loyon* [50].

Le comte Étienne, en raison de cette avantageuse donation, promit et jura de défendre tous les biens et dépendances du prieuré et spécialement les *Foires* de Gigny. Il promit, en outre, de ne jamais aliéner de ses mains les biens ou droits concédés. Enfin, ce prince de son côté, et les religieux du leur, se jurèrent réciproquement fidélité pour le château de Montfleur.

1192
C. 62.

§ 4. En l'année 1192, le prieur Aymon, de concert avec Rodolphe, prieur de Saint-Laurent-la-Roche, stipula un autre acte d'association avec le même comte Étienne, pour

de l'éloignement, qu'il s'agisse de *Chichevière*, aujourd'hui *Saffre*, hameau de Frontenaux, qui était un ancien fief honorifique relevant de Gigny.

(44) C'est l'*Epérigna*, hameau actuel de Montfleur, autrefois plus considérable, désigné dans la charte de 1227 sous le nom d'*Esperniei*

(45) La même charte parle encore du village d'*Esvens*, qui est probablement le même que celui qu'on nomme aujourd'hui *Pont-des-Vents*, au bas de Montfleur.

(46) Sans doute *Saint-Pierre*, actuellement hameau de Montfleur, autrefois commune distincte dont l'Epérigna faisait partie.

(47) Peut être *Civria* ou *Lanéria*.

(48) Il n'est pas à croire que ce soit *Samognat* près d'Isernore et de Matafelon en Bugey, trop éloigné des autres lieux, et où le monastère de Gigny n'a probablement jamais possédé de droits.

(49) Serait-ce *Lanéria* ?

(50) On pourrait penser que *Loyon* était autrefois le village actuel de *Louvenne* ou *Louenne*, *Loueyne*, peut être aussi appelé par corruption de l'ancien nom. Cependant, il est constant que, dans un titre de 1300, il est fait une mention distincte de Louenne et de Loyon. Il est certain aussi que l'antique église de Loyon existait au sud de Louvenne, sur un côteau aujourd'hui en pâquier, près du *Bief-sous-la-Tour*, et à matin d'une prairie qu'on appelle encore *Sous-Lion*. Mais cette église était probablement isolée, et rien n'établit qu'un village ait jamais existé dans son voisinage. Elle a été réunie à celle de Louvenne, à la fin du xviie siècle, et est tombée en ruines dans le xviiie Maintenant, à peine en retrouve-t-on l'emplacement qui dépend du territoire actuel de Saint-Julien. Il en sera encore question dans le cours de cette histoire.

Le dénombrement de tous les lieux dont il vient d'être parlé donne-t-il une idée du patrimoine même de Bernon ?

ce prieuré rural membre de celui de Gigny. Les prieurs se réservèrent également en propre les droits ecclésiastiques, les oblations, dîmes, sépultures, prés, maisons, condamines, la tâche des meix (51), et la moitié des cens et autres revenus du village (52). Ils réservèrent aussi que les gens de la mense prieurale ne seraient point amendables du comte. Celui-ci, de son côté, se retint, avec l'autre moitié des cens et revenus, la justice, ainsi que les amendes et droits dûs pour vols, adultères, meurtres et crimes commis sur les grands chemins. Quant aux autres amendes, elles restèrent communes et indivises par moitié entre les associés, de manière que le prévôt de l'un d'eux ne pourrait en traiter ni s'en départir sans le consentement de l'autre. Enfin, le comte et le prieur se jurèrent fidélité réciproque pour le château de Saint-Laurent, avec déclaration que chaque nouveau préposé du comte renouvellerait ce serment de foi envers le prieur.

Dans cette charte, il n'est pas dit que le comte Étienne serait chargé de la garde du monastère; mais on doit l'entendre ainsi, car il ne pouvait pas veiller à ses propres droits, sans veiller également à ceux des religieux, en grande partie indivis avec les siens.

§ 5. Le comte Étienne ayant encore fait, en 1226, comme nous le verrons bientôt, de concert avec Jean de Chalon son fils (53), un acte semblable d'association protectrice, pour

1192

C. 69.

---

(51) La *tâche des meix* était le droit de lever, outre la dîme, la vingtième gerbe; elle se confondait peut-être avec la *gerberie*.

(52) Cette moitié de revenus fut évaluée par la suite à huit pareils ou bichets de froment et huit d'avoine, autrement 64 mesures du premier et 96 de la dernière, que les religieux de Gigny ont toujours perçues et prélevées sur les greniers du château de Saint-Laurent.

(53) Jean de Chalon, dit le *Sage* ou l'*Antique*, fils d'Étienne et de Béatrix, fut le dernier comte de Chalon, à cause de l'échange qu'il fit, en 1237, avec le duc de Bourgogne, de ce comté contre la seigneurie de Salins. Par cet échange, il se réserva la qualité de comte de Chalon pour lui et le nom de Chalon pour ses successeurs. Il mourut en 1267.

1192

C. 86

C. 94

Cressia et son château, avec le prieur Ponce, successeur d'Aymon, il devint dès-lors le protecteur et le gardien d'une grande partie des biens du monastère de Gigny situés en Franche-Comté. Son célèbre fils, en 1264, ratifia et renouvella ces trois chartes, et succéda à son père, au même titre. Quinze ans plus tard, le prieur Guillaume et ses religieux reconnurent que le comte d'Auxerre, seigneur d'Orgelet, avait légitimement le même droit de garde de leur prieuré que Jean de Chalon, comte de Bourgogne, son père, et qu'il en était en bonne possession, sans pouvoir néanmoins commettre de prise ni d'exaction. Dès-lors, tous les princes de la maison de Chalon ou de Nassau qui, après lui, furent seigneurs d'Orgelet, même les princes d'Isenghien, dont l'un avait acquis cette baronie [54], en 1684, comme créancier de la maison de Nassau, furent gardiens ou protecteurs du monastère de Gigny. Aussi, lit-on, dans un ancien livre de fiefs, que la *garde du prieuré de Gigny* est mise au nombre des fiefs de la seigneurie d'Orgelet, possédée par la maison de Chalon [55]. D'un autre côté, dans le dénombrement qu'un membre de cette riche et célèbre maison présenta, en 1390, à Philippe-le-Hardi, duc et comte de Bourgogne, de la baronie d'Orgelet, il fut dit que *la garde et la souveraineté du prieuré de Gigny et de ses dépendances situés dans la baronie ressortissaient au château d'Orgelet, même celle du prieuré de Chatonnay*, membre de Gigny. Enfin, le prince d'Isenghien, dans son dénombrement de 1738 et de 1757, en dit autant.

Au reste, ce droit de garde et de souveraineté était limité par les conventions de 1191, 1192 et 1226, et il fut jugé, en 1326, que Jean de Chalon, comte d'Auxerre et de Tonnerre,

---

(54) De la baronie d'Orgelet dépendaient les châteaux d'Aliéze, Saint-Amour, Arinthod, l'Aubépin, Chambéria, Cressia, Dramelay, Saint-Julien, Marigna, Montfleur, Saint-Laurent, Nancuise, Presilly, Vallefin, Vuechâtel, etc.

(55) *Dunod.* Hist. du C. de Bourgogne. Preuv. p. 607.

et seigneur d'Orgelet, n'avait pu recevoir en sa garde, sans l'expresse volonté des religieux, des hommes dépendants du prieuré de Gigny.

1192

§ 6. Quant à la garde des biens de ce monastère situés ailleurs que dans le département du Jura, elle appartenait aux princes souverains des divers lieux, ou aux seigneurs qui les représentaient dans les derniers temps. Ainsi, on voit, par des titres de 1416, 1503 et 1563, que celle du prieuré de Donsurre, autre membre de celui de Gigny, était réclamée par le seigneur de Coligny et par celui de Saint-Trivier, et que, pour cette cause, le prieur du lieu devait à ce dernier deux livres de cire. On lit aussi dans un autre terrier de 1504 et dans un ouvrage historique (56), que le monastère de Gigny devait, aussi bien que celui du Miroir, dix livres de cire pour droit de garde au duc de Bourgogne, et dans les derniers temps au roi de France comme seigneur de Sagy. Le prieuré de Gigny payait encore en 1760 la valeur de cette cire à l'église de Sagy. C'était sans doute à cause des biens qu'il possédait dans la châtellenie de ce nom et notamment dans le canton actuel de Cuiseaux qui en dépendait (57).

§ 7. A la garde du monastère de Gigny se rattachaient sans doute les *murailles*, les *fossés*, et les trois *portes* de ce bourg. Si l'on en croyait une charte de 1517, les premières auraient été presque contemporaines de l'abbaye; mais les

C. 126.

---

(56) *Courtepée*. Descript. de Bourg. Tom v, p. 65. 72.

(57) La châtellenie de *Sagy* comprenait : 1.º les deux cantons tout entiers de Beaurepaire et de Cuiseaux ; 2.º la commune de Sainte-Croix dans celui de Montpont ; 3.º partie de la commune de Simard dans celui de Montret ; 4.º parties des communes de Frangy et de Saint-Germain-du-Bois dans celui de ce dernier nom ; 5.º enfin les communes de Saint-Usuge, Vincelles, Montagny, Ratte, Château-Renaud et Bruailles dans celui de Louhans, y compris la moitié orientale de cette ville, dont l'autre moitié dépendait de la châtellenie de Cuisery. Selon une charte de 1387, le *puits* dit *de la Girarde*, au milieu de cette ville, formait la limite de ces deux châtellenies royales.

1192 vieillards de nos jours ne parlent que par tradition confuse de la muraille qui longeait le chemin au sud de Gigny. Il est certain, en effet, qu'elle était déjà démolie lors de la confection du terrier de 1691, mais qu'à cette époque le *fossé* existait encore en partie. On constata toutefois en 1772 quelques vestiges d'un mur attenant à la porte méridionale et se dirigeant à l'orient. Aucun souvenir ne reste des autres murailles.

Quant aux *portes*, les vieillards ne parlent non plus que par tradition de deux d'entre elles que rien n'indique Plan A. maintenant, mais dont l'une fermait le chemin venant de Plan B. Pymorin et d'Orgelet, et l'autre celui de Graye et Cuiseaux. Les maisons au nord-est de la première composaient le *faubourg de la Creuse* (58), et celles à l'ouest de la seconde constituaient le *faubourg du Moulin*. Il y avait un troisième chemin essentiel à intercepter ; c'était celui de Saint-Julien, lequel en Plan C. effet était fermé par une troisième porte qui subsiste encore de nos jours. Celle-ci, appelée *porte de buis* ou *de bouis* (59), a été reconstruite en 1776 telle qu'elle est. Couverte en Fig 3. laves ou pierres plates, elle a une largeur de près de sept mètres, sur une hauteur un peu moindre et une épaisseur de plus d'un mètre. Son portail intérieur a quatre mètres de largeur et de hauteur. En dedans et au nord était un autre portail de mêmes dimensions que celui de la porte elle-même, entièrement composé d'un seul rang de pierres de taille presque cubiques, démoli depuis peu d'années, et séparé de la vraie porte par un espace de quinze centimètres

---

(58) Ces maisons portent encore cette dénomination qui signifie une montée, une rampe, un chemin rapide et *creusé* par les eaux.

(59) D'où dérive ce nom déjà usité en 1691 ? Serait-ce du voisinage d'une famille *Dubuis* qui existait à Gigny dans le XVII.ᵉ siècle ? Serait-ce plutôt parce qu'on passait sous cette porte pour aller à la *Côte-des-Buis*, en suivant la *Charrière-du-Rattier*, usurpée en 1666, et en traversant la rivière sur le *Pont-de-la-Pierre*, détruit depuis long-temps ?

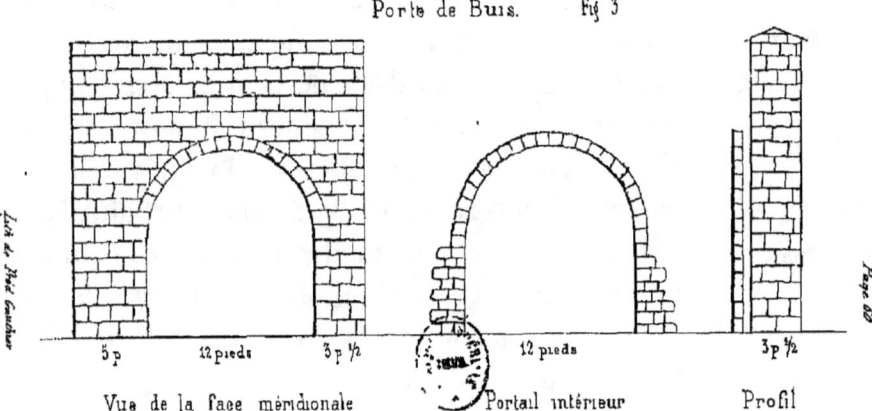

CHAPITRE XII.

seulement. Cet espace paraissait destiné à loger ou recevoir l'huis ou lourde porte d'une seule pièce que, par des poulies ou leviers, on aurait hissée ou abaissée à volonté, comme un guichet dans ses rainures. Cependant, il résulte du témoignage des vieillards que ce mode de fermeture n'a jamais été usité, et l'inspection du monument ne donne pas lieu de le penser. Pourquoi cette porte seule a-t-elle été reconstruite en 1776 ? Je l'ignore.

1192

L'ancienne *porte de bouis* qui existait avant celle d'aujourd'hui, et qui est mentionnée dans le terrier de 1691, était réellement destinée à la défense de Gigny. Elle avait aussi treize pieds environ de largeur interne, mais elle était plus épaisse et plus élevée que la porte actuelle. Dans la partie supérieure au portail, on avait pratiqué au nord, et dans l'épaisseur du mur, une niche ou galerie assez grande pour loger un ou deux hommes qui, par des meurtrières au sud, pouvaient tirer avec des armes sur les assaillants. Cette porte se continuait, comme il a été dit, avec le mur dirigé à l'orient, et on voyait encore, en 1772, non-seulement des pierres saillantes qui se liaient avec lui, mais aussi le parement d'une canonnière.

§ 8. Dans le temps qu'Aymon était prieur de Gigny, il survint un différend entre l'évêque de Genève d'une part, et les abbés de Saint-Claude et de Cluny (à cause de Nantua), d'autre part. Ce différend avait pour objet le droit de présenter à la nomination de l'évêque les chapelains d'un grand nombre de paroisses du diocèse de Genève, droit que revendiquaient les religieux et que leur contestait l'évêque. Renaud, archevêque de Lyon, Étienne, doyen de la même ville, et Josseran, abbé de l'Ile-Barbe-sur-Saône, nommés arbitres par le pape, décidèrent, en 1198, à l'égard de quelles paroisses l'évêque de Genève et les abbés susdits auraient le droit contesté. Or, au nombre des vingt paroisses qui furent adjugées au prieuré de Nantua dépendant de Cluny, se trouve

1198
C. 64.

1198 celle de Gigny *(Gigniaci)*. Néanmoins, je suis convaincu qu'il ne s'agit point ici de notre Gigny, parce que 1.º ce dernier lieu a toujours fait partie de l'archevêché de Lyon et non de l'évêché de Genève ; 2.º il n'a jamais dépendu de l'abbaye ni du prieuré de Nantua ; 3.º le chapelain ou curé en a toujours été à la nomination de son noble monastère et jamais à aucune autre ; 4.º le lieu homonyme de l'arbitrage, au contraire, est dénommé et groupé avec un grand nombre d'autres paroisses toutes du Bugey, comme l'Abergement, Ameysieu, Arlos, Billiat, Brenod, Chandore, Chavonay, Corcelles, Dorches, Passin, Romagnieu, Talissieu, Viricule-Petit, etc... Je n'ai donc inséré, au nombre de nos preuves, la sentence arbitrale relative à ce différend, que pour mettre le lecteur à même d'apprécier mon opinion. Peut-on présumer qu'il s'agit dans cette sentence de Gigny proche Gex ?

1204
C. 65

§ 9. Le prieur Aymon est encore connu pour avoir acensé, en 1204, à Girard, prieur de Bonlieu, les dîmes d'Ilay et tout ce que le prieuré de ce nom y possédait, jusqu'à Chiettes, à Saint-Cloud et autres localités désignées dans la charte. Cet acensement fut fait avec solennité dans le chapitre même de Gigny, de l'avis des religieux et en présence de Ponce, curé de Joudes ou de Jeldes, de Pierre, curé de Loysia, de Ponce, aumônier de la dame de Montmoret, de Humbert de Coligny, de Guigues de Rotallier, de Ponce, prévôt de Loysia, et d'Aimon de Doucier. Il fut consenti, moyennant un cens de cinq sols, monnaie de Lons-le-Saunier, à déposer chaque année sur l'hôtel de Saint-Pierre, à Gigny, et moyennant encore une somme de 90 livres de la même monnaie, une fois payée. Le prieur de Gigny donna pour garants de cette convention Béatrix de Coligny, veuve de Pierre de Montmoret, ainsi que ses deux fils Jacques et Humbert, surnommé Arragon. L'acte, revêtu du sceau de notre prieur et de celui du prieur de Bonlieu qui y pend encore, fut fait *double*, c'est-à-dire, en *charte-partie*, à la manière des passeports et des quittances à souche ou à talon de nos jours. Ainsi, il fut écrit soit sur la demi-feuille droite, soit sur la demi-feuille gauche d'une feuille entière de parchemin pliée en deux. Une ligne de lettres de l'alphabet fut écrite en majuscules sur la longueur du pli, et, en coupant ce dernier, chacun des doubles a conservé la moitié de ces lettres coupées elles-mêmes. D'ailleurs cet ancien titre bien lisible n'offre encore ni virgules, ni accents, ni points sur *i*. La conjonction *et* s'y trouve remplacée par un signe particulier qui ressemble un peu au chiffre arabe 7. L'accensement fut ratifié, l'année suivante, par l'archevêque de Besançon.

1204

1205

§ 10. Il est à croire que c'est aussi du temps d'Aymon qu'en 1208, Pierre de Tramelay, seigneur de Vallefin, reprit de fief cette dernière seigneurie, et en fit reconnaissance et hommage au prieur et aux religieux de Gigny. Le titre important de cet hommage est mentionné sur l'inventaire de la cour des comptes de Dole confectionné en 1687, mais il ne se trouve malheureusement plus dans les archives de Besançon.

1208

§ 11. On peut encore moins assurer qu'Aymon ait été toujours titulaire à Gigny en 1212 et que ce soit lui qui ait alors apposé son sceau, en signe d'authenticité [60], ainsi que

1212
C. 60.

---

[60] Avant le XIV.ᵉ siècle, il n'y avait pas d'officiers spéciaux pour recevoir authentiquement les actes. On s'adressait, afin d'y suppléer, aux personnes constituées en dignités ecclésiastiques ou laïques, en les priant de constater les conventions faites en leur présence et d'y apposer leurs sceaux. C'était une preuve de la considération dont jouissaient ceux auxquels on recourait à cet effet. On en trouvera plusieurs exemples dans les pièces justificatives de cette histoire, et on verra notamment les sept successeurs presqu'immédiats du prieur Aymon répondre comme lui à la marque d'estime qu'on leur donnait. Ainsi, la plupart des chartes de Vaucluse sont revêtues, pendant tout le XIII.ᵉ siècle, des sceaux du prieuré ou des prieurs de Gigny.

Il y avait bien déjà des notaires chez les Romains et chez les Bourguignons;

1212 l'abbé de Grandvaux, le prieur de Bonlieu et le seigneur de Roussillon, les leurs, à un titre de la chartreuse de Vaucluse privé aujourd'hui de tous ces sceaux, comme de toute désignation de personnes. Par cet acte, Humbert de Montmorot, dit Arragon, et Hubert le bâtard, son frère, rendirent non-seulement hommage à ces chartreux, mais encore leur firent donation du droit de pâturage dans toutes leurs terres et d'une rente d'un quartal de blé à percevoir à Loysia. De leur côté et en récompense, les religieux de l'ordre de saint Bruno promirent de ne pas oublier leurs bienfaiteurs dans leurs prières. Cette charte, qui contient encore d'autres dispositions, fut rédigée au château de Crilla, et eut pour témoins ou garants Pierre, chapelain de Loysia, Ponce, chapelain de Clairvaux, Hubert, chapelain de Sarrogna, Hugues Bochard de la Rochette, Jocerand de Charchilla, Guillaume de Roussillon, etc....

il y avait bien aussi les référendaires et les chanceliers du moyen âge qu'on qualifiait de notaires ; on voit encore souvent des notaires cités dans les chartes des VIII.e, IX.e, X.e et XI.e siècles; on lit même qu'en 450, selon la légende de saint Dumilien, et qu'en 588, selon l'historien Grégoire de Tours, des notaires furent appelés avec des témoins pour écrire des donations, mais ce n'étaient que des scribes ou secrétaires sans caractère public.

Les notaires royaux n'ont été établis qu'en l'année 1302 en Franche-Comté, en Bresse, en Bourgogne, en Savoie et ailleurs, avec des attributions analogues à celles qu'ils ont aujourd'hui. Les souverains pontifes et les empereurs en avaient déjà créés qui étaient qualifiés *notaires publics par l'autorité impériale et apostolique*. J.-B. Béchet, dans ses notes manuscrites, cite à la date de 1277 un curé de Loysia, comme notaire de cette sorte, mais l'auteur de cette histoire n'en a rencontré de tels qu'en 1293, 1311, 1316, 1352, etc.... On peut en voir quelques-uns ainsi qualifiés dans la liste des notaires mêmes de Gigny ou du voisinage, sous les dates de 1374, 1382, 1437, 1443, 1510, etc....

On n'a commencé à signer les actes comme aujourd'hui qu'à la fin du XV.e siècle.

CHAPITRE XIII.

PONCE DE MOYSIA, prieur.

Maison de Moysia. — Prieuré de Chatonnay. — Montagna-le-Templier. — Hommage de Guillaume de Graye. — Château de Cressia.

§ 1. La maison de *Moysia*, *Moysie*, *Moyse*, *Moisy*, dont était membre Ponce, successeur probable d'Aymon, était bien connue dans les douzième, treizième, quatorzième et quinzième siècles. *Guy de M.* fut témoin, en 1189, avec Garin, chapelain de Cuiseaux, Ponce de Joudes ou Jeldes, et Aymon de Dommartin, d'une charte de Ponce, seigneur de Cuiseaux, en faveur de la chartreuse de Vaucluse. On trouve ensuite un autre *Guy de M.* en 1236, et *Hugues de M.*, damoiseau, en 1240, tous deux bienfaiteurs de la même abbaye; *Poncet de M.*, qui, en 1272, fit hommage au sire de Baugé, sauf la foi due au seigneur de Cuiseaux; *Pierre de M.*, dont on verra la veuve faire, en 1311, une reconnaissance de fief au profit de notre prieuré; *Jean de M.*, damoiseau, fils de feu *Hugues de M.*, chevalier, lequel déclara, en 1324, tenir en fief du duc de Bourgogne les villes de Joudes, Villeys, Chalanches et Varennes, avec leurs dépendances; *Louis de M.*, qui renouvella, on ne sait à quelle date, mais certainement avant 1485, la reconnaissance faite en 1311; *Guillaume de M.*, de la paroisse de Varennes-Saint-Sauveur, en 1416; *Pierre de M.*, noble homme, dont les enfants reconnurent, en 1473, le fief de Chichevière, où ils demeuraient, au profit du prieuré de Gigny; *Louis de M.*, écuyer, demeurant à Cuiseaux, fils de feu noble homme *Jean de M.*, seigneur de Mons près Sagy, lequel reconnut, en 1473

1212

1212 et 1503, tenir en fief des seigneurs de Cuiseaux différents immeubles en cette ville; *Pierre de M.*, ouvrier de notre monastère, en 1499-1527; etc....

De quel lieu cette ancienne maison avait-elle pris son nom? Était-ce de *Moysia* ou la Pérouse dont il a été parlé au chapitre précédent? Était-ce de *Moisy*, hameau de Dommartin et de Cuiseaux? On l'ignore, mais il est plus à croire que c'était de ce dernier lieu, quoiqu'on n'y trouve pas plus de vestige d'ancien château que dans le premier.

1219
C. 67.

§ 2. Le premier titre qui mentionne notre prieur Ponce est une charte de l'abbaye de Tournus, par laquelle on voit qu'au mois de novembre 1219, il rendit, avec Guillaume, archiprêtre de Coligny, et Jocerau, archiprêtre de Sandrens, une sentence au sujet de la cure de Chavannes près de Pont-de-Vaux. Cette cure était l'objet d'un différend entre l'abbé de Tournus et le custode de Saint-Étienne de Lyon, et c'était pour le terminer que l'archevêque Renaud avait nommé ces trois arbitres. Ils examinèrent les titres, firent une enquête, donnèrent gain de cause à l'abbé de Tournus et dressèrent une sentence à laquelle chacun d'eux apposa son sceau [61].

1223

§ 3. On trouve sur un inventaire des titres de Gigny la mention d'un acte de reconnaissance de fief faite, en 1223, en faveur de notre prieuré et sans doute de Ponce qui en était le chef, par Guillaume de *Graye*, damoiseau, pour son *meix de Léchaux*, chargé d'un cens de deux sols et d'une mesure d'avoine, dû précédemment aux chartreux de Montmerle. Or, cette mention est précieuse en ce qu'elle fournit la plus ancienne date connue sur le village et la

---

[61] Dans le moyen âge, les différends n'étaient pas terminés par des juges proprement dits, du moins entre les gens d'église ou les seigneurs, mais bien par des arbitres choisis le plus souvent parmi les ecclésiastiques. Or, on remarque généralement que, dans ces cas, les gens d'église obtenaient gain de cause contre les laïcs.

maison de Graye; mais elle ne suffit pas pour convaincre
qu'il y soit question de la *grange de Léchaux*, près Nancuise
et Monnetay, ou d'un autre lieu homonyme plus rapproché
de Montmerle.

§ 4. En l'année 1226, le prieur Ponce était devenu abbé
de Baume et cumulait les deux bénéfices, paraissant néanmoins faire son séjour plus habituel à Gigny. Une charte-
partie insérée dans le recueil de nos preuves nous apprend
qu'alors, avec cette double qualité, il négocia et authentiqua
un accord entre l'abbaye de Vaucluse et Ponce, sire de
Cuiseaux, accompagné de Laurence, sa femme, et de
Hugues, leur fils. Cet accord fut fait à Gigny même et scellé
du sceau du seigneur de Cuiseaux, de celui de notre
prieur abbé et de celui de son prieuré.

§ 5. En la même année, Ponce et ses religieux firent,
comme on l'a déjà dit, un acte d'association pour *Cressia*,
avec Étienne, comte de Bourgogne, et Jean, comte de Chalon,
son fils. Par cet acte analogue à ceux de 1191 et 1192, le
monastère de Gigny concéda ce village aux deux comtes
et à leurs successeurs, moyennant 1.° la moitié des revenus
présents et futurs; 2.° la moitié des amendes à percevoir;
3.° la réserve de la totalité des dîmes et autres droits
ecclésiastiques. Il fut aussi stipulé que le comte Étienne
ni ses successeurs ne pourraient aliéner les biens ainsi
cédés, et qu'ils ne pourraient recevoir ni retenir en leur
garde aucun des hommes du prieuré, sans l'assentiment des
religieux. De leur côté, Étienne et son fils jurèrent de protéger et de défendre les biens ainsi que l'église du monastère. On se fit réciproquement le devoir de fief pour le
château de Cressia, construit probablement depuis peu
d'années, et les deux comtes, ainsi que le prieur, apposèrent leurs sceaux respectifs à cet acte d'association.

Les seigneurs de Cressia devinrent ainsi gardiens du
prieuré de Gigny, et c'est sans doute en conséquence de cet

1223

1226

C. 68.

C. 69.

1226
C. 134.

1227
C. 70.

1231
C 71.

acte qu'en 1647, l'un d'eux, le dernier des Coligny, baron de Cressia, se qualifiait *protecteur et ami de notre monastère*, et qu'auparavant, à cause des guerres, il avait donné asile dans son château aux religieux et aux reliques de leur église.

§ 6. Une année après l'acte d'association pour Cressia, le prieur Ponce, de concert avec Jean de Chalon, comte de Bourgogne, Amé, sire de Coligny et d'Andelot, et Hugues de Rougemont, grand-maître du temple, donna par son sceau l'authenticité à une célèbre donation. Ce fut à celle que Manassès de Coligny, frère d'Amé, fit à l'ordre du temple, en s'y faisant recevoir chevalier, de la suzeraineté de Montagna, Broissia, Éperigna et Sainte-Fontaine. Cette charte de l'an 1227 contient en même temps la délimitation des biens donnés. Elle est l'une des plus anciennes écrites en langue française, elle mentionne un grand nombre de localités du pays et présente de l'intérêt sous plus d'un rapport. Depuis cette donation, le village de Montagna fut surnommé *le Templier*, par distinction de Montagna, *le Reconduit*, près Saint-Amour, et autres lieux de ce nom.

§ 7. Une charte de 1231 nous apprend ensuite que Guy de Tramelay, chevalier, et Ponce de Moysia, furent en cette année médiateurs d'un accord entre l'abbé de Saint-Claude et Amédée, sire de Coligny, au sujet du village de Jasseron. Ce titre est même le seul qui fasse connaître que Ponce était de la maison de Moysia. A la vérité, il n'y est qualifié que de *vénérable abbé de Baume*, et non de prieur de Gigny; mais les chartes précédentes, ainsi que celles qui suivront, ne permettent pas de douter de l'identité du personnage.

Une note extraite d'un inventaire des titres du prieuré de Gigny porte aussi que le 1.er août de la même année 1231, Étienne, comte de Bourgogne, fit donation aux religieux d'une rente de cent sols, avec déclaration qu'il ne se réservait aucun droit sur l'église de *Châtonnay*, si ce n'est s garde. Cette note laisse certainement beaucoup à désirer, mais il est à croire que c'est en suite de cette libéralité que le prieuré de Châtonnay, dont il sera parlé plus tard, fut établi. — 1231

§ 8. Quatre autres titres du treizième siècle, sous le priorat de Ponce, ont encore quelque rapport à l'histoire de Gigny.

Le premier, de l'an 1233, est un acte revêtu du sceau de notre prieuré, constatant la vente que Thiboud de Fétigny et son frère firent à la chartreuse de Vaucluse, de quelques fonds à Sarrogna, moyennant 13 sols estevenants. — 1233 C. 72.

Le second, de l'an 1235, est une cession de droits héréditaires, authentiquée par le même sceau et faite au profit des mêmes religieux, par Aymon, chapelain de Mayna, et ses frères. — 1235 C. 73.

Le troisième, de l'an 1236, est une attestation donnée et scellée par *Ponce, abbé de Baume et prieur de Gigny*, que Guy de Moysia (peut-être son parent) avait fait don aux mêmes chartreux du tiers de la dîme, d'une vigne dite en *Foissia*, près Cuiseaux, Chevreau ou Digna. — 1236 C. 74.

Enfin, par le quatrième titre du mois de septembre de ladite année 1236, le même Ponce, également qualifié abbé de Baume et prieur de Gigny, apposa son sceau et donna son consentement à la cession d'un autre tiers de la dîme précitée, que firent aussi par ensemble, au monastère de Vaucluse, Humbert, chapelain de Digna, et Barthélemy, titulaire du prieuré de Châtel-Chevrel, soumis à celui de Gigny. Cette portion de dîme était chargée d'un cens annuel de deux fromages au prix de 12 deniers, payables à l'époque des vendanges. Quant au troisième tiers de cette dîme, il fut encore donné, en la même année, aux chartreux, par Guigue Roillard, écuyer. — C 75.

CHAPITRE XIV.

H*** ET ROLLAND, prieurs.

Maison de l'aumône à Cuiseaux.

1236

§ 1. Il est à croire que Ponce a cessé d'être prieur de Gigny en 1236 ; car on voit, par une note extraite par J.-B. Béchet des archives du Jura, qu'en cette année même, H., *abbé de Gigny,* ratifia la donation que son prédécesseur avait faite, en 1235, aux chartreux de Vaucluse.

1237
C. 76.

Ce fut donc probablement de son temps que les sceaux du prieur et du prieuré de Gigny furent apposés, en 1237, en signe d'authenticité, à un traité contenant donation ou échange entre Hugues, fils de Fromond de Tramelay, et ces mêmes chartreux. Ce seigneur leur céda tous les droits qu'il avait dans la dîme de Chenilla, et dans le voisinage à l'orient du chemin public venant de Sarrogna. De leur côté, les religieux lui quittèrent certaines prétentions sur quelques-uns de ses biens, et surtout le tort qu'il leur avait causé, en faisant prisonnier le frère de leur prieur, pour le rachat duquel ils avaient payé 300 sols.

Au reste, ce titulaire désigné par la seule initiale de son nom fut peu de temps chef de notre monastère ; car on trouve déjà, en 1238, un prieur autrement nommé.

1238
C. 77.

§ 2. Rolland est connu par une charte de l'abbaye du Miroir, par laquelle Guillaume, seigneur de l'Aubépin, reconnut que Hugues de l'Aubépin, son père, avait fait certaines donations à cette abbaye. Par le même titre, Agnès, veuve de Hugues de Cuiseaux, d'après le conseil d'Amédée de Coligny et du consentement de ses sujets de Cuiseaux, ratifia cette donation que son mari avait contestée. Or, cette double ratification fut faite à Cuiseaux dans la *maison de Gigny* (*domo Ginniacensi*), sous le sceau de notre prieur et sous celui d'Étienne, archiprêtre de Coligny. Le seigneur de l'Aubépin apposa aussi le sien à cet acte, dont furent en outre témoins André, chapelain de Cuiseaux, Ansellin, chapelain de Champagna, Humbert, chapelain de Villeneuve [62], Amédée, seigneur de Coligny, Ponce, seigneur de Clairvaux, Hugues, seigneur de Monnet, Humbert d'Arceset, Gauthier et Guy de Champagna, frères, et plusieurs autres laïcs ou ecclésiastiques.

1233

Il résulte donc de cette charte que les religieux de Gigny avaient déjà à cette époque un hôtel ou une maison particulière à Cuiseaux. Elle se convertit probablement par la suite en la *maison de l'Aumône*, en la *maison du grenier du prieuré*, comme on lit dans un titre de 1498, où ils firent pendant longtemps une *donne* en pain et en argent. Mais sur la fin du dix-septième siècle, cette donne cessa, et en 1694, « l'ancienne masure et grande voûte, comme dit le titre, appelée l'*Aumône*, touchant de matin et vent le cimetière, et de soir le pavé de la *rue de l'Aumône*, fut acensée par le prieur de Gigny, moyennant un cens seigneurial de 40 sols. » Elle subsiste encore aujourd'hui, au nord de l'église, vis-à-vis le sanctuaire ; mais les armoiries de Gigny, sculptées sur la porte d'entrée, ont été piquées et enlevées en 1793. Nos religieux avaient déjà acensé, en 1497 et 1498, plusieurs autres maisons voisines de celle du grenier du prieuré.

Au reste, il est presque certain que Rolland était encore prieur à Gigny, lorsque le sceau du monastère fut apposé, en 1240, à la donation que Hugues de Moysia, damoiseau, fit aux chartreux de Vaucluse, de tous ses biens et droits à Chenilla, à Crollia et autres lieux.

1240
C. 78.

(62) Il est probable qu'il s'agit ici de Villeneuve, gros hameau de Donsure près Saint-Amour, où il n'existe cependant point d'église depuis long-temps.

CHAPITRE XV.

JEAN, prieur.

Hommage de Manassès de Coligny.

§ 1. Le prieur Jean, successeur de Rolland, est surtout connu pour avoir aussi donné, par son sceau, l'authenticité à divers actes du treizième siècle.

1244
C. 79.

Par le premier, qui est du mois de décembre 1244, Jean, seigneur de Cuiseaux, vendit à Amédée, son oncle, seigneur de Coligny, Andelot, Chevreau et Jasseron, tout ce qu'il possédait à Véria, proche la chartreuse de Montmerle.

1246
C. 80.

Par le second, qui est de l'an 1246, le même Amédée et Alix de Cuiseaux, sa femme, vendirent à Pierre, prieur de cette chartreuse, soit ce qu'ils avaient acheté du seigneur de Cuiseaux, soit ce qu'ils possédaient déjà en particulier au territoire dudit Véria et de Fontanamez, autre lieu voisin. Jean, archiprêtre de Coligny, et le seigneur Amédée apposèrent leurs sceaux à cet acte, ainsi que le prieur de Gigny.

1249
C. 81.

Le même prieur et le même archiprêtre authentiquèrent encore par leurs sceaux, au mois de juillet 1249, dans la ville de Cuiseaux, un accord entre l'abbaye de Balerne et Jean, seigneur de cette ville. Celui-ci rendit aux religieux une pièce de terre dite *à Bertrand*, dont il s'était emparé.

1250

§ 2. Les inventaires des titres de notre prieuré portent qu'en 1250, « un compromis fut passé entre maître Galant « de Saint-Amour et l'église de Gigny, lequel prouvait que « le *meix de Sivria* était tenu en fief-lige du prieuré de Gigny, « sous le cens annuel de six sols viennois. » Cette seule indication pique la curiosité sans la satisfaire; elle ne suffit pas pour permettre d'affirmer que ce meix dépendait de la commune actuelle de Sivria, limitrophe du département de l'Ain, où nos religieux n'avaient aucune possession sur la fin.

Une année plus tard, en 1251, Manassès de Coligny, l'illustre chevalier défenseur de la chrétienté, qui, 24 ans auparavant, avait donné à l'ordre du Temple, où il entrait, la suzeraineté de ses villages de Montagna, Broissia, etc., fit aussi un aveu féodal envers notre prieuré. Il reconnut que les biens qu'il possédait auxdits lieux étaient chargés d'un cens annuel de six sols viennois, dont deux gros et quatre petits, en faveur de l'église de Gigny. Il reconnut, en outre, que son moulin de Broissia devait en particulier un autre cens de huit sols, et qu'à nos moines appartenait le droit exclusif de prendre le poisson dans la rivière et de pêcher à la nasse. Cette reconnaissance fut faite sous le sceau de Jean, comte de Bourgogne et sire de Salins. Or, il paraît que, dans le quatorzième siècle, les religieux de Gigny furent troublés dans l'usage de ces droits; car on voit qu'en 1316, Étienne de Coligny, seigneur d'Andelot et neveu de Manassès, en fit une nouvelle reconnaissance qui témoigne de son repentir, et dont maître *Jean de Gigny* et maître Jean de Charnoz furent témoins (63).

§ 3. Notre prieur Jean est encore connu par la cession que *Guy de Trenay* (Trenal?), chevalier, et sa femme firent, au mois d'octobre 1253, aux chartreux de Vaucluse, d'une vigne située à Cuiseaux, au finage des Peytières, dans le *clos de Vaucluse*, moyennant 36 setiers de vin et la participation aux prières de ces religieux. Cet acte fut revêtu des sceaux de Jean, chapelain de Cuiseaux, et de Jean, prieur de Gigny.

(63) Le mot *maître* signifie-t-il ici *maître d'école*, comme l'a pensé pour une charte analogue le nouvel historien de Pontarlier? Il y a lieu d'en douter. On peut plutôt présumer que ce mot veut dire un homme de loi, un maître en droit, un *magistrat*. Et, en effet, on verra plus loin que Jean de Gigny était bailli.

1253   En la même année, Anselme de Crilla, damoiseau, fit don à l'église de nos moines d'un meix situé à Cuisia, dit le *meix de Crilla*. Cette donation, connue seulement par les inventaires, fut scellée et attestée par Durand, abbé du Miroir, et par l'archiprêtre de Coligny.

CHAPITRE XVI.

GUIGUES, prieur.

Donations diverses. — Nombre des religieux.

1255
C. 84.

§ 1. Le sceau du prieuré de Gigny fut apposé, dans le mois de juin 1255, à un accord qu'Humbert de Montmorot, dit Arragon, seigneur de Loysia, fit avec les chartreux de Vaucluse, au sujet de la rente d'un quartal de froment qu'il leur avait consentie en 1212, et qu'il ne servait pas. Or, par ce nouvel acte, il leur céda un meix situé à Loysia avec le serf qui l'exploitait, et il chargea celui-ci et ses successeurs de livrer aux religieux, non-seulement le quartal de blé de semence réclamé, mais encore un quartal d'avoine et une somme de douze deniers, le tout annuellement à chaque fête de saint Michel.

C. 85.   Cet accord fut certainement fait et scellé, lorsque Guigues était prieur de Gigny; car on voit qu'au mois d'octobre suivant, il authentiqua aussi, au moyen de son propre sceau, de concert avec le prieur de Vaucluse, la vente du village et du territoire de *Nermier* (près d'Orgelet) que Jean, seigneur de Marigna, fils de Jean, comte de Bourgogne[64], fit à l'abbaye de Saint-Claude. A la vérité, ce prieur n'est indiqué

---

(64) Ce fils a été omis dans toutes les généalogies de la maison de Chalon.

CHAPITRE XVI.

dans ce titre que par l'initiale de son nom, mais on le trouve désigné en toutes lettres dans un acte d'abergeage du mois de décembre 1256, de plusieurs héritages situés à Gigny et à Loysia, moyennant six sols viennois, de cens viager, aux quatre fils de Ponce, prévôt de Loysia.

§ 2. Ce fut aussi dans cette même année 1256, que Pierre d'Andelot, dit *Crochet*, fit donation à notre prieuré de la onzième partie de la dîme de *Senoche* ou Senaud, village de la paroisse d'Épy. Dans l'acte de cette donation comparaît Alix de Cuiseaux, veuve d'Amédée, en son vivant seigneur d'Andelot et autres lieux, ce qui indiquerait que ce Pierre, dont n'ont pas parlé les généalogistes de la maison de Coligny, était fils d'Amédée et seigneur d'Andelot.

§ 3. Deux années plus tard, en juin 1258, Humbert de Buenc [65], chevalier, seigneur de l'Asne, donna à nos religieux un étang et un moulin à Véria, avec les dépendances et deux hommes en ce même lieu. Cette donation, faite sous le sceau de Jean, comte de Bourgogne et de Chalon, et sous celui de Jean, seigneur de Marigna, fut ratifiée en 1340 par Jean de Chalon, comte d'Auxerre et de Tonnerre, seigneur d'Orgelet.

Le moulin de Véria existe toujours à la source du ruisseau de ce lieu. Il avait été attribué à l'office du cellérier, dont il dépendait encore en 1544. Mais, à cette époque, il était ruiné, et l'emplacement en fut acensé, à charge d'y reconstruire un moulin avec batteur, et moyennant un cens seigneurial annuel d'un pareil et demi de froment et un autre

---

(65) *Buenc* était une seigneurie près de la rivière d'Ain, dans la paroisse d'Hautecourt, au canton actuel de Céséria. Mais il ne faut pas confondre le chevalier Humbert de Buenc, dont il s'agit ici, avec un autre Humbert de Buenc (peut-être son parrain), qui fut abbé de Saint-Claude de 1224 à 1255. Celui qui fit la donation du moulin de Véria n'est mort qu'en 1282. On lit qu'en 1264 il fit hommage au comte de Bourgogne, pour le fief de *Veyrie*, en présence de Pierre, abbé du Miroir, et qu'en 1272 il fit ce devoir au comte de Savoie, pour celui de Saint-Jean-sur-Reyssouse.

1258 d'avoine. Quant à l'étang, qui était alimenté par le bief de *la Nue*, venant d'Andelot, on en voit toujours la chaussée proche le chemin. On l'appelle *Étang-Pyot*, peut-être du nom d'une famille qui vivait encore à Véria, au commencement du dix-septième siècle.

1264
C 86

§ 4. Guignes était probablement encore prieur en 1264, lorsque Jean, comte de Bourgogne et sire de Salins, ratifia et renouvela dans tout leur contenu, les trois actes d'association que le comte Étienne son père avait faits en 1191, 1192 et 1226, avec les religieux de Gigny, pour la garde de leur monastère.

1265 On trouve aussi, dans les inventaires, l'indication qu'en octobre 1265, Guillaume de Montdidier, chevalier, rendit hommage au prieur de Gigny [66], en raison des meix *de Re-*

---

(66) Le vassal qui possédait un fief devait à chaque mutation par décès ou acquisition, au seigneur dont ce fief relevait, la foi et l'hommage et souvent encore quelques droits utiles. C'est ce qu'on appelait le *devoir de fief*, qui dans les deux Bourgognes, devait être rendu en l'an et jour. Quelle que fût sa naissance, quel que fût son rang ou même son sexe, le vassal se présentait en personne devant son seigneur et en son principal manoir. Là, solennellement, à la vue de tout le monde, tête nue, sans épée et sans éperons, il mettait un genou en terre, joignait les mains en posture de suppliant, et requérait le seigneur de le recevoir à foi et hommage. Ce dernier étant assis prenait entre ses mains celles de son vassal qui prononçait alors sur l'Évangile les mots suivans « Seigneur, je deviens votre homme dorénavant, m'obligeant de défendre votre « vie, votre corps, votre honneur et vos biens ; je vous serai fidèle et vous « rendrai l'hommage à cause des terres que je tiens de vous, sauf la foi due au « roi, notre souverain, et à ses successeurs. » (*Devenio homo vester ab hac die in posterum, de vita, de membris et de terreno honore, verus et fidelis vobis ero et fidem vobis præstabo, ob terras quas à vobis teneo, salva fide domino nostro regi et hæredibus suis.*) Le seigneur lui disait ensuite qu'il le prenait à homme et le recevait à foi et hommage, en signe de quoi il le baisait sur la bouche. Tel était l'hommage de main et de bouche (*de manu et ore*), qui liait le vassal, de manière qu'il ne pouvait plus faire d'aveu de fidélité envers un autre seigneur et que sa main ne devait servir que le sien. On en trouvera plusieurs exemples dans les Preuves de cette histoire, et on verra dans l'un d'eux, que le baiser sur la bouche (dont on avait sans doute remarqué plusieurs fois les désagréments et les inconvénients) est remplacé par le baiser de

C 110, 112, 150.

voire qu'il possédait en fief du prieuré dans la paroisse d'Oncia. Or, s'agit-il, en cette indication, de l'obédience d'Oussia, membre de Gigny ? On ne peut l'affirmer, quoique la chose soit probable.

§ 5. On a vu que, du temps de l'abbé Guy, en 928, le nombre de nos religieux, y compris l'abbé, ne s'élevait qu'à dix, sans officiers claustraux ; que, plus tard, en 981, sous l'abbé Zantlin, ce nombre était de vingt-un, y compris cet abbé et un prévôt. Postérieurement et depuis peut-être l'institution du prieuré, il fut porté à trente-deux. Mais, par un nouveau règlement fait en 1266, ce nombre fut réduit à vingt-cinq, dont dix officiers claustraux perpétuels. Ce même règlement statua aussi que trois grandes messes à note devaient être célébrées chaque jour dans l'église de ce monastère. C'est ce qu'on apprend d'un ancien pouillé de Cluny antérieur au dix-septième siècle.

1263

1266

C. 131.

CHAPITRE XVII.

GUICHARD, prieur.

Érection de l'église paroissiale de Gigny. — Cure de Gigny et Veria. — Familiarité. — Chapelle de Sainte-Croix. — Cimetières — Maison de Gigny — Château. — Seigneurie. — Droits seigneuriaux. — Main-morte.

§ 1. GUICHARD n'est connu comme prieur de Gigny que par un article d'inventaires, duquel il résulte qu'en l'année

1270

la main du noble chambrier de Gigny. Au reste l'acte de foi et hommage devait être suivi dans les quarante jours du dénombrement exact et détaillé des biens tenus en fief.

L'hommage lige liait personnellement et plus étroitement que l'hommage simple. Il obligeait le vassal au service envers et contre tous et à ses dépens. Il le soumettait aux peines de la *foi mentie*, c'est-à-dire, à la confiscation et à la mort, en cas d'acte de rebellion contre le seigneur suzerain.

1270, il reçut l'hommage de Jacques de Champagna, chevalier, qui reconnut tenir en fief-lige du prieuré ce qu'il possédait dans sa terre de Champagna et autres lieux. Comme ce chevalier avait contesté et inficié un compromis qu'il avait fait avec ce prieur, au sujet de l'hommage qu'il devait, il constitua pour dédommagement, en faveur du monastère, un cens annuel de cinq sols viennois, pour l'entretien d'une lampe dans l'église conventuelle.

Dans ces inventaires, on rencontre aussi la mention qu'en ladite année 1270, Humbert Jade, fils de Guillaume, prévôt de Chevreau, vendit aux religieux de Gigny la moitié de la dîme de *Vogna* qu'ils ont conservée jusqu'à la fin.

§ 2. Dans un acte du mois de juin de la même année, on trouve cité, pour la première fois, un chapelain de Gigny du nom de Joceran. Cet ecclésiastique régla, en sa qualité de tiers-arbitre, avec Guillaume, recteur de l'église de Champagna, et Aymon, recteur de celle de Maynal [67], plusieurs différends entre Amédée, abbé du Miroir, et Guillaume, seigneur de Coligny, Chevreau et Jasseron. Ces différends concernaient les droits d'usage et de pâturage dans les bois du seigneur de Chevreau, les bans de vendanges et autres, les moulins de Gisia, la délimitation du territoire entre le Chanelay et les granges de Non, etc., etc. L'acte de l'accord qui fut fait est non-seulement précieux pour la connaissance historique de toutes ces localités, mais encore parce qu'elle fait la première mention d'un ecclésiastique séculier chargé du service de la paroisse de Gigny. A cette occasion nous allons entrer dans quelques détails sur l'église paroissiale de ce lieu et sur ce qui s'y rattache.

§ 3. Dans le principe, les moines de Gigny, comme ceux des autres monastères, étaient les seuls pasteurs des fidèles

---

(67) Le titre porte *Maduay*, probablement par erreur de copiste. Il faut lire *Maunay*, car dans d'autres actes de 1235, 1266 et 1292, on voit que Aymon était chapelain à Maynal.

de la localité. Ils leur administraient les sacrements dans leur propre église qui, en ce sens, était aussi paroissiale, et l'un d'eux faisait les fonctions de curé. Aussi, trouve-t-on la paroisse de nos religieux mentionnée, en 1133, dans une lettre de Pierre-le-Vénérable, abbé de Cluny. Pour ce qui était des autres églises dépendantes de leur grand monastère, ils y envoyaient des moines ou ecclésiastiques pour les desservir en qualité de vicaires révocables et amovibles. Quand le besoin exigeait que plusieurs d'entre eux fussent envoyés pour la même église, l'un de ces ecclésiastiques était supérieur aux autres et prenait la qualité de *prieur*, qu'il ne faut pas confondre avec le chef d'un prieuré rural ou conventuel.

1270

C. 54.

Cet usage avait ses inconvénients, et le service des paroisses en souffrait souvent. Ces vicaires amovibles étaient quelquefois révoqués par pur caprice des moines. D'autres fois, en suite de l'avarice de ceux-ci, ils étaient mal rétribués et hors de pouvoir soulager les malheureux dont ils augmentaient même le nombre. On lit, par exemple, que l'abbé de Châtillon-sur-Seine faisait desservir la cure de cette petite ville, *au rabais*, par des vicaires amovibles. D'un autre côté, le clergé séculier réclamait, comme un droit, les fonctions curiales, soutenant que les clercs les avaient exercées avant les moines. Ce fut même dans ce sens que le concile provincial d'Autun décida, en l'année 1094, en faveur des prêtres séculiers de Beaune, contre les bénédictins du prieuré de Saint-Étienne de cette ville. Cependant, cet état de choses ne cessa réellement qu'à la fin du 12.e siècle, lorsque le troisième concile général de Latran eut décidé, en mars 1179, qu'à l'avenir les cures ne seraient plus conférées qu'à titre perpétuel et non par forme de commissions amovibles. En conséquence, le 8 avril de la même année, le pape Alexandre III disposa, dans une bulle adressée aux moines de Tournus, qu'il leur était permis de choisir des prêtres pour les églises

1270

paroissiales dépendantes de leur abbaye, et de les présenter à l'approbation de l'évêque, et que ces ecclésiastiques rendraient compte du spirituel à ce dernier et du temporel à l'abbaye [68]. Quelques années plus tard, en 1185, le pape Urbain III statua encore plus positivement que, dans les lieux où il y avait des moines, les fidèles ne devaient point les avoir pour recteurs, mais bien un chapelain présenté par les moines et institué par l'évêque [69].

C. 64.

Ce nouveau règlement ne tarda pas long-temps à être mis à exécution, comme le prouve la charte de 1198 analysée ci-devant, et qui est relative au différend survenu entre l'évêque de Genève et les moines de Saint-Claude et de Nantua, sur le droit de présentation des chapelains. On voit aussi, presque par les seules preuves de cette histoire, qu'il y avait déjà des chapelains à Cuiseaux en 1189, 1238, 1253; à Mierry près Poligny en 1202; à Loysia en 1204, 1212; à Clairvaux en 1208, 1212, 1244; à Sarrogna en 1212; à Saint-Julien en 1227; à Saint-Amour en 1228; à Maynal en 1235; à Digna en 1236, 1248; à Champagna en 1238; etc. C'est donc de cette époque que date principalement la dénomination de chapelain (*capellanus*), si fréquemment employée dans les douzième et treizième siècles. On lui substitua celles de prêtre, de curé, de recteur et de vicaire perpétuel. De ce temps aussi date le titre honorifique de *curés primitifs*, que conservèrent par la suite les religieux, avec le droit de patronage et de présentation des chapelains ou vicaires.

§ 4. En conséquence du nouveau règlement, on constru-

---

(68) ..... *In parochialibus vero ecclesiis quas tenetis liceat vobis sacerdotes et gere, et electos episcopo repraesentare, quibus si idonei inventi fuerint, episcopus animarum curam committat, et de plebis quidem cura iidem sacerdotes episcopo de temporalibus autem vobis debeant respondere.* JUÉNIN. Hist. de Tournus.

(69) *In ecclesiis ubi monachi habitant, populus per monachum non regatur, sed Capellano qui populum regat ab episcopo per consilium monachorum instituatur.* De statu monachor., cap. 1.

sit des églises paroissiales dans les lieux où il n'y avait que des églises abbatiales ou prieurales, et c'est ce qui explique la coexistence de deux églises où une seule est aujourd'hui suffisante. Il en fut de même à Gigny, et c'est à la fin du douzième ou peut-être au commencement du treizième siècle, que *l'église paroissiale* fut érigée, et qu'un chapelain ou vicaire séculier perpétuel y fut institué. « Alors, disaient nos reli-
« gieux dans un mémoire en 1762, on fit construire, dans
« l'enceinte des murs du cloître, une chapelle pour la célé-
« bration des offices paroissiaux, avec un petit cimetière pour
« l'inhumation des enfants seulement qui ne communiaient
« pas. Mais les grandes personnes continuèrent à être en-
« terrées dans l'ancien cimetière du monastère, après avoir
« été présentées à l'église prieurale.... En quel temps, ajou-
« taient-ils, cette église, toujours enclavée dans le cloître,
« fut-elle érigée, et à quelles conditions? Le titre d'érection
« a péri dans les différentes calamités que la province a
« essuyées, et singulièrement l'abbaye de Gigny. Mais les
« titres subséquents y suppléent abondamment. » En effet, on trouve cette église, ainsi que son petit cimetière, mentionnés dans plusieurs de nos pièces justificatives en 1305, 1336, 1346, 1408, 1412, 1414, 1421, etc...

§ 5. Telle fut l'origine de l'église paroissiale de Gigny, qui fut mise sous l'invocation de la sainte Vierge et qui fut *unie alors ou peu après avec celle de Véria*. « On ne sait en
« quel temps, disaient encore les religieux de Gigny dans
« leur mémoire de 1762, ces deux églises furent unies. Le
« titre d'union est ignoré, et on l'a vainement cherché à
« l'archevêché de Lyon et ailleurs. Mais, cette union est
« déjà rappelée dans des titres de 1332, 1408, 1414 et
« 1421. » Au reste, cette union a subsisté jusque dans les derniers temps. Le conseil municipal de Gigny ayant même sollicité, le 25 mars 1792, afin que le curé titulaire, qui restait à Véria, optât pour Gigny ou Véria, à cause que la loi dé-

1270

1270 fendait de posséder deux bénéfices à charge d'ames, il ne fut pas satisfait à cette demande. Le titulaire s'y opposa, et, nonobstant l'avis favorable des administrateurs du district et de l'évêque Moyse, ceux du département déclarèrent que, les deux cures ayant été unies depuis plusieurs siècles, il n'était pas en leur pouvoir d'ériger une paroisse nouvelle.

En suite de l'incorporation de ces deux églises en une seule paroisse, le curé a résidé tantôt à Gigny, tantôt à Véria, ayant un vicaire dans le lieu où il ne résidait pas. Cependant, en 1686, le titulaire ayant quitté Gigny pour aller rester à Véria, il ne résida plus que des vicaires à Gigny. En 1784, les habitants de ce dernier lieu réclamèrent même en vain, auprès de l'évêque, pour obtenir la résidence de leur pasteur en titre. Il y en a qui ont pensé que le défaut de presbytère à Gigny était la cause principale de cette non résidence. En effet, avant le dix-neuvième siècle, on n'en trouve aucun indice, tandis qu'il en a toujours existé un très beau et très commode à Véria, sur la porte duquel on lit un millésime de 1554.

Anciennement les titulaires de cette paroisse se qualifiaient *chapelains, recteurs ou curés de Gigny, curés de Gigny et Véria*, appelant même ce dernier lieu l'annexe. Mais depuis un arrêt du parlement de Besançon, en 1763, dont il sera parlé plus tard, ils se dirent *curés de Véria et vicaires perpétuels de l'église paroissiale de Gigny*. On trouvera à la fin de cette histoire la liste de ceux qu'on a pu constater.

L'église de Véria, dont le prieur avait le patronage, est sous le vocable de saint Martin qu'on y fête le 11 novembre. La nef seule couverte en laves est antique ; le chœur, au contraire, est moderne, parce qu'il a été reconstruit à soir, pour rétablir la porte à matin.

§ 6. La cure de Gigny seule n'était pas trop lucrative pour le desservant, parce qu'il n'était que comme vicaire du sacristain du prieuré auquel avaient été concédés, en 1305, les droits de curé primitif. En conséquence, il ne touchait que la moitié de la portion congrue, l'autre moitié appartenant au sacristain. La totalité de cette portion congrue ne consistait même que dans le tiers des dîmes, les deux autres tiers étant perçus par les religieux du monastère, en leur qualité de gros décimateurs. Quant aux droits casuels, tels que ceux de sépulture des enfants et gerbes de passion, le desservant les partageait aussi avec le sacristain ; mais les droits de baptêmes, fiançailles et mariages lui étaient propres en totalité. Au reste, on aura bientôt occasion d'en parler plus en détail.

De la cure de Gigny dépendaient aussi cinq petits champs contenant à peu près ensemble deux journaux et un pré de deux soitures et demie, appelé le *Pré-au-Prêtre*, ou le *Stabat*, donné, dit-on, à l'église, sous la condition de faire chanter l'hymne de ce nom en certains temps de l'année.

A Véria, le curé avait la totalité des droits casuels et la moitié de toute la dîme, l'autre moitié appartenant aux religieux. Ces derniers même, d'après un traité fait en 1312 avec le curé, en avaient autrefois les deux tiers.

§ 7. Il n'est guère probable que la chapelle qui fut construite après le concile de Latran ait subsisté jusque sur la fin du dix-huitième siècle. Quoiqu'il en soit, l'église paroissiale de cette dernière époque, qui existait déjà en 1520 et qui avait été réparée en 1672, était moins grande que celle qui l'a remplacée. Elle était couverte en laves et n'avait en place du clocher qu'un campanile, avec une petite cloche qui a été fondue pour la défense de la patrie. Comme elle tombait de vétusté et était insuffisante pour le nombre accru des paroissiens, elle fut interdite en 1770 et démolie en 1774. Celle qui existe aujourd'hui fut construite sur son emplacement, mais agrandie au matin, au soir et au nord de l'ancienne. Elle fut consacrée en 1780 et placée, au désir des

1270

Plan D.

1270 — habitants, sous le double vocable de Notre-Dame et de saint Taurin. Cependant, la voûte de cet élégant édifice ne tarda pas à s'affaisser et lézarder par l'écartement des murs. En vain, on pratiqua, en 1784, des buttées ou gros piliers extérieurs pour soutenir ces derniers (70), ce monument religieux n'en fut pas moins interdit en 1789, et les paroissiens mis par l'évêque en possession de l'église priorale. Celle de la paroisse fut destinée dès-lors à servir de halle pour les foires et ce n'est que tout récemment que, par mesure de prudence, on a démoli cette voûte qui menaçait de s'écrouler.

§ 8. Dans l'église paroissiale de Gigny existait une *chapelle* érigée en 1520, en l'honneur *de Sainte-Croix*, par Barthélemy Pytiot, prêtre originaire de Gigny et recteur de l'hôpital de Cuiseaux, lequel la dota convenablement. Mais les biens et revenus en ayant été dissipés et perdus par la longueur des guerres, Pierre Pytiot, prêtre, curé de Marigny, au canton de Clairvaux, alors chapelain titulaire, fit une nouvelle fondation pour relever celle de son parent. Il disposa donc, en 1693, que, dans cette chapelle, il serait célébré une messe basse à chacune des fêtes de l'Invention et de l'Exaltation de Sainte-Croix (3 mai et 14 septembre), et une, en outre, à chaque fête des trente-et-un saints ou saintes qu'il énumère dans le titre, ce qui faisait 33 messes en tout. A cet effet, la chapelle fut dotée d'une rente de 200 francs, hypothéquée sur tous les biens que le nouveau fondateur possédait au Villars, proche Marigny. Il s'en réserva le patronage pendant sa vie et nomma pour patrons alternativement après lui : 1.° Taurine Pytiot, femme Cassabois, sa parente ; 2.° Henri du Pasquier, seigneur de la Villette,

C. 139.

---

(70) Ces piliers furent construits aux frais des religieux du noble chapitre ensuite d'un traité fait, en 1781, avec les paroissiens, à condition que les premiers qui, en qualité de gros décimateurs, étaient obligés à la reconstruction du chœur de cette église, ne seraient plus tenus à l'avenir qu'à son entretien.

puis leurs enfants ou descendants par ordre de primogéniture, d'abord masculine. Il statua aussi qu'après sa mort le seigneur de la Villette nommerait le premier chapelain.

1270

On trouve qu'en conséquence de ces dispositions, 1.º N... *Rossel* était chapelain en 1697 ;... 2.º N... *du Pasquier*, de Viremont, religieux à Gigny, en prit possession en 1722 ;... 3.º B.-E.-F. *du Pasquier*, de la Villette, autre religieux, en 1730 ;... 4.º H. *Roux*, de Chambly, curé de Nez, en 1751 ;... 5.º Enfin, après la mort de ce dernier, en 1783, H.-X.-J. *de Grivel*, chanoine de Baume, qui fut nommé par A.-J. *Daniel* de Maizod, dit du Pasquier, seigneur de la Villette.

La chapelle de Sainte-Croix ayant été démolie, en 1774, avec l'église paroissiale, ne fut point reconstruite avec elle. On lit dans l'acte de prise de possession du dernier titulaire, que le service s'en faisait à l'autel de l'église elle-même.

Outre la rente de 200 francs dont il a été question, cette chapelle possédait encore à Gigny trois petites pièces de terres provenant de la première fondation et qui furent vendues en 1791 avec les autres biens du clergé.

§ 9. Il y avait encore d'autres fondations de messes et de processions faites en l'église paroissiale de Gigny, notamment l'une en 1684 par Michel Laporte, une autre en 1731 par Taurin Poupon, etc...

Il y existait aussi, comme à Cuiseaux, une *familiarité* ou association d'ecclésiastiques nés et renés (baptisés) à Gigny, ou considérés de la même famille. L'auteur de cette histoire n'a pu se procurer les statuts de cette familiarité, et il ignore si, comme en certains lieux, les membres en étaient mépartistes, c'est-à-dire, s'ils partageaient les revenus destinés à la desserte des obits et fondations. Un petit pré dit, en 1748, de la *marguillerie*, était désigné en 1675 sous le nom de *pré de la familiarité* de Gigny. On a trouvé que les prêtres *S. Regaud*, en 1775, et *J.-B.te Collin*, en 1785, avaient pris possession comme familiers.

1270
C. 128.

Pour terminer ce qui concerne l'église paroissiale, on ajoutera que, d'après un titre de 1546, le luminaire de cette église devait être entretenu avec le produit des bois communaux.

§ 10. Il a déjà été parlé des inhumations, et on a vu que lors de l'érection de l'église paroissiale, on avait aussi établi à Gigny un cimetière spécial et distinct pour les enfants, tandis que les grandes personnes continuaient à être inhumées dans l'ancien cimetière de l'abbaye ou du prieuré. Cet usage particulier n'avait point d'analogue ailleurs, et on ne peut lui comparer que celui de la vaste chapelle des Innocents, à Vaux près d'Avallon, où l'on enterrait les enfants, et sur la porte duquel se lisait l'inscription : *Infantium dormitorium*.

Plan E.

Le *cimetière des enfants* ou de la paroisse, existait au nord-ouest de l'église paroissiale. Il était destiné, non-seulement aux enfants proprement dits, mais en général aux individus qui n'avaient pas encore communié, *qui n'avaient pas encore reçu le précieux corps de Dieu*, comme il est énoncé dans un titre de 1566 confirmé par ceux des deux siècles suivants. Le curé ou vicaire perpétuel était chargé de ces inhumations, quoique le sacristain en partageât les droits ou émoluments avec lui.

Plan F.

Quant aux grandes personnes, le sacristain les inhumait dans le *cimetière de l'abbaye* qui existait entre les deux églises [71], et il ne partageait point les droits de ces sépultures avec le desservant, étant chargé de tous les frais d'obsèques. Les parents de ces adultes pouvaient obtenir de cet officier claustral la permission de faire inhumer les défunts dans l'église paroissiale ou dans le cimetière des enfants. Cette autorisation n'était pas refusée, surtout si elle avait

M.

Plan G.

(71) Le petit chemin, qui existe entre l'église paroissiale et l'ancien cimetière, n'a été établi qu'en 1791.

été réclamée dans les dispositions des dernières volontés, mais moyennant une modique rétribution, et à la charge de présenter préalablement les corps à l'église du prieuré. On en trouve des exemples dans des actes de 1516, 1646, 1661, 1703, etc.... Les paroissiens avaient droit de faire sonner, pour ces inhumations, non-seulement la cloche de l'église paroissiale, mais encore celles de l'église prieurale.

En conformité de l'ordonnance de 1776 sur les cimetières, les nobles chanoines, réunis aux habitants de Gigny, demandèrent, en 1783, à l'évêque de Saint-Claude, la translation de ceux de leur bourg à une certaine distance des habitations. Le curé de l'époque, avec son esprit tracassier, s'y étant opposé, l'évêque nomma celui d'Andelot pour faire une enquête à cet égard. Le rapport en fut favorable à la demande; mais, plein de dépit, le curé de Gigny se plaignit, dans une lettre du mois de septembre de la même année, des espèces de violences qu'avait faites sur lui et sur d'autres personnes un des chanoines (P.-M. de Montfaucon), en empêchant de recevoir les objections. Il ajouta même que *le portrait du curé d'Andelot aurait aussi bien figuré dans cette mission que lui-même.*

En conséquence, et par ordre de l'autorité supérieure, le prieur commendataire et le noble chapitre furent obligés de fournir, en 1784, l'emplacement du *cimetière actuel*, à cause de leur qualité de gros décimateurs et de curés primitifs percevant les droits de sépulture. La clôture en fut mise à la charge de la paroisse, mais elle en négligea l'exécution. Il en résulta que, les anciens cimetières ayant été interdits, on fut obligé, en 1787 et 1788, de conduire les corps pour les inhumer dans le cimetière de Véria. Ce fut seulement le 24 octobre 1788, que le curé, assisté de son vicaire, fit la bénédiction du cimetière nouveau.

§ 11. En revenant à l'ordre naturel des temps dont cette longue digression sur l'église paroissiale nous a détournés, on peut raisonnablement penser que Guichard était encore prieur

1272
C. 88.

de Gigny, en l'année 1272, lorsque Béatrix, veuve du seigneur de Luaysi, jura foi et hommage à Amé, comte de Savoie, devenu époux de Sybille de Bangé. Elle reconnut tenir en fief-lige de ce prince, à cause de la sirerie de Bagé, le château de Belvier avec ses dépendances, mais sauf le fief qu'elle tenait du prieur de Gigny. Elle reconnut encore tenir les fiefs de *Logalos* et de *Lopeluchaz*, lieux inconnus à l'auteur de cette histoire qui ignore de même, si ce château de Belvier est celui de Beauvoir près Coligny, ou de Belvay près Cormoz. Quant à cette veuve Béatrix, il est plutôt à croire qu'elle était dame de Loysia (72), près Gigny, que de Loisy sur la Seille où l'abbaye de Gigny n'a jamais rien possédé.

C. 88.

§ 12. Dans la même année et par le même acte, *Poncet de Gigny* fit aussi un hommage-lige et jura fidélité au même comte de Savoie, sauf la foi qu'il devait aussi au seigneur de Saint-Amour, et il reconnut tenir en fief tout ce qu'il possédait, du chef de sa femme, au village et territoire d'Avignon, hameau de Beaupont. On ignore si ce Poncet

M.

est le même que *Poncet de Gigny*, dont on trouve un autre acte de foi et hommage malheureusement sans date, indiqué

---

(72) Il est cependant difficile d'accorder cette présomption avec la connaissance qu'on a des seigneurs de Loysia. On a vu que *Pierre de Montmoret*, mort en 1202 environ, possédait cette terre dans le xii.e siècle. Il laissa, pour lui succéder, de Béatrix de Coligny, sa femme, qui vivait encore en 1204, *Humbert de M.*, dit Arragon, aussi seigneur de Loysia et de Crilla en 1255. *Jacques de M.*, son fils, possédait les mêmes seigneuries en 1263 et 1279, et ne pouvait par conséquent avoir laissé de veuve Béatrix en 1272. Il fut probablement père de *Marguerite de Loysia*, mariée à *Jacques de la Roche-du-Vanzel* en Auxois. Celui-ci donna Loysia en dot à Jeanne de la Roche, sa fille, lorsqu'en 1298 elle se maria en secondes noces avec *Jean de Coligny*, seigneur d'Andelot. Cette dame jouit long-temps de cette seigneurie, car elle ne mourut qu'en 1374, à l'âge de cent ans, après avoir fait diverses donations à l'église de Loysia. Cette terre resta dès-lors dans la maison de Coligny jusqu'à l'extinction de celle-ci en 1664.

Les *de Loysia*, dit Guichenon, étaient d'anciens gentils-hommes du comté. *Marguerite de L.*, dame du Bois on de Pressia, fut mariée, avant 1273, à Guillaume d'Andelot. Cette maison portait d'argent au lion de sable armé et couronné de gueules.

pour un fief à Fleiria et Marnoissia, dans un inventaire de 1485 des titres de la maison de Vienne-Chevreau.

1272

Quoiqu'il en soit, Poncet est le premier membre bien connu de la *maison de Gigny*. A la vérité, on connait déjà un *Dalmas de Gigny*, chanoine de Chalon en 1080, et un autre de mêmes noms, marié, à peu près à la même époque, avec N... de Brancion ; mais ils étaient peut-être d'une maison de Gigny sur Saône qui n'aurait cependant laissé aucun autre indice de son existence.

Poncet de G. a pu être père des trois membres qui suivent et qui vivaient à peu près dans le même temps :

1.º *Humbert de Gigny*, chanoine de Saint-Paul, de Lyon, qui, en 1308, fut présent à un traité entre Humbert, sire de Thoire et Villars, et Henri d'Antigny II, seigneur de Sainte-Croix. Il assista, en 1320, à un autre traité fait entre le même sire de Thoire et l'abbé de Saint-Claude. Enfin, en 1339, étant sacristain à Saint-Paul, il fut témoin d'une sentence arbitrale rendue par l'archevêque de Lyon, en faveur du seigneur de Dortan contre ledit sire de Thoire et Villars.

2.º *Jean de Gigny*, qui était prieur de Nantua en 1328 et 1329, et qui, en cette qualité, fit avec l'abbé de Chesiry une délimitation de paroisses dépendantes de leurs monastères. Il n'était plus prieur en 1335, sans doute parce qu'il était devenu abbé de Saint-Rambert-de-Joux, car en 1336 il se trouva présent, avec cette dernière qualification, à l'hommage que plusieurs seigneurs du Bugey rendirent au sire Humbert. Il mourut en 1341.

3.º *Perraud* ou *Perret de Gigny*, chevalier, marié à Béatrix de Montbaron, auquel le même sire de Thoire et Villars inféoda, en 1330 environ, le village d'Aromas, en toute justice, à l'exception du dernier supplice. Il fut présent : 1.º en 1336, à un hommage rendu à ce sire par un seigneur du Bugey ;.... 2.º en 1356, à une délimitation des terres de

1272 Montréal, Nantua, Brion et Saint-Martin-du-Frêne, entre Humbert VI, sire de Thoire et Villars, et Jean de Nugent, prieur de Nantua;.... 3.º en 1358, à un acte d'association entre ce même sire et ce même prieur, relatif aux revenus d'Apremont et de Saint-Martin-du-Frêne. On trouve encore un *Perraud de Gigny* qualifié chancelier du sire de Villars, présent à une charte de 1377 relative à la Balme sur Cerdon. Mais il n'est pas certain que ce soit le même que le précédent.

§ 13. Quoiqu'il en soit, le chevalier Perraud de Gigny laissa de son mariage avec ladite Béatrix de Montburon, *Humbert de Gigny*, qui lui succéda comme chevalier et comme seigneur d'Aromas. On le trouve présent à l'hommage que le sire Humbert VII fit, le 16 octobre 1375, au comte de Savoie, pour ses sireries de Thoire et de Villars. Il eut pour femme Allemande de Lavieu, et de ce mariage naquirent deux filles, Antoinette et Béatrix de Gigny, par lesquelles a fini cette maison.

Antoinette de Gigny, dame d'Aromas, fut mariée en 1400 avec Antoinette du Chiel, chevalier, seigneur de Chanves en Bugey, de Beaulieu en Lyonnais, co-seigneur de Montellier en Bresse, et qui devint ainsi seigneur d'Aromas. Ces deux époux testèrent en 1428 et mentionnèrent six enfants dans leur testament.

Quant à *Béatrix de Gigny* ou *Gignia* [73], elle fut mariée

(73) J'ai entendu bien des personnes remarquer, avec une sorte d'étonnement, que les noms d'un très grand nombre de lieux voisins de Gigny, notamment dans les arrondissements de Bourg, de Nantua, et surtout de Lons-le-Saunier, étaient terminés en *a* et en *ia*, comme Gignia, Loysia, Cressia, Florentia, Veru Marigna, Montagna, etc.. Or, il est facile de s'en rendre raison en réfléchissant que ces noms sont dérivés des dénominations latines des lieux dont on a retranché simplement la terminaison. Ainsi, de *Gignia-cum* on a fait Gignia, de *Loysia-cum*, Loysia, de *Montagnia-cum*, Montagna, etc. .

Quelquefois on a retranché la lettre *a* elle-même, et on a fait Gigny, Loysy, Montagny, Coligny, Fetigny, Cluny, etc...

à Jean, seigneur de Rogemont et de Leutenay en Bugey, lequel fit hommage en 1392 au sire Humbert VII, testa en 1422 et laissa deux fils pour lui succéder. 1272

§ 14. Il est donc certain qu'il a existé une maison noble du nom de Gigny dans le treizième et dans le quatorzième siècle, probablement même dans les siècles précédents. Si cependant l'espèce de généalogie qui vient d'en être donnée, d'après l'historien Guichenon, ne suffisait pas pour en constater l'existence, on pourrait encore prendre en considération que Dunod, en dépouillant les titres de l'abbaye de Château-Chalon, y a trouvé mentionnées des religieuses du nom de Gigny, et il a placé la maison noble de ce nom dans la longue liste qu'il a donnée de celles qui ont fourni des sujets à cet insigne monastère. D'un autre côté, on voit aussi, par l'inventaire précité de 1485 des titres de la maison de Vienne-Chevreau, que messire *Pra de Gigny*, chevalier, fils de *Guyot de Gigny*, également chevalier, a fait le devoir pour un fief qu'il tenait à Digna. Mais cette déclaration de fief est malheureusement aussi sans date. M.

Nous ajouterons encore ici, plutôt pour ne rien omettre d'intéressant que pour confirmer l'existence de notre maison noble, que : 1.º *Michel de Gigny* était bailli de Jean, comte d'Autun, en 1283;... 2.º *Étienne de Gigny* fut témoin, en 1289, avec le vicaire de Cuiseaux, d'une charte pour Vaucluse qu'ils authentiquèrent de leurs sceaux;.... 3.º *Jacques de Gigny*, curé d'Épy, testa en 1300, en faveur de Jean de C. 95. C. 97.

D'autres fois, la voyelle *a* a été changée en *e* muet, d'où *Gignie*, *Loysie*, *Colome*, *Clunie*, *Vérie*, etc., ou bien en *é* ouvert, d'où *Gignié*, *Loysié*, *Clunié*, etc... qu'on a écrit ensuite *Gigney*, *Luysey*, *Clugney*, etc.

Enfin, dans certains pays, notamment dans les arrondissements de Bourg, Belley et Trévoux, la terminaison latine *acum* s'est convertie ou traduite en *eu* ou *eux*, comme *Virieu*, *Fatignieu*, *Montagnieu*, *Maximieux*, etc.

Pourquoi ensuite, dans des localités assez voisines, le même nom se termine-t-il tantôt en *a*, tantôt en *i*, tantôt en *eu*, comme *Savigna*, *Savigny*, *Savignieux*? Je l'ignore.

1272

C. 82.

Chalon, comte d'Auxerre, seigneur d'Orgelet, comme on peut le voir dans le recueil de nos preuves, et apposa à son testament le sceau emblématique dont on a parlé;... 4.º M. *Jean de Gigny*, bailli dudit Jean de Chalon à Orgelet, donna, en 1302, à la chartreuse de Vaucluse, un viager qui lui appartenait dans la dîme de Fetigny, et fut témoin, en 1316, d'une de nos chartes pour Montagna et Broissia;... 5.º *Humbert de Gigny*, curé de Saint-Amour, fut témoin d'un autre titre en 1308;... 6.º Enfin, *Pierre de Gigny*, chanoine de Saint-Paul de Lyon, fonda un anniversaire dans l'église de Saint-Claude, à une date inconnue [74].

Au reste, l'existence d'une maison d'armes et de nom dans un lieu dont les religieux, très nobles eux-mêmes, paraissent avoir eu l'entière seigneurie dès l'origine, n'en est pas moins très remarquable. Cet exemple toutefois n'est pas unique, car il y avait aussi une *maison de Baume* (Jura), quoique les nobles moines de l'abbaye de ce nom fussent aussi seigneurs du lieu. On peut s'en convaincre en lisant les histoires de Salins et de Poligny. Il y avait encore la *maison de Clugny*, déjà célèbre et nombreuse dans le onzième siècle, qu'on croit originaire d'Autun, mais qui a pris son nom de Cluny, nommé *Clugny* dans beaucoup de titres anciens.

§ 15. On vient de dire que les religieux de Gigny paraissent avoir eu la *seigneurie* dès l'origine. En effet, Bernon, comme on a vu, était propriétaire et souverain, lorsqu'il a fondé l'abbaye. Il a doté celle-ci de ses propres biens, et il n'est pas croyable qu'un étranger soit ensuite devenu seigneur de ces immeubles ecclésiastiques inaliénables. Aussi, voit-on qu'en 1294, 1307 et 1310, années où flo-

---

[74] C'est ce qui est prouvé par un article d'obituaire de l'abbaye de Saint-Claude, communiqué par M. l'abbé Girod, vic. gén.: *Obiit D. Petrus de Gigniaco canonicus S. Pauli Lugdun. qui dedit nobis et ecclesiæ XXX scutos grossos pro anniversario suo ; signa pulsantur.*

rissait encore la maison de Gigny, trois prieurs en sont qualifiés seigneurs. A plus forte raison, les chefs et religieux de ce monastère prennent-ils ou reçoivent-ils cette qualité dans des titres de 1336, 1488, 1497, 1518, 1531, 1543, 1516, 1547, 1645, 1647, 1655, 1687, 1691, etc.... C'est pour cette cause aussi que, dès l'année 1336, on trouve le titulaire du prieuré désigné *Monsieur de Gigny*, *Monseigneur de Gigny*, et les religieux collectivement appelés *Messieurs de Gigny*, dénominations féodales qui ont été usitées jusque dans les derniers temps. Bien plus, en 1789, les religieuses de Lons-le-Saunier ayant remplacé nos nobles chanoines eurent encore, mais pendant quelques mois seulement, la petite satisfaction de s'entendre appeler *Mesdames de Gigny*.

§ 16. A la seigneurie se rattachait le *château* ou la *maison forte de Gigny*, situé hors de l'enceinte et au dessus du cloître. Les habitants de toute la châtellenie y avaient droit de retraite pour leurs personnes et leurs biens ; mais aussi, ils y devaient faire le guet et la garde en temps d'imminent péril et fournir à ses menus emparements. Ce château a été reconstruit, tel qu'il est actuellement, il y a environ 66 ans, sur les fondations de l'ancien. On en a même conservé les caves, et on en voit encore la prison obscure appelée vulgairement *Croton* (du vieux mot *Crotum*, creux, voûte, souterrain). Cette prison est toujours garnie de sa porte de fer et avoisinée de la cuisine et chambre du geôlier. En visitant au flambeau ce réduit obscur et humide, on éprouve un certain saisissement, et les idées se reportent naturellement sur les punitions sévères du moyen âge. Cette prison n'est cependant pas une geôle féodale proprement dite, à unique ouverture au sommet de la voûte en dôme. C'était simplement la partie inférieure d'une tour de guerre carrée, qu'on a changée en geôle au moyen d'une voûte à berceau pratiquée à trois mètres de hauteur environ. Une très faible clarté y arrive par une canonnière de cette épaisse tour, et,

1272

Plan I.

1272 dans la partie supérieure à la voûte, on reconnaît les restes d'une autre meurtrière ou canonnière. Cette prison et cette ancienne tour sont donc postérieures au quatorzième siècle, qui est celui de l'invention des armes à feu, et elles ne datent peut-être que du milieu du seizième, car, sur une pierre de cheminée du château précédent, on lit le mot *Rye*, nom d'un prieur de cette époque.

Ce château, en effet, était la *maison prieurale* où résidait, sinon était censé résider le chef du monastère, et où se trouvait le *cabinet des archives*. On s'obligeait, par les terriers de 1543 et 1691, d'y livrer au seigneur les redevances en nature, et de lui payer les cens et autres dûs. On lit aussi dans un titre de 1534 qu'on y distribuait des aumônes. Mais, au reste, avant sa dernière reconstruction, il n'était habité que par un concierge, et même, en 1760, on le disait abandonné, étayé et menaçant ruines.

§ 17. La seigneurie, ou *terre de Gigny*, était composée des villages de Gigny, Cropet, le Villars, Louvenne, Morges, Montrevel, la Pérouse, Monnetay, Graye et Charnay. Ces deux derniers, et probablement celui de Cropet, n'en dépendaient que depuis l'année 1294, comme nous le verrons bientôt. Auparavant cette époque, les moines de Gigny n'en étaient que seigneurs suzerains et n'y pouvaient exiger que la foi et l'hommage. Mais, dès-lors, dans ces trois villages, comme dans les autres, le prieur fut seigneur en toute justice, haute, moyenne et basse, mere, mixte, impere [75]. Il

---

(75) *Merum, mixtum, imperium.* En Franche-Comté, le juge du seigneur bas justicier ne connaissait que des délits punissables de l'amende de 60 sols et venants, des causes personnelles et civiles jusqu'à la valeur de 100 sols, et des causes réelles jusqu'à litis-contestation.

Le juge du moyen-justicier connaissait des affaires criminelles emportant toute espèce d'amendes, mais non peines corporelles. Il jugeait aussi de toutes les causes civiles, personnelles et réelles. Il avait le droit de tenir un carcan et des étalons pour les poids et mesures, celui de publier les testaments, de faire les actes d'affranchissement de mainmorte, d'apposer les scellés, de faire la

y avait même (ce qui est très remarquable), comme les seigneurs des grandes terres, depuis le treizième siècle, le double degré de juridiction civile, la *châtellenie* et le *bailliage*. En conséquence, les causes qui avaient été jugées en premier ressort par son juge châtelain, pouvaient être portées en appel devant son bailli, absolument comme on appelait aux bailliages royaux des jugements rendus en châtelleniesroyales.

1272

§ 18. Quoique seigneur ecclésiastique, et nonobstant la maxime que *l'église a horreur du sang*, le prieur de Gigny faisait exécuter sans scrupule les condamnations à mort, et ne livrait pas les criminels condamnés à un seigneur laïc du voisinage pour leur exécution. Il avait donc un *pilori* à simple pilier, pour l'exposition au carcan, planté sur la place publique, en face de la porte du monastère, et un *gibet* à deux piliers ou signe patibulaire établi sur un monticule isolé, au sud de Gigny, appelé encore pour cette raison montagne des *Fourches*. Ce gibet est figuré sur la carte de Cassini, et on en voit toujours la fosse quadrangulaire usitée dans pareil cas. Néanmoins, il paraît que, depuis longtemps, les exécutions capitales n'y étaient plus pratiquées ; car les vieillards actuels, qui ont vu exposer au carcan, ne parlent que par ouï-dire éloignés du dernier supplice sur les Fourches. Dans les minutes judiciaires de Gigny, qui re-

Plan K.

---

inventaires, de donner des tuteurs et des curateurs aux mineurs, d'intervenir dans leur émancipation et dans toutes leurs affaires, de dresser leurs baux, d'homologuer leurs comptes de tutelle, de recevoir leurs partages, etc...

Enfin. le juge du haut-justicier avait toutes les attributions du bas et du moyen, et en outre le droit de glaive ou celui de prononcer la peine de mort; sauf appel.

On nommait *Châtelains* les juges du haut et du moyen-justicier, parce que ces seigneurs avaient seuls le droit d'avoir des châteaux forts fermés de murs et de fossés. Le juge du seigneur bas-justicier et du simple vassal étoit appelé *prévôt*, aussi bien que ce seigneur qui ne pouvait posséder qu'une tour forte, pour se mettre à couvert d'un coup de main et y retirer ses effets.

On trouvera, à la fin de cette histoire, la liste de quelques juges de Gigny.

1272 montent au milieu du dix-septième siècle, je n'ai même rien trouvé qui y eût rapport. J'ai seulement lu une sentence du 22 juin 1756, contre Jeanne Ducrosset, accusée d'infanticide « et condamnée par contumace à être pendue et estranglée « jusqu'à ce que mort s'ensuive, à une potence qui sera « plantée sur la place publique du bourg de Gigny, en l'a« mende de 50 livres au profit du seigneur prieur, et à la « somme de 100 livres applicable moitié à la fabrique de « l'église et moitié aux pauvres, et aux dépens. Cette sen« tence sera exécutée en un tableau attaché à ladite potence « par l'exécuteur de la haute justice. » Elle fut prononcée par L. Cordier, juge châtelain, assisté des avocats Perreau et Babey, ses deux assesseurs.

§ 19. Avec la haute justice et en grande partie comme dépendant d'elle, le prieur de Gigny et ses religieux avaient les *droits seigneuriaux suivants:*

 1. Les amendes,
 2. Les cens,
 3. La poule de carême entrant par feu,
 4. Les langues des grosses bêtes de boucherie,
 5. La bûche du coulon,
 6. Les corvées,
 7. La banalité du four et des moulins,
 8. Le ban d'août,
 9. Les lods et vends,
 10. Les épaves,
 11. La retenue ou le retrait féodal,
 12. La commise,
 13. Le bois de chauffage dans les communaux de Gigny
 14. La chasse et la pêche,
 15. Le guet et la garde du château,
 16. La montre et la rendue d'armes,
 17. La préséance et autres droits honorifiques à l'église et aux processions ;

18. Les foires et marchés,
19. La mesure particulière,
20. L'institution des tabellions,
21. Enfin, la mainmorte.

S'ensuivent quelques explications sur plusieurs de ces droits féodaux.

§ 20. Les *amendes* variaient de trois sols, auxquels s'élevait la plus petite, à 60 sols, montant de la grosse. Elles étaient encourues dans un grand nombre de cas, surtout pour contraventions de police. Réunies aux droits de justice, elles donnaient sur la fin un revenu d'environ 1,000 francs au noble chapitre.

§ 21. Les *cens* étaient des redevances foncières, tant en argent qu'en froment, avoine et poules. On présume qu'elles étaient représentatives du prix primitif des baux emphytéotiques passés, dans l'origine, par les seigneurs à leurs serfs. Les actes d'accensements des derniers temps constituaient de nouveaux cens. Les deniers censaux, qui ne s'élevaient qu'à 380 francs, ne paraissaient modiques qu'à cause de l'avilissement du numéraire. Les cens en grains produisaient 1100 mesures de froment et 1530 d'avoine. Les poules de cens étaient évaluées à 66 francs.

§ 22. Les *langues* des grosses bêtes tuées dans les boucheries de toute la seigneurie devaient être livrées dans les vingt-quatre heures, à peine de l'amende de 60 sols. La langue n'était pas due par celui qui ne vendait aucune portion de la bête. Ce droit féodal, loué 24 francs en 1760 et 36 francs en 1788, appartenait depuis long-temps à l'office de l'infirmier.

§ 23. La *bûche du coulon*, d'après une enquête de 1660, était une pièce de bois de chauffage, amenée, la veille de Noël, par une bête *trahante*, ou apportée sur le cou, par celui qui n'avait pas de bétail, à la maison du prieur. Le droit de cette *souche de Noël* n'était plus exigé dans

1272

le dix-huitième siècle, ni peut-être déjà dans le dix-septième. Le mot *coulon* vient probablement de *colon*, cultivateur.

§ 24. Les *corvées* étaient encore un reste de l'esclavage primitif. Les hommes de la seigneurie de Gigny devaient des corvées de charrue, dans les condamines voisines du monastère, pour les semailles d'automne et de printemps, aux époques des fêtes de saint Michel et de saint George. Ils devaient aussi des corvées de faux pour amasser les foins, de vendange, de charroi, etc....

§ 25. La *banalité des moulins*, ensuite de laquelle il était défendu sous peine d'amende, de confiscation des farines et de dommages-intérêts pour les meuniers, d'aller moudre à d'autres moulins qu'à ceux du seigneur, est aussi considérée comme un autre reste de l'esclavage, car les esclaves étaient employés à faire tourner les meules. De la seigneurie qui nous occupe, dépendaient les moulins de Gigny, Graye, Charnay, Cropet, Louvenne et la Pérouse, dont les meuniers devaient faire moudre le grain des justiciables dans le délai de 24 heures, moyennant le 24.ᵉ coupon. Ils devaient, de plus, moudre gratuitement les grains de la consommation du monastère. Lorsqu'un battoir était réuni au moulin, l'orge, le panis, le millot et l'avoine y étaient grués ou battus au même coupon, et le chanvre moyennant le 24.ᵉ *batteron*, et le *battentage* gratuit pour l'usage des religieux. Ceux-ci avaient encore d'autres moulins banaux, comme à Véria, Liconna, Balanod, etc....

Quant au *four*, il n'y en avait de *banal* qu'à Gigny même; car d'après les statuts de saint Louis, rédigés en 1270, nul seigneur ne pouvait avoir cette banalité, *s'il n'avait bourc ou partie en bourc*. Le 24.ᵉ pain était dû au fournier, et ceux qui faisaient cuire ailleurs étaient punis d'amende avec confiscation des pains. Ce four, situé près du pont de la Sarrazine, était chauffé au moyen du bois de Biolière appartenant au seigneur. Mais cette banalité cessa, dès 1701, par un traité dont on parlera à sa date.

1272

§ 26. Le *ban d'août* consistait dans le privilége qu'avait le seigneur de faire vendre seul du vin, pendant le mois d'août. Ceux qui empiétaient sur ce privilége étaient aussi punis d'amende. Ce ban était loué ou concédé, en 1788, moyennant une somme de 56 francs, par les nobles chanoines de Gigny.

§ 27. Les *lods* et *vends* étaient une redevance ou un droit pécuniaire dû au seigneur, à l'occasion des ventes d'immeubles dont il devait *allouer* les contrats. Ce droit qui remplaçait, jusqu'à un certain point, celui d'enregistrement d'aujourd'hui, était fixé dans la seigneurie de Gigny au sixième du prix de la vente. Il produisait environ 1500 francs par an, dans les derniers temps du chapitre.

§ 28. Lorsque l'acquéreur présentait son contrat pour le faire allouer, le seigneur pouvait exercer le droit de *retenue* ou de *retrait*, tant pour lui que pour quelque favori, en rendant le prix de la vente et ses accessoires. Il avait cette faculté durant l'an et jour de la présentation du titre. Mais souvent, pour éluder ce droit, on portait dans le contrat un prix mensonger et supérieur qui augmentait le droit de lods.

§ 29. Les *épaves* étaient les bêtes égarées ou abandonnées. Elles appartenaient au seigneur haut-justicier, si, nonobstant trois publications, elles n'étaient pas réclamées dans 40 jours par le propriétaire. Celui qui les trouvait devait en donner avis au seigneur, dans le délai de 24 heures, sous peine de la grosse amende. Les abeilles n'étaient pas considérées comme épaves.

§ 30. La *commise* était la confiscation des fiefs ou biens aliénés, dont l'acquéreur prenait possession sans le consentement du seigneur. Il ne faut pas la confondre avec la *mainmise*, qui n'était que la saisie ou le séquestre, avec ou

1272 sans jouissance, des fiefs ou biens pour lesquels le devoir ou le dénombrement n'avaient pas été faits.

§ 31. Le droit exclusif de la *chasse* appartenait aux religieux de Gigny dans toute leur seigneurie, mais ils n'avaient c. 128. celui de la *pêche* que dans l'écluse ou *eyreux* de leur moulin, les habitants (de Gigny) ayant droit de pêcher dans la rivière de Suran elle-même.

§ 32. Il paraît que les droits de *guet* et *garde* du château, en cas de péril déclaré imminent par le gouverneur de la province, et de *montre et rendue d'armes*, une fois au moins par an, avaient cessé depuis la conquête de Louis XIV, qui avait ordonné la démolition des châteaux forts, peut-être même bien auparavant.

§ 33. La *préséance* à l'église et aux processions appartint à nos nobles religieux, jusqu'en 1789, autant comme curés primitifs et patrons, que comme seigneurs. Ils en jouissaient aussi probablement dans les autres églises de la seigneurie, ainsi que de l'encens, de l'eau bénite, du pain bénit, de la paix, etc...

§ 34. La *mesure* du château de Gigny pesait 24 livres (environ 12 kilogrammes.) Elle servit jusqu'à la fin pour la recette des cens, et anciennement les ventes de grains devaient être faites à cette mesure marquée aux armes du seigneur, sous peine de l'amende de 60 sols. Mais dans les derniers temps, on se servait de celle du bailliage d'Orgelet ou du roi, laquelle pesait 30 livres.

On parlera plus tard des *foires* et du *marché*.

§ 35. Le *tabellionage* consistait dans le droit d'instituer un ou deux tabellions ou notaires, devant lesquels les sujets de la seigneurie devaient passer leurs actes, à peine de l'amende de 60 sols, et de dommages-intérêts dus aux notaires. Le nombre de ceux-ci a toujours été au moins de deux à Gigny.

§ 36. La *mainmorte*, d'odieuse mémoire, pesait sur tous

les habitants de la seigneurie de Gigny, à l'exception de ceux de ce bourg lui-même qu'on trouve déjà, en 1518, reconnus francs de toute ancienneté. Ceux de Graye et de Charnay ne furent affranchis qu'en 1778, et ceux des autres villages restèrent serfs jusqu'à la fin.

1272
C. 126

La mainmorte, appelée en quelques lieux *mortaillabilité*, *taillabilité*, *pouëte*, *condition serve*, fut, dans le dix-huitième siècle, la dernière forme de l'esclavage, une servitude imparfaite, modifiée et adoucie. Selon les uns, on l'appelait mainmorte, parce que la *main* de celui qui en était affecté se trouvait comme *morte*, ne produisant rien d'utile pour lui par le travail. Selon d'autres, ce nom avait été donné parce que, quand le mainmortable était mort dans l'indigence sans postérité, on lui coupait la main droite pour la présenter au seigneur, comme formant tout l'héritage du défunt.

L'origine de cette condition sociale remonte probablement à l'esclavage dans lequel les Romains, puis les Bourguignons et les Francs, tenaient les gens de la campagne dans les pays conquis, les attachant perpétuellement à la glèbe pour la culture des terres d'autrui, privés de toute liberté personnelle et de la faculté de rien acquérir en propre. Le christianisme adoucit cet esclavage, en le transformant en mainmorte, et celle-ci fut la condition commune des habitants des bourgs et des campagnes dans le moyen âge. Avant le milieu du douzième siècle, le roi Louis-le-Gros concéda des affranchissements que ses successeurs multiplièrent beaucoup, moyennant finance ou rente perpétuelle, surtout dans le treizième et dans le quatorzième siècle. A la fin, la mainmorte ne subsistait plus que dans les deux Bourgognes, ainsi que dans la Savoie, l'Auvergne, la Champagne, la Marche et le Nivernais.

Cette servitude différait de l'esclavage ancien, principalement parce que le mainmortable pouvait s'affranchir, malgré son seigneur, par le *désaveu*, c'est-à-dire, en lui aban-

1272 donnant, sous la foi du serment, les immeubles tenus en mainmorte dans sa seigneurie, avec les deux tiers des meubles. Mais, au reste, avant son affranchissement, il jouissait d'une liberté fort restreinte. Il ne pouvait ni vendre, ni hypothéquer ses biens assujettis, sans le consentement de son seigneur. Ce consentement était aussi nécessaire pour contracter mariage hors de la seigneurie et éviter les peines de *formariage*. Le mainmortable n'était reçu bourgeois en aucun lieu, avant d'avoir obtenu son affranchissement. Il ne pouvait disposer, par aucun acte de dernière volonté, de ses biens même francs ou meubles, qu'au profit de ses parents vivants, lors de son décès, en communion avec lui. A défaut de parents communiers, et malgré l'existence de parents très proches sortis de la communion, le seigneur était l'héritier universel. Il en résultait que, pour succéder à leurs père et mère, les enfants étaient obligés de rester ensemble sous le toit paternel, nonobstant les incompatibilités de caractère et autres inconvénients qui devaient exister si souvent dans ces nombreuses familles. Cependant, les filles pouvaient se marier hors de la maison commune, et conserver leurs droits à succéder, mais elles devaient y *gésir*, c'est-à-dire, y coucher la première nuit des noces; c'est ce qu'on appelait *faire le reprêt* [76]. Enfin, les mainmortables étaient tellement considérés sous la dépendance du seigneur, que, lorsqu'ils étaient produits en justice comme témoins en sa cause, la partie adverse pouvait les reprocher, s'ils étaient en même temps corvéables et taillables à volonté, ou justiciables, ce qui était l'ordinaire. La condition mainmortable provenait rarement, dans les derniers siècles, d'une convention expresse, très souvent de la naissance ou de l'hérédité, et bien souvent encore de la

[76] Il y a à Véria, proche l'étang Pyot, des champs appelés *les Reprêts*, la *Malntière des Reprêts*, où l'on trouve des débris d'anciennes constructions. Ils portaient déjà ces noms en 1542.

prise de meix, ou établissement de domicile et même simple habitation, pendant l'an et jour, dans un lieu de mainmorte. Les prêtres y étaient sujets comme les autres individus.

1272

Les seigneurs ecclésiastiques, tels que les moines de Gigny, pouvaient bien recueillir les échutes de mainmorte, et user dans leurs terres des droits de retenue, commise, délaissement, etc., mais à charge de vendre les immeubles ainsi obtenus ou de les faire passer, dans l'an et jour, en des mains habiles à les posséder, sinon ils étaient réunis au domaine du roi. Cette disposition de la coutume de Franche-Comté, confirmée par des édits ou ordonnances de 1581, 1634, 1686, 1731 et 1749, avait pour but de remettre dans le commerce des biens qui en étaient sortis. En effet, on avait reconnu, en 1731, que plus de la moitié des immeubles de la province se trouvaient possédés par les gens d'église.

On a beaucoup déclamé contre la mainmorte. Mais, si elle portait une grave atteinte à la liberté, si elle gênait le commerce, l'industrie et les alliances matrimoniales, il est certain qu'elle n'avait rien d'odieux dans son origine ; que les cultivateurs mainmortables étaient plus dans l'aisance que les cultivateurs de biens francs ; que cette condition attachait davantage les hommes à leur pays, empêchait leur démoralisation, prévenait la division des propriétés à l'infini et la réduction du sol en poussière ; qu'enfin elle conservait l'autorité paternelle et la vie patriarchale ; elle resserrait les liens de famille si relâchés aujourd'hui, et qu'alors un père ne disait pas, comme de nos jours, à ses enfants, d'aller chercher fortune ailleurs.

§ 37. L'auteur de cette histoire n'a rien trouvé sur plusieurs autres droits appartenant d'ordinaire aux seigneurs haut-justiciers, mais que n'exerçaient pas les religieux de Gigny, soit à cause de leur vie claustrale, soit pour d'autres motifs plus ou moins connus. Tels étaient les droits d'au-

1272 baine ; de bâtardise ; de fuye ou colombier ; de garenne ; d'indire dans les quatre cas, de banalité du cabaret, du pressoir, du taureau et du verrat ; de port de lettres ; de toisé des maisons ; de péage ; d'éminage ; d'étalonage des poids et mesures ; de littre ou ceinture funèbre armoriée autour des églises paroissiales ; de banc permanent dans celles-ci ; de sépulture aux chœurs ; de recommandation aux prières ; etc.

§ 38. Nos moines n'étaient pas rien que seigneurs de Gigny et des villages voisins. On a déjà vu, en effet, qu'en 1191, 1192 et 1226, ils avaient inféodé au comte Étienne et à son fils les grandes seigneuries de Montfleur, Saint-Laurent et Cressia ; qu'en 1208, Pierre de Tramelay leur avait rendu la foi et l'hommage pour celle de Vallefin ; qu'en 1223, Guillaume de Graye avait reconnu en fief-lige le meix de Léchaux, comme Gutant de Saint-Amour, en 1250, celui de Sivria ; qu'en 1251, ils avaient aussi reçu un aveu féodal, pour Broissia et Montagna, de Manassès de Coligny ; qu'en 1265, Guillaume de Montdidier leur avait fait le devoir pour le meix de Revoire, et Jacques de Champagna, en 1270, pour le village de ce nom. On les verra bientôt, pour obtenir la seigneurie utile de Graye, donner en échange, en 1294, celles de Dommartin et Varennes-Saint-Sauveur, en s'y réservant la suzeraineté ; recevoir en 1348 l'hommage de Jean de Saint-Amour pour sa propre ville ; en 1379 et 1406, celui des puissants seigneurs de Coligny pour un fief à Loysia ; en 1666 et 1713, celui des propriétaires de Chichevière. On les verra aliéner en 1557 la seigneurie de Joudes, et en 1693 celles de Condal et de Balanoiset ; avoir des terriers pour les cens à Balanod, Céséria, Chambéria, Cressia, Leyns, Loysia, Moutonne, Saint-Nizier, Saint-Trivier-de-Courtes, Varessia et Véria. On verra en outre que, dans la plupart des prieurés soumis à leur noble monastère, les chefs étaient aussi seigneurs plus ou moins hauts et puissants ; qu'à Château-sur-

Salins, par exemple, le titulaire avait, comme à Gigny, le
double degré de juridiction; qu'à Châtonnay et à Chambornay, il avait aussi la haute-justice, même avec marché et
banalité du four en ce dernier lieu; qu'à Donsure, il n'avait
que la moyenne justice; qu'à Maynal, il n'était que co-seigneur; qu'à Poitte, Cuisia, Cuiseaux, Champagna et Marboz,
les religieux ne possédaient que quelques fiefs avec cens,
lods, retenue et mainmorte; qu'enfin à Clairvaux, le prieur
n'avait que le droit féodal des langues de boucheries.

Il est donc certain que l'établissement religieux de Gigny
était empreint d'une haute et puissante féodalité, tant dans
son chef que dans ses membres, et que dès-lors il tenait dans
l'ordre monastique un rang des plus distingués. Le double
degré de juridiction qu'il possédait en est surtout une preuve.
Il indiquerait seul sa fondation royale ou princière, si nous
ne l'avions établie en commençant par des titres positifs.
Mais revenons à l'ordre des temps, après cette seconde et
longue digression.

1272

CHAPITRE XVIII.

GAUFREDE ou GEOFFROY, prieur.

§ 1. Le prieur Gaufrede ou Geoffroy succéda probablement à Guichard et ne fut que peu d'années titulaire à Gigny.
Il n'est même connu positivement que pour avoir scellé, au
mois d'octobre 1276, de concert avec Catherine de Montluel,
dame de Cuiseaux, un accord fait entre les chartreux de
Vaucluse et les trois frères Jean, dit le Roux, Guillaume et
Ponce, fils de Bunoud de Loysia. Cet accord était relatif à
des fonds situés à Champagna et à Cuiseaux, dont l'un, derrière la Maladière, était possédé par Guichard-le-Lépreux. Le

1276

C. 89.

sceau de la veuve de Jean de Cuiseaux est encore attaché [à] cette charte, mais celui du prieur de Gigny ne s'y trouv[e] plus.

1277

§ 2. Geoffroy était peut-être encore titulaire au mois d[e] mai 1277, lorsque Raymond, prévôt de Graye, traita, au suje[t] des injures graves et des dommages considérables commi[s] ou causés par lui, envers l'église de Gigny. Il promit, en r[é]paration, de payer 200 livres viennoises d'amende, et il r[e]lâcha aux religieux divers héritages situés à Graye et dé[-]taillés dans le traité. Il est à regretter que ce dernier ne so[it] plus connu que par des analyses peu conformes dans de[ux] inventaires de notre prieuré. Mais, on peut présumer qu[e] les charges imposées à ce prévôt ou seigneur bas-justici[er] décidèrent son fils à céder, quelques années après, aux mo[i]nes de Gigny, sa petite seigneurie, comme on va le voir da[ns] le chapitre suivant.

CHAPITRE XIX.

GUILLAUME I.er, prieur.

Donations diverses. Seigneurie et église de Graye. Château de Cropet.

§ 1. GUILLAUME fut certainement le successeur immédi[at] de Geoffroy; car, en janvier 1277 (c'est-à-dire 1278), il a[p]posa son sceau, ainsi que Paris, abbé du Miroir, le sien,

C. 90, 91.

deux actes par lesquels Étienne de Sivria et Jacques, dit Vit[,] tous deux bourgeois de Cuiseaux, vendirent aux chartre[ux] de Vaucluse des vignes situées au finage des *Expenteres* (pe[ut-]être *des Peytières*).

1279
M.

§ 2. Moins de deux ans après, et du temps du mê[me] prieur, Jean* de Chalon, comte d'Auxerre et seigneur

Rochefort et d'Orgelet, ratifia les actes d'association faits en 1191, 1192, 1226 et 1264, par les prieurs de Gigny avec le comte Étienne, son aïeul, et avec Jean, comte de Chalon et de Bourgogne, son père. Il confirma au monastère les concessions précédentes, accorda au prieur Guillaume et à ses successeurs la *haute-justice* sur les seigneuries de Gigny et de Graye, et autorisa un *marché* dans le premier de ces lieux. Il semblerait résulter de là que le monastère n'avait pas précédemment cette haute-justice qui aurait été réservée au souverain, quoique les chartes citées et la fondation de l'abbaye par un prince donnent lieu de penser le contraire. Il est plutôt à croire que ce titre, qui n'est connu que par un article d'inventaire, n'a été qu'une ratification de chartes antérieures.

1279
M.

De leur côté, le prieur et ses religieux reconnurent, par un acte du mois de janvier 1279, scellé de leurs deux sceaux et inséré au recueil de nos preuves, que la garde de leur monastère appartenait au même Jean de Chalon, comte d'Auxerre, qui en était en possession, comme elle avait appartenu à son père et à son aïeul.

C. 94.

En la même année, on voit aussi que Guillaume authentiqua par son sceau et par celui de son prieuré, ainsi que le curé de Cuiseaux et le chapelain de Loysia par les leurs, une réconciliation qui s'opéra entre les chartreux de Vaucluse et Jacques de Montmoret, seigneur de Loysia et de Crilla. Ces religieux ayant été troublés dans la possession des biens qui leur avaient été donnés en 1212 et 1255 par ses auteurs, il reconnut ses torts et leur fit même de nouvelles concessions.

C. 93.

§ 3. Du temps du même prieur, en 1282, dame Jacques de Tramelay, veuve de messire Girard de Salins, chevalier (77),

1282

---

(77) Il s'agit sans doute de Gérard de Salins, dit Chambier, chevalier, fils naturel de Gaucher, sire de Salins; qui a été le chef de la maison de *Salins-la-Bande*. Il est connu par d'autres titres de 1238, 1252, 1267.

1282   donna à l'église prieurale de Saint-Pierre de Gigny, dans laquelle elle élut sa sépulture, une rente de quat[re] quartaulx de blé et d'avoine, avec un cens de deux sols h[uit] deniers de France, le tout assigné sur le meix de Hugon [de] Sagie, à Rothonay.

On trouve aussi l'indication qu'en cette même anné[e] Raymond Madères, de *Cropet*, vendit à messire Guidon [de] Cuisel, pitancier de notre prieuré, la moitié de ses biens [de] Cropet, composée de deux chars de foin et de sept poses [de] terre. Cette date est la plus ancienne trouvée pour le villa[ge] de Cropet.

1285   § 4. Trois ans plus tard, au mois de septembre 1285, [le] chef des moines de Gigny apposa son sceau à des lettres p[ar] lesquelles Gérard, fils d'Étienne d'Arinthod, vendit au com[te] d'Auxerre, seigneur d'Orgelet, le *meix Laurent Taluise* assi[s à] Vougna, en la paroisse d'Arinthod, moyennant quato[rze] quartaulx et une coupe de froment [78].

1286   L'année suivante, en novembre 1286, les inventaires n[ous] apprennent que Jean, fils de Jacquin, damoiseau, seigne[ur] de *Saint-Nizier*, donna à l'église de Saint-Pierre de Gig[ny] tous les biens qui lui compétaient et appartenaient au [dit] lieu de Saint-Nizier. C'est sans doute à cette libéralité q[ue] nos religieux durent, soit les cens qui leur appartenaient [au] hameau de Jacense d'après un terrier de 1455, soit la ri[che] dîme qu'ils ont toujours perçue à Saint-Nizier et qu[i] louaient 3,500 francs dans les dernières années.

1289
C. 95.   Nous n'omettrons pas non plus de faire connaître qu'[en] avril 1289, Jean le Roux de Loysia (peut-être seigneur [du] lieu), dont il a déjà été parlé, fit donation aux chartre[ux] de Vaucluse d'une vigne et d'un meix situés à Cuiseaux,

---

(78) Cet acte en latin qui se trouve aux archives de Besançon, mais trop [dét]rioré pour être inséré parmi nos pièces justificatives, est terminé par ces m[ots]: *In cujus rei testimonium, rogans sigillum religiosi viri domini prioris Gignia[cen]sis Guillermi presentibus litteris apponi. Et religiosus dominus prior*, etc.

que l'acte de cette générosité fut revêtu du sceau d'*Étienne de Gigny* et de ceux de deux autres personnages.

§ 5. Le prieur Guillaume est surtout connu par la charte de 1294, qui a réuni la *seigneurie de Graye* à celle de Gigny. On a déjà vu qu'en 1277, le prévôt de ce lieu avait cédé à nos moines quelques héritages, et que deux années après, le comte d'Auxerre leur avait accordé la haute-justice (qu'il tenait peut-être depuis 1264 de Jean, sire de Cuiseaux) sur cette petite seigneurie dont ils se trouvaient déjà suzerains. Cependant, cette terre, par sa proximité, se trouvait tellement à leur convenance, qu'ils firent en sorte d'en réunir le domaine utile au domaine direct. Ils y parvinrent en faisant un échange avec Guillaume de Graye, fils du prévôt Raymond, mort avant cette époque. Ce seigneur céda donc à ses suzerains, sans se rien réserver, tous les biens et droits qu'il tenait d'eux en fief-lige et qu'il pouvait prétendre dans l'étendue de la paroisse de Graye et Loysia et dans la paroisse de Gigny. De ces biens et droits il fit même un état détaillé revêtu de son sceau et de celui d'Amédée, abbé du Miroir, mais qui malheureusement ne nous est pas parvenu. En contréchange, les religieux de Gigny lui cédèrent en fief-lige, et à la condition de vasselage, tous les biens et droits à eux appartenant dans les paroisses et territoires de *Dommartin*, *Varennes-S.-S.* et *Chélères*, et encore au hameau des *Croses* situé en la paroisse de *Frontenaud*. Mais ils se réservèrent expressément dans ces paroisses le patronage, les dîmes, les oblations, les sépultures et tous autres droits ecclésiastiques, concédant seulement à Guillaume de Graye, en augmentation de fief, quarante quartaulx de blé, moitié froment et seigle, à percevoir chaque année sur les dîmes de Dommartin et de Varennes [79].

1294
C. 96.

(79) Le hameau des *Croses* existe toujours à Frontenaud ; mais on cherche en vain la localité de *Chélères*, à moins que ce soit la *Chèvre* ou le *buis Chevrey*, hameaux de Varennes, ou *Challanche*, hameau de Condal.

1294 Cette convention, conclue au mois de mars 1294, fut revêtue du sceau de Guillaume de Graye, de celui de Jean de Chalon, comte d'Auxerre, et de celui de Gauthier de Changey, chanoine d'Autun et official de Lyon, agissant au nom de l'évêque d'Autun, administrateur de l'archevêché pendant la vacance du siége.

§ 6. C'est ainsi que la seigneurie de Graye fut réunie à celle de Gigny. Or, si on possédait l'état qui a dû être annexé à l'acte d'échange qui vient d'être analysé, on saurait positivement en quoi consistait cette terre. On saurait notamment si elle comprenait, comme le rapporte la tradition locale, le village de *Cropet*, où se voient encore les ruines d'un château fort. La mention dans l'acte d'échange de biens existants sur la paroisse de Gigny, dont Cropet a toujours fait partie, pourrait appuyer cette tradition, aussi bien que la circonstance de terriers communs et réunis pour ces deux villages. Mais d'ailleurs, cette même tradition, quoique reçue à Graye et à Cropet, est évidemment mise en défaut par l'acte d'échange analysé, dans la manière dont elle rapporte l'union des seigneuries de ces deux lieux à celle de Gigny. En effet, si on y ajoutait foi, le dernier seigneur de Graye et de Cropet, après avoir tué des maraudeurs de Cuiseaux qui venaient pêcher et dérober le poisson de ses étangs, aurait été assassiné lui-même dans son château de Graye. D'après une autre version, au contraire, il serait allé chercher à Rome le pardon de ses meurtres, et après l'avoir obtenu, il serait mort en route, avant son retour. Deux filles, héritières de ses grands biens, que l'on qualifie vulgairement *Dames de Cropet*, auraient remis ensuite, dans l'un comme dans l'autre cas, toute leur fortune aux moines de Gigny, soit pour obtenir le pardon de leur père en l'autre monde, soit surtout, dit-on, pour se procurer à elles-mêmes des places en paradis que nos bons religieux leur auraient assurées. On va jusqu'à dire que l'acte de cet échange des biens de la terre contre ceux du ciel existe dans l'étude d'un notaire à Saint-Amour !...

§ 7. La commune de Graye, y compris Charnay et quelques hameaux écartés, n'est peuplée aujourd'hui que d'environ 350 habitants et ne paie que 2,200 francs d'impôts directs. Ce n'était donc pas au moyen des cens, des amendes, des lods, des échûtes de mainmorte et d'autres droits féodaux, que son domaine utile pouvait être bien avantageux à nos moines. Mais, en outre, d'après l'acte d'échange, le seigneur y possédait en propre des moulins, des battoirs, une grande étendue de bois d'assez bon produit, et surtout de très beaux prés loués à bas prix, plus de 2,500 francs dans les derniers temps. Quelques-uns de ces prés furent bientôt affectés à doter les offices d'aumônier et de chambrier dont ils conservent encore les noms.

Nonobstant la tradition, le titre ne parle pas d'*étangs*, d'où l'on peut inférer que ceux, au nombre de trois, dont on voit encore aujourd'hui les chaussées, ont été établis postérieurement par les religieux de Gigny. Mais, au reste, on ignore à quelle époque (déjà bien reculée) et pour quels motifs on a cessé d'y retenir l'eau et d'y nourrir du poisson. C'est plus tard encore qu'ils confectionnèrent un autre grand étang au fond de l'étroite vallée au nord-ouest de Monnetay, lequel pour cette raison fut nommé *Nouvelletan*. Il conserve toujours ce nom qui lui est donné dans les titres du dix-septième siècle et qui est devenu commun à cette profonde vallée [80]. Sa chaussée, qui subsiste encore, a environ trois mètres de hauteur.

Quant au *château du seigneur de Graye*, il était construit au nord du cimetière, en un lieu où l'on reconnaît des ruines et qui porte même le nom de *Place-du-Château*. On montre

1294

---

[80] C'est sans doute par inversion de nom que, dans un terrier de 1695, le ruisseau de cette vallée, qui coule à la Pérouse et à Louvenne, est appelé ruisseau de *Louvennatan* au lieu de *Nouvelletan*.

1294 aussi l'emplacement de deux tours ou colombiers, l'un au sud-est du cimetière et l'autre au nord-est du château.

§ 8. L'église de Graye est agréablement située sur un monticule blanc, pelé, rocailleux et isolé de toute autre éminence et de toute habitation. Son gros et vénérable tilleul rend cette position plus pittoresque encore, surtout quand on croit voir, comme jadis, sous son ombre, les moines de Gigny faire un frugal repas, après la procession du mardi des Rogations, et y manger le potage de millet ou de panis suivi de la *tarte-verde*. Cette jolie petite église, couverte en laves, et à deux collatéraux, est d'une grande antiquité, quoique de plain-pied et avec des voûtes arrondies. En preuve, on signale les quatre petites croix, d'une seule pièce de pierre chacune, qui se trouvent aux quatre coins du cimetière. Ce qui est certain, c'est qu'en 1294 celle qui existait était déjà paroissiale. Elle est sous le vocable de saint Saturnin, qu'on fête à Graye et à Charnay, le 29 novembre, et qui a donné le nom de *Sorlin* ou *Saint-Sorlin* à plusieurs habitants de la commune, même à des prés et à un étang. Deux autels ou chapelles de cette église sont érigés, l'un en l'honneur de sainte Foy, fêtée le 6 octobre, l'autre en celui de saint Loup, évêque de Chalon-sur-Saône, chômé le 27 janvier. Cette dernière chapelle a été fondée et dotée, dit-on, par la famille Grammont de Gigny.

§ 9. *La paroisse de Graye* fut, jusqu'en 1742, de l'ancien diocèse de Besançon, et celle de Gigny de celui de Lyon. La limite de ces deux archevêchés existait donc entre ces deux paroisses. La première a été *unie à celle de Loysia* depuis un temps immémorial, puisqu'elle l'était déjà en 1294. En conséquence, les desservants prenaient le titre de *curés des églises de Graye et Loysia*. Le défaut de presbytère à Graye peut faire penser que depuis long-temps, ils restaient à Loysia, quoiqu'on voie les tombes de quelques-uns d'entre eux dans l'église même de Graye. Le curé de Loysia était obligé autrefois d'y entretenir un vicaire. Ce dernier y résidait ou devait y résider ; car, dans le terrier de 1545, les habitants de Graye et Charnay reconnurent un cens de 16 engrognes, au profit du prieur de Gigny, pour « la *maison de* « *la cure et le curtil* situés auprès de l'église, touchant d'un « côté le cimetière, et de l'autre le chemin de la procession. » Les desservants de Loysia ont souvent cherché à se dispenser de l'entretien de ce vicaire. On voit qu'en 1615, les paroissiens de Graye s'en plaignirent, disant même que cette négligence était d'autant plus blâmable, que leur église avait été, de tout temps, réputée mère de celle de Loysia. Le prieur de Gigny, nommé arbitre, s'étant transporté à Graye, *devant la maison où avaient accoutumé de faire leur résidence les curés ou vicaires*, ordonna par sa sentence que « le curé de « Graye ou de Loysia établirait un vicaire capable et suffi-« sant pour la desserte dudit Graye, et que les paroissiens « mettraient la cure en état d'être occupée. Une nouvelle réclamation fut faite en 1702 par les habitants, qui se soumettaient à rétablir l'ancienne maison curiale. Enfin, en 1773, ils obtinrent encore, contre le curé de Loysia, un jugement de condamnation à cause de son refus. On lit aussi qu'en 1692, ce curé recevait 150 francs de portion congrue, destinés à entretenir, *comme de toute ancienneté*, un vicaire à Graye. Voici la liste de quelques curés ou vicaires de cette double paroisse, dont l'infirmier de Gigny avait le patronage :

Pierre I.er, chapelain de Loysia, en 1204 — 1212.

Pierre II, chapelain et notaire, 1272 — 1283, reçut, dit-on, en 1277, un acte comme notaire ; fut arbitre, en 1283, entre les religieux de Bonlieu et un habitant de Clairvaux.

Henri, curé de Loysia, reconnut, en 1308, que l'infirmier de Gigny avait le patronage et la moitié des droits casuels de ses deux cures de Graye et de Loysia.

1294

1294   Henri de *Chastenay*, notaire public et curé de Loisey, en 1374.

Jean *Lardy*, curé de Loysié, chanoine de Chalon, en 1449.

Jean *Banard*, curé de Loysia, en 1509.

N... *Gaillard*, amodiateur de la cure de Graye, en 1521.

Jean *Malessard*, de Gigny, curé de Loysia, en 1577 — 1582.

Claude *Berthelon*, de Gigny, en 1618.

Charles *Grammont*, curé de Loysia, en 1624 — 1640.

Claude *Estemenard*, curé de Loysia et Graye, en 1642 — 1679.

Jean *Poupon* (inhumé à Graye), 1679 — 1696.

Pierre *Poupon*, 1696 — 1746, démissionnaire en faveur de.

Claude-Antoine *Bouquerod*, de Gigny, docteur en théologie. et chanoine de Meximieux, 1746 — 1763.

Claude-Joseph *Rivot*, de Poids-de-Fiole, 1763 — 1791.

André *Jeannet*, de Cropet, 1791 — 1792.

§ 10. Le *château de Cropet* était bien autrement fort et considérable que celui de Graye, à en juger du moins par les ruines qui subsistent. Il était construit sur un monticule isolé, baigné au nord par la rivière de Suran, et il occupait une enceinte circulaire de 50 pas de diamètre, fermée par de larges fossés. On y a trouvé, de temps à autre, des débris d'armes, d'ustensiles, etc... Quelques personnes ont pensé que c'était anciennement un monastère de religieuses nommées les *dames de Cropet* ; mais l'aspect des ruines actuelles, et les armes qui ont été trouvées, prouvent que ce monument avait une autre destination. D'ailleurs, dans le terrier de 1544 et dans celui de 1695, les fonds voisins sont dits *au Châtelet*, sous le *Châtelet*, sous les *Terreaux*, teppes du *Châtelet*, communautés du *Châtelet*, terres qui furent des aisances du *Châtelet*. Ces fonds, appelés encore ainsi de nos jours, appartenaient déjà à des particuliers, il y a trois siècles, ce qui prouve que ce château est démoli depuis bien long-temps. Ces anciens terriers parlent aussi d'immeubles situés au territoire de Cropet, dits la *Combe à la Dame*, le *Pré Le Comte*, au seigneur abbé de Gigny, etc.... Ce dernier appartenait toujours à nos religieux dans les derniers temps, et il était loué 900 francs avec quelques autres. Au demeurant, ce sont les seuls titres que nous ayons trouvés, où il soit fait mention du château de Cropet, quoique ce lieu soit connu lui-même par d'autres actes de 1282, 1336, 1414, 1424, 1431, 1488, etc..., etc...

1294

§ 11. Le *village de Cropet*, composé de deux sections, avec une population d'environ cent individus, a toujours été de la paroisse de Gigny. Néanmoins, les habitants en étaient mainmortables et ne furent pas affranchis en 1778, avec ceux de Graye. Ils furent constitués en commune particulière, en 1790, laquelle a été réunie de nouveau, en 1823, à celle de Gigny. Il ne faut pas confondre cette localité avec Cropet, hameau de Beaupont, fief de la seigneurie de Coligny. Le moulin de Cropet s'appelait anciennement *Moulin de la Foule Jean Guyot*, et un pré voisin appartenant à nos religieux portait le même nom.

§ 12. Que devint *Guillaume de Graye* après son échange ? Sa famille conserva-t-elle long-temps les fiefs ou seigneuries de Varennes et de Dommartin ? On l'ignore. Ce qui est certain, c'est que, déjà en 1440, ces deux paroisses, ainsi que le hameau des Croses, de celle de Frontenaud, dépendaient de la baronie et justice de Cuiseaux. Ce qui est certain encore, c'est que, dans les derniers temps, et déjà en 1760, les religieux de Gigny livraient au seigneur de Cuiseaux 720 mesures d'avoine prélevées sur la dîme de ce lieu, et qui lui étaient peut-être dues en remplacement de la rente de 40 quartaulx de blé promis à Guillaume de Graye.

Pour ne rien omettre de ce qui est connu sur Graye et ses seigneurs, on ajoutera ici : 1.° qu'en 1264, Jean, sire de Cuiseaux, céda à Jean, comte de Chalon, les droits qu'il avait à Graye ;... 2.° qu'en 1325 et en 1330, Guillaume de

1294 Graye, damoiseau, et Marie, sa femme, vendirent au prieuré de Gigny « plusieurs cens en blé, argent et poules, avec des « corvées, rentes, tailles, servis et autres droits affectés « sur des hommes et des meix du fief dudit prieuré, rière « a Saint-Trivier de Cortes, Le Villars et Montagnet [81] ;.. » 3.º qu'en la même année 1330, Guillaume de Graye, damoiseau, était prieur de Châtonnay, membre du monastère de Gigny ;... 4.º qu'en 1332, un transport fut fait aux moines de ce dernier, d'une rente annuelle de 67 gros, sur les biens de Jean et de Jacques de Graye ;... 5.º enfin, qu'en 1403, on trouve mentionnée une bulle de résignation de la cure de Graye. On se rappelle aussi que, sous la date de 1223, il a été parlé d'un hommage fait par Guillaume de Graye, damoiseau.

CHAPITRE XX.

GUY, prieur.

Échange de la seigneurie de Vallefin.

1297 LE prieur Guy, successeur de Guillaume, n'est connu que par l'échange qu'il fit, en juin 1297, avec Jean de Chalon, comte d'Auxerre, seigneur de Rochefort et d'Orgelet. Ce dernier donna la dîme d'*Augea* à nos religieux, qui lui cédèrent la suzeraineté de leur seigneurie de *Vallefin*. Cette seigneurie à haute-justice appartenait d'ancienneté au prieuré ou à l'abbaye de Gigny, puisqu'on a déjà vu Pierre de

---

(81) C'est peut-être ensuite de cette vente qu'une gerbe de blé aurait été due annuellement à nos religieux, selon une tradition vague répandue à Pont-de-Vaux et aux environs, par la terre de Mont-Simon ou Vécours, démembrée en 1564 de celle de Saint-Trivier.

Tramelay, à qui elle était inféodée, en faire foi et hommage en 1208 à l'un de nos prieurs. Elle se composait de Vallefin, la Boissière, Césia, Chartron, Écreux, Givria, Hautecourt, Saint-Himethière, Rupt, Soussonne, Vobles et Vogna, avec des cens et directes à Dancey, Dessia, Genod, Montagna, etc... Mais le village de Givria en fut démembré en 1565 et uni à la terre d'Ugna. La seigneurie de Vallefin a été possédée par les maisons de Dramelay, la Baume, Vienne, Toulonjon, Coligny et Montagu. Un membre de cette dernière la vendit en 1714 à Claude-François Doms, de Saint-Amour, écuyer, dont un honorable descendant occupe encore actuellement le château.

1297

Au reste, on n'a pu insérer, dans le recueil des preuves de cette histoire, l'acte d'échange dont on vient de parler, parce que, de même que l'acte d'hommage de 1208, il n'existe plus aux archives de Franche-Comté, où il se trouvait en 1687 et 1768.

CHAPITRE XXI.

PIERRE DE FEILLENS, prieur. — RODOLPHE DE CHAMPAGNE.

Droits curiaux du sacristain.

§ 1. La maison de *Feillens* ou *Felins* était ancienne dans la Bresse, puisque deux de ses membres furent déjà témoins dans des chartes de 1075 et 1149. Sa devise était : *En Dieu votre vouloir*, et ses armes d'argent au lion de sable armé, lampassé, villené et couronné de gueules.

1300

Pierre de Feillens qui, de chanoine de Saint-Pierre de Mâcon, devint prieur et seigneur de Gigny, était fils de

1300 — Giles, seigneur de Feillens et de Lugny, lequel mourut en 1300, après avoir été grand oiseleur, fauconnier et veneur de Bresse, pour le comte de Savoie, à la charge de foi et hommage.

On ignore l'année précise en laquelle il devint chef de notre prieuré, et notamment s'il l'était déjà au mois de novembre de l'an 1300, lorsque *Jacques de Gigney*, curé d'Épy, testa en faveur de Jean de Chalon, comte d'Auxerre et seigneur d'Orgelet. On ignore également s'il l'était en 1302, lorsque le prieur de Marboz reconnut devoir annuellement 60 sols au monastère de Gigny dont celui de Marboz dépendait. On ne sait pas non plus si c'est de son temps (bien que ce soit très probable), que Guillaume Prost de Coligny, damoiseau, vendit au mois de juin 1304 moyennant 200 livres, la dîme de *Senaud* qu'il tenait en fief des religieux auxquels il la céda. Ce qui est certain, c'est que Pierre de Feillens est principalement connu pour avoir cédé, par une charte du mois de juillet 1305, à Étienne de Châtillon, sacristain du prieuré, et à ses successeurs dans cet office claustral, les droits et émoluments dus, tant en argent qu'en vêtements et dépouilles, pour les sépultures dans l'église et le cimetière du cloître, à l'exception des draps mortuaires et des vêtements et étoffes de prix, qui demeurèrent réservés au prieur. Cette cession fut faite moyennant une rente perpétuelle de 13 livres de cire [82].

§ 2. Le sacristain de Gigny se trouva ainsi subrogé au prieur, comme curé primitif, et appelé à partager, avec le vicaire perpétuel, les droits et devoirs curiaux. On lit de

---

. (82) La cire d'abeilles était souvent retenue comme cens ou redevance féodale, dans le moyen âge. On a déjà vu que le monastère de Gigny en devait dix livres au duc de Bourgogne, et le prieur de Donsurre deux livres au seigneur de Saint-Trivier, pour droit de garde. Cependant cette substance n'était ni plus rare ni plus chère qu'aujourd'hui. On voit qu'en 1447 une livre équivalait déjà au quart ou au cinquième d'un mouton, comme de nos jours. En 1471 elle valait dix blancs.

CHAPITRE XXI.

même qu'à Saint-Étienne de Dijon et à Bar-le-Régulier, près Saulieu, les sacristains de ces monastères remplissaient les fonctions curiales.   1305

Ce fut en cette qualité que les sacristains de Gigny firent divers accords ou tarifs pour les droits casuels, tant avec les vicaires ou curés qu'avec les paroissiens. Ainsi, en 1336, le sacristain, Pierre de Scey, et le curé Denis, reconnurent qu'ils devaient partager par moitié les dîmes, les oblations quelconques, les offertes du quarantal, et les droits d'inhumation des enfants dans le cimetière de la paroisse ; mais que, dans les oblations de la veille de Noel et dans les droits de sépulture au cimetière du prieuré, le sacristain devait percevoir les cinq sixièmes et le curé un sixième seulement, avec toute la pitance ; qu'au sacristain appartenaient tout le luminaire et tous les vêtements des défunts inhumés au prieuré ; qu'enfin tous les autres droits de fiançailles, mariages, baptêmes, etc., étaient entièrement propres au curé.   C. 105.

Ce règlement fut contesté, un siècle après environ, par le curé P. Maréchal, qui prétendit, contre le sacristain Etienne de Véria [83], que son prédécesseur avait été surpris, et que sa reconnaissance ne pouvait préjudicier à ses successeurs. Cependant, d'après l'avis de plusieurs jurisconsultes ecclésiastiques, ils renouvellèrent ce règlement, en 1408, mais avec la modification que le curé percevrait la moitié,   C. 114.

---

[83] Le village de Véria a donné son nom à une ancienne famille féodale, dont non-seulement notre sacristain, en 1408 et 1424, mais encore *Hugues de Vairié*, écuyer, père d'*Étienne de Vairié*, clerc (peut-être le même que notre sacristain), lequel, en 1388, reconnut tenir en fief de Renaud d'Andelot, sire de Cressié, tout ce que son père tenait déjà à Vairié. On trouve encore *Humbert de Vérye* en 1443. Il y avait à Véria deux anciens châteaux dont on retrouve encore aujourd'hui quelques ruines ; l'un dit le *Château Pielleux*, entouré de fossés, sur un pic pelé au-dessus du moulin ; l'autre près du bief, au voisinage du territoire de Gigny, dont les champs voisins sont appelés *sur le bois du Château*, *ès Chezeaux*, *aux Vergers*. La *mesure de Véria* est encore citée en 1656.

1303

C. 115.

C. 116.

au lieu du sixième, dans les redevances pour sépultures au cimetière du prieuré.

§ 3. Le même sacristain, Étienne de Véria, eut deux fois, en 1412, des difficultés avec les paroissiens de Gigny, au sujet des droits de sépulture à percevoir. Dans la première il prétendait être en paisible possession d'exiger de chaque personne âgée de plus de dix ans, deux francs, deux écus, deux florins, etc., selon les facultés. Mais les paroissiens ayant contesté cette prétention, le prieur du monastère fut choisi arbitre, et décida qu'il serait perçu, pour tous droits de l'année de funérailles, 20 sols estevenants [84] des riches, 12 sols de ceux de fortune moyenne, et six sols des pauvres, non compris la perception de blé à partager par moitié avec le curé ; mais à condition que le sacristain fournirait, à ses frais, un luminaire convenable, et le linceul ou drap mortuaire pour couvrir le cercueil. Cette décision fut rendue le 5 avril 1412, et approuvée par les paroissiens le 7 août suivant.

Quelques mois après, à l'occasion de la seconde difficulté, il fut statué par l'official de Lyon 1.º que tout individu âgé de plus de douze ans serait inhumé au cimetière du prieuré, soit qu'il jouît de ses droits ou qu'il se trouvât sous la puissance paternelle, soit qu'il fût marié ou célibataire, etc.; 2.º qu'il serait payé pour tous droits au sacristain un florin d'or, ou la valeur, selon le cours, et à son marguiller douze deniers estevenants; 3.º que les nobles, les marchands et autres personnages du grand état formeraient une classe à part en dehors de ce règlement, au profit du sacristain seulement; 4.º qu'il continuerait aussi à

---

(84) La monnaie estevenante (*stephaniensis*) était ainsi appelée du nom de l'église de Saint-Étienne de Besançon qui la faisait frapper. La livre estevenante valait 14 sous 6 deniers tournois. Elle portait l'effigie du bras de Saint-Étienne, ou plutôt d'une main, dont les deux derniers doigts étaient fermés, avec la légende *B. Stephanus*, et au revers une croix et l'inscription *Vesontium*.

partager le blé accoutumé avec le curé; 5.º enfin qu'il fournirait à ses frais le luminaire et le drap mortuaire.

Un successeur d'Ét. de Véria dans l'office de sacristain, J.-Fr. de Montjouvent, avait été maintenu, contre les habitants, par jugement du 9 décembre 1564, rendu au bailliage d'Aval, dans le droit de percevoir deux mesures de froment et trois d'avoine, pour redevance d'inhumation de chaque défunt. Or, les paroissiens en appelèrent en parlement, pour faire régler et modérer ces droits curiaux, et le sacristain établit, par une enquête faite en 1565, qu'il était en possession de percevoir, à l'exclusion du curé, ces droits de sépulture pour les personnes qu'il enterrait dans l'église et au cimetière du prieuré. Néanmoins, le 16 mai 1566, la cour rendit un arrêt statuant que « le sacristain aura et percevra seulement, pour le droit mortuaire d'un chacun décédant rière la paroisse de Gigny, une mesure de froment et un rez et demi d'avoine [85]. Quant aux riches et aisés que déclarons être ceux tenant charrue, et des moindres, demi-mesure de froment et un rez d'avoine, en faisant la desserte accoutumée comme du passé, sauf en ce non-compris les petits que déclarons être les enfants moindres de 14 ans, n'ayant encore reçu le précieux corps de N. S., que l'on enterre au cimetière en l'église paroissiale dudit Gigny. Déclarons au regard dudit sieur sacristain que tous et un chacun les autres droits accoutumés lui seront payés comme du passé. » Depuis cet arrêt, qui prouve que le curé ne partageait plus le grain avec le sacristain, celui-ci continua à percevoir les mesures de blé et avoine réglées.

On lit aussi dans ce même arrêt de 1566, que « le luminaire consistait en une chandelle de cire à chacun des

---

[85] Le *rez* était la mesure de l'avoine. Le quartal de froment était de huit mesures et celui d'avoine de douze. *Voyez* not. 52, 92.

La *roseée* d'avoine était peut-être le comble de la mesure.

1305

« religieux du prieuré et à chacun des prêtres assistant au
« service, laquelle ils doivent tenir allumée pendant les ser-
« vices et suffrages accoutumés. » Le sacristain fournissait
encore « quatre cierges neufs qui commençaient à brûler
« dès que les corps des défunts étaient tirés de leurs mai-
« sons. » Il était tenu de « les faire accompagner dès leurs-
« dites maisons, jusqu'en l'église parochiale dudit Gigny, et
« dès là en celle du prieuré, continuant jusqu'au parachève-
« ment du service divin, suffrage et enterrement. » Enfin,
d'après cet arrêt, il fournissait non-seulement « le linceul
« et drap du cercueil, » mais encore « les chasubles et tou-
« tes autres choses nécessaires pour le service divin et en-
« terrement des décédés. » D'ailleurs, ce titre prouve qu'il
percevait encore autrefois, conformément sans doute à la
cession de 1305, « les lits, châlits, couvertures, robes et vête-
« ments des défunts [86]. »

En 1760 le sacristain n'évaluait qu'à 40 fr. environ le
produit du casuel et des sépultures dans l'église paroissiale
de Gigny, qui lui appartenait comme curé primitif, depuis
un temps immémorial. Il percevait aussi alors à Gigny et à

---

[86] Les archidiacres avaient aussi le *droit de dépouilles* après la mort de chaque curé de leurs archidiaconés, c'est-à-dire le droit de s'emparer de son lit, de
son bréviaire, de son surplis, de son bonnet carré et d'une année du revenu de
la cure ; dans quelques lieux aussi, du cheval, de la ceinture et de tous les meubles du défunt. On en trouve des exemples dans le xv.ᵉ et même dans le xviiᵉ
siècle. Ce prétendu droit était fondé sur l'idée qu'un prêtre ne doit pas thé-
sauriser et que le bien provenant de l'église doit retourner à l'église.

L'évêque d'Autun prétendait aussi avoir le droit de succéder aux curés de
son diocèse morts sans tester, à l'exclusion des héritiers, mais dans les meubles
seulement. Il faisait faire des inventaires et des saisies, et traitait ensuite avec
les parents. On en cite des exemples en 1291, 1375, 1472, 1621, 1659, etc... Cependant, en 1708, cet évêque ayant commencé un procès à ce sujet finit par se
désister.

L'abbé de Cluny, après la vacance d'un de ses prieurés par décès ou autrement, avait aussi droit au palefroy, au bréviaire et à la chappe du prieur défunt. Cet ancien usage est rappelé et maintenu dans une bulle apostolique de
1295.

Cropet une portion de dîme levée à la sixième gerbe, 1305
avec les grabadis et le quart de la gerberie.

§ 4. Le curé Maréchal, dont il a déjà été question, fit C. 117.
aussi, le 13 janvier 1415, un règlement avec ses paroissiens
de Gigny et de Cropet, pour les droits casuels qui lui appartenaient. On y voit qu'il lui était dû quatre deniers estevenants par sépulture d'enfant dans le cimetière de l'église paroissiale; qu'il percevait par chaque feu l'une des deux
gerbes de froment dites *gerbes de passion*, et que l'autre appartenait au sacristain comme curé primitif; qu'il avait droit
d'exiger chaque année une panière comble de froment de
chaque laboureur, pour lui tenir lieu de moisson; que pour
la sépulture des grandes personnes au cimetière du prieuré,
il lui revenait une portion de blé égale à celle du sacristain,
etc....

Ce curé fit, le 5 avril 1421, un règlement analogue avec ses
paroissiens de Véria, contenant les mêmes droits ; mais il
les stipula en totalité pour lui et non par moitié avec le sacristain.

§ 5. En revenant à l'ordre chronologique, nous ajouterons que P. de Feillens, notre prieur, et Hugues, prieur de
Vaucluse, donnèrent, au mois de décembre 1305, l'authenti- C. 99.
cité, par leurs sceaux, à des lettres de l'an 1293, par lesquelles Guillaume de Chalon, comte d'Auxerre et de Tonnerre, avait accordé à Jean de Chalon, son père, 500 livres
par an, à prendre sur la terre et seigneurie de Monjay en
Bresse.

Nous ajouterons de plus que l'historien Guichenon cite
encore P. de Feillens comme prieur de notre monastère, à
la date de 1307, d'après les titres de Gigny qu'il avait dé- 1307
pouillés. Nous dirons en outre qu'il est même mentionné en
cette qualité, à la date de 1310, dans un ouvrage d'un auteur 1310
moins grave (87).

(87) *La Chesnaye-des-Bois.* Dictionn. de la noblesse, vi, p. 317.

1307

En conséquence, on comprend difficilement que *Rodolphe de Champagne* ait pu être prieur de Gigny en 1306, comme on le lit dans les notes manuscrites de J.-B. Béchet, extraites des archives du Jura.

CHAPITRE XXII.

MAYEUL de REBUCIN, prieur.

Meix du sacristain à Marsenay. Fondations et reconnaissances diverses. Prieuré de Châtel. Pâturage de Cropet. Sépulture de Marguerite de Beaujeu.

§. 1. L'AUTEUR de cette histoire avoue n'avoir pu découvrir la famille féodale dont le prieur *Mayeul* était membre : il ignore même jusqu'au lieu dont il portait le nom, à moins qu'on doive lire *Rabutin* près Charolles. Ce titulaire de notre prieuré n'est connu que par une charte du mois d'avril

1310
C. 100.

1310, concernant le *meix de Marsenay* près Chambéria, qui appartenait à l'office du sacristain. Ce meix, qui avait été acquis par le sacristain Girauld, était détenu depuis long-temps par Jean de Chalon, comte d'Auxerre et de Tonnerre et seigneur d'Orgelet. Mais, ce prince étant mort en 1309, et la tutelle de ses deux enfants ayant été confiée à Hugues de Chalon, leur oncle, archevêque de Besançon, à Jean de Tramelay, sire de Présilly, et à Hugues de Neublans, le sacristain Étienne de Châtillon, peut-être successeur immédiat de Girauld, réclama et obtint de ces tuteurs la restitution de ce meix et des deux arpents de terre qui en dépendaient. Cette restitution ne paraît pas avoir été tout-à-fait gratuite, car le sacristain s'engagea à faire célébrer annuellement deux anniversaires perpétuels pour le repos de l'âme du défunt, ainsi que de ses ancêtres et de ses descendants, l'un le surlendemain de Noël, et l'autre le surlendemain de la Nativité de saint Jean-Baptiste, en s'engageant à payer chaque année 30 sols viennois aux religieux du prieuré pour leur pitance. Cette fondation fut consentie et approuvée par le prieur Mayeul de Rebucin et par ses moines, en foi de quoi la charte fut revêtue du sceau du prieuré et de ceux du prieur et du sacristain.

1310

Telle fut sans doute l'origine des *hommes du sacristain de Gigny à Chambéria*, comme on les a appelés jusqu'à la fin, notamment dans le dernier dénombrement de la baronie d'Orgelet, donné en 1738 et 1757 par le prince d'Ysenghien. Ces hommes étaient sujets en haute-justice du seigneur d'Orgelet, au château duquel ils devaient guet et garde et montre d'armes. Mais, en 1484, Hugues de Chalon, seigneur de Châtel-Guyon, Nozeroy et Orgelet, céda cette haute-justice et ce droit de montre d'armes à Humbert de Binans, seigneur de Chambéria, à la réserve seulement du droit d'indire ou de lever contribution dans les deux cas de nouvelle chevalerie et de mariage de fille.

C. 124.

Malgré qu'en 1757 il fût encore question, dans le dénombrement précité, des hommes du sacristain à Chambéria, on ne voit pas néanmoins que cet officier claustral y eût, en 1760, aucun revenu, non plus qu'à Marsenay.

§ 2. Une année après la restitution et la fondation desquelles il vient d'être parlé, on trouve dans les inventaires que Guybonne, veuve de Pierre de Moissia, reconnut tenir en fief, du prieuré et de l'église de Gigny, plusieurs héritages situés au territoire et dans la ville de Cuiseaux. On y voit aussi qu'en 1312, nos religieux firent avec le curé le traité qu'on a déjà mentionné, et qui régla que ce dernier percevrait le tiers de la dîme à Véria.

1311

1312

L'année suivante, en mai 1313, Marguerite, dame de Coligny, Chevreau et Montluel, fit un accord pour le *prieuré de Châtel* dépendant de Gigny. Cette dame s'était permis de

1313

C. 101.

1307

En conséquence, on comprend difficilement que *Rodolphe de Champagne* ait pu être prieur de Gigny en 1306, comme on le lit dans les notes manuscrites de J.-B. Béchet, extraites des archives du Jura.

CHAPITRE XXII.

MAYEUL DE REBUCIN, prieur.

Meix du sacristain à Marsenay. Fondations et reconnaissances diverses. Prieuré de Châtel. Pâturage de Cropet. Sépulture de Marguerite de Beaujeu.

§. 1. L'auteur de cette histoire avoue n'avoir pu découvrir la famille féodale dont le prieur *Mayeul* était membre ; il ignore même jusqu'au lieu dont il portait le nom, à moins qu'on doive lire *Rabutin* près Charolles. Ce titulaire de notre prieuré n'est connu que par une charte du mois d'avril 1310, concernant le *meix de Marsenay* près Chambéria, qui appartenait à l'office du sacristain. Ce meix, qui avait été acquis par le sacristain Girauld, était détenu depuis long-temps par Jean de Chalon, comte d'Auxerre et de Tonnerre et seigneur d'Orgelet. Mais, ce prince étant mort en 1309, et la tutelle de ses deux enfants ayant été confiée à Hugues de Chalon, leur oncle, archevêque de Besançon, à Jean de Tramelay, sire de Présilly, et à Hugues de Neublans, le sacristain Étienne de Châtillon, peut-être successeur immédiat de Girauld, réclama et obtint de ces tuteurs la restitution de ce meix et des deux arpents de terre qui en dépendaient. Cette restitution ne paraît pas avoir été tout-à-fait gratuite, car le sacristain s'engagea à faire célébrer annuellement deux anniversaires perpétuels pour le repos de l'âme du défunt, ainsi que de ses ancêtres et de ses descendants.

1310
C. 100.

l'un le surlendemain de Noël, et l'autre le surlendemain de la Nativité de saint Jean-Baptiste, en s'engageant à payer chaque année 30 sols viennois aux religieux du prieuré pour leur pitance. Cette fondation fut consentie et approuvée par le prieur Mayeul de Rebucin et par ses moines, en foi de quoi la charte fut revêtue du sceau du prieuré et de ceux du prieur et du sacristain. 1310

Telle fut sans doute l'origine des *hommes du sacristain de Gigny à Chambéria*, comme on les a appelés jusqu'à la fin, notamment dans le dernier dénombrement de la baronie d'Orgelet, donné en 1738 et 1757 par le prince d'Ysenghien. Ces hommes étaient sujets en haute-justice du seigneur d'Orgelet, au château duquel ils devaient guet et garde et montre d'armes. Mais, en 1484, Hugues de Chalon, seigneur de Châtel-Guyon, Nozeroy et Orgelet, céda cette haute-justice et ce droit de montre d'armes à Humbert de Binans, seigneur de Chambéria, à la réserve seulement du droit d'indire ou de lever contribution dans les deux cas de nouvelle chevalerie et de mariage de fille.

C. 127.

Malgré qu'en 1757 il fût encore question, dans le dénombrement précité, des hommes du sacristain à Chambéria, on ne voit pas néanmoins que cet officier claustral y eût, en 1760, aucun revenu, non plus qu'à Marsenay.

§ 2. Une année après la restitution et la fondation desquelles il vient d'être parlé, on trouve dans les inventaires que Guybonne, veuve de Pierre de Moissia, reconnut tenir en fief, du prieuré et de l'église de Gigny, plusieurs héritages situés au territoire et dans la ville de Cuiseaux. On y voit aussi qu'en 1312, nos religieux firent avec le curé le traité qu'on a déjà mentionné, et qui régla que ce dernier percevrait le tiers de la dîme à Véria. 1311

1312

L'année suivante, en mai 1313, Marguerite, dame de Coligny, Chevreau et Montluel, fit un accord pour le *prieuré de Châtel* dépendant de Gigny. Cette dame s'était permis de 1313

C. 101.

1313 mettre en ban ou réserve les trois pièces de bois de *Pierrefue*, *La Rau* et *Collonozay*, situées dans la paroisse de Digna et dans la seigneurie de Chevreau, et où le prieur de Châtel prétendait avoir droit d'usage et de pâturage, sans doute ensuite de la donation faite, en 974, à l'abbaye de Gigny par Manassès de Coligny. Or, *Étienne de Moncunin* (88), alors prieur de Châtel, s'étant plaint du tort que la mise en ban de ces trois pièces de bois portait à son prieuré, il survint entre les parties une transaction, de l'agrément du prieur et des religieux de Gigny. Il fut convenu que le bois de Pierrefue, aujourd'hui bois communal de Chevreau, continuerait d'être tenu en ban et réserve, mais que ceux de La Rau et de Collonozay seraient communs entre les hommes du prieuré de Châtel et les sujets du seigneur. Il fut dit aussi que les prieurs successifs de ce monastère auraient à perpétuité le droit d'usage *(de boscheyer)* dans celui de Collonozay, pour chauffer leur *hôtel*, clore leurs champs et curtils, et *paisseler* leurs vignes.

De son côté et par compensation, le prieur de Châtel, de l'agrément de celui de Gigny, fit cession perpétuelle, à la dame de Chevreau, du *meix Ferré* et du *meix Enfant-Mabile*, situés au village de *Flandria*, en la paroisse de Cousance. Ces trois localités sont inconnues aujourd'hui, à moins qu'il ne s'agisse de *Fleiria*, hameau de cette paroisse. Il est à re-

(88) Ce prieur était certainement de la maison de Montcenys, car les habitants du pays désignent encore ce lieu sous le nom de *Moutqueunia* ; on lit que messire *Regnauld de Monconin* tenait, en 1317, la maison-fort de Moncoum qu'en 1374, Hugues de Vienne, sire de Scurre et de Sainte-Croix, reconnut en faveur du duc de Bourgogne le fief que tenait *Giles de Montcunin*, c'est-à-dire sa maison-fort de *Montcunin* et dépendances. Cependant, d'autres titres anciens désignent ce lieu sous le nom de *Montconys*, notamment l'un où se trouve l'hommage que *Renaud de Montconys* fit, en 1272, au comte de Savoie. Cette maison portait de gueules, à la fasce d'argent, abaissée sous une fasce ondée d'or. Le nom de ce lieu viendrait-il de *mons cuniculorum*, monticule ou garenne de lapins ?

marquer aussi que, dans cette charte, le bois de Collonozay 1313
est dit *moitié à la France*.

Au reste, en raison de cette convention, le droit d'usage dont il a été parlé continua en faveur du prieuré de Châtel, même après sa réunion à l'office du chambrier de Gigny. Mais, en 1757, M. de Montbozon, alors titulaire, s'en départit, moyennant cantonnement et cession de 25 arpents de bois que M.me de Damas d'Antigny, née de Vienne, lui fit dans la forêt de Collonozay.

§ 3. On ignore l'époque précise à laquelle Mayeul de Rebucin cessa d'être prieur à Gigny, et celle à laquelle Jean de Montaigu lui succéda. Il est possible aussi qu'il y ait eu un ou plusieurs prieurs intermédiaires. Néanmoins, on va rapporter les événements suivants au prieurat de Mayeul, quoiqu'on n'ait aucune preuve positive qu'ils lui appartiennent.

1.° En 1316, Étienne de Coligny renouvela, comme on a 1316 déjà dit, la reconnaissance faite en 1251 par Manassès de C. 82. Coligny, son oncle, et relative au cens dû sur le moulin de Broissia.

2.° En 1320, la comtesse palatine de Bourgogne, Mahault 1320 d'Artois, veuve d'Othon, fonda à perpétuité une messe du C. 102. Saint-Esprit et un anniversaire au prieuré de Château-sur-Salins, membre de celui de Gigny, moyennant une rente annuelle de 40 sols assignée sur la saunerie de Salins, pour la pitance des religieux.

3.° En 1325 et 1330, Guillaume de Graye et sa femme 1325 vendirent, comme on a vu ci-devant, à notre prieuré, des cens et autres droits féodaux à Saint-Trivier de Courtes. (*Voyez* chap. 19, § 12).

4.° En 1326, il fut jugé, comme on a déjà dit (chap. 12, 1326 § 5), que Jean de Chalon, seigneur d'Orgelet, quoique gardien du monastère de Gigny, n'avait pu recevoir en sa garde les hommes de cet établissement, sans la volonté des religieux. Il fut aussi défendu aux châtelains et autres officiers de la province de Bourgogne de recevoir aucun justiciable de l'église de Gigny, en bourgeoisie, garde, ou commendise, en aucuns châteaux et villes de la province.

1328
C. 103

5.° En juillet 1328, Étienne de Coligny, seigneur d'Andelot, chevalier, fils de Jean d'Andelot, aussi chevalier, légua, pour faire sa commémoraison, une somme de 60 sols viennois une fois payée au prieuré de Gigny, pareille somme au couvent des frères mineurs (cordeliers) de Lons-le-Saunier, et une autre semblable à celui des frères prêcheurs de Poligny.

C. 104.

6.° Au mois d'août de la même année 1328, Béatrix de Viennois, autrement de la Tour-du-Pin, dame d'Arlay, veuve de Hugues de Chalon, nomma des arbitres pour terminer un différend qui existait entre le prieuré d'Ilay, membre de Gigny, et la chartreuse de Bonlieu, duquel nous parlerons plus tard.

1330

7.° On trouve dans un inventaire l'indication d'un titre de 1330, par lequel Renaud et Poncet de Sancia, et Guichard, Chapuis et autres habitants de Champagny *(Champagna* ou *Champagne)*, se reconnurent hommes-liges des religieux et du prieur de Gigny.

1332

8.° On a déjà parlé, d'après un document analogue, du transport d'une rente, fait, en 1332, au profit de nos moines, sur les biens de Jean et de Jacques de Graye. (*Voyez* chap. 19, § 12).

1336
C. 105.

9.° En 1336 intervint, entre les habitants de *Gigny* et ceux de *Cropet*, une sentence arbitrale qui régla leur différend relatif au droit de pâturage contesté sur le territoire de Gigny. Les deux arbitres, Henri de Vif, chambrier du monastère, et Jean de Ronchat, juge-bailli, décidèrent que ceux de Gigny devaient laisser pâturer paisiblement les bestiaux de Cropet dans les pâquiers mis en ban à cet effet, et où ceux de Gigny feraient pâturer les leurs ; que dans le cas où ces derniers ne proclameraient point de pâquiers en ban, *Monsieur de Gigny* en accorderait un suffisant pour les bestiaux de Cropet. C'est en vertu de cette sentence, approuvée par les parties, que les habitants de ce dernier lieu continuent toujours d'exercer un droit de pâturage dans la prairie au sud de Gigny. Dans ce titre, il est surtout parlé des *bêtes de maltrait,* ce qui signifie sans doute les bestiaux d'espèce bovine qui produisent principalement le fumier ordinaire de l'agriculture, car on appelle vulgairement dans le pays ce fumier du nom de *maltras.*

1336

10.º On a déjà vu (chapitre 21, § 2) que, dans la même année 1336, le curé de Gigny et le sacristain avaient fait un accord pour leurs droits casuels respectifs.

11.º D'après les inventaires de Gigny, messire André Tireli et Clémence, son épouse, vendirent le 20 août 1337, à nos religieux, la terre qu'ils avaient à *Curnyes* et toutes leurs redevances en ce lieu, ainsi qu'à Cuiseaux et Foissia (89). Cette vente fut ratifiée, en 1363, par Louis de Chalon.

1337

12.º Le 25 août 1338, *Marguerite de Beaujeu*, dame de Saint-Julien, et troisième épouse de Jean de Chalon, comte d'Auxerre et seigneur d'Orgelet, mort en 1309, fit par son testament élection de sépulture dans l'église prieurale de Gigny. En même temps, elle fit un legs à l'hôpital de Saint-Julien, et institua Jean de Chalon (probablement le petit-fils de son époux) pour son héritier universel. Ce fut ce dernier qui ratifia, comme on a vu, en 1340, la donation faite à notre prieuré, par Humbert de Buenc, d'un étang et d'un moulin à Véria.

1338

1340

(89) Il n'est pas à croire qu'il s'agisse ici de la commune de Foissia, au département de l'Ain, mais plutôt de la localité de *Foissia* à Cuiseaux ou au voisinage, mentionnée précédemment à la date de 1236, et laquelle dépendait encore en 1760 de l'office du chambrier de Gigny.

CHAPITRE XXIII.

JEAN DE MONTAIGU, prieur.

Hommage de Jean de Saint-Amour. — Peste noire.

1346

§ 1. *Jean de Montaigu*, prieur de Gigny, était sans doute de la célèbre maison de ce nom, dont le château fut bâti dans les premières années du treizième siècle par le comte Étienne, au-dessus de la ville de Lons-le-Saunier. Cette maison portait de gueules à un croissant montant d'argent, auquel blason Giles de Montaigu ajouta trois roses accompagnant le croissant. Le premier de ces blasons se trouve sculpté sur une pierre de la maison des chambriers de Gigny, avec le nom de *Montagu*, et la date 1615, époque à laquelle était grand-prieur et grand-chambrier *Marc de Montagu*, bachelier ès saints décrets, vicaire général de l'ordre de Cluny en Bourgogne, Lorraine, Savoie et Allemagne.

C. 107.

§ 2. Jean de Montaigu était probablement déjà prieur, lorsque *Hugues de Chatard*, recteur de l'église paroissiale de Gigny, et Thomasset, bourgeois de Cuiseaux, gardiens du sceau de la seigneurie de ce nom, donnèrent en janvier 1346, par l'apposition de ce sceau, l'authenticité à un accord fait entre les chartreux de Vaucluse et Guillaume Roillard de Cuiseaux, au sujet d'une plantation d'arbres trop voisins d'une vigne appartenant à ces religieux. Cependant, ce titulaire n'est connu que par la citation d'un « trai-

1348

« té en latin, sous la date de 1348, fait entre noble *Jean de*
« *Saint-Amour* et noble Jean de Montaigu, prieur de Gigny,
« par lequel ledit Jean de Saint-Amour reconnut tenir en
« fief, de l'église de Gigny, toute sa ville, et place, et rue,

JEAN DE LA GRANGE
Prieur de Gigny, puis abbé de Fécamp, Evêque Cardinal Ministre

« depuis la maison d'Humbert Alloé, jusqu'à une autre
« maison qu'il tenait avec ses frères. »

§ 3. A la même époque, ou une année plus tôt selon les
uns, et mieux une année plus tard selon d'autres, régna la
terrible *peste noire* qui parcourut presque tout l'ancien monde,
en le dépeuplant. Des villes et des villages furent réduits
en solitudes dans les deux Bourgognes, et pour en donner
une idée, un auteur contemporain a écrit :

En l'an mil trois cent quarante-neuf,
De cent n'en demeurait que neuf.

La proportion de la mortalité fut encore plus considérable, selon d'autres, tels que Paradin, qui rapporte que de mille malades il n'en guérissait pas dix, ou Gandelot qui dit qu'à Beaune il ne resta qu'un vingtième de la population. D'après certaines chroniques, plusieurs monastères furent entièrement dépeuplés, mais aucun document ne constate ce qu'il en arriva à Gigny. Il est seulement certain que, dans la liste de nos religieux, on n'en rencontre qu'un, à la date de 1350, Jean de Villars, sacristain, auquel Pierre de Vaden vendit, en cette année, un cens annuel de quatre gros assigné sur une maison de Gigny.

1349

1350

CHAPITRE XXIV.

JEAN DE LA GRANGE, prieur.

Maison de la Grange. — Monnaie de Lons-le-Saunier.

§ 1. *Jean de la Grange* est certainement l'un des plus illustres prieurs du monastère de Gigny. Il était originaire de Germolles, hameau de Mellecey, près Chalon-sur-Saône, lequel a donné son nom à une ancienne famille noble, dont

1353

1353 Guillaume de G., bienfaiteur de l'abbaye de la Ferté-sur-Grône en 1147, Marguerite de G., prieure de Lancharre en 1248, Guichard de G., évêque de Mâcon, en 1264, 1276, etc., etc..

Comme ce fief cédé au duc de Bourgogne à la fin du quatorzième siècle s'appelait dans le principe *la Grange de Germolles*, ses seigneurs prirent tantôt le nom de *la Grange*, tantôt celui de *Germolles*, quelquefois les deux ensemble. Ainsi, on trouve Guillaume de la Grange de Germolles, seigneur de Saint-Martin-sur-Guye, en 1322 ; Jeanne de Dracy, dame de la Grange de Germolles, en 1362, 1368 ; Aymar, seigneur de la Grange avant 1380 ; Jean de la Grange, bailli d'Auxonne, en 1478, etc. La terre de *Montquoy* (90), au diocèse de Chalon, appartenait encore à cette maison, notamment en 1393 à Thibaud de la Grange. Ces anciens seigneurs portaient aussi le nom de *Bouchamage*, qu'ils quittèrent pour prendre celui de la Grange, et notre prieur est nommé dans les titres, tantôt Bouchamage, tantôt la Grange. Les armes de cette maison, désignée sous l'un ou sous l'autre de ces noms, étaient : de gueules, à trois merlettes d'argent, au franc quartier d'hermines.

§ 2. Jean de la Grange, surnommé de Bouchamage, frère d'Étienne de la Grange, président au parlement de Paris, et d'une sœur mariée à Quinnart du Breuil, fut d'abord reçu docteur en droit. Il ne tarda pas à être pourvu du prieuré de Fonvens en Franche-Comté, puis de celui de Notre-Dame d'Ollincourt en Picardie, et en troisième lieu de celui de Gigny. On ne sait pas positivement en quelle année il devint titulaire de ce dernier, mais on peut croire qu'il l'était déjà, le 10 juin 1353, lorsque Guillaume et Gavain du

Fig. 4.

---

(90) Il est probable qu'il s'agit plutôt ici de *Montquoy*, hameau de Breuil, près Montcenis, que de *Moulcoy* ou *Montcouet* en Bresse, deux lieux également du diocèse de Chalon.

CHAPITRE XXIV.

Saix vendirent au prieur de Gigny le tiers de la *dîme de Varennes*, avec le *meix Jeannin*, situé à Joudes.

Cependant, le chef de nos moines est surtout positivement connu par une charte de 1356, insérée dans le recueil de nos preuves, et relative au cens de cinq *sols de Lons-le-Saunier* que, depuis 1204, les chartreux de Bonlieu devaient payer annuellement au prieuré de Gigny, pour l'acensement d'Ilay. Cette monnaie n'ayant plus cours dès long-temps, les chartreux avaient payé depuis bien des années, en équivalent, seize sols de monnaie estevenante de Besançon, et ils se croyaient fondés à se prévaloir de la prescription. De leur côté, les religieux de Gigny, trouvant que cette somme était insuffisante, exigeaient vingt sols estevenants par an ou un florin et tiers de bon or de Florence. Or, les parties ayant soumis leur différend à l'arbitrage d'Étienne de Beaufort, chevalier, et d'Eugène de Montaigu, ceux-ci décidèrent que, pour un bien de paix, les chartreux paieraient une somme de 18 sols estevenants, à quinze au florin, lequel paiement continuerait à s'effectuer à chaque fête de Saint-Martin d'hiver, sur l'autel de Saint-Pierre de Gigny. Cette sentence fut prononcée à Orgelet, le 19 juillet de ladite année 1356, devant Pierre de Ronchal, prêtre et notaire public, en présence non-seulement des parties, mais encore de Renaud de Tramelay, seigneur de Présilly, Guillaume, seigneur d'Ecrille, Jean de Viremont, Guillaume de Beaufort, Pierre de la Tour-du-Mai, N.., prieur de Vaucluse, Vincent, curé de Bonlieu, etc., etc. Elle fut approuvée et scellée par frère Jean de la Grange, prieur de Gigny, et par frère Pierre de Saint-Maurice, prieur de Bonlieu. Le sceau de notre prieuré porte, comme dans le siècle précédent, l'effigie et l'inscription de saint Taurin. Celui de Bonlieu est empreint d'une croix avec un *alpha* et un *omega*, et avec la légende *Sigill. B. Marie Boni loci*. Quant à celui de Jean de la Grange, il offre saint

1356
C. 108.

1356 — Étienne assis, en costume d'évêque, la tête entourée d'une auréole, ayant la main droite élevée avec deux doigts fermés, comme sur la monnaie estevenante de Besançon, et tenant une palme de la main gauche.

1357

§ 3. Ce prieur ne resta pas long-temps titulaire à Gigny, car on lit qu'il quitta notre monastère pour prendre possession, en 1357, de la riche abbaye de Fécamp en Normandie. Ainsi, il est à croire qu'il n'y était déjà plus, lorsque Jean de *Sauler*, pitancier du prieuré, acensa, le 1.er février 1357 (c.-à-d. 1358), une vigne située à Digna, dite *Dessoubs Chastel*, dépendante de son office. Cet acensement fut fait en présence d'Étienne N...., curé de Digna, moyennant la rente annuelle de neuf pots d'huile de noix, bonne et pure, livrable à la mesure de Chevreau. Cette redevance fut perçue, dans les derniers siècles, par le chambrier de Gigny, prieur de Châtel, après la suppression de la pitancerie.

C. 103.

§ 4. Dès que Jean de la Grange fut abbé à Fécamp, il s'occupa de fortifier le monastère pour le mettre à l'abri d'un coup de main, si à craindre dans ces temps de guerres intestines et étrangères. Charles d'Évreux, si justement surnommé *le Mauvais*, roi de Navarre et gendre du bon roi Jean, possédant de grandes terres et de beaux fiefs en Normandie, prit, pendant quelques années, cet abbé pour son conseiller. Mais ce prince perfide ayant renouvelé, en 1362, les hostilités contre son beau-père, à cause de la succession du duché de Bourgogne, et ayant sollicité la remise des fortifications de l'abbaye, éprouva un refus de la part de Jean de la Grange. Par ce motif, les hostilités furent dirigées contre le monastère, auquel elles coûtèrent 10,000 florins, et en 1363, l'abbé, ainsi que son neveu *du Breuil*, furent faits captifs et jetés en prison. Mais ils parvinrent à s'évader, l'un en descendant de sa fenêtre avec une corde, et l'autre après avoir gagné à prix d'argent le gardien de la porte.

§ 5. Cette preuve de fidélité et de courage unis à de

talents reconnus lui fit confier ensuite différentes négociations importantes. Ainsi, il fut adjoint à la légation du cardinal de Boulogne en Espagne, pour moyenner la paix qui fut conclue, en 1369, entre les rois de Castille et d'Arragon. L'année suivante il fut envoyé avec dix galères pour ramener d'Italie en France le pape Urbain V. En 1374, il fut député à Bruges pour traiter de la paix avec l'Angleterre. En 1376 il fut envoyé ambassadeur en la cour de Rome.

1357

Le succès avec lequel il remplit ces missions lui acquit l'amitié et la confiance de Charles V, qui le combla d'honneurs et de récompenses. En effet, de simple abbé de Fécamp, de simple prieur de Saint-Denis-de-la-Chartre de Paris, de simple chanoine de l'église cathédrale de cette ville, et de simple archidiacre en celle de Rouen, il devint conseiller au parlement, président de la cour des aides, surintendant des finances, conseil à la tutelle des enfants de France et premier ministre. Le monarque ne faisait rien d'important sans le consulter, et l'excellence des conseils donnés par ce nouveau Suger sorti d'un cloître, comme l'ancien, ne contribua pas peu à lui faire obtenir le surnom mérité de *Sage*.

En 1372, Jean de la Grange fut nommé à l'évêché d'Amiens, et, au mois de décembre 1375, il fut créé cardinal-prêtre du titre de Saint-Marcel, plus connu sous le nom de *cardinal d'Amiens*. En cette qualité, il assista au conclave de 1378 où on révoqua la nomination du pape Urbain VI, et où on nomma Clément VII, qui siégea à Avignon et conféra, en 1379, au cardinal d'Amiens, l'évêché de Tusculane ou Frascati. Cet anti-pape, ou plutôt ce pape français, étant mort en 1394, Jean de la Grange contribua à continuer le schisme par l'élection de Benoît XIII, autre pape français, sous l'obéissance duquel il mourut, le 24 avril 1402, à Avignon.

§ 6. Douze jours avant sa mort, le cardinal de la Grange

1357 avait fait un testament dans lequel il s'était souvenu de Gigny, l'un de ses premiers bénéfices, aussi bien que de Charles-le-Sage, son bienfaiteur et son ami.

C. 111. Par ce testament, il fit à notre prieuré un legs de 500 fr. (environ six mille francs de la monnaie de nos jours), pour en acheter des rentes et en payer une partie de certain étang déjà achetée par les religieux, mais qu'on ne peut reconnaître aujourd'hui, faute d'autre désignation. En considération de ce legs, il exigea de nos moines la célébration, chaque année, de douze anniversaires successifs, précédés de vigiles, et en outre, à perpétuité, celle d'une messe *de Requiem*, chaque jour de l'année, pour le repos de son ame, de celles de ses parents et de celle du roi Charles.

Il fit des legs analogues, mais la plupart moins considérables, aux monastères de Fécamp, Ollincourt, Aisnay, Amberte, Saint-Claude, la Bénisson-Dieu, Charlieu, Parai, Saint-Martial d'Avignon, etc., moyennant des prières en mêmes intentions que celles de Gigny.

Par le même acte, il fonda un collége à Avignon pour l'éducation d'enfants du diocèse de Lyon. Il élut sa sépulture dans l'église d'Amiens, avec fondation d'une chapelle à ériger sous le nom de *chapelle de la Grange*, à l'effet d'y déposer ses restes mortels, ainsi que ceux de son père, de sa mère, de ses frères, sœurs et autres parents inhumés dans l'église d'Amberte. Enfin, il nomma exécuteurs de son testament ses deux neveux, Jean Filhet et Jean de Boissy, le premier évêque d'Apt et le second évêque d'Amiens, et précédemment de Mâcon.

CHAPITRE XXV.

GUILLAUME II, prieur.

Guillaume, deuxième du nom, succéda à Jean de la Grange, et mourut lui-même au bout de deux ans, en 1359 ou 1360. Il avait sans doute fait beaucoup de bien à son prieuré, car les religieux fondèrent, pour le repos de son ame, une messe anniversaire à célébrer le 12 novembre, par délibération prise en plein chapitre, le 12 février 1359, laquelle fut approuvée, le 27 avril 1360, par Hardoin, abbé de Cluny (Androin ou Adrien de la Roche, selon d'autres). Mais, au reste, c'est le peu qu'on en sait d'après une note d'inventaire.

1359

CHAPITRE XXVI.

JEAN DE MARIGNA, prieur.

Hommages. — Donations. — Fondations. — Mausolées.

§ 1. On peut présumer que *Jean de Marigna* de la maison de Vaulgrigneuse, mort en 1383, succéda au prieur Guillaume. La terre de Marigna ou *Marigney*, au canton d'Arinthod (qu'il ne faut pas confondre avec Marigny au canton de Clairvaux), avait pour seigneurs, dans le treizième siècle, 1.° *Jean*, fils de Jean de Chalon, comte de Bourgogne, dont il a été parlé en 1255 et 1258; 2.° *Poly*, qui, en 1278, rendit son hommage de vassal à Renaud de Bourgogne', comte de

1360

1360 Montbéliard. Dans le quatorzième et le quinzième siècle, ce fief passa dans les maisons de Vaulgrigneuse et de Fauquier; puis au seizième, ensuite d'une alliance, dans celle de Salins-Vincelles, et peu après dans celle de Balay, dont un membre possède encore le château féodal.

1375 § 2. C'est très probablement le prieur Jean de Marigna qui, d'après une mention d'inventaire, fit en 1375 un traité avec le cellérier du prieuré, au sujet de divers droits qu'ils se cédèrent réciproquement.

1378 Ce fut lui aussi qui, d'après le même document, abergea en 1378, à Pierre Morel, demeurant à *Louvenna*, un meix situé à Cropet, dit vulgairement le *Meix Amant de Savigney*, moyennant douze gros de monnaie courante et deux quartaux de blé de cens, par moitié froment et avoine [90 bis], à la mesure de Gigny.

1379
C. 110. § 3. En l'année 1379, Jean de Coligny, seigneur d'Andelot et Loysia, reconnut tenir en fief-lige, à cause de son château de Loysia, quarante quartaux de blé de cens, par moitié froment et avoine, livrables à Charnay par le prieur de Gigny au seigneur de Loysia, au terme de chaque fête de Saint-Martin d'hiver. En raison de cette rente de grains, ce seigneur se reconnut homme-lige et feudataire de l'église de Gigny, et fit l'*hommage* féodal accoutumé, de main et de bouche. Ce devoir fut fait dans la chambre du prieur, en présence de Galvand de Thoulonjon, d'Aimonet de Saint-Germain et autres.

1380 § 4. Une année après, en 1380, on trouve dans les inventaires l'indication que noble damoiselle, fille de feu Laurent Mallebaille, veuve ou relicte de Gavain du Saix, donna aux religieux de Gigny une partie de la *dîme de Varennes*. Or,

---

(90 bis.) Cette expression *par moitié froment et avoine*, si usitée dans les titres de la féodalité, indique ici deux quartaux de froment et deux quartaux d'avoine, et non pas seulement un de chaque denrée.

comme on a vu qu'ils avaient déjà acheté, en 1353, un tiers de la dîme de cette paroisse, de Gavain et Guillaume du Saix, on peut croire qu'ils n'en possédaient que l'autre tiers, en 1294, lors de l'échange de la seigneurie de Graye.

§ 5. Jean de Marigna mourut probablement en 1383 ; du moins, il testa le 5 mai de cette année. Par son acte de dernière volonté, il fit élection de sépulture en l'église prieurale de Gigny, comme ses prédécesseurs, avec recommandation, au jour de son enterrement, lors de l'office, de placer le suaire sur lui et de brûler cinq livres de cire. En reconnaissance et pour rétribution d'un service anniversaire et perpétuel pour le repos de son ame et de celles de ses auteurs, il fit don au prieuré, sauf la seigneurie, 1.º du *meix de Groy* à Marigna ; 2.º d'une rente de vingt sols sur toutes les terres qu'y tenait de lui Jean des Truoz ; 3.º d'une autre rente de six gros tournois d'argent et d'un cens de sept quarterons de blé, par moitié froment et avoine, que le *meix Barruel* lui rapportait chaque année. On peut penser qu'il s'agissait de ces redevances, dans un acte du 10 janvier 1457, par lequel Geoffroy de Vaulgrigneuse, chevalier, seigneur de Marigna, consentit que les religieux de Gigny perçussent annuellement le cens d'un pareil de blé, par moitié froment et avoine, et d'un florin, le tout affecté sur un meix à Marigna.

Le *mausolée* qui fut érigé sur la tombe de Jean de Marigna existait encore, en 1785 et 1787, dans l'église collégiale, à gauche de la chapelle de Saint-Taurin, mais attribué mal à propos, dans le dernier inventaire, à un prieur du nom de Balay. Il fut brisé ou mutilé en 1793, ainsi qu'un autre érigé en souvenir d'un personnage inconnu aujourd'hui, près l'autel de Saint-Pierre. Les supports de ces deux mausolées subsistent seuls actuellement.

Les armes de la maison de Vaulgrigneuse étaient de sinople, à la croix d'or ; celles de Marigna, de gueules, à la bande d'or, accompagnées de deux coquilles d'argent en chef et en pointe.

CHAPITRE XXVII.

HENRI DE SARSEY, prieur.

Fondation. — Deuxième hommage du seigneur de Loysia.

1389
§ 1. Quoique *Henri de Sarsey* ne soit nommé, pour la première fois, en qualité de prieur, qu'en 1393, néanmoins, comme on ne trouve point d'autre titulaire, avant cette époque, pour succéder à Jean de Marigna, on peut supposer qu'il était chef du monastère, le 24 janvier 1389, lorsque noble seigneur Guillaume de *Ballufert* fit une fondation dans l'église prieurale. Ce personnage, probablement de la maison de *Beaufort* ou *Bellefort*, et qui peut-être décédait prieur de Gigny, fonda par son testament trois anniversaires ou messes matutinales, après l'office de prime, pour le repos de son ame et de celles de ses prédécesseurs, et il donna en rétribution à ladite église ses biens situés à Louvenne et à Cropet.

1393
Quant à la date précitée de 1393, elle est celle d'une sentence arbitrale que frère Henri de *Sarsey*, prieur de Gigny, rendit le 1.er août de cette année, en faisant la visite du prieuré de Château-sur-Salins. Cette sentence fut relative aux corvées que les habitants de Prétin devaient aux religieux de ce monastère, à l'article duquel il en sera parlé de nouveau. On voit ensuite que, deux ans plus tard, en 1395,

1395
le même frère Henri de *Sarsey* fit l'abergeage d'un clos de vignes, dit aux *Peittières*, situé à Cuiseaux. Mais cet acte, signé *de Loconnay*, ne nous est connu que par son analyse sur deux inventaires, où *Henri* est nommé *de Sarseyo* et *de Sarciot*.

§ 2. Cependant ce titulaire, sous lequel fut fait au prieuré, en 1402, le legs du cardinal Jean de la Grange, est surtout connu par une charte du 27 janvier 1406, par laquelle Jacquemart, seigneur de Coligny, Andelot, Loysia, etc..., renouvela, à cause du château de ce dernier lieu, l'acte de foi et *hommage*, et que Jean de Coligny, son père, avait déjà fait, en 1379, au prieur Jean de Marigna. Ce noble et puissant seigneur qui avait échappé, en 1396, aux désastres de la bataille de Nicopolis, qui plus tard, en 1420, accompagna le duc de Bourgogne à Paris, pour demander au roi raison et justice du meurtre de Jean-sans-Peur, fit son devoir féodal comme le plus simple feudataire. Tout illustre chevalier qu'il était, il s'humilia et fléchit le genou devant le chef de nos moines, mit ses valeureuses mains dans les siennes et s'avoua son vassal. Ce devoir fut rempli, comme le premier, dans la chambre même du prieur, pour les 80 quartaux de grains livrables à ce seigneur, au village de Charnay. Il eut pour témoins Jean de Chevrel, damoiseau, Guy de Beaufort, prieur de Flacey, Pierre d'Orgelet, aumônier, et Guy de Letzon, chambrier.

1402

1406
C. 112.

Au reste, en ce qui regarde cette rente de grains, probablement recevables à la mesure de Cuiseaux [91], on ne trouve pas que d'autres devoirs de fief aient été faits par les seigneurs de Loysia. On voit seulement qu'en 1444, Guillaume, seigneur de Coligny et d'Andelot, céda à son frère, seigneur de Cressia et de Loysia, cohéritier avec lui, de Jacquemart, leur père, sa part de la *rente de XX pareurs de froment et avene*, dehue sur le grenier de Gignié, à rachapt d'icelle, etc. [92].

C. 122.

---

[91] Les deux chartes de 1379 et 1406 portent *ad mensuram miselli*. Or, je soupçonne qu'ensuite d'erreur du copiste, il faut lire *Cuiselli*... La mesure de Cuiseaux pesait 28 livres.

[92] Le *pareil* ou *pareur* était la même chose que le *quartal*. Il contenait aussi huit mesures en blé et douze rez ou mesures en avoine. *Voy*. not. 52, 85.

1406   De quel lieu notre prieur portait-il le nom ? Était-il parent de l'archiprêtre de Bagé (*J. de Sarciaco*), cité dans une de nos chartes à la date de 1219 ? Était-il de la maison de Sercy en Chalonnais, dont Gauthier de Sercy, évêque en 1129 et 1155, et dont le dernier membre fut écrasé, en 1540, sous les ruines d'une maison à Lyon ? Les armes de cette famille féodale étaient d'azur à trois ondes d'argent.

CHAPITRE XXVIII.

N... DE SCEY, prieur.

1412
C. 113.

Un membre de la maison de *Scey* est cité comme prieur de Gigny dans un titre de 1412, dont nous n'avons pu recouvrer que quelques fragments, et par lequel on voit que ce prieur fut arbitre d'un différend d'Étienne de Véria, sacristain, avec ses paroissiens de Gigny. Or, je dois avouer ici que je présume ce titulaire être le même que le précédent, et je suis porté à croire que l'un et l'autre n'en constituent qu'un sous la dénomination de *Henri de Sarcey*. En effet, les dates ne s'y opposent guère, les prénoms sont les mêmes, et les noms ont pu être facilement confondus. Cependant, j'ai dû déférer aux notes positives de M. Monnier, habituellement si bien informé.

Quoiqu'il en soit, c'est sous l'un ou sous l'autre de ces prieurs qu'eurent lieu les débats et accords sur les droits casuels du sacristain avec le curé ou avec les paroissiens en 1408, 1412 et 1414, dont il a été parlé au chapitre 21 ci-devant. C'est aussi à leur temps que se rapportent divers titres concernant quelques offices claustraux et plusieurs prieurés ruraux, lesquels seront analysés dans des chapitres particuliers.

C. 114, 115, 116, 117.

La *maison de Scey* était une des plus nobles et des plus anciennes de la Franche-Comté, et déjà, en 1336, elle avait donné, comme on a vu, un sacristain (*Pierre de Scey*), au prieuré de Gigny. Elle prenait son nom de Scey-en-Varais, château et village du canton d'Ornans (Doubs), et non pas de Scey-sur-Saône. On écrivait *Ceis* dans les premiers temps, mais l'un des membres de cette famille commença, en 1300 environ, à écrire autrement son nom, et dès-lors peu à peu ce changement fut adopté. Quelques individus de cette antique maison féodale sont déjà connus par des chartes de 937, 1037, 1060, etc..., et on en possède la généalogie suivie depuis la fin du onzième siècle jusqu'à nos jours. Cependant, dans celle qui a été publiée, avec grands détails, dans l'Histoire de Salins, on ne trouve aucun prieur ni même aucun religieux de Gigny.

1412

Les armes de Scey furent anciennement vairées. Mais, depuis le commencement du quinzième siècle, elles furent de sable au lion d'or, couronné de même, armé et lampassé de gueules, avec neuf croisettes recroisetées d'or, timbrées, couronnées d'or, surhaussées d'un levrier d'argent, supportées par deux lions d'or.

CHAPITRE XXIX.

FROMOND DE LICONNA, prieur.

Ce prieur n'est connu que par un acte d'abergeage à Montrevel, paroisse de Loyon, à la date du 25 mai 1423, au profit de noble *Fromond de Liconna*, prieur, mentionné dans l'un de nos inventaires.

1423

On sait que les seigneurs de Liconna étaient issus de l'antique maison de Montmorot, aussi bien que ceux de Pelagey.

1390. On trouve, en effet, en 1390, Fromond de Montmorot (peut-être parrain de notre prieur), qui déclare tenir en fief de Jean de Chalon, seigneur de Châtel-Belin et de Saint-Julien, ses maisons de *Liconnal*, vergers, chazeaux, curtils, bois, meix, etc....

CHAPITRE XXX.

HUMBERT DE CHATARD, prieur.

Collégiale de Cuiseaux. — Repas et mœurs du quinzième siècle. Hôpital de Gigny. — Léproserie. — Grange de l'Isle. — Grange du cellerier. — Donations diverses. — Procès du Villars.

1424. § 1. On trouve déjà un *Chatard*, en 1269 et 1276, chantre ou doyen au chapitre de Saint-Jean de Lyon, où l'on n'était admis, comme à Gigny, qu'en faisant preuve d'une grande noblesse. « La famille Chatard, dit Guichenon, tirait son « origine de la ville de Nantua, et tenait dès long-temps « rang de noblesse en Bugey. Ils avaient une chapelle dans « l'église de Nantua, où sont leurs sépultures avec quelques « épitaphes. Il y a aussi au cloître des Jacobins de Lyon l'é- « pitaphe de l'épouse de Jean de Chatard, damoiseau, décédé « en 1335, celles de Laurent de Chatard, leur fils, et de « Jean de Chatard, leur petit-fils. »

« Humbert de Chatard, prieur de Gigny, continue le mê- « me historien, était fils de Pierre de Chatard, seigneur de « Mirigna en Bugey, et petit-fils d'Humbert de Chatard, « chevalier, seigneur du même lieu. Il eut pour sœur « Guygonne de Chatard, qui se maria, en 1427, avec Hugo- « nin de Breul, chevalier, seigneur de Corlier, mort en « 1458. Sa femme ne mourut qu'en 1474, après avoir fondé « un anniversaire perpétuel dans l'église de Nantua, moyen-

« nant deux florins d'or. En mémoire de cette alliance, Hugonin de Breul et ses descendants ont ajouté à leurs armoiries l'aigle qui entrait dans celle de Chatard. »

1424

Les armoiries de ces derniers étaient, en effet, d'or, à trois faces de gueules, à l'aigle d'azur couronné d'argent sur le tout.

§ 2. Humbert de Chatard succéda immédiatement au prieur Fromond de Liconna, car il figure dans une charte du 8 octobre 1424, relative à la translation de la *collégiale* de Chavannes-sur-Suran, à Cuiseaux.

C. 118.

Cet établissement canonial avait été fondé en 1407, dans le premier de ces lieux, par Alix de Chalon, fille de Tristan de Chalon, seigneur d'Orgelet, et femme de Guillaume de Saulieu, docteur ès-lois, conseiller du duc Jean-Sans-Peur, seigneur de Montfleur et de Chavannes, et bailli de Cuiseaux. Mais, les bons chanoines, plus enclins peut-être à jouir des agréments de la vie séculière qu'à remplir leurs devoirs religieux, ne s'y plurent pas long-temps. Ils trouvèrent que *Chavannes était un petit endroit incommode, en lieu de montagnes et bien sauvage.* Or, comme Réné de Chalon, neveu d'Alix et seigneur de Cuiseaux, désirait les y attirer et augmentait leurs revenus, on sollicita leur translation dans *ce lieu d'une riche aménité, fructueux de tous biens pour la vie commune, et commerçant.* On sollicita, en même temps, l'union à leur collégiale des églises paroissiales de Cuiseaux et de Champagna. Mais ces deux églises se trouvant de droit et de fait, et de toute ancienneté, sous le patronage du prieuré de Gigny, leur union ne pouvait avoir lieu que du consentement de ce monastère. C'est pourquoi Louis de Chalon, prince d'Orange, baron d'Arlay et seigneur suzerain de Cuiseaux, Alix de Chalon et Guillaume de Saulieu, son mari, réclamèrent ce consentement qui fut accordé par le prieur Chatard et ses religieux, aux conditions suivantes :

C. 118.

1424   1.º Le prieur se réserva, et à ses successeurs, le patronage des deux églises de Cuiseaux et de Champagna, c'est-à-dire, le droit de présenter pour vicaire perpétuel de ces églises un ecclésiastique pris dans la collégiale ou hors d'elle. 2.º Une autre condition fut que ce vicaire percevrait sur les revenus de ces églises, non-seulement une prébende de chanoine, mais encore une portion congrue suffisante pour le faire vivre honnêtement et lui permettre, soit de payer les droits dus au pape, à l'archevêque de Lyon et au prieur de Gigny, soit d'exercer l'hospitalité et de supporter toutes les charges de sa place. 3.º Nos religieux, en leur qualité de gros décimateurs à Cuiseaux et à Champagna, se réservèrent le droit de s'y retirer dans les maisons canoniales et de célébrer ou faire célébrer les offices divins dans l'église collégiale, en temps de guerre ou en toute autre circonstance. 4.º Ils exigèrent que, lors de l'union, il serait fait une déclaration des dîmes, cens, lods, vends et autres revenus que les recteurs des deux églises avaient droit et coutume de percevoir avec eux-mêmes ; 5.º qu'on déclarerait en même temps la quotité de la portion congrue qui appartiendrait au vicaire avec sa prébende canoniale. 6.º Enfin, en cas d'incorporation ou d'acquisition de quelques biens à la collégiale, les religieux de Gigny se réservèrent les droits seigneuriaux, lods ou services quelconques sur ces biens.

Ce consentement fut donné à l'unanimité, tant par frère Chatard, prieur, que par dix-neuf autres moines assemblés capitulairement, au son de la cloche[93] ; les conditions en furent

---

[93] J'ai trouvé le mode de convoquer les chapitres de moines au son de la cloche, dans d'autres chartes de 1301, 1351, 1437, etc... Mais les cloches étaient déjà usitées, pour célébrer les offices divins, en 615, 789, 973, 1136, 1179, etc... On sait d'ailleurs que l'on en fait remonter l'invention à saint Paulin, évêque de Nole en Italie, mort en 431, d'où les cloches ont été nommées quelquefois *nolæ*, et d'autres fois *campanæ*, du nom de la province de Nole.

acceptées par Guillaume de Saulieu, tant en son nom qu'en celui d'Alix de Chalon, sa femme, et par Jean Haten de Loconnay, doyen, et Guillaume de Melliac, chanoine de la collégiale, tant pour eux que pour les autres chanoines de celle-ci. Les contractants promirent par serment (94) l'exécution de cet acte, qui fut fait et passé à Gigny, devant Claude Barignet, d'Orgelet, notaire, en présence de Jean de Chatard, curé de Marboz, Jacques Duvillard, prêtre de Gigny, Guillaume Arbi de Montréal, Étienne de Chatard (95) de Montrichard, et autres témoins.

1424

Au reste, on ne dira rien d'autre ici de la collégiale de Cuiseaux, qui a subsisté jusqu'en 1790, et qui était composée, non compris deux enfants de chœur, de huit ecclésiastiques chanoines, lesquels suivaient la règle canoniale ordinaire. De ces huit chanoines quatre étaient officiers sous les noms de *doyen, chantre, sacristain* et *custode*. Ce dernier était aussi qualifié *curé et vicaire perpétuel* de la paroisse, et il en faisait les fonctions. Le chapitre avait le patronage de la cure de Chavannes et envoyait un de ses membres pour la desservir. Il députait un élu, pour la chambre du clergé, aux états d'Auxonne ou de Bourgogne.

L'église de Cuiseaux est sous le vocable de saint Thomas de Cantorbéry, dont on y célèbre la mémoire au mois de juillet. Mais ce saint évêque martyrisé, en 1171, par la po-

(94) Les ecclésiastiques prêtèrent, selon leur coutume, ce serment *ad pectus*, en mettant la main sur la poitrine, ainsi qu'ils ont continué de faire, même dans le XVIII.e siècle, et comme le prêtent encore aujourd'hui les juifs en justice. Mais le seigneur de Montfleur prêta le sien *entre les mains* des notaires. Il est dit aussi que le prieur prêta serment de sa propre autorité, et les religieux de l'autorité du couvent et d'après l'ordre du prieur. On voit, dans une charte de 1097, le comte de Savoie prêter serment en mettant son pouce dans la main d'un autre prieur.

(95) Cet *Et. de Chatard* ainsi que *Jean de Chatard*, curé de Marboz, étaient probablement de la famille du prieur de Gigny, comme encore *Hugues de Chatard*, mentionné au chap. 23, et *Amblard de Chatard*, doyen de notre prieuré en 1482.

1427 litique, n'en était pas l'ancien patron, quoiqu'il eût déjà dans l'église paroissiale une chapelle qui fut unie, lors de la translation, à la collégiale. Une tradition vague porte que Saint-Georges était le vocable primitif. Aussi, on trouve le *cimetière de Saint-Georges* mentionné à Cuiseaux dans un titre de 1284, et une foire s'est tenue en cette ville, jusque dans les dernières années, le lendemain de la fête de ce saint martyr. D'un autre côté, la grosse cloche, qui a été fondue le 25 juin 1478, jour anniversaire de l'incendie par lequel le barbare général de Louis XI punit Cuiseaux de sa fidélité à sa légitime souveraine et le réduisit en cendres, à l'exception de l'église et d'une seule maison, cette cloche, dis-je, porte une invocation à saint Georges et à la Vierge [96]. Enfin, on lit qu'en 1425, Louis de Chalon, prince d'Orange, fonda et dota une chapelle en l'honneur de ce bienheureux, pour être construite en son château de Cuiseaux et desservie, en attendant, en l'église paroissiale de Saint-Thomas. Cette chapelle est mentionnée dans un autre titre de 1469, comme subsistant toujours dans ladite église.

§ 3. Depuis cet événement jusqu'aux dernières années de la vie de notre prieur, on ignore ce qui s'est passé à Gigny ou au monastère. On trouve seulement l'indication
1430 qu'en 1430, noble Humbert de Montagu donna au prieuré le pré *Frêne* et le champ de *Montbuzon*, au territoire de
1433 Gigny, donation qui fut homologuée, en 1433, par Étienne de Montagu.

1435 § 4. Humbert de Chatard assista, en 1435, ou du moins
C. 119. fut invité à assister aux pompeuses *funérailles* de Jacquemard Ier, seigneur d'Andelot, Beaupont, Beauvoir, Boujailles, Boutavant, Buenc, Coligny, Cressia, Crilla, Fromentes,

---

(96) *I. H. S. Maria, sancte Georgi, ora pro nobis : milleno quatercentesimo septuagesimo octavo, die vero junii vicesimo quinto cremato...... Anna vocar q° rege Francorum invicto.* Jhan Momul, notaire, a heu la charge et conduite de faire faire ces deux belles clouches.

Loysia, etc.... Ce puissant seigneur, dont il a déjà été parlé, testa au château d'Andelot, le 27 février 1435, en exprimant le vœu qu'on l'inhumât dans l'église de l'abbaye du Miroir, auprès de ses ancêtres, et qu'on lui fit de somptueuses funérailles, notamment en y consacrant deux quintaux de cire, et en y faisant célébrer la messe par 400 chapelains.

Les parents exécutèrent l'intention du défunt et invitèrent en conséquence à cette vaniteuse cérémonie [97], non-seulement les 400 chapelains recommandés, mais encore 1.° les quatre abbés de Balerne, de Baume [98], du Miroir et de Tournus ; 2.° les cinq prieurs de Gigny, de Seligna, de Coligny, de Montmerle et de Bonlieu ; 3.° les deux archidiacres de Chalon et de Lyon. On y invita aussi de nobles et puissants séculiers, savoir : Louis de Chalon, prince d'Orange et baron d'Arlay, les seigneurs d'Arguel, de Saint-Georges, de Fonvens, d'Autrey, de Fribourg, de Buxy, de Ruffey, de Saint-Amour, de Varembon, de Corcent, de La Cueille et de Fénix.

Le titre qui nous a conservé tous ces noms célèbres de la féodalité contient aussi le détail des *préparatifs culinaires* faits pour restaurer tant d'invités réunis dans un lieu aussi dépourvu que le Miroir. Le lecteur pourra juger, d'après cette pièce, des mœurs, des usages, des meubles, des aliments et du genre de vie dans nos pays, à cette époque. Il

---

(97) Il paraît que cette vanité de funérailles était tout-à-fait dans le goût du siècle. En effet, en 1417, on voit Mathée de Rye, dit de Neublans, bisaïeul de deux de nos prieurs, exiger à son enterrement l'assistance de 200 prêtres *messes chantants*. Avant lui, en 1384, Jean de Rye, son père, avait déjà ordonné qu'on mit sur son corps un drap d'or, et qu'à ses obsèques on offrît trois chevaux ornés l'un de ses armes, harnois et cottes de fer, le second de ses armes de tournois, et le troisième de sa bannière. Humbert de Rye en 1363 et Renaud d'Usie en 1349 en avaient demandé à peu près autant. Enfin Huguette de la Baume, femme de Jacquemard de Coligny, exigea aussi le même luxe de funérailles que son mari.

(98) On lit *Beaune* dans la charte, sans doute par erreur, car il n'y a jamais eu d'abbaye en cette ville.

1435

pourra apprécier, en conséquence, les progrès qu'ont faits dès-lors l'art culinaire et le luxe de table et d'ameublement. Qu'il y a loin, en effet, des plats et des écuelles de bois où les personnages les plus notables de ce temps mangeaient des aliments grossiers, à la vaisselle de faïence, de porcelaine et même d'argent, si commune de nos jours et sur laquelle on dépose des mets si délicieux !... On se contentera de faire remarquer à cette époque :

1.° La non-mention des poissons et de la viande de veau très usitée, cependant, sur la table des riches dans le quinzième siècle.

2.° L'existence, comme gibier, dans nos pays, des lapins de garennes (*Cugniz*), qui en sont disparus depuis long-temps [99].

3.° La prodigalité des épices, ou condiments aromatiques dans la cuisine, comme poivre, gingembre, gérofle, graine de paradis, canelle et moutarde.

4.° L'usage, mais la rareté et cherté du sucre [100].

[99] Dans les XIVe et XVe siècles, les *lapins* se trouvaient à l'état naturel et sauvage, même dans les communes humides de la Bresse. On voit, en effet, que dans l'acte d'affranchissement accordé, en 1380, par Vauthier de Frolois, aux habitants de Beaudrières, Saint-Étienne, Saint-Germain-du-Plain, Ouroux et Saint-Christophe, le seigneur se réserve la chasse de la grande bête et concède à ses affranchis celle des lièvres, renards, lapins et autres petites bêtes. Les actes de franchises de Lagnieu, en 1309, et de Saint-Maurice de Remens (Ain), en 1369, mentionnent aussi des clapiers de lapins. De là, les dénominations de *Varennes* (pour Garennes) données à tant de lieux occupés probablement par ces animaux.

[100] Le *sucre* était à peine connu en Europe dans le XIVe siècle, malgré le grand commerce des Vénitiens avec l'Égypte et l'Orient. Il était seulement un peu plus commun alors que du temps de Dioscorides, de Pline et de Galien qui n'en parlent que comme d'une substance médicamenteuse. On lit qu'en Bourgogne, en l'année 1379, une livre de sucre coûtait autant que 32 livres de viande de boucherie, ou autant que la dépense de dix chevaux pendant 24 heures. Il est établi, par d'autres documents, que, dans les XIVe et XVe siècles, notamment en 1322, 1331, 1340, 1426, 1447, etc... le prix d'une livre de sucre équivalait à la moitié à peu près d'un mouton. Il ne devint d'un usage vulgaire que

5.º La non-mention du café, qui n'était pas encore connu en Europe (101), de l'eau-de-vie qui y était connue, mais peu usitée (102), et du riz qui y était d'un usage assez répandu (103).

6.º L'omission de la faïence, qui n'était pas encore inventée (104), et des vases en poterie connus, mais inusités.

7.º La rareté et la cherté des verres à boire.

8.º La vaisselle d'étain faisant le luxe des princes (105).

9.º Enfin, l'usage de l'hypocras, vin ou liqueur de dessert (106).

dans le xv.ᵉ et surtout dans le xvi.ᵉ siècle, après la découverte des Indes orientales. Au rapport de B. Platina, auteur italien, on le fabriquait déjà en Crète et en Sicile avant 1474, et on l'employait alors dans la cuisine et dans l'art des confiseurs. Un siècle plus tard, la canne à sucre prospérait, non-seulement dans les îles de la Méditerranée, mais encore à Madère et à Saint-Thomas-d'Afrique.

(101) La connaissance du *café* en Europe est bien postérieure à celle du sucre. Fr. Alpin est le premier auteur européen qui en ait parlé en 1591; ensuite Meissner en 1621, Fr. Bacon en 1623, etc... Mais son usage ne commença à se répandre qu'en 1645 en Italie et en France.

(102) On attribue la découverte de l'eau-de-vie à deux célèbres alchimistes du xiii.ᵉ siècle. Elle causa, en 1388, la mort violente du roi de Navarre, Charles dit le Mauvais. Cependant, elle n'est devenue commune que dans le xvi.ᵉ siècle.

(103) Le *riz* a été apporté des Indes en Europe, peu après la conquête d'Alexandre. Il était déjà cultivé en Italie du temps de Dioscorides, de Pline, etc.. et y était usité comme aliment et comme médicament, au rapport d'Horace, de Celse, d'Arétée, de Galien, etc... Aussi, dans les xiv.ᵉ ou xv.ᵉ siècles, une livre de sucre équivalait à neuf ou dix livres de riz.

(104) La *faïence* a été inventée postérieurement à Faënza, ville d'Italie, dont elle a pris le nom.

(105) Un abbé de Saint-Étienne de Dijon, mort en 1387, ne permettait au réfectoire que de la vaisselle de bois, et proscrivait celle d'étain comme contraire au vœu de pauvreté.

(106) L'*Hypocras*, nommé aussi *nectar* et *piment*, était probablement le *vinum conditum* d'Apitius, plutôt que le *vinum nectarites* de Pline. Il était très célèbre dans le moyen âge, car d'un côté, saint Bernard et Pierre-le-Vénérable en parlent au xii.ᵉ siècle comme d'un objet de gourmandise dans les monastères; et d'un autre côté, sous les rois du xiv.ᵉ et du xv.ᵉ siècle, il y avait dans l'ancien Louvre une chambre spéciale pour le fabriquer. Au reste, c'était un vin aro-

§ 5. Humbert de Chatard testa un mois après Jacquemard de Coligny, et son testament, du 28 mars 1435, fut un monument de bienfaisance et non de vanité. Il y donna aux pauvres un témoignage de ses sentiments d'humanité : il fonda pour eux un *hospice* à Gigny.

Il en avait fait construire lui-même le bâtiment à la porte du cloître, et, par son testament, il en fit don, ainsi que du jardin attenant. Il dota, en outre, cet établissement d'un revenu annuel de quinze écus de bon or et de deux vignes de dix ouvrées, situées à Cuisia près Treffort. Il en confia l'administration à l'aumônier du prieuré, à l'office duquel cet hospice fut annexé, avec tous ses droits et appartenances [107].

Le but de cette fondation fut de donner le logement et la nourriture à tous les pauvres errants et étrangers. Or, le fondateur, dans sa pieuse sollicitude, dispose : 1.° qu'on donnera à chacun de ces pauvres passants une ration de pain de froment et une ration de vin, pourvu que le même pauvre n'y vienne qu'une fois par mois ; que s'il y vient plus souvent, il ne lui sera accordé que le lit ou logement ; 2.° qu'à tout pauvre mendiant qui voudra être logé à

---

matique de canelle édulcoré avec le miel ou le sucre. On le composait, en faisant infuser pendant 24 heures une once de canelle et un scrupule ou 24 grains de muscade dans six livres de bon vin rouge, auquel on ajoutait une livre de sucre; après l'infusion, on passait ou on filtrait la liqueur.

(107) J'ai cherché en vain à recouvrer le testament du prieur Chatard, dont une copie, avec traduction française, fut signifiée en 1787, à la requête des habitants de Gigny, au commissaire apostolique chargé de supprimer le monastère. De ce titre, qui n'est même pas mentionné dans l'inventaire de cette date, je n'ai pu trouver que l'extrait suivant: *Pro manu tenendo ea quæ dicta sunt, dedimus per præsentes damus quindecim scutos auri boni de annuo et perpetuo redditu*, etc.... *Item unam vineam per nos acquisitam à J. Durandi*, etc... *sitam in territorio* Cuisiaci *Treffortium. Item unam aliam vineam sitam in dicto territorio per nos accensatam*, etc... *sub censu seu onere quatuor florenorum dictæ nostræ ecclesiæ* Gigniaci *solvendorum anno quolibet. Item unam curtile situm in villâ* Gigniaci *juxta dictum hospitale*.

l'hospice, on donnera la moitié d'un pain d'orge et une ration de vin ; 3.º que, dans le cas où une pauvre femme étrangère viendra à y accoucher, on lui donnera, ainsi qu'à son enfant, outre les choses nécessaires à leur état, une ration de vin de tiers [108].

Le testateur charge ensuite l'aumônier de placer à la tête de l'hospice un laïque, homme de probité, et une femme de bonnes mœurs, pour y demeurer et avoir soin des pauvres et de leur maison. Dans son zèle il n'oublie aucun détail de ce qui y est nécessaire. Il veut qu'on y entretienne trois lits garnis chacun d'un matelas, d'un coussin et d'une couverture ; qu'on en change souvent les draps ; que ceux-ci se trouvent toujours à la maison au nombre de six grands et de dix petits ; qu'il y ait deux tables avec leurs bancs, des écuelles de bois et des vases et ustensiles de cuisine.

Enfin le fondateur s'occupe des prières qui doivent être faites à l'hospice. Il veut 1.º que, chaque année, on y célèbre une messe, le quatrième dimanche de carême où l'on chante à l'introït *Lœtare Jerusalem*, et que le même jour on y chante les vigiles des morts ; 2.º que, le lendemain, on dise une messe matutinale de *Requiem* après prime ; qu'à la fin de cette messe, les religieux aillent sur sa tombe réciter les sept psaumes pénitentiaux et faire l'absoute ordinaire, et qu'ensuite l'aumônier donne à chacun des assistants un gros de monnaie, s'ils sont prêtres, et un demi-gros s'ils ne le sont pas ; 3.º enfin, que le même aumônier célèbre ou fasse célébrer, le lundi de chaque semaine, une messe à l'autel de la Croix, dans l'église du prieuré, messe à désigner sous le nom de *Messe des pauvres*.

§ 6. Les dispositions testamentaires du prieur Chatard

---

[108] Le *pain de tiers* pesait trois livres, d'après une note du XVII.ᵉ siècle. Le *vin de tiers* était peut-être celui que contenait la pinte ; car celle-ci se divisait par tiers, et il y avait dans le pays des bouteilles d'un tiers et de deux tiers. La pinte de Gigny contenait un litre et quart.

1435 furent approuvées par un acte capitulaire du 30 mars 1435, et ratifiées par Odon de la Perrière, abbé de Cluny.

Cette délibération prouve qu'alors on ne regarda pas comme si *mesquin* l'établissement philanthropique du testateur. La passion, ainsi que l'ignorance de la valeur monétaire de l'époque, ont sans doute fait déprécier cette bonne action par celui qui était chargé d'en faire disparaître les derniers restes. Les détails de la cérémonie du Miroir, rapportés précédemment, font aussi quelque justice de ce reproche.

§ 7. Que devint par la suite l'hospice fondé par Chatard? Quand et comment la maison de cet hospice sortit-elle des biens dépendants de l'office de l'aumônier, pour devenir une propriété privée? C'est ce qui n'a pu être éclairci. On trouve seulement que cet asile de la pauvreté subsistait encore le 26 mai 1554, puisque, dans un titre de cette date, l'entretien de trois lits et les charités de cet hospice sont déclarés au nombre des obligations et charges de l'aumônier. D'un autre côté, il est certain que cette maison n'appartenait déjà plus au monastère ni à l'office d'aumônier au commencement du dix-huitième siècle, et qu'elle n'a point été aliénée avec les autres biens du clergé, dits nationaux.

Le jardin seulement de cet hospice appartenait encore au prieuré en 1748, du moins pour plus des trois quarts.

Plan M.   Il était désigné alors sous le nom de *Jardin de l'Hôpital*, et c'est postérieurement qu'il a été cédé au propriétaire de la maison hospitalière.

§ 8. Il existe encore à Gigny, près de l'ancienne chapelle
Plan N n.   de Saint-Taurin, une maison qu'on appelle l'*Hôpital*, qu'il ne faut pas confondre avec celle du prieur Chatard. En effet, elle est d'une construction toute moderne, qui date d'environ 80 ans. Cependant elle est l'ouvrage du dernier aumônier, qui était en même temps chef du monastère, et probablement elle a été construite pour remplacer l'ancienne, qui

était aliénée depuis long-temps. Mais ce nouvel hospice n'a jamais été réellement organisé, et il n'a servi d'asile qu'à quelques indigents qui y demeuraient sans recevoir d'autres secours.

1435

L'emplacement de cette maison, ainsi que le champ à soir qui en dépend, appartenaient encore, en 1748, au propriétaire de la maison construite par le prieur Chatard. Or, il paraît que, peu d'années après, il céda cet immeuble aux religieux, et qu'il en obtint par échange le jardin de l'ancien hospice.

§ 9. Outre l'hôpital fondé par le prieur Chatard, il paraît que Gigny, comme beaucoup d'autres lieux, possédait pour les lépreux un de ces hospices connus, au moyen âge, sous les noms de *Léproserie*, *Mésellerie*, *Maladière*, *Malatière*, *Ladrerie*, *Maladrerie*, *Maison des lépreux*, etc...

Les croisades, qui avaient été pour l'Europe l'occasion d'importations très utiles, furent aussi, par une déplorable compensation, celle de l'introduction de la lèpre, ou de l'éléphantiasis, maladie de l'Orient, et surtout de la Palestine et de l'Égypte. Il semble bien, à la vérité, qu'elle n'était pas inconnue auparavant en France, puisque déjà, en 418, saint Amateur, évêque d'Auxerre, aurait guéri trois lépreux à Autun, avec de l'eau du Jourdain ; et puisqu'on parle aussi, en 874, d'une léproserie à Saint-Jean-des-Vignes, près Chalon-sur-Saône. Les légendes de saint Boniface et de saint Antonin signalent également, en 754 et en 830, cette maladie comme contagieuse. Cependant elle date principalement des croisades, et elle se répandit tellement en France que, sur la fin du douzième siècle, presque tous les bourgs ou gros villages furent obligés d'avoir un établissement, où les lépreux étaient séquestrés de la société. Le roi Louis VIII légua, par son testament, en 1226, cent sols à chacune des 2,000 léproseries de son royaume, qui ne comprenait cependant que le tiers de la France actuelle. Un historien, mort au milieu du treizième siècle, a aussi laissé par écrit qu'il y en avait 19,000 dans le monde chrétien de son temps. Dans notre voisinage, on a la preuve qu'il a existé de semblables asiles à Saint-Amour, Arbois, Bellevêvre, Branges, Château-Renaud, Clairvaux, Sainte-Croix, Cuiseaux, Frontenay, Grozon, Loysia, Malherey, Mervans, Montmorot, Nancuise, Passenans, Pierre, Poitte, Poligny, etc.., etc.., etc... Il est à croire qu'il en a existé aussi à Champagna, à Morges, à Véria, à Saint-Vincent et à Saint-Martin-en-Bresse, où des champs portent encore les noms de *Mésellerie, Maladière, Malatière, Malterre,* etc.. (109).

Quand une personne était jugée atteinte de la lèpre, on lui faisait un service religieux comme à une personne morte, puis on la menait à la *Borde* ou léproserie, située en pleine campagne, loin des habitations. En effet, elle était morte civilement et se trouvait privée de la faculté de succéder et de disposer. A leur entrée, les lépreux prêtaient serment 1.º d'obéir au maître de l'établissement; 2.º de n'entrer dans aucune maison, dans aucune église, ni dans les tribunaux, moulins, ou autres lieux de réunion; 3.º de ne point regarder dans les puits ni les fontaines communes, et de n'y point laver leurs pieds, leurs mains, ni leurs linges ou vêtements; 4.º de pourchasser le bien, l'honneur et le profit de toute la communauté; 5.º de partager les aumônes sans fraude entre tous les lépreux; 6.º de ne point passer sur un pont sans avoir des gants aux mains; 7.º de ne boire que dans leur tasse ou leur baril; 8.º de cheminer par le milieu de la charrière et de ne parler à quiconque, comme encore de ne passer devant personne, si ce n'est au-

---

(109) L'historien de Poligny signale une plus grande proportion de léproseries dans le vignoble du Revermont que dans la montagne. Cependant le dénombrement qui précède n'en constate que dix dans les pays de vignes, et quatorze dans la montagne ou la plaine sans vignes. D'un autre côté, s'il y avait deux léproseries à Beaune, il y en avait aussi deux à Autun et deux à Auxonne

dessous du vent; 9.° enfin, d'être muni d'un baril ou d'une tasse pour boire, et d'avoir des *cliquettes* ou *castagnettes* en allant mendier, afin d'être mieux connu de tout le monde (110).

De telles mesures de précaution font assez juger combien était contagieuse cette maladie, qui cependant ne l'est plus de nos jours et qui se trouve maintenant aussi rare en France qu'elle y était commune alors. Ces mesures ont été mises en usage, depuis un temps immémorial, en Orient, et elles le sont encore dans l'Amérique équinoxiale, notamment dans la Guyane, où existent toujours des léproseries et pianeries.

Cette maladie affreuse subsista, ainsi que les hospices qui lui étaient consacrés, pendant bien des siècles, jusque même dans le seizième et le dix-septième. A Beaune, en 1675, une fille lépreuse vivait encore, avec sa servante, dans une loge de la léproserie, où elle mourut et dont elle fut le dernier habitant. A Arc-en-Barrois près de Langres, en 1607, se trouvait aussi un lépreux séquestré dans l'hospice spécial. Cependant, en général, avant la fin du 17.e siècle, toutes les maladières ou léproseries furent réunies aux hôpitaux ou hospices du voisinage, parce qu'elles n'avaient plus leur destination. Quelles réflexions graves se présentent à l'esprit, sur la cause et la marche de ces maladies nouvelles qui, après avoir décimé l'espèce humaine, qui, après avoir été éminemment épidémiques ou contagieuses, finissent par se mitiger et même par disparaître !... Tels furent

---

(110) On lit dans les franchises de Cuiseaux, en 1265, et de Saint-Laurent-la-Roche, en 1284, que la qualification de *méséau*, donnée à quelqu'un, était une injure punissable d'amende. Il en était de même à Coligny, Jasseron et Ceysériα.

Le terrier de la baronie de Branges disposait des corrées (cœurs et poumons) des bêtes tuées aux boucheries en faveur des ladres ou lépreux, ainsi que des queues de cuirs tannés dans la seigneurie. Mais, en 1602, cela ne se pratiquait déjà plus... A Dijon, en 1376, les bouchers devaient au maître de la maladerie les langues des bœufs et les ongles des porcs tués durant la foire de Toussaint.

1435 autrefois le *mal des ardents* et le *feu de Saint-Antoine* au onzième siècle **(111)**, la *peste noire* de 1349, et dans des temps plus modernes ou même de nos jours, la *maladie vénérienne* et le *choléra*.

§ 10. Il est difficile de déterminer positivement le lieu où était établie la *léproserie de Gigny*. Cependant, il paraît très probable qu'elle existait à l'ouest de la commune, sur les confins du territoire de Véria. Elle s'est peut-être transformée par la suite en la métairie ou ferme connue sous le nom de *Grange de l'Isle*. Ce qui me le fait présumer, c'est que dans cette localité se trouvent : 1.º le *bois de la Ladrerie* ou *du Ladre* **(112)**, qui a dépendu de l'office de l'aumônier jusqu'à la fin ; 2.º la *Terre de la Malatière*, proche du petit Véria **(113)**,

---

(111) La religion chrétienne est toujours sur la brèche quand il s'agit de soulager les douleurs et de consoler les infortunes. La peste de 1037, appelée *le mal des ardents*, donna naissance à la *confrérie de Dieu*. Celle de 1094, connue sous le nom de *feu sacré*, amena l'établissement des hospices ou *commanderies de Saint-Antoine de Viennois*, dans lesquelles les religieux antonins soignaient les malades. Cette maladie, nommée encore *feu de Saint-Antoine*, *feu de Saint-Marcel*, était une espèce d'érysipèle ou de charbon qui faisait périr plus ou moins vite en gangrénant la peau et les chairs jusqu'aux os. Elle dura moins que la lèpre et ne cessa cependant qu'à la fin du XIII.e siècle. Dans notre voisinage, il y avait des commanderies de Saint-Antoine à Bourg en Bresse, à Ruffey, à Chalon-sur-Saône et à Mâcon.

(112) Le mot *ladre* dérive de Lazare, lépreux mendiant de la parabole du mauvais riche, rapportée dans l'évangile de saint Luc. Ce Lazare, qu'il ne faut pas confondre avec l'ami de J.-C., était le patron des lépreux, et on l'appelait *M. S Ladre* dans le moyen âge et même jusque dans le XVII.e siècle. Les lépreux étaient aussi quelquefois nommés *lazares*, et les léproseries *lazarets*. Ce dernier nom est même encore conservé aux établissements de quarantaine contre les maladies pestilentielles contagieuses comme la lèpre. Celui de *lazarones* est donné aux mendiants de Naples, censés descendants des anciens lépreux.

(113) Il existe encore des champs dits en la *Malatière*, proche l'étang Pyot, mais ils sont situés sur le territoire de Véria. On trouve dans les inventaires l'indication d'un abergeage fait, en 1542, par nos religieux, de deux teppes ou hermitures à Véria, lieu dit en la *Maladière des Reprets*. Quant au *Petit-Véria* qu'on indique ici proche d'un bief, il n'est pas facile d'en déterminer le lieu, à moins de le placer près de l'ancien château. Cl. Maillet était notaire au Petit-Véria en 1678, puis à Louveune en 1681.

dont un abergeage fut fait en 1612, au profit du même officier claustral qui était chargé, comme on a vu, de l'administration de l'hospice, et précédemment sans doute de la léproserie, parce qu'il est probable que cette dernière fut réunie au premier[114]. Si l'asile des lépreux n'exista pas en cette localité, on peut présumer qu'il a pu être établi en celle dite *la Censière*, où l'on reconnaît qu'il y a eu anciennement des habitations et où l'on a même trouvé des tombeaux et des ossements.

Quoiqu'il en soit, la léproserie de Gigny fut sans doute une des douze maladières plus voisines, à chacune desquelles Jean d'Andelot, seigneur de Cressia, donna par son testament, en 1347, deux cents sols estevenants. Ce seigneur imita en cela les deux Étienne de Coligny, ses parents, seigneurs d'Andelot, qui firent aussi, en 1318 et 1328, des legs aux diverses léproseries de l'archiprêtré de Coligny. A la même époque environ, c'est-à-dire, en 1331, un autre seigneur moins généreux, Jean de Montaigu, avait fait un legs de trois sols à chacune des maladreries de Clairvaux, Poitte et Nancuise.

§ 11. Malgré que j'incline fort à placer l'hospice des lépreux près du bois du Ladre et de la terre de la Malatière, je dois avouer que les cent journaux de terrain qui constituaient la *grange de l'Isle* ne dépendaient pas de l'office de l'aumônier, comme le bois contigu, mais appartenaient au prieur du monastère, ou à la mense prieurale, depuis plus de 200 ans.

En l'année 1607, cette grange était nommée *Meix Galbry*, probablement du nom de ceux qui l'exploitaient et qu'on peut croire originaires de Véria, où une famille *Galebry* ou *Galebrier* existait dans le dix-septième et même jusques sur la

---

[114] Dans certaines abbayes comme à S. Seine, il y avait un officier claustral spécialement chargé d'administrer la léproserie, et pour cela nommé *maître de la maladière, recteur de la léproserie*.

1435 fin du dix-huitième siècle. Dans l'année 1607 précitée, ce meix fut acensé ou loué moyennant le cens en directe de deux pareils de blé, par moitié froment et avoine, et de neuf gros d'argent. Ce fut le prieur de Gigny lui-même qui passa cet acensement à un membre de l'ancienne et honorable famille Pytiot, lequel y fit reconstruire des bâtiments. Dans cet acte, on consigna que « ledit meix consistait en terres, prés, « jardins, bois, buissons, chenevières, tel que le tout était « ainsi porté par l'ancienne reconnaissance, sauf de la « cense. » Cet acensement fut motivé « à raison de ce que « ledit meix était vaque, en friche et en hermiture, la déli-« vrance en ayant été faite, après plusieurs proclamats aux « églises de Gigny et de Véria. »

De nouveaux acensements de ce domaine furent faits, en 1667 et 1691, sous le nom de *Grange de l'Isle* (115), par le prieur de Gigny, à d'autres membres de la même famille Pytiot. Mais l'ingratitude du sol ne permit pas d'en continuer fructueusement la culture par la suite. Il paraît même qu'en 1712, cette grange était déjà abandonnée par les censitaires, et que le prieur de Gigny la reprit de droit, à raison de déshérence, car alors elle fut louée par lui, moyennant une faible rétribution en grains. Quarante ans après, en 1752, un autre prieur, J.-J. de la Fare, l'acensa à perpétuité à son fermier-général. Or, dans ce nouvel acensement, on lit, comme dans celui de 1607, que la grange de l'Isle était vacante et abandonnée depuis plus de 50 ans; que les censitaires précédents n'avaient pu en retirer le cens à payer ; que les terres étaient réduites en hermitures, à la réserve d'un petit canton ; qu'on ne pouvait reconnaître les

---

(115) L'étymologie de cette dénomination n'est pas connue. On trouve seulement qu'une localité de la prairie de Gigny, près du moulin, s'appelle *en l'Isle*, et qu'elle portait déjà ce nom dans un titre de 1570, peut-être à cause d'une île voisine que formait autrefois la rivière. Mais on ne voit aucun rapport entre cette localité et la grange de l'Isle.

vestiges des anciens bâtiments au milieu des broussailles; que les échevins en louaient les prés pour recouvrer l'impôt, etc... Cependant le nouveau censitaire, se regardant comme propriétaire incommutable, administra mieux ce domaine, y établit des bois et l'améliora beaucoup. Cette amélioration fixa l'attention et excita les regrets de nos nobles religieux qui, en 1768, intentèrent une action contre le censitaire pour faire annuler cet acensement, parce qu'il avait été fait en secret sans leur consentement. Et, en effet, ils obtinrent gain de cause, firent un traité en 1769, et on voit qu'en février 1770, sur leur requête, l'intendant de la province déchargea ce domaine de l'impôt dont il était affecté, parce qu'il venait d'être réuni aux biens du prieur dont il faisait partie, et qu'étant un bien d'ancienne dotation, il devait être exempt d'impôt. On voit aussi qu'en 1771, ils le louèrent pour 29 ans au prix annuel de 460 francs. Il fut vendu comme bien national en 1793, et aujourd'hui on reconnaît encore les ruines de l'ancienne maison de ce meix. En 1755, la route nouvelle fut tracée et établie au milieu de ce domaine.

§ 12. Il n'existe maintenant à Gigny d'autre établissement de bienfaisance ou de charité, que celui qui a été fondé et doté par la générosité de l'abbé Sylv. Regaud et de ses sœurs. Cette donation fut autorisée par décret du 19 juillet 1810; mais l'établissement n'a été organisé et mis en exercice qu'après la mort du dernier des donateurs, arrivée en 1829. Il est composé de deux *sœurs de charité* qui donnent gratuitement l'instruction aux petites filles et portent des secours à domicile aux indigents et aux pauvres malades.

§ 13. En la même année que testa le prieur Chatard, c'est-à-dire, le 8 juin 1435, nos religieux achetèrent, de noble Claude de la Baume, les cens qui lui étaient dus à la Pérouse et à Montrevel. Ils devinrent ainsi seigneurs encore plus exclusifs dans leur terre qu'ils ne l'avaient été jusqu'alors. Cet article d'Inventaire laisse certainement beaucoup à désirer, mais il est à croire qu'il y est question de Claude de la Baume, comte de Montrevel-en-Bresse et gouverneur des deux Bourgognes, auquel ces cens étaient probablement dus, à cause de sa seigneurie de Vallefin et Gevria. En effet, on verra plus tard qu'à cette même seigneurie des cens étaient aussi dus au village voisin de Morges, en 1423, 1440, et même encore en 1565 et 1572.

§ 14. Notre prieur Chatard est, en outre, connu par une charte importante du 4 février 1437, relative à l'office du cellérier. Par cet acte, Jacques de la Roche, cellérier du prieuré, abergea ou acensa à perpétuité, à Jean Caillon et à ses deux enfants Pierre et Louis Caillon, et à leurs successeurs, le meix, ou la *grange du Villars* dépendante de son office. L'acensement comprit les accessoires quelconques de cette grange, tant en maisons qu'en prés, champs, bois, pâquiers, cours d'eau et autres droits ou propriétés au-delà et à l'orient de la montagne de Cessey. Il fut stipulé moyennant la rente et le service annuel de cinq florins de bon or de Florence, de deux quartaux de blé, par moitié froment et avoine, à la mesure de Gigny, d'une poule ou geline livrable le jour du carnaval de l'avent [116], et de trois corvées pour faucher, fener et voiturer [117]. L'acte de cet abergeage fut rédigé par Jean Moura de la Pérouse, prêtre et notaire public de l'autorité impériale, dans le chapitre du prieuré convoqué au son de la cloche. Il fut consenti et approuvé par le prieur Chatard et tous les religieux, et revêtu

---

[116] On pratiquait donc encore, ou du moins on connaissait toujours le *carême de la Saint-Martin* qui durait pendant tout l'avent, et lors duquel on jeûnait le lundi, le mercredi et le vendredi, en célébrant la messe le soir, comme dans le grand carême. Il en est question dans les actes du concile de Mâcon en 583, et à d'autres dates postérieures, notamment en 750.

[117] Ces redevances ont été acquittées jusqu'à la fin par les habitants du Villars, quoique les inventaires ne les mentionnent pas positivement.

de leurs sceaux, en présence de Guillaume de Saint-Jérôme, chambrier de Nantua, de Guillaume du Bois, damoiseau, d'Étienne de Beaulieu et autres témoins.

1437

§ 15. Le Villars, qui est une section de la commune actuelle de Gigny, n'était primitivement, comme son nom l'indique, qu'une grange, une métairie, un domaine, une *villa*, appartenant au cellérier. C'était la *Grange de Cellérie*, ainsi qu'on l'appelait encore il y a 40 ans. Elle existait anciennement au nord du village d'aujourd'hui, dans une localité qu'on nomme toujours le *vieux Villars*, où l'on reconnaît même les ruines de quelques anciennes maisons formant des *murgers* de pierres qui ont visiblement éprouvé l'action du feu, et qui sont mélangées de débris de tuiles. On a trouvé, enfouie dans un de ces murgers, une croix en pierre garnie de ses croisillons. En labourant, il y a quelques années, la terre meuble et charbonneuse d'un champ voisin, on a découvert, non-seulement de petites pièces d'argent portant l'empreinte d'une croix, mais encore le pavé en pierre d'un four bien reconnaissable. Cependant il est à croire que ces anciennes habitations n'existaient déjà plus lors de la charte de 1437 qui nous occupe, et que la grange du cellérier se trouvait à cette époque reconstruite dans le lieu où est le village actuel. Du moins un de nos titres mentionne, à la date de 1546, la *Fontaine du vieux Villars*.

C 129.

§ 16. L'acensement perpétuel consenti par le cellérier fut une cause d'accroissement rapide pour le Villars. Ce lieu, qui n'était composé alors que de trois ménages, formait déjà en 1546 une communauté de huit ou neuf feux, ayant des échevins, laquelle s'élevait à douze au commencement du dix-huitième siècle, et il se trouve peuplé aujourd'hui de cent habitants. Il avait été érigé en commune distincte en 1790, mais il a été réuni en 1821 à celle de Gigny. L'étendue de son territoire est de cent hectares imposables.

Ce fut sans doute parce que le Villars n'était primitive-

1437 ment qu'une grange du monastère, que les habitants en restèrent exempts, jusqu'à la fin, de toutes dîmes. Mais, d'ailleurs, ils furent toujours assujettis aux droits et devoirs seigneuriaux, comme les habitants des autres villages de la terre de Gigny, c'est-à-dire qu'ils étaient mainmortables, corvéables, justiciables, obligés aux montres et rendues d'armes, à la bûche du coulon, au guet et à la garde du château où ils étaient retrayables, etc... Ils voulurent contester ces devoirs féodaux dans le dix-septième siècle, mais en 1660 le prieur les fit constater par une enquête.

§ 17. Si l'acensement de 1437 fut avantageux pour le Villars, il fut au contraire funeste pour Gigny ; car il devint la cause de procès sans nombre et comme interminables entre les habitants des deux localités, notamment en 1451, 1546, 1627, 1648—1658, 1667—1673, 1688—1689, 1715, et surtout en 1726—1751. Comme le titre d'acensement comprenait toutes les propriétés du cellérier, à l'orient de la montagne de Cessey (aujourd'hui *Cinsey*), ceux du Villars ont toujours prétendu aux droits de pâturage, d'usage et même de propriété dans les bois communaux de Gigny, situés en cette localité et au voisinage. Comme, d'un autre côté, on avait laissé ces habitants jouir de ces droits dans un temps où ils étaient peu nombreux et où les bois étaient presque sans valeur, les juges ont toujours prononcé en leur faveur et condamné ceux de Gigny, pensant probablement que la possession était le meilleur et le plus naturel interprète d'un titre obscur. Ces divers procès furent portés devant tous les tribunaux, depuis les plus inférieurs à Gigny, Orgelet et Poligny, jusqu'en appel et en cassation à Besançon et à Paris. On épuisa toutes les espèces de juridiction civile, administrative, de police, des eaux et forêts, etc... Voici une courte notice du plus long et du plus décisif de tous ces procès :

En 1726, le domestique d'une femme du Villars, ayant

emporté un fagot du bois de *Tancu*, fut condamné à l'amende 1437
par le juge de Gigny, ensuite d'un rapport de garde, et la
cause se trouva engagée. Le condamné ayant interjeté appel,
les habitants de Gigny, d'une part, et ceux du Villars, de
l'autre, intervinrent. Le prieur et les religieux du monastère furent aussi appelés en garantie par ces derniers. Après
de longues plaidoiries, de nombreux factums d'avocats,
beaucoup d'incidents, plusieurs jugements préparatoires
et interlocutoires, et une enquête faite sur les lieux par un
juge-commissaire du parlement, les parties se rapprochèrent et soumirent leur différend à trois arbitres, les avocats
Bariod, Tissot et Varod, de Lons-le-Saunier et d'Orgelet.
Or, ces arbitres, par une sentence rendue à Nancuise, le
27 septembre 1741, adjugèrent aux habitants du Villars le
droit de pâturage dans tous les bois de Gigny situés à l'o-
rient et au nord de la montagne de Cessey, jusqu'aux limites
du territoire de Pymorin, et ils leur interdirent tout droit
d'usage dans les mêmes bois, avec compensation des dépens.

Cette sentence baroque et bizarre mécontenta les deux
parties, et comme elle n'était pas définitive, les habitants du
Villars en appelèrent, en ce qui touchait le droit d'usage
refusé. Enfin, le 31 août 1751, après dix années de lenteurs,
« la cour les garda et maintint dans la jouissance et pos-
« session de couper du bois, pour leur usage, dans la partie
« des forêts communes de Gigny, situées au levant de la
« montagne de Cessey, et jusqu'aux limites du territoire de
« Pymorin, faisant défense aux habitants de Gigny de les
« troubler dans cette possession, à peine de garde enfreinte
« et d'amende arbitraire. » Le droit de pâturage subsista
en vertu de la sentence de 1741.

Les habitants de Gigny se pourvurent en cassation contre
cet arrêt, mais ils succombèrent encore. Aussi, dès 1758,
ils appelèrent ceux du Villars devant la maîtrise des eaux

1437 et forêts, pour se libérer de leur droit d'usage, au moyen d'un cantonnement qui ne fut réglé qu'en 1770. Nonobstant ce règlement, il y eut encore bien souvent des difficultés et des procès, soit à Poligny, soit à Besançon, au sujet du droit de pâturage et de la défensabilité des bois taillis. Les habitants de Gigny cherchent même actuellement à se débarrasser de ce droit par quelque indemnité.

Il faut respecter la chose jugée, mais il est permis de témoigner sa surprise de ce que les juges aient interprété le titre de 1437, qui ne parle que des biens situés à l'orient de la montagne de Cessey, par la possession, non-seulement des bois qui existent dans cette direction, mais encore de ceux qui se trouvent au nord. Cette montagne ne se prolonge point en ce sens jusqu'aux limites de Pymorin, elle cesse à la gorge du chemin de la *Croix Chaînée* ; au-delà, cette montagne prend le nom de *Haut Perrier*. Il est remarquable aussi que le territoire du Villars finit vis-à-vis cette gorge, territoire autrefois exempt de dîmes, et qu'au-delà, en allant au nord, commence le territoire et *dismaige* de Gigny. Il n'est pas supposable que le cellérier ait eu des droits à concéder au-delà du domaine de son office. On devait donc considérer, comme actes de tolérance simple, les faits de possession excédant les termes du titre. Les juges n'eurent d'ailleurs aucun égard à une transaction contenant bornage, relative à un pareil différend, et faite en 1546, de l'agrément du prieur et du cellérier, entre les habitants de Gigny et ceux du Villars. Ils ne considérèrent pas cet acte digne de foi, comme n'étant signé que du seul notaire J. Chapon, originaire et habitant de Gigny, et comme ne concordant pas avec la possession postérieure des habitants du Villars.

CHAPITRE XXXI.

PIERRE DE MOREL. — JEAN LEJEUNE, prieurs.

§ 1. La succession d'Humbert de Chatard, mort peu de temps après l'acensement du Villars, fut ardemment convoitée et vivement disputée, savoir, par Pierre de *Morel*, Jean *Lejeune* et Étienne de *Chaussin*. Le premier étant parvenu à en prendre possession, le cardinal Lejeune, favori et protégé du duc Philippe-le-Bon, soutint en avoir été pourvu avant lui, et Étienne de Chaussin fit aussi valoir des droits et des prétentions. Cette contestation fut portée en cour de Rome, et, après bien des longueurs, le pape la termina par une bulle du 4 juillet 1442. Or, non-seulement il maintint P. de Morel dans la possession du prieuré de Gigny, mais encore il le nomma titulaire de l'abbaye de Saint-Claude, qui venait de vaquer, en accordant toutefois des *lettres de réserve* ou de survivance pour notre monastère, au cardinal de Sainte-Praxède, après la mort de son compétiteur. Cette bulle constate, à l'égard du prieuré de Gigny, le premier empiétement des papes sur le droit d'en élire les titulaires. Le souverain pontife déclare même en nommer chef le cardinal Lejeune, nonobstant qu'il ne soit point religieux profès ni de l'ordre de Cluny, ni de tout autre ordre régulier, et nonobstant tous usages, règlements et statuts contraires. En s'arrogeant un semblable droit, il violait manifestement la bulle de son prédécesseur Formose, portant fondation du prieuré en 895, et il y introduisait la *commende* de sa propre autorité, comme on ne tardera pas de le répéter.

1440

C. 121.
1442

§ 2. *Pierre de Morel* était d'une famille noble, d'origine

1442

italienne, dit-on, mais établie depuis long-temps en Franche-Comté, notamment à Salins et à Poligny. *Hugues de M.* y vivait déjà avant 1296,; *Jean de M.* était chanoine à Saint-Anatoile à Salins, en 1325; *Othenin de M.* de la même ville, chanoine à Besançon, avait testé en 1343; *Pierre de M.* qui, plus tard, devint conseiller du duc de Bourgogne, demeurait à Poligny en 1359; *Guillemette de M.* avait épousé Étienne de Beaufort, seigneur de Beaulieu, qui testa en 1368, *Pierre de M.* était maire de Dijon en 1387, et *Hugues de M.*, son fils, secrétaire du duc de Bourgogne, en 1390, etc.

Une branche de cette famille vint s'établir à Orgelet, au milieu du quinzième siècle, et posséda, pendant près de trois cents ans, les seigneuries de Mérona, Écrille, Virechâtel, Viremont et Champagne.

Plusieurs membres de cette même famille furent revêtus de dignités et emplois honorables. Deux, par exemple, furent conseillers des ducs de Bourgogne; un autre coopéra à la rédaction de la *Coutume* de Franche-Comté; un quatrième fut évêque de Saint-Jean-de-Maurienne et prieur d'Arbois et de Coligny; un cinquième abbé de Baume; un sixième abbé d'Ambronay, etc... Enfin, outre celui qui fut prieur à Gigny et abbé à Saint-Claude, on trouve deux autres individus de cette maison, dont l'un, *Étienne de M.*, fut pitancier de notre monastère en 1473, et l'autre, *Clériadus de M.*, en fut simple religieux en 1580, 1612, et même encore en 1620. L'abbaye de Saint-Claude eut aussi pour titulaire un second *Pierre de M.*, mort en 1509 et peut-être filleul de notre prieur.

1443

§ 3. Jean *Lejeune*, de Contay, ne tarda pas long-temps après la bulle de 1442 à prendre réellement possession du prieuré de Gigny; car P. de Morel mourut le 11 février 1443. Ce nouveau prieur, l'un des plus illustres de notre monastère, naquit en 1410. Son père, Robert Lejeune de Contay, qui, d'avocat, devint gouverneur d'Amiens et d'Arras, pour le duc de Bourgogne, étant tout-à-fait en faveur auprès de ce prince, le fils fut nommé en 1430 à l'évêché de Mâcon, en 1433 à celui d'Amiens, et en 1436 à celui de Térouane. Ce prélat remplit ensuite avec succès, pour le pape et pour le duc, diverses missions aux conciles de Bâle et de Florence et ailleurs. Or, en récompense de ces services, et à la sollicitation de Philippe-le-Bon, il fut créé, en 1439, cardinal-prêtre du titre de Sainte-Praxède, et, selon plusieurs, de celui de Saint-Laurent *in Lucinâ*. Dès-lors il a été surtout connu sous le nom de *cardinal de Térouane* (CARDIN. MORINENSIS). Peu s'en fallut même qu'il ne fût nommé pape en 1447, en remplacement d'Eugène IV, son bienfaiteur, dont il a écrit la vie. Il mourut en 1451, et, comme il était le plus riche des cardinaux de son temps, on a cru qu'on l'avait empoisonné, pour s'emparer de ses richesses.

Bien que ce prince de l'Église romaine ne fût pas de noble extraction, bien que le pape ait commis une violation des statuts des abbayes nobles, en le nommant titulaire à Gigny, il eut néanmoins des armoiries. Son blason était écartelé au 1.er et 4.e de gueules, fretté d'argent et semé de fleurs-de-lys d'or; au 3.e de gueules, au lion d'or, langué et lampassé d'argent; au 2.e d'argent, à trois faces d'azur, chargées de coquilles d'or.

On inscrivit sur la tombe de Jean Lejeune l'épitaphe suivante : *Hic jacet corpus R. Patris Domini D. Joannis tituli sancti Laurentii in Lucina S. R. E., cardinalis presbyteri, Morinensis nuncupati, qui obiit anno MCCCCLI, die nona mensis decembris.*

Miserere mei, Deus, quia in te speravit anima mea.

§ 4. Du temps des deux prieurs dont il vient d'être parlé, nous n'avons trouvé à noter, à l'égard de notre monastère, que,

1.º D'après les inventaires de Gigny, la vente faite, le

1443 — 4 avril 1440, par Étienne de Montaigu, écuyer, aux religieux du prieuré, de ses terres, prés, champs, maisons, chazeaux, curtils, vergers, meix, bois, rivières, pâturages, censes, rentes et autres biens quelconques, rière Gigny, Loysia et Véria.

2.º D'après une communication de M. Guichard, l'hommage qu'un nommé Pyat fit, en 1443, au chambrier du prieuré, d'un meix situé à Châtel. Cette note est importante en ce qu'elle prouve que, déjà à cette date, l'obédience de ce dernier lieu était réunie à l'office claustral cité.

CHAPITRE XXXII.

AYNARD DE LUYRIEUX, prieur.

1450 — Luyrieux est un hameau à Château, en Bugey, de la commune et paroisse de Béon, au canton actuel de Champagne, lequel a donné son nom à une famille noble déjà existante dans le douzième siècle. Elle avait pour devise : *Belle sans blâme*, et portait d'or au chevron de sable.

Aynard de Luyrieux était le huitième fils d'Humbert de Luyrieux, chevalier, qui se maria en 1382, mourut en 1410, et fut enterré dans l'église de Talissieu, que ses ancêtres avaient donnée au monastère de Nantua. Aynard était déjà prieur du Bourget en Savoie et de Talissieu en Bugey, lorsqu'au mois de septembre 1450, il fut nommé prieur de Gigny. La bulle apostolique, datée de Lausanne, qui le pourvut de ce bénéfice, fut délivrée par le célèbre Amé de Savoie, en sa qualité de légat du Saint-Siége pour le Piémont, la Suisse, la Savoie, l'Alsace et les pays situés à l'orient de la Saône [118].

[118] Amé VIII, dit le Pacifique, né en 1383, comte de Savoie en 1391, premier

D'ailleurs, les seuls événements parvenus à notre connaissance, qui se rattachent probablement au priorat assez court d'Aynard de Luyrieux, sont :

1430

1.º Un traité fait, en 1451, entre le duc de Bourgogne et le seigneur prieur de Gigny, par lequel le premier accorde à celui-ci le privilége de n'être point imposé aux droits d'aides et emprunts de finances dans le comté de Bourgogne.

1451

2.º Une vente faite, en 1452, par noble Jean de Chavanne, écuyer, aux religieux de Gigny, des trois prés dits *Balon*, *Cathelin* et de *la Culée*, situés en la prairie de Saint-Sulpice, produisant ensemble 30 voitures de foin, et formant peut-être le pré du *Breuil* des derniers temps, que les nobles chanoines louaient avec la dîme de Condal.

1452

3.º Une donation d'un sol estevenant de rente annuelle, faite, le 11 août 1453, par Guyenet Savorelli, au sacristain du prieuré, pour l'entretien du luminaire de saint Taurin.

1453

duc de ce nom, en 1416, fonda à Ripaille sur les bords du lac de Genève, un prieuré en 1411, puis en 1430, à côté, un magnifique palais, qu'il nomma *Ermitage*. Dégoûté des grandeurs du monde, il abdiqua le pouvoir en faveur de son fils et se retira, en 1434, dans cet ermitage chéri, habité par un doyen et par six chevaliers nobles. Ces ermites avaient un costume particulier, laissant croître leur barbe, portant un habit et un chaperon de drap gris très fin, un bonnet d'écarlate, une grosse ceinture d'or et une médaille de ce métal pendant de leur cou. Amé y menait une vie retirée et religieuse, selon les uns, ou une vie de délices et de plaisirs, selon les autres (qui prétendent qu'il a donné lieu au proverbe *faire ripaille*), lorsqu'en 1439 il fut élu pape au concile de Bâle, en remplacement d'Eugène IV, déposé ou destitué par ce concile. Il accepta cette éminente dignité, prit le nom de Félix V et exerça l'autorité pontificale en deçà des Alpes, tandis que Eugène continua à l'exercer en Italie. Ce schisme dura pendant dix ans, jusqu'à la nomination de Nicolas V, époque à laquelle Amé, autrement Félix, renonça en avril 1449 à la papauté, pour rendre la paix à l'Église. Cependant, par prudence, et dans la crainte de récriminations, il se réserva et se fit accorder, au mois de mai suivant, soit par le concile de Lausanne, soit par Nicolas V lui-même, les titres et dignités de cardinal évêque de Sabine, de légat du Saint-Siège et d'administrateur de l'évêché de Genève et des prieurés de Nantua, Romain-Moutier, Payerne et Saint-Bénigne. Il rentra ensuite dans son ermitage où il mourut en janvier 1452.

CHAPITRE XXXIII.

BERNARD DE LA MUYSANCE, prieur.

On ne connaît pas, dans le voisinage, de famille noble du nom de ce prieur, qui succéda sans doute au précédent, et qui est désigné dans les titres sous les noms de *la Muysance, la Musance, la Mussance, la Nusance* et *la Nussance.*

1455 — Le plus ancien acte cité dans nos inventaires, qui en fasse mention, est un « traité passé, le 8 juillet 1455, entre mes-
« sire *Bernard de la Mussance*, prieur de Gigny, et les curé et
« chapelains de l'église paroissiale de Saint-Amour, au sujet
« de la mainmorte prétendue, par le titulaire de Gigny, sur
« différents héritages situés tant à Saint-Amour que dans
« les faubourgs. »

1457
c. 123. — Il se trouve ensuite mentionné, en 1457, dans le testament de Guillaume, seigneur de Coligny et d'Andelot. Par cet acte, fait au bourg d'Andelot, en la maison de maître Jean Vieux, ce noble seigneur constitua, pour l'un des exécuteurs de ses dernières volontés, *vénérable et religieuse personne, frère Bernard de la Muysance, prieur de*.....

1466 — Nos inventaires citent aussi « une donation faite, le 18
« avril 1466, par révérend seigneur messire *Bernard de*
« *la Nusance*, prieur de Gigny, aux religieux du prieuré,
« d'une maison située à Saint-Amour, d'un pré à Saint-
« Jean-d'Étreux, d'un bois à Donsure, et autres héritages. »

1471 — On a la preuve qu'il était encore titulaire à Gigny en 1471, parce que, en cette année, il fut désigné par le pape Paul II, sous le nom de *Bernard, prieur de Gigny*, pour l'exécution d'une bulle que Philippe de Savoie, dit *Sans-Terre*, comte de Bagé et seigneur de Bresse, avait obtenue pour confirmer la fondation qu'il avait faite d'un couvent de cordeliers à Pont-de-Vaux. Mais il est certain qu'il mourut dans la même année, car le pape Paul II étant mort lui-même à cette époque, avant que la bulle eût été fulminée, le prince bressan en obtint une autre, le 20 juillet 1472, de Sixte IV, qui délégua pour la mettre à exécution B. Dymier, abbé de Chassagne, monastère de l'ordre de Citeaux. D'un autre côté, l'un de nos inventaires cite « un titre d'échange, à la « date du 11 mai 1472, entre les officiers et religieux de « Gigny, et messire Louis Masoyer, écuyer, par lequel les « premiers cèdent à celui-ci des biens provenant de *feu* « *Bernard de la Mussance*, savoir, une maison et deux vignes « de 24 ouvrées, situées à Cuisia, contre la directe seigneurie « que ledit Masoyer et sa mère avaient sur des meix et hé- « ritages du fief de Gigny, tenus à Montrevel, et chargés du « cens annuel de sept *paguères* de froment, huit rez d'avoine, « une geline et des corvées à requête et volonté. »

1471

Voilà à quoi se réduit tout ce qu'on sait sur Bernard de la Muysance, en ajoutant, d'après les notes de l'abbé Baverel, qu'il a été aussi prieur de Saint-Désiré de Lons-le-Saunier, après 1439 et avant 1446. L'historien de la Bresse le met encore au nombre des prieurs de Coligny, à la date de 1457.

CHAPITRE XXXIV.

BENOIT DE MONTFERRAND, prieur.

Mise du prieuré en commende.

§ 1. Nous sommes arrivés à une époque de grande perturbation dans le régime monastique, à l'époque de la mise en commende.

1472

1472

Dans le principe, et conformément à la règle de saint Benoît, les moines devaient choisir l'un d'eux pour abbé, libres de l'influence de toute autorité civile et ecclésiastique. Ils faisaient ensuite consacrer et installer l'élu par un évêque de leur choix. Ce droit d'élection est formellement exprimé dans les chartes de fondation de Gigny et de Cluny, mais les papes n'ont pas tardé à l'usurper, à l'empiéter.

Dès le onzième siècle, ils écrivaient aux religieux des *lettres de recommandation* en faveur de ceux auxquels ils voulaient procurer les bénéfices vacants. Dans le siècle suivant, ils changèrent ces lettres en *mandements de provision* qui contenaient un ordre exprès de conférer lesdits bénéfices à ceux qu'ils indiquaient. Plus tard, dans le quatorzième siècle, on en vint à l'usage des *bulles de confirmation* avec droit d'*annates*, puis au monopole des *grâces expectatives* et des *bulles de réserve* par lesquelles les souverains pontifes promettaient, moyennant finance et d'après un tarif proportionné aux revenus, la nomination à telles abbayes qui viendraient à vaquer. On vient d'en voir un exemple dans la bulle délivrée, en 1442, en faveur du cardinal de Térouane. Cet usage persista dans le quinzième et même dans le seizième siècle, nonobstant sa prohibition par le concile de Bâle et par la pragmatique sanction. On se prêta ensuite aux *permutations* des bénéfices entre titulaires, et ces permutations amenèrent bientôt les *résignations en faveur* de certains individus, comme aussi les nominations de *coadjuteurs*, qui perpétuaient la succession des riches monastères dans les mêmes familles.

Le système d'élection se trouva donc supprimé, et son ombre fut seulement conservée comme formalité. Cependant, jusqu'au quinzième siècle, tout en violant le principe électoral, on ne nomma pour abbés que des moines ou religieux réguliers proprement dits et résidants, et on ne permit guère le cumul des bénéfices. Mais depuis cette époque, la *commende* ayant été admise, on ne garda plus aucun ménagement, aucun respect pour les conciles. Le pape nomma donc pour chefs des abbayes ou des prieurés des ecclésiastiques étrangers non-seulement à ces monastères, mais encore à la vie monastique, lesquels n'étaient point astreints à la résidence et pouvaient cumuler toutes sortes de bénéfices et de dignités. *Ce fut*, dit saint Julien de Balcurre, *la vraie sape de l'état monastique, la ruine des bons monastères.*

1472

Les rois favorisèrent ce nouvel ordre de choses, parce qu'ils y trouvèrent un moyen d'ôter aux établissements religieux leur indépendance et leur puissance, un acheminement à s'emparer de leurs biens, et une occasion continuelle d'enrichir des favoris ou de récompenser des services.

De leur côté, les moines eux-mêmes s'y prêtèrent, à cause du relâchement de la discipline. Ils préférèrent aisément des abbés séculiers et non résidants avec eux, parce que, hors de leur surveillance, ils pouvaient vivre en plus grande liberté. D'ailleurs, lorsque des moines eurent des velléités de reprendre ou de recouvrer leurs droits électoraux, l'autorité royale intervint et mêla les menaces aux prières, ainsi qu'il arriva à Cluny en 1528 (*precibus armatis*).

§ 2. L'abbé ou le prieur commendataire n'était donc pas un moine ou un ecclésiastique régulier, mais ordinairement un ecclésiastique séculier en faveur royale ou apostolique, cumulant déjà le plus souvent d'autres abbayes, d'autres prieurés ou riches bénéfices, et revêtu quelquefois en outre d'une ou de plusieurs hautes dignités dans l'Église, comme d'évêque, d'archevêque ou de cardinal [119]. Ce cu-

---

[119] Les conciles d'Agde, en 506, et de Venise, en 1040, avaient défendu aux abbés de posséder plus d'un monastère. Mais, dit *Mabillon*, de nombreuses infractions à cette défense furent commises, en raison de la vertu de quelques-uns et de la cupidité de plusieurs autres. Avant le XVe siècle, ce cumul était toujours prohibé, et à peu près inusité, de sorte qu'un titulaire qui était nommé

1472 — nul enorgueillissait le titulaire, et tandis que l'abbé régulier se qualifiait ou était qualifié de *frère*, ou d'*humble abbé*, ou de *vénérable et religieuse personne*, l'abbé commendataire prenait le titre de *messire* ou de *révérend père en Dieu*, en faisant un étalage pompeux de toutes ses dignités et de ses bénéfices. Les deux tiers des revenus du monastère appartenaient à celui qui le tenait en commende et formaient la mense abbatiale ou prieurale. L'autre tiers était destiné à nourrir et à entretenir les moines, comme aussi à réparer l'église, l'abbaye, etc... Il avait, en outre, la collation des bénéfices dépendants de l'établissement, la juridiction extérieure sur les clercs qui en relevaient, les droits honorifiques, celui d'instituer les officiers judiciaires ou de police, si le monastère avait seigneurie, celui de nommer les officiers claustraux, etc... Mais il n'avait aucune autorité ni juridiction sur les religieux, celle-ci n'appartenant qu'à l'abbé régulier, et à son défaut au prieur cloîtrier. Enfin, il avait l'administration spirituelle et temporelle du bénéfice, et pour cela, il était qualifié de *commendataire administrateur perpétuel*. Ce dernier mot avait été ajouté, parce que, dans le principe et par ménagement de transition, la commende n'était conférée que temporairement.

L'administration d'une abbaye n'étant guère possible ni compatible avec la non-résidence du titulaire, ce dernier était obligé d'avoir un *vicaire général* dans le cloître. C'était

---

à une autre abbaye ou à un évêché cessait aussitôt d'être chef du premier bénéfice, et on pourvoyait à son remplacement. Mais, depuis l'introduction de la commende, le cumul n'eut plus de bornes, la cupidité plus de frein. Il ne fut pas rare dès-lors de voir le même individu couvert du chapeau de cardinal, et titulaire d'un ou deux archevêchés, de trois ou quatre évêchés et d'une douzaine d'abbayes ou riches prieurés. Le célèbre J. Amiot, demandant au roi de France un nouveau bénéfice, et ce souverain lui ayant observé que récemment il lui en avait déjà accordé un, le traducteur de Plutarque répondit à son élève que *l'appétit venait en mangeant*. Le roi Charles VIII, en mourant, se proposait de réformer l'abus de ce cumul.

ordinairement le prieur claustral ou tout autre officier ou
religieux de la confiance du commendataire. Le prieur
cloîtrier était qualifié, dans quelques chartes, de vicaire général *né* de l'administrateur perpétuel. Quelquefois, il y avait
deux vicaires, l'un pour la spiritualité, l'autre pour la temporalité.

§ 3. Dans les monastères de notre voisinage, la commende
fut établie à Arbois en 1358; à Château-sur-Salins en 1361;
à Saint-Marcel en 1412; à Vaux-sur-Poligny en 1454; à
l'Isle-Barbe en 1481; à Saint-Pierre de Chalon en 1492; à
Châtillon-sur-Seine en 1494; à Tournus en 1498; à Saint-
Étienne de Dijon et à Saint-Claude en 1510; à Saint-
Vincent de Besançon en 1521; à Saint-Seine en 1524; à
Cluny en 1529; à Saint-Benigne de Dijon en 1532; à Saint-
Germain d'Auxerre en 1539; au val Saint-Benoît d'Épinac
en 1541; au Miroir en 1557, etc.

Quant à notre prieuré de Gigny, on pourrait en considérer le cardinal Lejeune comme le premier commendataire,
nommé par la bulle de 1442. En effet, il ne fut jamais religieux régulier ou profès, il ne résida aucunement et cumula
un grand nombre de dignités et de bénéfices. Cependant,
comme il n'a pas été qualifié tel dans la bulle précitée,
comme ses deux successeurs paraissent avoir encore été
prieurs réguliers, on peut penser que la commende ne
fut introduite dans notre monastère qu'en 1472, après
la mort de Bernard de la Muysance, et que *Benoît de
Montferrand*, évêque de Lausanne, en a été le premier
commendataire, ainsi qu'il est qualifié dans plusieurs de nos
chartes.

§ 4. « La famille de Montferrand, dit Guichenon, origi-
« naire, dit-on, de la Guyenne, existait déjà en Bugey dans
« le commencement du treizième siècle. Ses armes étaient
« pallées d'argent et de sable de six pièces, au chef de gueu-
« les, avec un levrier de sable pour cimier. Le château de

« la maison de ce nom existait près de Saint-Rambert, sur
« l'Albarine. »

1472

Notre prieur était fils de Pierre de Montferrand, chevalier, qui, en 1452, fut l'un des 200 gentilshommes qui jurèrent pour Louis, duc de Savoie, le traité qu'il avait fait avec Charles VII, roi de France. On lit qu'il était déjà abbé de Saint-Antoine de Viennois en 1460, et archevêque de Tarentaise dès 1469. L'historien de la Bresse le qualifie aussi, en 1483, d'évêque de Lausanne et de Constance, en même temps que de prieur de Gigny et de Lustrin. Cependant, deux de nos titres, aux dates de 1476 et de 1488, ne le qualifient que d'évêque et comte de Lausanne et de prieur commendataire de Gigny.

1476

Le premier de ces titres est relatif au prieuré de Château-sur-Salins, membre de celui de Gigny, au sujet duquel notre prieur figura encore dans d'autres actes de 1480, 1481 et 1482. Il en sera question dans un chapitre particulier.

C. 125.

Le second fait connaître qu'avant 1489, ce prieur avait acensé aux habitants de Cropet et de Louvenne des bois appelés *Malaissard*, aujourd'hui en prés, et situés aux territoires actuels du Villars et de Louvenne. L'acte ne fait pas connaître la date précise de l'acensement, mais il donne à croire qu'elle est bien antérieure à 1489. Au reste, cet acensement, fait moyennant une rente annuelle de 12 gros, donna lieu, quelque temps après, à un différend entre nos religieux et les habitants de Gigny d'une part, et ceux de Cropet et Louvenne d'autre part, lequel nécessita un bornage par des arbitres. Le titre en question est la sentence qui fut prononcée et qu'on a insérée parmi les preuves de cette histoire, soit parce qu'elle contient les noms de quelques religieux de l'époque et de quelques habitants de Gigny, Cropet et Louvenne, soit parce qu'elle est utile à la connaissance de plusieurs localités de ces communes et à celle de notre prieur. On ajoutera ici qu'en 1599, les habitants de Cropet remirent à ceux du Villars leur moitié des bois de Malaissard acensés, moyennant une somme de 60 francs, et à la condition de servir la moitié de la rente due au prieur.

§ 5. Pendant que Benoit de Montferrand était titulaire à Gigny, le dernier duc de Bourgogne, Charles-le-Téméraire, périt misérablement devant Nancy, et le roi Louis XI, profitant de cet événement, porta la guerre avec toutes ses horreurs dans la Franche-Comté. Le pays éprouva alors, et principalement en 1478 et 1479, des malheurs inouïs, le pillage, l'incendie, le carnage et une extrême dépopulation. Celle-ci fut même portée à un tel point que, suivant un auteur très grave (*Ch. Dumoulin*), plus de dix mille Picards ou Normands y furent appelés et reçus, dans le seizième siècle, pour repeupler les campagnes et cultiver les terres sous la condition mainmortable. A cette époque aussi furent démantelés plusieurs des châteaux forts du comté de Bourgogne et tous ceux du duché qui résistèrent pour la princesse Marie. Les troupes de Louis XI occupèrent ensuite assez pacifiquement la province, pendant plusieurs années, durant lesquelles ce roi prenait le titre de comte de Bourgogne. Les hostilités ne recommencèrent qu'en 1492, sous Charles VIII, de la part de l'archiduc Maximilien, roi des Romains, qui recouvra la dot de Marie de Bourgogne, après la bataille de Dornon, et que la paix de Senlis du 23 mai 1493 lui confirma.

Il est à croire que le prieuré de Gigny eut beaucoup à souffrir de ces guerres de dévastation, aussi bien que les autres monastères. En effet, les deux villes voisines, Cuiseaux et Saint-Amour, en éprouvèrent toutes les calamités, et les abbayes de Saint-Claude, Vaux-sur-Poligny et Acey-sur-l'Ognon, etc., furent pillées, saccagées, incendiées, et leurs moines rançonnés ou dispersés. Cependant plusieurs titres de 1478, 1479, 1480, 1481 et 1482, prouvent que nos religieux résidaient dans leur cloître. L'un d'eux établit même qu'en 1482, ils s'y trouvaient au nombre de dix-huit au moins.

§ 6. On a déjà dit que Guichenon mentionnait Benoît de Montferrand, comme prieur de Gigny, à la date de 1483. Il est encore connu plus tard par une note des titres de l'abbaye de Saint-Claude, d'après laquelle il aurait autorisé, en 1487, la cession de différentes dîmes faites par le prieuré de Gigny à cette abbaye. Cette cession des dîmes de Marboz, Foissia, Étrée, Dommartin et Épy, aurait été consentie moyennant une somme de 3,000 fr. Mais il paraît qu'elle n'eut pas d'exécution, puisque les religieux de Gigny ont joui de ces riches dîmes jusques dans les derniers temps, comme on le verra par la suite. Quant au prieur B. de Montferrand, il ne tarda pas à être remplacé par le titulaire suivant, car la charte de 1488 précitée donne à penser qu'il ne l'était déjà plus à cette époque, et une note de la même année prouve que le prieur suivant l'avait remplacé. Au reste, son vicaire général fut *Alexandre d'Ornans*, prieur cloîtrier, qui, en 1476, nomma Étienne de Raynans titulaire du prieuré de Château-sur-Salins.

CHAPITRE XXXV.

ÉTIENNE DE FAUQUIER, prieur.

Ce prieur n'est connu que par l'article suivant d'un de nos inventaires : « Titre en parchemin, contenant mande« ment de nouvelleté, obtenu au bailliage de Chalon, le 20 « décembre 1488, par messire *Étienne de Fauquier*, prieur « de Gigny, contre les tenementiers d'un pré situé à Ar« buans, pour avoir payement de cens. »

Ce titulaire était-il filleul d'Étienne de Fauquier, abbé de Saint-Claude en 1444, 1465? Était-il de la famille Joffroy de Faulquier, coseigneur de Marigna en 1572, dont il sera parlé dans la suite? On peut le présumer. Mais, au reste, son prieurat a été fort court, s'il a été suivi de celui dont il va être question, et on n'a à lui rapporter que le différend relatif aux bois de Malaissard, mentionné précédemment.

1488

CHAPITRE XXXVI.

AIMÉ DE MONTFAUCON, prieur.

§ 1. L'HISTORIEN de la Bresse, qui nous a fourni de si précieux documents, dit qu'*Aimé de Montfalcon* fut d'abord religieux à Saint-Rambert, protonotaire apostolique [120], puis prieur de Ripaille, de Gigny et d'Anglefort, ensuite doyen de Ceysérieux, et enfin évêque et prince de Lausanne et administrateur-général de l'évêché de Genève. Il ajoute qu'on le trouve déjà inscrit, comme titulaire, en 1490, sur le catalogue des évêques de Lausanne. On pourrait donc, sans Étienne de Fauquier qui précède, le considérer successeur immédiat de Benoît de Montferrand à Lausanne et à Gigny. D'un autre côté, comme ce grave auteur dit aussi qu'en sa qualité d'évêque, Aimé de M. envoya un député au

1490

---

[120] Le *Protonotaire* apostolique recevait et expédiait les actes en cour de Rome. Il jouissait de plusieurs priviléges, comme de légitimer les bâtards; de nommer les notaires apostoliques, ainsi que les docteurs en théologie, en droit canon et même en droit civil; de porter l'habit violet des prélats et un chapeau distinctif, comme ceux-ci, mais noir et garni seulement de trois houppes ou glands à chacun des deux cordons; de célébrer la messe avec la mitre et les habits pontificaux, mais de l'agrément de l'évêque diocésain. L'archichancelier des rois du moyen âge s'appelait aussi *Protonotaire*, *Archinotaire*.

concile de Latran qui ne s'est tenu qu'en 1512, et comme nous trouvons trois autres prieurs dans notre monastère, avant cette époque, il faut nécessairement penser qu'il a donné sa démission de titulaire à Gigny, tout en conservant son évêché. Au reste, c'est à cela seul que se réduit ce qu'on sait à son égard, et nos titres n'en font aucune mention.

§ 2. La famille de Montfaucon est originaire, dit-on, du Dauphiné, mais déjà établie à Flaccieu en Bugey, dans le quatorzième siècle. Notre prieur fut le sixième enfant de Guillaume de M., chevalier, seigneur de Flaccieu, de la Balme-sur-Assens, de la tour du Châtel, et coseigneur de Semine. Sébastien de M., neveu d'Aimé, fut aussi prieur de Ripaille, chanoine et évêque de Lausanne en 1550; et Pierre Marc de M., autre neveu, était prieur d'Anglefort en 1560. Ils succédèrent ainsi à leur oncle dans la plupart de ses bénéfices. C'était un résultat des coadjutoreries, des résignations, etc...

C'est probablement de la même famille qu'étaient membres deux nobles chanoines de ce nom, originaires de Rogles en Bugey, qui faisaient partie de la collégiale de Gigny, lors de la suppression.

Les armes de Montfaucon étaient écartelées au 1.er et 4.e d'argent, à un aigle éployé de sable, et au 2.e et 3.e d'hermines. Au reste, il ne faut pas confondre cette maison féodale du Bugey avec une autre de même nom dans le département du Doubs, et dont aussi les armes étaient différentes.

CHAPITRE XXXVII.

JULIEN DE LA ROVÈRE, prieur.

Église prieurale.

§ 1. Le prieur Julien, le plus célèbre de ceux de Gigny, n'était pas français, étant né en 1443, à Savone en Piémont, d'une famille dont on a contesté la noblesse. Il existait bien à Turin une très ancienne maison noble du nom de *la Rovère*. Mais, on pense que celle de Savone, qui portait la même dénomination, était de bas lieu, et qu'elle se fit aggréger par la suite à celle de Turin. François de la Rovère, oncle paternel de Julien, qui, de cordelier, devint pape sous le nom de Sixte IV, était, dit-on, fils d'un pêcheur. Et, en effet, dans la prophétie de saint Malachie, fabriquée probablement en 1590, il est désigné sous les qualifications de pêcheur et de cordelier, *Piscator, minorita*. On parle aussi d'un ambassadeur de Venise qui, en le haranguant au commencement de son pontificat, ne craignit pas de dire qu'il ne fallait pas considérer la naissance de Sixte, mais son grand mérite qui l'avait élevé au trône de saint Pierre.

Les religieux de Gigny eurent donc, une seconde fois, l'humiliation de se voir imposer pour chef un ecclésiastique qui était loin d'avoir seize quartiers de noblesse. Mais cet ecclésiastique était évêque, archevêque, doyen des cardinaux, légat, protégé du roi de France, neveu d'un pape célèbre, etc.!... D'ailleurs, depuis Sixte IV, cette famille de la Rovère devint illustre et considérée, et elle fournit deux papes, deux chevaliers de la Toison d'or, et neuf cardinaux, dont deux du nom de *Riario* alliés des Rovères. Ces derniers finirent même par avoir des armoiries, dans lesquelles figurait un chêne arraché et *englanté*, ou chargé de glands, faisant allusion au nom de leur famille (Rovere, *Rouvre, Robur*), et qui se trouve sculpté sur le frontispice de l'église de Gigny. La prophétie précitée de saint Malachie fait aussi allusion à ce chêne et à ces armoiries, en appliquant à notre prieur devenu pape la phrase *Fructus Jovis juvabit*.

§ 2. Julien de la Rovère fut d'abord pourvu de l'évêché de Carpentras, dépendant des états pontificaux en France; mais Sixte IV, son oncle, qui était devenu pape en 1471, et qui ne manqua pas d'avoir soin de ses parents, le nomma, en cette année même, cardinal-prêtre du titre de Saint-Pierre-ès-Liens. Il devint ensuite évêque d'Albano, de Bologne et d'Ostie, doyen des cardinaux à cause de ce dernier évêché, puis archevêque d'Avignon, grand-pénitencier, etc.

En l'année 1480, il fut envoyé en France, en qualité de légat du Saint-Siége. Or, comme le rusé Louis XI le connaissait excessivement sensible aux honneurs, et désirait se l'attacher, il le fit recevoir dans toutes les villes avec grande magnificence et cérémonial pompeux. Il le reçut lui-même à Plessis-lez-Tours, avec toutes les apparences d'un profond respect et tous les dehors de l'amitié. Il lui accorda aussi l'élargissement et la liberté du misérable cardinal La Balue et des évêques de Coutances et de Verdun ses complices, enfermés depuis onze ans dans des cages de fer. Ces bons procédés le rendirent, pendant bien des années, l'ami de la France et des Français, non-seulement sous le règne de Louis XI, mais encore sous ceux de Charles VIII et même de Louis XII.

§ 3. On peut présumer avec raison que Julien de la Rovère fut nommé prieur commendataire de Gigny en 1491 ou 1492, avant la mort du pape Innocent VIII, sous lequel il eut beaucoup de crédit et d'autorité en cour de Rome. En effet, il n'aurait pas obtenu cette nomination de son successeur Alexandre VI, son ennemi personnel; car la promotion de ce dernier à la chaire de saint Pierre l'obli-

Fig 6

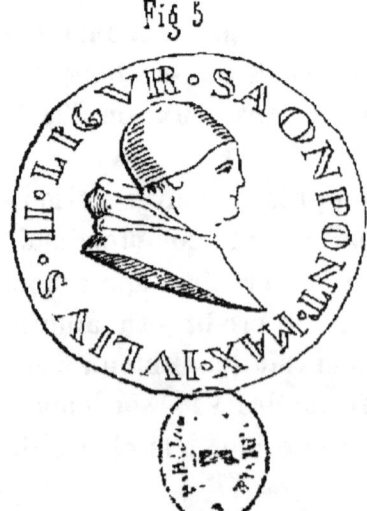

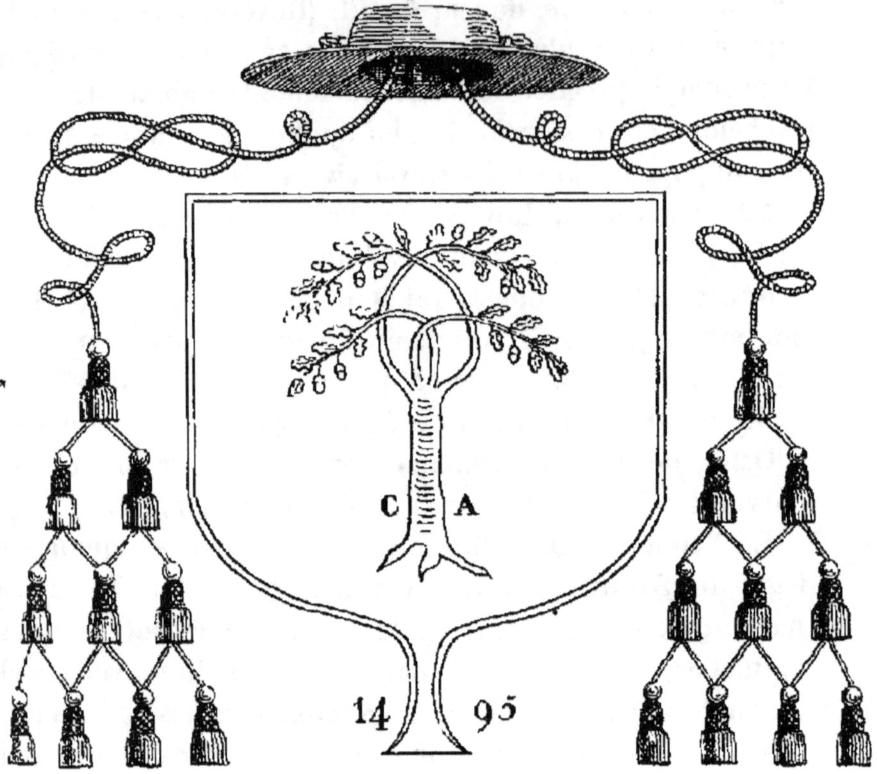
C A
14 95
IVL. EPS OST. CARD. S.PADVICIA.

Fig 5

IVLIVS·II·LIGVR·SAONPONT·MAX

Lith. de Fred. Gauthier

Fig. 7.

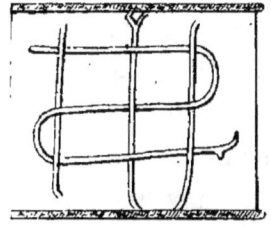 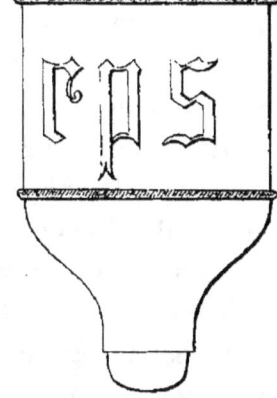 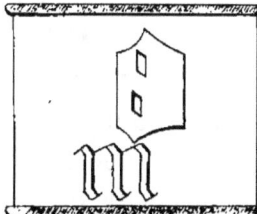

gea à revenir en France, en 1492, pour y chercher asile et protection contre ses poursuites, et il y séjourna, comme en exil, pendant près de dix ans. Deux titres de Gigny le qualifient de *révérend père de Dieu, messire Julien, évêque d'Ostie, cardinal, prieur et seigneur de Gigny*. L'historien Philippe de Commines, son contemporain, l'appelle *cardinal de Saint-Pierre*-AD-VINCULA, ou *cardinal* PETRI-AD-VINCULA. D'autres auteurs le désignent sous le nom de *cardinal de la Rovère*.

§ 4. En 1494, notre prieur coopéra à la brillante, quoique hasardeuse campagne du roi Charles VIII en Italie et au royaume de Naples. Il fut même l'un des promoteurs de cette guerre, dans l'intention d'amener l'occasion de se venger du pontife, son ennemi. Il aida beaucoup par lui-même et par ses amis le roi de France dans cette rapide conquête, lui livra Viterbe dont il était le gouverneur, Ostie dont il était évêque, et Rome dont son frère était préfet. Charles entra en vainqueur dans cette capitale, le 31 décembre, à la lueur des flambeaux et aux acclamations d'un peuple ivre de joie. Le pontife qui favorisait le roi de Naples s'étant retiré au château de Saint-Ange, un grand nombre de cardinaux, parmi lesquels Julien de la Rovère et Ascagne Sforce se trouvaient comme chefs de parti, sollicitèrent le vainqueur à s'emparer d'Alexandre, à lui faire son procès, à le déposer et à faire procéder à l'élection d'un nouveau pape. L'artillerie fut même, à cet effet, dirigée deux fois contre le château de Saint-Ange. Les cardinaux Julien et Ascagne étaient les deux prétendants à la tiare ; cependant on lit que, contents d'avoir exercé leur vengeance personnelle, ils auraient renoncé, au besoin, à leurs prétentions, en faveur d'un autre cardinal au gré du roi, et même en faveur d'un cardinal français. Mais le vainqueur résista à ces sollicitations et préféra faire un traité, en manière de capitulation, avec le pape Alexandre dont il crut avoir gagné l'amitié, en partant pour Naples. « Je ne sçau-

« roy dire, remarque l'historien *Commines*, si le roy fit « bien ou mal ; toutefois je croy, à mon jugement, qu'il fit « mieux d'appointer, car il estoit jeune et mal accompaigné « pour conduire une si grande œuvre que de réformer l'é-« glise. » Néanmoins, l'événement a prouvé que, s'il eût déposé un pape couvert d'opprobre et de vices, et s'il en eût fait nommer un autre dans ses intérêts, il aurait eu un ennemi de moins et un ami de plus par derrière, et probablement il aurait prévenu la coalition qui chassa les Français d'Italie, un an plus tard.

§ 5. Ce fut pendant cette célèbre campagne, en l'année 1495, sous le prieurat du cardinal Julien et probablement avec son concours et ses libéralités, que l'*église* du monastère de Gigny fut reconstruite et réparée à peu près telle qu'elle est aujourd'hui. L'écusson armorié placé au frontispice de ce beau monument en fait pleine foi. En effet, cet écusson quadrilatère présente, sculptés sur la pierre : 1.º un chapeau d'évêque ou de cardinal, avec ses houppes pendantes de chaque côté, mais piquées et enlevées en 1793 ; 2.º un chêne arraché, dont les rameaux sont chargés de glands ; 3.º le millésime 1495 en chiffres arabes ; 4.º l'inscription en lettres gothiques : JUL. EPS. OST. CARD. S. PADVICLA, signifiant *Julien, évêque d'Ostie, cardinal de Saint-Pierre aux liens*. Le dernier mot est une agglomération, faute d'espace, de *P. ad vincla*.

Au-dessous de cet écusson existe une console qui supportait une statue enlevée aussi et brisée en 1793. On voit encore : 1.º sur sa face antérieure l'inscription EPS, abrégée d'*Episcopus* ; 2.º sur une des faces latérales la lettre M en caractère gothique, surmontée d'une figure irrégulièrement quadrilatère offrant à l'intérieur deux billettes ; 3.º sur l'autre face latérale une sorte d'entrelac particulier. A droite et à gauche de cette console et sur la même ligne horizontale, il en existe deux autres plus petites, sans inscriptions ni ornements, lesquelles supportaient aussi deux statues détruites à la même époque que la première. Un vieillard qui les a vues affirme que celle du milieu représentait la vierge portant l'enfant Jésus, et les deux autres, saint Pierre tenant les clefs du paradis, et saint Paul avec l'épée au côté. L'auteur de cette histoire incline à penser que la console servait, dans le principe, de piédestal à la statue même du cardinal Julien, tant à cause de sa position immédiate au-dessous de l'écusson, qu'à cause de l'inscription *eps* qui s'y trouve et qui n'est pas applicable à la vierge. Il présume que cette statue aura été enlevée ou renversée, par l'ordre de l'autorité royale, lors de la défection de Jules II et de ses graves débats avec le roi Louis XII, et qu'elle aura été remplacée par celle de la mère de Dieu. A la vérité, on peut trouver trop adulatoire et trop inconvenante l'érection de cette statue, en l'honneur d'un prieur vivant, au-dessus de la porte du temple de la divinité; on peut dire que ce prieur ne l'aurait pas permise; etc... Mais aussi, il faut considérer que c'était un cardinal, un doyen du sacré collége, un archevêque, un titulaire de quatre évêchés, un légat du Saint-Siége, un ami du roi de France, le neveu d'un pape, un prétendant à la tiare, qui devint effectivement souverain pontife quelques années après, etc... On peut supposer qu'il avait contribué au rétablissement de l'église de nos moines; que ceux-ci lui devaient de la reconnaissance; qu'il était très sensible aux honneurs, comme on a déjà vu; que la modestie n'était pas sa vertu dominante, etc., etc.

§ 6. L'église prieurale de Gigny ne fut pas reconstruite entièrement à l'époque dont nous parlons, mais seulement sa moitié occidentale, au moins à en juger par la différence du genre d'architecture et par la reprise visible des murs montés mieux à plomb dans cette moitié. Aussi, l'ogive gothique du moyen âge se trouve fort surbaissée dans le por-

1493

tail de cette église, et elle se rapproche déjà beaucoup du plein cintre, comme dans tous les monuments de la fin du quinzième et du commencement du seizième siècle. La partie orientale, au contraire, paraît plus ancienne, et ses murs sont moins à plomb; l'ogive existe très aiguë dans les fenêtres tréflées du chœur; et on remarque, sous la corniche du toit de toute cette moitié de l'église, des caryatides qui ne se rencontrent pas sous la corniche à l'occident. Ces caryatides représentent, sculptés sur la pierre, des animaux domestiques ou fantastiques. Il est donc à croire que cette église date du treizième ou quatorzième siècle dans la moitié à matin, et de l'époque voisine de celle de la renaissance dans la moitié à soir. Le clocher paraît être d'une époque encore plus rapprochée de nous. Au reste, l'absence de tout indice d'architecture romane doit empêcher d'attribuer aucune partie de ce temple à Bernon, ou même à ses successeurs, pendant deux ou trois siècles.

§ 7. Cette église, couverte en tuiles, est belle, élégante, bien proportionnée. Elle a la figure d'une croix latine, présente une longueur de cinquante mètres, une largeur de dix-sept, sur une hauteur convenable, avec une belle nef et deux larges collatéraux (121).

Le *maître-autel* est isolé, à l'extrémité orientale de la nef et à soir du chœur où les religieux siégeaient sur leurs stalles. Le *collatéral* du côté du midi est terminé par l'autel de saint Pierre, patron primitif de l'abbaye, lequel a été transformé à tort, en 1838, en un autel en l'honneur de la Vierge. Le collatéral du côté du nord offre, à son extrémité, l'autel de saint Taurin, protecteur et patron secondaire,

---

(121) Où l'abbé Baverel a-t-il donc trouvé que l'ancienne église de Gigny était plus longue que l'actuelle, et qu'elle avait 200 pieds ? Où J.-B. Béchet a-t-il trouvé aussi que l'église actuelle avait été toute reconstruite en 1159; mais beaucoup moins longue que l'ancienne ou primitive ? Serait-ce par induction de l'incendie de 1157 ? Mais le genre d'architecture, mais l'écusson, etc...

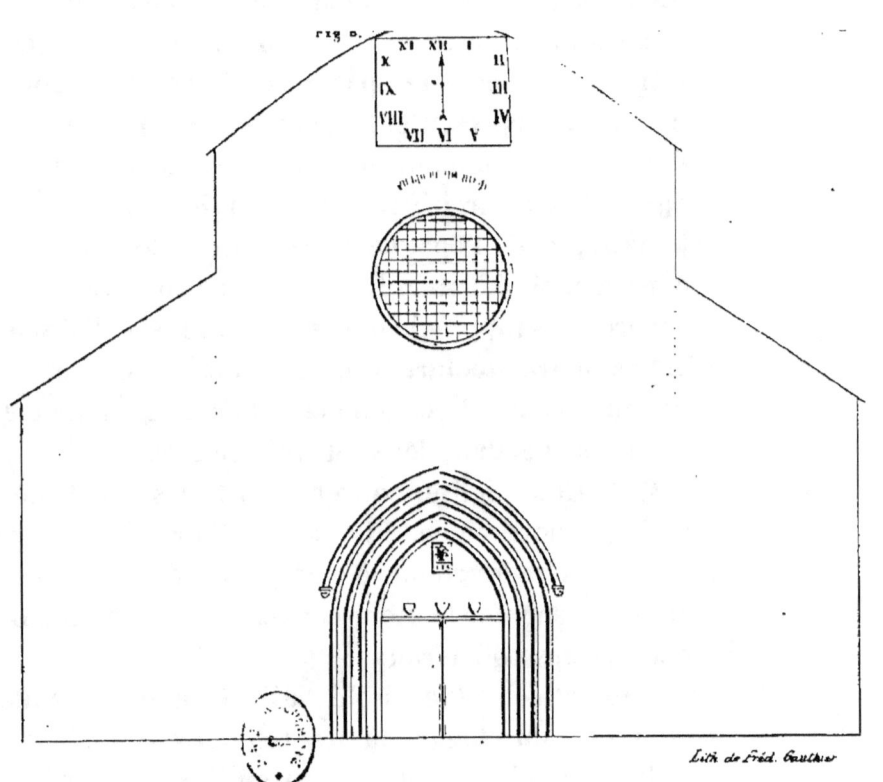

dont les reliques, avec celles de saint Aquilin, reposent
dans une châsse placée à côté. On y voit aussi les bustes
dorés, mais modernes, de ces deux saints évêques. Les deux
bras de la croix latine étaient occupés au nord par la *chambre capitulaire* des religieux, et au midi par la *sacristie* et par
la *chapelle de la Vierge* ou du rosaire. Cette dernière était
anciennement la *chapelle de Saint-André*, car en y faisant
tout récemment des réparations, on a trouvé cachée sous
l'autel la statue jadis dorée de cet apôtre tenant sa croix
spéciale. Enfin, il existait encore une *chapelle* en l'honneur
de saint Benoît, au bas du collatéral du sud, dans les dernières années du dix-huitième siècle.

1495

C. 132

D'ailleurs cette église est presque toute pavée de tombes
qui rappellent les anciennes et nobles maisons des deux
Bourgognes. On n'y marche que sur des armoiries féodales et
des inscriptions, dont malheureusement la plupart sont usées
par le frottement ou ont été piquées par le marteau révolutionnaire.

§ 8. Le *clocher* placé un peu à soir du maître-autel est un
dôme octogone très élégant, couvert de tuiles vernies et
surmonté d'une belle croix. Il paraît, comme il a été dit, être
d'une construction plus moderne qu'aucune autre partie de
l'église. Il renferme deux cloches, l'une plus petite donnée,
depuis quelques années, par *un natif de Gigny* anonyme,
laquelle remplace celle qui fut enlevée en 1793 ; l'autre,
ancienne et plus grosse, qui porte, en lettres encore plus
gothiques que celles de l'écusson du frontispice, l'inscription
suivante : *Ihs Maria mentem sanctam spontaneam honorem Deo
et patrie liberationem Maria vocor et fut faite mil V.*^{c} Cette
inscription pourrait être traduite ainsi : « Jésus-Marie ! dans
« une intention spontanément sainte, en l'honneur de Dieu
« et pour la délivrance de la patrie, je m'appelle Marie et
« fut faite en 1500. » Un curieux qui, en l'année 1817, a lu
cette inscription et en a laissé à Gigny une interprétation,

1495 a prétendu que « la cloche s'appelait Melite, et qu'un homme
« profondément dévoué à Marie l'avait fondue en l'année
« 1148. »

Or, il est évident que ce curieux a lu *melitem* pour *mentem*, et *votor* au lieu de *vocor*, et qu'il a imaginé le millésime 1148. Il est même fort difficile d'y trouver la date 1500 que j'ai donnée, car la lettre *V*, qu'on peut présumer être un chiffre romain représentant le nombre *cinq*, est séparée du mot *mil* par une espèce de rosace quadrilatère, et le signe qui se trouve au-dessus de ce chiffre romain présumé ressemble assez mal à un *C*. Cette date néanmoins offrirait quelque probabilité, parce qu'elle se rapprocherait de l'année 1493, époque de la paix de Senlis, laquelle délivra la Franche-Comté des troupes de Louis XI ou de Charles VIII qui l'occupaient depuis quinze ans. Mais, d'un autre côté, cette mention sur la cloche de Gigny de la *délivrance de la patrie* ne se rattache pas à cet événement, puisqu'on la retrouve dans d'autres inscriptions, hors de la Franche-Comté, à trente lieues au nord et à soixante au midi de Gigny. En effet, 1.° depuis un temps immémorial, on renouvelle chaque année, sur les portes de toutes les maisons des villages du ci-devant évêché de Bâle, une bandelette de papier bénit, sur laquelle on lit l'inscription ordinairement manuscrite : *Mentem sanctam spontaneam honorem Deo patriæ liberationem, sancta Agatha, ora pro nobis* [122]. 2° On lit ce qui suit dans un ouvrage assez récent : « Le clocher de Sainte-
« Marthe à Tarascon ne fut bâti qu'au quinzième siècle,
« et une cloche fondue en 1469 porte cette inscription :
« *Mente sancta spontanea honore Deo et patriæ liberatione, XPS*
« *rex venit in pace Deus homo fet est* [123]. »

L'inscription de notre cloche est donc comme vide de

---

[122] *Robert.* Voyage en Suisse, tome I, p. 133 (1789).
[123] J.-J. *Estrangin.* Études archéologiques, etc., sur Arles, etc., p. 216. (Aix, 1838).

sens. Peut-on présumer qu'un fondeur ignorant des environs de Porentruy aura gravé à Gigny, ainsi qu'à Tarascon, la légende baroque de son pays? D'ailleurs, elle est remarquable en ce que 1.º elle offre un mélange bizarre de langue latine et de langue française ; 2.º la lettre S est remplacée par C dans les mots *sanctam* et *spontaneam* ; 3.º l'E simple remplace encore la diphthongue Æ dans le mot latin *patrie*. Or comme depuis 1480 cette diphthongue a été substituée assez généralement à cette lettre dans l'imprimerie, il est à croire que notre cloche est encore antérieure à la date que nous lui avons présumée.

§ 9. L'église de Gigny possédait, comme seul objet d'art remarquable, un jeu d'*orgues* qui n'y existait probablement que depuis la sécularisation du prieuré. Il avait échappé à la vente des biens du clergé, il avait même été respecté par le vandalisme révolutionnaire de 1793, et les habitants le regardaient à bon droit comme leur propriété et comme une dépendance de l'église, qui leur avait été concédée en 1789. Aussi, on peut juger quel fut leur étonnement, quelle fut leur indignation lorsque, le 28 avril 1806, ensuite d'une intrigue tramée dans l'ombre, deux commissaires de la ville de Lons-le-Saunier vinrent s'en emparer, en vertu d'un arrêté du préfet *Poncet*, motivé sur une simple lettre ministérielle dépourvue elle-même de tout motif !... Les habitants de Gigny réclamèrent vainement contre cet acte qui avait certainement toutes les apparences de l'arbitraire, de la violence et de la spoliation ; on ne leur donna aucune espèce de satisfaction, on ne leur répondit même pas. De nouvelles réclamations ont été adressées au ministre en 1837, et après des lenteurs et des correspondances sans fin, on a renvoyé, en 1840, les réclamants devant le conseil d'état. Il n'en reste pas moins établi jusqu'à ce jour que, sous le gouvernement constitutionnel de 1830, comme sous le gouvernement militaire de 1806, une ville riche a pu dépouiller impunément,

1495

sans indemnité, une pauvre église de village!!... Mais revenons au prieur Julien.

§ 10. Nos inventaires citent deux actes d'acensement, l'un du 5 avril 1497, et l'autre du 6 juin 1498, qui prouvent que *messire Julien, évêque d'Ostie et cardinal,* était encore *prieur et seigneur de Gigny.* Ils nous apprennent aussi qu'*Antoine de Collauz,* chambrier du monastère, y était son vicaire-général (124). Il est même certain qu'il continua à être titulaire de notre prieuré jusqu'au 31 décembre de l'année 1503, époque à laquelle il fut nommé pape et remplacé dans toutes ses autres dignités.

§ 11. La nomination du cardinal Julien fut faite presque à l'unanimité et dans la nuit même que les cardinaux entrèrent au conclave, parce qu'il leur promit de rétablir l'honneur du Saint-Siège et d'être le défenseur des libertés de l'Église. Devenu pape, il continua à favoriser les Français en Italie et se ligua même, en 1505 et 1509, avec le bon roi Louis XII contre les Vénitiens. Mais, ayant recouvré d'eux, par les armes de la France, les villes et les pays qu'ils avaient usurpés, il devint inquiet de la présence des Français et jaloux de leur gloire. En conséquence, il se tourna contre eux en 1510, s'allia avec les Vénitiens, pratiqua les Suisses, arrêta les ambassadeurs de France à Rome, et commença une guerre qui ne se termina qu'à sa mort. Cette conduite décida Louis XII et l'empereur Maximilien à convoquer différents conciles, pour le faire condamner comme coupable de simonie, de vexations, d'ambition et de perturbation. Et, en effet, dans un de ces conciles à Milan, il fut déclaré suspendu de son pontificat. De son côté, le pape excommunia

---

(124) Ce chambrier étant désigné, dans un de nos titres de 1499, sous le nom d'*Ant. de Collaou,* il est à croire qu'il était de la maison féodale de *Courlaou,* appelée *Collaou* dans des chartes anciennes, notamment en 1400. *Huponin de Courlaou* vivait au XIIe siècle, et *Étienne de Corlaou,* damoiseau, marié à Béatrix de Baume, en 1349.

Fig. 9. Page 192.

JULES II, PAPE,
auparavant Prieur de Grigny

le roi de France et les prélats qui avaient prononcé sa suspension, fulmina des bulles contre les libertés et priviléges de l'église gallicane, mit le royaume de France en interdit, le déclara abandonné au premier occupant, transféra au roi d'Angleterre le titre de *roi très chrétien* que Louis XI avait commencé à porter dès 1469, prononça l'abolition des foires de Lyon où le roi de France l'avait assigné à comparaître devant un concile, convoqua lui-même au palais de Latran un concile opposé, etc., etc.

1303

L'ancien prieur de Gigny ne maniait pas avec moins d'activité les armes temporelles que les spirituelles. Il était né avec un penchant décidé pour la guerre, et, en raison de ce caractère guerrier, un pape précédent lui avait donné la conduite des troupes ecclésiastiques contre quelques peuples de l'Ombrie révoltés. Dans cette expédition, il faillit à être emporté par un boulet, qu'il fit suspendre ensuite, comme un trophée militaire, dans l'église de Lorette. Étant devenu pape, il prit le nom de Jules II, non pas à cause de son prénom Julien, mais en mémoire et admiration de Jules-César, et par émulation de Borgia qui avait pris le nom d'Alexandre. Son goût pour les opérations militaires se manifesta surtout dans les guerres contre les Français et les Vénitiens. Quoique âgé de près de 70 ans, on le vit, l'épée à la main et la cuirasse sur la poitrine, commander lui-même ses troupes, en même temps qu'il lançait des censures et des excommunications, faire le siége et s'emparer de la Mirandole en personne, et courir le plus grand danger d'être fait prisonnier par le maréchal Chaumont et par le chevalier Bayard. On raconte qu'en sortant de Rome, à la tête d'une armée contre les Français, il jeta les clefs de saint Pierre dans le Tibre, en disant que, *puisqu'elles ne pouvaient lui servir dans les combats, il n'avait plus besoin que de l'épée de saint Paul.*

« Jules II, dit un chroniqueur contemporain, délaissa la
« chaire de saint Pierre, pour prendre le titre de Mars, dieu

« des batailles, déployer au champ les trois couronnes, et
« dormir en eschauguette : et Dieu sait comme ces mitres,
« croix et crosses étaient belles à voir voltiger parmi les
« champs. Le diable n'avait garde d'y être, car on faisait
« trop bon marché des bénédictions. »

On reproche encore à ce pape d'avoir eu une jeunesse peu régulière et d'avoir été père d'une fille mariée ensuite à un membre de la famille des Ursins. On lui reproche aussi sa présomption, sa fausseté et sa dissimulation, notamment d'avoir grossièrement trompé le cardinal d'Amboise, ministre de Louis XII, en le leurrant de l'espoir d'obtenir la tiare, aussi bien que César Borgia auquel il extorqua, en outre, ses biens et ses trésors.

Avec tous ses défauts, Jules II n'en fut pas moins un des grands personnages de son temps, un génie actif et plein de ressources, un amateur des belles-lettres et des beaux-arts qu'il ranima à Rome, en se montrant le digne prédécesseur de Léon X, l'émule des Médicis et de François I.er Il embellit la bibliothèque du couvent des Jacobins, qui, pour cela, prit le nom de *Bibliothèque Julie*. En 1506, il posa les nouveaux fondements de l'église de Saint-Pierre qui tombait en ruines, et, aidé des avis du célèbre Michel-Ange, il éleva le plus bel édifice du monde, pour les frais duquel il fit prêcher des indulgences dans toute la chrétienté. Plusieurs médailles furent frappées en mémoire de ses travaux et de son pontificat, et on peut dire que les légendes n'en étaient point imméritées. Les belles-lettres, disait-il, sont de l'argent aux roturiers, de l'or aux nobles, et des diamants aux princes. Il mourut le 11 février 1513, et fut inhumé dans l'église de Saint-Pierre-ès-liens, où Michel-Ange lui fit un mausolée qui est l'un des monuments les plus célèbres de l'Italie.

CHAPITRE XXXVIII.

FRANÇOIS DE CHATILLON, prieur.

CE prieur n'est connu que pour être cité dans un grand ouvrage d'histoire ecclésiastique [125], d'après lequel il aurait cessé d'être titulaire à Gigny, en 1506, à cause de l'option qu'il aurait faite d'un autre bénéfice incompatible. Ainsi, on peut raisonnablement croire que, depuis 1503, il a remplacé le cardinal Julien, élevé au souverain pontificat.

1504

Il n'est pas probable que ce prieur ait été de l'une des quatre maisons de Châtillon connues en Francke-Comté, puisqu'elles étaient éteintes au seizième siècle. On peut plutôt présumer qu'il était membre de celle de Châtillon-sur-Marne, qui portait de gueules, à trois pals de vair, au chef d'or. On trouve, en effet, dans la généalogie de cette maison, *François de Châtillon*, religieux bénédictin en l'abbaye de Cluny, doyen de Cosnac, prieur de Souvigny et de Larnay, fils de Jean de Châtillon marié en 1484 avec Jeanne de Rochechouart, et mort en 1520. A la vérité, ce fils aurait été bien jeune, en 1503, pour être prieur de Gigny; mais nous ne tarderons pas d'en voir deux autres aussi jeunes, et même l'un d'eux nommé archevêque à 14 ans, sauf à n'être installé qu'à 25 ans.

Au reste, nous n'avons à noter sous ce prieur que la fondation d'un anniversaire faite, le 6 février 1504, dans l'église des religieux, par Claude Guichard, habitant de Gigny. Cet anniversaire consistait à dire les vêpres des trépassés, le premier dimanche de carême, et à célébrer, le lendemain après prime, une messe haute de *requiem*, moyennant dix francs une fois payés.

---

[125] *Gall. Christ.* Tom. IV. p, 1170.

CHAPITRE XXXIX.

LÉONARD DE FRANCHELUNE, prieur.

1506   Ce titulaire fut nommé, en 1506, au prieuré de Gigny, en remplacement du précédent, par Philippe Bourgoing, grand-prieur cloîtrier de Cluny, au nom du cardinal Georges d'Amboise, commendataire. L'abbé *Baverel*, qui a laissé un mémoire manuscrit sur les prieurés du département du Jura, dont j'ai dû la communication à l'obligeance de M. Monnier et de M. le conseiller Béchet, dit, je ne sais d'après quels documents, que ce prieur était issu d'une maison de Bresse. Or, il est probable qu'il s'agit de *Francheleins*, commune du canton de Saint-Trivier-en-Dombes, laquelle a donné son nom à une famille très ancienne. D'après Guichenon, elle tenait un des premiers rangs en Dombes, dans les douzième, treizième, quatorzième et quinzième siècles, dont E. de Francheleins, témoin d'une charte en 1120, Guillaume de Francheleins, doyen des comtes de Lyon, en 1290, 1298, 1304, etc.... Elle était de nom et d'armes et portait : d'argent, au lion de sable, à la cotice de gueules sur le tout.

CHAPITRE XL.

ANTOINE DE VERGY, prieur.

Franchises de Gigny.

1515   § 1. Vergy est un lieu près de Nuys, qui a donné son nom à la plus ancienne et à la plus illustre maison féodale de la Bourgogne. Le château en est déjà mentionné à la date de l'an 673, et il y en a qui en font remonter la fondation aux Romains et même aux Gaulois. Guérin de Vergy, comte de Chalon, à la tête de ses Bourguignons, contraignit Lothaire, en 834, à rendre la liberté à Louis-le-Débonnaire, son père. Manassès de V., dit l'Ancien, qu'on croit fils de Guérin, premier comte d'Auxois, de Chalon, Dijon, Beaune et Autun, l'ami et le confident de Richard-le-Justicier, de concert avec ce duc et avec Bernard Plante-Velue, comte de Mâcon, battit, en 888, dans les plaines de Saint-Florentin, les Normands qui avaient ravagé la Bourgogne et qui s'étaient avancés jusqu'à Dijon. Manassès de V., dit le Jeune, battit encore ces peuples guidés par leur chef Rollon, d'abord en 911, dans les environs de Chartres, puis en 915, dans le Charollais, où il leur tua dix mille combattants.

Ces exploits héroïques firent donner aux Vergy le surnom de *preux*, ou vaillants, qui fut ensuite appliqué à tous leurs descendants. On disait proverbialement les *Preux de Vergy*, comme ensuite on a dit les *Nobles de Vienne*, les *Riches de Chalon*, les *Fiers de Neuchâtel*, et les *Bons barons de Bauffremont*. Une autre qualification plus précieuse peut-être fut celle de *Pères des Pauvres*, qui fut aussi donnée aux Vergy. Ils y joignirent encore la piété religieuse, à laquelle beaucoup d'établissements durent leur existence. Ainsi, le monastère de Saint-Vivant-sous-Vergy fut fondé en 890 par Manassès l'Ancien, afin d'y recevoir les reliques de ce saint, déposées précédemment à Saint-Vivant-en-Amons, près Dole, où on les apporta pour les soustraire à la fureur des Normands. D'autres Vergy fondèrent successivement l'abbaye de La Ferté-sur-Graône, en 1113, celle de Theuley près Gray, en 1130, celle de Lieu-Dieu près Vergy, en 1140, celle des Jacobins de Dijon, en 1237, etc.

Cette célèbre famille a fourni à l'église huit prélats distingués, savoir : un archevêque de Lyon, deux archevêques

1515

de Besançon, dont l'un cardinal, un évêque de Paris, un évêque de Mâcon et trois évêques d'Autun. Elle a aussi fourni à la Bourgogne : 1.° la bonne et célèbre duchesse Alix de Vergy; 2.° onze sénéchaux successifs du duché, pendant près de trois siècles, ce qui fit donner à un de leurs *hôtels*, à Dijon [126], le nom d'*Hôtel de la sénéchaussée* (charge devenue héréditaire chez eux par une condition du mariage d'Alix); 3.° deux maréchaux du même duché; 4.° deux gouverneurs de celui-ci; 5.° trois maréchaux du comté de Bourgogne; 6.° trois gouverneurs d'icelui; 7.° un maréchal de France; 8.° six chevaliers de la Toison d'or, etc.

Deux frères de cette famille furent tués, en 1396, à la funeste bataille de Nicopolis. Un autre membre, après cette bataille, alla négocier en Turquie la libération de Jean-sans-Peur et le ramena en France. Enfin, trois autres se trouvèrent avec ce prince sur le pont de Montereau, en 1419, et l'un d'eux y fut tué avec lui.

Le cri de guerre de ces preux était *Vergy*, et leur devise : *sans varier*. Ils portaient de gueules, à trois roses d'or de cinq feuilles chacune, brisées d'une bordure de sable.

§ 2. Antoine de Vergy, notre prieur, naquit en 1488, de Guillaume de V. et d'Anne de Rochechouart. Son père, qui était seigneur de Vergy, Saint-Dizier, Champlitte, Fonvens, Autrey, Rigney, Champvans, etc., baron de Bourbon-Lanci, sénéchal et maréchal de Bourgogne, et chevalier de l'ordre de Savoie, s'était trouvé, en 1476, à la célèbre bataille de Morat, perdue par le duc Charles-le-Téméraire.

Le jeune Antoine n'avait encore que quatorze ans, lorsque, le 10 octobre 1502, il fut nommé à l'archevêché de Besançon, mais il ne fut installé qu'en 1513, lorsqu'il eut atteint l'âge

---

[126] Ils avaient en cette ville non-seulement l'*Hôtel de la sénéchaussée* (depuis Hôtel Chabot, Hôtel d'Elbeuf), bâti, à la fin du XII.ᵉ siècle, par Hugues de V., beau-père du duc, mais encore l'*Hôtel de Vergy*, bâti en 1439 par Antoine de V, maréchal de France.

de vingt-cinq ans. Il n'en avait que vingt, lorsque, le 9 février 1508, il posa la première pierre de l'église Notre-Dame de Dole, où il faisait ses études. Quatorze mois auparavant, le 5 décembre 1507, il avait déjà fait, en sa qualité d'archevêque, un traité sur le droit de frapper monnaie, avec les états de Franche-Comté et la princesse Marguerite d'Autriche, apanagère de cette province. On voit aussi que peu après son installation, c'est-à-dire en 1514, il limita à vingt-et-un le nombre des membres de la familiarité de Louhans. En la même année, il rédigea aussi à Gy, en français et en latin, les statuts de celle de Clairvaux, dont le prieuré dépendait de Gigny.

1515

Il était de même probablement installé archevêque, lorsqu'il fut donné pour précepteur à Charles-Quint, qui prit possession des états d'Espagne en 1517, et devint, deux ans après, empereur à l'âge de dix-neuf ans. Comme il ne fut pas seul pour faire l'éducation de ce prince, et que l'éducation n'est pas responsable de toutes les actions des hommes, on ne peut guère apprécier les résultats de celle que notre prieur donna à son illustre élève.

§ 3. Il n'a pas été possible de préciser l'époque à laquelle Antoine de Vergy devint titulaire à Gigny et succéda à Léonard de Franchelune. Il l'était certainement en 1516, lorsque Jeanne de Gorrevod, fille de Jean de Gorrevod, chevalier, et nièce du premier comte de Pont-de-Vaux, fut inhumée à Gigny. On voit, en effet, qu'il l'était depuis quelque temps, en 1517, par un titre de cette date où il se dit *archevêque de Besançon, commendataire administrateur perpétuel de Gigny, et seigneur de ce lieu.*

1516

1517

C. 126.

Dans cette charte importante datée de Norcy (Haute-Saône), signée *de Vergey* et rédigée en présence de Georges de Montfleur, écuyer, et de messire Jean-Baptiste, prieur de Blansac, il est dit par les habitants de Gigny que « ce « lieu fut ja pour ce donné au prieur dudit Gigny pour la

1517
« dotation et fondation dudit prieuré, en toute justice haute,
« moyenne et basse, mère mixte impere, avec le pouvoir d'y
« entretenir un marché chacune semaine et trois foires
« chacun an, et de parfaire les murailles du bourg dudit
« lieu, au temps de laquelle dotation fondation les y manans
« et habitans étaient tenus et réputés gens francs et de
« franche condition, et icelle liberté et franchise ont tou-
« jours entretenu par cy devant et vécu franchement,
« etc. » De son côté le prieur, qui avait intenté un procès
pendant au bailliage d'Aval et au siége de Montmorot [127],
pour faire déclarer les habitants mainmortables, s'en désiste
dans cette charte, et « après avoir heu préalablement l'avis
« des prieur claustrier et autres religieux dudit prieuré,
« pour ce capitulairement assemblés en la manière accou-
« tumée... après vision des titres dudit prieuré, et infor-
« mation de vive voix par ses officiers à ce par lui commis
« et députés, il a apparu lesdits habitans être gens francs
« et avoir joui de liberté. » En conséquence, le prieur
« confesse et connaît... tous et singuliers les manans et ha-
« bitans... esdits bourgs et fauxbourgs dudit Gigny, eux,
« leurs hoirs et successeurs... ensemble leurs biens en quel-
« que part qu'ils soient assis, être, devoir demeurer gens
« francs et de franche et libre condition, quittes, immuns
« et exempts de toute sujétion de mainmorte, etc. » Cette
1518
déclaration fut encore renouvelée et confirmée, en 1518,

(127) La Franche-Comté était divisée anciennement en deux grands bailliages qui y furent établis dans le XIIIe siècle, et y remplacèrent peut-être les
deux anciens *Patriciats* ou gouvernements des cantons de Port et d'Amaous
au nord, et de Varais et Scoding au sud. Le bailliage d'*Amont*, ou d'en haut, comprenait tout le département de la Haute-Saône et la plus grande partie de celui
du Doubs. Le bailliage d'*Aval*, ou d'en bas, était composé de tout le département
du Jura, et d'une partie de celui du Doubs. La ville de Poligny en était le siège
principal. En 1423, Philippe-le-Bon, duc et comte de Bourgogne, en créa un
troisième, dit le bailliage de *Dole* ou du *Milieu*, dans lequel furent compris
Dole, Ornans, Quingey et lieux en dépendants distraits de celui d'Aval.

devant le juge du siége de Montmorot, par un mandataire spécial du prieur Antoine de Vergy. 1518

Il résulte donc de cette charte un fait très remarquable et presque unique, c'est que Gigny a été franc de toute ancienneté. On lit qu'il en a été de même de Saint-Claude, et l'historien Droz a écrit que les moines n'assujettissaient pas à la mainmorte les bourgs voisins de leurs monastères. Cependant cette opinion est contredite par les exemples de Tournus et de Moutier-en-Bresse, dont les habitants étaient certainement mainmortables. Il paraît résulter aussi de la même charte que Gigny existait déjà avant l'abbaye fondée par Bernon, comme on l'a dit au commencement de cette histoire. Mais il est à regretter que les titres qui établissaient les assertions de nos habitants ne soient point parvenus jusqu'à nous. Au reste, leur franchise fut encore reconnue dans des actes postérieurs, en 1543, 1546, 1691, etc..., et ils eurent toujours soin de veiller à la conservation de leurs priviléges. On trouve en effet, par exemple, que quelques allégations ayant été prononcées à l'encontre, dans le cours d'un procès, ils se réunirent, le premier janvier 1769, devant un notaire, et protestèrent hautement de leur condition franche. Il faut observer néanmoins que cette franchise n'était propre qu'au bourg de Gigny et à ses faubourgs, et non aux hameaux de Cropet et du Villars, dépendants de la paroisse, dont les habitants sont restés mainmortables jusqu'à la fin, ainsi que ceux des autres lieux de la seigneurie.

§ 4. Ce fut peu d'années après la charte des franchises reconnues par A. de Vergy, que messire Barthélemy *Pytiot* de Gigny, prêtre-recteur de l'hôpital et maison-Dieu de Cuseau, fit construire une *chapelle* en l'honneur de sainte Croix, dans l'église paroissiale de son lieu natal. Par contrat passé devant Devif, notaire, le 20 novembre 1520, il la dota de plusieurs fonds situés aux territoires de Cuseau, Gigny

1520
C. 139.

et Vaulx, hameau de Champagna. Or, cette fondation fut faite à condition que les chapelains qui succéderaient au fondateur seraient tenus de lui célébrer à perpétuité trois messes basses par semaine. Mais on a vu précédemment (au chap. XVII) comment cette fondation fut renouvelée et modifiée, en 1693, par les héritiers ou parents du fondateur primitif.

1524 — Quelques années après, en 1524, une autre fondation fut faite par Jean *Escalate* et Jean *Tissot*, d'une messe anniversaire avec vigiles, dans l'église prieurale, moyennant une rente annuelle de douze sols estevenants.

1526 — § 5. Le concile tenu en 517 à Epaone (qu'on présume être Yenne en Savoie) avait défendu aux ecclésiastiques quelconques d'avoir des chiens et des oiseaux de *chasse*. Saint Ferréol, fondateur du monastère de Beuvon, au diocèse de Sisteron, devenu par la suite un simple prieuré de l'abbaye de l'Isle-Barbe, avait aussi proscrit, en 555, le plaisir de la chasse, par la règle qu'il rédigea pour ses moines. Un concile de Germanie, en 742, avait de même défendu à tous les serviteurs de Dieu de courir les bois avec des chiens et d'avoir des éperviers et des faucons. Néanmoins, malgré toutes ces prohibitions, les prieurs et nobles religieux de Gigny, qui étaient en même temps seigneurs de ce lieu, ainsi que de plusieurs autres villages, avaient, comme on a déjà vu, au nombre de leurs droits féodaux, celui de la chasse. Ils se montraient jaloux de ce privilége, ainsi que les seigneurs laïcs, et veillaient à sa conservation. On voit, en conséquence, que le prieur de Vergy, en 1526, obtint, au sujet de ce droit, un mandement au bailliage d'Aval. On trouve aussi que, peu après sa mort, plusieurs procès pour la chasse furent intentés contre divers particuliers, aussi bien que dans le dix-huitième siècle, même après la sécularisation. Bien plus, lorsqu'en 1788 le noble chapitre fut supprimé, le droit de chasse et de pêche fut conservé viagèrement aux chanoines alors existants.

§ 6. Le 28 décembre 1530, Ant. de Vergy assista aux pompeuses funérailles de Philibert de Chalon, prince d'Orange et baron d'Arlay, dans l'église des Cordeliers de Lons-le-Saunier. Ce célèbre et dernier membre de l'illustre et puissante maison de Chalon, né en 1502, d'une manière un peu miraculeuse, par l'intercession de saint Philibert dont il prit le nom, selon le vœu fait à Tournus par Jean de Chalon, son père, et Philiberte de Luxembourg, sa mère, avait déjà parcouru une carrière remplie de gloire, lorsqu'il la termina à un âge où d'autres la commencent à peine. Après s'être emparé de Rome à l'âge de 24 ans, après avoir fait la conquête du Milanais et du royaume de Naples, et avoir enlevé 138 drapeaux aux ennemis vaincus, il fut tué, le 3 août 1530, au champ d'honneur, devant Florence, étant alors gouverneur de Franche-Comté, généralissime des troupes de l'empereur Charles-Quint, vice-roi de Naples, etc. Ses dépouilles mortelles furent transportées, comme en triomphe, de Florence à Lons-le-Saunier, où notre prieur officia solennellement, en sa qualité d'archevêque de Besançon, assisté des évêques de Genève et de Langres, des abbés de Baume, de Balerne, du Miroir, etc...

§ 7. Le concile de Latran, en 1215, avait ordonné que, dans toutes les églises suffisamment dotées, on établirait un maître de grammaire pour l'enseigner gratuitement aux clercs, et un théologien pour expliquer l'écriture sainte. Ces dispositions furent de nouveau prescrites par le concile de Bâle du commencement du quinzième siècle, par la pragmatique sanction de 1438 et par le concordat de 1517. En exécution, et avant que le concile de Trente les eût encore renouvelées, le pape Paul III, par une bulle du 3 novembre 1534, unit les dîmes de Cuisia près Cousance au prieuré de Gigny. Cette bulle en destina le produit à l'entretien d'un ou de plusieurs maîtres chargés d'enseigner aux moines novices le chant, la grammaire et les saintes lettres. Elle

1534 défendit en même temps d'employer ces dîmes à d'autres usages, *non in alios usus converterc.*

Nonobstant cette disposition expresse, il paraît que ces dîmes ne furent pas long-temps appliquées à leur destination, car elles dépendirent bientôt de l'office du chambrier. Lorsqu'en 1787, on s'occupa de supprimer le noble chapitre qui avait remplacé le prieuré, le curé de Cuisia réclama ces dîmes comme ne devant plus servir à leur destination primitive. En conséquence, dans le décret de suppression définitive de 1788, on lui donna acte de sa réclamation et on lui réserva tous ses droits.

§ 8. Depuis cette époque, on ne connaît plus d'événement relatif à Gigny arrivé du temps de notre prieur. Mais **1535** on lit qu'en 1535, en sa qualité d'archevêque, il publia un bréviaire pour le diocèse de Besançon, lequel ne fut probablement qu'une nouvelle édition de celui qui avait été mis au jour en 1480 par Charles de Neuchâtel, son anti-prédécesseur. D'autres éditions analogues ont été publiées en 1564, 1578, 1589, 1653, 1688, 1712, 1761, etc...

1539 On voit aussi qu'en 1539, il plaça solennellement les reliques de saint Ferréol et de saint Ferjeux dans une nouvelle châsse d'argent du poids de 140 marcs, fournie par le chapitre et les gouverneurs de Besançon.

C'est en cette même année que la cure de Cuisia près Treffort fut unie au chapitre de Gigny, comme on le dira à l'article du prieuré de ce nom.

§ 9. Ant. de Vergy mourut le 29 décembre 1541, et fut inhumé dans l'église de Saint-Étienne de sa métropole. On inscrivit sur son tombeau l'épitaphe suivante : *Egenorum et pauperum remedium qui fuerat præstantissimum hac tegitur urna. Reverendissimi ac in Christo Patris ac domini D. Antonii de Vergeio quondam archiepiscopi Bisuntini depositum, qui obit* XXIX *déc.* M DXLI. Ce prélat avait déjà obtenu, de son vivant, la qualification de *bon* et de *père des pauvres*, qualification qui a son mérite aussi bien que celle de *preux*, comme on l'a déjà dit, et qui était héréditaire parmi les membres de cette illustre et antique famille. En effet, on la trouve déjà dans l'épitaphe de Henri de Vergy, mort en 1330, et inhumé dans l'abbaye de Theuley : *Cy gist Henri de Vergey, chevalier, sieur de Fonvens, et seneschal de Bourgogne, appelé père des pauvres, qui trépassa l'an* M. CCC. XXX.

§ 10. J'ai supposé qu'Ant. de Vergy avait été chef commendataire de notre prieuré, jusqu'à la fin de sa vie. Cependant, on lit dans Guichenon que *Louis de Tarlet* était prieur et seigneur de Gigny en Comté en 1531. Mais c'est le seul indice de ce prétendu titulaire qui n'est peut-être que Louis de Tarlet, pitancier en 1546. La famille de ce nom, déjà connue en 1313, était de Bourg et portait d'azur, au faucon d'or grilleté d'argent, empiétant une perdrix becquée et onglée de gueules.

L'historien de la Bresse, si exact et si consciencieux du reste, a commis encore une erreur répétée dans plusieurs ouvrages, en disant que *Claude de la Baume*, archevêque de Besançon depuis 1543 jusqu'en 1584, année de sa mort, avait aussi été prieur de Gigny, ainsi que d'Arbois, Nantua et Jouhe, et encore abbé de Saint-Claude et de Charlieu. En effet, il y a trop de preuves que notre bénéfice a été tenu en commende, durant cette période d'années, par trois autres titulaires.

CHAPITRE XLI.

LOUIS DE RYE, prieur.

Terriers. — Bourgeoisie. — Procès divers. — Seigneurie de Joudes.

§ 1. LA commune de *Rye*, au canton de Chaumergy, sur

1552 la frontière des deux départements du Jura et de Saône-et-Loire, a aussi donné son nom à une ancienne et puissante maison de Franche-Comté, laquelle on présume être une branche cadette de celle de Neublans. Jean le Roux, poëte bourguignon du milieu du seizième siècle, ne manque pas de la signaler, dans les vers suivants, au nombre des principales du pays :

> Neufchâtel, Cusance, Chalon,
> Oyselet, de *Rye* et Granson,
> De Ray, Villers, Joux, Estrabon,
> Sont du pays les grands barons.

Cette maison, originaire d'Angleterre, existait déjà dans le dixième siècle, et le château de Rye, qui sert aujourd'hui à une exploitation rurale, est mentionné en l'an 1055. Cependant, on ne peut en suivre la généalogie, sans lacunes, que depuis Hugues de Rye, seigneur de Neublans, vivant en 1240, jusqu'à Ferdinand-François-Just de Rye, qui mourut sans enfants en 1657. En lui finit cette antique maison féodale, à défaut de successeurs mâles, et ses grands biens passèrent dans la maison de Poitiers, qui s'était alliée à celle de Rye. Ses armes étaient d'azur à l'aigle d'or.

Parmi les personnages marquants qu'elle a fournis, on compte trois généraux, trois chevaliers de la Toison d'or, deux archevêques de Besançon et deux évêques de Genève. De ces quatres prélats, trois ont été prieurs de Gigny et abbés de Saint-Claude.

§ 2. *Louis de Rye* fut un des douze enfants jumeaux que Jeanne de la Baume-Montrevel, morte en 1517, donna en six couches à son époux Simon, seigneur de Rye, Balançon et Dissey, chevalier d'honneur au parlement de Dole, vivant encore en 1508. Pour soulager cette si rare et si nombreuse famille de jumeaux, Louis fut placé, avec un de ses frères et cinq de ses sœurs, dans l'état ecclésiastique,

CHAPITRE XLI.

où il parcourut une carrière avantageuse. Il fut d'abord nommé, en 1528, titulaire de l'abbaye d'Auberive, fondée en 1138 à la source de l'Aube près de Langres; puis en 1542, prieur de Gigny, après la mort d'Antoine de Vergy.

§ 3. Dans les premières années de ce prieur, le *Terrier* de la seigneurie de Gigny fut confectionné et rédigé devant Claude Berrard et Pierre Darlay de Saint-Julien, clercs, notaires publics, coadjuteurs des tabellions du bailliage d'Aval, commissaires députés en cette partie par autorité et lettres de la souveraine cour du parlement de Dole. Les habitants de la seigneurie s'y reconnurent sujets en toute justice de révérend père en Dieu messire Louis de Rye, abbé d'Auberive, seigneur et prieur du prieuré conventuel de Gigny. Ils s'y reconnurent tous hommes mainmortables et de serve condition, à l'exception de ceux du bourg même de Gigny qui s'y déclarèrent *hommes francs et bourgeois* dudit lieu (128).

1542

C. 127.

---

(128) On dit (mais il est difficile à croire) que les anciens Gaulois ne connaissaient ni villes, ni bourgs, ni forteresses, et que chacun d'eux se fixait, avec sa famille, sur le fonds qu'il cultivait. Les Bourguignons, au contraire, après la conquête, habitèrent des tours ou châteaux forts nommés en grec *Bourgs*, d'où on croit que ces peuples avaient reçu leur nom. Les anciens habitants du pays, réduits à l'état de serfs, continuèrent à occuper les villages et les campagnes, et à y cultiver la terre.

Par la suite, dans le moyen âge, les Grands-Seigneurs descendants des Francs-Bourguignons établirent autour de leurs châteaux des bourgs proprement dits, fermés de murs et de fossés, qu'ils peuplèrent de familles franches dont les membres prirent la qualité de *Bourgeois* ou *Francs-Bourgeois*. Ces bourgs étaient des espèces de dépendances ou d'accessoires des châteaux, et ceux qui les habitaient participaient en conséquence de la franchise des seigneurs.

On a vu précédemment, par une charte de 1517, que Gigny avait été très anciennement fermé de murs, et peuplé de gens de franche condition. En conséquence, ceux-ci avaient la qualité de Francs-Bourgeois, et les étrangers qui venaient y résider participaient à ce privilège, en obtenant des *Lettres de Bourgeoisie* des échevins et habitants réunis en assemblée générale.

Pour obtenir ces lettres, tant pour soi que pour ses enfants nés et à naître, il fallait : 1.º être habitant de Gigny depuis l'an et jour; 2.º être reconnu de bonne vie et de bonnes mœurs; 3.º professer la religion catholique, apostolique

1542   Les habitants du Villars et de Cropet, quoique de la paroisse de Gigny, mais isolés du bourg, se reconnurent mainmortables, comme ceux des autres lieux de la seigneurie.

Le terrier fut rédigé en 1542 pour Graye et Charnay; en 1543 pour Gigny; en 1544 pour le Villars, Cropet, Morges, Montrevel, la Pérouse et Monnetay, et enfin en 1545 pour Louvenne. Mais celui de cette dernière commune fut passé devant les notaires Monnard et Chapon, et on lit que déjà, en 1534, les notaires Vuillemenot et Chapon en avaient rédigé une partie. On trouve aussi l'indication qu'à la même époque environ, des terriers partiels furent dressés, dans l'intérêt du monastère, devant différents notaires à Arbuans, Balanoz, Chambéria, Condal, Cressia, Cuiseaux, Joudes, Saint-Julien, Leyns, Loysia, Marie, Rosay, Vaux, Véria, etc.... La dîme de Gigny fut reconnue et réglée, en 1544, avec les habitants.

1544   § 4. Le cardinal Pierre de la Baume, abbé de Saint-Claude, évêque de Genève et archevêque de Besançon, étant mort en 1544, notre prieur, qui était déjà son coadjuteur dans l'évêché de Genève, lui succéda, soit comme abbé de Saint-Oyen de Joux, soit comme évêque et prince de Genève à la résidence d'Annecy, où les catholiques s'étaient retirés depuis l'année 1535. Il prit possession de cet évêché, par procureur, le 30 octobre 1546, mais il ne résida jamais dans son diocèse, et il essaya en vain de rentrer à Genève avec l'appui de l'empereur Charles-Quint. Il paraît au contraire qu'il fit quelquefois sa demeure à Gigny;

---

et romaine; 4.° produire dans l'année la preuve qu'on était franc ou affranchi et non mainmortable; 5.° enfin payer une somme de 30 francs. Ensuite de cette association, on participait aux honneurs et prérogatives des francs habitants de Gigny, aux droits de communauté, etc.... L'auteur de cette histoire a vu de telles lettres de bourgeoisie rédigées par-devant notaires en 1676, 1680, 1700, 1739, etc., etc.

car on trouve qu'il y assista, le 2 juin 1546, à un traité dont on parlera bientôt, et que, par acte daté de ce lieu, le 23 septembre 1547, il confirma les franchises de son mandement de Thy. On peut supposer aussi que c'est de son temps que le château de Gigny fut reconstruit ou réparé tel qu'il était avant la fin du dix-huitième siècle, et que c'est à lui que s'applique le mot *De Rye* sculpté sur une ancienne pierre de ce château, avec une lettre prénominale qui a été piquée en 1793. Cependant, on voit que l'aumônier du prieuré fut son vicaire général pour la spiritualité et la temporalité.

A la fin de l'année 1545, L. de Rye augmenta encore le nombre de ses bénéfices, en obtenant l'abbaye d'Acey vacante, dès le 1.er novembre, par la mort de Laurent de Rancey dit Puget. Il était naturel que cette abbaye de l'ordre de Citeaux, fondée en 1136 sur la rivière d'Ognon, eût pour titulaire un membre d'une famille depuis long-temps sa bienfaitrice. Aussi, dès et avant le quatorzième siècle jusques dans les derniers temps, un grand nombre d'individus de la maison de Rye choisirent leur sépulture dans cette abbaye.

§ 5. A la même époque environ, notre titulaire termina, en sa qualité de seigneur, un gros procès avec les habitants de Gigny. Le différend était relatif au droit d'usage de ceux-ci dans les bois communaux, au mode de leur jouissance, à la faculté d'y faire des fours à chaux et des fourneaux de charbon, à leur banalité ou réserve. Il avait encore rapport aux franchises des habitants, au droit de pêche dans la rivière de Suran, et à celui d'amender les contrevenants en matière rurale. Les bois communaux dont il était question portaient alors les noms suivants plus ou moins reconnaissables dans ceux d'aujourd'hui : *Echaudées, Vulgreney, Combe Burnest, Combe du Bualier, Grand'côte du Sauget, Bras du Sauget, Grand fond du Sauget, Forêt, Lozières, Sur la Roche, Sous la Roche, Montée des Combes, et Mal Geneyvre.*

1546

Ce procès avait commencé en 1529, du temps du prieur Antoine de Vergy, devant le juge châtelain de Gigny, à la requête de Barthélemy Devif, substitut du procureur de monsieur de Gigny. La procédure dura long-temps, et les habitants furent enfin condamnés, le 20 octobre 1544, aux assises tenues par le bailli du lieu. Les échevins ayant appelé de cette sentence, leur appel fut jugé, le 24 juillet 1545, par Désiré Vauchier, docteur en droit, lieutenant au bailliage d'Aval au siége de Montmorot, lequel, « après grande et « mûre délibération du conseil et le saint nom de Dieu, « souverain créateur préalablement invoqué, » donna gain de cause aux habitants de Gigny. C'est de ce jugement qui dépose aux archives de cette commune, que le procureur d'office du prieur appela à son tour en cour de parlement à Dole, et cet appel donna lieu à la transaction énoncée.

C. 128.

On peut lire, parmi les preuves de cette histoire, les diverses et nombreuses dispositions de ce traité fait le 2 juin 1546. On y verra, entr'autres choses, que le seigneur, alors en personne à Gigny, reconnut de nouveau la libre et franche condition des habitants, et de leurs successeurs ou descendants; qu'il leur reconnut aussi le droit de pêcher en la rivière de Suran, à l'exception de l'écluse ou *erreux* de son moulin banal; que les bois de la Forêt et de la côte de Sauget furent déclarés banaux ou propres au seigneur, sauf aux habitants le droit de vaine pâture en temps convenable, etc. On a cru devoir aussi publier et conserver ce long traité, parce que 1.º on y trouve la liste d'un certain nombre d'habitants de cette époque, d'après laquelle on connaît les familles qui se sont éteintes et celles qui peuvent encore s'enorgueillir aujourd'hui de subsister depuis plus de trois cents ans; 2.º on y lit les noms des religieux et officiers claustraux de cette époque; 3.º il y est question de l'église paroissiale, du château, de la ville, de la châtellenie et du bailliage de Gigny, de la porte rouge du prieuré, du droit de chasse, etc.

1546

Ce traité fut approuvé et ratifié, le même jour, par tous les religieux du monastère assemblés capitulairement au son de la cloche. Il fut seulement réservé par eux qu'ils continueraient, comme par le passé, à jouir des bois communaux pour leur chauffage. Le 18 avril 1547, le bailli du lieu le rendit exécutoire.

§ 6. En la même année 1546, le 2 novembre, eut lieu une autre transaction contenant bornage, entre les habitants de Gigny d'une part et ceux du Villars avec le cellérier du prieuré d'autre part, concernant les bois où les censitaires de cet officier claustral prétendaient un droit d'usage. Nous l'avons déjà mentionné, à la fin du chapitre XXX ci-devant, et on peut en lire les dispositions textuelles. En effet, quoique les habitants du Villars en aient contesté l'authenticité, lors de leur procès du dix-huitième siècle, nous avons jugé convenable de l'insérer parmi nos pièces justificatives, ainsi que le mandement de nouvelleté qui lui est annexé, au moins comme pièces faisant connaître la procédure de l'époque.

C. 129.

§ 7. Notre prieur L. de Rye reçut, en l'année 1547, la dédicace d'une édition des œuvres de saint Bernard, qui fut publiée par François-le-Mangeart *(Comestor)*, d'Arnay-le-Duc, évêque de Négrepont. En cette même année, il fit procéder à une visite des reliques de saint Taurin, contenues dans la châsse de l'église de Gigny par son vicaire-général. Celui-ci en fit dresser un acte par le notaire L. Chapon, qu'on trouvera parmi les preuves de cette histoire, et dont l'analyse sera faite dans le chapitre consacré à notre saint patron.

1547

C. 130.

§ 8. Un article malheureusement trop concis de nos inventaires cite, « sous la date du 27 mai 1548, un acte de prise « de possession de la *seigneurie de Joudes*, après la *réunion de* « *l'office de pitancier* à la mense capitulaire. » Il en résulte

1548

1548 donc qu'alors cet office claustral fut supprimé. En effet, après cette époque, on ne trouve plus de pitanciers cités dans nos titres. Louis de Tarlet, qui figure encore comme titulaire dans le traité précédent, du 2 juin 1546, fut probablement le dernier, et il est à croire que sa mort fut l'occasion de réunir son office à la mense. Il semble aussi résulter de la note précédente que la seigneurie de Joudes dépendait de cet office.

Un autre article d'inventaire mentionne également « un « acte de vente passé, le 26 mai 1557, par MM. de Gigny à « M. de Joudes, des droits seigneuriaux à eux appartenant « à Joudes et lieux circonvoisins. » Or, il est probable que cette vente n'eut pas son exécution, car l'auteur de cette histoire a vu un terrier renouvelé en 1601 (de ceux de 1344 et 1557) au profit de Fernande de Longvi, dit de Rye, prieur et seigneur de Gigny, pour les cens dus à Joudes et à Marcia. On y voit même Antoine de Montjouvent, seigneur de Joudes en partie, du Villars-sous-Joudes, de Balanoz, de Montagna, etc., reconnaître tenir divers fonds de la directe, censive et seigneurie de Gigny. Ce terrier fut renouvelé lui-même en 1693, et nos religieux ont joui à Joudes, jusqu'en 1789, soit des cens, soit de la dîme, soit même de la mainmorte. Ils eurent plusieurs fois, durant le dix-septième siècle, des contestations à l'égard de ces droits avec le seigneur et quelques habitants de Joudes, mais ils obtinrent toujours gain de cause.

La seigneurie principale de Joudes, c'est-à-dire celle du clocher, avec maison-forte et haute-justice, appartenait anciennement à la maison de Moysia, et on a déjà vu Jean de M. la reconnaître du fief du duc de Bourgogne, en 1324. Ensuite elle appartint, pendant plusieurs siècles, à la maison de Montjouvent près Varennes, laquelle a fourni beaucoup de religieux à notre monastère. Quelques membres de cette maison reprirent de fief, en 1473 et 1503, du duc de Bourgogne, seigneur de Sagy, notamment Antoine de M.; Bernard, fils de Guillaume de M.; damoiselle Clauda de Chevrel, veuve de Henri de M., etc. On a vu qu'Antoine de M. possédait encore cette seigneurie en 1601; mais elle fut discutée et vendue, en 1633, sur Catherine du Bois, peut-être veuve d'Antoine. Nicolas Gagne, qui l'acheta, la revendit en 1635 à Pierre Thorel de Barneaut, dont la fille reprit de fief du roi en 1656. Cette fille se maria avec Charles de Thoisy, et leurs descendants firent à leur tour le devoir féodal en 1695 et 1769. L'un d'eux possède encore aujourd'hui le château et les dépendances, et il en a fait le séjour le plus délicieux du pays.

§ 9. Louis de Rye, en 1549, prévoyant prochaine la fin de sa carrière, se fit nommer pour coadjuteur à l'évêché de Genève son frère germain Philibert de Rye. C'était avoir soin de sa famille et y rendre héréditaires les emplois et les dignités. Il poussa aussi sa prévoyance et sa sollicitude jusqu'à songer à sa sépulture, pour laquelle il fit construire, au mois de novembre de la même année, deux chapelles, l'une à Balançon et la seconde à Thervay, à côté de l'église paroissiale. Il mourut en effet le 25 août de l'année suivante, et, sans doute pour se conformer à ses intentions, on porta son cœur dans le tombeau de ses ancêtres, à Acey, devant le grand-autel de l'abbaye, et son corps fut inhumé dans sa chapelle de Thervay.

CHAPITRE XLII.

PHILIBERT DE RYE, prieur.

Concordat de 1554.

§ 1. Nous nous trouvons dans un siècle où l'usage per-

1554 mettait une sorte d'inféodation des riches bénéfices ecclésiastiques dans la même famille. Aussi, *Philib. de Rye* succéda à son frère, non-seulement comme évêque de Genève, mais encore comme abbé de Saint-Claude, d'Auberive et d'Acey, et comme prieur de Gigny.

§ 2. On ne sait rien au sujet de cet évêque de Genève, sinon que, comme son frère, il ne résida jamais dans son diocèse. En qualité de prieur de Gigny, il n'est guère connu 1554 que par un *concordat* ou traité qu'il fit avec les officiers et religieux de son prieuré. L'auteur de cette histoire n'a pu se procurer la copie textuelle de cet acte important passé, le 26 mai 1554, devant Humbert, notaire à Gigny, lequel n'existait déjà plus aux archives du monastère, en 1762. Mais, d'après des notes qui inspirent confiance, on peut regarder comme certain que Cleriadus de Rye ou de Ray, prétendu évêque de Belley, n'en a point été l'auteur, comme on l'a écrit. Ce traité avait pour objet principal de fixer les obligations et les engagements respectifs du prieur titulaire, des officiers claustraux, des autres religieux et du curé de Gigny, en ce qui concernait les prébendes, les aumônes, les fondations, etc... En voici quelques dispositions qui donnent une idée des mœurs et usages du temps, des habitudes des couvents, du nombre des mendiants de l'époque, etc...

1.º Il y est dit que, depuis un temps immémorial, les religieux et novices vivent séparément et non en commun, et qu'ils sont au nombre de vingt-cinq, à chacun desquels le prieur doit une prébende d'un pain de trois livres et de deux pintes de vin par jour.

2.º Le *prieur* s'oblige de donner : 1.º tous les dimanches de l'année, trois pains et demi de tiers ou de couvent (voyez la note 108), pour être distribués aux pauvres...; 2.º la veille des cinq fêtes de Pâques, Pentecôte, Saint-Pierre, Assomption et Noël, à trois treizaines de pauvres et à chacun d'eux, au château de Gigny, un demi-pain de tiers, une pinte de vin et un quartier de fromage...; 3.° tous les jours, trois pintes de vin pour les femmes *gissantes* (en couches) et enceintes; 4.° aux frères des quatre ordres mendiants passant par Gigny, requérant l'aumône, toutes les fois qu'il s'en présente, et à chacun d'eux, la prébende appelée *charité*, qui consiste en un demi-pain de couvent et une pinte de vin; 5.° le jeudi saint, à tout venant à Gigny, un car de Savoye [129], plus le pain que l'on bénit ce jour là au réfectoire, plus treize engrognes [130] à treize pauvres pendant qu'on fait la cène...; 6.° à chaque habitant, le jour de carêmentrant, un pain de couvent et deux pintes et demie de vin [131]...; 7.° aux religieux et novices qui vont en procession, le mardi et le mercredi des rogations, un chacun desdits jours, pour leur déjeuner, un pain de couvent et deux pintes de vin qui étaient à recouvrer par les curés de Gigny et de Graye, chez lesquels les religieux déjeunaient ces jours là...; 8.° au curé de Gigny, pour sa prébende et assistance aux vêpres et à la procession, à chacune des fêtes solennelles susdites, ainsi qu'à chaque jour des rogations, un pain de couvent de trois livres et une pinte de vin...; 9.° au curé de Graye, le second jour des rogations, un pain de couvent et deux pintes de vin...; 10.° au même curé de Gigny, un pain de couvent et une pinte de vin, les jours de fête du précieux corps de Dieu, de saint Marc et de saint Taurin...; 11.° enfin, une prébende aux ouvriers qui rétablissent le toit de l'église, réparent la fontaine et ses aqueducs, entretiennent les linges et ornements, relient les livres, etc...

3.° L'*aumônier* doit d'abord l'aumône d'un pain de seigle,

1554

---

(129) D'après notre charte 128, deux *cars* valaient un sol.

(130) Une *engrogne* de monnaie comtoise valait, selon Grappin, un denier et demi de monnaie estevenante, ou un denier et un neuvième de monnaie de France. Elle valait quatre deniers ou le tiers d'un sol, selon d'autres.

(131) On doit louer le sentiment de nos religieux qui faisaient participer les pauvres aux plaisirs du carnaval.

tous les jours de l'année, à tout pauvre de a seigneurie venant la demander, et même à d'autres si elle est nécessaire. En outre, il doit faire, le jeudi saint, l'aumône de la quarte-partie d'une miche à tout venant à Gigny; doit fournir, ce jour là, l'eau, le vin, le linge et les bassins nécessaires pour le mandat de treize pauvres; enfin faire célébrer la messe matutinale du même jour. Il doit aussi entretenir l'hôpital de trois lits, de draps et de couvertures pour les pauvres.

4.° Le *sacristain* est tenu de fournir le luminaire de l'église du prieuré; d'y entretenir, chaque jour, quatre lampes allumées; de fournir aussi le luminaire pour les messes de fondation, ainsi que les aubes, amicts, chasubles et étoles, comme encore l'encens, le vin et les hosties, même un cierge éclairé sur le grand-autel, tous les samedis, depuis Complies jusqu'au commencement de la messe de Notre-Dame, du dimanche matin. Il doit entretenir l'église en général, garnir les sept autels [132] de draps, couvertes et corporaux, fournir les cordes des cloches, faire sonner toutes les heures, entretenir particulièrement l'horloge, les toits de l'église et des chapelles, les fenêtres, les calices, les châsses, reliquaires, chappes, chasubles, linges, missels, livres de chœur, et tous ornements nécessaires au service, en veillant soigneusement à leur conservation [133].

5.° Enfin l'*ouvrier* est chargé, entr'autres soins, de l'entretien de la fontaine et de faire arriver l'eau dans la cour du monastère.

Au reste, on verra plus tard, dans les chapitres consacrés aux divers officiers claustraux, comme ces dispositions

---

[132] Il est difficile de désigner aujourd'hui les places qu'occupaient ces sept autels; on n'a parlé que de cinq d'entre eux, au chap. 37.

[133] Comme il n'est pas ici question d'orgues, non plus que dans le procès-verbal d'une visite de l'église dressé en 1760, il est comme certain qu'elles y ont été introduites après la sécularisation.

avaient été conservées ou modifiées dans la suite des temps, et avec quelles ressources ces charges étaient acquittées.

§ 3. Philibert de Rye survécut encore deux ans à la confection de ce concordat, et mourut, en 1556, au château de la Tour du Meix appartenant à l'abbaye de Saint-Claude. Il fut enterré dans l'église paroissiale de Saint-Christophe.

CHAPITRE XLIII.

CLERIADUS DE RAY, prieur.

Confrérie de Saint-Taurin.

§ 1. LA maison de *Ray*, comme on a vu précédemment, est placée par le rimeur Jean le Roux au nombre de celles qui possédaient les grandes baronies de Franche-Comté. Elle est fort ancienne, puisqu'on trouve déjà des *sires de Ray* dans les onzième et douzième siècles : Ponce en 1090, Othon en 1105, Sevin en 1114 et 1118, Guy en 1170, Eudes en 1175, etc. Mais le plus célèbre de tous est Othon de la Roche, sire de Ray, à cause de sa femme, lequel alla en croisade, en 1202, avec Baudoin, concourut à l'établissement de l'empire latin de Constantinople, et fit la conquête d'Athènes, Thèbes, Argos et autres villes de la Grèce, dont il devint duc et où il séjourna jusqu'en 1220. Avant lui, les seigneurs de Ray portaient : de gueules à l'escarboucle pommetée et fleuronnée de huit rais d'or terminés par une fleur de lys. Or, comme il avait été duc d'Athènes, il substitua aux rais quatre points d'hermine, pour indiquer le rang de prince qu'il avait tenu en Grèce. Toutefois, ce changement ne paraît pas avoir été adopté dans les temps postérieurs, et les premières armoiries ont prévalu.

L'adage héraldique de ces seigneurs était *gracieuseté de Ray*.

1556   Leur baronie était composée de Ray, dans l'arrondissement de Gray, et des villages voisins Membrey, Teincey et Vannes.

§ 2. *Cleriadus de Ray*, fils cadet d'Antoine, baron de Ray, et de Jeanne de Viry, fut destiné à l'état ecclésiastique et devint successivement protonotaire apostolique, prieur de Gigny, de Morteau et de Champlitte, puis, en 1579, maître des requêtes honoraire au parlement de Dole. On a écrit dans les derniers temps qu'il avait été évêque de Belley, mais c'est par erreur; car Ant. de la Chambre occupa ce siége épiscopal de 1552 à 1576, et J. Geoffroy-Ginod de 1576 à 1604.

1557   Deux titres de Gigny seulement signalent Cleriadus de
M.   Ray comme prieur, l'un de 1557, où il est simplement men-
1560   tionné; l'autre de 1560, par lequel on voit que, le 4 décembre de cette année, il ratifia le concordat fait en 1554 par son prédécesseur.

1562   § 3. Sous ce prieur, les guerres de religion ensanglantè-
1563   rent toute la France, mais le monastère de Gigny n'eut point
1567   à en souffrir, non plus que tout le comté de Bourgogne. Le
1568   gouvernement sévère et religieux de Philippe II, roi d'Es-
1569   pagne, l'en préserva. L'inquisition qui avait déjà été établie
1570   à Besançon, en 1247, par le souverain pontife, à la demande
1572   de Jean, comte de Chalon et de Bourgogne, y fut renouvelée
1573   par le souverain espagnol, et c'est à elle que le pays dut d'être
1575   préservé du fléau de la guerre civile pendant de longues années. Au reste, cette institution y fut sage et modérée, présidée par l'archevêque, surveillée par le gouverneur et jugée par le parlement de Dole. Celui qui écrit ces lignes s'entend déjà reprocher d'être fauteur ou apologiste d'une institution abhorrée, mais il cite un fait et il invite le lecteur à comparer la situation des deux pays à cette époque.

Ce fut aussi du temps de ce prieur que, le 15 juin 1582, les religieux de Gigny instituèrent, dans l'église du prieuré, la *confrérie de Saint-Taurin*, dont on peut voir les statuts parmi les preuves de cette histoire, et dont il sera parlé dans le chapitre spécialement consacré à ce saint évêque.

1582
C. 132.

§ 4. Cleriadus de Ray cessa d'être prieur de Gigny en l'année 1586 [134]. A cette époque, J.-B. de Ray, son neveu, fils de Claude, baron de Ray, seigneur de Vauvillars, et d'Anne de Vaudrey, dame de Courlaou, Présilly et Saint-Julien, étant mort jeune et sans enfants, cette ancienne maison allait s'éteindre à défaut de successeurs mâles. Or, pour empêcher cette extinction qu'on redoutait si fort, sous le régime de la féodalité, notre prieur succéda par substitution à la baronie de Ray. En conséquence, il quitta l'état ecclésiastique, renonça à ses nombreux bénéfices, rentra dans le monde, devint baron de Ray et de Roulans, et épousa, en 1587, Clauda de Bauffremont. De ce mariage naquirent : 1.º Rose de Ray, qui se maria avec Alexandre de Mermier, baron de Longvi ; 2.º Claude-François de Ray, capitaine de cavalerie, qui continua la maison de Ray, mais qui n'eut lui-même qu'une fille, Marie-Célestine, baronne de Ray, mariée, en 1636, avec Albert de Mérode.

1586

Cette renonciation à l'état ecclésiastique et ce mariage d'un prieur paraîtront étranges à beaucoup de lecteurs de nos jours. En effet, le pape Innocent III, mort en 1217, avait décidé que les vœux de chasteté, de pauvreté et d'obéissance étaient tellement obligatoires, que le souverain pontife ne pouvait point en relever, ni les délier. Mais, ses successeurs ne furent pas si scrupuleux, et ils ne tardèrent pas à permettre le mariage des ecclésiastiques, puis à *sécu-*

---

(134) Si l'abbé Baverel, en citant *Jean de Saint-Germain* comme prieur commendataire de Gigny en 1570, et si Guichenon, en qualifiant de même le cardinal-archevêque *Claude de la Baume*, mort en 1584, n'ont pas commis d'erreurs, il faut convenir que Cleriadus de Ray a renoncé à son bénéfice de Gigny, bien avant 1586, et que même ce prieuré a encore eu un titulaire inconnu en 1585, ou a été vacant pendant deux ans.

1586

lariser les moines. Le mariage des gens d'église devint donc chose assez commune, surtout dans la haute classe sociale, et principalement pour continuer les grandes familles féodales. On en trouve des exemples dans Philippe de Savoie, archevêque de Lyon en 1267 ; dans César Borgia, cardinal en 1498 ; dans Ferdinand de Médicis, autre cardinal, en 1588 ; dans l'archiduc Albert d'Autriche, aussi prince de l'église romaine, en 1598 ; dans Henri de Montpezat, évêque de Montauban, mort en 1619, l'un des ancêtres d'un de nos religieux ; dans Armand de Bourbon-Conti, abbé de Saint-Seine, en 1650 ; enfin, pour se rapprocher davantage de notre localité et de notre temps, dans N... Bereur, prieur de Saint-Désiré de Lons-le-Saunier, qui se maria en 1710 avec une demoiselle de Saint-Mauris ; et dans le trop fameux évêque d'Autun, Talleyrand de Périgord, délié de ses serments en 1803, et *sécularisé*, comme il disait, par le pape Pie VII.

CHAPITRE XLIV.

FERDINAND DE RYE, prieur.

Invasion de Henri IV. — Siège de Dole.

1586

§ 1. La maison de *Rye*, qui avait déjà donné deux prieurs à Gigny, continua l'usufruit héréditaire de ce riche bénéfice dans la personne de *Ferdinand de Rye*, neveu des deux frères de ce nom dont nous avons parlé. Il était fils, non pas de Philibert de Rye, général d'artillerie aux Pays-Bas, et de Claude de Tournon, comme l'historien Dunod l'a avancé par erreur ; mais de Gérard de Rye et de Louise de Longvi, ainsi que Chiflet, son contemporain, et l'historien U. Plancher l'ont écrit.

On le trouve désigné assez généralement sous le nom de Ferdinand de Rye, et aussi, dans plusieurs titres, sous ceux de Ferdinand de Rye *dit de Longvi*, ou *Ferdinand de Longvi dit de Rye*. Dans ces dénominations, le mot *Fernand* ou *Fernande* se trouve souvent aussi substitué au mot Ferdinand. Or, il y a ici deux observations à faire : la première, que plusieurs membres de cette ancienne famille prenaient pour surnom le nom d'une de leurs terres, provenant soit de leurs mères, soit de leurs femmes. C'est ainsi que, dans le treizième et dans le quatorzième siècles, on trouve Jean de Rye et Mathée de Rye *dits de Neublans*. D'un autre côté, le mot *Fernand* est à remarquer, comme emprunté à la langue espagnole, qui semblait s'introduire en Franche-Comté ; car on rencontre aussi un Fernand de Neufchâtel, seigneur de Montaigu, en 1496 ; un Fernand Seguin, avocat-général au parlement de Dole, en 1561, un Fernand de Vergy, mort en 1594.

§ 2. On lit que Ferdinand de Rye, né en 1556 environ, fut militaire dans sa jeunesse. Cependant il entra d'assez bonne heure dans l'état ecclésiastique, puisqu'à l'âge de 24 ans, il obtint déjà des bulles de nomination pour le prieuré de Saint-Marcel, c'est-à-dire en 1580. Dès-lors, la liste de ses bénéfices et dignités s'accrut rapidement ; car, à des dates inconnues, il devint archevêque de Césarée, haut-doyen de Besançon, abbé de Charlieu, et il fut nommé prieur d'Arbois en 1584, prieur de Gigny et de Morteau en 1586, en même temps qu'archevêque de Besançon et prince du saint empire romain. Il devint abbé de Saint-Claude en 1589 et d'Acey en 1615.

§ 3. Au mois de janvier 1595, Henri IV ayant déclaré la guerre à l'Espagne qui favorisait toujours la ligue, la Franche-Comté eut beaucoup à souffrir des courses, des pillages et des incendies que ce roi, trop loué pour sa bonté [135], y

---

(135) On ne conçoit pas l'engouement avec lequel on a vanté et admiré ce roi

1595 dirigeait en personne, ou y faisait exécuter par ses généraux. Son but, en effet, n'était pas de faire des conquêtes, mais seulement des *razzias* ou ravages sans gloire, et de mettre à contribution un pays inoffensif et sans armes, étranger à sa querelle.

Le 13 août, il traita avec Poligny, moyennant 20,000 écus. Quelques jours plus tard, après avoir rançonné et saccagé Arlay, après avoir fait incendier dans un moment d'humeur, la ville de Lons-le-Saunier qui avait traité pour 25,000 écus, il passa, le 19 août, à Cuiseaux, avec une partie de son armée qu'il y fit rafraîchir, et se dirigea sur Pont-de-Vaux. En même temps, ses autres troupes, sous le commandement du maréchal Biron, parcouraient tout le pays qu'elles rançonnaient.

Du 19 au 25 août, les châteaux de Beaufort, Cressia, Orgelet, Montfleur, etc., furent occupés par elles. Ce fut le 24 août que le corps d'armée principal, commandé par Biron lui-même, en allant d'Orgelet à Saint-Amour, fit composer *l'abbaye de Gigual*, comme les villes et châteaux qu'elles effrayaient. Cette composition, exigée sans respect pour l'établissement religieux, continua sans doute et fut renouvelée ensuite ; car la ville voisine de Saint-Amour, après avoir été prise, fut occupée militairement durant plusieurs mois.

§ 4. La mention des événements peu importants qui suivent prouvera au moins combien nous avons à cœur de ne rien omettre de ce qui concerne notre pays natal :

pour ses bonnes qualités morales. Ce qui est certain, c'est qu'on ne peut considérer que comme *athée* ou *irréligieux*, celui qui a renoncé le culte de son père, pour obtenir une couronne ; comme *débauché* et *immoral*, celui qui a rempli la France de scandales et de bâtards ; comme *barbare*, celui qui a fait brûler la ville de Lons-le-Saunier et les monastères de ses deux faubourgs ; comme *charlatan*, celui qui promettait aux pauvres cultivateurs une aisance qu'il ne voulait ni ne pouvait leur accorder ; comme *ingrat* et *sans générosité*, celui qui, au lieu de pardonner au maréchal Biron, son ancien ami, auquel il devait tant, lui fit trancher la tête et confisqua ses biens.

1.º En 1596, renouvellement des terriers de Champagna et de Vaux, au profit du prieuré, par-devant Louis Bertrand, notaire à Gigny, et Jean Crestin, notaire à Cuiseaux; — 1596

2.º En 1601, renouvellement de ceux d'Arbuans, Joudes et Marcia, devant les mêmes notaires; — 1601

3.º En 1607, acensement du meix Galbry, depuis nommé Grange de l'Isle, dont il a été parlé au chapitre XXX, à l'article de la Léproserie; — 1607

4.º En 1612, traité au sujet de la portion congrue, entre le curé de Saint-Nizier et le prieur de Gigny; — 1612

5.º En 1614, mandement de garde obtenu pour les dîmes de Chambéria et Marsenay; — 1614

6.º En 1618, apparition d'une comète qui fut un objet de surprise, pendant tout le mois de décembre, mentionnée dans les registres publics du pays; — 1618

7.º En 1629, donation, à notre prieuré, d'une pièce de terre située à Cropet, dite en Condamine, par Cl. Vincent, de la Pérouse; — 1629

8.º En 1632, autre donation de deux vignes et curtils situés à Cuiseaux, par messire Guidon de Champagna; — 1632

9.º En 1633 et en 1636, nos religieux obtinrent deux arrêts du conseil qui leur accordaient l'exemption des droits d'entrée en Franche-Comté, pour leurs blés et vins provenant de la Bresse et de la Bourgogne. Ces arrêts étaient basés sur le traité de neutralité ménagé entre les deux Bourgognes par les soins de la célèbre Marguerite d'Autriche, fille de Marie de Bourgogne, et apanagère de la Franche-Comté. Ce sage traité, dont les Suisses se rendirent garants, et qui maintint si long-temps la paix entre ces deux provinces, quoique les pays voisins fussent en guerres continuelles, fut signé en 1522 par François I.er et Charles-Quint. Il fut renouvelé en 1542, puis en 1636 et 1644. Il portait : « ceux « de la Franche-Comté ne pourront être travaillés ni mo- « lestés pour les biens qu'ils ont au duché de Bourgogne, — 1633 1636

« ni pareillement ceux du duché pour les biens qu'ils auront
« audit comté, sans qu'ils soient tenus, pour transporter
« les fruits provenant des héritages qu'ils ont ou auront aux-
« dits pays, de l'une des souverainetés à l'autre, de payer
« aucunes gabelles ni impositions. »

10.° Pendant toute la durée de son prieurat, Ferdinand de Rye eut les chambriers du monastère pour ses vicaires-généraux, du moins de 1586 à 1626, comme nous l'avons constaté.

§ 5. Les faits qui suivent, quoique personnels à notre prieur et à peu près étrangers à Gigny, méritent cependant d'être notés ici :

1.° En 1589, il publia une nouvelle édition du bréviaire de son diocèse.

2.° En 1596, il fut nommé maître des requêtes honoraire au parlement de Dole.

3.° En 1598, il remplit une mission assez désagréable de la part de l'archiduc Albert d'Autriche, gouverneur des Pays-Bas. Ce dernier qui était archevêque de Tolède et cardinal depuis l'année 1577, ayant renoncé à l'état ecclésiastique pour se marier avec l'infante Isabelle qui lui apporta en dot les Pays-Bas et la Franche-Comté, l'archevêque Ferdinand remit son chapeau de cardinal au pape alors à Ferrare, en consistoire secret.

4.° En 1608, il publia une relation du miracle de la sainte hostie arrivé à Faverney après l'incendie de l'autel et du tabernacle.

5.° En 1625, après la mort du gouverneur Cleriadus de Vergy, l'infante Isabelle confia, à pouvoir égal et absolu, le gouvernement de la Franche-Comté au parlement de Dole et à l'archevêque de Besançon.

§ 6. Ferdinand de Rye termina sa longue carrière par un grand acte de courage et de dévouement pour sa patrie. La France, quoique gouvernée par un cardinal de l'église romaine, s'était liguée avec les protestants de la Hollande, de la Suède et de l'Allemagne. Elle avait déclaré, en mars 1635, la guerre au roi d'Espagne, au duc de Lorraine et à l'empereur d'Allemagne alliés, guerre funeste, mêlée de revers et de succès, qui tint pendant vingt-cinq ans l'Europe sous les armes et causa le malheur des peuples. La Franche-Comté surtout, comme province espagnole limitrophe de la France, en ressentit des maux inouis. L'armée française, commandée par le prince de Condé, y ayant pénétré au mois de mai 1636, en violant le traité de neutralité renouvelé peu de jours auparavant, notre prieur, quoiqu'âgé de 80 ans, n'hésita pas à aller s'enfermer dans la ville de Dole, pour coopérer avec le parlement, en sa qualité de co-gouverneur, à la défense de cette ville. Il répondit, selon le conseiller Boyvin, à ceux qui voulaient le détourner d'un si généreux dessein, « qu'il ne se voulait point desjoindre, et « qu'il choisirait toujours plutôt un péril honorable et utile « au service du roi, qu'une retraite honteuse et inutile. » Le siége commença le 28 mai, avec une armée de 30,000 hommes; mais la défense dirigée habilement et effectuée, avec des prodiges de valeur, par les bourgeois et même par les femmes mêlés aux soldats, fut couronnée de succès. Le siége fut levé le 15 août, après avoir duré près de trois mois. Le courageux Ferdinand de Rye ne survécut pas long-temps à son triomphe, car il mourut peu de jours après, ou même, dit-on, le lendemain, dans son château de Vuillafans. Il ne put donc pas recevoir les témoignages de satisfaction que le roi d'Espagne donna aux défenseurs de Dole. Ce fut François de Rye, son neveu et son successeur à l'archevêché de Besançon, qui y participa, et pour lequel Philippe IV sollicita un chapeau de cardinal.

Ferdinand de Rye avait fait son testament le 15 juin 1636, par lequel il fit en vain tous ses efforts, au moyen d'une multitude de substitutions, pour conserver à perpétuité dans sa

1636

C. 133.

1636 famille, comme il le dit, *le nom, les armes, et la splendeur de la maison de Rye*. Mais, ce testament, connu sous le nom de *Majorat de Rye*, donna lieu, au commencement du dix-huitième siècle, à un grand procès qui ne fut jugé définitivement qu'en 1723, en faveur d'Élisabeth de Poitiers.

CHAPITRE XLV.

Philippe-Louis de PROWOST, dit de PELOUSEY, prieur.

Guerre, peste et famine. — Baume ou grotte de Gigny.
Réforme des Bénédictins. — Confrérie de Saint-Georges. — Aumônier de prieur.
Rente de muire à Salins.

1636 § 1. La famille de *Pelousey* prenait son nom d'une commune de l'arrondissement de Besançon, au canton d'Audeux, dans l'ancien doyenné de Sexte, dont l'église fut donnée en 1134 à l'abbaye de Saint-Paul de Besançon, par l'archevêque de cette ville. Gaspard de Prowost, seigneur de Pelousey, mort en 1666, et reçu en la confrérie de Saint-Georges en 1624, était peut-être frère de notre prieur, c'est-à-dire, de noble *Philippe Loys de Prowost*, dit *de Pelousey*. Il est à croire qu'il succéda à Ferdinand de Rye, comme titulaire du prieuré de Gigny; mais les titres de ce lieu n'en fournissent pas la preuve rigoureuse. Ils établissent seulement qu'il y a résidé dès ou avant l'année 1645, en qualité de prieur et de seigneur. On trouve, d'un autre côté, qu'en 1641, il fut nommé prieur de Saint-Désiré de Lons-le-Saunier, par le roi d'Espagne Philippe IV, mais qu'il n'obtint ses bulles qu'en 1645. Il est possible aussi qu'une lacune ait existé à Gigny entre lui et Ferdinand de Rye, à cause des malheurs des temps dont nous allons parler.

1637 § 2. La levée du siége de Dole fut loin d'avoir terminé les maux du pays. L'année 1637 vit recommencer, en Franche-Comté, une *guerre* encore plus funeste que celle de l'année précédente. Les Français alliés aux Suédois y étaient rentrés, sous la conduite du duc de Weymar, dans les premiers mois de l'année, et ils y portèrent partout le fer et le feu.

1637

Du 28 au 31 mars, sous le commandement du duc de Longueville, ils firent le siège et le sac de Saint-Amour, qu'ils réduisirent en cendres, malgré la défense héroïque de ses habitants et les actes de courage du capitaine Vieux et du médecin Chapuis.

La ville de Lons-le-Saunier fut prise d'assaut et incendiée, le 25 juin, après un siége de trois semaines.

Celle d'Orgelet eut le même sort quelques jours après, ainsi que le bourg de Clairvaux occupé néanmoins sans résistance.

Le château de Montaigu capitula, le 28 juin, après une glorieuse défense.

Un combat sanglant fut livré le 16 juillet, auprès de Cornod, au canton d'Arinthod, où les troupes comtoises, espagnoles, lorraines et allemandes liguées, furent mises en déroute par les Français et Suédois.

Bletterans, après un honorable siége de quelques semaines, se rendit le 4 octobre, par capitulation, au duc de Longueville, et l'hiver seul suspendit ces hostilités barbares et dévastatrices.

§ 3. L'année 1638 les vit recommencer avec la même fureur. Une bataille sanglante eut lieu, le 19 juin, entre le même duc de Longueville et le duc Charles de Lorraine, près de Poligny. Cette ville, après quatre jours de siége, fut prise d'assaut, et, selon la coutume, livrée au pillage, au massacre et aux flammes, le 29 du même mois. Il en fut ainsi de celle de Saint-Claude, dans la même année.

1638

En 1639, Pontarlier fut pris par le duc de Weymar et le

1639

comte de Guébriant, le 24 janvier ; Nozeroy, le 4 février ; le fort de Joux, le 14 de ce mois ; etc...

Enfin, la guerre continua ainsi, avec plus ou moins d'acharnement, pendant encore vingt ans. A la vérité, le pays respira un peu depuis 1644, parce que le traité de neutralité dont il a été parlé fut alors renouvelé entre les deux Bourgognes. Mais, dans le fait, on ne fut réellement en paix qu'après le traité des Pyrénées de 1659. Aussi, quoique les infortunés habitants de Saint-Amour commencèrent, en 1645, à venir remuer les cendres de leur ville, ce ne fut qu'en 1659 qu'ils en rebâtirent les murs.

§ 4. Cependant, cette guerre interminable, accompagnée de tant d'horreurs, qui suspendit l'agriculture et fit tomber les terres en friche, qui détruisit presque tous les actes publics, ne fut pas le seul fléau qui pesa sur les malheureux habitants. La *famine* et la peste s'y joignirent encore et amenèrent des maux inconnus aux siècles passés.

« Dès 1629, dit l'historien Chevalier, on souffrait en
« Franche-Comté de la misère et de la disette des denrées
« élevées à un prix excessif...., et jusqu'en 1644, cette di-
« sette y régna. La livre de pain coûtait 5^s· 10^d· ; celle de
« fromage, 12 à 16^s· ; la douzaine d'œufs, 15^s· ; la pinte de
« vin, 7, 10, 11^s· ; etc.... » Or, à cette époque, la valeur de l'argent était au moins double de celle qu'il a de nos jours.

« En 1638, dit aussi Dunod, la misère et la disette furent
« telles dans l'armée auxiliaire d'Espagne, amenée de Lor-
« raine en Franche-Comté, qu'elle se trouva réduite à
« vivre de la chair des chevaux, et qu'on en servait sur la
« table même du duc Charles de Lorraine, commandant
« pour l'Espagne. Un soldat ayant eu la main fracassée
« par son fusil qui creva, le chirurgien qui l'avait coupée
« la demanda en paiement et la mangea. On déterra le bé-
« tail pour vivre de ses cadavres à demi pourris..... L'aban-
« don de la culture amena une longue famine. »

Un autre historien contemporain, Girardot de Beauchemin, en parle aussi en ces termes : « La famine commença « en 1638, année de déplorable mémoire, où les paysans « retirés dans les villes y étaient entassés et sans ouvrage ; « le grain se vendait au plus haut prix ; on vivait d'herbages et d'animaux immondes. Les hommes hâves, mourant de faim, mangeaient au besoin de la chair humaine ; « les soldats tués au combat étaient encore utiles dans cette « nécessité : la mort se présentait sous toutes les formes. « De grandes émigrations eurent lieu : un curé se rendit à « Rome, avec 500 de ses paroissiens, et le pape lui donna « une église qu'on appela *Saint-Claude-des-Bourguignons*. »

§ 5. En même temps, une maladie contagieuse très meurtrière dépeuplait tout le pays et ajoutait aux horreurs de la guerre et de la famine. Elle est désignée, dans les relations, sous le nom vague de *peste*, et la mort du duc de Veymar, due, en 1639, à cette maladie accompagnée d'un charbon sur la poitrine, pourrait faire penser que c'était la peste de l'Orient. Cependant, il est plutôt à croire que c'était une peste militaire, un typhus pétéchial des armées ; du moins, c'est ce qui paraît résulter de la description qu'en a donnée un médecin contemporain, sous le nom de fièvre pourprée, dans un petit traité spécial publié à Chalon [136]. Cependant, ce fléau avait déjà porté la dépopulation, avant la guerre dont nous avons parlé, dans le Lyonnais et dans les deux Bourgognes, à Lyon, Chalon, Beaune, Dijon, Bar-S.-S., Besançon, Gray, Salins, Poligny, etc.... Apportée par des soldats, en août et septembre 1628, elle avait enlevé à Lyon 500 personnes par jour, et même un nombre total de 150,000 victimes, selon une relation probablement exagérée. Au mois de juillet de la même année, des marchands étrangers l'ayant introduite à Beaune, cette ville en était devenue déserte, et l'herbe y avait crû d'un demi-pied dans les rues

---

(136) *J. Morel*. De febre purpurata epidemica, etc... Cabilone 1654. Edit. s.

1644 les plus fréquentées. En 1629, le seigneur de Verissey-en-Bresse avait obtenu un arrêt du parlement de Dijon, portant défense aux habitants de sa seigneurie d'aller dans les villages ou bourgs voisins, en temps de peste, et de recevoir personne chez eux, sans certificat de santé. En la même année, d'après un article de nos inventaires, « les habitants « de la Bourgogne et les révérends pères Cordeliers avaient « fait des vœux à saint Taurin de Gigny, pour être déli-« vrés de la peste. » En 1630, elle avait obligé le parlement de Dole à se retirer d'abord à Pesmes, puis à la Loye, et en 1631 elle avait été cause de la translation de celui de Dijon à Châtillon-sur-Seine. En 1632, selon l'ouvrage médical précité, elle avait presque dépeuplé la ville de Chalon-sur-Saône. Enfin, en 1633, elle avait déjà causé l'émigration des habitants de Poligny dans les villages voisins.

Néanmoins, c'est surtout au siége de Dole qu'elle parut avec une nouvelle recrudescence et y rendit mortelles les moindres blessures. « Elle y enleva, selon des mémoires du temps, plus « de 7,000 personnes, et réduisit cette ville presqu'en un « désert, en sorte qu'on aurait fauché l'herbe dans les rues « comme dans un pré. » Pour en arrêter les progrès, on implora les secours du ciel, on fit des vœux, et la ville envoya même, au mois de septembre, deux de ses minimes à Venise et à Milan, afin d'y célébrer la messe en l'honneur de saint Roch et de saint Charles Borromée. Après la levée du siége, l'épidémie se répandit de tous côtés, par le transport des habitants et des soldats qui sortirent de cette ville, et elle exerça ses ravages avec une sorte de fureur dans presque l'étendue des deux Bourgognes, et même de la France, de l'Italie et de l'Allemagne ; on peut en prendre une idée, en lisant que, dans la petite ville de Poligny, où elle avait reparu, elle fit jusqu'à plus de cent victimes par jour.

C 133. On peut aussi en juger, en apprenant par une de nos chartes, qu'apportée de Cuiseaux à Véria, succursale de Gigny, cette peste fit périr successivement, en dix-huit jours, au mois de septembre et octobre 1636, les dix membres de la famille du curé Roussel, sans distinction d'âge ni de sexe. Cet estimable ecclésiastique y succomba probablement aussi, après avoir écrit cette funèbre relation ; car, quelques jours après, le registre des décès de sa paroisse où il l'a consignée n'est pas continué.

« Après la cessation de la plus grande fureur contagieuse,
« dit l'historien Chevalier, on faisait passer à grands frais,
« dans les maisons des pestiférés, des *nettoyeurs*, pour recon-
« naitre, par leur épreuve personnelle, si l'on ne risquait plus
« de contracter la maladie en retournant les habiter. Ce fut
« même une chose toute commune de voir des pères, parmi
« les gens du peuple, exposer leurs jeunes enfants aux
« chances de la mort, pour quelques légères sommes, en
« les louant pour servir *d'épreuves*, c'est-à-dire, pour ha-
« biter dans une maison de pestiférés pendant quarante
« jours. »

§ 6. Pour se soustraire à ces fléaux multipliés, les familles aisées du comté de Bourgogne émigrèrent en Suisse. D'autres cherchèrent un asile dans les bois et dans les cavernes. Les villes devinrent désertes, et l'office divin y fut plus ou moins long-temps interrompu. La plupart des tribunaux cessèrent de rendre la justice et ne reprirent leurs fonctions qu'en 1649. Une ordonnance royale de cette dernière année disposa même que, par exception, le cours des prescriptions avait été interrompu, depuis le 26 mai 1636 jusqu'au 1.er janvier 1650 ; que dès-lors, pour ce laps de près de quatorze années, elles ne pourraient être opposées, afin d'acquérir des droits quelconques. Les états ou députés de la province, qui avaient été convoqués en 1633, ne le furent de nouveau à Dole qu'en 1654. Enfin, le résultat général de tant de calamités fut une telle dépopulation du pays, qu'en 1668, il n'y avait pas 30,000 familles en Franche-Comté, tandis

1644

1611 qu'en 1636, la seule terre de Saint-Claude pouvait fournir 34,000 hommes en état de porter les armes. On donne aussi pour exemple spécial et local le bourg ou village de Conliége, qui, peuplé aujourd'hui de 1,300 habitants, fut réduit alors à cinq familles seulement.

§ 7. Il est à croire qu'à cette époque, la *Grotte de Gigny* servit de refuge aux malheureux qui fuyaient la guerre, la peste et la famine. En effet, plusieurs historiens rapportent positivement que les bois et les cavernes eurent alors cette utilité pour un grand nombre d'infortunés. Or, il ne manque pas d'indices que celle de Gigny a été habitée dans le même temps.

Cette grotte, vaste, profonde, de plain pied, très saine, sans précipices, fournissant assez d'eau pour l'usage domestique par la seule stillation de quelques stalactites, située au milieu d'un bois et au dessus d'une demi-lune de rochers presqu'inaccessibles, dut naturellement offrir une retraite sure et commode (117).

(137) Cette grotte, toujours appelée *Baume* par les gens du pays, et mal à propos *grotte de Loysia* par les étrangers, existe sur les confins des communes de Gigny et de Graye, couverte et entourée des bois dits *Sous la Roche* et *le Pays*. Son ouverture regarde le nord-ouest, et sa température habituelle est de 8° o R. Elle sert d'habitation à une quantité innombrable de chauves-souris qui disparaissent pendant l'hiver, cachées sans doute et engourdies dans les fentes des rochers. L'immense tas de leur fumier sous-jacent y atteste leur présence depuis des milliers de siècles. Cette grotte a été décrite par *Stéph.-Louise de Bourbon-Conti* (ou mieux *Anne-Marie-Françoise-Delorme*), épouse du sieur *Billet* de Beaufort, dans ses *Mémoires* publiés en 1798, et par *J.-M. Lequinio*, en son *Voyage pittoresque dans le Jura*, fait en la même année, mais imprimé en 1801. Elle reçoit, chaque année, une visite solennelle des habitants de Gigny qui y vont joyeusement manger les *œufs*, le lundi *de Pâques*, et en rapportent des *Pardons* ou bouquets de fleurs de jeannettes ou de violettes.

Il existe un grand nombre de grottes ou *Baumes* dans le département du Jura, surtout dans les montagnes du plateau inférieur, comme à Baume, Revigny, Gisia, Cuiseaux, Gigny, la Balme-d'Épy, etc, etc. Ces grottes se trouvent toujours à l'extrémité d'un vallon, enfoncée, en manière d'échancrure ou de cul-de-sac, contre la montagne. L'opinion assez générale des géologues est que

On peut raisonnablement le penser, parce que : 1.° en 1824, on a découvert, à l'entrée de cette grotte, les fondements d'un mur construit à mortier calcaire, lequel servait sans doute de clôture ; 2.° de chaque côté de cette entrée, à la hauteur d'environ trois mètres, on voit des trous carrés pratiqués de main d'homme dans le roc, et destinés probablement à recevoir une poutre ou solive transversale ; 3.° enfin, cette grotte renferme un très grand nombre d'ossements humains qui se trouvent dans les chambres ou petites grottes au nord de la caverne principale. Ces petites grottes étaient comme les charniers des malheureux qui périssaient dans la grande. On a beaucoup parlé et disserté du squelette entier découvert et enlevé en 1835, et qu'on voulait faire passer pour un squelette fossile. Il en existe encore un second, enfoui également sous les incrustations pierreuses, et que l'auteur de cette histoire a visité en 1839. En outre, une multitude d'ossements non revêtus de couches calcaires sont rencontrés mélangés parmi les pierres, et celui qui écrit ces lignes y a aussi trouvé une dent de sanglier ou de cochon.

Au reste, ces divers ossements sont friables, amaigris, jaunâtres, nullement pétrifiés dans leur tissu ; car ils ne font point d'effervescence avec les acides, et la noix de galles constate encore une assez grande quantité de gélatine dans leur dé-

1644

---

toutes ces grottes ont vomi des torrents d'eau, lors du grand cataclysme de la nature, et que cette eau a creusé alors les vallons voisins. En effet, elles donnent encore aujourd'hui naissance à quelque rivière ou ruisseau qui en sort immédiatement, comme à la Balme-d'Epy et ailleurs, ou seulement au bas de la grotte, comme à Baume, Revigny, Gisia, Cuiseaux et Gigny. D'un autre côté on voit aussi, dans quelques lieux, les immenses tas de pierres et de graviers que ces bouches d'eau subitement ouvertes ont entraînés à cette époque reculée. Ainsi, on observe à Domblans, à Saint-Germain et à Arlay, ceux que la Seille, sortant des grottes de Baume et de Sermu, a accumulés çà et là, à la hauteur de quatre à cinq mètres. On remarque de même, dans la belle plaine de Ruffey, Bletterans, Desne et Villevieux, l'uniforme lit de graviers, recouvert aujourd'hui d'une couche de terre végétale, que cette même rivière y a déposé alors.

coction concentrée. A la vérité, l'épaisseur de l'incrustation calcaire extérieure du crâne d'un de ces squelettes, portée à un décimètre, a fait penser que ces ossements remontaient à un grand nombre de siècles. Mais, quand on voit les stalactites et les stalagmites de cette grotte s'accroître de plusieurs millimètres dans moins d'un an ; quand on voit aussi les dimensions de cette caverne diminuer sensiblement dans le laps d'un demi-siècle, on peut croire, sans crainte d'erreur, que deux cents ans ont plus que suffi aux gouttes d'eau qui tombent çà et là de la voûte calcaire, pour opérer cette incrustation extérieure, et que très probablement ces ossements appartiennent à l'époque du dix-septième siècle dont il est question.

§ 8. Les établissements religieux se ressentirent, malgré leurs cloîtres, des calamités dont on vient de faire le récit. Les pauvres cénobites y furent donc victimes de la guerre et du typhus, comme les autres habitants du pays. L'abbaye des dames de Lons-le-Saunier, dit l'historien Dunod, fut rétablie après les guerres de 1636, ce qui indique qu'elle avait été dispersée. Il en fut à peu près de même du prieuré de Gigny qui fut plus ou moins dépeuplé, et ne commença à se réorganiser qu'après la paix des Pyrénées. On en trouve la preuve dans une délibération capitulaire, par laquelle nos religieux, au nombre de neuf seulement, renouvelèrent leurs statuts, le 20 juin 1664, en disant que : « les longues « guerres et les malignes pestes avaient causé de grands « désordres,.... avaient empêché de conserver les anciennes « et louables coutumes du prieuré de Gigny,.... que présen- « tement ils étaient délivrés de ces fléaux et grands mal- « heurs,.... que leur chapitre se voyait repeuplé,... etc. »

Une autre de nos pièces établit encore mieux combien le prieuré de Gigny eut à souffrir dans ces années malheureuses. Il y est dit par nos religieux que les calamités commencèrent en 1636, et qu'elles duraient toujours en 1647 ; que leur église était tombée dans un tel état de ruine, qu'on ne pouvait plus y faire décemment les cérémonies religieuses ; que la châsse des reliques de saint Taurin avait été transportée au château de Cressia en 1636, pour la préserver de la spoliation et de la profanation, et que, ramenée en août 1646, on l'avait déposée dans une chambre de la maison prieurale plus décente que l'église même qui était comme abandonnée. On apprend par d'autres documents que les revenus du prieuré avaient été nuls pendant ces dix ou douze premières années de guerre, et que, pour réparer leur église et leurs maisons, nos moines demandaient, en 1648, au roi d'Espagne, les revenus des biens de l'abbaye du Miroir et du chapitre de Saint-Vincent de Mâcon, situés en Franche-Comté. D'un autre côté, on ne trouve aucun de leurs actes en 1637, 1638 et 1639; on n'en rencontre que quelques-uns aux dates de 1636, 1640, 1641, 1642, etc.... Quant aux religieux eux-mêmes, ils furent certainement réduits à un bien petit nombre, et probablement chassés de leur cloître dans les trois années les plus malheureuses. Au lieu de dix-huit qu'ils étaient en 1612, et de treize en 1620, on n'a pu en constater que deux en 1637—1639, trois en 1640—1644, cinq en 1645—1648. Deux seuls de ceux qui existaient au monastère en 1635, MM. Guillaume de *Thon-Rantechaux*, et Guillaume *du Pasquier*, ont traversé ces temps de longues calamités.

Au reste, on ne peut aucunement douter que celles-ci n'aient gravement pesé sur les habitants de Gigny et du voisinage. En effet, 1.º il n'existe point de registres de l'état civil de cette époque, à Gigny, Graye, Loysia et Monnetay ; et ceux de Véria et de Louvenne, qui commencent dès les dernières années du seizième siècle, sont interrompus et offrent une lacune de 1636 à 1641;... 2.º les titres de Gigny parlent beaucoup des guerres qui accompagnèrent et suivirent le siége de Dole, et dont les habitants du Villars profitèrent pour usurper, défricher et dévaster les bois de Gigny ;.....

1644

1644
C. 139.

3.° un autre titre inséré au nombre de nos preuves établit aussi que les biens dont la chapelle de Sainte-Croix, fondée dans l'église paroissiale, avait été dotée, *furent dissipés et perdus par la longueur et rigueur des guerres*; 4.° le curé de Loysia cessa d'entretenir un vicaire à Graye dès les guerres de 1636, et, sur sa requête en 1648, l'archevêque de Besançon l'en dispensa encore, *à cause des misères publiques*, est-il dit.

§ 9. Le malheur des temps n'empêcha pas les intrigues ambitieuses de s'ourdir et de se développer contre le prieuré de Gigny ; il en fut plutôt l'occasion.

Après diverses tentatives faites sans succès, à la fin du seizième siècle, pour introduire la *réforme* dans les monastères de l'ordre de saint Benoît en Lorraine, Didier-de-la-Cour, prieur de Saint-Vanne de Verdun, autorisé à cet effet par un bref du pape, réussit à l'établir, en 1599 et 1600, dans son propre prieuré. Elle pénétra ensuite, par ses soins, dans l'abbaye de Moyen-Moutier, fondée par saint Hidulphe. Ces deux monastères ainsi réformés contractèrent, en 1602, une union qui prit bientôt le nom de *Congrégation de saint Vanne et de saint Hidulphe,* laquelle fut autorisée et approuvée par le pape, en 1604, pour tous les monastères de la Lorraine et des pays voisins qui embrasseraient par la suite la réforme [138]. Cette congrégation eut, peu après, la satisfaction de donner naissance à la célèbre *Congrégation de saint Maur,* qui commença à Limoges en 1613, et fut approuvée en 1621 par le pape. Toutes les deux ont fait fleurir les études, cultivé la saine érudition et produit des hommes très recommandables par leurs travaux, tels que L. d'Achery, J. Mabillon, Th. Ruinart, B. de Montfaucon, Augustin Calmet, H. Belhomme, Ed. Martenne, Massuet, Clément, Grappin,

---

[138] Cette Réforme consistait à rétablir la règle de saint Benoît dans son austérité, notamment le travail des mains, l'abstinence complète de la viande, excepté le cas de maladie, la lecture de la règle, l'habit régulier, le vœu de stabilité dans la congrégation, mais non pour une maison en particulier, etc.

sainte Marthe, etc... Il est à regretter qu'elles aient été trop animées de l'esprit de prosélytisme.

En effet, ces bénédictins réformés cherchèrent naturellement à faire de la propagande, pour accroître leur congrégation du plus grand nombre de monastères possible. Ils croyaient peut-être avoir atteint un plus haut degré de perfection, et ils voulaient en rendre les autres participants ; ou mieux, comme on le verra, ils avaient pour but de satisfaire leur ambition et de s'emparer tout bonnement et des abbayes et des prieurés qui venaient à vaquer.

Les établissements de Baume, de Saint-Claude et de Gigny, se trouvant sans doute dépeuplés et comme vacants, par suite des calamités dont nous avons parlé, les religieux réformés tentèrent de s'y introduire. Comme en 1630, 1631, 1632 et années suivantes, ils s'étaient déjà établis dans l'abbaye de Luxeul, dans celle de Saint-Vincent de Besançon, dans le collége de Saint-Jérôme à Dole, dans le prieuré de Vaux-sous-Poligny, etc., ils crurent facilement réussir; mais ils rencontrèrent une résistance à laquelle ils s'attendaient peu. Un mandement de garde du parlement de Dole, confirmé par le roi d'Espagne, le 18 juillet 1645, maintint d'abord ces trois monastères dans leur privilége de ne recevoir aucun religieux qui ne fût gentilhomme de naissance et qui ne fît preuve, devant quatre témoins, de quatre quartiers de noblesse de chaque lignée paternelle et maternelle. D'un autre côté, la noblesse de la province, qui comprenait la grande utilité de ces trois établissements pour elle, s'opposa à leurs prétentions. En conséquence, trois membres de ce corps, commis à l'également, messires Cl. de Poligny, G. Ph. de Belot et Cl. de Montrichard, assignèrent ces RR. PP. bénédictins réformés devant le parlement de Dole. Or, ces derniers, se trouvant sans doute honteux et peu fondés dans leurs prétentions, se laissèrent condamner par défaut le 23 août 1647. Par l'arrêt intervenu, il leur fut défendu de troubler à l'avenir, directement ou indirectement, la noblesse dans la saisine et jouissance où elle était de fournir exclusivement, de tout temps, des religieux à Saint-Claude, Baume et Gigny.

1647.
C. 135.

Quelques années après, en 1654, sur la demande de la chambre de la noblesse, les états de Franche-Comté supplièrent unanimement le souverain de la province de déclarer que, conformément à l'usage de tous les temps, on ne pouvait recevoir pour religieux dans ces trois monastères que des gentilshommes de nom et d'armes, à l'exclusion de tous autres, et que l'arrêt précédemment rendu à cet égard devait être exécuté entièrement. Sur quoi, le roi déclara qu'il maintenait et conservait à la noblesse le droit qu'elle réclamait et qu'elle possédait depuis un temps immémorial.

1654
C. 136.

§ 10. Malgré cet arrêt du parlement, malgré cette déclaration royale, les bénédictins réformés revinrent à la charge et tentèrent de nouveaux efforts pour s'emparer de ces beaux et riches bénéfices. Mais aussi, la noblesse ne se lassa pas de la lutte, et se trouva toujours sur la brèche contre ses opiniâtres et cupides adversaires.

On voit par un inventaire, que, le premier septembre 1663, il avait été fait un traité entre le prieur de Gigny et les bénédictins de la congrégation de saint Vanne et de saint Hidulphe du collége de Saint-Jérôme de Dole, prétendant à une année du revenu de Gigny, comme d'un bénéfice de leur ordre vacant par la démission du prieur.

M.

En 1678, il y avait un procès entre les religieux de Gigny et les bénédictins réformés, qui voulaient toujours s'approprier les trois nobles monastères. Or, au mois d'août de cette même année, les chevaliers de la *confrérie de saint Georges* [139]

M.

(139) La *Confrérie* des chevaliers *de saint Georges* ou de Rougemont était une société de gentilshommes, où l'on n'était reçu qu'en faisant preuve (selon un statut de 1555 renouvelé d'un autre plus ancien) de quatre quartiers de noblesse paternelle et de quatre quartiers de noblesse maternelle. Il fallait, en outre, tenir des fiefs dans la province, ou être d'une famille noble originaire de

présentèrent au roi et au duc de Duras, gouverneur de Franche-Comté, des requêtes pour s'opposer à l'entreprise des RR. PP. bénédictins.

« Comme de tout temps, y est-il dit, il n'a été reçu dans
« les abbayes de Saint-Claude et de Baume, et dans le prieuré
« de Gigny, aucuns religieux qui ne soient gentilshommes
« de nom et d'armes, et qui n'eussent prouvé leur noblesse
« de quatre lignées paternelles et autant de maternelles; les
« chevaliers, confrères de saint Georges, demandent qu'il
« plaise à Sa Majesté interdire les PP. bénédictins de la
« réforme qu'ils prétendent établir à Gigny. Ils prient le roi
« de déclarer que lesdites abbayes et prieuré seront con-

Franche-Comté, et y ayant de tout temps possédé des terres. L'historien Gollut dit qu'elle fut instituée, en 1390, au comté de Bourgogne, par Philibert de Molans, seigneur de Rougemont près Vesoul ; qu'elle tenait d'abord ses assemblées annuelles du 23 avril dans la chapelle bâtie en ce lieu par ce seigneur, en l'honneur de saint Georges, dont il avait apporté les reliques de l'Orient, mais qu'ensuite elle les tint dans l'église des Carmes de Besançon. D'autres, au contraire, disent que cette confrérie a été fondée, en 1430, à Saint-Georges, village près Seurre, par Guillaume de Vienne, seigneur de ce lieu, et qu'après la séparation des deux Bourgognes, elle s'est établie à Rougemont. Quoiqu'il en soit, il y avait dans cette confrérie un chef nommé *bâtonnier*, qu'on réélisait tous les ans; une parfaite égalité régnait entre tous les membres, et l'ancienneté de réception décidait seule du rang. On n'y était reçu qu'en personne et non par procureur; on jurait d'être fidèle à la religion catholique, apostolique et romaine, et au souverain de la province, sans jamais s'écarter de son service; les preuves de noblesse du récipiendaire étaient jurées par quatre gentilshommes de la confrérie. Sur la fin du XVIII.e siècle, les chevaliers portaient encore, pour marque distinctive de leur association, une petite médaille en or représentant saint Georges terrassant un dragon. Ils la portaient attachée à la boutonnière par un ruban bleu. A cette marque, on reconnaissait en cour et à Paris les gentilshommes de la Franche Comté.

Il y avait aussi à Chalon-S.-S. une confrérie de saint Georges, pour la noblesse chalonnaise, où l'on faisait les mêmes preuves. Elle y fut établie, en 1325, dans la collégiale de ce nom, deux ans après la fondation de celle-ci. Les chevaliers qui partaient pour la guerre allaient faire bénir leur épée dans la chapelle; « Y entraient, dit saint Julien de Balleure, tous les chevaliers d'armes du pays, « hormis ceux qui avaient leur confrérie particulière à Saint-Georges-les-Seurre, « ou à Saint-Georges-de-Mancey, entre Tournus et Saint-Gengoux. »

1654

« servés à jamais pour des hôpitaux de noblesse, avec
« défense auxdits PP. bénédictins et à tous autres qu'il
« appartiendra, de rien entreprendre pour l'introduction de
« ladite réforme ou autrement. »

Or, le roi, en son conseil d'état à Saint-Cloud, enjoignit, par arrêt du 13 octobre 1678, aux PP. bénédictins, de justifier par titres produits de leurs droits à établir leur réforme dans ces monastères, et ordonna que les choses restassent en leur état jusqu'à ce qu'il en fût autrement décidé. Cet arrêt fut signifié le 29 octobre aux bénédictins, à Besançon, en la présence du révérend prieur de Gigny.

Il paraît que les titres exigés par cet arrêt préparatoire ne furent pas produits, car les réformateurs firent de nouveaux efforts en 1699, 1700 et 1701, pour s'emparer des monastères nobles de Franche-Comté.

En effet, on trouve que, le 20 septembre 1700, le cardinal César d'Estrées, se trouvant à Rome, fit, en sa qualité d'abbé de Saint-Claude, des statuts pour son abbaye, rédigés par B. de Montfaucon, bénédictin de Saint-Maur, rendus obligatoires *en vertu de sainte obéissance* et enregistrés au parlement le 7 juillet 1701, ensuite de lettres patentes du roi, du mois de mai précédent. Or, dans ces statuts, on prescrivait : le travail des mains, la lecture de la règle de saint Benoît, son habit régulier, un exercice de piété presque continuel et en commun, des prières, des méditations, des lectures spirituelles, etc...

Les chevaliers de saint Georges, *représentant la noblesse du comté de Bourgogne*, ne virent en cela qu'un piége, et ils en appelèrent comme d'abus. Ils exposèrent que « c'était un
« moyen de chasser la noblesse de l'abbaye de Saint-Claude ;
« qu'il ne se présenterait plus de personnes de qualité pour
« remplir les places vacantes ; que dès-lors, force serait d'y
« recevoir des roturiers ; qu'elle ne présenterait rien qui ne
« lui fût commun avec la plupart des autres monastères ;

« qu'en conséquence, la congrégation de Saint-Maur, qui
« jusqu'alors avait fait tant d'efforts pour s'y introduire, ne
« trouverait plus d'obstacles pour s'en emparer ; que ces
« changements exposeraient nécessairement la noblesse à
« perdre également les abbayes de Baume et de Gigny, de
« Château-Chalon, de Baume-les-Dames, de Lons-le-Saulnier,
« de Migette, de Montigny et de Neuville-les-Dames, qui sont
« de même affectées à la noblesse ; que les différents arrêts
« obtenus par la noblesse du comté de Bourgogne et par les
« chevaliers de saint Georges, qui la représentent aujour-
« d'hui, prouvaient assez que ce n'était point la première
« tentative faite par les bénédictins réformés, pour s'emparer
« des abbayes ou prieuré de Baume, Saint-Claude et Gigny. »

1634

L'auteur de cette histoire n'a pu connaître quel fut le résultat de cette opposition. Il a seulement vu qu'en 1710 les chevaliers de saint Georges députèrent à la cour le comte Claude-Nicolas de Moustiers, pour s'opposer aux desseins des bénédictins sur l'abbaye de Saint-Claude, et qu'il eut la satisfaction de réussir. Dès-lors ces religieux, probablement rebutés de tant de résistance, cessèrent leurs tentatives, et la réforme ne put point pénétrer dans le prieuré de Gigny, non plus que dans les autres monastères de l'ordre de Cluny.

§ 11. En revenant à l'ordre naturel des temps et à notre prieur, Philippe-Louis de Pelousey, sous lequel commencèrent les tracasseries ambitieuses des bénédictins réformés, on trouve qu'au mois de janvier 1657, il fut fait un traité avec le roi d'Espagne, souverain de la Franche-Comté, au sujet du *quartier de muire* que le prieuré possédait sur la saunerie de Salins. On ignore comment, et à quelle époque certainement très ancienne, notre monastère avait obtenu cette rente de sel. On voit seulement que l'historien Gollut place, en 1588, le prieur de Gigny au nombre des *seigneurs rentiers sur les muires de Salins*, pour un quartier ou un 419.e, et l'abbé de Baume pour deux quartiers et demi, chaque

1657

C 142.

1657 quartier étant de trente seaux ou *celles* d'eau salée. Or, par le traité dont il est question, Henri du Pasquier, prieur de l'Étoile et sacristain de Gigny, au nom de ses coreligieux et de l'autorité du chef commendataire, vendit au roi ce quartier de muire, moyennant une rente non rachetable de deux charges ou 288^l· de sel Rosières, et moyennant, en outre, une redevance annuelle de 100 francs comtois, remboursable au capital de 2,000 francs. Cette rente de 100 francs, équivalente à 66^l· 16^s· 4^d· de France, fut réduite, par arrêt du conseil en 1720, à 53^l· 6^s· 8^d· de cette dernière monnaie, par retenue du cinquième. Nos religieux ont touché annuellement, jusqu'à la fin, soit la redevance en argent, soit les deux charges de sel en nature.

§ 12. Il reste peu de faits à ajouter à l'égard du priorat de Philippe-Louis de Pelousey ; nous signalerons néanmoins, d'après les inventaires :

1.° En 1640, un abergeage du moulin de la Pérouse, par Guillaume de Sappel, chambrier du monastère.

2.° En 1641, un autre abergeage par Guillaume de Thon, infirmier, d'une terre à Loysia, dépendante de son office.

3.° En 1642, une requête présentée aux religieux par les habitants du Villars, afin d'obtenir l'acensement perpétuel du bois de la Biolée, qui ne leur fut concédé que plus tard, comme on le dira.

4.° En 1645 et 1646, d'autres requêtes, présentées par nos nobles moines au parlement de Dole, pour faire valoir leurs prétentions sur les dîmes de vin du prieuré de Villemoutier, membre de l'abbaye de Saint-Claude.

5.° En 1647, la visite de la châsse et des reliques de saint Taurin, dont il sera parlé au chapitre de ce patron.

6.° En la même année, des reconnaissances de cens, à Morges.

7.° En 1649, un arrêt du parlement qui adjugea les dîmes de Macornay à Jacques Glâne, de Dole, au préjudice des religieux de Gigny qui les revendiquaient.

8.º Enfin, le 15 novembre 1662, l'acensement, par le prieur de Pelousey lui-même, du moulin banal de Charnay et Graye, situé sur la rivière de Suran, moyennant trois pareils de froment et d'avoine, cinquante livres de chanvre battu et douze niquets.

Au reste, ce prieur résida assez habituellement à Gigny, avec plusieurs membres de sa famille. Les titres locaux non-seulement l'y mentionnent souvent de 1647 à 1660, mais encore plusieurs de ses parentes, telles que 1.º la demoiselle Léonarde de Pelousey, sa nièce, en 1650, 1657, 1660 ; 2.º la veuve du lieutenant-colonel de Pelousey, en 1650 ; 3.º la veuve du capitaine de Pelousey, en 1661 ; 4.º la dame Élisabeth de Prowost de Pelousey, veuve de Mathieu de Nance, seigneur de Nance, Liconna et Charnoz, etc... Il eut un *aumônier* ou *chapelain*, à l'imitation des évêques et chanoines de quelques cathédrales [140]. Cet aumônier fut le prêtre *Malussard*, qui possédait toute sa confiance. Enfin, Philippe-Louis de Pelousey donna sa démission du prieuré de Gigny, au commencement de 1663, en devenant abbé et seigneur de Theuley, et dès-lors il se qualifia de *ci-devant prieur et seigneur de Gigny*.

CHAPITRE XLVI.

ABRAHAM DE THESUT, prieur.

Statuts nouveaux. — Fondations pieuses. — Mission. — Hermites.
Moulin et four banaux. — Pont et tuilerie. — Affranchissement de Graye.
Renouvellement des terriers. — Seigneurie de Condal. — Fief de Chichevière.

§ 1. La famille de ce prieur était originaire et prenait son nom de *Thesut*, fief ou hameau de Mont-Saint-Vincent,

[140] Dès les premiers siècles de l'église chrétienne, il fut ordonné à tous les prêtres d'avoir avec eux de jeunes clercs, qu'ils instruisaient, et qui

dans l'arrondissement de Chalon-sur-Saône. Elle a produit plusieurs hommes recommandables dans la magistrature, dans le clergé et même dans la littérature. Elle s'est divisée en plusieurs branches, celles de Ragy, de Lans, de Givry, de Verrey, de Gourdon et de Moroges, villages de Saône-et-Loire et de la Côte-d'Or.

Girard de Thesut se maria en 1375 avec Isabelle d'Ocles, dame de Ragy.

Louis de Thesut-Ragy, maître aux comptes, fonda, dans l'église des Carmes de Chalon-sur-Saône, la chapelle de Saint-Claude, où il fut inhumé en 1489, et dès-lors, cette chapelle fut le lieu de sépulture de la plupart des membres de cette famille. On inscrivit ce distique assez peu modeste sur sa tombe:

Divio cor retinet; Cabilon corpus humatum;
Est anima in cœlis; nomen in orbe manet.

Une de ses parentes, dame de Lans, contribua beaucoup, par ses bienfaits, à l'établissement de l'hospice de la Charité de Chalon, en 1682.

Léonard de Thesut était official de Mâcon en 1523.

Jacques de Thesut, docteur en Sorbonne, protonotaire apostolique, prédicateur et aumônier du roi, mort en 1691, à l'âge de 46 ans, fut auteur de quelques ouvrages ecclésiastiques.

Un autre Jacques de Thesut-de-Givry, mal à propos qua-

étaient témoins de leur conduite, afin que celle-ci fût sans reproche. Chaque évêque avait aussi un prêtre qui ne le quittait point et qui couchait dans sa chambre. Le patriarche de Constantinople lui-même avait également un *Syncelle*, qui l'accompagnait partout et le suppléait quelquefois dans ses offices de peu d'importance. Postérieurement chaque chanoine de chapitre cathédral fut tenu d'avoir un *chapelain*, un *aumônier*, ou ecclésiastique du bas-chœur, à son service, vivant à sa table, témoin de ses actions, le conduisant à l'église et l'en ramenant, le tout sous peine d'être privé de son traitement et de ses droits de présence. Les statuts de l'église d'Autun de 1402, 1414 et 1515, en font foi pour les chanoines de cette cathédrale.

lifié abbé de Gigny, enrichit la bibliothèque des Minimes de Chalon des livres qui composaient la sienne.

1663

N... de Thesut traduisit, en 1751, un ouvrage anglais sur la minéralogie et la métallurgie. C'était probablement Guillaume de Thesut-de-Verrey, chevalier d'honneur à la chambre des comptes de Bourgogne et membre des académies de Dijon et de Lyon.

Enfin, les deux prieurs de Gigny, dont nous allons parler, furent aussi des membres honorables de cette maison, dont un descendant, qui a bien voulu me communiquer quelques renseignements, habite encore Givry. Leurs armoiries étaient d'or, à la bande de gueules chargée de trois sautoirs alaisés d'or.

§ 2. *Abraham de Thesut*, docteur de la maison et société de Sorbonne, doyen de la collégiale de Saint-Georges de Chalon, élu du clergé aux états de Bourgogne, et prieur et seigneur de Gigny, était fils de Jacques de Thesut, quatrième du nom, écuyer, seigneur de Laus, reçu conseiller au parlement de Dijon en 1645, et de Jeanne Girard, fille d'Abraham Girard, seigneur de Chalivois. Il fut nommé prieur de Gigny, le 6 juillet 1663, par Philippe IV, roi d'Espagne, et sa nomination fut ratifiée par Louis XIV, le 22 août suivant. Or, comme il a possédé ce bénéfice pendant près de 60 ans, la liste des dates et des événements qui sont relatifs à son prieurat est très nombreuse, ainsi qu'on va en juger.

§ 3. Abraham de Thesut n'était prieur que depuis quelques mois, lorsque le traité du 1.er septembre 1663 fut fait avec les bénédictins réformés, à cause de la vacance du bénéfice (voyez chapitre XLV, § 10). Il ne l'était pas, depuis une année entière, lorsque les religieux firent de *nouveaux statuts* pour leur établissement qui commençait seulement à respirer et à se repeupler. Ces statuts furent signés, le 20 juin 1664, par les neuf religieux qui seuls composaient alors le monastère, non compris le prieur en chef. On peut pren-

1664

dre connaissance de leurs diverses dispositions dans le recueil de nos preuves, et elles seront aussi rappelées dans l'un des chapitres suivants.

§ 4. On trouve dans les inventaires l'indication que, le 2 mai 1666, Pierre Routier, fermier de la seigneurie de Cuiseaux, fit le devoir féodal à Abraham de Thesut, notre prieur, pour le *fief de Chichevière*. Ce fief honorifique, situé en la commune de Frontenaud, appelé aussi anciennement *meix Maréchal,* et aujourd'hui *Saffre,* consistant en une ou deux maisons, trente journaux de terre, dix-huit de pré, seize de bois et six d'étang, avait déjà été repris et reconnu, en 1473 et 1503, comme mouvant du fief du prieur de Gigny, par les enfants de Pierre de Moisy dit Maréchal. Mais, peu d'années après la reprise actuelle, ce fief fut réuni à l'office du chambrier de notre monastère ; car on trouvera dans le recueil de nos preuves une nouvelle reprise et un nouvel hommage faits, en 1713, au profit de cet officier claustral.

Un de nos inventaires porte aussi qu'en la même année 1666, « Abraham de Thesut, prieur, abergea, moyennant le « cens annuel de 50 francs, 1.° un chazal et une place à Ba-« lanod, où souloit être construit un moulin et batteur, avec « cours d'eau, pourprix et pouvoir de faire reconstruire ledit « moulin, proche le grand chemin de Balanod à St.-Amour ; « 2.° un bois de fouteaux, au territoire de Charnay, appelé « le bois de *Hautefay,* d'environ 30 poses, de la totale justice de Gigny. »

§ 5. Notre prieur était encore fort jeune quand il fut nommé titulaire ; car on lit qu'en 1667, ce fut Jacques de Thesut, seigneur de Lans, qui, en qualité d'administrateur des biens de son fils mineur, renouvela l'accensement temporaire de la grange de l'Isle (voyez chapitre XXX, § 11). Les actes de la justice de Gigny prouvent aussi qu'en 1664, il y avait pour agent Pierre Fournier de Cuiseaux.

Il était probablement toujours mineur lorsque, le 10 dé-

cembre 1669, il abergea un « *meix à Varessia*, avec chazal, 1669
« chenevière, prés, terres, et autres héritages abandonnés
« depuis 1635 par les tenementiers, et tombés en friche.
« Cet abergeage fut fait, moyennant le cens annuel de deux
« gros, trois blancs et une demi-engrogne, plus dix-huit
« mesures de froment et vingt-sept mesures d'avoine, portant
« lods, vends et seigneurie. » Cet article d'inventaire sert
encore à faire apprécier les funestes résultats de la guerre
de Trente-ans.

Abraham de Thesut n'a sans doute atteint sa majorité 1672
qu'en 1672, année où l'on trouve l'indication qu'il fit avec
ses religieux le règlement de leurs droits respectifs, ce qui
veut dire peut-être qu'il renouvela avec eux le concordat
de 1554.

§ 6. Au mois de février 1668, Louis XIV avait fait la
conquête de la Franche-Comté, et par son ordre, tous les
anciens châteaux forts avaient été ruinés et démolis ; mais
cette province fut rendue à l'Espagne par la paix d'Aix-la-
Chapelle. Six années plus tard, en 1674, elle fut conquise 1674
de nouveau et cédée définitivement à la France par le traité
de Nimègue. Or, il ne paraît pas que Gigny ait eu beaucoup
à souffrir de ces deux rapides conquêtes ; il est même comme
certain que son château ne fut point démoli lors de la première. Ce n'était pas, en effet, une forteresse de nature à inquiéter un conquérant. Cependant, en 1674, la ville d'Orgelet
ayant été incendiée, les lieux voisins ont pu se ressentir des
malheurs de la guerre. Après cette conquête, Gigny fit partie
du bailliage d'Orgelet et non plus de celui de Montmorot.

§ 7. Pendant le long priorat d'Abraham de Thesut, plusieurs *fondations pieuses* furent faites à Gigny, telles sont les
suivantes :

1.º En 1677, année où notre prieur fut élu par le clergé 1677
aux états de Bourgogne. Cl.-Louis de Chavirey, chambrier,
fonda, en mourant, une messe de *Requiem* à célébrer tous les

1677 lundis, dans la chapelle des saints de l'ordre de saint Benoît, convertie ensuite en chapelle de Saint-Pierre. A cet effet, il céda des grains qui furent vendus 2200 francs, qu'on plaça en rente chez M. de Marnézia. C'est ce même chambrier qui avait fait, en 1666, un procès à des gens de Cropet, dont les chiens lui avaient tué un cerf apprivoisé.

1678 2.° En l'année 1678 déjà signalée par le procès intenté par les bénédictins réformés, Jean-Baptiste de Chavirey, chambrier, successeur du précédent, fonda aussi, moyennant un capital de 6000 francs, converti en une rente de 360 francs, une messe basse quotidienne, dans la même chapelle des saints de l'ordre de saint Benoît.

1679 3.° En 1679, Cl.-Ant. de Malivert, prieur cloîtrier, étant mort, il fonda, au moyen d'une somme de 300 francs, une messe basse à célébrer, à l'autel du Rosaire, le premier dimanche de chaque mois, à l'exception d'octobre, et une grande messe à diacre et sous-diacre le premier dimanche de ce dernier mois. Ce fut en cette même année que notre prieur, en sa qualité d'élu du clergé, fit la visite du Charollais et dressa la liste des habitants imposables.

1682 4.° En 1682, Phil.-L. de Balay-Marigna, ouvrier du monastère, donna une somme de 200 francs, en fondant une procession le troisième dimanche de chaque mois, en l'honneur de Notre-Dame du saint scapulaire, où l'on chantait les litanies de la vierge.

1683 Au sujet de toutes ces fondations faites en l'église prieurale, un règlement fut fait, capitulairement, le 24 octobre 1683, par lequel il fut arrêté que les messes fondées ou autres y seraient célébrées ainsi qu'il suit : 1.° la messe matutinale, prescrite par la règle de saint Benoît, chaque jour ; 2.° celle de Notre-Dame, également quotidienne et prescrite ; 3.° celle de Jean-Baptiste de Chavirey, aussi chaque jour ; 4.° celle de Cl.-L. de Chavirey, le lundi de chaque semaine ; 5.° celle de Cl.-Ant. de Malivert, le premier dimanche de chaque mois ; 6.° enfin celle de la confrérie de saint Taurin, chaque premier mardi mensuel.

1683

Ce règlement donne lieu à une pénible réflexion sur l'oubli et l'ingratitude des hommes envers les auteurs de fondations pieuses. Pourquoi n'est-il pas question dans ce règlement des messes ou services anniversaires fondés en 1359 par le prieur Guillaume, en 1383 par Jean de Marigna, en 1390 par Guillaume de Beaufort, en 1402 par Jean de la Grange, en 1435 par Humbert de Chatard, en 1504 par A. Guichard, en 1524 par Jean Escalate et Jean Tissot, etc.? Pourquoi ce règlement ne renouvelle-t-il pas au moins, à leur égard, l'article 10 des statuts tout récents de 1664 ? Mais, ce n'est pas tout ; le petit nombre des fondations pieuses du règlement en question finit aussi par être oublié. En effet, nos religieux, réduits au nombre de cinq en 1756, disaient que depuis plus de vingt ans, ils étaient obligés de recourir à des prêtres séculiers pour acquitter les fondations. Les habitants de Gigny disaient aussi en 1787 que l'acquit de toutes ces messes avait toujours été laissé à la discrétion et sur la conscience des nobles chanoines. Or, ces locutions signifient assez que toutes ces fondations n'étaient plus acquittées.

§ 8. Les habitants du Villars, comme on a vu, avaient demandé à nos religieux à essarter et à acenser perpétuellement leur bois de la *Biolée ;* mais on n'accéda à leurs désirs qu'en 1685, année où le prieur leur concéda l'acensement, moyennant la redevance annuelle de quatre pareils de froment et autant d'avoine, portant lods, vends, retenue et seigneurie, même à la condition de mainmorte et de dîme ordinaire.

1685

L'année suivante, un autre acensement fut fait d'un autre bois de douze journaux, faisant partie de celui qui avoisine le territoire de Graye et qui porte aujourd'hui le nom général de *Bois du Moulin.* Cet acensement fut concédé moyennant la

1686

rente annuelle d'une mesure de froment et d'une mesure et demie d'avoine, portant aussi lods, vends et seigneurie.

§ 9. On trouve ensuite que le 27 juin 1687, le prieur et seigneur de Gigny accensa temporairement, ou loua par un long bail, le *moulin* banal de Gigny.

On ignore l'époque de la fondation de ce moulin qui paraît très ancien. On voit seulement qu'il en est déjà question dans le terrier de 1543 et dans un autre titre de 1546, sous les dénominations de *moulin de Monsieur*, de *moulin banal de M. le prieur*, ainsi que de *Erreux* ou *Esclouse*, dans laquelle il était défendu aux habitants de Gigny de pêcher, sous peine de l'amende de sept sols estevenants. Le *bief du Châtelain*, servant au dégorgement des eaux surabondantes, est aussi mentionné à la même époque, ainsi que dans beaucoup d'autres titres postérieurs.

Près de la chaussée de cette écluse, il y avait, dans le seizième et dans le dix-septième siècle, des établissements de tanneurs que les anciens actes désignent sous le nom de *pelans*, lesquels n'ont disparu peu à peu qu'après l'année 1730. D'autres pelans, ou fosses de tannerie, existaient alors en certain nombre et ont même existé jusques dans ces derniers temps, le long du ruisseau de la *Sarrazine*. Il est à regretter que ces établissements si bien établis pour les eaux, la chaux, le tan et le bétail nombreux du pays, aient cessé dans un lieu où il n'existe d'ailleurs aucune branche d'industrie, aucune manufacture.

Avant l'année 1687, le moulin de Gigny dépendait du bail de la mense prieurale. Le fermier-général l'avait sous-loué en 1677, moyennant dix pareils de froment, l'avoine à l'avenant et trente livres de chanvre battu. Six ans après il le sous-loua de nouveau, moyennant 44 écus blancs, un cochon en valeur de six écus blancs et six chapons. Quant à notre prieur, après l'avoir loué temporairement, en 1687, il l'accensa à perpétuité, en 1705, avec le *pré de l'Avent*, voisin de celui de l'Infirmier, moyennant une rente d'argent et la monture gratuite des religieux du prieuré. Il céda en même temps le droit de banalité contre tous les habitants de Gigny, à peine de l'amende de 60 sols estevenants, et à la condition de ne prendre qu'un 24.ᵉ de la mouture pour droit de couponnage. Un nouvel acensement perpétuel de cette usine fut fait, en 1724, par J. Gaspard de Visemal, mandataire du frère d'Abraham de Thesut, son successeur au prieuré. Dans ce nouveau contrat, on réunit au moulin et au pré de l'Avent le restant du *bois dit du Moulin* dont nous avons parlé et contenant quinze journaux à prendre au revers oriental du monticule. Dès-lors, la famille du meunier censitaire a joui du tout, jusque dans ces derniers temps, après s'être vue débarrassée gratuitement de la rente censière par la loi de 1789.

1687

§ 10. Près du moulin, existait la *Tuilerie du prieuré* ou *Tuilerie de Gigny*. Elle était déjà établie sur la fin du seizième siècle. On la trouve ensuite mentionnée dans un titre de 1675 ; et en 1688, le grand-prieur cloîtrier l'abergea à un homme de Châtillon-en-Dombes, moyennant une petite rente. Quelques années plus tard, elle fut acensée au même prix et en outre moyennant cinq sols de cens, à un autre individu. Mais, en 1705, le censitaire étant mort, la tuilerie n'existant plus, et les bâtiments tombant en ruines, les religieux reprirent leur propriété et l'acensèrent perpétuellement à leur meunier, avec un *petit pré en pré Bernard, où on prenait la terre pour ladite tuilerie*.

La nature trop argileuse du terrain, mêlé d'ailleurs de trop gros graviers calcaires, a probablement fait cesser une industrie qui aurait été d'un si grand avantage dans un pays tributaire de la Bresse, pour ses briques et ses tuiles. On n'en doit pas moins avoir de la reconnaissance envers ceux qui tentèrent cet établissement. Le fonds sur lequel il existait porte toujours le nom de *Champ de la Carronnière*, aussi bien que quelques-uns du voisinage, et l'on y trouve encore quelques débris des tuiles et des briques qu'on y confectionnait.

§ 11. Le beau *pont* à cinq arches qui avoisine aussi le moulin de Gigny, à l'occident, n'est pas ancien. Il n'en existait point en 1543, et on lit qu'il était remplacé par des *planches*. Celles-ci, sans doute en pierre, ne servaient qu'au passage des gens à pied, et les voitures traversaient le gué derrière le moulin. Ces dernières, à la vérité, étaient moins nombreuses qu'aujourd'hui, parce que la plupart traversaient la rivière, *En Corbe*, sur le *Pont de la pierre* dont on a déjà parlé. Néanmoins, cet état de choses avait de graves inconvénients, lors des grandes eaux, et on fit plus tard un pont déjà mentionné dans des titres de 1675, 1691, 1699, 1705, etc... Celui qui existe actuellement a été construit, en 1774, aux frais de la commune, et dès-lors il reçut le nom de *Pont-Royal*, peut-être à cause de la nouvelle route qui le traversait; ce n'est qu'en 1809 qu'il a été garni de ses parapets. Au reste, trois autres arches de pont existaient à l'orient du moulin, à treize ou quatorze mètres de l'écluse ; elles n'avaient qu'un mètre de hauteur sur deux de largeur, semblaient destinées à laisser passer l'excédant des eaux, et furent fermées en 1726 par le meunier.

§ 12. En la même année 1687, et le même jour du mois de juin, notre prieur qui se trouvait à Gigny *affranchit les habitants de Graye et Charnay* de la mainmorte réelle et personnelle qui pesait sur eux, ainsi que sur leurs sujets des autres villages de la seigneurie, à l'exception de Gigny. La condition de cet affranchissement fut une augmentation d'un cinquième des cens portés au terrier, en bons blé et avoine de *terrage*, bien vannés et hors de *cuches* [141], de manière

---

[141] Le *Blé de terrage* était le blé récolté dans la *terre* censive.

On appelle *Cuches*, dans le pays, les balles de blé, cosses, siliques, débris de pailles, fétus et autres corps légers ou scories étrangères qui montent à la surface du grain, pendant qu'on le vanne avec soin. Ce mot *cuches* vient de *cuchot*

que celui qui, selon le terrier, devait cinq mesures de ces grains, aurait à en livrer six à l'avenir.

1687

Les motifs qui portèrent notre prieur à concéder cet affranchissement sont d'un ordre relevé et empreints d'un esprit libéral pour le siècle. « La macule de mainmorte, dit-il, « gêne le commerce des habitants et leur établissement. Il « est peu convenable à un chrétien de porter le nom d'esclave, « lors même que la liberté semble devoir être naturelle. Les « offres des habitants de Graye d'augmenter les cens sont « plus utiles et à profit que l'incertitude des échûtes, outre « que les biens devenant plus précieux, les aliénations « en seront plus fréquentes et les lods plus considéra- « bles, etc. »

Cependant, ce traité n'eut peut-être point d'exécution, parce qu'ensuite de mésintelligence, les mainmortables ne le firent pas revêtir des formes requises pour sa validité, telles que l'enquête *de commodo* et *incommodo*, le consentement de l'évêque diocésain, celui du pape, etc...; aussi, voit-on que, deux ans après, lors du renouvellement du terrier en 1689, ils se reconnurent toujours mainmortables.

§ 13. Les habitants de Graye restèrent donc de serve condition, comme ceux des autres lieux de la seigneurie. Mais en 1777, stimulés par leur compatriote Marie-Gabriel Poupon, avocat à Orgelet, ils sollicitèrent de nouveau un affranchissement de leurs seigneurs, les chanoines du noble chapitre. Or, ceux-ci, considérant que « non-seulement il était « de leur piété et de leur charité, mais encore de leur utilité, « d'éteindre, parmi leurs sujets, la macule de mainmorte, » accueillirent favorablement cette demande. En conséquence, le 2 août 1778, « ils affranchirent à perpétuité de toute ser- « vitude, condition et macule de mainmorte réelle, person- « nelle et mixte, tous les habitants de Graye et de Charnay,

C. 167.

---

hauteur, sommité, élévation. On dit un *cuchot de foin*, le *cuchot* d'un arbre, le *cuchot de la mesure*, ou son comble.

1687

« nés et à naître, y résidants et non résidants, ainsi que tout
« leur territoire. »

Pour prix de cet affranchissement, ces habitants se soumirent au supplément d'un cinquième de cens en sus environ, comme ils en étaient déjà convenus en 1687, de manière qu'au lieu de livrer ces cens, comme à l'ordinaire, à la mesure du château de Gigny, pesant 24 livres, ils s'engagèrent à les livrer à la mesure royale du bailliage d'Orgelet, laquelle était du poids de 30 livres. Ils promirent, comme la première fois, de livrer des blés de terrage, sans cuches et bien vannés, et, pour la perception de ces cens, les nobles chanoines se chargèrent de l'achat d'une mesure, demi-mesure, quart et douzain de mesure, ferrés, barrés, échantillonnés et marqués aux armes de la ville d'Orgelet. Il fut déclaré aussi que cet accord ne préjudicierait aucunement aux autres droits de la directe seigneurie, comme de lods, vends, amendes, retenue, justice et autres quelconques. De leur côté, les habitants se soumirent à toutes les démarches nécessaires pour obtenir la validité du contrat, et à tous les frais de cet acte d'affranchissement, de son homologation par l'intendant de la province, par l'archevêque de Besançon et par l'évêque de Saint-Claude, ainsi qu'à ceux de l'enquête sur son avantage, des lettres patentes, de l'arrêt de leur enregistrement, etc... (142).

Par le même acte, il fut fait un abonnement au sujet de la dîme des menus grains, dont la moitié appartenait aux religieux de Gigny, et l'autre moitié au curé de Graye, à cause de sa portion congrue. Cette dîme, d'après une reconnaissance passée, en 1545, devant les notaires Monnard et Chapon, était perçue sur le grenier des décimables, au *feurg* ou à raison du seizième. Or, il fut convenu qu'à l'avenir et en remplacement, les habitants de Graye livreraient, au 1.er mars de chaque année, par journal de terrain ensemencé,

---

(142) Tous ces frais montèrent à plus de 1,500 fr.

un quart de la mesure royale d'Orgelet du grain récolté dans ce journal, pour la moitié seulement due aux nobles chanoines, sauf aux habitants à traiter avec le curé pour l'autre moitié. Au reste, on déclara que cet abonnement ne préjudicierait aucunement aux dîmes ordinaires du froment, du seigle, de l'orge d'hiver et de l'avoine, lesquelles continueraient à être perçues à la onzième gerbe, non plus qu'aux dîmes des fèves et du chanvre dues à la seizième.

Cet acte d'affranchissement, qui fut l'un des derniers accordés en France, fut consenti par les deux chanoines séchaux du noble chapitre, tant en leur nom que comme mandataires du haut-doyen et des autres chanoines. Les habitants de Graye obtinrent ensuite des lettres patentes qui furent délivrées, le 6 janvier 1783, de l'agrément de l'abbé de la Fare, ayant toujours les titres de prieur commendataire et de seigneur de Gigny, nonobstant la sécularisation. Ces lettres patentes furent homologuées au parlement de Besançon, le 24 mai suivant, puis déposées au greffe du bailliage d'Orgelet. C'est ainsi qu'ils obtinrent un affranchissement tardif qui fut suivi six années après de l'affranchissement général et gratuit des autres lieux de la seigneurie, ou plutôt de toute la France.

§ 14. Ce fut aussi sous le prieur Abr. de Thesut, qu'on *renouvela le terrier* de la seigneurie de Gigny, par-devant Jean et Guy Coste de Saint-Amour, père et fils, notaires royaux et commissaires dextentes. Cette commission leur fut délivrée, le 12 septembre 1688, par le lieutenant-général du bailliage d'Orgelet. Le travail fut commencé au printemps suivant, en 1689, dans la commune de Graye et Charnay, dont les habitants se reconnurent mainmortables comme précédemment.

Deux années plus tard, en 1691, le renouvellement fut fait à Gigny par les mêmes notaires. Les habitants, sans s'avouer mainmortables, reconnurent tenir et posséder en toute jus-

1691 tice leurs biens de la directe censive et seigneurie portant lods, vends, amendes, droit de retenue, de notre prieur, auquel et à ses successeurs ils promirent payer les cens, à chaque fête de saint Barthélemy, au château de Gigny. Le seigneur exigeait aussi qu'on lui reconnût: 1.° un droit de *tâches*, (143) ; 2.° la propriété de la *plaine du Vernois*, avec liberté de l'acenser ; 3.° des *corvées* pour faucher et amasser le *grand pré de Cropet* ; 4.° enfin, qu'on s'imposât la défense de vendre et de disposer des *bois communaux*. Mais les habitants s'y refusèrent, et dans le procès qui leur fut intenté à Orgelet en 1692 et 1693, le prieur succomba.

Quant aux autres communes de la seigneurie, le terrier n'y fut renouvelé qu'en 1695, par-devant le même notaire J. Coste et par-devant Benoît Martel, notaire à Marigna. Les habitants s'y reconnurent tous de serve condition. On voit aussi qu'à la même époque environ, le renouvellement eut lieu dans presque toutes les communes où nos religieux avaient des cens et autres droits féodaux, notamment à Rosay en 1684, à Loysia en 1691, à Cuiseaux, Champagna, Joudes et Balanod en 1692, etc. Ce fut une mesure à peu près générale en France. On confectionnait, sous le régime féodal, de nouveaux terriers, au bout de chaque siècle environ, comme sous le régime actuel on est obligé de renouveler de temps à autre les matrices des rôles de contributions.

1693 § 15. En 1693, les religieux de Gigny vendirent, on ne sait pour quel motif, leurs terres et *seigneuries de Condal* et de *Balanoiset* à Gaspard Trebillet, avocat à Saint-Amour, à la réserve des dîmes, du patronage de la cure et de

---

(143) Ce droit consistait dans la dîme des récoltes obtenues sur les terrains vagues et communaux, non reconnus censitifs, tels que *Feuillies*, *Essarts*, etc. Cette dîme était levée, à peine de l'amende de 60 s., et de dommages-intérêts, à la 10.° pour les blés d'hiver, et à la 16.° pour ceux de printemps. Il ne faut pas confondre ce droit avec la *Tâche des Meix* de la note 51.

leur pré du Breuil. Ces seigneuries leur appartenaient sans doute depuis un temps immémorial, comme celles des autres membres de la baronie de Cuiseaux. On voit qu'en 1541 ils obtinrent une sentence qui les maintenait dans le droit exclusif de rendre la justice à Condal, d'y donner des tuteurs et d'y dresser des inventaires, avec défense aux officiers du seigneur de Cuiseaux de s'y immiscer à l'avenir. On voit aussi que le cellérier de Gigny jouissait autrefois du terrier de cette seigneurie, qui fut renouvelé, en 1545, en faveur de son office, devant N... Trebillet, notaire à Saint-Amour, et P. Colassin, notaire à Cuiseaux, et que le pitancier du même monastère percevait en 1441 les cens de Balanoiset, hameau de Varennes. Ces deux seigneuries furent sans doute réunies à la mense capitulaire, après la suppression de ces deux offices. Selon les terriers, celle de Balanoiset ne rapportait à nos religieux, en 1693, que 3 l. 18 s. en deniers censaux, plus les droits éventuels de lods et de mainmorte. Mais, à la même époque, celle de Condal produisait annuellement 63 l. 5 s. de cens en argent, deux pareils de blé de moulin, 17 quartaux et un rez d'avoine, 107 pots de vin, 13 gelines ou poules, deux corvées et 12 l. de chanvre. Le seigneur y avait, en outre, la justice moyenne et basse, avec les droits de lods, de retenue et de mainmorte.

1693

La vente de ces seigneuries, passée devant Philibert Macaire, notaire à Cuiseaux, fut faite moyennant une rente annuelle et perpétuelle de 240 francs, non compris celle de 24 francs que l'acquéreur devait déjà pour l'affranchissement concédé à un de ses ancêtres.

La seigneurie de Condal fut revendue, en 1768, moyennant 160,000 francs, par le fils ou le petit-fils de G. Trebillet et par M. d'Astorg, son gendre, à Pierre de Chaignon, ministre du roi, résidant à Sion en Valais.

Au reste, nos religieux ont joui jusqu'à la fin de la rente

1693

de 240 francs, prix de l'aliénation première, et encore de deux autres créées à leur profit, en 1699, par le même acquéreur, on ne sait pour quels motifs, l'une de 150 francs et l'autre de 180 francs. Ils ont aussi continué à jouir de la dime de Condal et du pré du Breuil, loués ensemble 1,240 francs, déduction faite de la portion congrue du desservant. Quant au patronage de la cure, il a toujours appartenu à l'office de l'aumônier du monastère, du moins déjà avant 1510, et cet officier claustral percevait du curé, d'après un traité de 1556, une redevance annuelle de 4 francs pour ce droit.

§ 16. En la même année 1693, la fondation de la chapelle de Sainte-Croix, dans l'église paroissiale de Gigny, fut renouvelée, ainsi qu'il a été expliqué au chapitre XVII. Nous n'y reviendrons donc pas; mais à cette occasion, on dira qu'il existait aussi à Gigny deux *chapelles rurales*, non compris celle de Saint-Taurin qui aura son article particulier. L'une, située entre Gigny et Cropet, dans la localité des *Armières*, nommée *chapelle de la dame Goy*, avait été fondée, dit-on, par une dame de ce nom. Elle est figurée sur la carte de Cassini levée en 1744; on y allait processionnellement un jour des rogations, et elle n'est tombée en ruines que depuis quarante ans.

Quant à l'autre chapelle, elle était située à soir du pont, près de la tuilerie, là où les chemins actuels de Graye et de Véria s'embranchent. Les vieillards actuels ne l'ont jamais vue, et elle n'existait déjà plus en 1744, puisqu'elle n'est pas figurée sur la carte dressée alors. Mais, on voit qu'en 1705, on la désignait encore sous le nom de *Chapelle N.-D.*, et qu'en 1675, elle avait donné la dénomination aux champs du voisinage qu'on appelait, à cause d'elle, *devant la Chapelle*, et aussi les *Cloisels*. Une croix commune la remplaça, et après la mission de 1776, on y en éleva une belle en pierre qui reçut le nom de *croix de mission*, et qui fut abattue en 1794. C'est seulement depuis trente ans qu'elle a été renouvelée par celle qui s'y trouve aujourd'hui.   1693

Puisqu'il vient d'être question de *croix*, nous mentionnerons : 1.° la *Croix chaînée*, érigée au lieu dit *ès trois chênes*; 2.° celle du faubourg de la Creuse *; 3.° la *croix Poly*, plantée au midi du bois de Biolière et à l'embranchement du chemin d'Andelot, par un nommé Poly, qui y avait été effrayé ; 4.° celle du faubourg du moulin, près de l'ancien chemin de la prairie qui, déjà en 1570, conduisait en *l'Isle*. Toutes ces croix furent abattues pendant la révolution ; mais une cinquième, qu'on nommait *croix de mission* en 1691, n'existait plus depuis long-temps en 1793, et les vieillards ne l'ont même jamais vue. Elle se trouvait près du pâquier du Vernois, en allant à Graye. C'est dans ce pâquier réclamé, comme on a vu, par le prieur, qu'une vieille croyance superstitieuse fait promener en carrosse, toutes les nuits, la *dame verte*, dont on effraie l'esprit des enfants.

* Plan R.

Plan S.

Au reste, quelques-unes de ces croix faisaient peut-être partie des *quatre croix* qui désignaient anciennement l'enceinte de chaque village, et du lieu où on pouvait bâtir des maisons, comme les quatre croix des cimetières, encore subsistantes dans quelques-uns, en fixaient les limites.

§ 17. Le prieur Abr. de Thesut renouvela, en 1699, avec ses religieux, le concordat de 1554, qui règle les droits, devoirs et obligations de chacun d'eux, et dont on a parlé au chapitre XLII.   1699

D'après ce concordat et d'après un usage constant, bien antérieur même à 1521, les religieux de Gigny, comme on a déjà dit, allaient en procession à l'église de Graye, le mardi des rogations. Après avoir été reçus avec la bannière par le desservant du lieu, ils y célébraient solennellement la messe et ensuite ils *déjeûnaient* au presbytère ou sous le tilleul du cimetière. Le curé de Loysia et Graye leur devait ce déjeûner frugal qui ne consistait, dit-on, qu'en un potage de millet

1699 suivi de la *tarte verde*, et pour lequel le prieur de Gigny lui livrait une prébende d'un pain de couvent et de deux pintes de vin, par chaque moine. Or, ce pasteur s'étant refusé, en 1699, à remplir son obligation, il fut assigné en justice le 19 juin; mais il traita, et se soumit le lendemain. Dès-lors, cette procession a continué d'avoir lieu, même du temps des chanoines sécularisés, jusqu'à la dissolution de leur noble chapitre, et un vieillard actuel de Graye se rappelle encore de les y avoir vus venir et déjeûner. Après le repas, le desservant était obligé de les reconduire avec le même cérémonial qu'à leur réception. Le curé de Loysia faisait aussi une procession des rogations à Graye, mais laquelle ne coïncidait pas avec celle de Gigny. Au reste, le desservant de 1699 ne fut pas le premier qui chercha à se soustraire à l'acquit du déjeûner dont il s'agit. On voit qu'en 1521, un sieur Gaillard, qualifié *amodiateur de la cure de Graye*, s'étant mal acquitté de ce devoir, une plainte fut portée contre lui à l'archevêque diocésain, dans laquelle on disait que *ses prédécesseurs curés et vicaires avaient accoutumé de bien remplir ce devoir*. Or, cet ecclésiastique s'étant excusé sur ce que, nouvellement en possession, il connaissait peu les usages de cette église, les moines de Gigny lui pardonnèrent, à condition qu'il les recevrait plus honnêtement à l'avenir, et qu'à la fête de saint Taurin, il leur fournirait deux moutons.

1701 § 18. On a déjà vu que le prieur avait, en sa qualité de seigneur haut-justicier, la *banalité du four* sur les habitants du bourg de Gigny, et ce droit féodal était de toute ancienneté. Il est établi par le terrier de 1543, que le bois de la *Biolière* [144] était destiné à chauffer ce four banal. On lit

(144) Il serait satisfaisant de connaître le sens et l'étymologie de ce mot *Biolière*, dont on retrouve le radical dans la *Biolée*, bois du Villars; dans le *Bioley* et la *Bioley*, hameaux de Pymorin et de Marnézia; dans la *Biolaye*, hameau de Cuisia; dans *Biolières*, hameau de Curtafond, etc.

aussi qu'en 1677 et 1682, le fermier général du prieur sous-louait cette banalité moyennant 100 francs et 120 francs par an, avec des réserves. Or, par acte du 4 janvier 1701, Abr. de Thesut, en personne, pour répondre aux vœux des habitants, leur céda cette redevance féodale à laquelle ils étaient assujettis par les reconnaissances précédentes, et leur accorda liberté entière de bâtir des fours particuliers partout où bon leur semblerait. Il leur céda aussi en toute propriété les maisons et emplacements du four banal qui était construit près du pont actuel de la Sarrazine, avec toutes ses dépendances, même le bois de Biolière destiné au chauffage et contenant quarante poses ou journaux, non compris le *bois de la Ladrerie* contigu au midi. Cette concession fut faite moyennant : 1.° une somme de 200 francs une fois payée, à cause des réparations nouvellement faites au four ; 2.° une redevance annuelle et perpétuelle de 60 francs, et un cens aussi annuel de 12 deniers que les habitants ont payés jusque dans les derniers temps. Cependant, ceux-ci ayant abusé du bois en 1714, l'ayant dégradé et coupé à plain, sans y laisser de baliveaux, y ayant même mis le feu, le seigneur, en sa qualité de haut-justicier, réclama une grosse amende. Sur cette action, ils traitèrent avec lui et se soumirent à une autre rente de 100 francs par an. Mais le ministère public ayant poursuivi, nonobstant le traité, il y eut procès à la maitrise de Poligny, lequel n'était pas encore jugé en 1720, et se termina probablement par une réduction de la dernière rente à 21 $^{f.}$ 13 $^{s.}$ 4 $^{d.}$, que les habitants de Gigny ont aussi payés constamment.

§ 19. Jusqu'à l'époque où nous nous trouvons, les prieurs commendataires de Gigny avaient eu l'habitude de louer leur mense prieurale à des fermiers généraux, au nombre desquels on trouve, dans le dix-septième siècle, J. Chrestin d'Anchay et H. Bachod, notaire. Mais, en 1704, Abr. de Thesut la loua à tous les religieux du prieuré, pour

1704

vingt ans, à commencer au 1.ᵉʳ janvier 1706. Les revenus de cette mense furent déclarés être « ceux des biens situés en « Bourgogne, Bresse et Franche-Comté, et consistant en prés, « terres, dîmes de blé et de vin, corvées, cens, rentes, « lods, vends, droits de retenue, mainmorte, commise, « épaves, four et moulins banaux ou autres, justice, amendes, « etc. » Il ne se réserva que l'usage de la maison prieurale et de ses dépendances, avec la nomination aux bénéfices dépendants du prieuré et aux emplois judiciaires ou de police, plus le droit d'instituer les officiers claustraux et d'admettre les nouveaux religieux.

1712

§ 20. Huit ans plus tard, le 15 novembre 1712, J.-B. de Chauvirey, chambrier du monastère, qui avait fondé, en 1678, une messe quotidienne dans l'église prieurale, convertit cette œuvre pie en fondation d'une *mission décennale*. Il assura aussi les honoraires d'un religieux étranger, à l'effet de venir prêcher et confesser à Gigny, chaque année, lors des quatre fêtes solennelles de Noël, Pâques, Pentecôte et Toussaint. Mais la somme de 6000 francs qu'il avait donnée pour cet objet fut entièrement perdue, ensuite d'un remboursement en billets de banque de Law [145]. Cette fondation n'eut donc jamais d'exécution, et il n'y eut d'autre mission que celle que M.ᵍʳ J. de Meallet de Fargues fit faire, en 1776, moitié à ses dépens, et à l'occasion de laquelle fut érigée la croix dont il a été parlé. Ce premier évêque de Saint-Claude s'étant assuré que les fonds de cette mission

---

(145) La banque de *Law* ou *Lass* commença ses opérations en mai 1716, et devint banque royale en 1718. Ses innombrables billets furent recherchés, en 1719, avec une faveur ou plutôt une rage sans exemple. Ce célèbre agioteur écossais, après avoir à cet effet renoncé sa religion, fut nommé en 1720 contrôleur-général en France. Mais dans la même année, ses billets perdirent leur crédit plus rapidement encore qu'ils ne l'avaient obtenu, et leur auteur après avoir, par son système, ruiné les uns, enrichi les autres, bouleversé toutes les fortunes particulières, et doublé les dettes de l'état, fut obligé de s'enfuir. Il n'est resté de lui pour tout souvenir qu'un proverbe de mépris.

n'existaient plus, dispensa le chapitre séculier de l'obligation à laquelle il était tenu. Cependant, soit par souvenir du fondateur, mort en 1719, soit pour faire une aumône aux capucins de Saint-Amour, les nobles chanoines faisaient venir, chaque année, quelques-uns de ces religieux mendiants pour prêcher et confesser lors des quatres grandes fêtes désignées.

1712

§ 21. Au commencement du dix-huitième siècle et déjà bien avant, il y avait à Gigny, comme dans beaucoup d'autres montagnes du Jura, ce qu'on appelait un *ermite*. Il est douteux que ces individus appartinssent à l'ordre religieux des ermites proprement dits, autrement des Augustins ou des Jéronymites. Il est plutôt à croire que c'étaient des individus étrangers à toute association religieuse qui se retiraient dans les lieux isolés et déserts, pour y vivre en anachorètes ou plutôt en mendiants, et pour y singer saint Jérôme, saint Antoine, et les anciens solitaires de la Thébaïde. Néanmoins on voit, par une de nos preuves, qu'un de ceux qui ont résidé à Gigny était *frère ermite mendiant et vivait régulièrement*, ce qui indiquerait qu'il était effectivement de l'ordre des ermites de saint Augustin, dont un couvent existait à Saint-Amour, déjà avant 1650 [146].

c. 141.

D'après une vieille tradition, l'ermite de Gigny aurait habité anciennement dans le voisinage de *la Baume*, dont nous avons parlé, c'est-à-dire, dans une espèce de petite grotte située dans le bois dit *Sous-la-Roche*, de la commune de Gigny, aux confins immédiats de celle de Graye. Cette petite grotte, ouverte au plein midi, profonde seulement de cinq à six mètres, surmontée et abritée au nord par un

---

[146] Ces religieux faisaient, comme les autres moines, les trois vœux de pauvreté, de chasteté et d'obéissance. Ils portaient une chemise de toile, étaient vêtus d'une tunique et d'un scapulaire noirs, se ceignaient d'une ceinture de cuir attachée avec une agrafe de corne, et portaient des souliers ou chaussures ordinaires, et non des sandales.

1712

rocher à pic haut de quinze mètres au moins, et formant un grand arc de cercle, est divisée en deux chambres l'une sur l'autre, séparées par une voûte naturelle en pierre. L'une, inférieure, est comme un rez-de-chaussée haut de deux mètres seulement; mais on ne parvient dans la supérieure ou dans l'étage qu'au moyen d'une échelle. A l'entrée de la chambre inférieure on voit une fosse oblongue, quadrilatère, profonde d'un mètre, qui paraît avoir été creusée de main d'homme dans le rocher. Au-devant de cette petite grotte, règne une sorte d'esplanade ou de terrasse artificielle, longue de quinze mètres et large de cinq, qu'on appelle le *Jardin de l'Ermite*, et où croissent en effet naturellement quelques plantes potagères, notamment du cerfeuil de jardin en abondance. De ce manoir escarpé, où l'on n'arrive que du haut de la montagne, par le défilé étroit dit le *Pas de la Biche*, on jouit d'un coup d'œil enchanteur. La vue aime à se reposer sur la vaste prairie inférieure que la rivière de Suran et le *Ruisseau de la Roche* sillonnent, en serpentant, à quatre-vingts mètres au-dessous du spectateur. Elle aime à se repaître d'un paysage embelli par Gigny et ses deux jolis clochers, Andelot et son vieux château historique, Morval, Avenans, Véria, Graye et Charnay. Lequinio a parlé en 1801, dans un style pittoresque et romantique, des sentiments que notre ermite devait éprouver lorsque, de ce point de vue, il se livrait à la contemplation de Dieu et à celle du néant des choses terrestres. Ce voyageur a parlé aussi du cerfeuil, du cresson alénois et de la valériane qu'il a vus dans le jardin potager de l'anachorète. Il va jusqu'à dire que ce dernier y habitait encore trente à quarante années auparavant, c'est-à-dire, un peu après le milieu du dix-huitième siècle. Or, en cela, il a été mal informé, car déjà bien avant cette époque, l'ermite de Gigny avait une cellule, un oratoire et un jardin dans un lieu bien éloigné de la grotte en question. Cependant, un vieillard actuel de

82 ans affirme que son père se souvenait d'avoir encore vu cet ermite de la grotte. Ce qui est certain aussi, c'est que, le lundi de Pâques, après avoir parcouru la *Baume,* et y avoir mangé les œufs cuits durs et teints (*voyez note* 137), on va encore rendre une pieuse visite à cette ancienne habitation de l'anachorète ; c'est ce qu'on appelle *aller à l'ermitage.* Cet usage, d'ailleurs, n'est pas propre à Gigny seulement, il est pratiqué de même par les habitants de Cuiseaux, Lons-le-Saunier, Conliége et autres lieux, lesquels visitent aussi leurs ermitages le lendemain de Pâques.

1712

Le premier ermite dont les titres fassent mention à Gigny est *Claude Berrod,* qui, avant 1712, « dans le dessein de se « faire religieux ermite, pour se donner au service de Dieu, « avait cultivé et mis en labour quelques cantons de ter- « rain communal, entr'autres l'un au lieu des *Combes,* de « la contenance de vingt mesures. Mais, le 14 juillet 1712, « ayant renoncé à son dessein pour des raisons qui lui « étaient personnelles, il se désista de ce terrain au profit « des habitants de Gigny, sous condition qu'il serait vendu « au plus offrant enchérisseur d'entre eux, et que le quart « du prix lui appartiendrait pour son travail de défriche- « ment et de mise en culture. » Cependant, malgré sa renonciation, cet individu prenait encore, dans des actes publics de 1741, le titre d'ermite à Gigny.

Peu d'années après sa démission, Claude Berrod eut pour successeur *frère Thaurin,* natif de Gigny, en faveur duquel les habitants postulèrent et obtinrent de M. de Larrians, aumônier du prieuré, une somme en valeur de cinquante mesures de froment, afin de lui aider à achever la construction de sa cellule et de son oratoire. Or, on voit, par l'apostille mise par l'aumônier en marge de cette requête, le 23 décembre 1715, que cet officier claustral avait bâti l'ermitage à ses frais, et que, pour ce motif, il se réservait, et aux aumôniers ses successeurs, le droit de nommer à

1715
C. 141.

l'avenir les ermites, s'engageant à préférer les habitants de Gigny à tous autres, s'il les en trouvait dignes.

Cet ermitage était établi *sur la Craie,* presque au sommet de cette montagne pelée et rocailleuse (147), à matin ou un peu au sud-est de la source de la Sarrazine. Il subsistait encore en 1748, ainsi que l'ermite ; car on trouve, sur le livre d'arpentement rédigé à cette époque, que le *jardin de frère Thaurin, ermite,* qui existait près de l'emplacement où a été construit ensuite le nouvel hôpital, fut dismensuré et qu'il contenait cinq perches carrées. Les vieillards actuels n'ont cependant pas vu ce religieux mendiant, mais ils en ont entendu parler à leurs pères, et ils disent avoir appris qu'il portait la croix aux cérémonies de l'église du prieuré.

§ 22. A peu près à la même époque, c'est-à-dire, en 1715 ou 1716, deux savants religieux bénédictins de la congrégation de Saint-Maur, *Edm. Martenne* et *Urs. Durand,* qui faisaient des recherches sur l'histoire ecclésiastique de France, se présentèrent au monastère de Gigny, pour en consulter et dépouiller les archives. Or, un accident survenu au prieur (probablement M. H. de Balay, prieur cloîtrier, plutôt que M. de Thesut, prieur commendataire) fut cause qu'ils y reçurent un mauvais accueil et que nous nous trouvons privés aujourd'hui du fruit de leurs précieuses recherches. Ce chef du prieuré s'étant brisé la tête par une chute et venant d'être trépané, les deux savants voyageurs n'obtinrent qu'une audience du chambrier, qui leur communiqua une légende de saint Odon, dont ils ne purent même prendre que le prologue. C'était sans doute la légende dont un extrait, publié dans l'histoire de Tournus, par P.-Fr. Chifflet, se

---

(147) Selon une origine celtique ou hébraïque, les mots *Craie* et *Crau* signifient lieux de pierres, de rochers, de rocailles. Et en effet, cette étymologie convient très bien à notre montagne de la *Craie,* à Gigny, au village de la *Crau* près Tournus, au hameau de la *Craie* ou la *Crau* dépendant de Plombières vers Dijon, et à la plaine de la *Crau,* en Provence, où Jupiter, dit-on, secourut Hercule combattant des géants, en faisant pleuvoir des pierres sur eux.

trouve dans le recueil de nos preuves. L'entrée des archives leur fut même refusée, et ils ne purent connaître, disent-ils, le prieuré, qu'en faisant causer le garçon, qui les reconduisit et qui tint des propos fort peu honorables sur les religieux de Gigny. Aimons à croire que ceux-ci furent calomniés par ce garçon, qui, peut-être par intérêt, voulut augmenter encore le mécontentement des visiteurs qu'il reconduisait. Aimons aussi à excuser nos nobles moines du mauvais accueil qu'ils firent à D. Martenne et à D. Durand, par l'état grave où se trouvait le chef du monastère ; sinon ils auraient été plus bienveillants et plus affables à l'égard de deux enfants de saint Benoît, dont le mérite compensait au-delà la distance que l'origine pouvait établir entre les visiteurs et les visités.

C. 22.

§ 23. Tels sont les principaux faits qui se rattachent au long prieurat d'Abr. de Thesut. Mais ce prieur est encore connu par beaucoup d'autres actes moins importants, jusques et y compris l'année 1720, et il paraît qu'il mourut en cette année ou en 1721 au plus tard. Nous indiquerons néanmoins quelques-uns de ces actes, afin de ne point priver quelques lecteurs de certains documents qui pourraient les intéresser.

1720

En 1664, nouvel acensement du moulin de la Pérouse, dont on parlera plus tard.

En 1673, sentence qui condamne les religieux de Gigny et de Saint-Claude à payer une portion congrue au curé de Savigna.

En la même année, sommation par celui de Légna aux moines de Gigny, d'avoir aussi à lui payer 90 francs pour partie de la sienne.

En 1681, abergeage du cours d'eau, sous la roche de l'église de Louvenne, pour y construire un moulin dont il sera parlé dans un autre chapitre.

En 1689, cession aux religieux d'un cens de 90 francs affecté sur le moulin de Liconna, par madame Élisabeth de

1720   Prowost de Pelousey, veuve de Mathieu de Nance, seigneur de Liconna.

En 1690, traité au sujet des immeubles acensés à Varessia, desquels on a parlé ci-devant.

En 1693, bail à moitié fruits du clos de vigne de Saint-Jean-des-Treux, renouvelé en 1705 par le même prieur.

En 1694, acensement déjà mentionné au chapitre XIV, de la maison de l'aumône, à Cuiseaux.

En la même année, construction d'un bassin de la fontaine du cloître, pour le prix de 400 francs.

En 1699, donation par Claude Grammont de deux champs situés à Cropet.

En 1700, traité avec P. Laure, curé de Cuisia (Ain), pour sa portion congrue.

En 1707, renouvellement du terrier, pour le prieuré de Châtonnay.

c. 140.   En 1713, acte de foi et hommage fait au chambrier pour le fief de Chichevière.

En 1714, traité avec le curé de Pressia, pour sa portion congrue.

c. 142.   En 1720, réduction de la rente due à Salins, déjà rappelée au chapitre précédent.

CHAPITRE XLVII.

LOUIS DE THESUT, prieur.

1721   § 1. *Louis de Thesut*, qui succéda à son frère dans le prieuré de Gigny, en fut l'un des plus illustres titulaires. Il avait obtenu de bonne heure toute la confiance de Philippe de France, duc d'Orléans et frère de Louis XIV, ainsi que d'Élisabeth-Charlotte, princesse de Bavière, sa seconde

femme. Il fut leur plénipotentiaire en 1697, 1698 et 1701, à Riswick, à Francfort et à Rome, où il soutint les intérêts de cette princesse contre l'électeur palatin. Le duc d'Orléans, fils de Philippe de France, puis régent du royaume, continua cette confiance, en le nommant, en 1708, son secrétaire des commandements. L'abbé de Thesut ayant même donné sa démission de cette charge, en 1723, ce prince aimable la refusa par une lettre qui lui fait autant d'honneur qu'au démissionnaire. « Le 29 octobre 1723, Monseigneur, petit-
« fils de France, duc d'Orléans, étant à Paris, désirant
« donner au sieur abbé de Thesut, conseiller d'état ordinaire,
« des marques de la satisfaction qu'il avait des longs services
« que lui et le feu sieur de Thesut, son frère, lui avaient
« rendus, et à feu Monsieur, pendant plus de trente-huit
« ans, et de la continuation de son entière confiance et de sa
« parfaite estime, persuadé de son zèle et de son attache-
« ment inviolable pour sa personne et pour ses intérêts, a
« voulu qu'il lui soit toujours attaché, et le retient pour son
« secrétaire des commandements, nonobstant la démission
« qu'il venait de faire de ladite charge. »

Avant d'être nommé prieur de Gigny, Louis de Thesut était déjà abbé de Saint-Pierre-en-Vallée des ermites de Chartres, de Saint-Martin de Pontoise, de Moutier-Saint-Jean en Auxois, dont il fut le dernier titulaire, et prieur de Jusier près Meulan. Son frère lui avait déjà conféré, avant 1681, le prieuré de Donsurre, et avant 1702 celui de Marboz, tous deux membres de Gigny. Il fut créé conseiller d'état le 1.er août 1721 par le roi Louis XV, qui voulut reconnaître ainsi ses services d'une manière signalée, et qui lui confia en même temps la feuille des bénéfices de son royaume. Ce fut aussi en la même année qu'il obtint notre prieuré, après la mort de son frère.

§ 2. Les titres de Gigny font peu de mention de L. de Thesut, auquel notre monastère donnait sans doute peu de

1721

soucis. Le premier où il figure est un acte d'accensement, en date du 15 novembre 1722, du moulin de ce bourg, accensement qui donna lieu à un procès avec le meunier censitaire précédent, et qui fut résilié, deux ans après, par une transaction.

1722

Le second titre est la ratification que ce prieur, en personne à Gigny, donna, le 15 février 1724, au concordat de 1554, ratification que les religieux avaient soin d'exiger des prieurs, peu après leur entrée en fonctions. Ce fut probablement la seule visite qu'il fit à Gigny.

1724

Dans la même année 1724, le 30 mai, il figura dans la transaction dont il a été parlé, non pas en personne, mais représenté par le doyen J.-G. de Visemal, son mandataire et probablement son vicaire-général.

Enfin, il est encore mentionné avec ses qualités de conseiller d'état et de prieur de Gigny, demeurant à Paris, dans un nouveau bail, fait en 1726, du pré des Étangs, au soir du bois du Moulin, que son frère avait déjà accensé temporairement. Au reste, il sera de nouveau parlé de lui comme prieur de Donsurre et de Marboz.

1726

§ 3. Louis de Thesut mourut à Paris en 1729, âgé de 65 ans, et en lui finit la branche de MM. de Thesut, seigneurs de Lans, près Saint-Marcel. Il fut inhumé à Saint-Sulpice dans le tombeau de J.-Fr.-Gabriel d'Hénin-Liétard, archevêque d'Embrun, son cousin germain, selon le vœu exprimé dans son testament, par lequel il institua pour légataire universel Jean-Baptiste-Paulin d'Aguesseau, fils du chancelier de France.

1729

§ 4. On lit dans la description de Bourgogne, par Courtépée, que Jacques de Thesut de Givry a été abbé ou prieur de Gigny. Mais c'est une erreur, car la suite de nos titulaires, pendant trois siècles, ne permet pas de l'admettre parmi eux, et d'ailleurs on n'en trouve aucune autre indication. L'auteur a probablement voulu parler de Jacques de Th., protonotaire apostolique, mort en 1691, qu'il aura confondu avec Abr. de Th., notre prieur.

CHAPITRE XLVIII.

A. L. FR. DE LA BAUME DE SUZE, prieur.

§ 1. CE prieur était d'une noble famille du Dauphiné. La maison de *la Baume* y était déjà connue au commencement du douzième siècle. On en suit même la généalogie dès l'année 1108, et deux de ses membres accompagnèrent saint Louis dans ses croisades. La terre de *Suze-la-Rousse* ayant été apportée en dot à Louis de la Baume, en 1426, ses descendants en ajoutèrent le nom au leur, et cette terre de Suze fut érigée en comté, en 1572, en faveur de François de la Baume, qui s'était signalé dans les guerres de religion. Cette noble maison a fourni des membres très honorables au clergé et à l'armée, notamment un archevêque, quatre évêques, deux généraux, un amiral des mers du levant, un gouverneur de Provence, deux baillis des montagnes du Dauphiné, etc., etc...

1730

Ses armoiries étaient d'or, à trois chevrons de sable, au chef d'azur chargé d'un lion naissant, d'argent.

§ 2. *Anne-Louis-François de la Baume de Suze*, prieur de Gigny, fut fils de Joachim-Gaspard de la Baume, marquis de Bressieu, qui, sous le nom de *chevalier de Suze*, se signala dans les armées du roi en Candie, en Afrique et ailleurs, et mourut en 1682. Il laissa encore pour autre fils Louis-François de la Baume, né en 1681, colonel d'un régiment qui porta le nom de *Suze*.

Quant à notre prieur, il fut d'abord nommé abbé de Saint-Léon de Toul, en 1709, chanoine et comte de Lyon

1730 avant 1718, doyen du noble chapitre de cette ville en 1722, puis aumônier du roi, etc... Il succéda à Louis de Thesut dans le prieuré de Gigny ; mais, au reste, on n'a à signaler aucun événement intéressant arrivé de son temps. On le trouve seulement qualifié prieur commendataire, dans des
1731, 1734, actes peu importants de 1731, 1734, 1735, et on voit qu'il
1735, 1737. mourut à Lyon, le 21 mai 1737.

Ensuite de sa mort et en conformité de la déclaration du roi du 2 octobre 1731, le lieutenant au bailliage d'Orgelet et le procureur du roi vinrent apposer les scellés, le 31 mai 1737, dans la maison prieurale, pour la conservation des titres, papiers, meubles et effets qui s'y trouvaient, notamment sur le *cabinet des archives*, prenant jour au midi, par une fenêtre bien barronnée, et dont l'entrée était garnie d'une porte en bois et d'une porte en fer. Sur la requête du procureur-général, et toujours en conformité de la déclaration précitée, la cour du parlement ordonna, le 25 juin 1737, qu'il serait procédé à un inventaire. Elle nomma, pour administrer l'établissement, pendant la vacance, le prieur Boudret, chanoine métropolitain de Besançon, que son frère, conseiller au parlement, cautionna.

CHAPITRE XLIX.

JEAN BOUHIER, prieur.

1738 *Jean Bouhier* succéda, comme prieur de Gigny, à M. de la Baume de Suze. Il était issu d'une célèbre famille parlementaire de Bourgogne, dont Jean Bouhier, seigneur de Pouilly, et Marcilly, conseiller au parlement, en 1512. Elle possédait, à trois lieues de Dijon, la terre de Lentenay et de Pâques son annexe, érigée en marquisat, en 1677, en faveur

CHAPITRE XLIX.

de Jean-Bernard Bouhier, président au parlement. Ce marquisat fut établi d'abord sous le nom de *Beaumanoir*; mais par lettres-patentes, enregistrées en 1710, ce nom fut changé en celui de *Bouhier*. Cette maison portait d'azur, au chevron d'or accompagné en chef d'un croissant d'argent, et en pointe d'une tête de bœuf d'or. Nonobstant cet attirail de noblesse, il est à croire que ce prieur, peut-être frère du célèbre président Bouhier, eut beaucoup de peine à faire preuve des seize quartiers exigés à Gigny.

1738

D'abord chanoine de Saint-Étienne de Dijon, en 1690, puis conseiller-clerc au parlement, doyen de la Sainte-Chapelle, prieur de Pontailler, Jean Bouhier fut nommé, en 1723, chancelier de l'Université de Dijon, et premier évêque de cette ville en 1731. Il ajouta à ce bagage la nomination d'abbé commendataire de Saint-Germain d'Auxerre et de prieur de Gigny, où il prit possession le 25 août 1738. Mais il ne jouit pas long-temps de ce bénéfice, car il mourut en 1744, et fut enterré dans l'église cathédrale de Saint-Étienne de Dijon.

Ce fut du temps de ce prieur que l'évêché de Saint-Claude fut érigé suffragant de l'archevêché de Lyon, le 22 janvier 1742, par bulle du pape Benoît XIV. Dès-lors Gigny fut distrait du diocèse de Lyon. Nous n'avons trouvé aucun événement local digne d'être signalé sous ce titulaire, car nous ne considérons pas tels le renouvellement du terrier de Morges, en 1741, ni la vente du *Moulin-des-Prés*, proche Charnay, en la même année. Nous ajouterons seulement qu'à l'exemple d'Abr. de Thesut, il loua aux religieux sa mense prieurale, et que, pendant qu'il fut titulaire, M. de Larrians fut son vicaire-général, et le doyen Jacques de Malivert fut le procureur et le receveur du chapitre.

1742

CHAPITRE L.

J.-J. DE LA FARE, prieur.

Arpentement de la seigneurie. — Route royale.

1744 § 1. *Joachim-Joseph de la Fare,* prêtre, licencié de la maison et société de Sorbonne, chanoine et trésorier de la cathédrale de Laon, vicaire-général de Langres, abbé de Baume, conseiller et aumônier du roi, dernier prieur commendataire de Gigny, était d'une famille très noble, originaire du Languedoc, qui s'était établie à Langres. Un membre de cette ancienne maison était déjà grand du royaume, sous Henri I, dans le milieu du onzième siècle. Un autre membre, né en 1644, mort en 1713, le marquis Ch.-Aug. de la Fare, a été un poète épicurien, aimable, gai, ami de Chaulieu et de J.-B. Rousseau. Ce dernier a dit de lui que, *marchant dans les sentiers d'Horace, il nous montrait la vertu parée des attraits de la volupté.* Enfin, de nos jours encore, un autre membre de la même famille, d'abord évêque de Nancy, puis archevêque de Sens, a été aumônier de la fille de Louis XVI. Ce fut lui qui, dans la nuit du 4 août 1789, fit, au nom du clergé, le sacrifice des dîmes et des droits féodaux.

Les armes de la maison de la Fare étaient d'azur, à trois flambeaux d'or allumés de gueules, et posés en pals.

§ 2. L'abbé de la Fare fut nommé prieur de Gigny, peu de temps après la mort de l'évêque Bouhier, à la fin de 1744

1745 ou au commencement de 1745. On trouve, en effet, que le 18 mars de cette dernière année, étant en son hôtel à Paris, il institua déjà des officiers de justice ou de police dans la seigneurie de Gigny, mais, néanmoins, il ne prit possession du prieuré que le 19 avril suivant.

Après la mort de J. Bouhier, on avait nommé pour administrateur du monastère, pendant la vacance, le grand-prieur cloîtrier, M. de Larrians, qui, par acte du 1.er janvier 1745, loua les revenus de la mense, moyennant 7,000 fr., à ses co-religieux [148].

1745

Ce bail fut stipulé pour neuf ans, pendant lesquels le doyen, J. de Malivert, continua à être le procureur et receveur du chapitre jusqu'en 1752, année de sa mort, et il fut remplacé dans cet emploi, pour la dernière année du bail, par J.-B. de Moyria [149]. Mais en 1753, le prieur ne loua plus sa mense aux religieux, comme il avait été fait depuis un demi-siècle. Il renouvela l'usage d'un fermier-général, et ce fut Nicolas Clément de Langres, ou plutôt P. Gréa, notaire à Gigny, qui devint le sien, pendant six ans seulement. Car en 1760, il en passa un bail de neuf ans, au prix de 9,000 fr., aux chanoines de la nouvelle collégiale.

§ 3. Ce fut du temps du prieur de la Fare qu'on exécuta *l'arpentement général* du territoire de Gigny, sujet à l'imposition royale. Les habitants en ayant formé la demande, le 4 mai 1746, en obtinrent l'autorisation en 1747, et cet arpentement fut effectué, en 1748, par Louis Veliey, géomètre aux maîtrise, bailliage et présidial de Salins. Ce travail fut très bien exécuté, et quoique le plan du territoire n'ait pas été levé, la contenue exacte de chaque fonds a été consignée, avec les dimensions en tous sens, sur un registre ou *livre*, qui a été bien souvent utile pour retrouver ou rétablir les limites des propriétés, pour constater et faire cesser des anticipations et pour prévenir de grands procès entre voisins.

1746

1747

1748

Les autres villages de la seigneurie imitèrent l'exemple de

---

[148] Le prieuré de Gigny rapportait à son titulaire 800 fr. en 1443, et 5,000 fr. en 1726. Il fut loué 9,000 fr. en 1760 par l'abbé de la Fare.

C. 121.

[149] Nous avons trouvé, en outre, pour procureurs et receveurs du chapitre, MM. *M.-Fr. de Tartre*, en 1678—1704, *Ferd.-Marie de Nance*, en 1705—1714, *J.-Th. de Lallemand de Lavigny*, en 1714—1726.

Gigny. Aussi, on voit que le même géomètre Velicy fit l'arpentement de Louvenne et de Morges en 1731, et C. Darbon d'Orgelet, celui de Graye et Charnay en 1734, de Cropet en 1762, de Monnetay en 1763, et de Montrevel en 1769.

1750 §4. Le chef de notre prieuré acensa, en l'année 1750, aux habitants du Villars, *le bois de Marleya*, qui avait été reconnu propre et banal au seigneur dans le terrier de 1542, et dont les prieurs successifs avaient toujours eu dès-lors la possession, et avaient fait condamner ceux qui y commettaient des délits. Cependant, les censitaires ayant voulu récéper ce bois, les habitants de Cropet les assignèrent en justice, prétendant qu'il leur appartenait, comme ayant été acensé par le prieur L. de Rye, pour l'usage de leurs fours. Ceux du Villars appelèrent M. de la Fare en garantie, et par jugement rendu à Orgelet, le 5 janvier 1752, les habitants de Cropet furent condamnés.

1731
1752
§ 5. On a déjà vu que le prieur qui nous occupe avait été aussi appelé en cause, en 1751, dans le procès de Gigny et du Villars *(chapitre* XXX*)*; qu'en 1752, il avait acensé à perpétuité le domaine de la Grange de l'Isle *(ibid.)*; qu'en 1760 il avait loué sa mense aux nobles chanoines *(ci-dev.* § 2*)*; qu'en 1782, il avait donné son approbation à l'affranchissement des habitants de Graye et de Charnay *(chap.* XVI *)*. Il nous reste peu à ajouter sur les choses arrivées à Gigny de son temps ou qui lui sont personnelles.

1.° En 1747 et années suivantes, *la route d'Orgelet à Saint-Amour* par Loysia fut tracée et établie par corvées, ainsi qu'un embranchement traversant Gigny. Il en résulta que les habitants de ce dernier lieu ne furent plus obligés, pour se rendre à Véria et à Saint-Amour, de passer la rivière, *en corbe*, où existait l'ancien *Pont-de-la-Pierre*, de traverser la prairie, de grimper l'ancien et rapide chemin du *Raffourg*, qui existe encore sous le bois de Biolière, et ensuite de côtoyer le bois de la Ladrerie, en usant de voies comme impraticables.

2.º En 1753 M. de la Fare figura, comme garant, dans un procès contre M. Perrard, seigneur de Saint-Marcellin, qui prétendait au cens du *moulin de Vaux*, près Champagna, au préjudice de nos religieux, mais qui se désista en 1754. Le meunier de cette usine avait été condamné, en 1694, au bailliage de Chalon, à passer nouvelle reconnaissance féodale au profit d'Abr. de Thesut, l'un de nos prieurs. 1753 1754

3.º En 1756, au contraire, le chef du monastère de Gigny fut condamné au bailliage de Bourg, en sa qualité de gros décimateur, à réparer le chœur et le clocher de Saint-Nizier-en-Bresse. 1756

4.º En 1759, son fermier-général et notaire parvint, par intrigue, à faire dépendre Gigny du bureau d'Orgelet, pour *l'enregistrement* des actes, tandis que, depuis l'établissement des *contrôles*, il avait dépendu du bureau de Saint-Amour. Ce ne fut qu'en 1802 que les habitants redemandèrent celui-ci qu'ils ont obtenu.

5.º En 1762, il intervint, par formalité, comme nous le verrons plus tard, dans le procès que les nobles chanoines eurent avec le curé Morel.

§ 6. Mais le plus grand événement arrivé sous le prieurat de M. de la Fare fut la *sécularisation* du monastère, demandée en 1756 et obtenue en 1760, après laquelle ce chef fut comme éclipsé par le haut-doyen du chapitre et devint encore plus étranger à Gigny que jusqu'alors. Cet événement va être l'objet du chapitre suivant.

§ 7. Nonobstant cette sécularisation, le prieur de Gigny conserva pendant sa vie ses revenus, attributions, titres et prérogatives. Il continua à instituer les officiers de justice et de police de la seigneurie, à présenter aux cures vacantes, et en 1765, il passa procuration au doyen du noble chapitre pour l'administration de l'établissement.

1756
M.

En l'année 1766, il devint abbé de Baume, où il refusa généreusement le prix de la liberté de deux frères nés mainmortables de l'abbaye et qui s'étaient distingués dans l'armée et dans l'Église. «On ne me doit rien, dit-il, on n'est point es-
« clave quand on a aussi bien servi le roi et la religion.

Au reste, l'abbé de la Fare qui, au commencement, restait à Paris, vint se fixer à Langres où il résida presque toute sa vie. Mais sa passion pour le jeu et les femmes le tint presque toujours plongé dans les dettes. On voit qu'il en contracta déjà à Gigny auprès de quelques particuliers, dans l'année même de sa nomination au prieuré, et qu'en 1772 il était débiteur de sommes considérables envers le noble chapitre, qui passa procuration pour saisir ses revenus et arrêter les deniers qui pouvaient lui être dus. Il fut victime de sa double passion, car il mourut en janvier 1797 à Besançon, dans un état voisin de l'indigence, et fut inhumé dans le lieu de la sépulture commune. Il ne dut sa subsistance dans les derniers temps qu'à un fidèle et dévoué domestique.

CHAPITRE LI.

SÉCULARISATION DU PRIEURÉ DE GIGNY.

Collégiale. — Noble chapitre. — Derniers moines réguliers.

§ 1. ON a vu précédemment (*chapitre* XXXIV) que, dans le quinzième et au commencement du seizième siècle, les moines avaient cherché généralement à se soustraire à la rigueur de la discipline et à la surveillance active et incessante d'un supérieur résidant ; qu'à cet effet, ils avaient demandé et obtenu la mise en commende de leurs monastères. Peu de temps après, ils cherchèrent à se procurer encore davantage de liberté. Le moyen âge avait fini au quinzième siècle et avec lui la foi robuste en la règle de saint Benoît. La découverte de l'imprimerie et des Indes, la renaissance des lettres et des arts et surtout la réforme religieuse prêchée par Luther et Calvin avaient amené ces résultats. Dès-lors, les moines ne tenant plus guère à leur règle que par leurs vœux et leur habit, s'ennuyèrent de plus en plus dans leurs cloîtres, et cherchèrent tous les moyens d'en sortir, de rentrer dans le monde ou dans le *siècle*, autrement d'obtenir leur sécularisation.

1756

On lit que l'abbaye de Vezelay fut sécularisée en 1537, celle de l'Ile-Barbe en 1549, celle de Saint-Pierre de Mâcon en 1557, celle d'Aurillac en 1561, celle de Saint-Étienne de Dijon en 1613, celle de Déols en 1623, celle de Tournus en 1627, celle d'Ainay en 1684, etc... Beaucoup d'autres encore le furent dans le dix-septième et le dix-huitième siècle. L'abbaye de Saint-Claude, destinée à la noblesse comme le prieuré de Gigny, le fut aussi en 1741, lors de l'érection de l'évêché, et cette sécularisation dans le voisinage enhardit sans doute nos nobles moines, ainsi que ceux de Baume, de Lure et de Morbach, à solliciter la leur quelques années après.

§ 2. Le vrai motif des demandes en sécularisation était certainement le désir de la liberté ; mais on le dissimulait sous d'autres raisons plus ou moins spécieuses. Ainsi, les moines de Vezelay alléguèrent que leur abbaye était trop fréquentée par les personnes pieuses qui y venaient en affluence faire leurs prières et leurs offrandes à sainte Madeleine, dont ils possédaient les reliques, ce qui troublait la solitude prescrite par leur règle. Ceux de Saint-Étienne de Dijon représentèrent qu'étant obligés de faire les fonctions curiales dans plusieurs paroisses de la ville, ils étaient en contact continuel avec des gens du monde, hors de leur cloître, et forcés ainsi de ne plus vivre dans la retraite. Ceux de Tournus firent valoir qu'ensuite de deux incendies anciens, et à cause du voisinage des provinces soumises à l'Espagne et à la Savoie, leur abbaye, située dans une position élevée, avait été reconstruite plutôt en forme de citadelle que de monastère ; qu'en temps de guerre elle était sujette au guet, aux sentinelles et aux garnisons, comme en temps de paix, au passage de toutes sortes de gens ; qu'ordinairement elle était plus peuplée de soldats que de religieux ; que leur enclos renfermait aussi la prison et l'auditoire ; que les moines n'avaient ni jardins, ni cours, ni eaux, ni préaux pour leur récréation ; que dès-lors ils ne pouvaient plus suivre leur état régulier; qu'en conséquence il était nécessaire de les séculariser pour la sûreté de leur conscience et l'édification du prochain. Les religieux des autres monastères avaient donné des motifs plus ou moins analogues, au nombre desquels les scrupules de la conscience figuraient toujours. Voici ceux que, dans une délibération prise à cet effet et dressée par-devant notaire, laquelle donne une idée de l'état de décadence où était arrivé leur prieuré, ceux de Gigny alléguèrent, pour parvenir au même but, après en avoir déjà conféré avec l'évêque de Saint-Claude.

§ 3. « Le 4 décembre 1756, présents MM. J.-Fr. de Falc-
« tans, grand-prieur ; El.-Al. de Belot de Montbozon,
« chambrier ; J.-B. de Moyria, infirmier ; Fr.-Gab. de
« Jouffroy de Gonssans, ouvrier, et en l'absence volontaire
« de H. de Balay-Marigna, sacristain, le grand-prieur ex-
« pose :

« Qu'il voit avec douleur que, depuis un temps immémo-
« rial, les religieux du prieuré de Gigny, quoique engagés
« par des vœux solennels, n'observent point la règle de
« saint Benoît ; que la vie commune est entièrement aban-
« donnée, tous les religieux ayant depuis si long-temps
« vécu en leur particulier, comme des prêtres séculiers ;
« qu'il est d'ailleurs impossible de rétablir la vie commune,
« n'y ayant ni cloître, ni dortoir, ni réfectoire, pas même

« des traces qu'il y en ait jamais eu ; et les religieux ne
« pouvant être visités par des supérieurs majeurs, attendu
« l'indépendance de toute autre maison, et attendu leur
« exemption de la juridiction de l'ordinaire ; qu'ils ne por-
« tent pour toute marque de l'état régulier qu'un petit
« scapulaire sur leur soutane ; qu'ils ne récitent pas même
« l'office de saint Benoît, et qu'il n'y a chez eux aucun ves-
« tige de la règle établie par ce saint, telle qu'elle est
« en usage dans les maisons de son ordre ; que les religieux
« ne peuvent continuer de vivre dans un état aussi incer-
« tain qui agite et trouble leur conscience par des scru-
« pules et des remords continuels ; que d'ailleurs, nul ne
« peut être reçu religieux dans ledit prieuré, qui ne fasse
« preuve de seize quartiers, huit du côté paternel et huit
« du côté maternel ; qu'il est impossible de trouver des su-
« jets de cette qualité qui veuillent embrasser l'état régu-
« lier, tellement qu'ils sont réduits aujourd'hui au nombre
« de cinq seulement, quoiqu'il y ait douze places et huit
« officiers claustraux ; que, depuis plus de vingt ans, on
« est obligé de recourir à des prêtres séculiers pour faire
« l'office et acquitter les fondations ; que cette disette de
« sujets réduit le monastère à l'instant d'être détruit et
« expose la noblesse à perdre cet asile qu'il est cependant
« précieux de lui conserver ;

« Que dans cet état, et pour prévenir de si fâcheux incon-
« vénients, il n'y avait d'autre moyen que de supplier le roi
« de consentir à la sécularisation du prieuré de Gigny, pos-
« sédé actuellement en commende, sur sa nomination, par
« M. l'abbé de la Fare, et de permettre au chapitre de sol-
« liciter en cour de Rome ladite sécularisation et l'extinction
« et suppression desdites places et offices claustraux, ainsi
« que des titres des prieurés de Donsure, Marboz et Oussia,
« étant à la collation de M. le prieur de Gigny, en sadite qua-
« lité, et de ceux de Clairvaux-les-Vaux-d'Ain, Poitte, Saint-

1756

1756

« Laurent-la-Roche, Chatonnay et Chambornay, étant à la
« collation du pape, pour être les revenus réunis et former
« la mense capitulaire d'une collégiale que S. M. permet-
« tra de demander à N. S. P. le pape d'ériger dans ladite
« église de Gigny, sous la juridiction de l'ordinaire.

« Il fut aussi délibéré qu'on demanderait au pape d'ab-
« soudre, dispenser et décharger les religieux profès dudit
« monastère de toutes observances de la règle de saint Be-
« noît et des vœux solennels par eux faits, excepté celui
« de chasteté, de sorte qu'ils ne soient plus tenus de porter
« l'habit régulier, ni aucune marque extérieure de régula-
« rité, et qu'ils soient en tout conformes aux prêtres sécu-
« liers, et réputés tels ; de permettre que lesdits religieux
« sécularisés puissent, à l'instar des autres prêtres séculiers,
« acquérir, posséder et retenir toutes sortes de bénéfices
« séculiers en titre et réguliers en commende, de quelque
« nature et qualité qu'ils soient, qui leur seront canonique-
« ment conférés, comme aussi de percevoir et exiger toutes
« sortes de pensions annuelles, etc... enfin, de conserver
« pendant leur vie, après qu'ils seront sécularisés, tous les
« bénéfices réguliers qu'ils possèdent aujourd'hui canoni-
« quement, sans qu'ils soient tenus d'en prendre de nou-
« velles provisions, quand même ces bénéfices dépen-
« draient d'autres monastères ; qu'ainsi M. de Faletans
« continuerait de tenir en commende son prieuré de la
« Chassagne, au diocèse de Poitiers, M. de Belot-Montbozon
« celui de Donsure, au diocèse de Lyon, et M. de Jouffroy
« de Gonssans ses chapelles érigées tant à Gonssans que
« dans l'église de la Madeleine, à Besançon.

« Il fut encore délibéré qu'on demanderait également au
« saint Père qu'il érige l'église régulière du monastère de
« Gigny en église séculière collégiale, sous le titre et invo-
« cation de Saint-Pierre, avec chapitre, chœur, mense ca-
« pitulaire, et avec toutes les marques, priviléges, honneurs,

« exemptions et prérogatives qui appartiennent aux autres
« églises collégiales séculières de droit et de coutume; qu'il
« érige un doyenné qui sera la première dignité de ladite
« église séculière collégiale, et une dignité de chantre qui
« sera la seconde; la première à l'élection du chapitre, s'il
« plaît au roi, la seconde toujours conférée par un membre
« du corps ; qu'il érige douze canonicats et autant de pré-
« bendes sans dispense apostolique; que les canonicats se-
« ront à perpétuité à la pleine collation de S. M., et conférés
« par elle à des gentilshommes seulement, lesquels prouve-
« ront seize quartiers de noblesse, huit du côté paternel, huit
« du côté maternel, suivant l'usage observé de tout temps,
« sauf néanmoins que, si S. M. ordonnait par son brevet
« quelque retranchement du côté maternel, elle sera suppliée
« d'ordonner en même temps que la preuve sera plus forte
« du côté paternel, etc... »

§ 4. Les religieux de Gigny adressèrent en conséquence leur demande au roi, qui l'accueillit favorablement et donna son consentement à leur sécularisation, par son brevet du 17 mai 1757, mais en modifiant un peu leurs propositions. Il y consentit principalement, « pour faire cesser des abus
« irrémédiables que le malheur des temps et le relâche-
« ment avaient introduits; pour procurer le bien de l'Église
« et de la religion et pour ajouter de nouveaux avantages à
« ceux dont jouissait déjà la noblesse.....

« En conséquence, S. M. consent que les grand-prieur
« et religieux de Gigny se pourvussent en cour de Rome,
« pour obtenir la suppression et extinction du prieuré actuel-
« lement possédé en commende par le sieur J.-J. de la Fare,
« et la sécularisation dudit monastère et des religieux qui
« le composaient, ensemble l'érection de l'église régulière
« dudit prieuré en l'église collégiale séculière, sous l'invo-
« cation de saint Pierre et de saint Louis, au lieu de celle de
« saint Pierre seulement, sous laquelle elle était actuelle-

« ment ; ensemble la suppression et l'extinction des offices
« claustraux et places monacales et des titres des prieurés
« de Dompseure, Marboz et Oussia, diocèse de Lyon,... de
« ceux de Clairvaux-les-Vaux-d'Ain, Poitte, Chambornay,
« Saint-Laurent-de-la-Roche et Chatonnay ;... pour les re-
« venus desdites places monacales former la mense capitu-
« laire de ladite église collégiale, avec ceux dudit prieuré
« de Gigny et desdits offices claustraux et prieurés, lorsqu'ils
« viendront à vaquer par les décès ou démission du sieur
« de la Fare et autres titulaires ; à charge que ledit chapitre
« à ériger sera composé d'une seule dignité, sous le titre de
« doyen, et de quatorze prébendes, compris celle du doyen,
« lesquels doyenné et prébendes seront affectés à des gentils-
« hommes qui feront preuve à l'avenir, avant que d'être
« admis dans ledit chapitre, de six degrés de noblesse du
« côté paternel, non compris le prétendant, et du côté ma-
« ternel que la mère est demoiselle ; comme aussi que le
« doyenné ne pourra être possédé que par un membre du
« chapitre, lequel, à cause du doyenné, aura double revenu
« de chaque chanoine, et double portion dans les distribu-
« tions, lequel doyenné et lesdites prébendes seront à per-
« pétuité à la pleine collation de S. M. ; qu'il y aura dans
« ladite église séculière collégiale un bas-chœur composé
« de six ecclésiastiques amovibles, et de quatre enfants de
« chœur à la nomination du chapitre ; que les fruits et re-
« venus seront partagés en quatre portions, dont deux for-
« meront les gros fruits des prébendes et canonicats, la troi-
« sième sera employée en distributions journalières au profit
« de ceux qui assisteront au chœur, et la quatrième sera
« employée à la rétribution des ecclésiastiques du bas-chœur,
« à l'entretien et décoration de l'église collégiale et sacristie
« d'icelle, comme aussi à la conservation des biens du cha-
« pitre et à acquitter ses charges ; en outre à la charge que
« ledit sieur de Faletans, grand-prieur actuel, possédera la

« susdite dignité de doyen, et que lesdits religieux pren-
« dront rang et séance au chœur de la nouvelle église col-
« légiale et chapitre, suivant la supériorité de leurs offices,
« etc. Signé *Louis* et *de Voyer*.

Dix jours plus tard, le 28 mai 1757, le roi étant en son conseil « ordonna que la moitié des fruits et revenus de la
« mense conventuelle de Gigny, ensemble ceux entiers du
« prieuré de Gigny et des prieurés de Dompseure, Marboz,
« etc., à mesure qu'ils viendraient à vaquer par les décès ou
« démission des titulaires, seraient perçus, régis et mis en
« réserve par les grand-prieur et religieux de Gigny, pour
« être employés aux frais de la sécularisation, prélèvement
« préalablement fait sur iceux des charges. Fait S. M. audit
« sieur de la Fare, prieur commendataire, défense de nom-
« mer aux places monacales, et aux grand-prieur et reli-
« gieux de Gigny de recevoir aucuns novices à profession, à
« compter du jour du présent arrêt, ni résigner lesdits of-
« fices claustraux, comme aussi fait défense d'impétrer les-
« dits prieurés en cour de Rome, à peine de nullité des
« provisions qui en pourraient être obtenues, etc. »

Cet arrêt fut ensuite signifié à MM. de la Fare, prieur de Gigny, Bret de Chambornay, Dagay de Clairvaux, Jard de Saint-Laurent, Dorival de Poitte, Sailly de Marboz, et Jacquier de Chatonnay.

§ 5. C'est en cour de Rome que se rencontrèrent les plus grands obstacles. A la vérité, le pape et les cardinaux du consistoire s'inquiétaient peu de laisser les moines de Gigny cloîtrés ou de leur donner la liberté. Mais l'affaire essentielle était d'en tirer le plus d'argent possible et de leur faire payer cher la satisfaction d'être sécularisés, surtout en les voyant si empressés et en les connaissant si riches. Tout était vénal dans la Rome chrétienne d'alors, comme dans celle du temps de Jugurtha, qui disait : *Omnia venalia Roma*. On négocia et on marchanda probablement long-temps, comme les moines de Tournus avaient fait autrefois, pour faire modérer la taxe énorme que la cour de Rome imposait. Enfin, après plus de trois ans de longueurs, et au moyen de la sollicitation du roi de France, ils obtinrent du pape Clément XIII une bulle de sécularisation, en date du 21 juillet 1760, adressée à l'official de l'évêché de Saint-Claude, chargé de la fulminer et de la mettre à exécution.

On ne sait pas positivement ce qu'il en coûta à nos religieux pour obtenir cette bulle et subvenir à tous les autres frais, mais on voit qu'ils empruntèrent 69,674 francs en différentes fois. Leurs ressources, pour rembourser ces gros emprunts, n'ayant consisté d'abord et pendant long-temps que dans la moitié de la mense capitulaire, ils ne purent y parvenir qu'après bien des années, et seulement même lorsque le prieuré de Poitte et d'Ilay fut devenu vacant en 1768, celui de Marboz en 1769, et l'office de sacristain en 1771, par la mort des titulaires. Ce fut seulement aussi par suite de ces vacances, qu'à la demande réitérée des quatre anciens religieux, le roi put nommer les premiers nouveaux chanoines de la collégiale.

§ 6. Par les dispositions de la bulle, le souverain pontife chargea l'official de Saint-Claude de déférer aux désirs exprimés, non-seulement par nos religieux et leur prieur commendataire, et par le roi de France, mais encore par les habitants et les ecclésiastiques de la paroisse de Gigny. Il lui donna donc plein pouvoir de séculariser l'antique monastère de Bernon dans son chef et dans ses membres; de relever ces derniers cénobites de leurs vœux, à l'exception de celui de chasteté, et de convertir leur établissement régulier en une collégiale et en un *chapitre noble, royal et séculier,* sous le double vocable de Saint-Pierre et de Saint-Louis. Trop crédule dans l'exposé de nos religieux désireux de la liberté, il motiva cette haute institution à Gigny, sur ce que ce lieu était une ville illustrée par la résidence de plusieurs familles nobles, et importante par sa population et par le concours du peuple, *oppido plurium nobilium familiarum numero illustri populique frequentia celebri.*

La bulle de sécularisation confirma à peu près toutes les dispositions de l'acte capitulaire de 1756 et surtout celles du brevet royal de 1757 ; elle y introduisit une seule exception et y ajouta quelques détails ou modifications.

1.° Le prieuré de Saint-Laurent fut excepté, on ne sait pour quel motif, de la sécularisation, et réservé, par un décret consistorial du 11 février 1760, à la seule collation du Saint-Siége ;

2.° L'évaluation préalable des revenus du prieuré de Gigny et des bénéfices en dépendants fut prescrite à l'official ;

3.° Le patronage ou droit de présentation aux cures vacantes appartenant à l'ancien monastère, dans le diocèse de Saint-Claude, fut transféré à l'évêque, mais seulement après la mort ou démission du prieur commendataire. Le nouveau chapitre conserva seulement les droits de préséance ou de curé primitif à l'égard des vicaires perpétuels titulaires des cures ;

4.° Il fut prescrit au doyen de faire, avant d'entrer en fonctions, profession de foi catholique entre les mains de l'évêque ou de l'official, et de l'adresser en cour de Rome ;

5.° Le chef du nouveau chapitre et ses quatre anciens coreligieux conservèrent, pendant leur vie, les revenus de leurs places monacales, offices claustraux, prieuré et autres bénéfices, pour leur tenir lieu de prébendes canoniales ;

6.° Il fut disposé à l'égard du nouvel établissement : que la nomination du doyen et des chanoines appartiendrait au roi (excepté le cas de leur mort en cour de Rome), et à charge par les titulaires nommés d'obtenir, dans les six mois, des bulles apostoliques, et de payer les droits de chancellerie accoutumés ; qu'on n'admettrait aux canonicats que des ecclésiastiques liés aux ordres, ou au moins d'un âge suffisant pour recevoir le sous-diaconat au bout d'un an; que les chanoines seraient astreints à résider à Gigny au moins pendant dix mois de l'année; qu'ils assisteraient tous les jours, dans l'église collégiale, aux offices divins et rempliraient tous les devoirs de la vie canoniale; qu'ils auraient le costume et les prérogatives des chanoines de l'église cathédrale de Saint-Claude, à l'exception du port de la croix; que le doyen serait le chef et le président du chapitre, avec stalle d'honneur, voix prépondérante dans les délibérations, préséance au chœur, aux processions, aux réunions capitulaires et en toutes cérémonies, double prébende et double part dans les distributions journalières, etc.; que le chapitre entier serait soumis à la pleine juridiction et à la visite de l'évêque diocésain et de ses vicaires-généraux; qu'il pourrait néanmoins faire des statuts ou règlements de discipline intérieure, mais lesquels devraient être soumis à l'approbation épiscopale; que, dans les six mois, un état assermenté des fondations pieuses serait remis à l'évêque; que le service de l'église collégiale serait exclusivement confié aux ecclésiastiques du bas-chœur qui feraient les fonctions de diacre, de sous-diacre, de sacristain, de choriste, etc., etc., et qu'il ne pourrait jamais être confié à des laïcs, même en cas de nécessité, si ce n'était de l'agrément du prélat diocésain, etc. (150).

§ 7. La bulle de sécularisation fut revêtue de lettres patentes, peu après son expédition en cour de Rome. Le roi satisfait sans doute de la formation d'un nouvel établissement, le seul dans son royaume, dont tous les membres fussent à sa nomination, et sans que son choix fût circonscrit, ni dans les limites du diocèse, ni dans celles de la double province de Bourgogne, comme cela avait eu lieu pour l'ancien monas-

---

(150) Le bas-chœur n'ayant jamais été institué à Gigny, le service de la collégiale y fut fait en grande partie par des laïcs, sans doute du consentement de l'évêque, notamment par deux chantres qui habitaient une maison spécialement construite pour eux.

C. 151.
Plan LL.

tère, accorda à nos futurs chanoines la décoration ou le port d'une médaille honorifique dont il sera parlé bientôt. Cependant, avant la fulmination de cette bulle, si long-temps attendue, nos religieux eurent encore à remplir une dernière formalité, à faire un accord avec l'évêque, à en obtenir un dernier consentement, et ce ne fut pas celui qui leur coûta le moins. Ils avaient été obligés de faire des sacrifices d'argent à Rome. Mais à Saint-Claude, il fallut non-seulement céder des droits lucratifs en même temps qu'honorifiques, mais encore s'humilier pour secouer enfin le froc monacal.

Voici les principales conditions du *concordat* qui fut fait entre eux, le 29 novembre et le 2 décembre 1760. Elles font apprécier en même temps les grandes concessions des religieux de Gigny et la vanité du prélat de Saint-Claude.

« 1. L'évêque se réserve, pour lui et ses successeurs, pleine
« et entière juridiction et correction sur les membres du cha-
« pitre et du clergé inférieur ;

« 2. Il se réserve aussi l'examen et la sanction des statuts
« présents et à venir des chanoines ;

« 3. Il exige la production d'un état assermenté des fon-
« dations et revenus du monastère ;

« 4. Les chanoines n'auront plus de juridiction curiale sur
« les églises dépendantes de leur ancien prieuré ;

« 5. Ils ne porteront la médaille qui leur a été accordée
« par le roi qu'après avoir été promus au sous-diaconat, et
« après en avoir demandé l'agrément à l'évêque, et lui en
« avoir fait la politesse ;

« 6. Ils feront d'abord profession de foi entre ses mains et
« ensuite en présence du chapitre, avant de prendre posses-
« sion de leurs doyenné ou canonicats ;

« 7. L'évêque pourra convoquer le chapitre quand bon
« lui semblera, et le présider ; il y aura voix délibérative et
« prépondérante ;

« 8. La collation des cures et bénéfices du diocèse lui re-
« viendra et cessera d'appartenir aux chanoines;

« 9. Étant à Gigny, le jour du jeudi saint, il officiera; et
« assisté par tout le chapitre, il fera le lavement des pieds
« des pauvres et des chanoines;

« 10. Étant au chœur, en l'église, sans officier, le prêtre
« en tour de messe lui présentera l'aspersoir; le prélat le
« prendra de sa main, s'aspergera lui-même et aspergera
« ensuite celui qui lui aura présenté le goupillon;

« 11. Il prendra aussi l'instrument de paix ou patène de
« la main de celui qui le lui présentera, le baisera et le lui
« rendra;

« 12. L'officiant saluera l'évêque avant de commencer la
« messe, et recevra son salut;

« 13. L'évêque bénira l'encens, ainsi que l'eau pour le ca-
« lice; le livre des évangiles lui sera présenté à baiser;

« 14. Les chanoines se lèveront pour le saluer quand il
« marchera dans le chœur;

« 15. Le doyen et les chanoines seront profondément in-
« clinés, et le bas-chœur sera à genoux, quand le prélat
« donnera sa bénédiction épiscopale;

« 16. Il pourra faire faire des exercices de mission dans
« l'église collégiale, quand il le jugera à propos;

« 17. Il visitera les reliques de l'église, avec suite, à son
« gré, quand il voudra;

« 18. Il déterminera l'habit de chœur pour les cha-
« noines;

« 19. En toutes circonstances il sera reçu au son des
« cloches. »

§ 8. Toutes ces formalités ayant été remplies, nos cinq religieux présentèrent une requête à M. J.-Fr. Villerme des Villars, docteur en théologie, prieur commendataire de Coligny, et official du diocèse de Saint-Claude, en l'invitant à venir fulminer la bulle de sécularisation et installer le nouveau chapitre. Ce commissaire apostolique se rendit donc à Gigny, avec le promoteur du diocèse, dans les premiers jours du mois de décembre. Il y procéda encore à une enquête sur la nécessité et l'opportunité de cette sécularisation, et le témoignage d'un grand nombre d'ecclésiastiques, de gentilshommes et d'habitants du voisinage établit l'utilité de la mesure. Il en résulta que, depuis un temps immémorial, il n'existait plus de cloître fermé proprement dit, plus de maison pour les novices, plus de dortoir, de réfectoire ou autres lieux communs ; que l'entrée de ce prétendu cloître était dépourvue de porte et paraissait n'en avoir jamais eue ; qu'un petit chemin ouvert permettait de sortir du côté du sud, et que quelques habitations claustrales avaient des issues par leurs jardins sur la campagne et même des portes sur la place publique ; que la cour de ce cloître était fréquentée jour et nuit par les habitants de Gigny qui venaient chercher de l'eau à la fontaine des religieux, lesquels le toléraient, parce qu'il n'y en avait point d'autre dans le bourg ; qu'enfin on ne pouvait pas rétablir la régularité dans ce monastère. Le commissaire dressa ensuite de longs procès-verbaux pour constater l'état des lieux, de l'église, du cloître, des maisons monacales et des jardins ; les revenus et les charges du prieuré en général, et de la mense conventuelle, des offices claustraux et des prieurés ruraux en particulier ; le nombre des cures à la nomination des religieux ; celui des fondations pieuses ; etc....

Enfin, le 14 décembre il fulmina la bulle, avec grande cérémonie, en présence de Mgr. L.-A. de Lezay, évêque d'Évreux, de son parent M. de Marnézia, lieutenant-colonel, du marquis de Balay, du comte de Romanet, du baron de Cressia, de plusieurs ecclésiastiques et d'un grand concours de personnes. L'official ayant exhibé la bulle apostolique aux religieux, dans leur chambre capitulaire, et ayant été invité par eux à célébrer la messe, entonna le *Veni Creator*, fit don-

1760
c. 144.

ner lecture par son secrétaire de cette bulle ainsi que du décret de fulmination, releva les cinq derniers cénobites de leurs vœux, à l'exception de celui de chasteté, les proclama doyen et chanoines de la collégiale, les engagea à remplir avec zèle les obligations de leur nouvel état, et assigna à chacun d'eux sa place, selon la prééminence de leurs offices. Ainsi le 1.er canonicat fut assigné à M. de Faletans, doyen, le 2.e à M. de Montbozon, chambrier, le 3.e à M. de Balay, sacristain, le 4.e à M. de Moyria, infirmier, le 5.e à M. de Gonssans, ouvrier (151). Il se réserva de statuer plus tard sur la sécularisation des prieurés ruraux.

(151) Des notices sur chacun des cinq derniers membres du prieuré de Gigny intéresseront peut-être quelques lecteurs. On trouvera bientôt celles qui concernent MM. de Faletans et de Moyria; voici celles des trois autres religieux:

1.º Éléonore-Alexandre de *Belot de Montbozon*, religieux pendant près de 60 ans, reçu en la confrérie de St.-Georges en 1749, infirmier d'abord, puis chambrier du prieuré, et 2.e chanoine de la collégiale, mourut à Gigny le 14 juin 1791. Il était de la maison de Belot, originaire de Nozeroy, qui portait d'azur à trois losanges d'argent, au chef d'or bastillé de trois pièces. Cette maison s'était subdivisée en branches de Vilette, de Larrians et de Montbozon. Les armoiries des deux premières étoient celles de Belot, mais la dernière portait de sable à cinq bandes d'argent pleines et ondées alternativement; M. de Montbozon était cependant neveu de M. de Larrians. Les deux communes ainsi nommées existent dans l'arrondissement de Vesoul, et on trouve déjà Odilon de Montbozon en 1140, Renaud de M. en 1236, Pierre de M. en 1317.

2.º Hugues de *Balay-Marigna*, religieux dès 1713, ensuite ouvrier, puis sacristain du prieuré, troisième chanoine du chapitre séculier, mort à Gigny en 1771, était d'une ancienne famille qui possédait déjà, au XII.e siècle, la seigneurie de *Balay*, bourg de Champagne en Rhételois. Un de ses membres vint s'établir, en 1297, à Saint-Martin-la-Patrouille, près de Joncy (Saône-et-Loire), dont un hameau porte encore le nom de *Balay*. Il transmit cette terre qu'il avait eue en partage à ses descendants qui l'ont possédée pendant plusieurs siècles, et dont l'un l'augmenta de celle de *Rains*, par son mariage avec Catherine de Rochebaron. Or, parmi eux on distingua surtout *Jean de B.*, l'un des plus fidèles serviteurs de Charles-le-Téméraire, dernier duc de Bourgogne. Ayant été fait prisonnier, il obtint sa liberté en promettant de ne plus monter à cheval et de ne plus porter de cuirasse ni d'armes à feu à la guerre. Cependant, pour être fidèle à son serment et continuer en même temps ses services à son prince, il prit une mule pour monture, s'habilla de peau de buffle, et, armé d'une massue, il se

M. des Villars célébra ensuite la messe à diacre et sous-diacre, après laquelle il entonna le *Te Deum* à deux chœurs, au son de toutes les cloches.

1760

rendit encore redoutable aux ennemis. C'est pour cela que l'écusson des armes de la maison de Balay est soutenu par deux athlètes ou sauvages armés d'une massue. Il est ainsi figuré, non-seulement sur le sceau des membres de cette famille, mais encore sur les deux tombes d'autre *Jean de B* et de sa femme *C.-F. de Grachault*, mariés en 1685 et père et mère de notre sacristain, lesquelles se voient toujours dans l'église de Marigna. *Aimé de B.*, chambellan de Marguerite d'Autriche, gouverneur et grand-bailli de Dole, mort en 1527, fut le premier de cette noble famille qui s'établit en Franche-Comté. Son fils, baron de Longwi, mort en 1570, et déjà seigneur de Marigna en 1553, bâtit près des bois de Longwi, non loin de Chaussin, le village qu'il nomma *Balay-Saulx*, et qu'on appelle encore ainsi, de son nom et de celui de sa seconde femme. *Claude de B.*, petit-fils d'Aimé, co-seigneur de Marigna et de la Boissière, capitaine de 50 hommes, gouverneur et grand-bailli du Charollais, fut tué à Marigna, en 1572, dans un pré au bord de la Valouse, d'un coup de fauconneau (petite pièce d'artillerie à boulet de deux livres), que lui fit tirer Joffroy de Foulquier, co-seigneur de Marigna, d'une des tours du château. Sur la plainte de Marguerite Mouchet, sa veuve, l'assassin fut banni à perpétuité avec sa famille; son château et sa portion de la terre de Marigna furent confisqués au profit des enfants du défunt. C'est le nom du petit-fils de celui-ci qu'on lit encore sur la cloche de la Boissière. Au reste, un estimable membre de cette antique famille, qui a donné beaucoup de religieux au prieuré de Gigny, est toujours propriétaire du château de Marigna. La maison de Balay avait la belle devise: *Obesse nulli, prodesse multis*. Elle portait de sable, au lion grimpant d'or, cimier armé d'un bras tenant une épée.

3.º Louis-François-Gabriel de *Joffroy de Gonssans*, religieux pendant près de 50 ans, et successivement chantre, réfecturier et ouvrier du monastère, mourut à Gigny le 4 mai 1791. Il était de la branche de la famille de Joffroy, qui a pris son nom de *Gonssans*, commune du département du Doubs, dans l'arrondissement de Baume. Cette famille, d'abord nommée *Joffray*, était ancienne en Franche-Comté, car un de ses membres contribua, en 1366, à purger les environs de Besançon des *Grandes compagnies* dites *Tard-Venus*, troupes licenciées qui se livrèrent au brigandage durant plusieurs années. Un autre membre, *Étienne Joffroy*, était en 1398 grand-chambrier à Baume, où l'on n'entrait qu'en prouvant autant de quartiers de noblesse qu'à Gigny. En la même année, vivait aussi *Bertrand Joffroy de Bletterans*, écuyer. Enfin, dans le milieu du XV.e siècle, le plus célèbre de cette famille, *Jean Joffroy*, né en 1412, mort en 1473, fut non-seulement prieur de Château-sur-Salins, de Lons-le-Saunier et de Vergy, mais encore abbé de Luxeul et de Saint-Denis de France, ambassadeur

1760
c. 145.

Onze mois après, le roi revêtit cette bulle et le décret de fulmination de lettres patentes confirmatives, enregistrées avec restriction le 11 février 1762, au parlement de Besançon. Par ces lettres le souverain consentit, sur la demande des nobles chanoines, de n'admettre dans leur chapitre que des sujets dont la mère serait demoiselle de sang et d'extraction, et non fille d'un anobli, modifiant ainsi la disposition du brevet de 1757 et de la bulle elle-même.

CHAPITRE LII.

JEAN-FRANÇOIS DE FALETANS, premier haut-doyen.

Procès du curé Morel. — Décoration ou médaille des chanoines.
Sécularisation et réunion des prieurés ruraux. — Statuts du chapitre.
Nouveaux chanoines. — Foires et marché de Gigny.
Érection de la paroisse de Loyon à Morges.
Notices sur les autres villages de la seigneurie.

§ 1. LA petite commune de *Faletans* (152), au canton de Rochefort, près de Dole, a donné son nom à une ancienne du duc Philippe-le-Bon, à Rome, évêque d'Arras et d'Alby, cardinal-légat de deux papes en France, et même général de l'armée de Louis XI, contre le comte d'Armagnac révolté. Le premier membre de cette maison qu'on trouve qualifié de seigneur de Gonssans, fut *Paris Joffroy*, citoyen de Besançon, mort en 1459; mais ce n'est qu'en 1547 que la branche de Gonssans se sépara de la tige. Au reste, des seigneurs du nom de Gonssans sont déjà cités en 1241, 1260, 1277, etc... Un parent de notre religieux, François de Jouffroy-Gonssans, était grand-chambrier à Baume, en 1634, et prieur de Bréry et abbé de Theuley. Plusieurs membres de cette même maison, qui a donné un assez bon nombre de religieux à Gigny, ont été reçus à Saint-Georges dans le XVIᵉ siècle. Enfin un métaphysicien de nos jours, mort récemment, M. de Jouffroy, était professeur au collège de France, membre de la chambre des députés, etc..

Le blason de Jouffroy de Gonssans était fascé de sable et d'or, de six pièces, la première de sable chargée de deux croisettes d'argent.

(152) On écrit communément *Falletans*, mais j'ai adopté l'orthographe de la signature de notre doyen.

famille noble de Franche-Comté. *Renaud de F.*, chevalier, seigneur de Faletans, de l'Étoile et de Saule, fit hommage en 1269 à Laure de Commercy, veuve de Jean de Chalon. On trouve ensuite *Jean de F.*, mari de Jeanne de Chissé en 1319; *Jacques de F.*, conseiller au parlement de Franche-Comté en 1350; *Étienne de F.*, l'un des premiers chevaliers de Saint-Georges, qui fut, ainsi que son frère *Humbert de F.*, écuyer tranchant du duc Philippe-le-Bon, dans la première moitié du quinzième siècle. Cette famille a aussi donné plusieurs conseillers aux ducs de Bourgogne, et a été reçue presque continuellement à la confrérie de Saint-Georges. Aussi, le vieux rimeur *Jean le Roux* compte-t-il les Faletans, Aubépin, Cressia, Champagne, Morel, Moustier, Nozeroy ;

1760

  Et aultres de noble lignaige
  Qui, ès assaults et ès bastailles,
  Dans les joûtes et les tournois,
  Se montrent vaillants et courtois,
  Dont souvent emportent le prix
  Sur gendarmes d'aultres pays ;
  Et pour ce dit-on qu'en Bourgongne,
  Honneur et loyauté foisongne.

La maison de Faletans portait de gueules à l'aigle éployée d'argent. Elle avait pour devise : *une fois Faletans*, et pour adage : *ménage de Faletans*, c'est-à-dire, ordre, économie.

§ 2. Notre doyen fut l'un des vingt-quatre enfants que Jeanne-Bonaventure Froissard de Broissia donna à son mari, Philippe-Joseph, marquis de Faletans, capitaine de cent cuirassiers pour le roi d'Espagne, seigneur de Thiefrans, Buzy et Fontenelles, en faveur duquel ces terres furent érigées en marquisat en 1712, et qui mourut en 1726. De cette nombreuse famille quinze membres moururent en bas âge. Le fils aîné, Jean-Prosper, marquis de Faletans, continua la ligne et le nom. Deux filles furent mariées, l'une à H.-Fr. de Romanet, seigneur de Rosay, et l'autre à Et.-J.-M. de Moyria, père de

1760

notre deuxième doyen. Les six autres enfants, dont trois filles, furent placés dans les monastères que saint Julien de Baleure et les chevaliers de Saint-Georges avaient justement qualifiés d'*Hôpitaux de noblesse*, à Baume-les-Dames, à Château-Chalon, à Besançon, à Baume-les-Messieurs et à Gigny.

Jean-François de Faletans, né en 1705, fit profession de religieux à Gigny en 1727, et y obtint, dans la même année, l'office d'aumônier qu'il conserva jusqu'en 1790. Il fut reçu en 1740 dans la confrérie de Saint-Georges, et il en signa en 1768 les nouveaux statuts. L'article 15 de ceux-ci portait que deux ecclésiastiques de chacun des chapitres de la province seraient admis dans ladite chevalerie pour y représenter, en cas de besoin, les intérêts de leurs chapitres, lesquels avaient toujours été soutenus et protégés par les chevaliers de Saint-Georges. Enfin, en 1751, après la mort de M. de Larrians, il devint grand-prieur cloîtrier du monastère de Gigny, dont il demanda la sécularisation en 1756, avec ses co-religieux, laquelle il obtint en 1760, comme on a vu. Dès-lors il fut nommé haut-doyen du nouveau chapitre.

Outre le bénéfice de Gigny, M. de Faletans jouissait encore, en qualité de prieur commendataire, du prieuré de *la Chassagne* au diocèse de Poitiers, et de celui de Sainte-Marie-Magdeleine de *Mantes*, au diocèse de Chartres.

§ 3. L'événement le plus important qui eut d'abord lieu à Gigny, au commencement du doyenné de M. de Faletans, fut sans contredit le procès que le curé Morel soutint contre les nobles chanoines. En voici l'historique succinct.

Claude-Marie-Gaspard *Morel*, prêtre familier d'Orgelet, avait pris possession de la cure de Gigny et Véria le 25 février 1755. Or, il ne tarda pas de trouver étrange que le sacristain du prieuré partageât avec lui les droits curiaux. L'envie de secouer le joug, plutôt encore que la cupidité, lui inspira le dessein de rendre son église paroissiale indépendante de celle du monastère, et il porta l'orgueil et la témérité jusqu'à contester aux nobles religieux la qualité de *curés primitifs* et le droit de préséance. L'amour-propre et l'entêtement le soutinrent ensuite dans cette prétention toute nouvelle et dans une série de procès plus ou moins scandaleux contre ses hauts supérieurs.

1760

Cécile Chiffet étant décédée, le 16 juillet 1758, ce curé se permit, contre l'usage qui lui était bien connu, de l'inhumer dans le cimetière de la paroisse ou des enfants, sans l'avoir fait présenter à l'église du prieuré. Les religieux surpris de cette audace, après avoir eu de vaines explications avec ce prêtre, le firent citer en trouble possessoire, le 13 août suivant, pour avoir usurpé leurs droits utiles et honorifiques. Le curé fut condamné à l'amende, avec défense de récidiver à l'avenir, et on réserva au sacristain qui avait intenté l'action, au nom du chapitre prieural, la faculté de poursuivre le recouvrement des droits de sépulture sur les héritiers de la défunte.

Le curé Morel était trop obstiné pour s'en tenir là et reconnaître ses torts. Il appela les religieux au pétitoire devant le bailliage d'Orgelet et demanda : 1.° que la qualité de curés primitifs qu'ils avaient prise fût rayée devant commissaire et à leurs frais ; 2.° qu'il leur fût fait défense d'exercer aucune fonction curiale dans la paroisse de Gigny ; 3.° qu'il lui fût permis de faire, sans leur participation, la procession des rogations, celles des fondations et autres nécessaires pour le bien de la paroisse ; 4.° qu'il lui fût aussi permis d'inhumer dans l'église ou dans le cimetière de la paroisse de Gigny ceux qui y mourraient, et même les séculiers qui décéderaient en l'enceinte du cloître ou du chapitre, sans avoir besoin de les présenter à l'église des religieux ; 5.° qu'il leur fût interdit de faire sonner les offices de la paroisse ; 6.° enfin, que, dans les processions où ils seraient appelés, le curé eût droit de porter l'étole et de tenir le premier rang, ou son vicaire en son absence.

1761 Les nobles chanoines, qui n'avaient pas recouvré tous leurs titres, furent défendus assez faiblement, et, le 5 mai 1761, les juges d'Orgelet, séduits par quelques subtilités du demandeur (153) et par quelques arrêts non applicables, lui adjugèrent toutes ses conclusions et condamnèrent les défendeurs en tous les dépens. Le titre de curés primitifs ne fut pas déclaré positivement devoir être rayé, mais il l'était dans le fait, par l'adjudication des autres conclusions.

1762 § 4. Les religieux sécularisés appelèrent de ce jugement et firent intervenir en appel l'abbé de la Fare, parce que le curé leur avait contesté jusqu'à la qualité pour ester en justice, sans leur prieur commendataire. Ils signifièrent leurs titres dans un mémoire imprimé, le 6 juillet 1762, à cet ecclésiastique opiniâtre. Ils y établirent, conformément à ce qui a été dit au chapitre XVII ci-devant, que, dans le principe, les moines de Gigny avaient été les seuls pasteurs des fidèles du lieu ; qu'à la fin du douzième siècle ils avaient cessé de l'être et avaient été remplacés par un chapelain séculier ou vicaire perpétuel, nommé sur leur présentation ; qu'alors aussi on avait construit l'église paroissiale ; que ce chapelain n'avait joui que d'une portion des droits casuels qu'il partageait dès-lors avec le sacristain du prieuré ; que celui-ci avait continué d'inhumer les grandes personnes dans le cimetière du monastère, tandis que le chapelain ou vicaire inhumait dans un petit cimetière, près de l'église paroissiale, les enfants qui n'avaient pas encore fait leur première communion, étant même obligé de les présenter auparavant dans l'ancienne église ; que, de tout temps, l'église paroissiale avait été sous la dépendance du sacristain ou du prieur ;

(153) Il se fondait surtout, par exemple, sur ce que, dans les titres des XIV.ᵉ et XV.ᵉ siècles, les desservants de Gigny étaient déja qualifiés de *curés* et non de *vicaires perpétuels*. Il se fondait aussi sur ce que, dans les anciennes chartes, les prieurs ou religieux n'avaient pas pris le titre de curés primitifs, (*titre assez peu flatteur pour eux*, répondirent les nobles chanoines).

que ce sacristain avait toujours été qualifié de *curé primitif* dans les titres et jugements des seizième et dix-septième siècles, au lieu que le curé de Gigny n'y était qualifié que de *vicaire perpétuel;* que le curé ou vicaire assistait avec ses paroissiens aux vêpres et aux processions des cinq fêtes de Noël, Pâques, Pentecôte, Saint-Pierre et Assomption de N.-D., ainsi qu'à celles des rogations, de la Fête-Dieu, de saint Taurin et de saint Marc; mais qu'à toutes ces processions les religieux avaient le pas ou la préséance, et que l'un d'eux portait l'étole en signe de juridiction et de supériorité de la mère-église (*ecclesiæ matrici servetur honos*) (154); que ces divers usages avaient été observés jusqu'à l'attentat du curé Morel, ce qui constituait une possession appuyée de titres de plus de 500 ans; qu'enfin, les appelants réunissaient les trois circonstances qui établissaient la qualité de curés primitifs, savoir : 1.° la présentation à la cure ou le patronage; 2.° la jouissance des dîmes; 3.° la perception des oblations.

1762

(154) « Le curé de Gigny, disaient les chanoines dans leur mémoire, doit assister dans les processions dont il a été parlé, et les religieux y président. La plus solennelle est celle de la Fête-Dieu. Alors, le curé ou son vicaire dit la messe de paroisse à huit heures, fait une petite procession autour du cimetière des enfants, et vient avec les paroissiens précédés de leur croix, dans l'église du prieuré. Ils attendent la fin de l'office ; ensuite la procession part ; le chanoine, en tour de messe, porte le Saint-Sacrement ; le curé ou son vicaire l'assiste comme diacre ou sous-diacre ; l'on va par un grand circuit a l'église de la paroisse qui sert de reposoir, et l'on revient en même ordre dans l'église prieurale dire la messe, après laquelle chacun se retire, sans garder l'ordre de la procession. Quant aux autres processions de l'Assomption, de saint Marc et des rogations, le curé, précédé des paroissiens, vient à l'église du prieuré ; il entre dans le chœur, sans étole ; il attend la fin des matines après lesquelles la procession sort ; la croix de la congrégation marche la première ; puis celle de la paroisse, et enfin celle du chapitre portée par l'un des bedeaux ; les enfants de chœur, les chantres et le curé suivent ensuite les religieux. Celui d'entre eux qui est de service porte le reliquaire et l'étole. Tel a été, de tout temps, l'usage qui s'est observé dans la paroisse de Gigny. Etait-il donc réservé au sieur Morel d'y porter atteinte? etc.... »

1762

L'audace du curé Morel eut la récompense qu'elle méritait. Voici le texte de l'arrêt qui le condamna :

« La cour a mis et met l'appellation et le jugement dont
« est appel au néant ; émendant, a maintenu et gardé,
« maintient et garde les appelants et intervenu dans la qua-
« lité de curés primitifs de l'église paroissiale de Gigny, et
« dans le droit de faire, en conformité de la déclaration de
« 1731, le service divin en ladite église, les quatre fêtes
« solennelles et le jour du patron ; ordonne en conséquence
« que l'intimé ne pourra prendre à l'avenir que la qualité
« de *curé de Véria, vicaire perpétuel de l'église paroissiale de*
« *Gigny* ; déclare que, dans les processions de la Fête-Dieu,
« de l'Assomption de Notre-Dame, saint Marc, saint Taurin,
« des rogations et autres processions générales ordonnées
« par le diocésain, les appelants et intervenu auront la
« préséance sur l'intimé et son vicaire, et le droit d'y porter
« le Saint-Sacrement et les reliques ; ordonne qu'à cet effet
« l'intimé ou son vicaire sera tenu, moyennant prébende
« qui lui est due, en vertu du concordat du mois de mai
« 1554, d'assister auxdites processions générales et de se
« rendre en l'église collégiale avec le peuple assemblé, où
« il aura le droit de porter l'étole ; lui défend d'y troubler
« lesdits appelants et intervenu, aux peines de droit, sauf à
« l'intimé ou à son vicaire de faire les processions parti-
« culières de ladite paroisse, comme il trouvera convenir,
« en se conformant au rituel du diocèse ; maintient de plus
« les appelants et intervenu dans le droit exclusif de faire
« enterrer dans le cimetière du chapitre de Gigny les pa-
« roissiens dudit lieu, à l'exception des enfants qui n'ont
« pas encore fait leur première communion, lesquels seront
« enterrés, comme du passé, par l'intimé ou son vicaire,
« dans le cimetière de ladite paroisse ; ordonne à l'intimé
« ou à son vicaire, après la présentation faite à l'église
« paroissiale des corps des défunts de l'âge au-dessus de

« douze ans et qui auront fait leur première communion, de
« les conduire à l'église collégiale, pour ensuite être inhumés
« par le sacristain du chapitre ou son préposé, dans le
« cimetière de ladite église collégiale ; et, en cas de per-
« mission de la part du chapitre, de faire inhumer lesdits
« corps dans l'église ou le cimetière de la paroisse; déclare
« que l'intimé ou son vicaire sera tenu de les présenter au
« préalable en l'église dudit chapitre.

« La cour a mis lesdites parties hors de cour et de procès
« sur la demande formée par les appelants et intervenu au
« sujet des droits de sépulture par eux répétés, et qui
« auraient pu être perçus par l'intimé ou son vicaire ; et,
« moyennant les déclarations faites par lesdits appelants et
« intervenu, qu'ils ne prétendent pas avoir le droit de faire
« sonner les offices de la paroisse, ni d'administrer les der-
« niers sacrements aux personnes domiciliées dans l'enceinte
« du chapitre de Gigny autres que celles qui composent
« ledit chapitre, déclarent qu'il est suffisamment pourvu sur
« toutes les fins et conclusions des parties, du surplus
« desquelles la cour les déboute en tant que de besoin ;
« condamne l'intimé aux dépens de toutes parties, tant de
« l'instance que de l'appel, sauf un vingtième qui demeurera
« compensé. Fait en parlement, à Besançon, le 20 août
« 1763. »

§ 5. Le roi Louis XV, en sécularisant en 1742 les moines de Saint-Claude, leur avait accordé le port d'une *médaille d'or* honorifique. Il accorda la même distinction à ceux de Gigny, par les lettres patentes dont il revêtit la bulle de leur sécularisation. C'était une croix d'or et d'émail cantonnée de quatre fleurs de lis, semblable, pour la forme, aux grandes croix de l'ordre militaire de Saint-Louis. Elle présentait sur une face l'image de saint Pierre, avec la légende : *Religio nobilitatis decus*, ce qui indiquait que l'établissement religieux de Gigny, dédié à saint Pierre, était destiné à la noblesse. Sur l'autre face se trouvait l'image de saint Louis, second patron du chapitre imposé par le roi en 1757, avec l'inscription : *Ludovici XV munus MDCCLX.*

Il y avait plus de quinze mois que nos religieux étaient sécularisés, et ils n'étaient pas encore décorés de leur médaille, on ne sait pour quel motif. Mais, le 31 mars 1762, M. de Faletans écrivit ce qui suit à l'évêque de Saint-Claude : « Des lettres que j'ai reçues de la cour m'ont décidé de « donner dimanche, à nos messieurs, la croix que le roi « nous a accordée ; l'on m'autorise de nouveau à le faire. » Le prélat, piqué de cette insubordination à un article du concordat humiliant du 2 décembre 1760, mais craignant la cour dont on lui parlait, répondit : « J'aurais cru, mon« sieur, que l'affaire dont vous me parlez était susceptible « de plus de formalités que vous ne m'en annoncez, d'autant « plus que je sais qu'on en agit de même à l'égard des « autres chapitres en pareil cas. Mais je n'ai rien à dire, « dès que vous me marquez que la cour en a pensé diffé« remment. Elle peut disposer de ses grâces comme elle le « juge à propos. Cependant, vous me permettrez de vous « dire que le traité que j'ai passé avec votre chapitre con« tient quelques formalités à cette occasion, que le seul « empressement d'obliger MM. vos confrères vous a sans « doute fait oublier. »

Les nobles chanoines, selon les vieillards actuels, portaient habituellement et en tout temps cette décoration suspendue à leur cou par un ruban bleu à liséré rouge, et descendant jusque sur la poitrine. Ils furent même autorisés à en continuer le port dans tout le royaume, par le brevet du roi Louis XVI, qui, en 1788, prononça la suppression de leur chapitre (154 bis).

(154 bis.) Les comtes ou nobles chanoines de Lyon étaient aussi décorés, depuis le milieu du XIII.e siècle, d'une croix d'or émaillée à huit pointes terminées par quatre couronnes et quatre fleurs de lis, ayant au centre l'effigie de

§ 6. Quelques années après, il fut procédé à la *sécularisation* *des prieurés ruraux* dépendants du monastère de Gigny, et à leur union à la mense capitulaire de la collégiale. L'official de Saint-Claude, commissaire apostolique, qui, en fulminant la bulle de 1760, s'était réservé, et à son office, de statuer ultérieurement sur cet objet, ne put achever sa mission, en raison de la mort qui le frappa en 1765 ; mais son successeur s'en occupa immédiatement. Or, après les informations et autres procédures usitées en pareil cas, il rendit un décret, le 3 décembre 1766, par lequel il prononça la sécularisation des prieurés de Poitte et Ilay, de Chambornay-lez-Pin, de Clairvaux et de Chatonnay. Il en supprima les titres et en unit les revenus à la mense de nos chanoines, à la charge de n'en jouir qu'ensuite de vacances par démission, décès ou autrement. L'envoi immédiat en possession fut seulement proclamé à l'égard de celui de Chatonnay, parce que le titulaire en avait donné démission en 1765, moyennant une pension viagère. L'official déclara, en outre, qu'à l'archevêque de Besançon appartiendrait, aux mêmes époques, la collation des cures ou vicairies perpétuelles de Clairvaux, Saint-Maurice, Chatonnay, Poitte et Chambornay, en réservant seulement au chapitre de Gigny les droits honorifiques de curés primitifs et ceux lucratifs des responsions. Enfin, il renvoya à prononcer la sécularisation et l'union des prieurés de Donsurre, Marboz et Oussia, lorsque l'instruction des procédures serait achevée.

1766

C. 146

Cette dernière opération fut terminée à la fin de 1767, ou au commencement de 1768, par M. de la Forêt, official du diocèse de Lyon, délégué par celui de Saint-Claude, et l'usufruit de ces trois bénéfices fut aussi réservé aux titulaires, durant leur vie prieurale. L'un d'eux, celui de Marboz, ne le conserva pas long-temps, car il mourut en 1769,

1767

saint Étienne d'un côté, et celle de saint Jean de l'autre. Ils la portaient également suspendue par un ruban couleur de feu avec liseré bleu.

1767 et nos chanoines entrèrent immédiatement en jouissance de ce riche prieuré, qu'ils louèrent pour la première fois le 2 décembre de la même année. Ils avaient déjà pris possession, le 8 octobre 1768, de celui de Poitte et Ilay, qui avait aussi vaqué par la mort du titulaire, peu après sa sécularisation.

1768 § 7. En cette même année 1768, on renouvela les terriers de Loysia, Graye et Cropet. D'autres furent encore renouvelés pendant le doyenné de M. de Faletans, notamment à Varessia en 1770, à Véria en 1773, etc... Mais ce renouvellement ne fut point opéré à Gigny ni dans les autres villages de la seigneurie.

On a vu aussi (chap. XXX, § 11) qu'en 1768, les nobles chanoines avaient intenté un procès pour recouvrer le domaine de la *Grange de l'Isle*, que M. de La Fare avait aliéné à leur préjudice, de sa seule autorité. Ils eurent non-seulement gain de cause contre le censitaire perpétuel en 1771, mais encore par la suite contre les habitants de Gigny, qui réclamèrent aussi cette propriété comme leur appartenant. Ceux-ci succombèrent à Orgelet, à Poligny et à Besançon ; l'affaire était encore pendante, en 1791, au grand conseil où ils s'étaient pourvus.

Mais le fait le plus remarquable de l'année 1768 fut la rédaction des *nouveaux statuts* que nos religieux sécularisés présentèrent, le 19 juin, à l'homologation de l'évêque de Saint-Claude, conformément à la bulle et au concordat de sécularisation. Voici un extrait de quelques dispositions de ces statuts, qui donnent une idée du chapitre et de ses usages, et que l'on peut comparer avec ceux qui furent rédigés, en 1664, par les membres du prieuré.

M. « Le titre I.er traite des qualités requises pour être admis, « de la justification des degrés de noblesse exigés, etc... Il « dispose aussi que le récipiendaire doit être élu dans une « assemblée capitulaire, et payer à son entrée 500 francs

« pour droit de chape. Le doyen doit compter une pareille
« somme en prenant possession de sa dignité.

1768

« Le titre II règle les assemblées capitulaires.

« Ces assemblées se tiennent le premier et le troisième
« lundi de chaque mois.

« Il y a cinq chapitres généraux : les veilles de Pâques,
« de Pentecôte, de saint Pierre, de saint Louis et de Noël,
« dans le premier desquels on donne lecture des statuts.

« Les délibérations sont rédigées par un secrétaire. Le
« doyen préside, avec double voix en cas de partage, ou le
« plus ancien chanoine, sans voix prépondérante.

« On peut assembler le chapitre extraordinairement, sur
« la demande de tout chanoine, en prévenant le doyen de
« l'objet à mettre en délibération. Les chanoines engagés
« dans les ordres sacrés, après avoir fini leur stage, y ont
« voix délibérative.

« Dans l'assemblée de la veille de Pâques, on nomme
« deux chanoines pour rendre les comptes, deux nouveaux
« syndics pour l'administration des revenus [155], et deux
« autres pour l'administration des aumônes.

« Il y a dans la salle capitulaire un coffre à deux clés,
« renfermant l'argent du chapitre et ses délibérations. La
« porte de la chambre des archives doit se fermer aussi à
« deux serrures.

« Le chapitre a un sceau à ses armes *(voyez note 31)*.

---

[155] Ces syndics étaient aussi appelés *Séchaux*. MM. de Moyria, d'Éternoz, de Menthon et de Montfaucon aîné ont été successivement séchaux pendant l'existence du chapitre. Il y avait aussi un séchal au chapitre d'Orgelet, de même que dans l'église de la Madeleine de Besançon déjà en 1246, et dans celle de Saint-Anatoile de Salins en 1420. L'archevêque de Besançon avait également un officier de ce nom ayant l'intendance des revenus de l'archevêché, et cet office était déjà désigné, en 1323, sous le nom de *séchalerie*. Le mot *séchal* est probablement abrégé de *sénéchal*, espèce d'administrateur, d'économe, ou de majordome chez les princes, les ducs, les évêques, etc. ».

« Le titre III est relatif au service divin et aux céré-
« monies qu'on doit y observer.

« Les chanoines n'assistent au chœur que revêtus de
« l'habit canonial, dès qu'ils sont dans les ordres sacrés.
« Celui qui n'arrive qu'après le *Gloria Patri* du premier
« psaume de matines, laudes, prime, tierce, sexte, none,
« vêpres ou complies, est marqué absent de ces offices par
« le ponctuateur. Celui qui n'est pas au chœur avant le
« *Gloria in excelsis* est marqué absent de la messe.

« On ne jouit des gros fruits du jour qu'autant que l'on
« assiste ou à matines ou à la grand'messe au moins.

« La *messe canoniale* est chantée tous les jours, pourvu
« qu'il y ait six chanoines au chœur. Le doyen a le droit de
« la célébrer les jours de grandes fêtes ; les chanoines célé-
« brent à tour les autres messes canoniales.

« Il est d'usage, sans que l'on connaisse aucune fonda-
« tion, de dire *deux messes basses* par jour. Elles seront
« dites, l'une à cinq heures et demie, depuis Pâques à la
« Toussaint, et à six heures et demie, de la Toussaint à
« Pâques ; l'autre à l'heure la plus commode pour le public.
« Elles seront célébrées par les prêtres du bas-chœur.

« Le *ponctuateur* est élu parmi les gens du bas-chœur ; il
« doit s'acquitter fidèlement de cet emploi, et son cahier,
« vérifié avec soin par le doyen, est déposé dans une armoire
« à deux clefs de la sacristie.

« Le titre IV concerne la distribution des revenus de
« l'église. Ces revenus sont partagés en quatre lots, selon
« qu'il est prescrit (par le brevet de 1757) et par la bulle
« de sécularisation.

« Les deux premiers lots forment les *gros-fruits* où le
« doyen a double part. Dans l'autre quart à *distribuer*, le
« doyen a encore double part. Le dernier quart est destiné
« au paiement des chantres et des enfants de chœur, ainsi
« qu'à pourvoir aux dépenses de la fabrique.

« Pour les *distributions*, après avoir prélevé, sur le quart
« des revenus qui y est destiné, les rétributions des messes,
« savoir : 30 sols par messe haute, 10 sols par messe
« basse et 100 sols par chaque chapitre, le reste sera divisé
« à savoir : un 6.ᵉ à l'assistance des matines, un 12.ᵉ à
« laudes, un 12.ᵉ à prime, un 12.ᵉ à tierce, un 12.ᵉ à sexte,
« un 12.ᵉ à none, un 6.ᵉ pour la messe, un 6.ᵉ pour vêpres
« et un 12.ᵉ pour complies. Dans toutes lesquelles distri-
« butions, le doyen, lorsqu'il est présent aux offices, a
« autant que deux chanoines.

« La part des absents profite aux présents. On est excusé
« de l'absence pour cause de maladie ou d'occupation au
« profit du corps.

« Chaque chanoine peut s'absenter deux mois, sans perdre
« ni gros-fruits, ni assistances, selon ce qui est prescrit
« par la bulle de sécularisation, par laquelle ils sont obligés
« de résider dix mois chaque année, pendant lesquels ils
« perdent, outre les assistances des offices qu'ils man-
« queront, toute la part des gros-fruits répondant au temps
« de l'absence.

« La moitié du nombre des chanoines devront être pré-
« sents à Gigny, pendant la vacance des autres.

« Dans le cas où un chanoine s'absenterait l'année en-
« tière, il perdrait tous ses revenus et ne pourrait même se
« faire tenir compte des deux mois d'absence autorisés.

« S'il était six mois absent, il ne pourrait profiter que d'un
« mois de bénéfices des vacances.

« Les étudiants en humanité jouiront du tiers du re-
« venu de leurs canonicats, tant pour les gros-fruits que
« pour les distributions, et ceux qui seront en philosophie
« ou en théologie, de la moitié, à condition toutefois qu'ils
« seront habituellement résidants dans un collége de plein
« exercice agréé par le chapitre, ou dans un séminaire
« agréé par l'évêque de Saint-Claude.

1768

« Il ne pourra y avoir plus de trois étudiants à la fois, « soit en humanité ou classes supérieures qui jouissent des « avantages ci-dessus. Ceux qui pourront se trouver de « plus feront leurs études à leurs propres frais, et les plus « anciens, à compter du jour de l'admission de leurs preu- « ves, jouiront par préférence de la pension accordée aux « étudiants.

« Le chanoine qui ne sera pas prêtre, mais qui sera « dans les ordres sacrés, jouira d'un tiers des gros-fruits « et des assistances en entier. S'il s'absente plus de deux « mois, il en sera privé comme les autres, en raison de la « durée de son absence.

« Celui qui sera pourvu d'un canonicat sera obligé de « faire un *stage* de six mois consécutifs et non interrompus, « si ce n'est pour cause de maladie. Il ne pourra com- « mencer son stage que lorsqu'il sera dans les ordres sacrés « et autorisé par le chapitre. Pendant ces six mois, il sera « obligé d'assister à tous les offices, sous peine de recom- « mencer son stage.

« Le titre V dispose des maisons canoniales :

« Il y aura quatorze maisons pour les quatorze cha- « noines. Le doyen a l'option sur toutes, dans le délai d'un « mois ; faute de quoi, le plus ancien après lui, et ainsi « successivement, aura le droit d'opter huit jours après « seulement. Et si, à la fin du temps, l'option n'était pas « faite, le chapitre adjugera la maison au dernier pourvu « qui sera chargé de la prendre et de l'entretenir, de sorte « que chacun des chanoines pourra laisser une fois sa mai- « son d'entrée pour en opter une autre.

« Dans les options, le prêtre sera préféré au diacre, « celui-ci au sous-diacre, et ce dernier à celui qui ne sera « pas dans les ordres sacrés. Les réparations des maisons « jugées nécessaires seront exécutées aux dépens des cha- « noines qui les habitent, sous peine de la privation du « tiers de leurs gros-fruits.

« Les statuts pourront être modifiés par la suite, sous le 1768
« bon vouloir et plaisir de l'évêque de Saint-Claude et
« suivant l'exigence des temps. »

§ 8. Lorsque ces statuts furent homologués, le chapitre n'était toujours composé que des cinq derniers membres de l'ancien prieuré, et on n'avait pas encore pourvu aux neuf canonicats vacants. Les dettes contractées, pour obtenir la sécularisation, s'y opposèrent bien des années. Mais, enfin, après leur entier acquittement, après l'union des revenus des prieurés de Poitte et Ilay, de Chatonnay et de Marboz, et après l'incorporation de ceux de l'office de sacristain devenu vacant par la mort de M. de Balay, en juin 1771, 1771 le roi fit droit aux pétitions réitérées des membres du chapitre. Il commença donc seulement à nommer de *nouveaux chanoines*, et MM. de *Lascases* (156) et d'*Eternoz* (157) furent admis. Trois années plus tard, MM. de *Meuthon* (158), de

---

(156) Louis de *Lascases*, prêtre du diocèse de Toulouse, qualifié en 1777 vicaire-général d'Agde, prit possession de son canonicat le 21 novembre 1771. Ce fut le premier choix fait hors des limites de la province et du diocèse. Il était probablement de l'antique famille du célèbre Barthélemy de Las Casas et du généreux comte de Lascases, qui a partagé volontairement l'exil de Napoléon à Sainte-Hélène.

(157) Alexandre-Hermenfroid d'*Eternoz*, prêtre du diocèse de Besançon, prieur de Saint-Renobert près Quingey, prit possession à Gigny, le 9 décembre 1771. Il était déjà coadjuteur, en 1758, du prieuré de Saint-Renobert et de celui de Jussa-Moutier, de Besançon, possédés par P.-F. d'Eternoz, son oncle, abbé commendataire de Saint-Rigaud en Mâconnais; il était aussi pourvu d'un canonicat en la collégiale de Salins, dont il donna sa démission en 1772. Il quitta Gigny en 1790 et se retira à Salins où il est mort. Éternoz est un village de l'arrondissement de Besançon, dont la seigneurie a appartenu dès et avant le XIII.e siècle à la famille de notre chanoine, et qui, en 1724, fut érigé en Comté, en faveur de son aïeul. Les armes d'Éternoz étaient de gueules, à la fasce d'argent, accompagnée de trois arrêtes de lances.

(158) Joseph de *Meuthon*, né en 1750, fils de Gabriel de Meuthon, comte de Rosy et baron de Thoulongeon, et d'Anne-Jeanne de Damas, prêtre du diocèse de Saint-Claude, grand vicaire d'Auch, et prieur commendataire de Chaux-les-Clanval sur le Doubs, prit possession de son canonicat le 4 janvier 1774 et se retira à Bourg en 1790 où il est mort. Il était d'une illustre famille originaire

1771   *Montpezat* ⁽¹⁵⁹⁾ et de *Montfaucon* aîné furent reçus. Enfin, en 1780, M. de *Montfaucon* cadet ⁽¹⁶⁰⁾, et en 1782, MM. de *Foudras* ⁽¹⁶¹⁾ et de *Molans* ⁽¹⁶²⁾ entrèrent dans la noble collé-

de Savoie, qui se prétendait plus ancienne que l'ère chrétienne et qui a encore plusieurs membres ou descendants à Dole. En raison de sa haute antiquité, elle avait pour devise : *Ante Jesum-Christum, jam aderat baro Meuthum*. Saint Bernard de *Meuthon*, archidiacre d'Aoste, né en Savoie, mort à Novarre en 1008, et dont on célèbre la fête le 15 juin, fonda dans le x.ᵉ siècle deux hospices sur les Alpes, qui portent son nom, autrefois celui de *Montjoux*, à cause d'un temple de Jupiter qu'il fit abattre. Il y a un village du nom de *Meuthon* dans le Genevois, une petite ville dans la principauté de Monaco, et un ruisseau qui se jette dans la Veyle au département de l'Ain.

(159) Pierre de *Montpezat*, mort à Gigny, était d'une famille originaire du Quercy, déjà célèbre en 1286, lorsqu'elle s'allia à celle de *Desprez*. Elle tire son nom d'une petite ville, avec titre de marquisat, près Montauban. La maison Des-Prez de Montpezat a fourni des hommes distingués dans l'Église et dans l'armée : un cardinal archevêque d'Aix, un évêque de Castres, un évêque de Clermont, quatre évêques de Montauban, un chambellan du roi Charles VII, un maréchal de France et un gouverneur-sénéchal du Poitou.

(160) Marin-Melchior de *Montfaucon* (aîné), prêtre de Rogles, au diocèse de Belley, séchal ou syndic du chapitre, prit possession le 4 janvier 1774.

Pierre-Marie de *Montfaucon*, son frère cadet, comte de Lyon, prit possession à Gigny, le 20 novembre 1780, mort à Belley en 183.... (Voyez le chapitre XXXVI.)

(161) Léonard-Alexandre de *Foudras*, prêtre du diocèse de Mâcon, prit possession, le 27 août 1782. Il était d'une des plus illustres maisons de Bourgogne, originaire du Forez, dont la généalogie remonte au xi.ᵉ siècle. Pierre de F., chevalier, était seigneur de Courcenay en 1291. Ses descendants furent ensuite seigneurs de Gibles en Charollais et de Château-Thiers, près Mâlonne en Mâconnais, dès le xiv.ᵉ siècle ; et cette dernière terre fut érigée en comté, en 1680, en faveur de Roland de Foudras. La seigneurie de Vacheret, ou Demigny, a appartenu aussi dès 1621 à cette famille, qui en possède encore le château. Dans le xvi.ᵉ siècle, un de ses membres présida la noblesse des états ; et de nos jours, en 1839, M. le marquis Théod. de Foudras a publié un volume de fables spirituelles et très morales. Les armes de Foudras étaient d'azur à trois fasces d'argent.

(162) Octave-Ignace Bernard d'*Amédor de Molans*, qui prit aussi possession le 27 août 1782, était probablement de l'ancienne maison de Molans près Vesoul, dont Jean de M., damoiseau, en 1361, 1386 ; Philibert de M., seigneur de Rougemont, fondateur de la confrérie de Saint-Georges en 1390 ; Perrin de M., écuyer en 1406 ; etc.... Cette maison s'allia, en 1440, avec celle d'Urre, en Dauphiné

giale. Ces nominations furent les seules qu'on effectua, et les quatre restantes furent suspendues. On ne nomma jamais non plus les dix ecclésiastiques qui devaient composer le bas-chœur, parce qu'il fut bientôt question de supprimer cette collégiale et de la réunir à d'autres chapitres nobles de la province.

§ 9. On a déjà vu, par des titres de 1191, 1279 et 1517, qu'il y avait des *foires* et un *marché* à Gigny. Or, c'est une preuve de plus que, de toute ancienneté, nos religieux ont été seigneurs haut-justiciers du lieu, car ceux de cette qualité avaient seuls pouvoir d'établir des foires et de percevoir des droits sur les ventes qui s'y faisaient et sur les places occupées. Ces foires étaient d'abord au nombre de trois; une quatrième fut instituée en 1542; et dès-lors, jusqu'en 1804, elles furent tenues le 6 mai, le 12 août (163), le 9 octobre et le lundi de décembre avant la fête de saint Thomas, apôtre. Un décret du 25 prairial, an XII, en créa deux nouvelles, et fixa ces six foires au dixième jour des mois de février, avril, juin, août, octobre et décembre. Dans le voisinage, il y a peu de foires de bétail plus importantes et plus prospères que celles de Gigny.

Quant à l'ancien *marché*, il n'en a pas été de même. Il paraît qu'il était tombé depuis long-temps et qu'il avait cessé d'être tenu déjà avant le dix-huitième siècle; car M. de Falctans, plein de zèle pour le bien public, obtint son rétablissement par lettres patentes du 11 mars 1772 qui le fixèrent au vendredi de chaque semaine. Mais, pour la prospérité et stabilité d'un marché, il ne suffit pas d'obtenir

---

(163) La plupart des foires sont dues à la religion, et le mot foire lui-même vient de *Feria* qui signifie fête. Le grand concours de peuple qui venait en pèlerinage honorer les reliques des saints, les jours de leurs fêtes, donna lieu d'amener des marchandises et des denrées de toute espèce. Voilà pourquoi il y avait presque constamment des foires le lendemain des fêtes patronales. Par ce motif, celle du 12 août à Gigny était tenue le lendemain de la fête de saint Taurin. Voy. *Greg. Tur.*, Miracul. I, C. 58.

1772 des lettres patentes, des décrets ou des ordonnances ; il faut encore une réunion de circonstances qui ne se rencontrent pas toujours, ce qui empêche d'en établir partout où l'on désirerait. Le succès dépend principalement de la position locale, de la surabondance des productions du pays, de la facilité et du bon état des voies de communication, de la consommation du lieu, etc... Aussi, malgré les encouragements qu'on ne cessa de donner, ce marché n'eut jamais qu'une faible existence, et en 1793 il tomba entièrement pour ne pas se relever.

§ 10. A l'époque du rétablissement du marché, ou même un peu plus tôt, notre doyen rendit encore un grand service à Gigny, en y introduisant la culture de la *vigne* qui n'y existait pas auparavant. Secondé par M. de Moyria, son neveu, il fit défricher, dans une situation charmante et à une bonne exposition au midi, un coteau de terrain vague appelé la *Pendanne*, qu'il planta en vigne de bon choix. Il y établit aussi dans le bas deux prés qu'il borda de *peupliers d'Italie*, inconnus jusqu'alors dans le pays, et y fit construire des bâtiments de vigneron et d'exploitation, avec un agréable petit pavillon. Enfin, ce lieu que le chapitre leur céda en jouissance viagère, à cause de ces travaux, devint dès-lors le but des plus délicieuses promenades des chanoines [164]. Cet utile exemple fut suivi par les propriétaires voisins qui se mirent à planter aussi de la vigne et se procurèrent ainsi, à bon marché, un vin presque aussi bon que celui qu'ils allaient auparavant acheter très cher sur les coteaux du Revermont.

Postérieurement, cette propriété ne fut pas, comme les

Plan Θ. (164) Après la sécularisation, ils établirent aussi une belle promenade dans le champ ou verger de l'infirmier, situé entre les cours, jardins et vergers du prieur à l'orient, et du chambrier à l'occident. On l'appelait *Promenade-des-Charmilles*. Elle a été défrichée après 1793, et le champ, donné pendant longtemps en jouissance à l'instituteur primaire, vient d'être converti en *Champ de foires*.

autres biens du clergé, mise à la disposition de la nation; elle resta propre au dernier doyen. Mais, en 1791, la commune de Gigny en réclama une partie, comme ayant été anticipée par M. de Faletans sur le terrain communal. En conséquence un arbitre fut nommé, et d'après sa sentence rendue en juillet 1794, la commune recouvra une partie de vigne qu'elle possède toujours.

§ 11. En ce qui regarde les autres événements arrivés à Gigny pendant le doyenné de M. de Faletans, on a déjà vu que l'église paroissiale avait été interdite en 1770, reconstruite en 1778 et 1779, et livrée au culte en 1780, sous le double vocable de N.-D. et de saint Taurin (V. chapitre XVII, § 7.) On a vu aussi que le pont avait été rétabli en 1774, tel qu'il existe actuellement (XLVI, § 11); qu'une mission solennelle avait été faite à Gigny en 1776, avec érection d'une croix (XLVI, § 16); qu'en 1777, la Porte de Buis (XII, § 7), et en 1779 le château (XVII, § 16), avaient été reconstruits; qu'en 1778, les habitants de Graye et Charnay avaient été affranchis (XLVI, § 13), etc.. etc.. J'ajouterai qu'en 1776, c'est-à-dire sous le même doyen, on creusa le *nouveau fossé sous la Roche*, afin de rendre moins marécageuse et moins sujette aux inondations la prairie septentrionale de Gigny. Je dirai encore que, pendant qu'il y demeura, M. de Faletans apporta constamment toute son attention à procurer aux habitants de la seigneurie, et même du voisinage, des voies faciles et nouvelles de communication vicinale, et que même quelques vieillards actuels parlent avec reconnaissance du zèle qu'il y mettait, et du bon emploi qu'il faisait de la corvée.

§ 12. Comment se fit-il qu'avec de si pures intentions, cet excellent homme ne put continuer à faire le bien et fut obligé de quitter l'établissement religieux qu'il avait comme reconstruit et qu'il affectionnait? D'après les traditions que l'auteur de cette histoire a pu recueillir sur les lieux mêmes,

1776 il paraît que la conduite irrégulière et l'insubordination de quelques chanoines admis depuis la sécularisation en furent les principales causes. Le haut-doyen, dit-on, voulait les rappeler aux devoirs de la vie canoniale et à l'édification que les fidèles ont droit d'attendre du clergé. Mais, au contraire, ces jeunes ecclésiastiques, entrés peut-être sans vocation dans ce corps religieux, imbus peut-être aussi des idées qui amenèrent bientôt la grande révolution sociale de 1789, se permirent de manquer d'obéissance et de respect à leur vénérable chef. On dit même vaguement qu'il fut insulté et frappé par eux en plein chapitre, et que dès-lors il prit la résolution de se séparer d'eux.

1778 M. de Faletans avait déjà résigné son prieuré de Mantes le 19 septembre 1778, en faveur de son neveu Ant.-Ennemond de Moyria de Saint-Martin, chanoine de Saint-Claude et prieur commendataire de Saint-Pierre de Bourdeille, monastère dépendant de l'abbaye de Brantôme, au diocèse de Périgueux. Or, on peut présumer que dès-lors il songea aussi à céder son doyenné de Gigny à son autre neveu J. Bernard de Moyria, qui vivait depuis plus de trente ans dans le même établissement. Cependant cette résignation n'eut lieu que quelques années plus tard, et M. de Faletans était encore doyen lorsque l'église de Morges fut érigée.

§ 13. L'antique église de Loyon dont il a été parlé (note 50), et qui était sous le vocable de la décollation de saint Jean-Baptiste, avait pour paroissiens les habitants de Morges, du petit Lancette, d'une partie du hameau de Saint-Julien dit La Rivière, et probablement aussi de Montrevel (V. chap. XXIX). Cette paroisse déjà distincte de celle de Louvenne en 1300, dont étaient curés N... *Guichard* en 1588, et Claude *Bertrand* de Gigny en 1611-1621, fut réunie en 1670 à celle de Louvenne, dont les curés prirent dès-lors les titres de recteurs de l'église de Louvenne et Loyon, son annexe, et de lieutenants du curé de Gigny (165). Mais en 1779, les habitants de Morges, prenant la qualité de paroissiens de Loyon, présentèrent à l'évêque de Saint-

(165) La paroisse de *Louvenne* déjà distincte, comme on vient de dire, de celle de Loyon en 1300, se composait, avant la réunion, des habitants de Louvenne, la Pérouse et Montrevel dans les derniers temps. L'église, sous le vocable de l'assomption de la Vierge, paraît assez ancienne, à l'exception de ses deux petits collatéraux, d'une construction plus moderne. On y voit une chapelle de saint Jean-Baptiste établie peut-être seulement depuis l'union de l'église de Loyon dont ce saint précurseur était patron. Un jeune homme de Louvenne a rapporté, en 1840, du royaume de Naples, quelques reliques authentiquées de sainte Philomène, vierge et martyre, qui sont déposées dans l'église, avec une belle statue dorée de cette bienheureuse. Il avait accompagné en Italie une personne notable de Lyon qui avait recouvré la santé par l'intercession de cette sainte martyre.

Les curés de Louvenne dont on a rencontré les noms, sont les suivants :

N...., *Pauthier*, en 1588.

Pierre *Rossel* de Véria, 1598-1622.

Antoine *Groslier* de Saint-Julien. 1622-1636.

Pierre-Antoine *Goyard* de Coligny, 1657-1671.

Joseph *Monréal*, 1671-1722, mort en 1729.

Cl.-Ant. *Gentelet* de Saint-Hymethière, 1723-1768.

Cl.-Jos *Perret* de Lavans près Saint-Claude, 1768-1793.

La commune de Louvenne appelée *Louenne* en 1300, *Loueyne* dans des titres de 1389 et 1434, *Louvenna* dans d'autres actes de 1378, 1488, 1545, 1598, etc., était peut-être, comme il a été dit, l'ancien Loyon de notre charte du douzième siècle. Mais il n'est pas probable qu'elle ait été, ainsi qu'a pensé J.-B. Béchet, le *Lopennacum* du diplôme de l'archevêque de Lyon qui recense, en 1084, les églises de l'abbaye de Saint-Oyen, car Louvenne a toujours dépendu de la seigneurie et du monastère de Gigny.

Au midi de l'église de ce lieu, dans les champs dits *aux Montoux*, on voit les ruines d'un grand nombre de maisons qui paraissent avoir été incendiées. Dans un bois très éloigné de toute habitation, nommé *Tancu* ou *Bois banal*, existe un puits fait de main d'homme, profond de plus de deux mètres, dit le *Puits-Salé*, quoique l'eau en soit fort douce. On remarque dans le voisinage les ruines d'un long mur sec, au milieu du bois, sans aucun autre vestige d'ouvrage humain. Le moulin de *Guinan* dépend de la commune de Louvenne. Il fut reconnu au profit de nos religieux, dans le terrier de 1544, par Pierre Morel, écuyer, seigneur de Virechâtel. Ceux-là le cédèrent en acensement perpétuel, en 1685, moyennant le cens de huit pareils de blé, moitié froment et avoine, soixante livres de chanvre crû, huit engrognes de monnaie de Bourgogne et la mouture du prieur

1779

Claude une requête pour exercer leur culte religieux dans leur propre village. Cette requête fut appointée, le 7 sep-

et des religieux. Quatre années auparavant, en 1681, Abr. de Thesut avait « acensé le cours et décours d'eau du ruisseau de Louvenne, pour y construire « un moulin et battoir, sous la roche et le bois de l'église, moyennant le cens « annuel de huit mesures de froment et douze d'avoine. » Ce moulin, dit *sous Gérard*, reconnu au terrier de 1695 comme nouvellement construit, fut démoli à la fin du dix-huitième siècle.

La *Pérouse* était autrefois une petite commune distincte qui a été réunie à celle de Louvenne, il y a moins de vingt ans. Son nom dérive sans doute du grand nombre de *murgers* ou tas de pierres qu'on y rencontre, et non de *Per ubi*, comme a pensé J.-B. Béchet, d'après Ducange, à cause d'une route romaine qu'on présume y avoir passé. Ce lieu était probablement connu autrefois, comme il a été dit à la note 41 et au chapitre XIII, sous le nom de *Moysia*, d'où une famille féodale du moyen âge aurait peut-être pris le sien. Une localité de la Pérouse était encore ainsi nommée dans le dix-huitième siècle. Car, par un traité fait en 1741, les habitants convinrent avec nos religieux, que, dans toute la contrée de *Moissia*, la dime des menus grains serait perçue à la vingtième gerbe. Le curé de Louvenne dîmait avec nos religieux, jusque dans les dernières années, en une localité du territoire de Gigny appelée aussi *en Moysia*. Le village de la Pérouse, déjà connu sous ce nom en 1435, 1437, 1452, 1458, 1496, etc. (années où il y avait déjà des habitants appelés *Moura* et notamment un notaire apostolique) était de la seigneurie de Gigny aussi bien que Louvenne, sauf quelques cens qui y furent rachetés par nos religieux, en 1435, du comte de Montrevel. Le moulin établi sur le ruisseau de *Nouvelletan*, ou *Louvennatan*, qui se trouvait en ruines, fut abergé en 1496 à J. Goy, notaire à Gigny, à la condition de le rétablir et moyennant encore la redevance annuelle d'un pareil de blé de terrage, par moitié froment et avoine, à la mesure du grenier de Gigny. D'autres abergeages furent passés en 1552, 1620, 1628 et 1640, au prix annuel de 32 francs comtois et avec la même redevance en grains de huit mesures de froment et de douze rez d'avoine. Enfin cette usine fut acensée perpétuellement en 1664 et reconnue au terrier de 1695, sous les mêmes charges.

La commune de Louvenne, y compris la Pérouse, se compose de 433 habitants, possédant une superficie de 765 hectares de terrain imposable.

Pour compléter les notices sur tous les villages de la seigneurie de Gigny, on ajoutera ici celle de *Monnetay*.

En arrivant à Monnetay, comme à Châtel-Chevreau, et en visitant l'antique église de Saint-Hippolyte, martyr du troisième siècle, on reporte naturellement sa pensée au culte qu'on exerçait sur les *hauts-lieux*. « La religion chrétienne, « dit M. de Châteaubriand, est fille des hautes montagnes; elle a planté ses croix « sur leurs sommets, afin de rapprocher l'homme du ciel. » Ce qui est certain,

C. 120.

tembre de la même année, par le prélat. Celui-ci permit à
Joseph-Marie Lorges, vicaire de Gigny, de bénir, en qualité

1779

c'est que la religion seule a pu déterminer les hommes à fixer leurs habitations au sommet d'une haute montagne, d'un abord presqu'inaccessible, battue de tous les vents, où la brièveté des nuits permet à peine de dormir en été, et d'où la vue plonge à la fois dans la vallée de Suran à soir et dans celle de la Valouse a matin. C'est sans doute pour vivre dans les privations, qu'on s'est ainsi isolé du reste du monde, en un lieu où l'on manque, pour ainsi dire, de deux éléments, de l'eau et du bois qui alimente le feu.

Aussi, le mot *Monnetay* signifie monastère, et la tradition locale prétend que l'abbaye de Gigny y était anciennement établie. Cependant, notre charte de 1191 constate déjà que *Monesteys* était un village dépendant de Gigny où l'abbaye avait été fondée, trois siècles auparavant. Mais, d'ailleurs, tout indique sa haute antiquité. On y lit, sur une pierre de porte, l'inscription suivante, avec une date de 1107 en chiffres arabes : *bieu soit loe, diu sois bent* 1007. On voit aussi, dans des champs contigus au village et nommés les *Cuettes* (signifiant peut-être maisons *cuites*), plusieurs longs tas de pierres, mêlés de débris de tuiles antiques et présentant évidemment l'action du feu. Tout près, on a découvert, il y a environ 45 ans, plusieurs ossements humains et surtout un tombeau construit solidement en maçonnerie, fermé par une dalle et renfermant deux squelettes, avec un sabre à poignée en cuivre rongé par la rouille. Au milieu du village, une croix en pierre porte la date de 1584, avec un écusson pentagonal au milieu duquel est sculptée une étoile, ainsi que les cinq lettres CC FM. Q. Enfin, à un kilomètre au N.-O. de Monnetay, avant d'arriver en *Novelletan*, on reconnait, dans un champ dit le *Molard*, des ruines d'une habitation considérable, telles que des pierres brûlées, des fragments de tuiles dites romaines, très épaisses et à crochet sur toute leur largeur, etc... On dit vaguement que c'était la maison du garde de l'étang inférieur, mais cette habitation paraît avoir été trop importante pour une pareille destination. Elle remonte probablement à une époque plus ancienne et peut-être à celle où une route romaine longeait, dit-on, cette étroite et profonde vallée.

C. 61

L'église de Monnetay est sous le vocable de saint Hippolyte, martyr, qu'on y fête le 13 août et qu'il ne faut pas confondre avec saint Hippolyte, abbé de Saint-Claude et évêque de Belley, mort en 780 et fêté le 20 octobre. Un tableau y représente ce patron traîné et martyrisé par quatre chevaux. La cloche actuelle porte la date de 1722 et a eu pour parrain M. de Larrians, aumônier de Gigny, et pour marraine Marie-Gabrielle de Saint-Mauris, comtesse de l'Aubepin. Au reste, cette église a été reconstruite en 1750 environ, et on n'y trouve aucun monument antique.

La paroisse, composée de tout temps des trois communes de Monnetay, Marigna et Nancuise, a été transférée en 1703 à Marigna, probablement pour la

1779 de curé de Loyon, une chapelle et un cimetière, ce qui fut fait le 17 octobre suivant.

Le curé de Louvenne et Loyon s'opposa à ce démembrement de sa paroisse, et il en résulta un procès contre l'abbé Lorges qui le gagna. La tradition locale prétend que ce fut ensuite de l'influence protectrice des nobles chanoines de Gigny, auxquels le curé de Louvenne aurait eu l'imprudence

plus grande commodité de la majorité des paroissiens. On y reconstruisit et on changea en église paroissiale la chapelle de l'ancien château de Joffroy de Fauquier, fondée en 1607 et dédiée à saint Sébastien. Le 20 janvier on fête à Marigna ce martyr dont l'église locale possède quelques reliques et le tableau. Saint Claude y a aussi une chapelle et y est l'objet d'une dévotion particulière. On a déjà dit (*Not.* 151) que deux tombes armoriées de la maison de Balay y existaient. En même temps que l'église, le presbytère fut construit sur l'emplacement de l'ancien château, dont une tour subsiste toujours. Quant au village de Nancuise qui a donné son nom à une ancienne famille féodale, il y existe une chapelle dédiée à saint Laurent, qu'on y fête le 10 août et dont on voit aussi un tableau dans l'église de Marigna. Ainsi, chacun des trois villages de cette paroisse a son patron spécial.

Je n'ai trouvé que deux curés de Monnetay, avant la translation à Marigna. Cinquante ans après celle-ci, et ensuite d'un procès occasionné probablement par l'inexactitude du curé, celui-ci fut obligé de nommer un *vicaire en chef* à la résidence de Monnetay. Voici la liste des uns et des autres :

Jean *Rouchet*, de Savigna, 1656 — 1680.
Joseph *de Moncel*, 1680 — 1703.
Hugues *Melot*, d'Arinthod, 1703 — 1736 (à Marigna).
Philibert *Courvoisier*, 1736 — 1754.
Gabriel *Bon*, du Vernois, 1754 — 1781.
N... *Vaucheret*, 1781 — 1791.

Pierre-François *Salomon*, 1753 — 1779. Vicaire en chef.
Cl.-François *Saugier*, 1779 — 1789. Id.
J.-Baptiste *Bourcier*, de Nancuise, 1789 — 1792. Id.

J. *Perrin*, 1801 — 1805. Chapelain à Monnetay.
N... *Clerc*, 1806 — 1807. Id.
N... *Perraud*, 1807 — 1811. Id.

La commune de Monnetay n'a que 150 habitants et 241 hectares de terrain imposable. On y trouve une espèce de pierre calcaire grenue et très friable, composée de 90 parties de chaux et 10 de silice, qu'on emploie, après l'avoir écrasée, comme base d'excellent mortier, en place de sable.

de dire qu'il y avait eu des curés avant qu'il y eût des moines.

1779

Quoiqu'il en soit, par un décret du 22 octobre 1781, Jos. de Meallet de Fargues, évêque de Saint-Claude « pour la « plus grande gloire de Dieu, et le plus grand avantage des « habitants de la paroisse de Loyon, désigna et fixa le vil- « lage de Morges pour le lieu où devait être construite la « nouvelle église paroissiale de Loyon. » En conséquence, les paroissiens construisirent une maison presbytérale qu'on voit encore aujourd'hui, où ils transportèrent la cloche de l'ancienne église de Loyon, avec le buste de saint Jean-Baptiste. C'est dans cette maison que l'abbé Lorges, sous le titre de curé de Loyon, fit le service divin et célébra les cérémonies religieuses jusqu'à la fin de 1792. À la réorganisation du culte en 1801, la paroisse de Loyon fut supprimée de nouveau, et le village de Morges fut réuni à la paroisse de Louvenne, celui de Lancette à celle de Lains, et le hameau de La Rivière à celle de Saint-Julien. Néanmoins, les habitants de Morges continuent à fêter, au 29 août, leur ancien patron, tandis que ceux de Louvenne, La Pérouse et Montrevel font la fête de l'Assomption.

1781

La commune de Morges, déjà mentionnée dans des chartes de 853, 892, 901 et 1191, comme dépendante du diocèse de Lyon et du comté de Scoding [166], a été réunie, depuis près de vingt ans, à celle de Montrevel. Cette commune unique est peuplée aujourd'hui de 315 habitants, et contient 625 hectares de terrain imposable, où il existe de la mine de fer qu'on a exploitée autrefois. Quoique ce village paraisse avoir été de tout temps, comme il l'était à la fin, de la seigneurie de Gigny, on trouve néanmoins des indices

---

[166] En 853, l'empereur Lothaire restitue Morges à l'église de Lyon, *In comitatu Scudingis villam quæ dicitur Morgas.*

En 892, Louis, empereur et roi de Bourgogne et de Provence, donne à la même église de Lyon, *villam Morgas in comitatu scutiacensi.*

qu'il dépendait anciennement de celle de Vallefin qui, à la vérité, appartenait primitivement à notre monastère. Des reconnaissances féodales de 1423, 1440, 1565 et 1572, semblent établir qu'il dépendit ensuite, en toute justice, de la seigneurie de Gevria, Ugna, la Boissière et Mongefond, démembrée de celle de Vallefin, puis réunie à celle de Chambéria. (Voy. aussi chap. XXX, § 13.)

§ 14. M. de Faletans quitta Gigny, à la fin d'août 1781, pour n'y plus revenir, et alla demeurer à Besançon. Il continua d'y prendre la qualité de doyen de Gigny, et d'y recevoir les émoluments de sa dignité, jusqu'en 1784, année où son neveu résignataire lui succéda. Dès-lors, il conserva le titre de doyen honoraire, avec les revenus de l'office d'aumônier. Il mourut à Besançon, à la fin de 1791, ou certainement avant le mois de mars 1792. La loi du 23 février 1791, et le tableau qui lui est annexé, prouvent qu'à cette époque « il avait sur les économats une pension de 4,000 fr. « sur laquelle on lui accorda, comme plus que septuagé- « naire, un secours de 2,520 fr., pour lui tenir lieu de doyen- « né et canonicat du chapitre de Gigny, dont il avait obtenu « la sécularisation. »

CHAPITRE LIII.

JEAN BERNARD DE MOYRIA, deuxième haut-doyen.

Suppression du noble chapitre.

§ 1. La famille du deuxième doyen de Gigny ne le cédait ni en ancienneté, ni en noblesse, à celle du premier.

On croit que *Moyria* était le nom d'un ancien château bâti dans la plaine d'Isernore en Bugey, mais détruit depuis plusieurs siècles, et que ce nom a été donné ensuite au château de Cerdon. Ce qui est certain, c'est que deux frères

Girard et Vauchier de Moyria figurent dans une charte de l'an 1110 ; c'est que, depuis 1220, jusqu'à nos jours, on possède une généalogie suivie de cette noble famille ; c'est que, depuis le treizième siècle, un de ses membres, Hugues de M. a réuni la seigneurie de *Mailla* à celle de Moyria, par son mariage avec Iolande de Mailla.

1784

Cette maison a produit des hommes recommandables dans diverses carrières. *Perceval de M.* fut bailli du Bugey et du Valromey, dès le commencement du quinzième siècle, et ses deux fils furent du nombre des 200 gentilshommes qui jurèrent, en 1455, pour le duc de Savoie, le traité d'alliance qu'il avait fait avec Charles VII, roi de France. *Jean-Pierre de M.*, lieutenant-colonel, puis maréchal de bataille, se distingua en 1638 au siége de Poligny. *J.-A-M. de Moyria*, oncle de notre doyen, plus connu sous le nom de *Père de Mailla*, a été un des célèbres missionnaires jésuites qui, au péril de leur vie, ont porté les lumières et la morale du christianisme en Chine, où il a demeuré près de 40 ans. Né à Mailla, mort à Pékin en 1748, il a travaillé long-temps à la carte de ce vaste pays, par les ordres de l'empereur, et il a concouru, avec les autres Jésuites, à nous donner les meilleures connaissances qu'on possède encore sur le *céleste* empire. Le Recueil des *Lettres curieuses et édifiantes* en contient plusieurs très intéressantes de ce missionnaire, qui a aussi laissé une *Histoire de la Chine*, ou plutôt des *Annales* de cet empire traduites des livres chinois et publiées, en 1777, par l'abbé Grosier. Enfin, de notre temps, deux autres membres de cette famille se sont distingués, l'un, dont on regrette la perte encore récente, dans la poésie, et l'autre dans l'étude des inscriptions du département de l'Ain.

Cette maison avait pour devise : *Invia virtuti nulla est via.* Elle portait : d'or, à la bande d'azur, accompagnée de six billettes en orle ; le cimier était une licorne d'argent, et les supports, deux griffons d'or.

1784

§ 2. Le haut-doyen de Gigny naquit à Mailla en 1731. Il eut pour père Étienne-Joseph-Marie, comte de Moyria, seigneur de Mailla, capitaine de dragons, frère du jésuite missionnaire, et pour mère Thérèse-Prospère de Faletans, sœur de notre premier doyen.

De ce mariage, célébré en 1722, naquirent douze enfants, cinq fils et sept filles. Ces dernières furent toutes placées dans les hôpitaux de noblesse, à Baume-les-Dames, à Saint-Amour, à Château-Chalon, et à Saint-Pierre de Lyon. Des cinq fils, l'un mourut très jeune, et l'aîné seul, Joseph-Marie de Moyria, resta dans le monde. Il devint comte de Mailla, lieutenant-colonel du régiment provincial d'Autun, puis du régiment de la vieille marine, fut reçu à Saint-Georges en 1773, et mourut à Gigny en 1785, sans laisser de postérité. En lui finit la tige primitive de Moyria-Mailla. En effet, ses trois autres frères étaient tous entrés dans l'état ecclésiastique, savoir : *François-Abel*, prieur de Moirans, aumônier du roi de Sardaigne, reçu aussi à Saint-Georges en 1773 ; *Ennemond*, d'abord religieux et chantre à Gigny en 1746, puis chanoine à Saint-Claude et reçu à Saint-Georges en 1786 ; enfin, *Jean Bernard*, notre haut-doyen.

§ 3. Ce dernier entra au prieuré, à l'âge précis où il était permis de faire des vœux, ou peu après, car on voit que, le 1er avril 1750, il prit déjà possession de l'office de chantre, en remplacement de son frère Ennemond, devenu probablement à cette époque chanoine à Saint-Claude. Un an plus tard, il fut nommé à l'office de réfecturier dont il prit possession, le 9 septembre 1751, et un mois après, à celui d'infirmier qu'il conserva jusqu'à la fin. On voit aussi qu'après la mort de J. de Malivert en 1753, il le remplaça comme procureur et receveur du monastère. En 1760, il fut proclamé quatrième chanoine du chapitre sécularisé, dont il devint séchal-syndic pendant près de vingt ans. En 1781, il entra dans la confrérie de Saint-Georges. Enfin, M. de Faletans, son oncle, qui lui avait déjà résigné, en 1760, son prieuré de la Chassagne, pour lequel M. de Moyria passa, en 1768, une procuration afin de faire foi et hommage à l'abbaye de Bourgueil en Anjou, lui résigna encore le doyenné de Gigny. Il fut nommé à cette dignité par brevet du 23 décembre 1783 et par bulle du 20 mars 1784, fulminée par l'official de Saint-Claude, et il en prit possession le 12 mai suivant.

1784

Cette nomination n'obtint pas l'assentiment des nobles chanoines, qui en furent probablement jaloux et virent sans doute avec peine l'esprit de népotisme avec lequel M. de Faletans conservait et perpétuait ses bénéfices dans sa famille. Aussi, l'acte de prise de possession porte que M. de Moyria leur avait présenté les pièces de sa nomination, le jour même en sortant de matines, pour les faire enregistrer sur le livre des délibérations, et leur avait manifesté son désir de prendre possession dans la journée, en les priant de vouloir y assister. Mais tous s'y refusèrent, à l'exception de MM. d'Éternoz et de Meuthon qui l'installèrent, en présence de messire Henri d'*Escairac*, chanoine, archidiacre et vicaire-général de Saint-Claude, de M. Emmanuel-Marie-Joseph d'*Egland*, écuyer, seigneur de Cessia, Varennes et autres lieux, chevalier de saint Louis et lieutenant-colonel de dragons, et de plusieurs autres personnes de considération.

§ 4. C'est pendant le doyenné de M. de Moyria que le noble *chapitre* de Gigny fut *supprimé*, avec union de ses revenus aux abbayes de Lons-le-Saunier et de Migette. C'est même le seul, mais grave événement dont il reste à nous occuper. On va en faire l'histoire détaillée, soit pour ne rien omettre de ce qui concerne Gigny, soit pour donner une idée des formalités suivies en pareil cas.

Selon une tradition vague, l'auteur de cette suppression aurait été M. de Faletans lui-même, qui l'aurait donné à entendre en 1781, lorsqu'il quitta Gigny, le cœur ulcéré par les procédés de quelques chanoines. Mais, cette croyance n'est probablement pas fondée, soit parce qu'il n'eût pas résigné, en faveur de son neveu, la première dignité d'un établissement qu'il aurait voulu renverser, soit parce que, en janvier 1785, il écrivait ce qui suit au père de l'auteur de cette histoire, pour lequel il n'avait rien de caché ni de dissimulé : « On voulait donner une forte secousse pour le cha- « pitre de Gigny. J'en ai été averti, et j'ai au moins pro- « longé le coup. Le temps est un grand maître; je crains « cependant qu'à la fin ils ne se détruisent eux-mêmes. »

On pourrait, à la vérité, interpréter ce dernier membre de phrase, en disant que les nobles chanoines, compromettant leur dignité par une conduite irrégulière, amèneraient la nécessité de détruire le chapitre. On pourrait croire que l'abbé Circaud, promoteur apostolique pour cette suppression, y faisait allusion, lorsqu'il écrivait le 19 mai 1788 : « Je ne « parle pas des suites ordinaires qu'entraîne avec lui ce dé- « sœuvrement forcé. J'aime à croire que MM. de Gigny ont « constamment employé à l'étude les loisirs que leur lais- « saient les devoirs de la vie canoniale. J'aime à croire que « leurs successeurs joindraient constamment, aux exercices « de la prière publique, l'esprit de retraite, la pratique des « devoirs ecclésiastiques, etc. »

Néanmoins, il est plus probable que l'ancien doyen de Gigny voulait parler des tentatives que plusieurs jeunes chanoines faisaient pour sortir d'un établissement où ils se trouvaient à regret, et d'un lieu où l'essor de leurs passions était sans doute gêné. En effet, on trouve dans des notes de l'époque des reproches adressés aux jeunes chanoines, « parce qu'ils sollicitaient eux-mêmes leur suppression, « sous le prétexte spécieux qu'une collégiale est mal placée « dans un bourg, dans une campagne ; que Gigny n'était « pas un champ assez vaste pour exercer leur zèle ; etc. »

On lit aussi, dans le brevet du roi qui intervint le 8 février 1787, « que les inconvénients résultant de cette position et

« le désir très légitime de la changer, ont été le principe
« d'un grand nombre de démarches et même de délibéra-
« tions du chapitre de Gigny pour obtenir sa translation et
« sa réunion à d'autres chapitres nobles de la province [167];
« que néanmoins des vues de sagesse n'ont pas permis d'au-
« toriser l'exécution de ces projets, mais qu'en même temps
« la nomination à quelques-unes des prébendes canoniales
« nouvellement établies a été suspendue, et qu'il y en a
« quatre qui n'ont pas encore été remplies. »

1785

§ 5. On peut donc tenir à peu près pour certain que la suppression du chapitre fut sollicitée par les chanoines eux-mêmes, du moins par les plus jeunes et les derniers venus, et dès-lors après 1782, année des dernières nominations, et probablement en ou avant 1784, comme l'indique la lettre de M. de Faletans.

Cet ancien doyen n'avait, comme il le disait, que prolongé le coup. En effet, Madame de Bussy, co-adjutrice de l'abbesse de Lons-le-Saunier, stimulée peut-être secrètement, ne manqua pas de profiter des dispositions manifestées par les chanoines de Gigny. Son abbaye était déjà parvenue à obtenir, en 1770, la réunion des revenus de celle de Goaille près Salins, et il se présentait une trop belle occasion d'en obtenir de bien plus considérables pour la négliger, et pour se rebuter des premiers obstacles. Elle sollicita donc en cour, elle intrigua de plus en plus vivement, elle fit sans doute connaître tous les dérèglements des chanoines, elle fit probablement valoir la modicité des revenus de son abbaye et de celle de Migette, comparée à l'utilité de ces établissements [168]. Enfin, le 1.er octobre 1785, un arrêt du conseil

---

[167] On trouve aux archives du Jura quelques pièces qui indiquent qu'ils demandèrent à être réunis au chapitre de Saint-Claude.

[168] L'historien Dunod présume avec raison que l'*abbaye* de Sainte-Claire *de Lons-le-Saunier* a été fondée dans le treizième siècle par la maison de Vienne, qui avait la seigneurie de cette ville. Alix ou Alais de Vienne, fille d'Agnès de Bourgogne et de Philippe de Vienne, seigneur de Pagny, Seurre et Lons-le-Sau-

1785

déclara que les biens du chapitre de Gigny seraient mis en séquestre, et nomma économe Cl.-Jos. Monnier, d'Arinthod,

C. 118.

nier, est la première abbesse qu'on trouve à la date de 1294. On voit ensuite que diverses donations lui furent faites en 1299, 1300, 1302, 1316, 1318, 1320, etc.; qu'en l'année 1357, cette abbaye, qui avait été construite dans la ville même, fut transférée au faubourg; qu'en 1448, 1535, 1595 et 1637, elle fut pillée et incendiée, avec perte de tous ses titres. Elle était soumise à la règle de saint François et à la juridiction de l'Ordinaire. On n'y était admis qu'en faisant les mêmes preuves de noblesse qu'à Gigny, Baume et Saint-Claude; mais la vie commune n'y avait peut-être jamais été en usage, et les religieuses habitaient des maisons particulières dans l'enceinte du cloître. En 1787, ce monastère était composé d'une abbesse et de dix-sept chanoinesses régulières prébendées, dont la plus ancienne était appelée doyenne, et de plusieurs autres dames professes ou novices non prébendées. Voici les noms de celles qui, présentes en l'abbaye, passèrent procuration pour poursuivre l'union du chapitre de Gigny : M.-Fr. de *Boutechoux*, abbesse; M.-A.-J. de *Mignot de Bussy*, coadjutrice; A.-C. de *Grivel-Perrigny*, doyenne; J.-M.-J. de *Vers de la Châtelaine*; H. de *Balay la Boissière*; J. de *Malivert Salnove*; Y.-C.-B. de *Germigney*; T.-A. de *Vers*; A. de *Bereur de Bresilley*; M.-J. de *Bancenel*; M.-J.-G. de *Poligny*; V.-J. de *Haupeou*.

S'ensuivent aussi, d'après les notes manuscrites du P. Dunand, capucin d'Auxonne, les noms de quelques abbesses connues :

Alix de *Vienne*, 1294-1304.
Guye de *Rigney*, 1316.
Béatrix de *Bellevèvre*, 1336-1340.
Marguerite de *Sainte-Croix*, 1349.
Jeanne de *Vienne*, 1355.
Jeanne de *Rochefort*, 1369.
Jeanne de *Chilley*, 1392.
Jeanne de *Beaufort*, 1397.
Isabeau de *Quingey*, 1407.
Marguerite d'*Andelot*, 1421.
Marguerite de *Quingey*, 1436.
Catherine de *Duretal*, 1443-1448.
Clauda de *Montjouvent*, 1516-1535.
Claudine de *Ternant*, 1550-1559.
Isabeau de *Nance*, 1563.
Pernette de *Duretal*, 1567.
Jeanne de *Maufßins*, 1568 1572-1595.
Claudine de *Romanet*, 1582-1595.
Louise de la *Villette*, 1596.

commissaire à terrier. En conséquence, M. Deleschaux, sub-délégué de l'intendant de Franche-Comté dans les ressorts de Lons-le-Saunier et d'Orgelet, vint apposer les scellés, le 22 du mois d'octobre, et mettre en séquestre les biens, revenus et titres du noble chapitre.

§ 6. Après cette première et importante mesure, il s'agissait d'obtenir le consentement à peu près unanime des chanoines. La chose était assez difficile, parce que plusieurs

1785

Anne de *Bessey*, 1616-1630.
Antoinette de *Ronchaux*, 1630-1645.
Anne Suzanne de *Moustiers*, 1647.
Antoinette de *Poligny*, 1652.
Louise Gabrielle de *Pra*, 1674-1725.
Louise-Gasparine de *Pra-Balay-Saulx*, 1726.
Jeanne-Marguerite de *Belot-Villette*, 1751-1762.
Marguerite-Françoise de *Boutechoux*, 1762-1789.

L'*abbaye* de Notre Dame de *Migette* était établie près de Salins et Levier, au département actuel du Doubs, entre les montagnes de Montmahon et de Sainte-Anne. D'après d'anciens documents, il y avait à Migette, dans le milieu du douzième siècle, un monastère de religieux ; tandis que d'un autre côté, on lit qu'en 1146, c'est-à-dire à la même époque, l'abbé de Balerne était directeur de *femmes retirées dans le désert de Migette*. Néanmoins, l'opinion la plus accréditée et la mieux fondée est que cet établissement fut projeté par Marguerite de Bourgogne, veuve de Jean de Chalon, baron d'Arlay, morte en 1309. Mais ce dessein ne fut exécuté que par son fils Hugues de Ch., seigneur d'Arlay, Cuisel et Vieteaux. Les religieuses en prirent possession en 1325. La première abbesse connue est Guillauma de *Chalon-Abans*, vivante en 1345. Guyotte de *Boujailles* l'était en 1394; Alix de *Salins* en 1399; Jeanne de *Longeville* en 1409; Jeanne d'*Usie* en 1469; Isabelle de *Scey* en 1560 ; Jeanne de *Poligny* en 1597 ; etc.

Les preuves de noblesse, l'observance de la vie religieuse, la police, la discipline, la règle de saint François sous le régime des Cordeliers, etc., y étaient les mêmes qu'à Lons-le-Saunier.

En 1787, cette abbaye était composée d'une abbesse, de six dames prébendées, dont la plus ancienne appelée doyenne, de douze dames demi-prébendées et de plusieurs autres professes ou novices non prébendées. Voici les noms de celles qui signèrent la procuration relative à l'union de Gigny : N. N. de *Franchel de Ran*, abbesse ; de *S.-Mauris*, doyenne ; de *Jouffroy-Gonssans*, d'*Anesey*, de *Beaujeu*, de *Franchel*, de *Germigney*, de *Magenisse*, *Duc*, de *Chaffoy*, de *Commac*, de *Chaffoy-Munan* et de *Rully*.

C. 148

d'entre eux, et surtout les anciens, tenaient à la conservation de leur antique établissement, ainsi qu'à leurs habitudes religieuses, et ils regardaient comme une espèce d'opprobre la prochaine qualification de chanoines supprimés. Or, je trouve dans une note de l'époque qu'on vint à bout de leur hésitation et de leurs scrupules, par une espèce d'intimidation. Il y est dit qu'un homme fut envoyé à Gigny par le ministre, et qu'il obtint ou arracha des récalcitrants un consentement forcé, en les menaçant de la disgrâce du roi, en cas de refus. Aussi, par une délibération capitulaire du 21 juillet 1786, nos religieux déclarèrent *qu'ils s'en rapportaient entièrement à la justice et à la bonté de sa majesté*, déclaration dont les termes ressemblent plutôt, en effet, à de l'obéissance qu'à un consentement spontané.

Fort néanmoins de cette adhésion, le ministre les fit délibérer, quelques mois plus tard, sur leurs intérêts personnels, pour le cas de suppression projetée. En conséquence, dans un chapitre tenu le 14 octobre, ils demandèrent : 1° une pension viagère de 3,500 fr. à 4,000 fr. pour chaque chanoine, et double pour le doyen ; 2° le droit de chasse et de pêche dans l'étendue de la seigneurie ; 3° la jouissance, pendant la vie, de leurs maisons canoniales et de leurs jardins

§ 7. Le consentement des chanoines obtenu, survint le brevet du 8 février 1787, par lequel le roi, en accédant à toutes les demandes des religieux sécularisés, donna aussi son assentiment et déclara que son intention était que le chapitre de Gigny fût éteint et supprimé, en suivant les formes en tels cas accoutumées. Énonçant en même temps que ses biens et revenus quelconques seraient réunis à perpétuité aux abbayes nobles de Lons-le-Saunier et de Migette, le souverain autorisa les abbesses de ces deux monastères à solliciter une bulle en cour de Rome. On trouvera dans le recueil de nos preuves ce brevet, qui contient plusieurs documents intéressants.

§ 8. Munies de cette pièce décisive, ces abbesses formèrent leur demande à Rome. Or, le pape Pie VI les accueillit favorablement, et par une bulle du 19 juillet 1787 qui n'est presque que la traduction du brevet royal, il nomma commissaire à cet effet l'abbé Émilien Bourdon, vicaire-général de l'évêque de Mâcon, licencié en droit civil et canonique, prieur commendataire d'Hérival et chanoine honoraire de l'église de Mâcon. Il donna même à ce commissaire apostolique des pouvoirs illimités, afin de régler le tout pour le mieux, dans sa sagesse et selon sa conscience, et d'après les vœux du roi de France. Enfin, il désigna, pour promoteur spécial, le promoteur-général du diocèse de Mâcon, Charles-Camille Circaud, vicaire-général du même diocèse et aussi licencié en droit civil et canonique. Cette bulle fut approuvée par le roi, le 12 août de la même année, et enregistrée, le 30 du même mois, aux actes importants du parlement de Besançon.

Les religieuses des deux abbayes constituèrent, peu de jours après, pour leur mandataire spécial, à l'effet de poursuivre l'exécution et fulmination de ladite bulle, et de les représenter en soutenant leurs intérêts, Cl.-Ét. Ragmey, bourgeois de Lons-le-Saunier, et en cas d'empêchement, L. Ragmey, son fils, avocat en la même ville. Or, ce mandataire ne tarda pas de présenter requête au commissaire apostolique, afin qu'il eût à procéder à l'extinction du chapitre de Gigny et à l'incorporation de ses biens aux menses abbatiales et capitulaires de Lons-le-Saunier et de Migette. En conséquence, l'abbé Bourdon, accompagné du promoteur, se transporta, dans le mois d'octobre de la même année, à Migette, à Salins, à Lons-le-Saunier et à Gigny, afin d'y faire une enquête d'opportunité, y prendre tous renseignements locaux sur les besoins et ressources de ces monastères, dresser les procès-verbaux convenables, faire procéder aux inventaires, aux expertises, etc...

1787

C. 119.

1787

§ 9. Ces formalités furent remplies promptement et sans opposition, à Migette, à Salins et à Lons-le-Saunier. Il était naturel d'y trouver l'expression du vœu que les biens de Gigny fussent incorporés à ceux des deux monastères féminins. Il n'en fut pas de même à Gigny où tant d'individus profitaient des revenus du riche chapitre et vivaient pour ainsi dire à la table des chanoines.

La nouvelle certaine de sa suppression et de la démolition de l'antique église de Bernon frappa les habitants de stupeur et de consternation. Ils jetèrent bientôt des cris de douleur, se hâtèrent de protester contre le projet désastreux, et envoyèrent des pétitions de toutes parts. Enfin, subsidiairement, en cas de suppression de l'établissement qui faisait toute leur richesse, ils réclamèrent, par une délibération du 30 septembre, en compensation de ce qu'ils perdaient :

1.º Tous les revenus de l'office d'aumônier, pour remplacer ceux de l'hôpital fondé en faveur de Gigny et du voisinage, que les religieux s'étaient approprié, comme encore afin d'établir trois sœurs de charité, pour l'éducation des jeunes filles et le soulagement des malades ;

2.º Une rente de 2,000 fr. destinée à faire aux pauvres de la seigneurie les aumônes auxquelles était tenu le prieur commendataire ;

3.º Tous les revenus de l'office d'ouvrier, à cause de l'entretien de la fontaine ; en outre, l'exemption de la gerbe que chaque chef de ménage cultivateur livrait pour le gage du garde-messier.

4.º La conservation de l'église collégiale et de son mobilier, telles que cloches, horloges, orgues, etc., pour l'exercice du culte, d'autant mieux qu'elle était anciennement paroissiale ;

5.º Tous les revenus de l'office de sacristain, pour l'entretien de l'église et des ornements, vases sacrés, livres, etc.;

6.° L'exemption de la dîme, ou sa réduction à la vingt-unième gerbe, au lieu de la onzième ;

7.° La réduction du droit de lods ou de mutations au douzième de la vente, au lieu du sixième ;

8.° La maison canoniale la plus convenable pour loger le curé et le vicaire ;

9.° Quatre prêtres, non compris le desservant ordinaire, pour acquitter les fondations, tous à la nomination de la commune, choisis entre les enfants du pays, logés dans la maison des chantres, avec un traitement de 1,000 fr. à chacun ;

10.° La préférence des ecclésiastiques originaires de Gigny et de la seigneurie, pour les bourses et demi-bourses du séminaire et pour les pensions de retraite ;

11.° L'affranchissement des terres communales de la dîme ;

12.° L'affranchissement de la mainmorte pour les villages qui y étaient assujettis, et la libération du supplément de cens consenti pour cet objet par les habitants de Graye ;

13.° La faculté de chasser et de pêcher pour ceux de Gigny ;

14.° Enfin, une route de Lons-le-Saunier au Pont-d'Ain.

De leur côté, le doyen et les chanoines, par une délibération capitulaire du 17 octobre et par le procès-verbal de leur comparution devant le commissaire apostolique, le 22 du même mois, renouvelèrent les conditions qu'ils avaient mises, le 14 octobre 1786, au consentement de supprimer leur chapitre, et formèrent quelques nouvelles demandes, savoir :

1.° Une pension annuelle et viagère de 3,500 francs à chaque chanoine, et de 7,000 francs au doyen, jusqu'au premier janvier 1790, et après cette époque, de 4,000 francs et de 8,000 francs, payable de six mois en six mois, à Gigny, Lyon ou Paris, avec privilége, hypothèque, etc...

1787

1787

2.º L'usage du droit de chasse et de pêche;

3.º L'usufruit de leurs maisons et jardins;

4.º La préséance et les droits honorifiques, comme seigneurs et curés primitifs, dans l'église paroissiale de Gigny;

5.º Le port de la décoration accordée par le roi Louis XV;

6.º Une pension de retraite pour leurs trois chantres;

7.º Une indemnité convenable au régisseur de leurs biens avant le séquestre.

Le doyen demanda, en outre et en particulier, l'usufruit viager de la vigne de la *Pendanne* que son oncle et lui avaient défrichée, plantée et mise en rapport.

Enfin, les curés de Morges, Loysia, Digna et Cuisia (J.), ainsi que le chapitre et le corps municipal de Cuiseaux, réclamèrent pour certains droits qu'ils prétendaient avoir sur l'établissement qu'on allait supprimer. C'était une curée à laquelle tout le monde voulait avoir part.

§ 10. Le commissaire apostolique resta environ six semaines à Gigny, occupé à procéder à l'enquête dont il a été parlé, à écouter les réclamations et dires des parties intéressées, à faire vaquer les experts à l'estimation des bois, des réparations à faire, du mobilier de l'église, etc..; à vérifier les comptes de l'économe-séquestre, et enfin à dresser l'inventaire des titres du chapitre.

1788

Il résulta de toutes ces opérations, selon le promoteur, que la position locale de Gigny n'offrait aucune ressource pour l'exercice des talents des chanoines; que ce chapitre n'était utile à l'église que par la prière, et au lieu de Gigny que par les aumônes et la consommation des denrées; que Gigny n'était qu'un simple village qui ne présentait qu'une faible population agglomérée, où il n'existait pas un seul gentilhomme, pas un seul avocat, pas un seul médecin, dont les personnages qualifiés étaient deux notaires et deux chirurgiens ; que l'église collégiale, déserte les jours ouvrables, n'était fréquentée les jours de fête que par les gens de la campagne ; que les prébendes canoniales n'étant point spécialement affectées aux ecclésiastiques de la Franche-Comté, et le roi y nommant ceux qu'il lui plaisait, la noblesse de la province avait intérêt à voir attribuer les biens qui en dépendaient à des chapitres qui étaient composés de ses enfants ; que les chapitres de chanoinesses étaient en général les plus utiles à la noblesse ; que les gentilshommes pouvaient obtenir dans l'état ecclésiastique des places honorables, embrasser la profession des armes, se placer dans le barreau, ou prendre des états qui ne dérogeaient point ; qu'au contraire, les chapitres étaient l'unique ressource des demoiselles qui, ne pouvant ou ne voulant pas se marier, n'avaient pas de vocation pour la vie religieuse, etc...; qu'enfin, il y avait avantage et utilité à supprimer le chapitre de Gigny et à en incorporer les biens à ceux de Lons-le-Saunier et de Migette.

1788

§ 11. Ce fut d'après ces motifs que le roi délivra, le 27 avril 1788, un second brevet par lequel il consentit définitivement à la suppression du chapitre de Gigny, à certaines charges et conditions qui satisfaisaient plus ou moins aux demandes formées par les nobles chanoines et par les habitants du lieu.

C. 150.

En conséquence, et d'après les conclusions conformes du promoteur, le commissaire apostolique prononça le décret de suppression, le 26 mai 1788. On peut en lire les diverses dispositions dans le recueil de nos preuves.

C. 151.

Ce décret fut revêtu de lettres patentes d'approbation, au mois de septembre suivant, et ces lettres, avec le second brevet du roi et le décret du commissaire, furent enregistrées le 9 décembre aux actes importants du parlement de Besançon. Cet enregistrement ne fut pas gratuit, car il coûta 23,000 francs aux nobles dames, et on voit par quelques notes que les frais faits, pour parvenir au résultat obtenu, égalèrent à peu près ceux de la sécularisation ; qu'ils s'élevèrent en totalité à la somme de 85,756 francs, et que les chanoinesses avaient emprunté 90,000 francs pour cet objet.

§ 12. Le 31 décembre 1788, les deux chapitres de Lons-le-Saunier et de Migette prirent possession des biens de celui de Gigny, par le fait de Louis Ragmey, leur mandataire, qui, quelques années après, remplit des fonctions bien différentes, comme président du tribunal révolutionnaire à Paris. Cette dernière formalité fut remplie dans la salle capitulaire où les chanoines supprimés se réunirent tous pour la dernière fois, au son de la cloche, à l'exception de MM. de Foudras, de Lascases et d'Éternoz, qui se trouvèrent absents. Des sept autres membres présents qui étaient MM. de Moyria, de Montbozon, de Goussans, de Meuthon, de Molans, et de Montfaucon frères, l'un prit la parole et dit au nom de tous : « qu'ils persistaient dans
« les sentiments consignés en leur délibération capitu-
« laire du 17 octobre 1787 ; qu'ils voyaient en gémissant
« la destruction de leur compagnie ; mais que, pleins de la
« soumission la plus respectueuse aux volontés de N. S. P.
« le pape et du souverain sous lequel ils ont le bonheur
« de vivre, ils consentent que le chapitre dont ils sont
« membres et ses titres collatifs de doyenné et prébendes
« canoniques demeurent éteints et supprimés. »

Les habitants de Gigny, outrés de cette prise de possession clandestine dans l'église même qu'on allait leur enlever, députèrent leurs échevins à l'assemblée, pour protester et former opposition. Mais on ne voulut pas les entendre et à peine les admettre. Le notaire étranger à Gigny leur répondit que son acte était clos et consommé ; M. de Montfaucon aîné les repoussa même avec violence, et ils ne purent que faire dresser, par un autre notaire, acte de cette violence et de leur opposition.

Telle fut la fin laborieuse du noble et antique monastère fondé neuf siècles auparavant par Bernon. Elle ne précéda que d'un an à peu près celle de tous les autres établissements religieux en France, lesquels succombèrent sans exception sous les décrets de l'assemblée nationale.

1788

Ici se termine aussi à peu près l'histoire de Gigny. Nous lui consacrerons cependant encore quelques chapitres sur les derniers événements, sur les statuts, mœurs et usages de nos religieux, sur les offices claustraux de leur monastère, sur les prieurés qui en dépendaient, sur ses biens et ses revenus, sur les magistrats, ecclésiastiques et autres personnes qualifiées du lieu, et surtout sur saint Taurin, son patron.

CHAPITRE LIV.

Derniers évenements.

§ 1. Après la suppression du noble chapitre, les chanoines ne quittèrent pas immédiatement Gigny. La plupart continuèrent à demeurer dans les maisons dont la jouissance leur avait été réservée par le décret [169], et même

1789

---

[169] Quelques personnes aimeront peut-être à connaître les maisons et jardins possédés jusqu'à la fin par les chanoines. Ce sont les suivantes, avec les lettres qui les indiquent sur le plan.

M. de *Moyria* occupait l'ancienne maison de l'aumônier, avec son enclos et un jardin du réfecturier.	X. g. l.
M. de *Montbozon*, la maison du chambrier, avec les dépendances.	V. f. f
M. de *Meuthon*, partie du château au sud, avec le jardin et verger.	I.¹ aa. bb.
M. de *Montfaucon* cadet, partie du château au nord, avec le jardin.	I ² cc.
M. de *Montfaucon* aîné, partie au sud du presbytère actuel, avec partie du jardin.	Ω. dd.
M. de *Mulans*, partie au nord du presbytère, avec jardin au sud.	Ψ. ee.
M. d'*Éternoz*, les maisons de l'infirmier et du chantre, avec le jardin de celui-ci.	Δ. ω. t.

1789 deux d'entr'eux, MM. de Montbozon et de Gonssans, y moururent en 1791. M. d'Éternoz, l'un des premiers, quitta Gigny en 1790, pour se retirer à Salins, puis les autres retournèrent dans leurs familles en 1790 et 1791, peut-être seulement lorsqu'ils virent le temps s'obscurcir et l'orage révolutionnaire grossir. M. de Moyria, doyen, y prolongea sa résidence le dernier de tous, même pendant la tourmente politique. Après diverses absences et divers retours, il n'en partit définitivement qu'en 1795, pour se fixer tout-à-fait, avec ses frères et sœurs sortis comme lui de leurs abbayes, dans l'antique château de leurs aïeux à Mailla. Mais il continua avec eux à y pratiquer les devoirs de la vie religieuse canoniale, et, après y avoir fait, pendant plus de quinze ans, l'édification des fidèles, il mourut en l'année 1811, estimé et regretté de tous ceux qui l'avaient connu. Ainsi, c'est par erreur qu'on a rapporté vaguement à Gigny qu'il avait été maltraité, lors de l'invasion de 1814, par la soldatesque autrichienne. Ce fut son frère aîné, M. Ennemond de Moyria de Saint-Martin, qui faillit à en être victime, et qui montra dans cette occasion un courage et une présence d'esprit qu'on n'aurait guères attendus d'un vieillard qui avait passé sa vie dans le cloître.

Les habitants de Mailla, de Saint-Martin-du-Frêne et du voisinage s'étant insurgés contre l'ennemi, avec une imprudence que l'amour de la patrie doit faire pardonner, les soldats autrichiens exercèrent contre eux une terrible vengeance. Les habitants, même les plus inoffensifs, furent livrés au massacre et leurs maisons au pillage et à l'incendie. Le vénérable chanoine reçut lui-même deux coups de lance

Z. m.   M de *Gonssans*, celle de l'ouvrier, avec son jardin.
Y. r.   M. de *Lascases*, celle du sacristain, avec le jardin du doyen.
X. h. i. M. de *Foudras*, celle du réfecturier, avec son jardin contigu et celui du sa cristain.

H.   Les chantres habitaient une maison nouvellement construite pour eux.

sur ce théâtre d'horreur ; mais, tout blessé qu'il était, voyant qu'on mettait le feu au château de Mailla, il eut la présence d'esprit de mener à l'écart un officier et de lui mettre dans la main un rouleau de pièces d'or qu'il avait caché dans sa cravate. Protégé alors par cet officier, il put faire éteindre l'incendie et ranimer par des plaisanteries le courage de toute sa maison éperdue. Il disait être resté maître du champ de bataille et vouloir y placer sa tente et y coucher. J'ai mieux gagné la croix d'honneur, ajoutait-il, que beaucoup d'autres, car mon sang a coulé ; etc...

§ 2. Les habitants de Gigny, voyant qu'ils n'avaient pu empêcher la suppression de leur insigne établissement religieux, et ignorant sans doute que tous les biens qui en dépendaient en Franche-Comté avaient été attribués aux dames de Lons-le-Saunier, présentèrent au roi et aux dames de Migette une pétition, pour obtenir que celles-ci, quittant leur séjour sauvage et inabordable, vinssent résider à Gigny et les dédommager en partie de la perte de leurs religieux. Or, par une lettre du 4 mai 1789, ces dames leur firent connaître que les biens de Gigny même ne leur avaient pas été donnés en partage, en leur témoignant une vive reconnaissance de leurs bons sentiments pour elles.

Dans la même année, ils s'adressèrent aussi à l'archevêque de Lyon chargé de la feuille des bénéfices, pour obtenir soit le rétablissement d'un hôpital à Gigny, soit la création d'une manufacture de droguet ou autres étoffes communes, en place de l'établissement de charité accordé par l'art. 16 du décret de suppression. Leur demande était motivée sur ce que les hospices de charité n'occupent pas les gens sans travail et attirent les mendiants. Les événements politiques qui survinrent bientôt ne permirent pas l'exécution d'aucun de ces établissements.

La demande formée à l'évêque de Saint-Claude, au mois de juillet 1789, pour rentrer en possession de l'église prieu-

1789   rale ou collégiale, fut mieux accueillie. Car au bout de peu de jours, ce prélat leur en fit remise en interdisant l'église paroissiale.

§ 3. Nos habitants ne se lassèrent pas de demander, sauf à ne rien obtenir. Ils sollicitèrent, le 20 décembre de l'année qui nous occupe, en concurrence avec Saint-Amour, l'établissement d'un district que ni l'une ni l'autre de ces deux communes n'obtint. Il fut concédé à Orgelet, siége d'un bailliage depuis l'an 1546, comme aussi de l'ancienne baronie de la maison de Chalon.

1790   Il furent plus heureux en demandant, le 21 mars 1790, un *canton* qui leur fut concédé. Ce canton, ayant plus d'un myriamètre carré en superficie et près de 5000 habitants en population, fut composé de dix paroisses, ou des dix-sept communes dont les noms suivent : Champagne, Cressia, Cropet, Gigny, Granges-de-Non, Graveleuse, Graye et Charnay, Loysia, Marigna, Monnetay, Montséria, Morges, Nancuise, La Pérouse, Pymorin, Véria et le Villars. Ce canton assez bien composé subsista pendant onze ans, jusqu'à la réorganisation de 1801. Alors, ses communes furent incorporées dans les cantons de Saint-Julien, Orgelet, Saint-Amour et Cousance. On donnera plus loin les noms des juges de paix de ce canton.

§ 4. La commune de Gigny avait protesté jusqu'à la fin contre la suppression de son riche chapitre, et elle avait exprimé les regrets les plus sincères en apparence d'en avoir perdu les membres. Néanmoins, peu d'années après, on s'y livra comme ailleurs aux excès du fanatisme révolutionnaire, ce qui donne lieu de faire des rapprochements au moins remarquables, sinon pénibles !...

On ne citera pas en preuve l'envoi à l'hôtel des Monnaies, le 20 mars 1790, de plusieurs pièces d'argenterie provenant de l'église paroissiale et livrées par le vicaire lui-même. On ne citera pas non plus la soumission faite par la commune, le 15 juillet 1790, d'acquérir la plupart des biens du monastère supprimé situés à Gigny et à elle adjugés, le 12 février 1791, par l'assemblée nationale, non plus que la vente des maisons canoniales elles-mêmes, faite en 1793; mais on mentionnera certains autres événements de cette dernière année et de la suivante, comme ;

1790
1791
1793

La transformation de l'église collégiale en Temple de la raison, avec inscription portant que *le peuple français reconnaît l'Être suprême et l'immortalité de l'ame,* puis la célébration, dans cette maison dédiée a l'être suprême, *de l'anniversaire de la punition du dernier roi des Français ;*

L'enlèvement des croix surmontant les clochers, et le renversement de celles qui étaient érigées çà et là dans la commune ;

La descente des cloches livrées pour être fondues en canons républicains ;

L'auto-da-fé ou incendie déplorable des chartes et titres de l'antique monastère, exécuté au son des cloches et des tambours, suivi d'un repas patriotique et précédé d'une proclamation municipale où l'on disait que *le fanatisme était un songe évanoui, que tous les frères républicains devaient se réunir pour célébrer en fête cette mémorable journée* (170) ;

1794

La profanation des saintes reliques qu'on dispersa ou qu'on attacha à l'arbre de la liberté ;

C. 62.

La spoliation de l'argenterie (171), du cuivre et des ornements sacrés de la basilique de Bernon (172), livrés au dis-

---

(170) L'auteur de cette histoire se souvient encore d'avoir assisté, dans sa première enfance, à cet auto-da-fé où l'on brûla une grosse voiture de parchemins et de papiers, avec un tableau de saint Louis, la mesure des cens et des dîmes, etc... Six gardiens armés veillaient à ce que rien ne fût soustrait.

(171) On livra 48 marcs d'argenterie, dont près de trois marcs en vermeil, avec 123 livres de cuivre. Parmi les objets d'argenterie, on remarquait une croix d'argent de deux pieds et demi de hauteur, deux chandeliers d'argent haché, des calices, des ciboires, des ostensoirs, des encensoirs, etc...

(172) On envoya au district six ornements assortis de dalmatiques et tuniques

trict d'Orgelet, par celui-là même qui aurait dû les conserver [173];

Enfin, la persécution de tous ceux qui avaient eu des relations avec les religieux, tant regrettés naguères!.....

Mais tirons le rideau sur ces temps malheureux.... et laissons dormir en paix ceux qui furent les auteurs de ces excès et qui s'y livrèrent. L'enthousiasme de la liberté, la joie frénétique de se voir affranchis des dîmes et des droits féodaux, l'horreur de l'invasion ennemie, le délire qui agitait tous les cerveaux de cette époque, peuvent, jusqu'à un certain point, leur servir d'excuses. Quant au prêtre devenu procureur de la commune, qui porta des mains spoliatrices sur les autels de Dieu et sur la châsse de ses saints, quoiqu'il n'ait pas rendu à l'église de Gigny l'or, l'argent, le vermeil, la soie ou le cuivre qu'il en fit enlever, il est à croire que Dieu lui aura aussi pardonné ses égarements, en raison de son repentir et de la conduite régulière des dernières années de sa vie.....

§ 5. Gigny devait son importance et son accroissement au monastère qui y avait été établi. Aussi, après la destruction de ce dernier, ce bourg, sans commerce, sans industrie,

---

en soie, galonnés en or et argent faux, à l'exception de l'un d'eux galonné en or véritable; douze chappes en soie galonnées, dont l'une en vrai or; vingt une chasubles en soie ou en velours, l'une à deux faces en vrais galons d'or et d'argent, toutes assorties d'étoles, manipules et bourses; un tour de dais en soie; quinze aubes; neuf surplis; trente-cinq nappes; etc. etc...

(173) Cet ecclésiastique se glorifiait, dans une lettre du mois de mars 1794, d'avoir fait, quelques mois auparavant, à la société populaire de Gigny, autrement au *Club*, dont il était président, la proposition ou *motion* d'envoyer à Paris l'argenterie, le cuivre et le fer de l'église du chapitre. Il se glorifiait encore de beaucoup d'autres actions analogues empreintes du fanatisme politique et irréligieux le plus outré. Un autre renégat, membre du district d'Orgelet, écrivait déjà, le 17 octobre 1790, à la municipalité de Gigny, que *l'argenterie de son église collégiale languissait; que la vente en devenait pressante*. Ainsi donc, à Gigny, comme à Cluny, c'étaient les déserteurs des autels qui voulaient anéantir le Dieu qu'ils avaient quitté.

et sans débouchés commodes, a déchu comme tous les lieux qui devaient leur prospérité au clergé. Il est devenu et deviendra encore, de plus en plus, simple commune rurale agricole, à moins qu'on y établisse quelque manufacture pour occuper les bras surabondants et empêcher les émigrations.

1842

Sa population, au lieu de s'accroître, comme celle de la plupart des communes de France, a au contraire diminué. Elle était, au mois de janvier 1787, de 1186 habitants, pour les trois communes de Gigny, Cropet et le Villars, non compris les domestiques du chapitre, et six familles d'employés aux fermes du roi. Or, cinq années plus tard, en 1792, elle n'était plus que de 1134 individus; en 1824, elle a été reconnue n'être que de 1024; en 1832, de 1051; et en 1837, de 1050. Chacune des sections de Cropet et du Villars est d'environ 100 habitants, ce qui réduit à peu près à 850 le nombre de ceux de Gigny seul.

En personnes qualifiées, il n'y a plus en ce bourg qu'un desservant ecclésiastique, un juge de paix, un médecin, un notaire et un percepteur de contributions.

La superficie de la commune est de 1603 hectares, y compris les deux sections, dont 1566 imposables, savoir à Gigny, 1190; à Cropet, 278; au Villars, 98.

CHAPITRE LV.

Statuts, moeurs et usages des moines bénédictins cloîtrés en général, et de ceux de Gigny en particulier.

Il y a bien peu de personnes en nos jours qui aient vu, en 1789, les moines dans leurs cloîtres, et il y en a moins encore qui aient vu pratiquer la vie monacale usitée maintenant dans les monastères de la Trappe, à peu près seuls établissements en France où on puisse l'observer. La plupart des gens ne connaissent les moines que sous des rapports désavantageux, et on croit même généralement aujourd'hui que ces pieux cénobites menaient dans leurs couvents une vie toute consacrée à l'oisiveté, au sommeil, à la gourmandise et à la luxure. Je pense donc faire une chose utile et même agréable à beaucoup de lecteurs, en leur faisant connaître la véritable vie monastique, les mœurs et coutumes des religieux dans les monastères bénédictins en général, et dans l'abbaye ou le prieuré de Gigny en particulier. On jugera qu'il y a bien à rabattre des idées qu'on s'en fait actuellement. On verra qu'ils se livraient au travail plutôt qu'à l'oisiveté, à la prière nocturne plutôt qu'au sommeil, au jeûne et à l'abstinence plutôt qu'à la gourmandise ; qu'ils opposaient la pureté à la corruption des mœurs, la pauvreté à la richesse, la soumission à l'indiscipline, l'étude et la culture des lettres à l'ignorance ; etc.

C. 37, 39, 42. L'abbaye de Gigny, comme on a vu, avait été fondée par Bernon, pour être soumise à *la règle de saint Benoît* composée, en l'an 530, par ce chef célèbre des moines de l'occident, pour lesquels, depuis l'an 742, elle devint obligatoire. Cette règle est aussi appelée *règle de Bernon* dans un opuscule de l'an 1100, parce que notre fondateur l'avait grandement mise en pratique dans ses nombreux monastères. C'est donc d'elle que je vais donner une idée, ainsi que des modifications que lui ont fait subir saint Benoît d'Aniane ou saint Eutique en 817, saint Uldaric en 1070, Pierre-le-Vénérable en 1132, et par la suite plusieurs autres abbés de Cluny, de même que le concile de Trente.

Art. I.er — *Oblats.*

C. 43. Le père ou la mère pouvaient offrir un enfant en bas âge et le vouer à Dieu, pour être reçu dans le monastère. Ils en faisaient la demande ou la promesse pour lui par écrit, et l'enveloppaient dans la nappe de soie de l'autel, avec la main de l'enfant et une offrande. C'est ce qu'on appelait un *oblat* ou un *donné*, qui recevait l'habit aussitôt qu'il était solennellement offert à Dieu. Parvenu à l'âge de raison, cet enfant devait confirmer la demande et tenir la promesse faite par ses parents, qui ne pouvaient lui faire aucune donation, mais seulement à l'établissement. On tenait une école à cause des oblats seulement, quoiqu'ils ne fussent que six au plus dans le monastère. Ils avaient au moins deux maîtres, pour les garder à vue et ne les quitter jamais. Ils couchaient au dortoir, dans un lieu séparé. Enfin on les élevait avec soin en novices, mais on différait leur profession jusqu'à quinze ans au moins.

C. 23.

Au reste, l'usage de recevoir des oblats, qui donne une idée de la puissance paternelle dans ces temps reculés, fut supprimé en 1132 par le chapitre général de Cluny. Dèslors, il fut décidé qu'on ne donnerait l'habit et qu'on ne recevrait la profession monastique et les vœux prématurés d'aucun novice ou autre individu, avant l'âge de vingt ans réduit à seize par le concile de Trente.

ART. II. — *Novices.*

§ 1. L'aspirant au noviciat n'était pas admis facilement, et seulement après différentes épreuves. On ne l'admettait même aucunement s'il était bossu, manchot, borgne, boiteux ou bâtard. Dans les cas contraires, on le laissait prosterné à terre, frappant inutilement pendant dix jours à la porte du monastère ; on lui opposait des difficultés ; on le rebutait, on allait même jusqu'à le maltraiter. Si cependant il persistait, on le faisait visiter par le chirurgien de l'établissement, pour s'assurer qu'il n'était affecté d'aucune maladie

C. 137.

occulte, d'aucune infirmité ; on exigeait qu'il sût lire et écrire ; enfin, on lui faisait exhiber ses titres de noblesse qui étaient remis entre les mains du prieur. Ces formalités étant remplies convenablement, on admettait le postulant, pour quelques jours, dans le *logement des hôtes*, puis dans la *chambre* ou *maison des novices*. Un ancien moine lui était donné pour discuter sa vocation et pour lui expliquer combien le chemin du ciel était difficile. On l'obligeait à servir les autres religieux pendant quelques jours, et après diverses épreuves qui duraient au moins un mois, il renonçait à Satan et au monde ; on coupait ses cheveux en forme de croix, au sommet de la tête et au-dessus des deux oreilles; enfin on lui donnait l'habit de novice, mais on lui conservait le sien pour le lui rendre, en cas qu'il sortît ensuite.

Au bout de deux mois de noviciat, on lisait à l'aspirant la règle de saint Benoît, puis une seconde fois après six autres mois, enfin une troisième fois après les quatre derniers mois de son année de probation. Durant tout ce temps, les parents du novice étaient chargés de l'administration de ses biens ; lui-même était sous la surveillance d'un gardien ou custode ; il demeurait séparé des religieux profès avec lesquels il ne se trouvait qu'à l'église; il préparait les autels et aidait à habiller le prêtre qui allait célébrer la messe. Il ne lui était permis d'aller aux ordres sacrés que de l'exprès consentement du chapitre, et seulement quand il connaissait le plain-chant. Enfin, après l'année d'épreuves et de persévérance, si le novice était âgé de seize ans au moins, et si les religieux, à la majorité des voix, le trouvaient digne et capable, il était admis à faire profession, sinon renvoyé du monastère.

§ 2. Dans les derniers temps, l'admission au noviciat dans le prieuré de Gigny était faite avec bien moins de formalités. On voit, par exemple, qu'en 1717 et en 1730, il suffisait de constater les degrés de noblesse et l'absence d'infirmités et de payer les droits d'entrée. Le grand-prieur cloîtrier donnait ensuite l'habit de novice au récipiendaire, après lui avoir fait un discours convenable sur l'état qu'il embrassait et une exhortation à s'y comporter dignement. Après avoir vécu un an sans donner de scandale dans le cloître, il était admis à faire les vœux. Selon nos religieux, il n'y avait même plus, en 1760, de maître ni de maison pour les novices; et cependant, à la même époque, ils mettaient l'entretien du toit de cette maison au nombre des charges de l'office d'ouvrier.

C. 143.

Art. III. — *Profession.* — *Vœux.* — *Droits d'entrée.*

§ 1. C'était un pieux et touchant spectacle que celui de la profession ou prise d'habit monastique. Le novice bénédictin renonçait au monde et à ses pompes, pour s'ensevelir vivant dans le cloître dont il ne devait plus sortir. En conséquence, il faisait d'abord un testament solennel par lequel il donnait aux pauvres ou à son futur monastère les biens qui pouvaient lui appartenir [174]. On lui célébrait ensuite, comme à un défunt, un service funèbre pendant lequel il était étendu sur un tapis, recouvert d'un linceul, et entouré de cierges allumés. Après cette cérémonie, il faisait sa profession devant toute la communauté, publiquement, soit de vive voix, soit encore par un écrit de sa propre main qu'il déposait sur l'autel. On lui rasait ensuite les

C. 23.

C. 23.

---

(174) La profession d'un religieux équivalait à une mort civile. Dès-lors, s'il n'avait pas disposé auparavant, sa succession était dévolue à ses héritiers naturels, et même, en cas de rentrée dans le siècle, il ne pouvait réclamer les biens qui lui auraient appartenu. Par une jurisprudence honorable pour la vie religieuse, on a assimilé la mort civile des moines à la mort des militaires pour la défense de la patrie. Il a été décidé en conséquence que les premiers devaient être comptés, comme les seconds pour exempter leurs pères de la tutelle. Voy. Cod. civ. art. 436. Justin Instit. I, c. 25.

cheveux ; on proclamait son admission par l'expression solennelle *Tonsoratus est;* les autres religieux le déshabillaient et le revêtaient du froc ou de la coule bénédictine ; on dressait un procès-verbal de réception ; enfin, on chantait des prières en réjouissance.

§ 2. La règle de saint Benoît, même après les modifications de 817, n'astreignait le récipiendaire qu'à la profession du vœu d'*obéissance*, avec promesse de stabilité dans l'établissement religieux et de conversion des mœurs (175). Plus tard, on y ajouta les deux vœux de *chasteté* et de *pauvreté*, qui d'ailleurs résultaient déjà nécessairement, soit de la vie commune, soit de l'isolement rigoureux des sexes, prescrits par les lois de Justinien, contemporain de saint Benoît (176).

Cette renonciation aux biens de ce monde prouve, au reste, le peu de foi qu'on doit ajouter aux légendes et aux chroniques, suivant lesquelles Bernon aurait été moine à Saint-Savin, à Autun et à Baume, avant de l'être à Gigny. En effet, s'il eût déjà fait profession en ces lieux, il n'aurait plus possédé les biens dont il dota l'abbaye de laquelle il fut fondateur et premier abbé. Il est même fort à croire qu'il n'a jamais resté à Baume.

§ 3. Il était défendu, sous des peines sévères, de rien exiger pour la réception d'un nouveau moine; on ne pouvait accepter qu'un don purement volontaire. Le concile de Trente, en 1563, recommande même expressément aux religieux de ne recevoir aucune donation des novices avant la profession, si ce n'est pour la nourriture et le vête-

---

(175) Voici la formule d'une profession religieuse faite en 1269 :

Ego frater N... facio professionem, promitto stabilitatem et conversionem morum meorum, et obedientiam secundum regulam sancti Benedicti, coram Deo et omnibus sanctis ejus, in hoc monasterio quod est constructum in honore sancti N..., in presentiâ domini N... abbatis, et obedientiam eidem abbati usque ad mortem.

(176) *Novell Constitut*, 5, 123, 133.

ment, de peur qu'en cas de non-admission, il ne survienne des difficultés en restituant. Cependant, à Gigny, il fallait aussi de l'argent pour faire vœu de pauvreté. En ou avant 1664, on exigeait pour droit d'entrée d'un religieux profès : 1.º cent écus d'or (environ 1000 francs de monnaie du pays); 2.º cent francs pour don à l'église; 3.º une pistole (20 fr.) pour chaque religieux prêtre; 4.º une demi-pistole pour chaque moine laïc et autres droits accoutumés. Dans les derniers temps, comme en 1717, on voit qu'un récipiendaire donna 1000 francs de droit d'entrée, et qu'il fut doté en outre par ses parents d'une pension annuelle de 100 francs. Il en fut de même d'une réception en 1730, excepté que les sommes furent réduites aux deux tiers, par la conversion de la monnaie comtoise en monnaie de France. Souvent, au lieu d'exiger le capital du droit d'entrée, les religieux se contentaient d'une rente perpétuelle de 50 francs (autrement 33 livres, 6^s 8^d), créée par le père et la mère du récipiendaire, au profit du prieuré. Je n'ai pas trouvé qu'à Gigny le prieur fût tenu de payer un droit de réception et de bienvenue à ses coreligieux, comme à Saint-Étienne de Dijon, où le nouvel abbé devait leur payer cent écus d'or; mais il est à croire que cet usage y était aussi observé. En effet, on a vu qu'après la sécularisation, non-seulement chaque chanoine devait 500 francs à son entrée, pour droit de chape, mais que le doyen était encore tenu à une semblable somme, lors de la prise de possession de cette dignité.

C. 137.

Les jeunes profès, ainsi que les novices, restaient encore sous la surveillance d'un custode ou gardien, tant qu'on le jugeait nécessaire.

Art. IV. — *Noblesse.*

§ 1. L'ancienne société se trouvant divisée en plusieurs castes, il fallait nécessairement qu'il y eût des abbayes distinctes pour chacune d'elles. Les enfants de la noblesse ne pouvaient, sans déroger ou s'avilir, aller se cloîtrer pendant la vie entière avec ceux des bourgeois et des artisans. De là les abbayes nobles de Saint-Claude, de Nantua, de Neuville, de Lons-le-Saunier, de Baume-les-Messieurs, de Baume-les-Dames, de Château-Chalon, de Migette, de Montigny, de Lure, de Morbach, de Porentruy, de Remiremont, etc... De là, les chanoines nobles avec titres de *comtes* à Lyon, à Mâcon, à Brioude, à Cologne, etc...

Le prieuré de Gigny était aussi un *hôpital* ou un asile de la haute classe sociale des deux Bourgognes, et, de temps immémorial, un grand degré de double noblesse était une condition de rigueur pour y être admis. On en trouve facilement la preuve en parcourant la liste des religieux qui l'ont habité, et qu'on voit tous nobles de nom et d'armes. L'historien de la Bresse dit que c'est un argument indubitable que le fondateur du monastère était prince. Il en résulterait donc que le comte Bernon, fondateur de Gigny, aurait été réellement de la race royale Carlovingienne, comme quelques auteurs l'ont soupçonné. A la vérité, l'abbaye de Cluny n'était pas réservée pour la noblesse, mais aussi Bernon n'en a été que le premier abbé et non le fondateur.

§ 2. On ne peut guère douter que le monastère de Gigny n'ait été destiné à la noblesse, dès l'institution de celle-ci, puisqu'on y voit déjà des religieux nobles dès le milieu du douzième siècle. Une charte de 1157 semble aussi indiquer qu'à cette époque et même bien avant, l'abbaye de Baume avait la même destination, *nobiliter fundatam*. Le titre de *comtes de Lyon* n'a été accordé, il est vrai, aux chanoines du chapitre de Saint-Jean, que sur la fin du douzième siècle ; mais d'un autre côté, le vieil historien Saint-Julien de Balleure dit positivement que « ce « fut sous Gausmar de Salornay, deuxième prieur de Saint-

« Pierre de Mâcon, vivant en 1090, que ce prieuré devint
« *hôpital de noblesse*, et retraicte d'enfants de gentilshommes,
« pour la décharge des familles nobles, où il y en avait
« plus que le revenu paternel et maternel n'en pouvait
« bonnement nourrir [177]. » Ainsi donc, les abbayes de
noblesse existaient déjà dans le onzième siècle, et certainement celle de Gigny à cette époque. Nos religieux conti-
nuèrent néanmoins long-temps à être qualifiés de *vénérables*   C. 79, 81, 94,
ou *religieuses* ou *humbles personnes*, et ce n'est que depuis   96, 100, 108,
la mise en commende, en 1470 environ, que les chartes   120, 123, etc.
les ont désignés *nobles et religieuses personnes*. Un règlement   C. 125, 128, 130.
de noblesse fut peut-être fait, à l'occasion de cette mise en
commende, ou bien l'humilité fit place à l'orgueil [178].

§ 3. Le chapitre des comtes de Lyon était appelé vulgairement la *pierre de touche de la noblesse*, parce que, de
même que pour être admis dans celui des comtes de Saint-
Pierre de Mâcon, on y faisait preuve de huit quartiers,
dont quatre du côté paternel et quatre du côté maternel.
Ce même nombre de quartiers était ussi exigé par un
statut de 1555, pour entrer dans la confrérie de la noblesse
des deux Bourgognes, sous le vocable de saint Georges.
C'était encore le même qui était nécessaire pour devenir
membre, dans le seizième siècle, des monastères nobles de
Baume, de Saint-Claude, de Lons-le-Saunier, de Gigny et   C. 135, 137.
autres [179]. Mais, dès le commencement du dix-septième

---

[177] Le duc de Guise, Louis-Léopold de Lorraine, haut et fier, mort en 1752, se plaignait un jour à un seigneur de ce que sa femme, Marie-Louise Jeannin, dame de Montjeu, petite-fille du célèbre président P. Jeannin, avait fermé la porte des chapitres nobles à ses enfants. Du moins, répondit-elle avec fermeté, je vous ai fermé celle de l'hôpital. — *Courtépée*. Descript. de Bourg. VI. 254.

[178] Sur la fin du seizième et dans tout le cours du dix-septième siècle, les re-   C. 132, 134.
ligieux de Gigny furent aussi qualifiés *Doms*, comme tous les bénédictins de la
congrégation de saint Maur. Mais cette qualification cessa à Gigny avant le dix-
huitième siècle.

[179] Voyez encore ci-devant, au chapitre XLV, § 9, 10.
C'est seulement en 1604 que fut érigé le statut prescrivant la preuve des

siècle, du moins dès l'année 1636 dans celui de Lons-le-Saunier, et après 1647 dans ceux de Saint-Claude, de Baume et de Gigny, les récipiendaires durent justifier, par titres authentiques, de seize quartiers, dont huit de chaque côté. Ces établissements religieux devinrent donc des pierres de touche encore plus certaines de la noblesse que celui de Lyon, où le nombre des quartiers ne fut toujours que de huit jusqu'à la fin [180].

C. 148.

huit quartiers de noblesse, pour être admis à Baume. Auparavant, on suivait par tradition l'usage immémorial. (*Baverel.*)

(180) Les chanoines de Saint-Jean de Lyon qui avaient obtenu l'autorité temporelle et pris le titre de *comtes* dès l'année 1173, ensuite de la cession qui leur avait été faite par les comtes de Forez, statuèrent, en 1268, qu'aucun membre ne serait admis dans leur chapitre, à moins de prouver quatre quartiers de noblesse de chaque côté paternel et maternel. Ce statut fut confirmé par le roi en 1307, et dès-lors toujours observé. Aussi, voit-on qu'en 1411, Cl. d'Allamand y ayant été nommé chanoine par le pape, en remplacement du cardinal P. de Thurey, les membres du chapitre lui observèrent qu'avant tout, il devait prouver sa noblesse paternelle et maternelle, selon l'usage observé en pareil cas; *Quod dictus Claudius ante omnia, debet informare quod sit nobilis ex utroque parente, absque aliqua intermissione plebeytatis, rusticitatis, seu burgesiæ, juxta morem ecclesiæ Lugdunensis et prout in talibus est fieri consuetum.* En conséquence, on fit une enquête, et beaucoup de gentilshommes témoignèrent de la bonne et pure noblesse du *père*, de la *mère*, des *aïeuls*, *bisaïeuls* et *trisaïeuls* paternels et maternels de l'impétrant, avec affirmation que ses ancêtres n'avaient jamais porté les armes contre l'église de Lyon. La preuve fut toute testimoniale, sans production de titres, et le candidat fut admis.

Il n'est pas certain qu'à la même époque on exigeât le même nombre de quartiers de ceux qui étaient reçus à Gigny. Car on lit que Hugues Dagay, conseiller du duc Philippe et officier de sa maison, fut anobli en 1464, et on voit cependant Jean Dagay, son fils, être religieux dans notre monastère en 1480-1494. Toutefois, nos moines veillaient singulièrement à ce que leur corps ne fût l'asile que de la haute noblesse. On a lu effectivement dans la délibération qu'ils prirent en 1756, pour obtenir leur sécularisation, l'expression du désir que, si le roi ordonnait le retranchement de quelques quartiers maternels, il lui plût d'enjoindre une preuve plus forte du côté paternel. Le souverain et le pape, au contraire, ayant réduit les preuves à six degrés et à la naissance d'une mère demoiselle, ils sollicitèrent et obtinrent du roi, en 1761, que la mère de l'aspirant serait au moins demoiselle de sang et d'extraction et non fille d'anobli. (*Voyez* chapitre LI. § 3. 8.)

C. 145

§ 4. La preuve des quartiers de noblesse se faisait à Gigny, conformément aux statuts de la confrérie de saint Georges. A cet effet, l'aspirant au noviciat, ou ses parents, remettaient les titres entre les mains du prieur; ce dernier, à la réunion du prochain chapitre, faisait élire deux commissaires qui les examinaient soigneusement et en rendaient compte au chapitre suivant. Si le rapport était favorable et agréé, quatre gentilshommes étaient nommés, lesquels faisaient aussi un rapport de la vérification des titres, et affirmaient, par serment prêté sur les saints Évangiles, devant le prieur et en présence des religieux, que le postulant avait la noblesse requise. Un arrêt du conseil d'état décida, en 1692, qu'après le rapport et le serment des gentilshommes, les cours et tribunaux ne devaient jamais, en cas de contestation, nommer de commissaires, parce que ce rapport terminait tout différend sur les titres. Cet arrêt fut rendu ensuite d'une plainte que l'abbé de Baume, le prieur de Gigny et l'abbesse de Château-Chalon avaient adressée à Louis XIV, en lui exposant que le parlement de Besançon s'ingérait dans l'admission des religieux en leurs monastères, et les obligeait d'en recevoir dont la noblesse n'était pas bien prouvée.

C. 137.

M.

Le mode de prouver les quartiers de noblesse était le même dans les autres monastères nobles de Franche-Comté, ainsi qu'à Neuville-les-Dames. Il était encore le même à Tournus, avant la sécularisation, et à Morbach en Alsace, à l'exception que, dans ce dernier monastère, on nommait sept gentilshommes vérificateurs, au lieu de quatre.

Art. V. — *Habit.* — *Costume.* — *Tonsure.*

§ 1. Les vêtements des moines bénédictins consistaient principalement en une tunique, une cuculle, et un scapulaire. La *tunique* était une espèce de chemise de laine blan-

Fig. 4, 11.

che, sans manches, qu'on portait sur la peau au lieu de linge, et qui descendait jusqu'aux talons. La *cuculle*, *coule*, *chape*, ou le *froc*, était la robe extérieure garnie d'un capuchon, laquelle revêtait tout le corps, ainsi que la tête et les bras. Enfin, le *scapulaire*, également muni d'un capuchon, servait surtout à couvrir les épaules, pour garantir la tunique dans le port des fardeaux. C'était le vêtement usité pendant le travail, tandis que la cuculle l'était surtout à l'église et hors de la maison. Postérieurement, les moines ont regardé le scapulaire comme la partie la plus essentielle de leur habit, et ils ne l'ont plus quitté, peut-être par souvenir du travail des mains qui leur avait été imposé. Néanmoins, la coule ou cuculle constituait réellement l'*habit* monacal.

Chaque moine avait deux tuniques et deux cuculles, pour en changer, lorsque l'une avait besoin d'être lavée, et il les prenait au vestiaire commun. Il recevait aussi de l'abbé ou du prieur, un mouchoir, un couteau, une aiguille, un stylet et une tablette pour écrire.

A ces articles prescrits par la règle de saint Benoît, on ajouta ensuite, selon les climats et les saisons : deux *sergettes* ou chemises en serge, deux paires de *fémoraux* ou caleçons, une *pelisse* ou robe fourrée en peau de mouton, enfin des *gants* en été et des *moufles* en hiver. On parle encore d'un *cilice* ou d'une camisole de crin portée sur la peau, par esprit de mortification.

Fig. 11.

Quant à la chaussure dont saint Benoît n'avait pas parlé, elle fut fixée à deux paires de *souliers* pour le jour, et des *pantoufles* de feutre ou de peau d'agneau pour la nuit. Nous avons cru devoir reproduire ici, extraite d'un ouvrage du plus célèbre peut-être des bénédictins (*J. Mabillon*), la figure de deux moines du neuvième siècle, représentés avec des *bottines* ne s'élevant qu'au niveau des malléoles, tandis qu'un auteur du quinzième siècle (*Polyd. Virgile*) dit que les moines marchaient bottés ou guêtrés jusqu'aux genoux, *ocreati genu tenus incedunt.*

§ 2. Le saint législateur des moines de l'occident avait laissé à chaque abbé le soin de régler d'ailleurs les vêtements, selon la saison et la température des lieux. Il s'était borné à prescrire qu'ils seraient de l'étoffe la plus commune dans le pays et la moins chère. Il n'en avait pas fixé la *couleur*, mais l'usage du noir avait été adopté et suivi généralement, pour la cuculle et le scapulaire, jusqu'au douzième siècle. A cette époque, la couleur blanche du froc fut introduite dans l'ordre de Citeaux, par une innovation dénuée de motifs. Dès-lors, les bénédictins furent distingués en *moines noirs* et en *moines blancs*, et au nombre de ces derniers, se trouvent aujourd'hui en France ceux de la Trappe. Or, cette diversité de couleur dans l'habit devint une source de division entre les religieux de l'ordre de Cluny et ceux de l'ordre de Citeaux, et spécialement entre Pierre-le-Vénérable et saint Bernard, leurs deux célèbres chefs. Les moines blancs prétendaient être plus parfaits et plus estimables que les autres, et ils se proclamaient les restaurateurs de l'observance régulière. Mais le digne abbé de Cluny leur répondait, avec raison, que ces pensées résultaient de l'orgueil et de l'envie, et qu'elles faisaient perdre l'humilité et la charité.

§ 3. Les moines avaient la *tête toute rasée*, à l'exception d'un cercle complet de cheveux laissé, en manière de couronne, au-dessus des oreilles, et occupant les tempes, le front et l'occiput. C'est de ce cercle capillaire qu'ils ont été désignés, dans quelques chartes du moyen âge, par le simple nom de *couronnés (coronati)*. L'empereur Justinien dans ses lois, et Grégoire de Tours à l'occasion de saint Cloud, fils de Clodomir, parlent déjà de cette tonsure comme caractéristique de la profession des moines qui prenaient l'habit. Celle des ecclésiastiques de nos jours en est probablement un diminutif, en tire son origine, quoique quelques

C. 23, 24
Fig 4, 11.

auteurs l'attribuent à l'apôtre saint Pierre. On lit que l'abbé de Saint-Étienne de Dijon prescrivait, en 1500, à ses chanoines réguliers, de porter de larges couronnes, afin de continuer l'ancienne coutume du monastère.

A l'égard de la *barbe*, les moines se la rasaient réciproquement, tous les quinze ou vingt jours, excepté pendant le carême ; et durant cette opération de toilette, on chantait des psaumes ou des antiennes. Au commencement du quatorzième siècle, l'abbé de Cluny statua qu'à l'avenir la barbe serait faite à ses religieux par un barbier séculier plus expert qu'eux en cette partie, et auquel on alloua un traitement annuel de vingt livres tournois avec un habit.

§ 4. Le costume des moines de Gigny était certainement le même que celui de tous les moines noirs de l'ordre de Cluny, soumis à la règle de saint Benoît. On en a la preuve dans le portrait de l'illustre prieur Jean de la Grange, peint sur les vitraux de l'église de Saint-Denis de la Châtre à Paris, et que nous a conservé le savant et infortuné historien André Duchêne. Mais, avec le temps, la régularité de ce costume y dégénéra comme ailleurs. L'historien Dunod a écrit, en 1735, qu'au chœur nos religieux portaient l'habit des anciens bénédictins, et que, hors de l'église, ils étaient revêtus de celui des prêtres séculiers, à l'exception d'un scapulaire large de quatre doigts, sur le devant de leur soutane, et cousu à côté des boutons. Vingt années plus tard, en 1756, on a vu qu'ils disaient que ce petit scapulaire était la seule marque de leur état régulier.

§ 5. On trouve aujourd'hui ridicule ou du moins fort singulier le costume des moines, et on est porté à penser qu'ils ne l'avaient adopté que pour se distinguer et pour frapper les yeux du vulgaire (181). Mais des auteurs graves

---

(181) Un frondeur du commencement du seizième siècle dit, en parlant des moines : . . . . *Varias leges, habitusque capessunt*
Insuetos, raso sperantes vertice cœlum.
PALINGEN. Zodiac. IV, 289. 290.

soutiennent que ce costume était celui qui était usité anciennement par les pauvres gens, et que saint Benoît ne l'a prescrit à ses moines que par pur esprit de pauvreté et d'humilité. Ils disent qu'on ne peut douter que le linge de corps n'ait été inconnu aux malheureux de l'époque, ou du moins inusité pour eux, comme il l'est encore aujourd'hui chez plusieurs peuples de l'Europe. Ils ajoutent que les auteurs latins de l'antiquité, comme Horace, Columelle, Juvénal, Martial et autres, parlent de la tunique ou de la cuculle comme d'un vêtement propre à la classe inférieure du peuple; que cette cuculle, qu'on croit être d'origine gauloise plutôt que romaine, devint le manteau généralement usité dans toutes les classes de la société, durant le moyen âge; que ce manteau porta alors les noms de *coule, chape, cape, capote, capot, capuce, capuchon, coqueluchon* et *coqueluche*; que c'est même par ce dernier mot qu'on a désigné la toux épidémique qui parut dans le quinzième siècle, parce qu'on recommandait aux malades d'avoir la tête cachée dans le coqueluchon de leur cuculle; que dans ce même siècle, l'usage de ce vêtement cessa et qu'il resta seulement propre aux moines; que ceux-ci ne doivent donc pas être taxés d'originalité ou de singularité, pour avoir gardé le costume ordinaire, que les autres hommes ont abandonné par esprit de mode; que c'est une nouvelle preuve du soin que l'Église a toujours mis à conserver les anciens usages et les traditions primitives; etc... Cependant il faut reconnaître que le costume des moines est bien antérieur à saint Benoît, et qu'il n'était pas celui du vulgaire dans les premiers siècles, puisque les empereurs Théodose, Arcade, Honorius et Justinien ont défendu, sous les peines les plus graves, aux laïcs en général et aux comédiens en particulier, de se déguiser avec l'habit monacal.

§ 6. Le costume des anciens chanoines se rapprochait beaucoup de celui des moines. La règle de saint Chrodegang leur accordait par an une chape ou cuculle, deux tuniques, deux chemises et du cuir pour leur chaussure. Le concile d'Aix-la-Chapelle de 816, en leur permettant l'usage du linge, leur recommande d'éviter les deux extrêmes, la parure et la négligence, l'affectation de propreté et la saleté.

ARTICLE VI. — *Cloître.* — *Hôtes.* — *Voyages des moines.*

§ 1. Ce fut sans doute la grande envie de rentrer dans le monde ou d'être sécularisés, qui fit dire aux moines de Gigny, en 1756, comme on a vu, qu'il n'y avait pas de traces qu'un cloître y eût jamais existé. En effet, on en retrouve même encore quelques-unes aujourd'hui, puisque la porte de ce cloître subsiste toujours à soir, puisque le petit chemin au sud de la cour du monastère n'a été pratiqué probablement que peu d'années avant la sécularisation, puisque la porte au nord n'a été ouverte qu'en 1791, année où l'on établit aussi le sentier pour monter entre l'église paroissiale et le cimetière. D'un autre côté, ce cloître est positivement mentionné, en 1412, dans une de nos preuves, et la *porte rouge du prieuré* est citée, en 1546, dans un autre titre. Enfin, les qualifications de prieur cloîtrier et d'officiers claustraux données de tout temps à quelques-uns des religieux ne permettent pas de douter de l'existence d'un ancien cloître.

Cette enceinte comprenait non-seulement les maisons des moines, mais encore leur église, leur cimetière, celui des enfants ou de la paroisse, l'église paroissiale elle-même, avec tous les jardins et vergers. Il n'est pas certain que le château y fût aussi compris, car la maison des chantres composant le bas-chœur, démolie depuis 1760, existait contiguë, entre l'église prieurale et la maison du chambrier, et isolait le château. Cependant, on appelait *petite cour claustrale* celle qui se trouvait à matin de cette maison, en montant au château, et *grande cour claustrale* celle qui était à soir. Le mur de ville qui se dirigeait de la porte de Buis à l'orient faisait sans doute la clôture méridionale du cloître.

Dans l'intérieur de celui-ci, conformément à la règle de saint Benoît, était établie la *fontaine* où les eaux arrivaient de la Sarrazine par des *cors* ou conduits souterrains placés le long d'un petit chemin qui conduit à cette source. Ce n'est qu'en 1791 que ce beau bassin a été transporté sur la place centrale du bourg, où l'eau a été amenée plus directement.

§ 2. Dans tous les couvents, la porte du cloître était gardée par un moine âgé, sage et discret, pourvu de l'office de *portier*, et qui répondait aux pauvres et aux survenants. L'empereur Justinien prescrit déjà, avant saint Benoît, la plus grande vigilance à ce portier des moines et la clôture la plus exacte des monastères. Les hôtes ou étrangers séculiers étaient reçus charitablement par lui. Il les menait prier à l'église; il les traitait avec toute l'honnêteté et l'humanité possibles. L'abbé ou le prieur les faisait même manger avec lui dans la cuisine et à sa table séparée, et en leur considération, il pouvait augmenter les portions alimentaires des moines. Mais, au reste, personne ne parlait avec eux que le religieux chargé de les recevoir. Ils ne logeaient point dans le cloître, mais au dehors, près de la porte du monastère, dans l'appartement dit la *maison des hôtes*. D'ailleurs, il était défendu de laisser entrer des femmes, à moins, dit-on, qu'elles ne fussent vieilles ou illustres. C'était même une règle générale que les couvents de femmes ne pouvaient être établis à une distance moindre de deux lieues de ceux des hommes. Justinien, en 529, prescrit déjà, avec des dispositions pénales, l'isolement rigoureux des monastères de sexe différent. Tous ces règlements et usages sont observés par les bénédictins de nos jours à l'abbaye de la Trappe.

§ 3. Les moines étrangers étaient également reçus avec hospitalité dans les monastères de l'ordre de Cluny. On les logeait dans un dortoir séparé, et des frères bien instruits étaient désignés pour les recevoir et leur parler. Mais, dans les couvents de l'ordre de Citeaux, on ne recevait que les moines de l'ordre et nullement les moines noirs. Cette exclusion amena encore une controverse entre saint Bernard et Pierre-le-Vénérable. Elle fournit à ce dernier une nouvelle occasion de dire aux moines blancs, dans des lettres pleines d'onction et de pathétique, qu'ils manquaient à la charité et à l'humanité.

On gardait le moine étranger, tant qu'il voulait rester; on recevait même ses avis, et, si on était édifié de sa conduite, on le priait de demeurer dans le monastère. Mais, au reste, on ne le recevait définitivement que du consentement de son abbé ou supérieur.

§ 4. Les moines ne pouvaient pas sortir, sans permission, de l'enclos du monastère. S'ils étaient envoyés au dehors, ils ne voyageaient pas seuls et devaient rentrer au cloître avant la nuit, s'il était possible, sinon ne loger que dans d'autres couvents. S'ils étaient absolument forcés de prendre quelque repas hors de ceux-ci, il leur était défendu d'accepter ni vin ni viande. Il leur était aussi interdit de prendre aucun repas dehors, lorsqu'ils pouvaient rentrer avant le coucher du soleil. En route, on leur ordonnait de porter ostensiblement l'habit monastique, même à cheval; et ils devaient réciter, autant que possible, leur office aux heures accoutumées. Enfin, après être rentrés, il leur était défendu de rien dire de ce qu'ils avaient appris.

Les moines en voyage qui n'étaient pas porteurs d'une espèce de passeport, c'est-à-dire, d'une permission par écrit de leur abbé ou prieur, pouvaient être arrêtés, mis en prison, et reconduits, de monastère en monastère, dans le leur, pour y être punis, selon leur règle, comme vagabonds, apostats ou renégats. Les lois romaines du cinquième et du sixième siècles avaient d'abord puni les moines déserteurs de quelques peines pécuniaires et de l'enrôlement militaire, mais l'empereur Léon, en l'an 900 environ, ordonna leur réintégration dans le cloître.

§ 5. Les anciens chanoines vivaient aussi dans un cloître bien fermé et gardé par un portier, mais ils avaient la liberté de sortir de jour. Ils devaient seulement rentrer au son du couvre-feu, à six heures en été et à huit heures en hiver, pour chanter les complies et prendre le repas du soir. La porte du cloître était dès-lors exactement fermée.

Article VII. — *Vie commune.*

§ 1. La pratique de la vie commune est plus ancienne que le christianisme lui-même, puisque les disciples de Pythagore l'observaient déjà, mettant tous leurs biens en commun et vivant inséparablement en société, d'où ils ont été nommés *cénobites*. Les pythagoriciens observant aussi le silence, ainsi que l'obéissance absolue et l'abstinence de la viande, du vin et même du mariage, comme les moines chrétiens ont fait par la suite, il est à croire que ceux-ci n'ont fait qu'imiter les sectateurs de l'ancien philosophe. Ce dernier avait peut-être emprunté lui-même ce genre de vie des moines indiens qu'il avait fréquentés. On peut aussi présumer raisonnablement que, chez les Juifs, les thérapeutes dont parle Philon dans les premières années de l'ère chrétienne, et les esséniens dont parle l'historien Josephe, n'étaient que des espèces de pythagoriciens ou imitateurs des Indiens, car ils menaient une vie tout-à-fait cénobitique.

§ 2. La vie commune devint d'une obligation rigoureuse dans les monastères, et tandis que saint Benoît en fit un article de sa règle, Justinien à la même époque en fit un article de loi [182]. En conséquence, les moines habitaient en com-

---

[182] Dudum quidem scripsimus constitutionem volentem *in multitudine existentes monachos in commune degere, secundum quod vocatur cœnobiorum schema; et neque propria habere habitacula; neque substantias congregare; neque vitam habere sine testimonio; sed communiter quidem ipsos comedere; dormire*

mun dans le même cloître, couchaient tous dans un seul et même dortoir, usaient des mêmes aliments, prenaient ensemble leurs repas dans le réfectoire, déposaient leurs habits dans un vestiaire mis à la garde de l'abbé ou du chambrier, mais à l'usage de tous, etc...

Tous les meubles et même les moindres objets, tels qu'un livre, une tablette, un stylet à écrire, un couteau, etc., étaient aussi en commun; mais il y en avait un état ou mémoire entre les mains de l'abbé, pour qu'aucun ne vînt à se perdre.

Les religieux ne pouvaient point non plus avoir d'argent ou de pécule en propre, sous peine d'excommunication et de privation de sépulture commune, ainsi que de prières après la mort. L'abbé négligent sur ce point de discipline encourrait la peine de la déposition. Ce ne fut qu'en 1308 que l'abbé de Cluny alloua, par ses nouveaux statuts, une modique somme en propre aux fonctionnaires claustraux.

§ 3. Il est déjà dit, dans le concordat fait, en 1554, entre le prieur de Gigny et ses religieux, que depuis long-temps ceux-ci vivaient séparément. Deux siècles après, en 1756, ces moines répétaient que, depuis une époque immémoriale, ils vivaient en leur particulier, comme des prêtres séculiers. Cependant, Bernon leur avait recommandé avec instance, dans son testament, de continuer à vivre en commun dans le mépris de la propriété privée. Ainsi, on ne peut douter que la vie commune n'ait été pratiquée dans ce monastère. D'ailleurs, c'est à cause de ce genre de vie qu'on avait établi des officiers claustraux désignés sous les noms de chambrier, cellérier, pitancier, réfecturier, infirmier et ouvrier. On ignore l'époque précise à laquelle la vie commune a cessé d'y être en usage, mais on peut présumer avec raison que deux atteintes graves lui ont été portées dans le quatorzième

vero omnes in commune ; et honestam sectari vitam; etc. Novell. 133. præf. (ann. 539.)

et dans le quinzième siècle. La première résulta de l'allocation déjà mentionnée d'une certaine somme en propre, que l'abbé de Cluny permit, en 1308, en faveur des officiers claustraux de son ordre religieux. Et en effet, on voit qu'en 1336, l'aumônier de Gigny était déjà doté du prieuré de Maynal; qu'à la même époque, ou un peu plus tard, le chambrier fut doté de celui de Châtel-Chevreau. Il en résulta donc une séparation et un démembrement des revenus du monastère, et par suite l'inégalité fut introduite parmi les religieux. La seconde atteinte, plus grave encore, résulta de la mise en commende opérée en 1472, d'où séparation de la mense du prieur commendataire d'avec la mense capitulaire.

§ 4. Les anciens chanoines suivaient aussi la vie commune, du moins généralement, jusqu'au douzième et au treizième siècle. Mais ils conservaient leur patrimoine, avaient des revenus en propre, possédaient des biens meubles et immeubles, pouvaient en disposer et en recueillir par donation ou succession, étaient habiles à posséder des cures ou bénéfices à charge d'âmes, etc...

Article VIII. — *Aliments.* — *Boissons.* — *Réfectoire.* — *Jeûnes.*

§ 1. Dans le principe, et pendant bien des siècles, les moines bénédictins vécurent très sobrement et furent loin de mériter la réputation de gourmandise qu'on leur a faite par la suite.

Leurs *aliments* ne consistaient qu'en une livre [183] de pain

[183] On a beaucoup discuté sur la valeur de la *livre* de saint Benoît. Bien des gens ont pensé que c'était la livre de douze onces seule usitée en Italie, sa patrie. C'est aussi pour cela qu'aujourd'hui les bénédictins de la Trappe, qui observent rigoureusement la règle primitive, ne mangent que douze onces de pain par jour, avec un supplément s'il est jugé nécessaire. Cependant, d'autres auteurs très graves, tels que Mabillon, Calmet, Grappin, etc., jugent que saint Benoît a été l'inventeur et l'instituteur de la livre de seize onces, et que c'est

par jour, des herbes cuites, quelques fruits, et surtout des fèves ou autres légumes préparés principalement en purée ou bouillie. On ajoutait de la graisse à ces herbes et légumes, ou bien on les faisait cuire avec du lard qu'on y exprimait ensuite. On retranchait cette graisse tous les vendredis de l'année, et tous les jours pendant la dernière semaine de l'Avent, comme aussi depuis la Septuagésime jusqu'à Pâques. La viande des quadrupèdes n'était permise qu'en cas de maladie, et celle des volailles, pendant quatre jours seulement, aux fêtes de Noël et de Pâques. Le poisson était réservé pour le dimanche et le jeudi [184]. Les œufs et le fromage accordés par la suite étaient retranchés pendant le carême depuis la Quinquagésime. Enfin, le vendredi saint, on ne mangeait que du pain et des herbes crues.

Au reste, l'abbé ou le prieur, obligé de manger avec les moines et de vivre à la table commune, pouvait augmenter la portion d'aliments, en cas de travail extraordinaire. Il n'était pas permis de rien manger hors des repas réguliers, ni après complies, quelque besoin qu'on éprouvât. On pouvait seulement boire de l'eau, même en carême.

de celle-ci qu'il est question dans sa règle. L'argument le plus grave en faveur de cette opinion, se tire de ce que Pierre Damien, auteur mort en 1072, a dit que cette livre pesait neuf œufs de poule. En effet, le poids moyen d'un œuf ordinaire étant d'une once et trois quarts, les neuf pèsent presque seize onces, tandis que pour n'équivaloir qu'à douze onces, l'œuf ne devrait peser moyennement qu'une once et tiers, ce qui n'est pas. D'ailleurs, une livre de pain de seize onces était déjà bien peu suffisante pour alimenter, même en Italie, une personne livrée aux travaux pénibles de l'agriculture. Les ouvriers en France qui n'usent d'aucun autre aliment mangent jusqu'à trois, quatre et même cinq livres de pain.

(184) La rivière de Suran, dont la pêche appartenait à l'abbaye de Gigny, fournissait aux religieux le poisson nécessaire. Ils avaient en outre les trois étangs près de Graye, établis probablement par eux après l'échange de 1294, et encore l'étang de Monnetay, construit plus tard et appelé *Novelletan* pour ce motif; plus les étangs du Villars et celui de Véria, donné en 1258 par Humbert de Buenc.

§ 2. L'eau était la *boisson* ordinaire des moines ; cependant saint Benoît leur avait accordé la permission de boire du vin, à la quantité d'une hémine [185] par jour, même davantage en raison du travail et de la chaleur, tout en approuvant et en louant ceux qui pouvaient s'en passer. On permit ensuite la double quantité de bière, dans les pays où le vin n'était pas usité. D'ailleurs, il était expressément défendu de boire de l'hypocras ou vin épicé mêlé de miel.

§ 3. Les bénédictins prenaient leurs *repas* dans un *réfectoire* commun, et le soin de ces repas occupait trois officiers claustraux, le réfecturier, le cellérier et le pitancier, outre que chaque moine faisait la cuisine à son tour pendant une semaine. On voit que ces officiers existaient dans le prieuré de Gigny dès le treizième et le quatorzième siècle, et leur existence prouve, comme on l'a dit, que la vie commune du cloître et du réfectoire y était autrefois pratiquée, nonobstant l'assertion contraire des derniers religieux réguliers.

Dans les couvents, on ne faisait que deux repas ; on dînait à midi et on soupait le soir, constamment de jour. Depuis le 13 septembre jusqu'au carême, on *jeûnait* et on ne mangeait qu'à trois heures, ainsi que tous les mercredis et vendredis de l'année. Pendant le carême on jeûnait aussi et on ne prenait qu'un repas qui avait lieu le soir.

Durant tous les repas, on faisait des lectures pieuses, et chaque semaine, on choisissait pour lecteur le moine le plus apte.

C. 23.

§ 4. La règle hygiénique que saint Benoît avait donnée à ses moines était dure à observer. Elle l'était peut-être trop pour la nature humaine, quoiqu'elle soit à peu près suivie aujourd'hui, sans inconvénients et même avec avantage pour

---

[185] L'hémine de vin est évaluée à trois verrées par quelques auteurs, à neuf onces par d'autres, à douze onces par Lancelot, à dix-huit onces par Mabillon. Selon cette dernière appréciation, l'hémine équivaudrait aux deux tiers d'un litre.

la santé, aux monastères de la Trappe. Sa pratique devait surtout être pénible pour les nobles religieux de Gigny, qui avaient été élevés avec sensualité dans les châteaux de leurs pères. Aussi les bénédictins n'ont-ils pas toujours observé exactement cette règle, et des réformes sont-elles devenues successivement nécessaires. On voit par des lettres de saint Bernard et de Pierre-le-Vénérable, que, déjà dans le douzième siècle, la discipline s'était beaucoup relâchée. On fut donc obligé d'en venir à des modifications indulgentes.

Au milieu du treizième siècle, l'abbé de l'Isle-Barbe, visiteur député par le chapitre des abbés de la province de Lyon, introduisit dans son abbaye l'usage de manger de la viande les dimanche, mardi et jeudi de chaque semaine. À la même époque, ce régime pénétra aussi dans l'abbaye de Flavigny, pour deux jours hebdomadaires seulement. Ce fut encore dans le même temps que les moines de Tournus, n'ayant pour pitance qu'une portion de fromage et trois œufs par jour, l'abbé reconnut l'insuffisance de cette alimentation et leur accorda un supplément. En conséquence, ils obtinrent dès-lors un potage, un quarteron ou quartier de fromage, et cinq œufs ou leur équivalent en poisson pour le diner, plus trois œufs ou leur équivalent pour le souper. Quelques années plus tard, cet abbé introduisit aussi l'usage de la viande dans son monastère, à l'imitation de l'abbé de l'Isle-Barbe, de sorte que les religieux de Tournus eurent, jusqu'à leur sécularisation, en 1623, une ration de viande les dimanche, mardi et jeudi, tandis que, les quatre autres jours, ils eurent comme précédemment le potage, les œufs et le fromage.

Ainsi donc, c'est au milieu du treizième siècle que les moines bénédictins commencèrent à manger de la viande. À la fin de ce même siècle, en 1280, l'abbé de Cluny introduisit dans son ordre l'usage de boire du *vin pur* dans les fêtes solennelles des saints abbés de Cluny et de sainte Marie-

Magdeleine, comme aussi lors des funérailles d'un moine. Nous verrons bientôt aussi une donation faite pour un anniversaire, en 1339, à notre prieuré de Château-sur-Salins, à la condition que, le jour de cet anniversaire, le prieur donnerait à ses moines une pitance extraordinaire et surtout du *bon vin*. Enfin, un demi-siècle plus tard, un autre abbé de Cluny permit aux religieux d'en boire tous les jours de la semaine, excepté le vendredi. Cependant, quelques moines scrupuleux se soumettant avec peine à ces infractions nombreuses de la règle, on obtint, en 1414, une bulle du pape Jean XXIII, qui soulagea les consciences, en déclarant qu'il était licite à tous les moines de l'ordre de Cluny, d'user de viande, de potages gras et d'œufs.

§ 5. Les chanoines réguliers prenaient aussi, comme les moines, deux repas dans un réfectoire commun; mais ils vivaient mieux. Ils mangeaient de la viande tous les jours de l'année, à l'exception du mercredi et du vendredi et à l'exception encore des deux carêmes et des autres jours de jeûne. Ils buvaient suffisamment de vin ou de bière; ils usaient d'œufs, de fromage, de harengs ou de poissons, en tout temps, etc.

Art. IX. — *Lits.* — *Dortoir.*

Il n'y avait pas plus de sensualité dans les lits des moines que dans leurs aliments. Ces lits, placés dans un dortoir commun, nullement divisé en cellules distinctes, ne consistaient qu'en une paillasse piquée, un drap de serge, un chevet et une couverture unicolore, sans rideaux. Ceux des trappistes de nos jours sont peut-être encore plus durs, et ne consistent, pour ainsi dire, qu'en une table ou une planche. Chaque moine avait son lit où il couchait tout habillé, avec sa ceinture de cuir ou de corde, afin d'être toujours prêt à se lever pour aller à l'office de matines;

mais il se couchait sans couteau, de peur de se blesser en dormant. Les anciens moines, et même l'abbé, couchaient également dans le dortoir commun, avec les jeunes religieux. On y observait le plus grand silence et on se surveillait réciproquement. Une lampe y éclairait toute la nuit, pour faciliter cette surveillance, et Pierre-le-Vénérable s'écriait, dans sa pieuse sollicitude, qu'il fallait plutôt aller chercher la lampe de l'église que de laisser le dortoir sans lumière. Les chanoines réguliers couchaient également dans un dortoir commun, où régnait aussi le plus grand silence.

Art. X. — *Bains.* — *Saignées.*

La privation de chemises et de draps de lits en toile, ou de linge proprement dit, nécessitait des soins de propreté dans les monastères. C'est sans doute pour cette raison que les cénobites prenaient régulièrement des *bains*, notamment avant Noël et avant Pâques. Ils se *lavaient* aussi *les pieds* les uns aux autres, surtout en carême, en chantant des antiennes. Ce dernier usage continue de nos jours à la Trappe chaque samedi ; mais celui des grands bains réguliers n'y est point pratiqué, et cependant, dit-on, les trappistes ne sont pas plus affectés de maladies cutanées que les personnes qui portent du linge.

Quant aux *saignées* ou *minutions* qu'on pratiquait tous les mois, elles avaient sans doute pour but de calmer, réprimer et prévenir les désirs vénériens. Elles y coopéraient avec le jeûne, l'abstinence, le travail, les privations de toute espèce et les nombreuses pratiques de mortification. Elles étaient usitées aussi dans les abbayes de chanoines réguliers, car on voit que les abbés de celle de Saint-Étienne de Dijon, lors de leur installation, promettaient par serment, dans le quatorzième siècle, en faveur des chanoines, de satisfaire à leur droit de saignées (*flebotomiis*), comme à celui de vêtements, à celui de pitance, etc. Ces saignées étaient un des services réclamés du chirurgien prébendé du monastère, lequel existait à Gigny comme ailleurs.

Art. XI. — *Maladies.*

Dans les établissements religieux il y avait une chambre particulière, nommée *infirmerie*, pour les malades. L'un des frères, désigné sous le nom d'*infirmier*, en avait un soin spécial, et leur fournissait le bouillon, la viande, le vin et le pain convenables, tandisque le médecin ou chirurgien du couvent leur donnait les secours de son art. Au reste, la régularité du régime de vie, l'abstinence du vin et de la viande, la sobriété et un travail modéré rendaient les maladies rares chez les moines. Il en est de même de nos jours à la Trappe, où, très rarement malades, ils atteignent une grande longévité. Ils y ont même été jusqu'à présent inaccessibles aux épidémies graves qui ont dépeuplé le voisinage de leur cloître, notamment au choléra [186].

Les moines malades et convalescents portaient un bâton à la main, comme indice de leur état.

Quelques cénobites, selon saint Bernard, simulaient des maladies pour entrer à l'infirmerie, dans le seul but d'y manger de la viande, d'y boire du vin, et de satisfaire ainsi leur gourmandise.

Art. XII. — *Travail.*

§ 1. Saint Benoît a été loué avec raison, pour avoir

---

[186] En l'année 1817, de funeste mémoire pour la Franche-Comté, la Bresse et le Bugey, il n'y eut point de maladies régnantes et très peu de maladies sporadiques. La sobriété, résultat forcé d'une famine inouie, en fut certainement la cause principale. Le peuple ne se soutint, pendant sept ou huit mois, que de quelques aliments farineux insuffisants, et de substances herbacées, sans user de viande ni de vin.

prescrit le travail aux moines de l'occident et ne les avoir pas livrés à la vie contemplative et ascétique de ceux de l'orient. Ce saint législateur dit même qu'ils ne sont véritablement moines que quand ils vivent du travail de leurs mains. C'est à ce précepte salutaire, propre à prévenir les suites du désœuvrement, généralisé dix ans plus tard par Justinien, et pratiqué de nos jours par les trappistes, qu'on a dû le défrichement des bois, l'assainissement des marais, le peuplement des déserts, le perfectionnement de l'agriculture, la conservation des livres grecs et latins, et par suite la civilisation des peuples sauvages.

Les moines, selon la règle, devaient travailler, de leurs propres mains, durant sept heures par jour, réparties ainsi qu'il suit : en été, c'est-à-dire depuis Pâques au 1.er octobre, ils commençaient à travailler à six heures du matin; rentraient au monastère à dix; vaquaient à la lecture pendant deux heures, dînaient à midi, se reposaient ensuite sur leurs lits, en gardant le silence ou en faisant encore une lecture; récitaient l'office de none par avance, à une heure après midi; puis retournaient au travail des champs jusqu'au soir. Ceux qui travaillaient trop loin pour se rendre à l'oratoire aux heures marquées, se mettaient à genoux et récitaient leurs prières dans les lieux où ils se trouvaient. En hiver, c'est-à-dire depuis le 1.er octobre à Pâques, les sept heures de travail étaient occupées sans interruption. En toute saison, on chantait des psaumes en allant et en revenant, même en travaillant.

L'abbé n'était pas plus exempt du travail que les moines, et il imposait à chacun son genre d'occupation, au lieu de le laisser choisir. Ceux même qui savaient des métiers ne pouvaient les exercer qu'avec sa permission. Un doyen était établi pour surveiller le travail de dix moines. Les ouvrages les plus faciles étaient donnés de préférence aux plus faibles ou plus délicats. Le travail était plus modéré les jours de jeûne, et en carême il finissait à trois heures. Si on vendait quelque ouvrage provenant du travail des mains, on le donnait à meilleur marché que ne le donnaient les artisans séculiers, sans rien retenir en fraude du monastère.

§ 2. Les moines bénédictins qui, dans le principe, n'étaient pas prêtres, mais simples manouvriers laïcs, étaient surtout occupés aux travaux de l'agriculture et de l'économie rurale, au défrichement des bois et des terrains vagues, ainsi qu'au jardinage, à la boulangerie, à la cuisine et autres emplois de l'économie domestique du cloître. Dans le huitième siècle, ils continuaient à se livrer aux mêmes occupations, comme on le voit dans les écrits du vénérable Bède et de saint Boniface ; mais, un siècle plus tard, le travail des mains tomba en désuétude ou cessa peu à peu. Les moines n'étaient plus admis dans les cloîtres qu'avec un certain degré d'instruction, et la plupart étaient prêtres ou liés aux ordres sacrés. On regarda donc le travail manuel comme dérogeant à l'instruction et au sacerdoce, d'autant mieux que les bois et les terrains vagues du voisinage des couvents étaient défrichés et plus ou moins peuplés. Aussi, dès le onzième siècle, on voit que les moines à Cluny n'exerçaient déjà plus de travaux manuels que dans l'intérieur de l'abbaye, comme ceux de cultiver le jardin, de pétrir le pain, d'écosser des fèves ou de faire les hosties ou le pain sacré.

Il n'est donc pas à croire que le travail manuel ait jamais été pratiqué, selon la règle de saint Benoît, dans l'abbaye de Gigny, puisqu'elle n'a été fondée que sur la fin du neuvième siècle. D'un autre côté, Bernon n'en parle point dans son testament, ne le recommande pas à ses disciples, et on ne peut guères présumer que les mains des nobles cénobites qui la peuplaient aient jamais tenu la charrue ou la houe. Si cependant la règle y a été quelquefois suivie en ce sens, il est probable que les religieux s'occupaient principalement de la culture de leurs belles *condamines*, dont l'une était tout-à-fait contiguë à leur cloître.

§ 3. Dans le douzième siècle, Pierre-le-Vénérable essaie de rétablir à Cluny, du moins en partie et autant que possible, comme il le dit, le travail des mains. A l'imitation de saint Ferréol, il conseille à ceux qui ne peuvent s'occuper des travaux des champs, de se livrer à ceux des arts mécaniques, comme du tonnelier, du tourneur, du tabletier, etc. Pour combattre davantage l'*oisiveté*, *ennemie de l'ame*, il leur recommande aussi les travaux de l'esprit, l'étude, la lecture, l'écriture, etc. C'est l'exécution de ce sage précepte qui a conservé les livres de l'antiquité, à travers les ténèbres du moyen âge, parce que la transcription des vieux manuscrits était une des occupations principales des moines bénédictins. Pour suppléer encore au travail des mains, on ajouta des psaumes à toutes les heures de l'office.

Quant aux chanoines, même réguliers, ils n'ont jamais été assujettis aux travaux manuels.

Art. XIII. — *Taciturnité.* — *Silence.*

Le silence était rigoureusement observé dans les anciens monastères de Bénédictins, tel qu'il l'est aujourd'hui dans ceux de la Trappe, et ce fut même l'une des pratiques qui s'y conservèrent le mieux. Elle avait pour but d'empêcher les calomnies, les médisances, les bouffonneries, les injures et les discours oiseux ou impertinents. Prescrite par saint Benoît, recommandée par Bernon, dans son testament, elle était toujours exactement suivie dans les onzième et douzième siècles.

Les moines ne parlaient aucunement en certains lieux, comme à la cuisine, au réfectoire, au dortoir, à l'infirmerie, à l'église et à la chambre des novices; ni en certains temps, comme de nuit, après Complies, pendant le carême et durant les octaves de Noël et de Pâques. En tous autres lieux et tous autres temps, ils ne pouvaient parler qu'à certaines heures, savoir, de six à neuf du matin, et de trois après midi au coucher du soleil. Lorsqu'ils étaient obligés de se faire comprendre, dans les circonstances où le silence était de rigueur, ils s'interrogeaient et se répondaient par signes comme les muets. Le silence n'était observé par les chanoines réguliers que depuis Complies au lendemain matin après Prime.

Art. XIV.—*Office divin.*—*Collations.*—*Messes.*—*Confession.*

§ 1. Les bénédictins passaient une grande partie de leur temps, occupés à la prière et à la psalmodie ; ce sont même eux qui ont réglé l'office divin tel que l'Église l'a adopté définitivement. Ils devaient réciter l'*Office de saint Benoît et le bréviaire* spécial *de l'ordre de Cluny* ; mais, dans quelques monastères et notamment dans celui de Gigny, ils suivaient le rit, le missel et le bréviaire romains. Il y avait, pour les fêtes, un office plus solennel qu'on appelait *office plénier.*

Depuis le 1.er novembre jusqu'à Pâques, les moines se levaient à deux heures du matin ou même à minuit, allaient à l'église, chantaient d'abord les *Nocturnes* ou *Matines*, puis les *Laudes* à la pointe du jour seulement. Dans l'intervalle de ces deux parties de l'office, on faisait des lectures de piété, on méditait, ou bien on apprenait par cœur des psaumes, et ce n'est que dans les derniers temps que ces deux offices nocturnes ont été réunis. En été, c'est-à-dire, depuis Pâques au 1.er novembre, l'office était moins long, à cause de la brièveté de la nuit. Bien plus, à Cluny et probablement aussi à Gigny, lors de la fête de saint Pierre au 29 juin, les matines commençaient et finissaient de jour, de sorte qu'on ne dormait pas.

A six heures du matin, qui étaient la première heure du jour équinoxial, on psalmodiait l'office de *Prime*, à neuf heures celui de *Tierce*, à midi celui de *Sexte*, à trois heures celui de *None*, au soleil couchant celui de *Vêpres*, et à l'entrée de la nuit celui de *Complies*, ou le complément de l'office.

Dans les derniers temps de l'abbaye de Baume, on y disait les matines à trois heures en été, et à quatre heures en hiver. Les moines de Gigny étaient plus paresseux. Ils déclarèrent, en 1760, que, depuis un temps immémorial, l'office des matines y était psalmodié à six heures et demie en toute saison, et celui de prime, tierce, sexte et none, immédiatement après, avec distribution de quatre sols à chaque religieux qui y assistait. L'office de vêpres et de complies qui avait lieu à trois heures et demie, était suivi d'une semblable distribution. Le produit des absences tournait au profit de la mense capitulaire, et non des moines présents.

§ 2. On chantait anciennement l'*office debout*, sans bâton pour s'appuyer, à moins d'infirmité ou de faiblesse. Mais, cet usage, toujours suivi à la Trappe, cessa de bonne heure d'être rigoureusement observé, car on lit qu'en 1062, on reprochait déjà aux moines de s'asseoir pendant l'office. On accorda donc, par indulgence, les *Stalles* qui se lèvent et s'abaissent à volonté. Leur appui, en cul de lampe, s'appelle *patience, indulgence, miséricorde*, parce qu'il n'a été permis que par compassion.

Le psautier devait être récité tout entier dans la semaine au moins. Mais, il est difficile de croire que, du temps de Bernon, on récitât 138 psaumes en 24 heures, comme il est dit dans une légende contemporaine. Ce qui est certain, c'est que l'office des moines était beaucoup plus long que celui des ecclésiastiques de nos jours.

§ 3. En certains temps, dans les monastères, on faisait avant complies des conférences spirituelles qu'on appelait *collations*, lesquelles avaient surtout lieu en temps de jeûnes, depuis le commencement de l'Avent, jusqu'au jeudi saint

Le dernier moine reçu y faisait des lectures tirées de l'histoire sainte ou des livres de morale religieuse. Après ces conférences, on permit d'abord de boire de l'eau, puis du vin, puis le meilleur de la cave; on permit encore de manger des fruits et des gâteaux; enfin, elles dégénérèrent en abus, ce qui les fit supprimer en quelques lieux, notamment en l'abbaye d'Auxerre, dans le milieu du seizième siècle. C'est de là qu'on a donné le nom de *collation* au léger repas du soir que prennent ceux qui jeûnent.

§ 4. Il y en a qui présument que les moines n'entendaient la *messe* que le dimanche. Cependant la règle prescrivait une messe matutinale quotidienne dans les monastères, avant d'aller au travail, c'était la *messe conventuelle*. Une seconde fut spécialement instituée dans l'ordre de Cluny, c'était la *Messe de Notre-Dame*. Or, ces deux messes sont déjà mentionnées en usage du temps de Bernon, dans une de nos anciennes légendes. On les célébrait toutes les deux à Gigny, chaque jour, l'une basse, à sept heures, après l'office de matines et prime; la seconde, dite *grand'messe*, à dix heures, après l'office de tierce. Selon le règlement de 1266, on aurait même dû y célébrer trois grand'messes à notes, mais ce règlement était tombé en désuétude depuis long-temps. Les religieux qui assistaient à la grand'messe de dix heures recevaient chacun quatre sols de distribution, comme pour l'assistance à matines et à vêpres. Outre ces deux messes, il devait s'en célébrer beaucoup d'autres à Gigny, par suite de fondations faites en différents temps, et dont il a été parlé au paragraphe 7 du chapitre XLVI ci-devant. Leur nombre s'élevait à 125 par an, et on peut lire ce qui en a été dit. On ajoutera seulement ici, qu'avant la sécularisation, on célébrait encore à l'église prieurale: 1.º une messe basse à l'autel du rosaire, le lundi de chaque mois; 2.º une grand'messe, à la chapelle de saint Taurin, pour le repos du prieur Chatard, fondateur, le lundi après l'octave de la Toussaint, laquelle était précédée, la veille, des vêpres des morts, et le jour, des psaumes pénitentiaux, et était suivie de l'absoute des morts ; 3.° d'autres messes en l'honneur de saint Taurin et de sa confrérie, desquelles nous parlerons ailleurs ; 4.° les moines faisaient une procession autour de l'église, en chantant les litanies de la Vierge et un *De profundis*, le premier dimanche de chaque mois, et lors des fêtes principales de l'année et de celles de la Vierge.

Quant aux fêtes chomées particulièrement dans les monastères bénédictins, voici celles qui sont indiquées dans le bréviaire monastique de l'ordre de Cluny, publié en 1686 ; 1.° celles de saint Benoît au 21 mars et 11 juillet, sous le rit solennel majeur ; 2.° celles de saint Hugues au 29 avril, et de saint Pierre et saint Paul au 29 juin, sous le rit solennel mineur ; 3.° celles de saint Maur au 15 janvier, de saint Paul au 25 du même mois, de saint Mathias au 24 février, de saint Mayeul au 11 mai, et de saint Odon au 18 novembre, comme fêtes majeures ; 4.° enfin, celles de saint Odilon au 2 janvier, de sainte Scholastique, sœur de saint Benoît, 10 février, et de saint Bernard au 20 août, comme fêtes mineures.

On a parlé, au chapitre LII précédent, de l'office divin auquel étaient tenus les chanoines de Gigny, après la sécularisation. On rappellera ici que la messe canoniale y était chantée tous les jours à dix heures et les vêpres à trois, par deux chantres laïcs, qu'accompagnait la musique des orgues, conduite par un organiste gagé, comme les chantres, pour louer Dieu.

§ 5. Dans les premiers temps, les moines et les chanoines réguliers devaient se *confesser* tous les samedis à leur abbé ou prieur. Mais, par la suite, un moine ordonné prêtre fut délégué à cet effet, dans chaque couvent, et on lit que, sur la fin du onzième siècle, saint Uldaric avait cet emploi à Cluny. Le même usage était encore suivi, en 1500, à Saint-Étienne de Dijon ; mais nous n'avons rien constaté à son égard dans le monastère de Gigny. Chez les trappistes de nos jours, on tient chaque matin, après l'office de prime, le *chapitre des coulpes,* dans lequel chacun s'accuse devant ses frères des fautes qu'il a commises dans la journée, ou des mauvaises pensées qui ont occupé son esprit. Si l'un d'eux oublie même de s'accuser de quelque faute qu'un de ses frères connaisse, celui-ci la proclame à haute voix, et le fautif l'en remercie et prie pour son accusateur.

§ 6. Les anciens chanoines récitaient le même office que les anciens moines et aux mêmes heures, c'est-à-dire les nocturnes à deux heures du matin, ou même à minuit, encore au commencement du seizième siècle. Mais plus tard, on fixa l'heure de cet office à cinq ou six heures. On a vu les statuts de ceux de Gigny après la sécularisation.

ART. XV. — *Récréations.* — *Divertissements.*

La vie des moines était, comme on a vu, toute consacrée à la prière et au travail. Toute récréation, tout amusement leur était sévèrement interdit. Ils ne pouvaient avoir ni chevaux, ni chiens, ni faucons, ni armes pour la chasse. L'empereur Justinien, en 534, avait défendu, sous des peines graves, à tous les membres du clergé en général, les jeux et la fréquentation des spectacles, des hôtelleries, etc... Un millier d'années après, en 1519, un règlement capitulaire défendit aussi aux religieux de Baume, sous peine d'excommunication, de jouer aux dés, aux cartes et autres jeux de hasard que, vingt années auparavant, l'abbé de Saint-Étienne de Dijon avait également interdits à ses chanoines. Cependant, le prieur et les moines de Gigny jouissaient du droit féodal de la chasse, comme on a vu ; mais c'était sans doute par exception, en leur qualité de seigneurs du lieu.

Art. XVI. — *Rang.* — *Préséance.*

On gardait dans les monastères le rang de la réception, et les plus jeunes rendaient honneur aux anciens, les appelaient *nonnes*, se levaient devant eux, et demandaient leur bénédiction. L'ordre de préséance au chœur, au chapitre, aux processions, etc.., résultait donc de la date de la réception. Mais, lors de la sécularisation, on a vu les anciens moines de Gigny prendre rang et séance dans la nouvelle collégiale, selon la supériorité des offices claustraux dont ils étaient revêtus.

Art. XVII. — *Fautes.* — *Punitions.*

§ 1. La plus grande subordination et la meilleure discipline régnaient dans les monastères bénédictins, où les moindres fautes étaient punies. Des *circateurs* ou inspecteurs faisaient la ronde dans toute la maison, plusieurs fois par jour, afin de surveiller jusqu'aux plus petites négligences, et de les proclamer en chapitre.

§ 2. Si un moine commettait des *fautes légères*, les anciens l'admonestaient en secret jusqu'à deux fois. S'il ne se corrigeait pas, on le reprenait publiquement, on lui imposait de petites peines corporelles, comme de se tenir prosterné, appuyé sur les genoux ou sur les coudes, ou en d'autres postures pénibles. On finissait même par l'excommunier. La peine de *l'excommunication* monacale consistait dans la séparation plus ou moins complète de la communauté, comme d'être isolé des coreligieux à table, à l'église et même au travail, de ne parler à personne, de n'entonner ni psaumes ni antiennes, de ne point lire de leçons à l'office, de ne point aller à l'offrande, ni baiser l'évangile, ni recevoir la paix, etc... Mais, au reste, saint Benoît recommande à l'abbé de prendre un soin particulier de l'excommunié.

§ 3. Les *fautes grièves* ne pouvaient être punies que par l'abbé ou le chef du monastère. Elles étaient châtiées de peines corporelles plus ou moins sévères, notamment de jeûne ; de séquestration dans un lieu particulier pour y manger, coucher et travailler ; d'exposition à la porte de l'église, avec assistance d'une personne qui déclarait la cause de la pénitence à ceux qui s'en informaient ; de fustigation avec des verges en plein chapitre, ou même sur la place publique, si la faute avait été commise devant le peuple ; etc.. Cependant il était défendu de fouetter nus les moines, en présence de leurs frères.

Si le délinquant se révoltait contre la correction, les autres moines se jetaient sur lui, sans même attendre qu'ils en fussent requis, et ils le menaient dans la geôle du moyen âge, ou prison dépourvue de porte et de fenêtre, dans laquelle on descendait par une échelle ; quelquefois on le mettait aux fers. Enfin, si le moine coupable ne profitait point des corrections quelconques, même personnelles, on le chassait du monastère, de peur de mauvais exemple. Mais, s'il revenait en promettant de s'amender, on le recevait jusqu'à trois fois. La plupart de ces dispositions pénales se trouvent aussi consignées en 539 dans les lois de Justinien sur les moines. Au reste, il n'est pas probable que la prison du château de Gigny, dite le *Croton*, qui subsiste encore, ait jamais servi à la punition des religieux ; elle était plutôt destinée à celle des sujets de la terre qui avaient été condamnés par le juge de la châtellenie.

§ 4. L'abbé ou le prieur des moines et des chanoines réguliers avait toute juridiction sur la personne des religieux, en ce qui concernait leurs vie et mœurs, et même la punition des crimes par eux commis. Si néanmoins il était négligent de punir des prêtres desservants qui auraient commis quelques grands crimes, après que l'official de l'évêque l'en aurait sommé trois fois, ou ses officiers, il était loisible à ce fonctionnaire diocésain de faire et parfaire le procès à ces ecclésiastiques.

Pour donner une idée de la justice des moines dans leurs couvents, on ajoutera ici, quoique non pris à Gigny, trois exemples de leurs punitions : I.er en 1413, deux officiers claustraux délinquants furent condamnés à la suspension de leurs offices pendant deux ans; II.e en 1458, un religieux, convaincu d'incontinence, fut puni de six mois de prison et suspendu pendant un an de ses offices et bénéfices; III.e en 1490, un autre religieux, convaincu de vol, de sacrilége et de libertinage, fut condamné : 1.° à six mois de la prison du cloître, au pain et à l'eau, pour y pleurer ses péchés et y macérer sa chair; 2.° à un pèlerinage à Rome, à l'effet de se présenter en personne devant le Saint-Siége, pour en impétrer l'absolution de ses péchés, crimes et délits, et de l'excommunication qu'il avait encourue; 3.° à jeûner ensuite toute la vie, le vendredi, au pain et à l'eau, le tout sous peine d'expulsion de l'ordre et du couvent, sauf miséricorde en cas d'amendement. Ainsi jugé *indulgemment*, dit la sentence, en plein chapitre et devant tous les religieux.

Art. XVIII. — *Mort des moines.*

La mort des moines bénédictins était sainte et religieuse, comme leur vie. On leur faisait baiser, aux derniers moments, un crucifix de bois, pour témoigner qu'ils mouraient comme ils avaient vécu, dans la pauvreté. Après la mort, chaque moine venait coudre un point au suaire du défunt, pour s'imprimer dans l'esprit la pensée salutaire de la dernière heure. L'acte du décès était dressé et conservé dans les archives du monastère, sans qu'aucun officier civil extérieur eût à s'en occuper. L'inhumation était pratiquée dans l'église même, à Gigny, et une tombe armoriée avec inscription en indiquait la place. On célébrait au défunt une grand'messe pendant trois jours consécutifs, et chaque religieux-prêtre lui en disait trois basses. Sa succession mobilière, dans laquelle se trouvaient comprises les rentes et créances, était partagée entre tous les moines, après l'acquit préliminaire de toutes ses dettes. C'était ce qu'on appelait le *partage des dépouilles*.

C. 137.

ART. XIX. — *Priviléges.* — *Indépendance.*

§ 1. L'abbaye de Gigny était qualifiée *royale*, parce qu'elle avait été fondée et dotée par un prince. En conséquence, le roi, successeur de celui-ci, en avait le patronage et en nommait les dignitaires. Le chapitre qui succéda au monastère régulier reçut aussi, pour ce motif, la qualification de *chapitre noble royal et séculier*.

§ 2. Cette abbaye était encore *acéphale*, c'est-à-dire, qu'elle était indépendante de toute autre maison, même de celle de Cluny, depuis qu'en 1493 la Franche-Comté était devenue espagnole. Elle était en outre exempte de la juridiction de l'ordinaire, par une honorable exception aux lois romaines qui avaient placé les monastères sous l'autorité et la surveillance de l'évêque diocésain. Celui-ci ne pouvait donc pas visiter l'abbaye ou le prieuré de Gigny, l'inspecter, y exercer aucune fonction, y faire aucun règlement, y introduire aucune réforme, pas même y entrer contre la volonté du chef ou des religieux. Cet établissement était immédiatement soumis au Saint-Siége et sous sa protection, comme le disait déjà le pape de 928, dans une de nos chartes. C'est pourquoi le souverain pontife confirmait par ses bulles les nominations aux dignités qui y étaient d'abord faites par le roi. Aussi les monastères de cette espèce disaient-ils qu'ils n'étaient pas acéphales proprement dits, parce qu'ils avaient J.-C. pour chef, et, après lui, son représentant sur la terre. Ils choisis-

C. 43.

saient à volonté tel ou tel évêque catholique pour consacrer leurs églises et leurs abbés, ordonner leurs moines, distribuer les saintes huiles, nommer les prêtres aux cures de leur dépendance, etc... Les chefs de ces établissements avaient donc pleine puissance et entière juridiction sur tous leurs religieux.

Ces priviléges furent reconnus en faveur de tous les couvents de l'ordre de Cluny, par une multitude de bulles apostoliques, dans les onzième, douzième, treizième et quatorzième siècles, nonobstant l'opposition de plusieurs évêques de Mâcon. Un de ces prélats ayant même voulu entrer de force dans l'abbaye de Cluny, fut réprimandé par le synode tenu à Chalon-sur-Saône en 1063, et malgré ses excuses, il fut condamné à faire pénitence, au pain et à l'eau, pendant sept jours. Le prieuré de Gigny conserva ce privilége jusqu'en 1760, comme on a vu. Ce fut seulement pour obtenir leur sécularisation, que les derniers moines le cédèrent alors à l'évêque de Saint-Claude. D'ailleurs, le chef de cet établissement avait pleine juridiction sur les prieurés ruraux et même conventuels qui dépendaient de son monastère et qu'il devait visiter et inspecter sévèrement.

§ 3. Les comtes de Lyon se firent confirmer, par un arrêt du conseil d'état, en 1555, dans l'usage où ils étaient, de ne fléchir pendant la messe qu'un genou à l'élévation. Nous n'avons pas appris que les nobles religieux de Gigny aient jamais joui d'un semblable privilége par suite duquel l'orgueil de la naissance n'accordait qu'un demi-respect à la divinité.

§ 4. D'autres avantages étaient encore accordés à tous les moines en général, par les lois romaines. Ainsi, ils étaient exempts de toutes tutelles et curatelles; ils devenaient libres de droit, par leur profession monacale, s'ils étaient esclaves au travail; la prise d'habit religieux rompait les liens du mariage et amenait naturellement le divorce, un père ne pouvait ni sortir son enfant du monastère où il était entré, ni le deshériter ; etc...

Art. XX. — *Chapitres.*

§ 1. Il résulte de ce qui a été dit précédemment que le chef d'un monastère avait un pouvoir comme absolu sur la communauté religieuse. Néanmoins, ce pouvoir fut tempéré de bonne heure par l'établissement des *Chapitres.* On est même obligé, par cette raison, de reconnaître que l'institution monastique a offert dans le moyen âge la première forme du gouvernement électif et représentatif.

La règle de saint Benoît disposait déjà que l'abbé, élu par toute la communauté pour la gouverner, devait consulter les anciens religieux sur les petites affaires et tous les moines sur les questions importantes. Il demandait à chacun son avis, mais il prenait seul la décision. Une ancienne légende de notre recueil mentionne même positivement l'usage des chapitres du temps de notre Bernon. On voit ensuite que ces assemblées furent usitées à Cluny, dans les onzième et douzième siècles, mais seulement avec pouvoir consultatif. Ce ne fut que dans le treizième qu'elles furent constituées en corps délibérants, à la décision desquels les abbés devaient obtempérer. Dès-lors, ceux-ci, à l'exception des actes de pure administration, ne purent rien faire d'important, sans être autorisés par les chapitres; comme affranchir les esclaves, admettre de nouveaux moines, faire des statuts ou règlements, aliéner, transiger, etc... On peut voir dans le recueil de nos chartes différentes délibérations capitulaires, pour autoriser : 1.º en 1204, l'acensement du prieuré d'Ilay; 2.º en 1294, l'échange des seigneuries de Dommartin et de Varennes, contre celle de Graye; 3.º en 1424, l'union des cures de Champagna et de Cuiseaux à la nouvelle collégiale; 4.º en 1437, l'acensement perpétuel de la Grange du cellérier,

C 23.

C. 65. 96, 118, 120, 123 bis, 128, 147.

au Villars ; 5.° en 1482, la cession de plusieurs cures dépendantes du prieuré de Château-sur-Salins ; 6.° en 1546, une transaction sur procès ; 7.° en 1778, l'affranchissement des habitants de Graye. Cependant, les actes de 1204 et de 1291 ne parlent que d'un conseil (*de communi consilio in capitulo, deliberato et habito inter nos communi et sano consilio*), ce qui indique peut-être encore un simple avis consultatif, et non une véritable délibération capitulaire.

C. 137. § 2. Les chapitres étaient convoqués au son de la cloche, composés à Gigny de tous les membres du monastère, tenus dans la chambre capitulaire et présidés par le prieur. Chaque religieux y prenait place et y donnait son avis, d'après son rang et la date de sa réception. Les délibérations étaient prises à la pluralité des voix, et, en cas de partage, celle du président était prépondérante. Les parents au quatrième degré sortaient du chapitre et ne votaient pas, quand il s'agissait d'admettre un de leurs parents au monastère. Enfin, tous les membres promettaient par serment de garder le secret sur tout ce qui se passait dans ces réunions. Au reste, on tenait à Gigny quatre chapitres généraux, chaque lundi des Quatre-Temps, dans lesquels deux moines étaient nommés pour faire les affaires de la communauté, à charge de rendre compte de leur gestion au chapitre suivant.

§ 3. **Outre les chapitres propres** à chaque monastère, il y avait tous les ans un chapitre général tenu à Cluny pour l'ordre entier. Avant l'incorporation du comté de Bourgogne à l'Espagne, le prieur de Gigny était obligé, sous des peines sévères, ainsi que les chefs des autres monastères de l'ordre, d'assister chaque année à ce chapitre général, à moins d'excuses graves, dont la légitimité était appréciée par l'assemblée. Les abbés ou prieurs d'Espagne, d'Italie, d'Allemagne et d'Angleterre n'étaient tenus de s'y rendre que tous les deux ans. On y délibérait sur les affaires de l'ordre entier, et l'abbé de Cluny était ainsi instruit des besoins et de la situation de tous les monastères dépendants de son immense abbaye. On y nommait aussi des *définiteurs* ou *provinciaux* qui, dans l'intervalle des chapitres généraux, visitaient les couvents de certaines provinces et rendaient compte de l'état où ils se trouvaient, au chapitre suivant. Un officier du prieuré de Gigny, le chambrier Marc de Montaigu, eut cette mission au commencement du dix-septième siècle, où il prenait le titre de vicaire-général de l'ordre de Cluny, dans les provinces de Bourgogne, Savoie, Lorraine et Allemagne. Les prieurs conventuels, comme celui de Gigny, qui n'étaient reçus à Cluny, en temps ordinaire, qu'avec un cortége de trois ou quatre chevaux au plus, devaient venir encore avec un moindre nombre, au chapitre général.

Art. XXI. — *Nombre des religieux.*

Saint Benoît avait fixé à douze le nombre des moines qui devaient composer chaque monastère, et Bernon s'était conformé à ce précepte, en conduisant à Cluny six de ses religieux de Gigny et six de ceux de Baume. Mais ce règlement est un de ceux qui ont été le plus modifiés. En effet, on a compté par la suite les moines par centaines dans l'abbaye de Cluny, où il s'en trouvait encore cent au commencement du dix-septième siècle, et trente en 1789.

Quant à Gigny, leur nombre était de dix, y compris l'abbé, en 928, et de vingt-un en 981. Plus tard, mais bien avant le treizième siècle, il fut fixé à 32, comme dans le chapitre des comtes de Lyon. En 1266, un règlement le réduisit à 25, y compris dix officiers claustraux ; et un autre statut du déclin du seizième siècle, postérieur à 1566, le descendit encore à 20, dont huit officiers seulement. Cette dernière fixation a duré jusqu'à la sécularisation, mais toutes les places ont été rarement occupées. Ainsi, nous n'avons trouvé que

C. 1 31.

C. 148.

vingt religieux en 1424, onze en 1452, dix-huit en 1482, dix-sept en 1499, seize en 1527, vingt-un en 1546, vingt-cinq en 1554 et 1556, dix-sept en 1577 et 1582, dix-huit en 1612, treize en 1620, trois ou quatre de 1637 à 1648, dix en 1664, treize en 1704 et 1735, et cinq en 1756.

CHAPITRE LVI.

Officiers claustraux du prieuré de Gigny.

Les monastères bénédictins avaient, comme on a dit, la vraie forme d'un gouvernement. On y trouvait, pour le régir, non-seulement un chef qui était l'abbé ou le prieur, mais encore des ministres qui étaient les officiers claustraux.

D'après la règle de saint Benoît, outre *l'abbé*, les officiers claustraux étaient : 1.° le *portier*, qui surveillait l'entrée et la sortie du cloître ; 2.° l'*hôtelier* ou *hospitalier*, qui avait soin des étrangers, des visiteurs ; 3.° le *prévot* ou préposé aux affaires temporelles ; 4.° les *doyens* ou chefs de dix moines au travail ; 5.° le *cellérier*, chargé des provisions de bouche et de ce qui concernait les repas ; 6.° enfin l'*infirmier*, ayant le soin des malades.

Cette organisation subsista pendant long-temps ; mais, dès le onzième et surtout le douzième siècle, elle fut modifiée dans la plupart des monastères, et notamment dans l'ordre de Cluny. On supprima quelques-uns des offices de saint Benoît, et on en créa plusieurs autres.

C. 131.

On voit déjà qu'à Gigny, dans le treizième siècle, et peut-être ensuite du règlement de 1266 qui réduisit à 25 le nombre des religieux, il y avait dix officiers, non compris le *prieur cloîtrier*. C'étaient le *chambrier*, l'*aumônier*, le *sacristain*, l'*ouvrier*, l'*infirmier*, le *doyen*, le *chantre*, le *réfecturier*, le *pitancier* et le *cellérier*. Les cinq premiers de ces onze dignitaires étaient qualifiés de *grands*, parce qu'ils faisaient partie d'un insigne monastère, d'un *grand-prieuré*. Ainsi, on disait jusques dans les derniers temps, le grand-prieur cloitrier, le grand-chambrier, le grand-aumônier, le grand-trésorier ou sacristain et le grand-ouvrier. Postérieurement, dans le seizième siècle, le nombre des officiers claustraux fut réduit à huit, par la suppression du pitancier et du cellérier. Il y avait un ordre hiérarchique dans ces offices, et en conséquence les titulaires prenaient rang au chœur, aux assemblées capitulaires et aux processions ou autres cérémonies, selon leur supériorité. Ainsi, le grand-prieur avait la préséance, ensuite le chambrier, l'aumônier, le sacristain, l'infirmier, l'ouvrier, etc.

C. 144.

Dans quelques établissements, il y avait divers autres officiers claustraux, dont quelques-uns étaient pris parmi les frères lais ou couvers: le *maître des novices*, le *maître de la maladière*, le *maréchal* ou *sénéchal* de l'abbé, le *secrétaire* ou greffier, grammairien, le *séchal* ou majordome, l'*armerarier*, le *drapier*, le *cuisinier*, le *saucier*, le *barbier*, le *fontainier*, l'*horloger*, l'*organiste*, le *boulanger*, le *sartre* ou tailleur, etc.

Les officiers du cloître, dans le principe, étaient à la nomination de l'abbé et révocables à sa volonté; c'est pour cela qu'on les appelait aussi *obédienciers*. Mais, dès le quatorzième siècle environ, ils devinrent inamovibles et en titre perpétuel, à la nomination du pape ou des évêques, sur la présentation de l'abbé. Leurs fonctions étaient aussi primitivement gratuites, et c'est seulement en 1308 que l'abbé de Cluny, par ses statuts nouveaux, leur attribua un modique traitement.

C. 98.

En conséquence et à cette époque, ceux de Gigny furent assez bien dotés, surtout trois d'entre eux. Leurs revenus, qui, en 1760, furent évalués à 9008 fr., s'élevaient en 1788 à 18,627 fr., dont 7847 fr. en Franche-Comté, 5400 fr. en Bourgogne, et 5380 fr. en Bresse. Ils avaient presque tous des prés à Gigny, qui portent encore les noms de leurs offices.

Le parlement de Dijon décida, en 1593, que les officiers claustraux de l'abbaye de Saint-Étienne de cette ville avaient l'administration temporelle et spirituelle, pendant la vacance du siége abbatial, à l'exclusion des autres religieux.

Ar I. — *De l'abbé ou du prieur.*

C. 37.

§ 1. Saint Benoît et l'empereur Justinien statuèrent, à la même époque, que le chef d'un monastère devait être élu par tous les membres de la communauté, sans égard pour l'âge et en ne considérant que le mérite. Ce principe d'élection fut formellement reconnu, en 895, par le pape Formose, en faveur de l'abbaye qui venait d'être fondée à Gigny, et il y fut mis en pratique pendant près de deux siècles.

Pour parvenir à cette *élection*, les moines étaient tous convoqués en chapitre, et présidés par le prévôt ou le prieur cloitrier. On célébrait d'abord une messe du Saint-Esprit; on communiait; on promettait par serment d'élire en conscience le sujet le plus convenable; puis on essayait de nommer le dignitaire par acclamation. S'il n'y avait pas unanimité, on en venait à un scrutin secret, et les suffrages écrits étaient recueillis par le président qui proclamait celui qui avait obtenu la majorité des suffrages. On chantait ensuite un *Te Deum* en actions de grâces, on intrônisait l'élu sur la chaire abbatiale, on annonçait l'élection au clergé et au peuple, et il ne restait plus qu'à faire consacrer et ordonner le nouvel abbé par un évêque quelconque. Ce prélat recevait son serment de joyeux avénement, et lui remettait alors le *bâton pastoral*, autrement la *crosse abbatiale* [186], puis

---

[186] Les abbés et les abbesses, aussi bien que les évêques, avaient le droit de porter la crosse ou férule (*Baculus curæ pastoralis, pedum, camboia, cambaca, cambotta*). Mais, pour porter la mitre et l'anneau épiscopal, il fallait des

les moines renouvelaient leur vœu de stabilité dans le monastère, et promettaient obéissance à leur nouveau chef.

§ 2. L'abbaye de Gigny perdit, en 1076, ainsi qu'on a vu, le droit d'élire elle-même son supérieur, et saint Hugues, avec son astuce de serpent, comme disait Grégoire VII, le lui enleva. Il obtint de ce pontife, qu'à l'avenir, l'abbé de Cluny assisterait à l'élection de celui de Gigny, et que cette élection ne serait valable qu'autant qu'il l'aurait approuvée. Vingt ans plus tard, il réduisit même, comme on l'a déjà dit, la mère-abbaye en simple prieuré soumis à la fille. Dès-lors, le choix de nos prieurs devint encore plus subordonné. On ne put désormais élire qu'un religieux qui eût auparavant séjourné quelque temps à Cluny. L'élu dut être présenté à l'abbé suprême et confirmé par lui. Il n'entrait en fonctions qu'après lui avoir juré soumission entière, et avoir fait hommage entre ses mains. Cependant l'abbé de Cluny ne pouvait ensuite le destituer, ou le nommer à un autre monastère, que pour des motifs graves et de l'agrément du chapitre général.

C. 47.

C. 49.

§ 3. La confiscation du droit d'élection que Cluny avait faite au détriment de Gigny fut pratiquée aussi, avec le temps, au sien propre. Dès le commencement du quatorzième siècle, les papes d'Avignon firent nommer leurs parents et leurs créatures à l'abbaye de Cluny et dans les monastères de sa dépendance. On a vu ci-devant, au chapitre XXXIV, com-

concessions privilégiées, et alors ils étaient qualifiés *crossés et mitrés*. Ils ont porté de tout temps la crosse, comme marque de leur dignité, laquelle était figurée dans leurs sceaux et armoiries. On lit même, dans la bulle de sécularisation d'une abbaye en 1611, que le pape en conserve l'usage aux abbés séculiers futurs. Lorsqu'un abbé voulait donner sa démission, il remettait sa crosse à ses moines, qui comprenaient ainsi qu'ils devaient s'occuper de l'élection d'un nouveau chef. Dans certaines collégiales, comme à Arbois et à Saulieu, le chantre recevait aussi, à sa nomination, un *bâton cantoral* ou bâton de chœur. Quant aux prieurs et prieures, c'était un *bourdon* ou bâton de pèlerin qui était leur insigne et qu'on figurait dans leurs armoiries.

ment ces souverains pontifes usurpèrent peu à peu ce droit de nomination, moyennant finance, et établirent le monopole des bénéfices ecclésiastiques, sous les noms de *mandements de provision*, de *grâces expectatives*, de *bulles de réserve*, etc. L'élection ne devint donc ailleurs, comme à Gigny, qu'une formalité, qu'une momerie. En vain, le concile de Paris en 1398, et celui de Bâle en 1436, par leurs sages décrets; en vain, le roi Charles VII, par sa pragmatique-sanction, voulurent supprimer ce monopole et rétablir l'usage de l'élection; ils ne purent y parvenir, et les nominations continuèrent à être faites en faveur des plus beaux deniers, ou au profit des favoris des papes et des rois. Bien plus, ce scandale fut consommé et sanctionné par le concordat, stipulé en 1517, entre Léon X et François I.er. Dès-lors, et en conséquence de ce traité, les dignitaires quelconques du monastère de Gigny furent nommés d'abord par le roi de France ou d'Espagne, dans les six mois de la vacance des siéges; après quoi, les bulles de provision furent expédiées en cour de Rome, après avoir été proposées et résolues en consistoire ou assemblée des cardinaux présidée par le pape. C'est pourquoi on appelait *consistoriaux* ces bénéfices de nomination royale, autrefois électifs, auxquels le pape pourvoyait. Le prix de ces bulles était l'*annate* ou revenu de la première année du bénéfice. Quant au roi, il n'avait que la *régale* ou revenu pendant la vacance du siége, avec les droits de collation des bénéfices en dépendants. Cette régale lui appartenait dès le commencement du onzième siècle.

§ 4. Le chef d'un monastère une fois élu ou pourvu *prenait possession*. Cette formalité était observée et remplie, sauf quelques modifications, avant comme après le concordat de 1517, ainsi qu'on le voit par des chartes du quatorzième et du quinzième siècle.

A Gigny comme ailleurs, le nouveau titulaire revêtu de l'habit de chœur et de l'étole, et assisté d'un notaire et de deux témoins, se présentait à la porte d'entrée de l'église prieurale. Il y était reçu par le prieur cloîtrier, accompagné des autres religieux venus aussi en costume et processionnellement, avec la croix et les reliques, et au son des cloches. Là, il leur exhibait la bulle du pape, l'acte de sa fulmination par l'official de l'archevêque de Lyon, le brevet du roi de France ou d'Espagne, l'acte de consentement donné par l'abbé de Cluny, et autres pièces relatives à la nomination; puis il priait le prieur cloîtrier de le mettre en possession réelle et corporelle du monastère. Cet officier claustral, après avoir donné ou fait donner par le notaire lecture de toutes ces pièces, répondait, au nom de la communauté, qu'il y consentait, puisque cela plaisait au souverain pontife; mais qu'avant tout, il invitait le récipiendaire à prêter, comme ses prédécesseurs, le *serment* de joyeux avénement.

Celui-ci jurait alors de vive voix, sur les saints Évangiles, par mémoire, ou en lisant une formule écrite : d'administrer convenablement le prieuré; de maintenir et conserver son église, ses biens, droits, usages, libertés et priviléges; de ne rien aliéner, et même de recouvrer, autant que possible, ce qui aurait été usurpé; de n'agir que de l'agrément du chapitre, excepté dans les affaires de pure administration; de fournir aux religieux les pitances, vêtements et prébendes quelconques dues et accoutumées; de maintenir en possession les officiers et bénéficiers du prieuré, sans pouvoir les destituer, à moins de motifs graves; de n'admettre aucun religieux nouveau et de n'en point corriger, si ce n'est du consentement du chapitre; de n'en point présenter à l'admission, dont un parent jusqu'à la quatrième génération aurait fait quelqu'injure à l'un des membres de la communauté; etc.

Après la prestation de ce serment, le prieur cloîtrier donnait la croix à baiser au récipiendaire; puis, le prenant par la main, il l'introduisait dans l'église, lui offrait l'eau bénite, et le conduisait processionnellement jusqu'au maître-autel, au son des cloches et au chant du *Te Deum*. Après y avoir fait sa prière, le nouveau titulaire baisait l'autel au milieu et aux deux extrémités, était ensuite conduit aux stalles ou formes du chœur, sur le siége prieural décoré de tapis, coussin et dossier, et enfin dans la chambre capitulaire, au réfectoire, dans la maison prieurale, etc.

Toutes ces formalités étant remplies, le notaire, à la demande de toutes parties, en dressait un acte authentique dont il donnait lecture à haute voix.

Plan I.

On a déjà dit que le château était la maison prieurale à Gigny, et que le prieur payait probablement un droit de chape ou de bienvenue, lors de son installation.

§ 5. La cérémonie de prise de possession avait subi plusieurs modifications, selon les temps, selon qu'elle avait eu lieu sous le régime de l'élection ou de la nomination royale, comme encore suivant qu'il avait fallu installer un prieur régulier ou un prieur commendataire. Les bénéficiers de cette dernière espèce prenaient quelquefois possession par procureur spécial. On en a même vus ne point prendre cette peine par eux-mêmes, ni par fondés de pouvoir ; mais les religieux de l'établissement leur députer des mandataires, pour aller recevoir leur serment.

Au reste, non-seulement le prieur de Gigny prenait possession de sa dignité, mais encore chaque officier claustral de son office, et même chaque religieux de sa place monacale. Après la sécularisation, le haut-doyen du chapitre et les nobles chanoines se faisaient aussi installer et mettre en possession. Or, dans tous ces cas, les formalités variaient selon le genre de dignités ; mais il suffisait, comme on a vu au chapitre LIII, d'un ou deux membres quelconques de l'établissement religieux, pour l'installation des nouveaux titulaires. A la même époque et sous le même ordre de choses, les curés et les chapelains prenaient aussi possession de leurs bénéfices. Les notaires en dressaient des actes analogues, et la loi admettait la complainte ou action possessoire, en cas de nouvelleté ou de trouble de la possession.

§ 6. Le prieur de Gigny, ainsi que les titulaires des autres prieurés conventuels, était membre des *États* de Franche-Comté. Ils composaient avec l'archevêque, les abbés et les députés des chapitres, la chambre du clergé que l'archevêque présidait. Ils prenaient rang après les abbés et avant les députés de chapitres. D'ailleurs, ces états ne furent plus convoqués après la conquête de Louis XIV ; la répartition des impôts fut faite dès-lors par les bailliages et même par l'intendant de la province seul.

Art. II. — *Du Grand-prieur cloîtrier.*

Le *prieur cloîtrier* était le chef du monastère, après l'abbé ou le prieur conventuel. Il le remplaçait dans toutes ses fonctions, en cas d'absence, de démission ou de mort ; mais il ne pouvait point admettre un nouveau religieux, ni en chasser aucun du cloître, ni réintégrer un exclu, ni instituer ou déposer un officier claustral ou un prieur rural ; etc... Il gouvernait l'établissement lorsqu'il était tenu en commende, quoiqu'il ne fût pas toujours le vicaire-général du commendataire. Il avait alors la supériorité sur tous les membres du prieuré, le droit de présidence et de préséance en tout et partout. Il cumulait ordinairement à Gigny quelqu'autre office claustral, et n'y avait pour revenu spécial que 28 mesures de froment et 9 baraux de vin. Saint Benoît n'avait point établi de prieur cloîtrier par sa règle, mais on peut présumer que c'était l'*exarque* du monastère dont parle Justinien dans ses lois. On en trouve déjà dans l'abbaye de Saint-Claude, au commencement du neuvième siècle, et il en est question à Gigny dans le testament de Bernon, dès les premières années du dixième, comme encore à la date de 1176 Voici la liste de ceux qu'on a constatés à Gigny.

C. 42.

Jean de Guigat, en 1424.

Girard Nicolet, 1437.

Alexandre d'Ornans, vicaire-général, 1476.

Claude de Charnoz, pitancier, 1482, 1499, 1508.

François de Seyturier, 1525, 1527.

Louis de Tarlet, 1531.

Jean de Grandchamp, chantre, cellérier, 1530, 1543, 1554, 1557.

Jean de Saint-Germain, 1560.

Pierre de Poligny, ouvrier, 1561.

Gaspard de l'Aubépin, chantre, 1564.

Jacques de Guigat, doyen, 1570.

Blaise de Chissey, chantre, réfecturier, 1575—1584.

Guibert de Chavirey, chambrier, vicaire-général, 1599, 1601, 1603, 1612.

Marc de Montagu, chambrier, vicaire-général, 1612—1625.

Cl.-Ant. de Malivert, dit de *Vaugrigneuse*, 1664—1679.

Phil.-Éléon. de Belot de *Villette*, aumônier, 1680—1705.

Henri de Balay, sacristain, 1710, 1717, 1720.

Éléon.-Hyacinthe de Belot de *Larrians*, chambrier, 1727—1751.

Jean-François de Faletans, aumônier, 1752—1760.

Art. III. *Du Grand-chambrier.*

§ 1. Dans le sixième siècle, les rois de France avaient déjà un *chambrier* employé au lever et au coucher, au soin de la chambre, à leur service personnel, à la dépense de l'intérieur, etc. Sous les races royales suivantes, cet officier eut la garde des ornements royaux, des meubles, des vêtements, des joyaux, des chartes, etc. Il eut aussi la juridiction sur tous les officiers de la chambre, et par une suite sur les métiers qui y avaient rapport, comme tailleurs, tapissiers, merciers, etc. Enfin, cet office qui était tenu à ho nmage, comme un fief, se transforma en emploi de *grand-chambellan*. Certains évêques, quelques grands seigneurs, ont aussi eu des chambriers, des chambellans. De nos jours encore, on appelle en la cour de Rome, *camerlingue*, ou *chambrier du pape*, le cardinal qui préside à la chambre apostolique, administre la justice, fait battre monnaie, régit l'état de l'église et en a le gouvernement temporel pendant la vacance du siége.

§ 2. Saint Benoît avait établi dans les monastères un *prévôt* ou préposé pour les affaires temporelles, pour l'administration des biens. Il était nommé par l'abbé et avait la principale autorité après lui, tant au dedans qu'au dehors du cloître. On voit, par les chartes de notre recueil, qu'il y avait des prévôts dans l'abbaye de Gigny en 981 et 1076, lesquels remplaçaient probablement les *Apocrisiaires* des couvents, dont parlent les lois romaines. Mais, en général, dès le milieu du onzième siècle, ces officiers furent supprimés partout, comme ayant trop de puissance, abusant des revenus et faisant souffrir les moines. Or, il paraît qu'à cette même époque, on créa en remplacement l'office de chambrier. Nous voulons, disait alors saint Hugues, abbé de Cluny, que chacune de nos provinces ait un ou deux proviseurs auxquels nous donnons le titre de *chambriers*. En effet, on trouve déjà des chambriers à Cluny en 1070, 1084, 1095, 1109, etc.; à Lyon en 1073, etc.; à Besançon en 1083, etc.

Dans l'abbaye de Cluny et dans les autres monastères, le chambrier, autrement *camérier*, *chamarier*, *chambarier*, était le procureur des frères, comme disait Pierre-le-Vénérable, le gardien du vestiaire chargé d'acheter ce qui le concernait, le receveur de l'abbaye, l'administrateur gérant du temporel, de la culture, des troupeaux, des comestibles, etc. Il paraît même qu'en 1084, il faisait à Cluny les fonctions de réfecturier. Il y était aussi chargé des aumônes de l'entrée du carême ou du carnaval, accompagnées d'une distribution de lard ou autre viande. Mais, dans les derniers siècles, cet office s'était converti en véritable sinécure, du moins à Gigny, car on a vu que le chapitre se nommait dans son sein un procureur ou receveur spécial (voyez note 149.)

§ 3. Cependant cet office était assez richement doté, pour que le titulaire remplît au moins quelques-unes de ses fonctions. Le beau prieuré de Châtel-Chevreau lui avait été annexé dans le milieu du quatorzième siècle, et celui de la Magdeleine sous Cuiseaux, depuis un temps immémorial, comme disaient les religieux en 1760 ; c'est pourquoi le chambrier se qualifiait *prieur de Châtel et de la Magdeleine*. Un beau pré situé à Graye, produisant 30 à 40 voitures de foin et portant encore le nom de *chamballerie*, lui appartenait également, ainsi qu'une partie du bois de Collonozay, un vignoble à Gizia et lieux voisins, une grosse rente due par le seigneur de Sainte-Croix, etc., etc. Il occupait une maison particulière, sur la porte de laquelle on voit un écusson armorié, portant la date de 1726, année où elle fut reconstruite ou réparée par M. de Larrians. Dans le mur méridional se trouve aussi la pierre sculptée aux armes du chambrier Marc de Montagu, dont il a été parlé au chap. XXIII ci-devant. Un bel enclos dépendait de cette maison.

Les revenus de cet office furent évalués en 1788 (y compris à la vérité le beau prieuré de Donsurre qui n'en dépendait pas), à 10,425 fr., dont 3,000 fr. en Bresse, 5,400 fr. en Bourgogne, et 2,025 fr. en Franche-Comté. Ils se trouvèrent réduits à 3,290 fr. après la suppression des dîmes et des droits féodaux. On les appréciera mieux par le détail qui en fut donné en 1760, par les religieux eux-mêmes, avec la minime valeur de cette époque.

Maison et enclos à Gigny.

Valeur de 216 mesures d'avoine, de 24 mesures de fro-

ment, et de 25 pintes de vin, dues par le prieur.	106 fr.
Prés du chantre et de la *chamballerie*, loués . .	70
Revenu approximatif de 25 arpents de bois en Collonozay	100
Bâtiments, vignes, lods, échûtes de mainmorte, et cens en argent, blé, vin et huile à Gizia et lieux voisins, évalués approximativement à	240
Dîmes à Chevreau et Digna.	132
— à Gizia.	192
— à Cousance	160
— à Cuisia (J.)	350
— à Frontenaud.	412
— à Sainte-Croix	432
— à la Chapelle-Naude.	153
— à Dommartin.	400
— à Varennes-Saint-Sauveur.	500
— à Cuiseaux (la Magdeleine et Foissia) avec quelques cens et quelques vignes. . .	125
Rente due par le seigneur de Sainte-Croix. . .	200
Meix Villot à Rosay, loué avec le patronage de la cure	21
Droits de patronage des cures de Cousance, Frontenaud et Varennes.	7
Valeur approximative de la moitié des droits de sépultures, oblations, offertoires, etc., à Dommartin, non compris la cire et la poule dues pour relevaille de chaque femme accouchée. .	12
Total.	3612 f.

Un inventaire des titres de Gigny, fait en 1735, signale encore quelques titres du chambrier à l'Aubépin, Beaufort, Joudes, Louhans, Luxeul, Marcia, Maynal, Montaigu, Montrevel, Nantua, Souvans et Villers-Robert, probablement relatifs à quelques petites rentes.

§ 4. Les charges de cet office ne furent évaluées, en la même année 1760, qu'à la somme de 223 fr., savoir :

Décimes ou don gratuit	79 f.
Entretien des églises et sacristies du patronage. .	50
Messes à faire célébrer à Cuiseaux.	30
Rente due au prieur cloîtrier.	2
Rente due au sacristain.	2
Valeur du vestiaire dû à chaque religieux profès, à Pâques et à la Toussaint, à raison de 15 fr., ci, pour les quatre seuls religieux de l'époque .	60
Total. . . .	223

§ 5. En droits presque purement honorifiques, le chambrier avait la première place au chœur, au chapitre et aux cérémonies, après le prieur cloîtrier; il avait le patronage des cures de la Chapelle-Naude, Châtel, Cousance, Sainte-Croix, Cuisia (J.), Digna, Dommartin, Frontenaud, la Magdeleine, Rosay et Varennes-Saint-Sauveur; il s'intitulait *co-seigneur de Frontenaud*, à cause du fief de Chichevière, dont il a été parlé au chapitre XLVI, et pour lequel on lui rendit hommage en 1713; il avait un sceau particulier, déjà dans le quatorzième siècle, etc.

C. 140.
C. 106.

§ 6. S'ensuit la liste des titulaires parvenus à notre connaissance.

Henri de Vif, en 1386.

Guy de Lestzon, 1406.

Guy de Befrannot (p. c. Beaufremont), 1424.

N.... Lessot, 1431, 1443.

Jean de Grandchamp, vicaire-gén. 1452, 1482, 1488, 1494.

Antoine de Collaou, vicaire-général, 1497, 1498, 1499.

Guibert de Chavirey, vicaire-général, 1582, 1587, 1590, 1612.

Marc de Montagu, vicaire-général et vicaire de l'ordre de Cluny, 1612—1625.

Louis de Ronchaux, 1632.

Guillaume de Sappel, 1640—1648.

Claude-Louis de Chavirey, 1660—1677.

Jean-Baptiste de Chavirey, prieur de Châtel, 1678—1719 (co-adjuteur en 1676).

Jean-Thomas de Lallemand de *Lavigny*, 1720—1726 (co-adjuteur en 1705, 1715).

Éléon.-Hyac. de Belot de *Larrians*, vicaire-général, 1727—1751.

Éléon.-Alexandre de Belot de *Montbozon*, 1752—1788, (co-adjuteur dès 1741).

Art. IV. — *Du Grand-aumônier.*

§ 1. Il y avait déjà un *aumônier* en 1070, dans les monastères bénédictins ; c'était l'administrateur et le distributeur des aumônes. De l'aumônerie de Gigny dépendaient aussi la léproserie, l'hôpital et l'ermitage, vrais établissements de mendicité.

On a déjà parlé au chapitre XLII des aumônes qu'il était tenu de distribuer, et en général des charges de son office. On ajoutera ici : 1.° que, sans doute d'après un règlement postérieur au concordat de 1554 et antérieur à 1760, ces distributions avaient été fixées à 100 mesures de froment et à 240 mesures de menus grains, comme orge, fèves, maïs, etc., non compris les 20 mesures de froment dues pour les aumônes du pain bénit, le jeudi saint ; 2.° que l'aumônier était obligé autrefois, et encore en 1682, de loger et payer un chirurgien pour les pauvres, indépendamment de celui du monastère, dont le traitement était à la charge du prieur ; 3.° qu'en 1760 et en 1788, il n'était plus question de ce chirurgien, ni de l'hôpital, ni de l'ermite ; 4.° que toutes les charges de l'office furent évaluées à 491 fr. en 1760, ainsi qu'il suit :

Valeur de 100 mesures de froment à distribuer aux pauvres de Gigny et de la seigneurie. . . . . 120 f.
Valeur de 240 mesures de menus grains pour le même objet. 192
Entretien des chœurs et sacristies du patronage. 100
Don gratuit ou décimes. 75
Responsion due pour le prieuré de Maynal . . 4

      Total. 491

§ 2. Il n'était pas difficile de supporter ces charges avec les revenus attachés à l'office. Celui-ci fut doté, dès le commencement du quatorzième siècle, du beau prieuré de Maynal auquel était uni celui de Flacey. Or, l'aumônier de Gigny jouit jusqu'à la fin, non-seulement de ce prieuré, mais encore : des dîmes de Foissia en Bresse ; du grand pré du Vernois ou de l'*Aumônerie*, situé à Graye ; d'un petit situé à Gigny, dit la *Culée du Tison* ; des biens de l'hôpital et de l'ancienne léproserie, comme le bois de Ladrerie, la terre de la Malatière, etc. ; de 74 mesures de froment dues par le prieur du monastère ; enfin d'autres fonds, rentes et redevances en divers lieux. On lit aussi dans l'un des inventaires du noble chapitre, qu'en 1520, Pierre Gavain, un de nos aumôniers, acheta d'Aimé du Saix, seigneur d'Arnans, et d'Antoine du Saix, seigneur de Tramelay, une chevance qu'ils avaient en la seigneurie de Gigny, composée de tour, maison et verger, de plusieurs pièces de terres et de divers prés rapportant six chars de foin au *Brouilla*, quatre en pré *Bernard*, deux en *pré Tison*, deux en la *Culée Madame*, un et demi en *Dèle*, un en la *Culée du Pont*, et un demi en la *Charoupière*. Mais tous ces biens, à l'exception probable du pré du Tison ne sont pas restés attachés à l'office d'aumônier, ils paraissent plutôt avoir été unis à la mense capitulaire. Au reste on ignore maintenant où était l'emplacement de la tour, de la maison, et du verger de cette chevance.

L'aumônier jouissait, en outre, dans le monastère, d'une maison spéciale, avec son enclos. On remarque encore, sur un mur de la cour, une pierre portant la date de 1655, avec des armoiries sculptées qui ont été piquées en 1793. C'étaient probablement celles d'un membre de la maison de Thon-Rantechaux, aumônier de l'époque.

Plan X. G.

Tous les revenus de l'aumônerie furent évalués, en 1788, à 5014 fr. (y compris sans doute ceux du prieuré d'Oussia qui n'en dépendait pas), dont 2340 fr. en Bresse, et 2674 fr. en Franche-Comté. Ils se trouvèrent réduits à 2310 fr. après la suppression des dîmes et des droits féodaux. Le tableau suivant, avec la faible valeur de 1760, en donnera une plus juste idée.

Maison et enclos à Gigny.

Pré de l'*aumônerie*, loué	100 fr.
— de la culée du Tison.	16
Valeur de 56 mesures de froment dues par le prieur.	79
— de 12 autres dues pour le jeudi saint. .	15
— de 56 autres dues pour droit de *conroy* (187).	7
Cens, lods, etc., sur plusieurs maisons de Gigny.	6
Valeur approximative du bois de la Ladrerie. .	24
Dimes de Froissia en Bresse.	430
Prieuré de Maynal.	1630
Valeur des deux écus d'or pour patronage de Beaufort.	12
Valeur pour celui de Maynal.	15
— pour celui de Condal.	4
Total. . . .	2338

§ 3. En droits presque purement honorifiques, l'aumônier

---

(187) L'auteur de cette histoire n'a pu découvrir le sens de ce droit de *conroy*, pour lequel le prieur livrait aussi 26 mesures de froment au doyen. Le mot paraît cependant être le même que *corroy*, d'où *corroyeur*, et il aurait peut-être rapport à la chaussure des religieux.

avait la justice moyenne et basse à Maynal, ainsi que le droit d'en instituer les officiers. Il nommait, comme on a vu, aux cures de Beaufort, Condal, Flacey, Foissia et Maynal; il avait la préséance après le prieur cloîtrier et le chambrier.

§ 4. Voici les noms des aumôniers qu'on a reconnus :

Pierre JENTET, en 1336.

Pierre d'ORGELET, 1406.

Jean DAGAY, 1480, 1482, 1484, 1494.

Pierre GAVAIN, prieur de Saint-Morand et de Port, professeur en droit canon, principal du collége de Dole, 1520, 1531.

Pierre de POLIGNY, 1543.

Jean-Simon de GRANDMONT, vicaire-général, 1543, 1546, 1547.

Claude de LA TOUR SAINT-QUENTIN, 1555.

N... de CHASSAULT, 1565.

Guillaume de PLAYNE, 1582.

Claude de LA TOUR, mort en 1611.

Blaise de CHISSEY, 1612, 1617, 1620.

Guillaume de SAPPEL, 1645—1648.

Claude-Antoine DE MALIVERT, 1650.

Guillaume de THON-RANTECHAUX, 1647—1664.

Philippe-Éléonore de BELOT de *Villette*, 1680—1705.

Éléon.-Hyac. de BELOT de *Larrians*, 1705—1727, co-adj avant 1705.

Jean-François de FALETANS, 1727—1789.

ART. V. — *Du Grand-trésorier ou Sacristain.*

§ 1. Le *sacristain* ou *secretain* des abbayes avait principalement soin du *trésor*, c'est-à-dire des ornements, vases sacrés reliques, manteaux, tapis, livres et autres objets mobiliers de l'église. Il devait aussi entretenir l'horloge, les cord des cloches, le luminaire, les autels, les toits, etc., comme il a été déjà dit au chap. XLII. D'après une concession que le prieur conventuel lui avait faite en 1305, il était en outre chargé à Gigny des sépultures des grandes personnes de la paroisse. En conséquence, le vicaire lui remettait les corps pour les inhumer, même ceux des individus morts sans les secours spirituels. Il en a été parlé aux chap. XVII, XXI, et LII de cette histoire.

Cet office était fort ancien dans le prieuré. Les inventaires en citent des titres de 1269 et années suivantes, et on en trouvera deux de 1305 et 1310 dans le recueil de nos preuves.

La maison du sacristain touchait le cimetière des enfants, et son jardin l'église prieurale. Il avait la préséance après l'aumônier, peut-être même avant lui, et immédiatement après le chambrier.

Plan Y. 1.

§ 2. Les revenus du sacristain consistaient, sur la fin : 1.º dans les oblations et droits de sépulture partageables avec le vicaire, et dont il a été parlé au chap. XXI ci-devant; 2.º dans le quart de la *gerberie* ou des gerbes de passion à Gigny et Cropet; 3.º dans le sixième des dîmes quelconques de ces deux communes, et dans d'autres portions de celles de la Balme-d'Épy, la Boissière, Épy, Étrée, Florentia, Lanéria, Marboz, Marie, hameau de Cuiscaux, et Champagna, Poisoux, les Ribiers, Senaud et Tarcia, lesquelles dîmes s'élevaient à peu près en tout à 2500 francs; 4.º dans un pré à Gigny, appelé *pré du sacristain*, ou pré *Manet*, et dans un autre pré à Charnay; 5.º dans des vignes à Champagna, Cuiscaux et Saint-Jean-des-Treux; 6.º dans des cens dus à Gigny, Cropet, Montrevel, Louvenne, Marie, Véria, etc.

Voici le détail et l'évaluation de tous ces revenus donnés en 1760 par les religieux :

Pré du *sacristain*, à Gigny.	20 fr.
Cens à Gigny, pré à Charnay et vigne à Saint-Jean-des-Treux.	170
Droits casuels de sépultures, etc., à Gigny, environ.	40
Redevance du chambrier, pour le jeudi saint.	17
Dîmes à Gigny et Cropet, et gerbes de passion.	170
Dîmes à Champagna, vignes à Cuiseaux et cens à Marie.	144
Dîmes à la Boissière et aux Mourets.	153
— à Marboz et Étrée.	409
— à la Balme-d'Epy	200
— à Epy, Tarcia, Lanéria, Senaud, et aux Ribiers.	500
— à Poisoux	206
Total.	2029

Les charges de cet office étaient, à la même époque :

Don gratuit	66 fr.
Chandelles dues aux religieux	19
Supplément de portion congrue au curé de la Boissière.	33
Supplément à celui de Marboz.	24
— à celui de Gigny.	9
Entretien de l'église prieurale, du chœur, des toits, vitres, ornements, linges, huile, cire, etc., environ.	450
Total.	601

Dans les baux de ses dîmes, le sacristain retenait ordinairement quelques voitures pour amener de la tuile, sans doute afin de réparer les toits de son église.

Au reste, les inventaires établissent que cet officier claustral avait anciennement bien d'autres revenus qui ne paraissent pas être compris dans le dénombrement de 1760. Ainsi, on trouve la mention : 1.º d'un accord fait en 1403, entre le sacristain de Gigny et le curé de Germagna, au sujet de la dîme de ce lieu; 2.º d'un arrêt de 1662 condamnant le fermier de Saint-Laurent-la-Roche au paiement d'un pareil de blé, par moitié froment et avoine, provenant peut-être de l'ancien prieuré de la Châsse-Dieu, dont on parlera plus tard ; 3.º de plusieurs reconnaissances successives, commençant dès 1450, d'un cens de cinq pots d'huile dû à Joudes; 4.º d'un acensement fait à Véria en 1656, moyennant trois blancs de monnaie ancienne, trois mesures et un sixième de froment et quatre rez trois quarts d'avoine, à la mesure de Véria; 5.º d'une reconnaissance faite en 1701 d'un cens dû à Montrevel de deux mesures et tiers de froment, trois rez d'avoine, et six gros, deux blancs vieux d'argent ; 6.º il n'est pas question, en 1760, du *meix de Marsenay*, dont nous avons parlé au chap. XXII, et duquel les tenementiers, ou *hommes du sacristain*, devaient rendre hommage à notre officier claustral; 7.º enfin, d'après des terriers et des manuels de 1357 à 1770, il lui était dû des cens : à Saint-Amour, la Balme-d'Épy, la Boissière, Champagna, Condal, Cropet, Cuiseaux, Épy, Étrée, Germagna, Gigny, Granges-de-Non, Joudes, Saint-Julien, Lanéria, Louvenne, Loysia, Marcia, Marie, Montrevel, Morges, La Pérouse, Saint-Sulpice, Vaux, Véria et le Villars. Dans ce nombre se trouvait sans doute celui que nous avons dit, au chapitre XXXII, avoir été donné, en 1453, pour le luminaire de Saint-Taurin.

§ 3. Les sacristains connus sont les suivants :

N.... Girault, avant 1305.

Étienne de Chatillon, 1305—1310.

Pierre de Sery, 1336.

Jean de Villars, 1350.

Étienne de Véria, 1408, 1412, 1424.

Guillaume de Saint-Jérôme, 1474—1482.

Jean de Chambut, 1490.

Jean de Montjouvent, 1508, 1512, 1525, 1547.

Jean-François de Montjouvent, 1553—1583.

Claude de Messey, 1588, 1590, 1605, 1612.

Claude de Bougne, 1620, 1635, 1636.

Henri du Pasquier de *la Villette*, prieur de l'Étoile, 1645—1676.

? Claude-Antoine de Malivert, avant 1664.

Hugues de Balay, 1668.

? Marc-François du Tartre, 1684—1693.

Henri de Balay, 1681—1705 (co-adjuteur en 1675).

Claude-Aimé-Gaspard de Balay du *Vernois*, 1705—1751.

Hugues de Balay de *Marigna*, 1751—1771.

Après la mort de ce dernier titulaire, les revenus de l'office furent réunis à la mense capitulaire, conformément à la bulle de sécularisation.

Art. VI. — *Du Grand-ouvrier.*

§ 1. L'office d'*ouvrier*, d'après un article d'inventaire, fut créé et établi à Gigny par délibération capitulaire du 11 février 1359, ratifiée le 27 avril 1360 à Cluny. Cet officier (*operarius*) était chargé de réparer et entretenir la fontaine du monastère, ainsi que les toits du château ou de la maison prieurale et de la maison des novices. Il remplissait en cela les fonctions de certains officiers inférieurs existant dans d'autres communautés, comme de fontainier, etc... C'est à lui qu'on doit le beau bassin de la fontaine actuelle, construit en 1694 et transporté, en 1791, de l'intérieur du cloître sur la place publique. Les habitants devaient à l'ouvrier des corvées de charroi pour amener les bois et les ancelles nécessaires à l'entretien des toits dont on a parlé; mais en 1474, il les en libéra, moyennant une redevance de 8 gros vieux. La chambre, ou maison de cet officier, en 1411 et 1423, était voisine de l'église paroissiale, mais dans le dix-huitième siècle, elle touchait la place publique et les maisons du sacristain et de l'infirmier, avec un jardin éloigné de cette maison.

Par suite du droit de discipline et de correction que les religieux avaient sur ceux qui étaient préposés à la culture de leurs terres, l'ouvrier du prieuré de Gigny devait établir et salarier un *blie, blief, blayer*, ou espèce de garde champêtre, chargé de surveiller, prévenir et constater les mésus et les contraventions rurales. On voit que l'ouvrier de 1691 nomma un fonctionnaire de cette nature. En considération de cette charge, l'officier claustral avait, comme il en conste par des titres de 1461, 1629, 1691, le droit de *blérie* ou *gerberie* à Gigny, c'est-à-dire, celui de lever une gerbe de froment par chaque ménage de cultivateur.

§ 2. L'office d'ouvrier n'était pas richement doté. Ses revenus consistaient en grande partie dans son domaine ou vignoble de Chaselles, composé de bâtiments, pressoir, vergers et vignes, tant à Chaselles qu'à Saint-Jean-des-Treux et Coligny, lesquels lui appartenaient dès 1391, 1403, 1411, 1525, 1528, 1656, 1682, etc... C'est à cause de cette propriété qu'il prenait quelquefois le titre de *prieur de Chaselles*. Aussi, il y possédait encore une directe, des cens divers, des droits de mainmorte, etc..., avec des terriers renouvelés en 1486 et 1554.

Une autre source de ses revenus était la *marcille* ([188]), ou le droit de *marguillerie*. Ce droit consistait dans la moitié de la dîme des chanvres levée à la dix-septième masse (l'autre moitié appartenant au curé), et dans la perception ou prélèvement fait sur la grosse dîme d'une gerbe de froment de cinq pieds et demi de tour, chez chaque cultivateur tenant charrue.

([188]) Le mot *Mareille* signifie marguillerie, et le vulgaire dit encore aujourd'hui *mareillier, marillier*, pour marguillier.

L'ouvrier louait ce droit moyennant une somme d'argent, et, en outre, à condition que le fermier ferait sonner les trois *angelus*, les offices divins des fêtes et dimanches, comme aussi en cas d'imminence d'orage et de tempête. Ce fermier ou marguillier devait, en outre, assister le curé à la confection de l'eau bénite et l'accompagner en portant le viatique aux malades ; il devait distribuer le pain bénit et entretenir la corde de la cloche. L'ouvrier louait la marcille, à la Boissière, Chambéria, Châtonnay, Clairvaux, Cuisia (Ain), Gigny, Saint-Julien, Marigna, Monnetay, Nancuise, Nantel, Saint-Nizier, Poitte, Pressia, Rothonay, Villechantria, etc... Il y avait à Gigny un petit pré, dit le *pré de la Marguillerie*, dont le bedeau de l'église des religieux jouissait sur la fin.

L'officier claustral de Gigny avait non-seulement, pour droit de marguillerie, à Clairvaux, une gerbe de froment, mais encore une d'avoine, à prélever sur la dîme, sur chaque cultivateur semant froment et avoine. Il avait, en outre, le droit d'exiger des époux une pinte de vin et une miche de pain blanc, le lendemain de leurs noces. Mais les habitants ayant prétendu que, suivant les coutumes anciennes, il était chargé de la sonnerie et de l'entretien d'une lampe devant le Saint-Sacrement, il survint un traité en 1677, du consentement du chapitre, par lequel ils se rédimèrent de la marcille, moyennant une rente de 15 francs qu'ils servirent à l'ouvrier, pendant quelque temps, et qu'ils remboursèrent ensuite.

Cet officier avait aussi le patronage de la cure de Joudes, de celle de Cuisia (J.), d'après diverses sentences de 1521, 1528, 1530, ainsi que de celle de Cuiseaux, d'après une reconnaissance faite en 1479 par le chapitre de cette ville et ratifiée par celui de Gigny. Cependant la nomination à ces trois cures ne lui appartenait plus en 1760, mais au prieur commendataire, à l'exception de la cure de Cuisia, qui se trouvait à la nomination monoculaire du chapitre ; l'ouvrier percevait seulement les droits de ces patronages.

CHAPITRE LVI. Art. 6. 407

Quant aux revenus et charges de l'office, à la même époque, en voici le détail fourni par les religieux eux-mêmes.

Produit du prieuré de Chaselles.	200
— de gerberie à Gigny.	20
— de blérie à Graye.	2
— du patronage de la cure de Cuiseaux.	7
— de celui de Joudes.	2
Droits de mareille ou marguillerie à Rothonay.	54
— à la Boissière.	5
— à Chambéria	12
— à Saint-Julien	59
— à Poitte	12
— à Châtonnay.	15
— à Villechantria, valeur de six mesures de froment et quatre d'avoine	10
— à Cuisia et Pressia, valeur de seize mesures de froment et vingt-quatre d'avoine.	27
— à Monnetay, Marigna et Nancuise, valeur de trente-trois mesures de froment, mesure d'Arinthod	40
Total.	465

Les charges de l'ouvrier étaient :

Le don gratuit.	14
Messe et office pour le prieur Chatard	6
Entretien de la fontaine du cloître, environ	50
— des toits de la maison prieurale et de l'ancienne maison des novices, environ.	50
Total.	120

§ 3. On rencontre dans les actes les titulaires suivants :

Jean de FRONTENAY, en 1404.

Bertrand de MONTADROIT, 1424, 1431.

N... Buseau-Bouvart, prieur de Châtonnay, 1474, 1478, 1525.

Pierre de Moysie, 1499, 1508, 1527.

Denis de la Pallud, 1546, 1553.

Pierre de Poligny, 1564.

Pierre d'Ugnye ou d'Ugnia, 1577, 1582.

Jean de Chavirey, 1590, 1611, 1612, 1620.

Guillaume de Thon-Rantechaux, 1646, 1647.

Eustache de Balay, 1664, 1685.

Éléonore de Belot, 1676, 1677.

Philippe-Louis de Balay, de *Marigna*, 1687—1710.

Hugues de Balay de *Marigna*, 1734—1744.

Louis-François-Gabriel de Jouffroy de *Goussans*, 1751—1789.

Art. VII. — *De l'Infirmier.*

§ 1. L'*infirmier*, dans les monastères, avait soin des infirmes, des malades et des convalescents. Cet utile officier était déjà institué par la règle bénédictine ; et on lit qu'en 1308, il en existait déjà un au prieuré de Gigny.

Un médecin ou chirurgien attaché à l'établissement traitait les malades et était *prébendé* à cet effet. D'après un titre de 1704, il recevait annuellement du prieur commendataire quatre pareils ou 32 mesures de froment. On lit aussi qu'à Tournus il y avait des prébendes de quatre bichets de blé et de cinq poinçons de vin, pour le médecin, le chirurgien et le couturier. Les temps ont bien changé ; la profession médicale est sortie de l'avilissement, et ceux qui l'exercent ne sont plus de nos jours assimilés à des tailleurs, ni rétribués comme eux !....

L'infirmier de Gigny avait la préséance après le sacristain et avant l'ouvrier. Sa maison avait une terrasse qui dominait la place publique et celle du carcan.

§ 2. Les revenus de cet office, en 1760, consistaient en :

Dîmes à Marcia.	200	
Pré (de l'*infirmier*) à Gigny	60	Plan Q
Autre pré à Graye.	4	
Champ ou verger près le cloître (voyez note 164).	18	Plan Θ
Droit de langues dans toute la seigneurie (v. p. 97).	24	
Cens divers	3	
Patronage de la cure de Saint-Julien	4	
— de Graye et Loysia.	15	
— de Pymorin.	16	
— de Monnetay.	2	
— de Cressia	1	
Total	347	

La seule charge était celle de neuf francs pour don gratuit. Il paraît que les revenus de cet office étaient plus considérables autrefois et qu'ils avaient diminué par le malheur des temps, car l'un des infirmiers, Cl.-Gaspard de Marnix, obtint, le 17 décembre 1667, de l'archevêque de Besançon, « un monitoire « contre tous ceux qui gardaient ou pouvaient retenir, « usurper et recéler des papiers, cens, dîmes, etc ;.. comme « aussi contre tous ceux qui avaient vu, su, ouï dire affir- « mativement ou non, ou pouvant savoir ou donner quelques « lumières ou enseignements de tout ce qui fut dépendant « de son office d'infirmier, à peine d'excommunication. » On trouve, en effet, dans les inventaires, l'indication de quelques redevances qui ne paraissent pas indiquées en 1760 :

1.º D'après un terrier de 1516 et un manuel de 1557, renouvelés en 1609, 1615, 1675, cens et rentes à Loysia d'une mesure et un sixième de froment, de deux rez d'avoine, deux gros vieux et 14 sols estevenants ;

2.º D'après les mêmes titres, cens à Marigna sur le *meix* *Charnal*, d'un quartal de froment, d'un quartal d'avoine, de dix gros d'argent et deux poules, lequel cens on croit avoir été cédé, après 1704, au seigneur de Marigna, contre une vigne de douze ouvrées à Digna, franche de dîmes et dite la *Marignette;*

3.º En 1641, abergeage d'un pré à Loysia, moyennant un rez d'avoine et deux tiers de mesure de froment;

4.º Acensement, en 1709, d'une hermiture à Cropet, moyennant une demi-mesure de froment et un demi-rez d'avoine;

5.º Autre, en 1710, d'une seconde hermiture, au même lieu, sous le cens de deux sols tournois.

Les mêmes terriers ou titres du seizième siècle mentionnent déjà, comme propres à l'office de l'infirmier, les dîmes de Marcia et le patronage des cures de Cressia, Graye, Saint-Julien, Loysia, Monnetay, Pymorin et Villechantria.

Les titres postérieurs montrent que cet officier jouissait des deux tiers de toutes les dîmes à Joudes, Marcia, Rosières et au Villars-sous-Joudes, l'autre tiers appartenant au curé. Il y dîmait, à la douzième partie, non-seulement le blé, mais encore le vin, l'orge, les fèves, l'avoine et le chanvre. En 1554, il se désista de la dîme sur certains fonds qui dépendaient de la commanderie de l'Aumusse, près Bâgé, et appartenaient aux chevaliers de Rhodes ou de Malte, à cause de la chapelle de Semon, hameau de Cuiseaux. Il jouissait en outre de toute la dîme des novales à Joudes et Marcia, moyennant une rente de 27 fr. qu'il payait au curé.

En ce qui concerne le patronage des cures précitées, il est certain qu'en 1760, il n'appartenait plus à l'infirmier, mais au prieur commendataire. Le premier n'y possédait plus que les droits de responsion mentionnés, lesquels étaient bien plus considérables autrefois.

Déjà en 1308, le curé de Graye et Loysia reconnut que l'infirmier avait le patronage de ces deux cures, et devait y percevoir la moitié des dîmes et des agneaux, des sépultures, des draps mortuaires, du luminaire, des aumônes, d'un pré Fichelin et d'une terre dite de Saint-Maurice, de toutes les offrandes et des oblations du vendredi et du samedi saints, de la Purification, de l'Ascension, de Noël et des fêtes de saint Maurice et de saint Michel ; le tout évalué et abonné, en 1618, à trente-trois gros d'ancienne monnaie.

A Cressia, il en était à peu près de même, et l'infirmier percevait la moitié de toutes les offrandes, tant de cens qu'autres, le tiers des sépultures et pitances, et la moitié des oblations du vendredi et du samedi saints, des fêtes de Pâques, Toussaint, Trépassés, saint Maurice, saint Michel et lendemain de la Fête-Dieu. La totalité de ce casuel fut payée à raison de huit fr. en 1637-1642, et de une livre six sols huit deniers, dès le commencement du dix-huitième siècle.

A Monnetay, les droits de patronage furent acquittés, de 1567 à 1710, moyennant trente-trois gros vieux, et à Pymorin, de 1653 à 1672, moyennant dix gros.

Enfin, celui des deux cures de Saint-Julien et de Villechantria, consistant aussi en la moitié des offrandes, oblations, mortuaires et autres droits casuels, valait six fr. en 1522, six fr. et six chapons, *bons et suffisants*, en 1533, et six fr. seulement en 1653 et 1668.

Cette variation de produits provenait sans doute des oscillations de la piété et du zèle religieux.

§ 3. S'ensuivent quelques infirmiers du monastère :

N........, en 1308.

Humbert de......., 1452.

Nithier de FAVERNIER, 1499.

Etienne de FAVERNIER, 1522.

Pierre de FAVERNIER, 1533—1573.

Jean-Baptiste de FAVERNIER, 1577, 1582, 1590.

Pierre de THON-RANTECHAUX, prieur de Marboz, 1598—1630.

? Louis de Ronchaux, 1617.
Guillaume de Thon-Rantechaux, 1635—1642.
Guillaume du Pasquier, prieur de l'Étoile, 1642—1647.
Claude de Chantrans, 1653, 1654.
Éléonore de Villette, 1664.
Claude-Gaspard de Marnix, 1667, 1670, 1673.
Jérôme de Raincourt, 1676, 1682.
Clériadus du Pin, 1688, 1692, 1693.
Jean-Gaspard de Visemal de *Frontenay*, 1703, 1708, 1710.
Georges de Tournon, 1709, 1711, 1718.
Claude-Aimé-Gaspard de Balay du *Vernois*, 1720.
Jacques de Malivert, 1725.
Ferdinand de Nance, 1729—1736.
Éléonore-Alexandre de Belot de *Montbozon*, 1736—1751.
Jean-Bernard de Moyria, 1751—1789.

Art. VIII. — *Du Doyen.*

§ 1. Chez les Romains, les ouvriers employés à l'agriculture étaient divisés en décuries ou dizaines, avec un chef pour chacune d'elles. Saint Benoît, en instituant ses moines, établit de même un *doyen* par décanie, pour surveiller et soigner ceux qui lui étaient subordonnés, au travail, aux offices, en santé comme en maladie, et au spirituel comme au temporel. Ces doyens n'avaient l'autorité qu'en troisième ordre, après l'abbé et le prévôt. Ils furent préposés ensuite à la régie des prieurés dépendants de l'abbaye. Saint Augustin et saint Jérôme parlent déjà des doyens de moines avant l'institution bénédictine, mais on ne les a guère connus à Cluny avant le douzième siècle.

§ 2. Le doyen du prieuré de Gigny, connu dès le quatorzième siècle, avait peu de revenus. Ils ne s'élevaient, en 1760, qu'à 203 fr., dont 50 fr., produit des dîmes de Merlia, 50 fr. provenant d'un pré à Charnay; 75 fr., valeur de 216 mesures d'avoine dues sur le grenier du chapitre, et 28 fr. pour 26 mesures de froment dues pour droit de conroy (V. note 187).

Les charges de cet office n'étaient que de 6 livres 18 sols, dont 6 livres 2 sols pour don gratuit, et 16 sols pour droit de responsion à payer à la mense capitulaire. Il devint vacant en 1756, par la mort du titulaire, et ses revenus, après avoir été perçus pendant quelques années par l'infirmier, furent unis à ceux du noble chapitre, après la sécularisation.

On ignore quelle était la maison du doyen dans le dix-huitième siècle, mais son jardin, éloigné du cloître, existait entre celui de l'ouvrier et celui du chantre.

Plan r.

§ 3. On a rencontré à Gigny les doyens qui suivent :
Jean PACON, en 1336.
Étienne de GUIGART ou GAYART, 1424.
Amblard de CHATARD, 1482.
Léonard de THOULONJON, 1488.
Philibert de MONTJOUVENT, 1527.
Jean de MONTJOUVENT, 1546.
N..... de GUINAL, 1565.
Jacques de GUIGAT, 1570.
Alexandre de MAIGRET, 1577, 1582, 1590.
N..... de VALLEFIN (p. e. le même que le suivant), 1601.
Pierre de THOULONJON, 1612.
Claude-Antoine de MALIVERT, 1650.
Désiré de CHAVIREY, 1664, 1682, 1693.
Jean-Gaspard de VISEMAL de *Frontenay*, 1703—1724.
Claude-François de JOUFFROY, 1717.
Jacques de MALIVERT, 1729—1756.
(Jean-Bernard de MOYRIA, 1756, 1760).

ART. IX. — *Du Chantre.*

§ 1. Dans les chapitres, le *chantre* tenait le chœur, conduisait l'office, le chant, la psalmodie, la lecture. Il avait un bâton pour marque de sa juridiction [189], et si on lui désobéissait, il portait sa plainte au chapitre, qui infligeait une peine à l'indiscipliné. A Châtillon-sur-Seine, il nommait les recteurs d'école.

Le chantre du prieuré de Gigny n'avait en propre, sur la fin, que 36 fr. de revenus, dont 30 fr. de deux prés et 6 fr. dus par le prieur, sur quoi il devait 16 sols 8 deniers de responsion, et 1 livre 3 sous 4 deniers de don gratuit. Ses deux prés portaient le nom de *culées du chantre*, et en 1760, le chambrier jouissait d'un autre appelé aussi *pré du chantre*. On lit encore qu'en 1487 le prieur et le chapitre donnent à cet office une terre en hermiture de six poses, lieu dit aux Cloisels, au territoire de Gigny, et qu'en 1553, le titulaire abergea des fonds à Cropet, provenant d'échute de mainmorte. Cet office, disaient les religieux lors de la sécularisation, était devenu vacant, en 1743, par la mort de celui qui le possédait. Cependant on lui trouve ensuite trois successeurs nommés par le prieur commendataire et mis en possession. Le dernier, qui était l'infirmier du monastère, donna sa démission le 13 décembre 1751, mais continua de percevoir les revenus qui furent unis, en 1760, à la mense capitulaire.

Plan ω. τ.   La maison du chantre avoisinait celle de l'infirmier, ainsi que la porte du cloître, dont son jardin était éloigné.

§ 2. Voici la liste de quelques titulaires de cet office :

Audon de LEZAT, en 1424.

Antoine de TOULOUSE, 1452.

Jean de GAYNE, 1474, 1482, 1487.

Antoine de LA PALUD, 1508.

Jean de GRANDCHAMP, 1528, 1530.

Jacques de GUIGART, 1543, 1546.

---

[189] L'usage des *bâtons cantoraux* fut maintenu, par lettres patentes, en 1755, dans l'église collégiale d'Arbois, comme ancien vestige, est-il dit, de la conventualité du prieuré.

Blaise de Chissey, 1553.
Gaspard de l'Aubépin, 1564, 1565, 1570.
Louis de la Baume, 1577, 1582.
Blaise de Chissey, 1590, 1593.
Claude de la Charme, 1612, 1620.
Charles de Reculot, 1687, 1693.
Jean-Gaspard de Lezay, 1717.
Jacques de Malivert, 1730.
Louis de Saint-Germain, 1740, 1741, 1743.
Louis-François-Gabriel de Jouffroy de *Gonssans*, 1743.
Ennemond de Moyria de *Mailla*, 1746.
Jean-Bernard de Moyria, 1749—1751.

Art. X. — *Du Réfecturier.*

§ 1. De tous les officiers de bouche, le *réfecturier* est le seul qui ait subsisté à Gigny jusqu'à la fin. Il avait le soin et l'administration du réfectoire, comme son nom l'indique, préparait les tables aux heures des repas, servait le pain, le vin et les légumes, pourvoyait aux linges de table, buffets, corbeilles, cuillers, vases, etc.

Sa maison touchait le cimetière des enfants, et il jouissait de deux jardins, dont l'un contigu à l'église paroissiale. Plan v. h. I.

Ses revenus furent évalués, en 1760, à 129 fr., dont 110 fr., valeur de 92 mesures de froment, et 19 fr., valeur de 54 d'avoine, dues sur le grenier du prieur. A cet office appartenait encore le champ en hermiture de la *Pendanne*, déjà cédé à cette époque, par délibération capitulaire, à MM. de Faletans et de Moyria, qui y plantèrent de la vigne, comme on a déjà dit.

Les charges du réfecturier consistaient en 3 livres 6ˢ· 4ᵈ· de don gratuit, et 4 livres 6ˢ· 8ᵈ· de responsion due au chapitre.

Nos religieux disaient, en 1760, que cet office était vacant depuis 1746, par le décès du titulaire, et que dès-lors les revenus en avaient été perçus par l'infirmier. Cependant, nous avons trouvé deux autres réfecturiers nommés postérieurement par le prieur commendataire et mis en bonne possession.

§ 2. On n'a point rencontré de titulaires avant le quinzième siècle :

Pierre de BLANDANS, prieur de Plâne, en 1452.
Pierre de CORMOZ, 1499.
François de TENARRE, 1543, 1546.
Blaise de CHISSEY, 1577, 1582.
Louis de LA BAUME, 1590.
Nicolas de CHAVIREY, 1612, 1620.
Guillaume de MONTAGU, 1633.
Claude de CHANTRANS, 1646, 1647.
Jérôme de RAINCOURT, 1664.
Marc-François du TARTRE, 1676—1704.
Ferdinand-Marie de NANCE, 1705—1717.
Claude de BRANCION-VISARGENT, 1740, 1745, 1746.
Louis-Franç.-Gab. de JOUFFROY de Gonssans, 1746—1750.
Jean-Bernard de MOYRIA, 1751—1760.

ART. XI. — *Du Pitancier.*

§ 1. L'office du *pitancier* était chargé de fournir et d'administrer la pitance aux religieux. Il était fort ancien à Gigny, puisqu'il en a déjà été parlé aux dates de 1282 et 1357 ; mais il fut supprimé en 1548, par un accord entre le prieur commendataire et ses religieux. Ses revenus, y compris probablement la seigneurie de Joudes, furent unis à la mense capitulaire. Ils étaient perçus à Balanoiset, Chavéria, Cropet, Digna, Donsurre, Dramelay, Gigny, Morges, Moutonne, la Pérouse, etc.... On trouve, en effet, que cet officier claustral a acquis, en 1282, sept poses de terre et un pré de deux chars de foin, à Cropet; qu'à Digna il a acensé, en 1357, une vigne sous Châtel, moyennant neuf pots d'huile de noix; qu'Odon de l'Aubépin lui a vendu, en 1390, un pré à Donsurre, dit l'Isle-des-Chenevières; qu'en 1423, il possédait le pré de la Broyère à la Pérouse; que dès et avant 1441, il jouissait de la censive et seigneurie de Balanoiset, près Varennes; qu'en 1445, il avait un terrier pour ses cens à Chavéria, Moutonne, Morges, Gigny, etc.... qu'en 1489, le titulaire fit un abergeage à Cropet, moyennant une poignée ou *pugnière* de froment; que le terrier de cet office fut renouvelé en 1598, devant L. Bertrand, notaire à Gigny; qu'en 1709, il lui était dû des cens à Dramelay; etc.,... etc.....

C. 109.

§ 2. Voici les pitanciers que les titres ont fait connaître:
Guidon de Cuisel, en 1282.
Jean de Sauler, 1357.
Étienne de Morel, 1473.
Pierre de Bavière, 1478.
Jacques de Barchot, 1482.
Claude de Charnoz, 1488, 1489.
Jean de Penard, 1499, 1508.
N.............. 1514—15....
Louis de Tarlet, 1546.

Art. XII. — *Du cellérier.*

§ 1. Le *cellérier*, d'après la règle de saint Benoît, avait la garde de toutes les provisions et de tous les ustensiles. Il distribuait à chacun, selon l'ordre de l'abbé, ce qui était nécessaire pour les besoins de la vie et pour le travail. Postérieurement, il eut spécialement le soin de la cave et des boissons. Cet office du prieuré de Gigny paraît avoir été réuni, peu après le concordat de 1554, à la mense capitulaire, car après cette époque les chartes ne mentionnent aucun titulaire.

§ 2. Ses revenus ayant été ainsi confondus depuis longtemps, on n'a pas de données positives et détaillées sur leur nature. On voit cependant que cet officier claustral avait plusieurs terriers, l'un de 1445, pour les cens et redevances de son office à Chavéria, Céséria, Gigny, Morges, Moutonne et autres lieux ; un second de 1545 pour la seigneurie de Condal, qui en dépendait ; et un troisième de 1554 renouvelé probablement de celui de 1445, et remplacé lui-même ensuite par un quatrième en 1688. Ce dernier contenait la reconnaissance des dîmes de la cellérerie et celle des cens qui étaient dus à Anières, Céséria, Charnay, Chavéria, Gigny, Granges-de-Non, Graye, Saint-Julien, Louvenne, Loysia, Montrevel, Morges, Orgelet, la Pérouse, Poitte, Varessia, Véria et le Villars.

On a déjà vu, au chapitre XXX, à quelles conditions la *grange du cellérier*, au Villars, avait été acensée perpétuellement en 1437. On a vu aussi, au chapitre XLVI, quel était le produit de la seigneurie de Condal. Nous ajouterons :

1.° Qu'en 1424, le cellérier abergea un pré à Gigny, appelé *ès Singes*, situé près de celui de l'aumônier, moyennant le cens annuel de six oboles de roi ;

2.° Qu'en 1530, il possédait un pré, *en l'Enfondrant*, au même territoire de Gigny ;

3.° Qu'en 1535, il lui était dû un cens de deux mesures de froment et de trois rez d'avoine, affecté sur un meix au Petit-Véria (voyez note 113) ;

4.° Qu'en 1542, il abergea deux pièces de terre, au même territoire de Véria, en la *Maladière-des-Reprets*, moyennant douze gros vieux d'introge et un cens annuel de douze niquets estevenants (voyez notes 76, 113) ;

5.° Qu'en 1544, il acensa, comme on a dit au chapitre XVI, les moulins et batteurs de Véria, sous la rente d'un pareil et demi de blé, par moitié froment et avoine, lequel acensement fut encore renouvelé, au même prix, en 1583;

6.º Qu'en 1546, on reconnut aussi en sa faveur un autre moulin et batteur à Poitte, dit le *Moulin-Perrin*, sous la cense annuelle de deux pareils et demi, par moitié froment et avoine, c'est-à-dire, de vingt mesures de froment et trente d'avoine, à la mesure de Poitte, portant lods, vends, seigneurie, amendes et retenue. Le meunier fut condamné, en 1651, à payer ce cens au prieuré de Gigny; mais en 1680, nos religieux cédèrent leur droit féodal de retenue sur ce moulin à M. Thomas de Lezay, seigneur de Marnésia;

7.º Enfin que, d'après les terriers de Gigny, notre officier claustral avait la directe et censive sur les fonds contigus à la porte de Buis, du côté de matin.

§ 3. Nous allons donner les noms des celleriers venus à notre connaissance :

N............ en 1375.
Guy de Beaufort, 1424, 1436.
Jacques de Roche, 1437.
Jean de Dortan, 1441, 1452.
Jean Rolin, évêque d'Autun, cardinal, résigna en 1458.
Antoine de Monjouvent, prieur d'Oussia, 1473, 1474, 1482.
Jean de Grandchamp, 1542, 1544, 1554.

CHAPITRE LVII.

Des prieures dependants de Gigny.

Dès le dixième siècle, dit le savant Mabillon, les abbayes considérables avaient sous leur dépendance des espèces de colonies désignées sous les noms de celles, obédiences, prévôtés, petits monastères, prieurés, etc... Il s'y trouvait des prévôts ou doyens, amovibles à la volonté de l'abbé ou chef du principal établissement, et qui venaient lui payer un certain cens chaque année.

Les prieurés ont eu plusieurs origines. Le plus souvent c'étaient de simples domaines appartenant à l'abbaye, où celle-ci envoyait des moines pour l'exploitation, avec un religieux-prêtre, qualifié de *prieur*, qui en était le chef et qui faisait le service divin dans la chapelle du domaine. D'autres fois, c'étaient de véritables colonies de religieux envoyés par l'abbaye pour s'établir dans des nouveaux monastères subordonnés à celle-ci. Quelquefois enfin, les prieurés ont commencé par des cellules de solitaires ou par des chapelles de dévotion bâties sur les terres de l'abbaye, auprès desquelles ont été établies de petites communautés de religieux.

On distinguait les prieurés en *conventuels* et en *ruraux*. Les premiers étaient ceux où un certain nombre de religieux vivaient régulièrement sous un prieur, avec des revenus suffisants pour fournir à la subsistance de la communauté; ils étaient à la nomination du roi. Les prieurés ruraux, au contraire, étaient ceux où la modicité des revenus ne permettait d'entretenir que deux ou trois religieux, à la nomination du pape, dans les pays d'obédience, et à celle de l'abbé ou prieur du monastère en chef, dans les autres pays. Divers conciles avaient même statué que ceux qui ne pouvaient entretenir deux moines, y compris le prieur, devaient être réunis à l'établissement dont ils dépendaient, ou à d'autres petites obédiences.

Les prieurés qui n'étaient pas soumis à l'évêque diocésain devaient être surveillés et visités par l'abbé ou chef dont ils relevaient. C'est pourquoi on a vu, au chapitre XXVII ci-devant, un des prieurs de Gigny faire, en 1393, la visite du prieuré conventuel de Château-sur-Salins. Au reste, les titulaires de ces obédiences, ou celles subordonnées, devaient à leur monastère supérieur un cens ou *droit de responsion* qui, à l'égard de Gigny, était fixé à sept florins d'or. Un titre de 1614, relatif à notre prieuré de Chambornay, porte que le florin était évalué à 11s. 1d. et tiers, ce qui ne portait les sept florins qu'à 3l. 17s. 9d. et tiers. Mais cette évaluation paraît bien faible, car le florin d'or est généralement estimé valoir onze francs de notre monnaie actuelle, ce qui élèverait les sept florins à 77 francs.

Le nombre des prieurés soumis à l'abbaye de Gigny fait juger de l'importance de ce monastère, que Pierre-le-Vénérable, en 1133, qualifiait en effet de *grand*. On n'en comptait plus que onze dans le dix-huitième siècle, et seize deux cents ans auparavant. Mais l'auteur de cette histoire en a constaté vingt-trois, tant dans les départements de l'Ain, du Jura, de la Haute-Saône et de Saône-et-Loire, que dans la Savoie, le Dauphiné, le Genevois et autres pays inconnus. Sur la fin, tous ces prieurés étaient ruraux, à l'exception de celui de Château-sur-Salins, où la vie régulière avait continué d'être suivie ; mais on a lieu de penser que la conventualité avait aussi existé très anciennement dans plusieurs autres, notamment dans ceux de Bellesvaux, de Châtel, de Marboz, de Mouz, etc.... On va donner une notice sur chacun de ces membres de l'établissement religieux de Gigny, en suivant l'ordre alphabétique.

Art. I. — *Prieuré* d'Albin.

Le prieuré d'Albin n'est connu que pour être mentionné dans l'ancien catalogue des bénéfices de Cluny, comme membre de Gigny, au diocèse de Grenoble. C'est sans doute un de ceux que l'historien Dunod disait avoir appartenu autrefois à notre monastère dans le Dauphiné. Serait-ce le prieuré de Vieux-sur-Albe, dont il sera parlé à la fin de ce chapitre ?...

C 131.

Art. II. — *Prieuré de* Bellesvaux.

§ 1. Le prieuré de Bellesvaux-en-Bauges, au décanat d'Annecy et au diocèse de Genève, fut fondé, en 1078, comme on l'a dit au chapitre VII, et donné à l'abbaye de Saint-Pierre de Gigny par Nantelme, riche personnage de Savoie. Ce dernier ayant bâti une église en l'honneur de la Vierge et un monastère pour loger les religieux, dans un alleu qui lui avait été concédé par Humbert II, dit le Renforcé, comte de Savoie, en fit don à notre abbaye, du consentement de ce comte et de Guy, évêque de Genève. Douze ans après, en 1090, cette église fut consacrée par Boson, archevêque de Tarantaise, Conon, évêque de Maurienne, et autre Boson, évêque d'Aoste. Or, à cette occasion, Nantelme et quelques autres personnes pieuses, en présence de ces prélats, dotèrent richement cette église et ce prieuré de différents biens qui leur appartenaient à École, Châtelard, Doucy, Lécherène, Arith, la Motte, Compote, Allon, Sainte-Radegonde, et autres lieux dits *en Bauges*. Le comte Humbert, par le même acte, fit aussi donation aux religieux de ce prieuré de divers droits réels, féodaux ou autres.

§ 2. Cette obédience dépendait encore de Gigny, dans le quinzième siècle, mais on ignore comment ensuite elle a cessé de lui être soumise. Voici les noms des seuls prieurs parvenus à notre connaissance :

François de Beaufort, en 1528.

Ch.-Emm. de Diespach, en 1597, qui débouta L. Marin, à qui l'abbé de Cluny avait accordé des provisions.

Thomas Pobel, de Chambéry, évêque de Saint-Paul-trois-Châteaux, mort en 1608.

Cl.-Nicolas de Reydet, mort en 1622.

François Dlville, en 1....

Art. III. — *Prieuré de* Chambornay-lez-Pin.

§ 1. Deux communes du département de la Haute-Saône portent le nom de Chambornay, l'une dans l'arrondissement de Vesoul, et l'autre dans celui de Gray. La première, surnommée *Chambornay-lez-Bellevaux*, au canton de Rioz, a donné son nom à une ancienne maison féodale du douzième et du treizième siècle, qui a fondé et enrichi l'abbaye de Bellevaux. Son église fut cédée, en 1145, à cette abbaye par l'archevêque de Besançon. L'autre commune, voisine de celle de *Pin*, au canton de Gy, sur les bords de l'Ognon, en a reçu son surnom. Il est à croire que c'est de Chambornay-lez-Bellevaux qu'il est question dans des chartes de 967 et de 1049, par lesquelles le roi Conrad et le pape Léon IX confirmèrent à l'église de Saint-Étienne de Besançon différents biens à Chambornay. Mais il est incertain dans laquelle de ces deux communes le célèbre Jean de Vienne, depuis amiral de France et défenseur de Calais, remporta une grande victoire, en 1364, sur les *Tard-Venus*, qui ravageaient le pays, et dont il tua lui-même le chef d'un coup de lance.

§ 2. A l'égard de *Chambornay-lez-Pin*, quelle a été l'origine de son prieuré? A quelle époque est-il devenu membre du monastère de Gigny? Pour résoudre ces questions et beaucoup d'autres, nos recherches ont été infructueuses; elles ne nous ont fourni que les faibles documents qui suivent :

1.º L'ancien catalogue des bénéfices de Cluny mentionne, dans le quinzième siècle, ce prieuré au nombre de ceux qui dépendaient immédiatement de Gigny, et porte qu'il devait s'y trouver deux moines, y compris le prieur; 2.º nos inventaires ne citent point de titres qui lui soient relatifs antérieurs à 1572, 1586, 1612, etc; 3.º l'historien Gollut, en 1588, le recense parmi les prieurés du bailliage d'Amont; 4.º le pape Clément VIII, avant 1605, l'avait réuni au col-

C. 131.

lége de Besançon, mais cette union n'eut pas lieu, puisque son successeur nomma un titulaire en 1636 ; 5.° un de nos titres de 1614 prouve que le prieur de Chambornay devait à l'insigne monastère sept florins d'or, réduits à dix gros le florin, ou évalués, comme on a dit, à 3 livres 17ˢ· 9ᵈ· et tiers, pour droit de responsion annuel ; 6.° ce bénéfice étant situé en Franche-Comté, pays d'obédience, se trouvait à la nomination et collation du pape ; 7.° le décret qui supprima, en 1788, le chapitre de Gigny, céda le prieuré de Chambornay à l'abbaye de Migette.

§ 3. Les seuls prieurs dont on ait eu connaissance, ont été :

Claude MENETRIER, nommé en 1636.

Claude DUPIN, nommé en 1640.

François MARLET, official de Besançon, abbé de Billon conseiller au parlement, nommé en 1654, encore titulaire en 1696.

Claude HUGUENET, en 17...

Claude BRET, sous-diacre, demeurant à Dijon, dernier titulaire, nommé en 1723, sous lequel en 1766 le bénéfice fut sécularisé et uni au chapitre de Gigny, moyennant une pension viagère au prieur.

C. 146.

§ 4. Le produit du prieuré de Chambornay était de 800 fr. en 1760, et de 1200 fr. en 1780. Les revenus en provenaient de dîmes à Chambornay, Bresilley, Sauvigney et Gésier, de cens aux mêmes lieux et encore à Brussey près Marnay, de lods, épaves, commises, retenues, échûtes de mainmorte, maison prieurale, prés, terres, vignes, moulin, etc... Ainsi, le prieur était en même temps seigneur de la terre de Chambornay ; mais la haute justice ne lui appartenait pas ; elle avait été vendue par le roi, en 1698, à Antoine d'Hennesey écuyer. Il n'avait donc que la moyenne et basse justice dont des registres de tenue en 1700—1703 sont cités sur nos inventaires. On y trouve aussi l'indication de titres concernant ses autres droits féodaux, tels que banalité du four en 1624, mainmorte en 1627 et 1630, ban de vendange en 1636, marché en 1728, etc. Au reste, le prieur n'exerçait la justice et ne percevait la taille et les cens que sur les fonds de sa directe, car l'abbaye de Saint-Vincent de Besançon avait aussi une directe ou censive à Chambornay, d'après la donation qui lui en avait été faite, dans le douzième siècle, par Humbert, archevêque de Besançon (*Terram de Camborniaco*).

Le patronage de l'église de Chambornay placée, ainsi que le prieuré, sous le vocable de la Nativité de la Vierge, et dépendant du décanat de Sexte, appartenait aussi au prieur.

Cette église et son clocher tombant en ruines, en 1768, les nobles chanoines de Gigny, en leur qualité de codécimateurs, donnèrent une somme de 1000 fr. pour aider à la reconstruction et cédèrent à la paroisse, composée de Chambornay, Bresilley et Sauvigney un emplacement nouveau pour relever l'édifice.

Art. IV. — *Prieuré de la* Châse-Dieu.

Il n'est pas question ici de l'abbaye de la Châse-Dieu (*Casa-Dei*), près Brioude, au diocèse de Clermont, fondée en 1046 par Robert, que le pape Alexandre II canonisa en 1070. Il ne s'agit point de ce célèbre monastère dont les rois de France se sont qualifiés quelquefois *religieux honoraires*, qui a compté parmi ses enfants le pape Clément VI et plusieurs princes de l'Église romaine, duquel Richelieu et Mazarin ont été abbés, et qui a servi d'exil au Janséniste surnommé le *prisonnier de J.-C.*, ainsi qu'au célèbre homme du Collier, le cardinal prince de Rohan-Guéménée. Il s'agit simplement d'un ancien et modeste prieuré, annexé à celui de Gigny, mais qui n'est venu à la connaissance de l'auteur de cette histoire que par les deux indications suivantes :

1.º Un inventaire des titres de Gigny, confectionné en 1775, cite : « une reconnaissance faite, le 7 avril 1732, devant « Aimé, notaire, d'une pièce de terre située à Macornay, « chargée d'un quartal d'avoine de cens, à la mesure an-« cienne, portant lods, seigneurie et retenue, envers « MM. de Gigny, seigneurs à cause du *prieuré de la Chase-« Dieu annexé à celui de Gigny*, lesdits lods au sixième « denier. »

2.º Dans le dénombrement de la baronie d'Orgelet fourni en 1738, le prince d'Ysenghien dit que : « les terres de la « seigneurie de Saint-Laurent doivent des cens en argent, « blé, ou autrement... à la *Chase-Dieu de Gigny*. »

Ce prieuré était-il situé à Macornay, à Saint-Laurent ou au voisinage ? Aurait-il été annexé à l'office de sacristain, et le pareil de froment et avoine dû à cet officier, en 1662, sur les greniers de Saint-Laurent, en serait-il provenu ? Nos religieux auraient-ils revendiqué en 1649, ainsi qu'on a vu, les dîmes de Macornay, comme une dépendance de ce prieuré annexé au leur ?

Art. V. — *Prieuré de* Chaselles.

Il a été parlé de ce prieuré à l'article de l'ouvrier de Gigny qui en jouissait. Nous renvoyons donc le lecteur à ce que nous en avons dit. Au reste, rien ne prouve qu'il ait existé un prieuré à Chaselles et des prieurs titulaires, avant la création de cet office claustral. Ce n'était peut-être qu'un démembrement de celui de Donsurre.

C. 113.

Art. VI. — *Prieuré de* Château-sur-Salins.

§ 1. La vallée de Salins portait, dans les vieilles légendes de saint Oyen et de saint Anatoile, le nom de *Val-d'Héri*, une commune voisine est encore appelée *Pont-d'Héri*. Noun'osons pas affirmer que ce mot soit dérivé de *ira* (*furie*) et qu'il soit l'ancien nom de la petite rivière de cette vallée qui est appelée maintenant la *Furieuse;* néanmoins, cette étymologie est très probable. Le prieuré de Château-sur-Salins, situé à trois kilomètres au soir de cette ville, sur la montagne de Roussillon [190], portait aussi, dans le moyen âge, le même nom, et ses religieux étaient appelés *Moines d'Héri* (*Monachi Herienses*).

Selon une opinion probable, ce monastère aurait été établi sur les ruines d'un ancien *château* de Gérard de Roussillon, et il en aurait tiré son nom. L'historien Dunod pense même que ce château aurait été concédé à Bernon par Rodolphe, roi de la Bourgogne jurane, pour y construire un monastère qu'il aurait aussi doté. Il se fonde sur ce que c'est un ancien membre de Gigny, et sur ce que le prieur y faisait rendre la justice, d'abord par un châtelain, et en appel par un bailli, double degré de juridiction, qui indique une fondation royale. Cependant, cette opinion n'est appuyée d'aucun titre apparent, et Bernon ne parle aucunement de ce monastère dans son testament. Quoiqu'il en soit, il était fort ancien, puisqu'en l'année 1040, Rodolphe III, roi de la Bourgogne jurane, lui fit une riche donation, et qu'en 1161, il s'y trouvait déjà sept religieux sous un prieur.

§ 2. Le prieuré de Château était sous le *vocable* de la Vierge, fêtée le 8 septembre, et patrone de l'église. Aussi, il est désigné dans les anciennes chartes latines, sous les dénominations de *Prioratus beatæ Mariæ de Castro suprà Salinas, Castri suprà Salinum, Castri Salinensis, de Castello suprà Salinas.* Une seule charte de 1219 le désigne par erreur Sous-Salins, *Ecclesia sanctæ Mariæ de Chastia sub Salins.*

C. 66bis

[190] Cette montagne, dit J.-B Béchet, présente au nord un roc escarpé, d'où l'on jouit d'une vue étendue. Elle offre, au midi, des précipices et des grottes dans l'une desquelles est un abime environné par la nature de colonnes en forme de portique.

Le lendemain de la fête patronale, il s'y tenait une *foire* dite *la Château* (191). Le prieur, en 1241, avait donné en fief à Pierre de Villers-Farlay, chevalier, la gardienneté de cette foire, avec le droit d'y rendre la justice, pendant qu'elle durait. Mais on lit qu'en 1344, le chef du monastère céda à Jean de la Grange, d'Arbois, aussi chevalier, le tiers indivis des droits de cette garde, pour en jouir également en fief et seigneurie. Ce fief était possédé, dans le dix-huitième siècle, par les seigneurs de Vaugrenans et de Poupet, dont les châtelains établissaient un juge spécial à cet effet. Après la destruction du monastère, cette foire a été tenue à Salins, le 9 septembre, sous le nom de *la Château*, jusqu'en 1839, et dès-lors, elle a été renvoyée au troisième lundi du mois. C'est ainsi que l'administration de notre époque sait conserver les traditions historiques et religieuses.

§ 3. On a toujours considéré le prieuré de Château comme étant de *fondation* et de dotation royale, et il a déjà été parlé des libéralités du roi Rodolphe à son égard. Ce prince, en effet, lui donna, en 1040, les terres de Prétin et de Monchard, pour la subsistance des religieux. Postérieurement il fut encore *enrichi* par les dons de plusieurs personnes pieuses, comme quelques documents, fruit de nos recherches, en fournissent la preuve :

C. 66bis.
1.º En 1219, Étienne, comte de Bourgogne, et Jean, comte de Chalon, son fils, donnèrent à cet établissement les dîmes de Villers-Robert et de l'Abergement, en échange de ce que les religieux possédaient à Souvans, à l'exception de dix arpents de terre, de quatre soitures de pré, d'un chasal, des dîmes et de tous les droits ecclésiastiques.

C. 81bis.
2.º En 1250, Hugues de Souvans, chevalier, et Perreche, sa femme, firent don de plusieurs biens immeubles situés à Souvans, ainsi que de plusieurs serfs qui y étaient attachés,

---

(191) *Voyez note* 163.

comme encore du tiers de la grosse et de la petite dîme dans toute la paroisse.

3.º En 1261, 1267 et 1298, le prieuré reçut ou recouvra le tiers des dîmes de Vadans, de Bernard de Tramelay, fils de feu Hugues de Viremont, chevalier.

4.º En 1270, Hugues de Chamblay, clerc, fils de feu Gérard, chevalier, donna un second tiers des dîmes de la paroisse de Vadans, moyennant la jouissance viagère du patronage de l'église d'Ounans.

5.º En 1299, Richard de Vadans, écuyer, dit de Chamblay, restitua un autre tiers des dîmes de Vadans, dont il avait spolié le monastère.

6.º En 1306, Simon de Montbéliard, écuyer, seigneur de Montrond, donna, pour son anniversaire et celui de sa mère, cent soudées de terre [192], à percevoir chaque année sur ses revenus de la saunerie de Salins.

7.º En 1312, Hugues de Vaugrenans, chevalier, légua une rente annuelle de 40 sols estevenants, à l'église de N.-D. de Château, pour son anniversaire perpétuel et pour ceux de son père et d'Étienne de V., son frère.

8.º En 1320, Mahault d'Artois, comtesse palatine de Bourgogne, veuve d'Othon, fonda aussi une messe solennelle du Saint-Esprit, le lendemain de l'octave de la Fête-Dieu, et un anniversaire pour le repos de son ame et de celles de son époux et de ses parents, moyennant une rente perpétuelle de 40 sols, à percevoir sur le puits du comte de Bourgogne, en la saunerie de Salins.

C. 102.

9.º En 1335, Pierre de Chamblay, curé de Saint-Anatoile de Salins, donna tous ses biens meubles et immeubles au

---

(192) Dans les treizième et quatorzième siècles, la *soudée* de terre était l'étendue de terrain qui produisait un sol d'argent de rente, comme la *livrée* une livre d'argent, et la *denrée* un denier. La livrée contenait vingt soudées, et la soudée douze denrées. Ces expressions furent ensuite employées pour désigner des rentes quelconques, quoique ne provenant pas de fonds de terre.

prieuré de Château, en confessant de plus qu'il tenait de ce dernier le patronage de l'église de Vadans.

10.° En 1339, Girard Malarmé, curé de Château, donna une vigne et un pré, pour son anniversaire, et le prieur s'engagea à donner à ses religieux, le jour de cet anniversaire, une pitance extraordinaire, et surtout du bon vin.

11.° Avant 1346, un cens annuel de 60 sols avait été constitué au profit du prieuré sur la forêt Vyon, entre Vadans et Grozon.

12.° En 1407, Aimé de Montarbert, écuyer, seigneur de Marnoz, fonda un anniversaire dans l'église conventuelle, moyennant 20 sols estevenants de rente annuelle. Il assigna, en outre, une autre rente de 24 francs, sur ses seilles à muire de Salins, en faveur des religieux du prieuré, à la charge de célébrer, chaque semaine, une messe à chacune des trois chapelles de l'église de Saint-Michel de Marnoz.

13.° En 1428, Guy Armenier, docteur ès-lois, fit donation d'un pré à Montigny, afin d'obtenir des prières pour le salut de son âme.

14.° En 1439, deux anniversaires furent encore fondés dans l'église de Château, moyennant 30 sols estevenants de rente.

15.° Enfin, à une époque fort ancienne, mais indéterminée, les habitants de Prétin fondèrent une grand'messe annuelle, pour le 11 août, à l'autel de saint Taurin, leur patron, dans l'église de Château, moyennant un petit blanc de rente dû par chaque membre de la confrérie du Saint-Esprit de Prétin. Cette rente fut convertie ensuite en celle de trois francs à la charge de la commune.

C. 96bis.

§ 4. Les *revenus* de ce bénéfice consistaient en dîmes, cens, rentes, tailles, droits féodaux, échûtes de mainmorte, patronage de cures, biens immeubles, etc... Ils étaient perçus à Aiglepierre, Arc-en-Valois, Bans, Changin, Château, Chissey, Couvetaine, Port-Lesney, Marnoz, Saint-Michel, Montigny-les-Arsures, Mouchard, Nevy, Ounans, Paroy, Grange-de-Pareau, Prétin, Salins, Souvans, Vadans, Valempoulières et Villers-Robert. Ils s'élevaient à environ 10000 francs en 1780, et le bénéfice valait au prieur commendataire 1200 francs en 1635, 2000 francs en 1712, 3000 francs en 1737, et 4000 francs en 1789.

Le titulaire avait la haute, moyenne et basse *justice* dans les terres de Prétin et de Mouchard, et dans tout le district du prieuré. Il l'y faisait rendre, comme on a dit, avec le double degré de juridiction, par un châtelain et un bailli ; et son signe patibulaire, à deux piliers, était élevé sur les grandes *Toppes de Roussillon*. En sa qualité de *seigneur* haut-justicier, il percevait les amendes, les tailles, et la geline de carêmentrant ; exigeait les corvées ; instituait des messiers, des gardes champêtres et des officiers judiciaires ; avait seul le droit de chasse, de pêche, de ban de vendanges, de banalité du four, du moulin, et du pressoir ; et recueillait les échûtes de mainmorte. Tous ses droits lui compétaient à Aiglepierre, Couvetaine, Marnoz, Saint-Michel et Prétin, soit d'après des titres de 1393 et 1398, soit surtout d'après un terrier ou rentier dressé, en 1432, par Guillaume de Prétin, notaire. Quelques difficultés s'étant élevées, en 1393, au sujet des *corvées*, entre le prieur de Château et les habitants de Prétin, Henri de Sarsey, prieur de Gigny, qui visitait alors le monastère subordonné, fut choisi pour arbitre commun. Or, il régla que les habitants devaient quatre corvées annuelles dans les vignes, par feu, tant de bras que de chars attelés de bœufs ou de mulets, savoir : une le lendemain de carnaval, la seconde le troisième jour de *Quasimodo*, une autre le troisième jour de la Pentecôte, et la quatrième à l'époque des vendanges. Il statua que le prieur, devant nourrir les corvéables et leurs bestiaux, leur fournirait non-seulement le foin, l'avoine, le pain et le vin, mais encore un morceau de viande salée le jour de carêmentrant.

Quant au *patronage des cures*, le prieur de Château avait anciennement la collation de celles d'Aiglepierre, Chissey, Marnoz, Mouchard, Ounans, Paroy, Prétin, Souvans, Vadans, Valempoulières et Villers-Robert. Mais on verra bientôt qu'en 1482, il céda celles de Chissey, Marnoz, Souvans, Vadans et Villers-Robert.

C. 95bis.
§ 5. La *garde* du prieuré de Château appartenait au comte palatin de Bourgogne, comme on le voit par une déclaration donnée par ce souverain en 1293, confirmée en 1338 par l'un de ses successeurs. Mais, malgré ce droit de garde, il ne lui était pas permis de porter atteinte, ni aux biens, ni aux personnes appartenant au prieuré, sans la permission expresse du prieur (*V.* chap. XII, § 5, 6.)

Ce bénéfice, disait-on en 1477, *membre spécial et sans moyen de celui de Gigny, était, de droit et de toute ancienneté, à la collation, disposition et ordinance de révérend père Monseigneur le prieur de Gigny.* Mais, dans les derniers temps, et sans doute depuis le concordat de 1517, quoique en pays d'obédience, il était à la nomination du roi, parce qu'il se trouvait conventuel. Cette *conventualité* était composée de huit religieux,

C 131.
y compris le prieur, dans le douzième comme dans le quinzième siècle. Après que la réforme de Saint-Vannes y eut été admise en 1635, ce nombre fut porté à quatorze, mais il ne s'y trouvait que dix ou douze religieux en 1750. Dans le quatorzième siècle, un office de *sacristain* y fut établi, comme dans les autres maisons de l'ordre de Cluny. C'était le seul office claustral qui y existât, avec un vicaire perpétuel pour le service de la paroisse. Ce monastère fut donné en *commende*, en 1361, au cardinal Guy de Boulogne ou d'Auvergne, ancien archevêque de Lyon, mort en 1373.

§ 6. Sur la fin du quinzième siècle, le prieuré de Château devint l'objet de graves *débats* entre celui de Gigny et le chapitre de l'église royale et collégiale de Saint-Maurice de Salins. Hugues Folain, prieur commendataire de ce bénéfice, haut-doyen de Besançon, protonotaire apostolique, familier du saint Père, et *escripteur* de bulles, étant mort à Rome le 29 novembre 1476, le pape Sixte IV, à la prière, dit-on, de Charles-le-Téméraire, délivra des bulles d'union du prieuré de Château au chapitre de Saint-Maurice. En même temps, il en nomma prieur commendataire le cardinal François Picolomini, évêque de Sienne, qui fut ensuite pape, en 1503, pendant 25 jours seulement, sous le nom de Pie III. Cette union fut effectuée pour servir à doter la dignité de prévôt, les deux offices de chantre et de trésorier, et cinq prébendes nouvelles dans ce chapitre fondé, au onzième siècle, pour huit chanoines seulement. Cet établissement canonial prit donc possession du prieuré uni, et en loua même les dîmes en l'année 1477.

Cependant les religieux de Cluny, de Gigny et de Château ne purent souffrir une pareille atteinte portée à leurs droits, et ils contestèrent au pape le pouvoir d'avoir pu opérer une pareille union sans leur agrément. En conséquence, messire Alexandre d'Ornans, prieur cloîtrier de Gigny, en sa qualité de vicaire-général de messire Benoît de Montferrand, évêque et comte de Lausanne, et commendataire de Gigny, nomma, comme de coutume, un prieur à Château, dans la personne d'Étienne de Raynans, religieux de Gigny, en remplacement d'Hugues de Folain. Le nouveau titulaire prit aussi possession et obtint un mandement de nouvelleté contre le chapitre de Saint-Maurice. Les chanoines de Salins, comprenant l'importance de l'union d'un si beau bénéfice, s'empressèrent, soit de prévenir le pape de la désobéissance qu'on apportait à sa bulle, soit d'appeler Étienne de Raynans en justice, pour le faire condamner au déguerpissement.

Le souverain pontife commença, dans un monitoire du 8 février 1477, par excommunier le grand-prieur de Cluny, qui s'était permis de lui nier le pouvoir d'opérer l'union dont il s'agissait. En même temps il adressa au bailli d'Aval et à

Jean de Chalon, prince d'Orange, gouverneur de Franche-Comté, des lettres de recommandation en faveur du chapitre de Saint-Maurice. Et en effet, celui-ci obtint, en 1477, une sentence qui lui adjugea le prieuré, mais dont nos religieux appelèrent au parlement de Dole, et sur laquelle il ne fut statué que quatre ans plus tard.

Pendant cet intervalle les chanoines obtinrent force mandements de garde de la part de Marie de Bourgogne, de Jean de Chalon, de l'archiduc Maximilien, et de Louis XI, auxquels le pape recommandait de faire exécuter sa bulle d'union. Néanmoins, les religieux de Gigny, de Château et de Cluny, convaincus de leurs bons droits, n'eurent pas plus d'égard aux censures du pape qu'aux mandements de l'autorité séculière. Ils se livrèrent même à des voies de fait assez scandaleuses, car on lit qu'en 1477, il fut fait une information juridique sur un vol des vases sacrés et des reliques du prieuré, imputé aux moines de Château et de Gigny. On apprend aussi qu'en 1479, ceux de Cluny, soutenus de la garnison du fort de Bracon, chassèrent, à main armée, les chanoines de Saint-Maurice du monastère dont ils s'étaient emparés. On comprend difficilement, de nos jours, qu'une garnison militaire ait pu déférer à la requisition de quelques moines, et que le bâton pastoral d'un abbé ou d'un prieur ait produit sur des soldats le même effet que le bâton d'un maréchal de France, mais cela vient sans doute de ce qu'on ne connaît pas toutes les circonstances de cet événement.

§ 7. La sentence du bailli d'Aval ayant été confirmée en appel, le 21 mai 1481, les parties, fatiguées sans doute d'un état si longuement hostile, se rapprochèrent et firent une *transaction*. Elle fut passée, le 21 août, devant le notaire *Du Borget*, munie des sceaux du prieuré de Gigny et du chapitre de Saint-Maurice, ainsi que de celui du Tabellionnat de Franche-Comté, et ratifiée le 31 août par le grand-prieur de Cluny. Selon cet accord, les chanoines de Saint-Maurice se désistèrent de la bulle d'union qu'ils avaient obtenue, moyennant la cession des biens et droits quelconques du prieuré de Château, à Chissey, Souvans, Marnoz, Villers-Robert et Vadans, y compris le patronage de ces cures, et à charge, par les religieux de Gigny, de procurer des bulles d'union et d'incorporation de tous ces bénéfices à leur mense canoniale. Il fut aussi convenu que nos mêmes religieux paieraient une somme de 2000 fr. en monnaie de Bourgogne, pour indemniser le chapitre de Salins, du coust de la bulle obtenue (193) et des frais supportés. Ils constituèrent, en outre, une pension viagère de 400 fr. en faveur du cardinal Picolomini, prieur commendataire, mais il fut réservé qu'ils pourraient recouvrer le membre de Chissey, dans l'espace de vingt ans, en payant une somme de 1200 fr. En conséquence, après la double ratification donnée par les chanoines de Saint-Maurice et par les moines de Gigny, trois bulles, datées du 12 mars 1482, furent obtenues en cour de Rome, l'une pour approuver la transaction, l'autre pour soumettre de nouveau le prieuré de Château à celui de Gigny, et la troisième pour réunir au chapitre canonial les églises et droits cédés.

C. 133 ter.

Pour subvenir à tous ces frais, nos religieux remirent, en août 1482, moyennant 3000 fr., au prêtre Hugues Daguet d'Orgelet, une rente de trois florins et deux blancs à eux due à Barésia, et une autre de huit quartaux de blé, par moitié froment et avoine, et de sept bichons de froment et dix rez et demi d'avoine, leur appartenant à Soussonne.

§ 8. Quelques années après, les moines de Gigny trouvèrent peu avantageux pour eux cet ancien membre de leur établissement, parce que les guerres de Louis XI, les frais de procès et le coût des bulles obtenues en avaient ruiné ou ab-

---

(193) Ce chapitre avait payé 3400 ducats d'or, pour le coust de cette bulle. Le cardinal de Sienne ayant été obligé d'en faire l'avance, n'en obtint le remboursement qu'après avoir fait saisir les revenus des chanoines.

sorbé les revenus, diminués aussi par la pension viagère du cardinal Picolomini. C'est pourquoi, ils le *cédèrent*, ou plutôt le vendirent à l'abbaye de Cluny ou à Antoine de Roche, son grand-prieur, titulaire aussi des prieurés de Morteau et de la Charité-sur-Loire. Celui-ci l'acquit pour l'unir au collége de Saint-Jérôme de Dole, fondé par lui, en 1490, en faveur des hautes études ecclésiastiques, puis envahi par les jésuites en 1582, et converti ensuite en collége de l'Arc. Cette cession, faite le 1.er juin 1496, fut approuvée par l'abbé de Cluny dans la même année et revêtue, le 13 avril 1499, d'une bulle apostolique. On y réserva des bourses au collége de Dole, à la nomination du prieur de Gigny. Il paraît que nos religieux se réservèrent aussi leur droit de responsion, car on trouve mentionnée, sur un de nos inventaires, « une « saisie faite en 1644, à leur requête, sur ceux de Châ- « teau-sur-Salins, pour obtenir paiement de la somme de « 29 fr. et 2 gros de la cense annuelle de sept florins d'or. »

Le supérieur du collége de Saint-Jérôme devint ainsi celui du prieuré de Château. On y établit ensuite une communauté régulière et la réforme de Saint-Vannes y fut introduite en 1635, en même temps qu'au collége de Dole. Mais, en 1685, ce prieuré sortit de cette congrégation de Saint-Vannes et rentra dans l'ordre de Cluny. Avant la réforme, on envoyait les religieux les plus aptes prendre leurs grades en l'université de Dole, afin qu'il fussent ensuite plus capables pour les offices de prieur et de sacristain.

Au reste, la vente du prieuré de Château au grand-prieur de Cluny, par les religieux de Gigny, renouvela le procès avec le chapitre de Saint-Maurice de Salins, qui prétendit que l'abbaye de Cluny n'avait pu obtenir ce bénéfice à prix d'argent. Ce procès, contre les bénédictins de Dole, ruina le chapitre canonial et dura plus de deux siècles. On voit qu'en 1721, ces chanoines envoyèrent encore leur doyen à Paris, pour présenter au prince régent, avec la recommandation du fameux cardinal Dubois, une requête à l'effet d'obtenir la restitution du prieuré de Château. Mais il paraît que cette démarche fut sans résultat.

§ 9. L'église de ce monastère, quoique ancienne, était belle et à trois nefs. L'autel principal était dédié à la Vierge, et ceux des deux collatéraux à saint Étienne et à [saint Taurin. Celui de saint Étienne était paroissial de Prétin, dont les habitants étaient desservis par le curé de Mouchard, ou par un vicaire perpétuel pris parmi les religieux. L'apôtre de la Normandie était anciennement le patron de la paroisse, et on ne sait pourquoi, déjà avant le dix-huitième siècle, ils le quittèrent pour prendre saint Étienne. On voit qu'en 1709, les religieux de Château consentirent, selon le désir des habitants, à célébrer, le 23 décembre, à l'autel de saint Étienne, la messe solennelle qu'ils célébraient auparavant le 11 août, à celui de saint Taurin, leur ancien patron.

Dans cette église était une statue antique de la Vierge, en grande vénération à Salins et dans le voisinage, que, de temps immémorial, les religieux portaient dans la ville, le dimanche avant la Nativité de saint Jean-Baptiste, en allant bénir les sources salées.

De nos jours, la charrue impitoyable cultive l'emplacement de l'antique monastère, dont il ne subsiste plus que la cave voûtée, sur laquelle le blé lui-même mûrit. L'église a aussi disparu, et les habitants de Prétin en ont une dans leur village, avec un desservant ou chapelain, sous leur vocable de saint Étienne. Il n'y a plus de fête ni d'apport le 9 septembre ; on ne bénit plus les sources salées ; on ne parle plus de saint Taurin ; seulement, la statue antique de la Vierge a été déposée dans l'église de Saint-Maurice à Salins, et la fête de la Nativité conserve encore la dénomination de *La Château*, de *Notre-Dame-de-Château*.

§ 10. S'ensuit la liste de quelques *prieurs*, d'après le manuscrit de l'abbé Baverel et nos propres recherches :

Guy, en 1160.

Pierre, 1241.

Odon, 1267, 1270, 1273, 1295, 1298.

Richard, 1299, 1301.

Thomas Lallemand, 1320.

Hugues de Vertamboz, 1339, 1344.

Guy de Boulogne ou d'Auvergne, cardinal, premier prieur commendataire en 1361, mort en 1373.

Pierre de Fromentes, 1402.

Jacques de Chilly, 1423.

Gérard d'Usie, 1429.

Jean Joffroy, cardinal-légat, prieur d'Arbois et de Saint-Désiré de Lons-le-Saunier, en 1457, mort en 1473.

Thomas Arnans, prieur en titre, en et avant 1468.

Hugues Folain, doyen de Besançon, etc., 1470—1476.

{ Étienne de Raynans, religieux de Gigny, 1477—1482.
François Picolomini, évêque de Sienne, cardinal, 1477—1482.

Antoine de Roche, grand-prieur de Cluny, supérieur et fondateur du collége de Saint-Jérôme de Dole, 1496—1505.

Michel Bonvalot, 1549.

Jean Bonvalot, 1577.

Victorin Regnaud, 1637, 1642, 1644.

Ferdinande Bouhelier, 1674.

Fulgence Canet, 1687.

N..... Dorival, 1692.

Constance de Chassignet, 1702, 1703.

Albert de Chassignet, 1703, 1704, 1706.

Constance de Chassigney, 1706, 1709. 1715, 1718, 1726.

Antoine de Villers, 1711.

Ambroise Champereux, 1731.

N..... le Doux, 1750.

N..... Seguin, 1785.

Art. VII. — *Prieuré de* Châtel *ou de* Chevreau.

§ 1. Sur la sommité d'un monticule arrondi, escarpé, adossé contre la montagne de la Chalantine, existe l'antique église de *Châtel*, autrefois paroissiale, aujourd'hui simple chapelle de Gizia près Cousance. Au revers oriental de ce monticule et peu au-dessous de l'église, se trouve le petit village du même nom qui ne consiste maintenant qu'en sept ménages, d'une population décroissante de 30 à 40 pauvres habitants, comme isolés du reste du monde. De ce point élevé de l'ancienne puissance ecclésiastique, la vue s'étend à soir sur toute la plaine de la Bresse, et n'est bornée que par les montagnes de la Bourgogne. Du côté du nord, les regards plongent dans l'étroit vallon où la rapide rivière de Gizia fait mouvoir de nombreux moulins; ils s'arrêtent à mi-côte sur l'antique vignoble de Montferrand, autrefois à l'abbaye du Miroir; et au-dessus de la montagne, ils s'étonnent de trouver le village de la Biolaye exposé à tous les vents et à toutes les tempêtes. Du côté du sud, l'œil rencontre aussi, à une grande profondeur, le village de Digna avec son clocher pittoresque garni de fer-blanc, puis, sur le monticule qui le domine, les ruines de la puissance séculière féodale, c'est-à-dire du château de Chevreau, placé là, pour ainsi dire, comme protecteur et exécuteur de la puissance ecclésiastique, et rappelant les illustres maisons de Coligny et de Vienne.

Lorsqu'après avoir ainsi promené ses regards sur ce tableau varié, tout en se reposant à l'ombre du tilleul séculaire, on descend cinq à six degrés pour entrer dans l'antique et silencieuse église, couverte en laves et voûtée en ogive, on se sent saisi de respect et de recueillement. L'esprit se reporte spontanément aux temps primitifs; on y songe, comme à Monnetay, aux sacrifices sur les *hauts-lieux*, et l'on croit voir les populations inférieures fléchir les genoux et baisser le front devant le ministre de Dieu célébrant, à cette hauteur, les saints mystères, dans des calices de bois, d'étain ou de verre.

§ 2. L'église de Châtel-Chevrel est certainement de la plus haute antiquité. Si l'on en croyait la tradition, elle remonterait aux premiers siècles du christianisme dans les Gaules. Elle aurait été souterraine d'abord, comme les cryptes des premiers chrétiens, comme les anciennes églises de Saint-Valérien à Tournus, de Saint-Étienne à Dijon, de Saint-Sulpice à Paris, etc; c'est pour ce motif que son pavé serait encore aujourd'hui bien inférieur au sol voisin. Elle aurait été détruite de fond en comble, en l'année 408, lors de l'irruption des Vandales dans les Gaules. Elle aurait été la seule, dans ces premiers temps, entre la chaîne inférieure des montagnes du Jura et la Saône. L'usage aurait été d'allumer un grand feu, lorsqu'on célébrait à Châtel le saint sacrifice, pour servir de fanal aux populations de la plaine et les inviter à s'unir d'intention aux prières du prêtre. On ajoute qu'un semblable usage aurait existé à Saint-Remi-du-Mont, près Coligny, et à Saint-Étienne-de-Coldres au-dessus de Conliége. On dit que, pour ce motif, les paroisses inférieures auraient toujours été subordonnées à celle de Châtel, et sous le patronage de son desservant. On déduit aussi l'antiquité de cette dernière église de ce qu'elle a été mise sous le vocable du protomartyr saint Étienne, qui y est toujours fêté le 3 août, comme toutes les premières églises, celles d'Autun, de Beaune, de Chalon, de Dijon, de Besançon, de Coldres, de Lyon, etc... Enfin, la tradition prétend aussi que cette même église de Châtel a été fondée ou plutôt reconstruite en l'année 810.

Il faut bien se garder d'accueillir ou de rejeter ces diverses traditions dans leur entier; mais on se bornera ici aux deux observations suivantes. D'un côté, il est établi par des chartes authentiques, qu'il existait des églises à Saint-Marcel en 577, à Saint-Amour en 585 et 930, à Louhans en 878, à Flacey en 951, à Branges en 955, à Savigny-sur-Seille en 960, à Huilly et Jouvençon en 981. D'un autre côté aussi, l'église de Chevrel est certainement très ancienne, puisqu'il résulte d'une de nos pièces justificatives qu'elle existait déjà en l'année 974, lorsqu'elle fut donnée, avec celles de Treffort et de Marboz, à l'abbaye de Gigny par Manassès de Coligny, et puisqu'en outre, on lit sur un de ses pilastres septentrionaux un millésime de 1023.

C. 45.

§ 3. L'abbaye de Gigny ayant obtenu cette église, ne tarda pas sans doute d'y envoyer une colonie de moines, pour y faire le service divin et y établir un *prieuré*. On voit encore les vestiges probables du cloître ou de l'enceinte circulaire de ce monastère isolé, au milieu duquel se trouvait l'église. On voit aussi les ruines du puits ou de la fontaine qui fournissait l'eau aux religieux. Il est à présumer que le petit village de Châtel se construisit, peu à peu ensuite, à leur porte.

On possède peu de documents historiques sur les premiers temps de ce prieuré qui paraît néanmoins avoir joué le plus grand rôle, au douzième siècle, dans les graves différends de Gigny et du Miroir, pour les dîmes de ce dernier lieu qui appartenaient aux moines de Châtel. Ce furent eux probablement qui firent démolir l'abbaye et la mirent au pillage (voy. p. 47). La tradition rapporte, en effet, mais sans préciser d'époques, qu'ils savaient au besoin très bien faire respecter leurs droits et leurs possessions, et que, maintes fois, de petits combats à l'arc eurent lieu entre leurs gens et les hommes d'un petit seigneur qui avait établi son castel sur le sommet d'*Ageon*, côte pelée entre Gizia, Cuisia et Cousance.

G.

Néanmoins, le titre le plus ancien, à notre connaissance, où il soit positivement question de ce prieuré, est l'acte de

C. 75.

cession analysé à la page 69 ci-devant, par lequel on voit qu'en 1236, *Barthélemy* était titulaire résidant du prieuré de Châtel-Chevrel dépendant de Gigny. Une autre de nos chartes, analysée aussi au chapitre XXII, établit qu'*Étienne de Moncunin* l'était en 1313, et qu'il fit alors une transaction avec la dame de Chevreau, de l'agrément du chef du monastère supérieur.

§ 4. Ét. de Moncunin fut probablement le dernier prieur résidant, et il est à croire que c'est après sa mort que le prieuré de Châtel fut *réuni à l'office du chambrier* de Gigny. En effet, c'est ensuite d'un statut de 1308, que les officiers claustraux des monastères de l'ordre de Cluny ont commencé à être dotés d'un traitement. D'un autre côté, on voit, par un titre cité dans un inventaire de l'office de chambrier, que la cure de Frontenaud, dépendante du prieuré de Châtel, était déjà du patronage de cet officier en 1400, ce qui prouve que le prieuré de Châtel était uni à son office. On trouve aussi que notre chambrier Lessot a déjà reçu, en 1443, l'hommage d'un nommé Pyat de Sézéra, pour un meix situé à Châtel [194].

Dès-lors, les chambriers de Gigny furent titulaires de ce bénéfice et se qualifièrent *prieurs de Châtel*, jusques et y compris M. de Montbozon, mort en 1791, qui fut le dernier, et qui fit, en 1757, avec Mme d'Antigny, le traité dont on a parlé, relatif à la forêt de Collonozay. On peut donc consulter, dans le chapitre précédent, la liste des chambriers pour connaître les prieurs de Châtel. L'union de ce prieuré à l'office en question est déjà mentionnée dans l'ancien cata-

[194] Humbert *Pyat*, de Cousance, y reconnut, en 1546, plusieurs héritages de la directe du chambrier, notamment un verger à Cousance même, et des vignes, sous le cens annuel de cinq pintes d'huile de noix, et d'une seille de vin bon, pur et vermeil, à la mesure de Chevreau, le tout portant lods vends, retenue, directe et seigneurie. Cette reconnaissance fut renouvelée en 1610, 1655, 1690, etc.

Claude *Pyat* était notaire à Chevreau en 1628.

logue des bénéfices de Cluny, rédigé au plus tard dans le quinzième siècle. C'est sans doute aussi à cause d'elle que l'historien Gollut n'a pas inséré ce prieuré dans le dénombrement qu'il a donné, en 1588, de ceux de la Franche-Comté.

§ 5. Le chambrier de Gigny resta *curé primitif*, non-seulement de la paroisse de Châtel, qui comprenait Gisia, la Biolaye, le Chanclay et Châtel, mais encore de toutes celles qui dépendaient du prieuré, c'est-à-dire, de la Chapelle-Naude, Cousance, Sainte-Croix, Cuisia, Digna, Dommartin, Frontenaud, Rosay et Varennes. Aussi, il en nommait les curés et en percevait les dîmes, ce qui a continué jusque dans les derniers temps. Aux quatre fêtes principales de l'année, il envoyait à Châtel un religieux prêtre, pour officier solennellement en sa place.

§ 6. Dans le commencement du dix-septième siècle, les habitants de Digna intentèrent un procès à ceux de Châtel et des communautés voisines, prétendant que le siége de la paroisse devait être au milieu de leur village et non à Châtel. La contestation dura long-temps, mais enfin la cour du parlement de Dole, considérant l'antiquité de l'église de Châtel, débouta, en 1629, les habitants de Digna de leurs prétentions, et, par son arrêt, déclara leur église réunie à celle de Châtel. L'église de Digna était néanmoins fort ancienne aussi, puisque Humbert en était déjà desservant en 1236, que Jocerand en était chapelain en 1249, et que le parochiage de Digna est mentionné dans la charte de 1313 précitée.

§ 7. Les *revenus* du prieuré de Châtel n'étaient point loués en bloc, mais isolément, à cause du grand nombre de paroisses dont ils provenaient. Ils étaient perçus aux Breteneaux, à la Chapelle-Naude, à Châtel, Chevreau, Collonozay, Cousance, Sainte-Croix, Cuisia, Digna, Dommartin, Frontenaud, Gisia, Rosay et Varennes-Saint-Sauveur. Ils consistaient surtout en dîmes, cens, rentes et droits de patronage;

et de plus, en 25 arpents de bois à Collonozay, une maison prieurale à Gisia, des vignes et autres immeubles au même lieu, ainsi qu'à Châtel, Digna, Cousance, Chevreau, Rosay, etc... On peut en voir le détail à l'article consacré à l'office de chambrier, d'après lequel on jugera qu'ils ne s'élevaient, en 1760, qu'à 3311 fr. ; mais alors ils étaient loués et évalués à vil prix. Par l'acte de sécularisation, les revenus de ce prieuré furent conservés viagèrement à M. de Montbozon, titulaire, à cause de son office de chambrier.

C. 143, 144.

L'antique église de Châtel a été réparée en 1838, par les soins et la générosité de M. Adr. de Thoisy, de Gisia.

En y montant par le chemin du N.-O., on trouve à mi-côte, un oratoire portant la date de 1670.

Je m'empresse de déclarer, en terminant cet article, que j'ai beaucoup profité, pour le rédiger, des notes que m'a communiquées M. Guichard fils, homme de lettres à Cousance, dont le mérite et l'instruction égalent la modestie et la complaisance. J'ai indiqué ses documents par l'initiale de son nom en marge.

Art. VIII. — *Prieuré de* Chatonnay.

§ 1. *Chatonnay*, anciennement *Chastenay*, est une petite commune de 200 habitants, au canton d'Arinthod, agréablement située sur un plateau qui domine la Valouse coulant à matin. De gros tilleuls séculaires plantés au-devant de l'église embellissent encore ce site charmant, mais il n'existe ni *châtaigniers*, ni ruines d'ancien *château*, d'où l'on pourrait déduire l'étymologie de ce lieu. Ce nom serait-il dérivé de l'antique château de Dramelay, qui se voit encore dans le voisinage et qui existait déjà avant le douzième siècle? Ce qui est certain c'est que le village de Dramelay était de la paroisse de Chatonnay et de sa seigneurie.

Il est plus que douteux que Chatonnay ait été le lieu qui,

sous le nom de *Castanetum*, fut donné, en 930, à l'église de Mâcon, par le comte Albéric, avec un autre village du canton lyonnais nommé *Sivriacum*. Cette opinion, qui a été celle de J.-B. Béchet, nous paraît peu fondée, parce qu'on ne trouve aucun autre indice que ce lieu ait été jamais possédé par l'église de Mâcon. Au contraire, on a vu (*page* 68) qu'en 1231, Étienne, comte de Bourgogne, avait déjà donné aux moines de Gigny une rente annuelle de cent sols, en ne se réservant aucun droit sur Chatonnay, si ce n'est la garde de l'église. L'auteur ou annotateur précité est donc encore tombé dans l'erreur en pensant que ce dernier lieu a été le Chatonnay recensé, dans une charte de 1280, comme membre de l'ancien domaine de l'abbaye de Saint-Oyen.

§ 2. Ainsi, on peut tenir pour certain que le prieuré de Chatonnay a appartenu à Gigny dès le commencement du treizième siècle au moins, et qu'il a été probablement *fondé* à cette époque ensuite des libéralités du comte Étienne. C'est pour cela que les successeurs de ce souverain en ont conservé la *Garde*, et que Jean de Chalon la plaça parmi ses seigneuries, dont il donna le dénombrement, en 1390, à Philippe-le-Hardi, duc et comte de Bourgogne.

Ce bénéfice, dont nous n'avons trouvé de titulaires que dès le commencement du quatorzième siècle, fut probablement possédé en commende, ou du moins par des prieurs non résidants, dès le milieu du quinzième. Mais le dernier titulaire ayant donné sa démission en 1765, moyennant une pension viagère, ce prieuré fut sécularisé en 1766 et réuni à la mense capitulaire de Gigny.

C. 146.

§ 3. Le prieur de Chatonnay était seigneur de la terre de ce nom, composée de Chatonnay, la Boissière, Dramelay-la-Ville, Soussonne, Genod, Ugna et Savigna. Il y avait la justice haute, moyenne et basse, dont il nommait les officiers, comme le prouve une enquête faite le 5 octobre 1624, par un conseiller du parlement de Dole. Aussi nos inventaires citent des registres de tenue de cette justice de 1475 à 1720, pour délits ruraux et forestiers, contraventions de chasse, de pêche et de voirie; pour dation de tuteurs, établissements de bliefs, de messiers, etc.... Un titre de 1505 mentionne même la condamnation à l'amende d'un individu étranger qui avait tué un cerf dans la seigneurie.

Les habitants de celle-ci étaient non-seulement justiciables du prieur, mais encore corvéables, taillables, mainmortables et assujettis à la tâche, à la banalité du moulin, aux cens, lods, etc... Une sentence du 19 février 1419 les déclara gens de mainmorte et de serve condition. D'autres jugements les condamnèrent aux corvées en 1421, 1464, etc...

§ 4. Le droit de *justice* fut contesté, en différents temps, au prieur de Chatonnay, par le seigneur d'Arinthod. D'un côté, on trouve que, déjà en 1505, une sentence sur mandement fut rendue contre les officiers de ce dernier, à la requête du prieur. D'un autre côté, on trouve aussi qu'en 1512, le juge châtelain du seigneur déclara que les habitants de Chatonnay étaient obligés, comme les sujets même de la terre d'Arinthod, d'aider aux fortifications du château de ce lieu. Cependant, les prétentions de ce seigneur furent rejetées par plusieurs autres sentences, en 1521, 1522, 1526 et 1530. Le marquis J.-Cl. de Montaigu, devenu seigneur d'Arinthod en 1698, se prétendit de nouveau haut-justicier de la terre de Chatonnay et se permit, en 1705, d'y taxer le pain et le vin. Or, le prieur lui intenta de suite une action et intervint dans celle que ce seigneur forma lui-même, en 1706, pour fait de pêche dans la rivière de Chatonnay. Il paraît que cette contestation fut engagée pour long-temps, ou bien qu'elle fut ensuite renouvelée. En effet, on voit qu'après la sécularisation du monastère, les débats avaient recommencé entre le procureur d'office d'Arinthod et les nobles chanoines; que ceux-ci, par un acte du 7 avril 1767, appelèrent d'un jugement rendu à leur préjudice par le juge châtelain du seigneur, en soutenant être haut-justiciers de la terre de Chatonnay; que, le 16 janvier 1768, il nommèrent, de concert avec le seigneur, des arbitres chargés de décider cette vieille contestation ; qu'enfin, en 1778, ils faisaient encore rédiger des mémoires à l'appui de leur cause. Or, il est à croire que la sentence arbitrale fut rendue en leur faveur, car en louant les revenus de leur prieuré, en 1780, ils se réservèrent l'exercice et le produit de la justice qui leur appartenait, disaient-ils.

§ 5. Le prieuré rural de Chatonnay, à la collation du pape, faisant partie de l'ancien diocèse de Besançon, était occupé par deux moines, y compris le prieur. Ses *revenus* consistaient en dîmes, cens, lods, vends, prés, échutes de mainmorte, droits de justice, etc.:.. Ils valaient 500 fr. en 1712, 700 fr. en 1737, 500 fr. nets en 1760, et ils furent loués avec quelques réserves, 800 fr. en 1765, et 1000 fr. en 1780. Une usine à fouler le drap et des moulins banaux acensés en 1444, 1473, 1489, en dépendaient, mais ils furent vendus en 1588. Les divers terriers de cette seigneurie confectionnés en 1502, 1515, 1527 et 1598, furent renouvelés en 1708 et 1709.

C. 131.

§ 6. Voici les noms de quelques prieurs de Chatonnay:

Guillaume de Graye, damoiseau, en 1330.

G.

Aimé de Baume, 1349.

N... Buseau-Bouvard, 1482, 1499.

Étienne de Vauchier, 1534, 1545.

Jean-Antoine de Binans, 1616, 1619, 1620, 1625, 1638. (De son temps, les titres du prieuré furent incendiés).

François-Gaspard de Joux, dit de Grandmont, évêque d'Aréthuse, chanoine métropolitain, prieur de Vaux-s.-Poligny, 1686, 1727.

Pierre Dupuys, 1734, 1737.

N... La Feuillée, 1748.

Antoine Jacquier, supérieur de la congrégation de la

mission à Paris, sous lequel le prieuré fut sécularisé et uni à la mense de Gigny, 1757, 1765.

C 116. Nonobstant la démission de ce dernier titulaire, moyennant une pension viagère de 540 fr., M. Monnier a encore trouvé que M. *La Feuille*, général des Petits-Augustins, était qualifié prieur de Chatonnay en 1785, jouissant des revenus du bénéfice que les nobles chanoines de Gigny louaient et percevaient cependant par baux authentiques en 1765 et 1780.

§ 7. De l'ancien prieuré de Chatonnay, il ne reste que l'*église*, avec le puits de la maison prieurale, construite à soir, laquelle a été démolie dans le dix-huitième siècle.

L'église, sous le vocable de Saint-Maurice, dont le pavé est inférieur d'une marche au sol du dehors, paraît fort ancienne. Sa voûte est en ogive très aiguë; on y voit une tombe avec inscription en caractères très gothiques en partie effacés, et sur une pierre extérieure de la sacristie, on trouve le chiffre 1581, avec les quatre lettres M. H. B. P., qui indiquent peut-être un prieur ou un curé de l'époque. La cloche, fondue depuis peu d'années, portait aussi une inscription en lettres gothiques. Une chapelle en l'honneur de sainte Barbe y a été érigée, il y a environ un siècle, par Boisson de Dramelay.

§ 8. Le prieur de Gigny avait le patronage de la cure de Chatonnay et en nommait ou présentait le desservant. Le village de Dramelay dépendait de cette paroisse et y amenait inhumer ses morts. Le presbytère actuel a été construit, après la réunion du prieuré au chapitre de Gigny, par N... Guichard, curé d'Arinthod, originaire de Chatonnay. Celui de ce dernier lieu céda, en 1776, la dîme des novales à nos nobles chanoines, moyennant une rente perpétuelle de cer. francs. Nous avons trouvé quelques anciens desservants savoir : Guillaume de *Villars*, curé et notaire en 1382 Étienne *Morel*, qui résigna, en 1554, en faveur de frère Gas

pard de l'*Aubépin*; Benoît *Pravet*, en 1597; N... *Joux* en 1686; Cl.-Adrien *Jault* en 1700; N.... *Guichard* en 1734, etc....—
André de Châtonnay était curé d'Aumont en 1339.

Il n'y a plus maintenant de paroisse à Châtonnay, qui dépend de celle de la Boissière, ainsi que Dramelay. L'église de *la Boissière*, selon la tradition locale, a été construite par les moines de Gigny, dont le prieur avait en effet le patronage. Elle parait ancienne, quoique sa voûte soit à plein cintre; on n'y entre qu'en descendant trois ou quatre marches; et elle est aujourd'hui sous le vocable de Saint-Pierre et de Saint-Paul, autrefois sous celui de Saint-Christophe. La cloche, qui porte la date de 1633, a eu pour parrain noble Pierre de Balay, seigneur de Marigna et de la Boissière, et pour marraine dame Jacqueline de Franchet, son épouse. Elle offre aussi l'inscription : I. H. S. MAR, *sancte Petre*, *sancte Christophore, orate pro nobis*.

La famille de Balay possède, en cette église, une chapelle sous le vocable de Saint-Augustin, et porte la date de 1722.

Le nom de la Boissière dérive-t-il de *buxus*, buis, arbrisseau naturel au pays?

Art. IX. — *Prieuré de* Clairvaux-lèz-Vaux-d'Ain.

§ 1. Un médecin estimable de Clairvaux, qui a écrit une notice intéressante sur le pays qu'il habitait, le docteur Pyot, pensait que *Clairvaux* était déjà une bourgade gauloise, puis romaine, en se fondant sur quelques objets d'antiquité qui y ont été trouvés. Mais, ce qui est certain, c'est que les chartes venues à notre connaissance ne mentionnent ce lieu que sur la fin du douzième siècle. Ponce, sire de Cuiseaux, Branges, Clairvaux et Virechâtel, en 1172, en est le premier seigneur connu. Ses descendants jouirent de cette baronie, dont ils prirent le nom, pendant quatre générations, jusques et y compris Marguerite de Clairvaux, dernière du nom, qui, par son mariage, au milieu du quatorzième siècle, la porta dans la maison de Villers-Sexel. A son tour, Jeanne de Villers-Sexel, par le sien, la fit entrer, au quinzième siècle, dans la maison de Bauffremont, qui l'a possédée jusqu'au renversement de la féodalité.

§ 2. Quant au *prieuré* de Saint-Nithier de Clairvaux, on ignore aussi l'époque à laquelle il a été fondé et par qui il a été donné au monastère de Gigny. Les prieurs les plus anciens, dont il soit fait mention dans les titres, sont : *Ponce* en 1259 ; *Étienne* en 1272, auquel les chartreux de Bonlieu permirent un défrichement dans leur forêt ; *Humbert* en 1279, qui transigea avec le seigneur de Clairvaux au sujet des dîmes novales de Châtel-de-Joux, et qui, en 1280, apposa son sceau à un acte de Bonlieu.

C. 131

C. 144, 146

Ce prieuré était d'abord régulier, comme le prouve une sentence de l'officialité de Besançon, rendue en 1544 ; et selon l'ancien pouillé de Cluny, il devait y résider deux moines, y compris le prieur. Mais, dès le seizième siècle, il fut conféré en commende. Il était à la collation du pape, comme tous les prieurés ruraux du diocèse de Besançon. Sa sécularisation fut prononcée en 1766, et ses revenus, déclarés unis à la mense du chapitre de Gigny après la mort, démission ou destitution du titulaire.

§ 3. Le prieur de Clairvaux avait le patronage de la cure du lieu, laquelle fut unie au prieuré, déjà avant le seizième siècle. Il en était *curé primitif* et prenait le titre de *primacier* (195). La sentence de l'officialité de 1544 défendit au vicaire et aux familiers de Clairvaux de recevoir aucune fondation sans l'agrément du prieur. Les statuts de cette *familiarité* avaient été rédigés en 1614, comme on l'a déjà dit, par l'ar-

(195) Anciennement dans les collégiales et dans les congrégations religieuses, on était dans l'usage d'écrire les noms des membres sur des tablettes de cire. Or, celui qui était inscrit en tête était appelé *primacier*, *primicier*, de *primus in cera*.

chevêque de Besançon, commendataire de Gigny. D'après un titre de 1677, le prieur avait le droit de faire distribuer l'eau bénite dans le bourg; mais il n'était pas tenu d'entretenir le luminaire, ni la lampe ardente de l'église paroissiale, non plus que l'ouvrier de Gigny, ainsi qu'on a déjà vu. Cet entretien était à la charge des paroissiens. Dans le chapitre précédent, on a parlé du traité que ceux-ci firent, en 1677, avec cet officier claustral, au sujet de la marguillerie et autres droits.

Le titulaire de Saint-Nithier était aussi patron de la *chapelle de l'ermitage de Vertamboz*, et il devait la desservir, moyennant une rente de dix livres estevenantes, constituée en 1676 par les habitants de ce lieu.

Il avait encore le patronage de *la chapelle de Saint-Maurice*, au canton de Saint-Laurent, qu'une sentence de l'officialité, en 1654, le condamna à faire desservir. Dix ans plus tard, les habitants demandèrent qu'elle fût érigée en cure à leurs frais, ce qu'ils obtinrent en 1671. Cette cure fut composée de Saint-Maurice, Crilla, Boujailles et Trétu; et les premiers curés furent N.... *Dayet* en 1680, N.... *Guillet* en 1686. Le prieur conserva le patronage de cette nouvelle cure; mais, en sa qualité de décimateur, il fut condamné, en 1691, par une sentence du bailliage d'Orgelet, à payer au curé de Saint-Maurice une somme annuelle de 100 francs, et les nouveaux paroissiens une autre de 200 fr., pour portion congrue. Dans la même année, une transaction ayant été faite entre les deux ecclésiastiques, celui de Clairvaux céda à celui de Saint-Maurice, pour lui tenir lieu de ladite pension de 100 fr., la totalité des grabadis de la nouvelle paroisse, avec le tiers qui lui appartenait dans la grosse dîme.

§ 4. Le bénéfice de Clairvaux valait 800 fr. à son titulaire en 1636, 900 fr. en 1737; 1400 francs nets en 1760; et 2705 fr. en 1788. Cette dernière somme se trouva réduite à celle de 618 fr., après la suppression des dîmes et autres droits ecclésiastiques ou féodaux.

Ces *revenus* provenaient principalement des dîmes que le prieur percevait, non-seulement à Clairvaux, mais encore dans les villages voisins à Bissia, Boissia, Boujailles, Cogna, Crilla, Châtel-de-Joux, Étival, La Frasnée, Hautecourt, Saint-Maurice, Patornay, Piételle, Soyria, Thoiria, Trétu, Uxelles et Vertamboz. Mais la totalité de la dîme de ces divers lieux ne lui appartenait pas ; car à Étival, par exemple, l'abbaye de Saint-Claude en percevait une grande partie ; à Saint-Maurice et lieux de cette paroisse, la chartreuse de Bonlieu en recueillait les deux tiers ; à Clairvaux et ailleurs, le seigneur et le curé partageaient avec lui les dîmes novales, sur lesquelles les chartreux avaient encore des prétentions ; etc. La dîme de l'avoine était levée au même taux que celle du blé, c'est-à-dire, à la onzième gerbe. A l'égard des grabadis, ou de la dîme des menus grains, un arrêt de 1770 déclara qu'elle devait être acquittée (sans doute ensuite de quelque abonnement) à raison d'une mesure par journal, dans tous les villages dépendants du prieuré. Enfin, au sujet de toutes ces dîmes, il fut constaté par une enquête, en 1773, que, dans les trois villages de Boujailles, Crilla et Trétu, il était d'usage de convertir, de temps en temps, les prés en terres et les terres en prés.

Outre la grosse et la menue dîmes, les habitants devaient encore les *charrues* ou *quarterons* au prieur. Ce droit fut réglé en 1667, à l'officialité, par un traité fait entre les habitants, d'une part, et le prieur et le curé de Clairvaux, de l'agrément du chapitre de Gigny, d'autre part. Il fut reconnu et convenu que les paroissiens ne tenant pas charrue devaient payer deux gros par feu ; que les laboureurs de Bissia, Boissia, Châtel-de-Joux, Cogna, La Frasnée, Patornay, Piételle, Soyria, Uxelles et Vertamboz, devaient livrer une mesure de froment, à la mesure du lieu ; que ceux de Boujailles, Crilla, Saint-Maurice et Trétu, devaient livrer, en outre, un rez d'avoine ; qu'enfin ceux de Clairvaux, contestant ce droit, seraient traduits en justice, pour être condamnés à l'acquitter, s'il y avait lieu.

En fait de droits féodaux, le prieur ne jouissait que de celui des langues de bêtes abattues dans les boucheries de Clairvaux. Il jouissait aussi de quelques cens. Ainsi, on voit qu'en 1601, « il abergea, sous la cense annuelle de dix sols tour-
« nois, portant lods, vends, directe, seigneurie et retenues,
« une hermiture et place, qui furent vignes autrefois, dépen-
« dantes du prieuré de Saint-Nithier de Clerval en montagne,
« assises au territoire de Cuiseaux, proche les prés de Goz,
« lieu dit *la Clervaude*, ou la *vigne au prieur*, ou *Ès Costes Gan-
« dillet*. »

On trouve, en outre, qu'en 1685, une terre située à Châtel-de-Joux était affectée envers lui d'un cens portant lods, amendes et retenue.

Entre autres immeubles, il possédait à Clairvaux le *pré de la Combe*, contenant 12 faulx (soitures) et demie et 49 perches.

Au reste, le bénéficier obtint, en 1666, un mandement ou monitoire, par lequel l'archevêque de Besançon ordonna, sous peine d'être maudit et excommunié, de révéler ce qu'on savait sur les biens et droits de son prieuré.

En ce qui concerne les charges, le titulaire de Clairvaux devait, comme les autres, au monastère de Gigny, dont il relevait immédiatement, un cens annuel de sept florins d'or et de quatre pots d'huile, pour droit de responsion. Le prieur G. Perrier, s'étant refusé à le payer, y fut condamné, en 1645, par sentence du bailliage d'Orgelet, ainsi que C.-D.-J. Dagay, un de ses successeurs, en 1733.

§ 5. S'ensuit la liste de plusieurs prieurs :

Ponce, en 1259.

Étienne, 1272.

Humbert, 1279, 1280.

Nicolas, 1368.

Étienne de Villars, 1374.

Étienne Vaillant, 1431.

François du Breul, protonotaire apostolique, 1535.

N...... Bouelly, 1544.

Antoine du Breul, prieur commendataire en 1550, ainsi que de Nantua, lequel renonça à ses bénéfices pour devenir conseiller du duc de Savoie.

Louis Desbarres, chanoine de Besançon, 1566, 1568.

Joachim de Rye, abbé de Saint-Claude, 1580.

Claude Regnaudot, 1588.

Guibert de Chavirey, prieur cloîtrier de Gigny, 1591, 1601.

Guillaume Perrier ou Perrin, 1604, 1613, 1614, 1645.

Charles Rigolet, chanoine de Poligny, 1630, 1633, 1636, 1664, 1667.

Phil.-Charles Dagay, docteur en théologie, doyen et chantre de Poligny, 1671, 1685, 1686, 1692, 1700; mort en 1721.

Charles-Denis-Joseph Dagay, chanoine de Besançon, doyen de Poligny, abbé de Sorrèze, 1733, 1747, 1755.

Philippe-François-Joseph Dagay, d'Épenoy, chanoine de Besançon, prieur commendataire d'Héauville, 1757, 1767, 1780, 1787, dernier titulaire, vivant encore en 1811.

§ 6. L'*église* de Clairvaux est placée sous l'invocation de saint Nithier, dont on fait la fête le 5 mai, et duquel beaucoup d'habitants portaient autrefois le nom. Ses reliques existaient jadis presque toutes dans cette église, qui était en même temps pricurale et paroissiale ; mais, en 1637, l'autel ayant été calciné, pendant la guerre funeste de cette époque, elles furent en grande partie consumées ou détruites. On n'en retira qu'une petite portion intacte, qu'on conserve encore et qui a été déposée, en 1691, dans une loge ou boîte pratiquée au bas du buste du saint patron. Au reste, saint Nithier paraît avoir été un évêque de Vienne, nommé *Nectarius* dans la chronique d'Adon, lequel assista, en 350, au synode de Vaison, et mourut en 368. C'est probablement de lui qu'il est dit dans le martyrologe de saint Jérôme : *Ad 5 maii, Viennæ depositio Nectarii et Nicetæ.* Néanmoins, cet évêque n'a point de culte à Vienne. D'ailleurs, on ne peut pas le confondre avec saint Nizier, parce que ce dernier est fêté le 2 avril.

Outre le buste doré de saint Nithier, représenté avec la mitre et la crosse épiscopales, il y a encore dans l'église un buste de saint Guérin, abbé, représenté avec son bâton pastoral. On porte ces deux bustes dans les processions, mais celui de saint Guérin ne provient pas de l'église de Poitte, et il n'existe aucune pratique de dévotion, aucun apport, aucune fête, en l'honneur de ce saint abbé, à Clairvaux.

L'église de ce lieu présente peu d'antiquités : quelques inscriptions tumulaires en caractères gothiques à demi effacés, des stalles provenant de l'abbaye de Baume, et quelques fenêtres de chapelles construites en ogives et en style gothique. La voûte de la nef principale est en plein cintre et paraît avoir été reconstruite postérieurement, sans doute après l'incendie de 1637. C'est probablement alors que le chœur fut déplacé et établi à l'occident, et la porte à l'orient, comme à Véria et à Pont-d'Ain. Une inscription latine, accompagnée d'un écusson armorié, dans une chapelle au nord, fait connaître que celle-ci fut détruite et ruinée par la guerre de 1637 et rétablie en 1672.

Le corps de Philibert de Chalon, ramené de Florence à Lons-le-Saunier, en 1530, fut présenté à l'église de Saint-Nithier de Clairvaux, parce que, dit la relation de cette pompe funèbre, cette église devait des prières à son seigneur. Ce motif indique peut-être la fondation et dotation du prieuré par un des ancêtres du défunt.

La *maison prieurale*, contiguë à l'église du côté du nord, existe encore, et l'on voit la porte, actuellement murée, par laquelle le prieur passait de sa chambre dans l'ancien chœur, sans doute séparé de la nef par un cancel. Depuis le changement des lieux, cette porte permettait au prieur et aux gens de sa maison, d'aller assister à l'office dans la tribune placée au dessus de la porte de l'église.

L'église ou la *cure* de Clairvaux était du patronage du prieur du lieu, et dépendait du monastère de Gigny. Un ancien pouillé de celui-ci la mentionne ainsi : *Ecclesiam de Claravalle in Montana*. On a trouvé dans les titres les noms des anciens curés qui suivent : *Haimon* en 1208, *Ponce* 1212, *Guy* 1244, 1259, *Jean* 1272, *Baron* 1281, *Jean* 1304, *Humbert* 1360, *Don* 1374, Pierre *Chesne* 1544, 1566, 1568, Jean *Cordelier*, 1666.

Art. X. — *Prieuré de* la Cluse-Saint-Bernard.

C 131.

Ce prieuré n'est connu que par son insertion dans l'ancien catalogue des bénéfices de Cluny, comme immédiatement dépendant de Gigny, dans le diocèse de Genève. C'est sans doute ce prieuré que l'historien Dunod voulait indiquer, lorsqu'il disait, en 1735, que nos religieux avaient possédé autrefois des prieurés jusque dans le Genevois. Nous avons encore lu dans une histoire ecclésiastique des diocèses de Genève, Tarentaise et Maurienne, publiée en 1759, la mention d'un prieuré rural de bénédictins à la Cluse-Saint-Bernard, au décanat d'Aubonne. Mais c'est tout ce qui en est parvenu à notre connaissance, et nous ignorons absolument quand et comment le monastère de Gigny l'avait obtenu, à quelle époque et pourquoi il a cessé de lui appartenir, quels en ont été les titulaires, en quelles mains il a passé, etc., etc.

Prieuré de Cuiseaux.

Voyez ci-après, *prieuré de* Mouz.

Art. XI. — *Prieuré de* Cuisia.

§ 1. Il a été dit, au chapitre V ci-devant, que Manassès de Coligny avait fait don. en 974, de l'église de *Treffort* à l'abbaye de Gigny. Cependant, d'un autre côté, d'après le cartulaire de Nantua, cette église aurait été donnée, avant le milieu du cinquième siècle, par Gondicaire, roi de Bourgogne, à celle de Nantua, en même temps que celles de Saint-Alban en Mâconnais, et de Saint-Joyre en Lyonnais. Ce qui est certain, c'est que l'abbaye de Nantua y a possédé long-temps un prieuré établi dans un lieu appelé encore aujourd'hui le *Monestay*, dont on cite deux titulaires en 1258 et en 1273 ; ce qui est certain encore, c'est que, postérieurement, mais déjà avant le quinzième siècle, comme le prouve l'ancien catalogue des bénéfices de Cluny, ce prieuré fut réuni à la mense capitulaire des religieux de Nantua, qui en ont joui jusqu'à la fin. Néanmoins, ce même catalogue place aussi un prieuré de Treffort au nombre de ceux qui sont immédiatement soumis à Gigny. Or, on peut présumer qu'il s'agit du prieuré de Cuisia, peut-être démembré de celui de Treffort, dont il n'est distant que de trois kilomètres.

C, 131

§ 2. Ce prieuré a été *réuni* de bonne heure à la mense de Gigny, car il n'est pas même nommé dans les ouvrages de Guichenon, de Garreau, de Dunod, etc., non plus que dans le catalogue précité, à moins, comme on a dit, qu'il ne soit désigné en ce dernier sous le nom de Treffort. Cependant, la maison prieurale n'a été démolie que depuis peu d'années. Elle était contiguë au mur méridional de l'église actuelle. Les noms des prieurs sont inconnus, et les titres de Gigny n'en mentionnent aucun. Les inventaires ne citent même point de titres anciens relatifs à cet établissement, à l'exception de quelques terriers en latin de 1434, 1457, 1511 et 1545. Ils relatent aussi une transaction faite en 1676 entre le prieur de Gigny et M. de Rosy, au sujet du cens dû au prieur de Cuisia.

§ 3. L'*église* de Cuisia, sous le vocable de saint Clément, pape, et dont le prieur de Gigny avait le patronage, est ancienne. Ses fenêtres sont toutes en ogives ; on y voit quelques tombes du seizième siècle ; et, sous le porche, à côté de la porte d'entrée, se trouve une pierre pupitrale, attenante au mur, destinée à recevoir le livre, lors de la cérémonie du jeudi saint. De semblables pierres existent aux églises de Treffort, Courmangoux, Frontenaud et Saint-Laurent-la-Roche. Les fonds baptismaux sont formés d'un marbre octogone poli, sur les panneaux duquel sont très bien sculptées des figures religieuses et des inscriptions en lettres antiques, notamment le monogramme IHS.

La statue de *Notre-Dame de Montfort* a été transférée, depuis quelques années, dans l'église de Cuisia. Elle était auparavant dans une chapelle particulière sur la côte, en approchant les ruines de l'antique château dont celle-ci dépendait. On y allait en procession le jour de la Fête-Dieu, et l'historien Guichenon dit que, de son temps, on y avait une grande dévotion.

§ 4. Au sud-ouest de l'église, à mi-côte, là où on voit aujourd'hui une croix, existait un *ermitage* dépendant du prieuré de Gigny, au sujet duquel, en 1618, il y eut un procès. Les revenus en furent réunis à la mense capitulaire en 1769, après qu'Honoré Dumont, chirurgien à Cuisia, qui en jouissait, y eut consenti et en eut donné la démission. Ces biens consistaient alors en une maison, un jardin, un clos planté de vigne et une rente de 12^l 10^s. Ils furent loués, en la même année, par les nobles chanoines, moyennant 60 francs. Au reste, il ne subsiste aucun usage relatif à cet ermitage, dont la localité a seulement conservé le nom. On n'y fait aucune procession, on ne va point y manger les œufs le lendemain de Pâques, etc...

A Cuisia, il y a des vignes qu'on appelle encore *vignes à l'hôpital*; ce sont probablement celles qui appartenaient à celui de Gigny, ensuite de la dotation d'Humbert de Chatard.

§ 5. Du prieuré qui nous occupe, dépendait aussi l'*église de Pressia*, mise sous le vocable de saint Laurent, également du patronage de Gigny, et située au pied du pic sur lequel s'élèvent encore quelques murailles du château de Montfort. Elle paraît même plus antique que celle de Cuisia ; on descend deux degrés pour y entrer ; le chœur est couvert en laves ; sa voûte, ainsi que celles de la nef et deux petites chapelles, est en ogives très aiguës ; enfin les fonds baptismaux sont absolument semblables à ceux de Cuisia, de même forme, de même marbre et de la même époque, avec les mêmes inscriptions.

A Pressia, sont les ruines du *château* de ce nom, qui avait jadis celui de *Du Bois* et qui appartenait aux seigneurs de nom et d'armes de Loysia, près Gigny. Marguerite de Loysia, dame Du Bois, le porta en dot, avant 1273, à Guillaume d'Andelot, duquel sont descendus les barons de Pressia. Cette terre, érigée en baronie après le milieu du seizième siècle, et à laquelle furent réunis les châteaux de Montfort, de Bourcia, de Civria et de Marmont, resta dans la maison d'Andelot pendant 400 ans, jusqu'à l'extinction de celle-ci dans le dix-septième siècle, faute de descendants mâles. Le château de Montfort appartenait anciennement à celle d'Antigny, dont Guillaume d'Antigny, seigneur de Sainte-Croix, le vendit à Galois de la Baume, en 1335. Marc de la Baume le vendit à son tour, en 150 0, au seigneur de Pressia.

§ 6. Les *biens* et *revenus* de notre prieuré de Cuisia, « con-
« sistant en maison prieurale, cuves, pressoirs, cens, rentes,
« dîmes, vignes et autres droits, tant à Cuisia qu'à Pressia,
« Courmangoux et Chevigna, » furent loués en 1769, moyennant 1600 fr. nets. En 1780, ils furent loués 2400 fr., y compris les revenus de l'ermitage, mais non compris la mareille

des deux paroisses, laquelle appartenait à l'ouvrier du monastère. Le prieur de Gigny, qui avait le patronage des deux cures, payait 200 fr. au desservant de Cuisia, et 92 fr. à celui de Pressia, pour suppléments de portion congrue, ensuite des traités faits avec eux en 1700 et 1714.

Art. XII. — *Prieuré de* Donsurre.

§ 1. Le prieuré de Donsurre [196] était situé, comme le précédent, dans le département actuel de l'Ain. La maison prieurale existe encore en partie au nord de l'église à laquelle elle est contiguë. Le champ qui en dépendait porte toujours le nom de *Clos du prieuré*, et se trouve situé, ainsi que l'église et le logement du prieur, sur une petite butte isolée. Cette église, sous le vocable de saint Théodore, paraît antique, surtout le chœur, couvert en laves, et le pavé en est plus bas que le sol extérieur.

Le *fondateur* de ce prieuré, dit Guichenon, est inconnu. Cependant, comme la *garde* en appartenait au seigneur de Saint-Trivier-de-Courtes et à celui de Saint-Amour, on peut présumer que leurs ancêtres n'ont pas été étrangers à cette fondation. Dans les terriers de Saint-Trivier, des années 1416, 1522 et 1563, les prieurs de Donsurre ont reconnu devoir au seigneur de ce premier lieu deux livres de cire par an, pour la garde de leur prieuré. Par celui de 1522, les hommes de ce bénéfice reconnurent aussi devoir au seigneur trois gros par feu, ensuite d'une transaction faite en 1479 avec Philippe de Savoie, comte de Bagé.

D'un autre côté, à cause du gros hameau de Villeneuve, faisant partie du prieuré, quoique dépendant de la paroisse et seigneurie de Saint-Amour, Philibert de la Baume, comte

---

[196] On trouve aussi ce lieu écrit : *Donseure, Domseure, Dumpsure, Dompseuré, Donzeure, Domtzueure*, mais nous avons adopté l'orthographe suivie généralement aujourd'hui et conforme à la prononciation.

de Coligny, baron de Saint-Amour et seigneur de Villeneuve, déclara, dans le terrier de 1563, « qu'il lui appartenait, non-« seulement la terre de Villeneuve, en toute justice, en la « paroisse de Saint-Amour, mais encore la garde sur les « hommes et prieuré de Donsurre. » L'un de ses successeurs, comte de Saint-Amour, dans le dénombrement qu'il fournit, en 1602, au roi de France devenu souverain de la Bresse, mentionna aussi comme lui appartenant : « la seigneurie de « Villeneuve, en toute justice, le servis sur un moulin banal « de la rivière de Solenan, le droit de garde sur plusieurs « habitants de Dompseure, ainsi que le droit d'exercer la « justice audit Dompseure le jour de la Fête-Dieu. »

§ 2. Ce prieuré était à la nomination du titulaire de Gigny, et d'après le catalogue de Cluny, il devait y résider trois moines, y compris le prieur et un prêtre séculier commensal, probablement en manière d'aumônier ou de syncelle. Il paraît que ce bénéfice fut donné en commende dès le quinzième siècle.

C. 131.

Le prieur de Donsurre était aussi seigneur des lieux, mais il n'avait que la moyenne et basse justice. Une sentence du 12 décembre 1485, cassant et annulant un jugement de Saint-Trivier qui avait décidé le contraire, le maintint en possession de ce droit féodal, et on trouve cités, dans les inventaires de Gigny, des registres de tenue de cette justice dès 1509 à 1521, auxquels sont annexées quelques institutions d'officiers judiciaires. Quant à la haute-justice, elle appartenait aux seigneurs de Saint-Trivier et de Saint-Amour. En conséquence, dans son dénombrement précité de 1602, le comte de Saint-Trivier plaça le droit d'arrière-fief du prieuré de Donsurre. Par ce motif, le titulaire de celui-ci lui devait foi et hommage, et faute par lui d'avoir rempli ce devoir, en 1671, les revenus du bénéfice furent saisis en vertu d'une commission sur arrêt de la chambre des comptes de Dijon. Le prieur se hâta alors de rendre la foi et l'hommage qu'il devait, et son successeur, en 1681, en renouvela aussi l'acte sans difficulté.

Par suite de cette suzeraineté, les habitants de Donsurre devaient guet et garde au château de Saint-Trivier, comme il fut décidé, en 1479, lors des guerres de Louis XI. Il fut même convenu et traité alors qu'ils paieraient trois gros par feu, lorsqu'ils ne rempliraient pas ce droit féodal.

§ 3. Voici la liste des *prieurs* de Donsurre que Guichenon a laissée, suivie de ceux que nous avons pu y ajouter.

Rodolphe de LA GELLIÈRE, en 1323, 1337.

Simon de NAGU, 1350, 1355.

Jean BOURGEOIS, 1386, 1399, 1408.

Jean DU BOIS, 1401.

Jean ARTUS, 1420.

Jean de SUZE, 1421.

Bernicole de RIVOIRE, religieux de Nantua, 1466, 1477.

Étienne de MOREL, pitancier de Gigny, abbé d'Ambronay, 1485, 1493.

Aymé CHICHON, protonotaire apostolique, curé de Treffort, chanoine de Lausanne et de Genève, 1509, 1536.

Jacques de GRILLET, protonotaire, chanoine de Bourg, et prieur d'Inimont, 1540, 1558, 1571.

Jean-Baptiste de LA BAUME-MONTREVEL, 1610.

Pierre AZARD...

Albert de GRILLET, prieur d'Inimont...

Louis de MONSPEY...

Claude BERTHIER, mort en 1648.

Antoine BERTHIER, résignataire du précédent, 1648, 1650.

Pierre GUIVERNOIS, 1671.

Louis de THESUT, ensuite prieur de Gigny, 1681, 1696, 1702.

Éléon-Alexandre de BELOT-DE-MONTBOZON, chambrier de Gigny, 1742—1789.

Ce dernier titulaire, sous lequel le prieur de Donsurre fut sécularisé, en 1768, ne fut pas le successeur immédiat de Louis de Thesut, mort en 1729. Ce fut peut-être M. de *Larians*, prieur cloîtrier de Gigny, qui avait déjà résigné, en 1711, son office de chambrier en faveur de M. de Montbozon, son neveu.

§ 4. Les *revenus* du prieuré de Donsurre furent loués, en 1754, moyennant 950 francs, par M. de Montbozon. Ils furent évalués nets à 1400 francs en 1760, par les religieux de Gigny, et loués 2000 francs en 1773 par le titulaire. L'auteur de cette histoire n'a pu lire aucun de ces baux, pour apprécier en quoi consistaient ces revenus et en quels lieux ils étaient perçus; mais le dénombrement forcé, donné par le prieur, en 1671, y supplée jusqu'à un certain point. Or, ce titulaire déclara alors « que son prieuré était à la « nomination d'Abr. de Thesut, abbé de Saint-Pierre de « Gigny, et qu'il consistait en une maison et un petit jardin « proche l'église, avec des terres autour de ladite maison; « qu'il jouissait des deux tiers de la dixme, l'autre tiers « appartenant au curé; que la moyenne et basse justice lui « compétait dans toute l'étendue de la paroisse, et la haute « au seigneur de Saint-Trivier; qu'il jouissait aussi d'un « petit tiers de dixme au village de Cormoz, de douze ou- « vrées de vigne à Saint-Jean-des-Treux, de quelques quarts « à Coisia, dans la même paroisse de Saint-Jean, et d'un « demi-quart sur la dixme de Saint-Amour. »

Dans ce dénombrement, il n'est pas question du pré de Donsurre, vendu en 1390, au pitancier de notre monastère, par Odon de l'Aubépin; ni du droit de bans de vendange et autres récoltes que Jacquemard de Coligny reconnut, en 1408, appartenir au prieur de Donsurre, dans les deux communes de Saint-Jean-des-Treux et de Chazelles. Mais au reste, le beau vignoble ou *Clos-Saint-Jean*, de 120 ouvrées, que possédait le monastère de Gigny, dans la première de ces communes, ne dépendait pas du prieuré de Donsurre, car il n'a jamais été loué par le titulaire de celui-ci, mais toujours par le prieur ou les chanoines de Gigny, du moins en 1693, 1705, 1771, 1780.

§ 5. Le prieur de Donsurre *devait* sept florins d'or pour droit de responsion à l'insigne monastère auquel il était immédiatement soumis; et on trouve qu'en 1572 il fut appelé en justice pour être condamné à l'acquitter. Le titulaire déclara aussi, dans son dénombrement de 1671, que les habitants de Donsurre l'obligeaient à faire célébrer une messe tous les dimanches et fêtes, mais qu'ils ne pouvaient pas prouver qu'il fût tenu à cette charge. L'existence d'un prêtre séculier dans ce prieuré avait peut-être rapport à ce service.

Art. XIII. — *Prieuré de* Flacey.

§ 1. Il n'est pas certain qu'il y ait eu à Flacey, commune du canton de Cuiseaux, un prieuré distinct de celui de Maynal. A la vérité, dans une charte de 1406, insérée parmi nos preuves, on voit figurer comme témoin *Guy de Beaufort*, avec la qualification de titulaire du prieuré de Flacey (*de Vlaca*), lequel on retrouve, en 1424, cellérier à Gigny. Mais, c'est le seul indice connu de ce prieuré, et, sur les lieux, aucune tradition ne le rappelle, aucune localité ne conserve le nom de *prioré*. D'un autre côté, le titre susdit place ce monastère au diocèse de Lyon, tandis que Flacey a toujours fait partie de celui de Besançon. D'ailleurs, s'il a existé quelquefois d'une manière distincte, il n'a pas tardé à être réuni à celui de Maynal, et sans doute avant le quinzième siècle, puisque le catalogue de Cluny ne le mentionne pas. Aussi, l'aumônier de Gigny, en qualité de prieur de Maynal, a eu le patronage de la cure et les dîmes de la paroisse de Flacey jusque dans les derniers temps. Ces dîmes étaient notamment perçues dans les hameaux du Châtel, du Bouchot, du Villars, de Platafin et de Necudoy [197].

En raison de leurs anciens rapports, les habitants de Flacey ont conservé le langage et l'accent de ceux de Maynal.

§ 2. L'*église* de Flacey, sous le vocable de saint Martin, est fort ancienne, car elle fut donnée en 951, avec les biens qui en dépendaient, à l'abbaye de Cluny, par le comte Léotald et sa femme. Elle est située, comme celle de Donsurre, sur une petite butte ou éminence, sur laquelle la maison prieurale existait probablement aussi. Elle a été reconstruite, depuis peu d'années, sur l'emplacement de l'ancienne qui, quoique couverte en laves et ayant des vitraux peints, n'était pas d'une architecture antique.

Comment cette église et ses dépendances sont-elles sorties de l'abbaye de Cluny, après le dixième siècle, pour dépendre de l'aumônerie de Gigny? On n'a pu le découvrir.

§ 3. La *seigneurie* de Flacey n'appartenait point à notre aumônier. Elle fut possédée d'abord par la maison de Salins-la-Tour, dont Jean de Salins, chevalier, seigneur de Poupet et sire de Flacey en 1363 et 1382. Renaude de Salins, dame de Flacey, Beaufort et Présilly, la porta, en 1419, dans la maison de Luyrieux, par son mariage avec Lancelot de Luyrieux, frère d'un prieur de Gigny. Elle passa ensuite, au commencement du seizième siècle, dans la branche de celle de Coligny, qui possédait Cressia. La veuve du dernier des Coligny, de Joachim, mort en 1664, la vendit ensuite à Ét. Berton de Lyon, dont la fille l'apporta en dot à Antoine de Laurencin. La famille de ce dernier a possédé cette seigneurie jusqu'à la révolution. Cette famille, qui avait déjà titre

---

[197] La tradition locale prétend que ce village a été ainsi nommé, parce que ses habitants auraient été chargés d'une redevance d'un écu, pour avoir refusé de venir battre l'eau des fossés du château, pendant les couches de la dame, importunée du cri des grenouilles; d'où *un écu doit*.

et rang de noblesse à Lyon, dans le quinzième siècle, descendait, dit-on, de la famille romaine *Laurentina*. Au reste, la *motte*, proche l'église, dont les maisons voisines composent le village appelé le *Châtel*, était l'emplacement de l'ancien château entouré des fossés qu'on voit encore. La charrue passe depuis bien long-temps sur ses ruines, et a mis au jour, il y a deux ans, un pavé en larges briques carrées bien conservé.

Art. XIV. — *Prieuré de* Foissia.

§ 1. Le dernier inventaire des titres de Gigny, confectionné en 1787, mentionne sept baux des revenus du *prieuré de Foissia*, aux dates de 1644, 1656, 1712, 1724, 1741, 1748 et 1774. Néanmoins, il est plus que douteux qu'il ait jamais existé de prieuré réel dans cette grande commune du département de l'Ain. L'historien de la Bresse, qui cite des titres du treizième et du quatorzième siècle, relatifs à Foissia, ne parle aucunement de prieuré. Le catalogue de Cluny, si souvent cité, garde le même silence. Il n'existe aucune localité, aucun fonds, dans cette commune, qui portent aujourd'hui le nom *du prieuré, du prieur, des moines, de Gigny*, etc. Il y a seulement, au sud de l'église, un grand et vieux bâtiment, qu'une tradition vague dit avoir été occupé autrefois par des religieux. D'ailleurs, dans le bail de 1774, que l'auteur de cette histoire a lu, il n'est pas question du louage d'un prieuré en faveur de l'aumônier de Gigny, mais seulement de la part qui lui appartenait dans la dîme de la paroisse. Cette part, louée alors moyennant 600 fr., consistait dans la perception de deux gerbes sur neuf de cette dîme, rière le bourg de Foissia, d'une sur six au hameau de Quintot, et d'une sur trois en celui de Montclair. Le même acte porte qu'alors il y avait procès pour les grabadis ou menues dîmes. Au reste, cette espèce de bénéfice paraît n'avoir été qu'un démembrement du riche prieuré de Marboz ; car on voit, par les baux de ce dernier, passés en 1769 et en 1778, que la portion congrue du curé de Foissia était à la charge du prieur de Marboz et non à celle de l'aumônier de Gigny.

§ 2. L'*église* de Foissia, sous le vocable de saint Denis, était du patronage de notre officier claustral, et M. de Faletans en nomma encore le curé en 1773. Le chœur seulement est en ogives et paraît antique, ainsi que la porte d'entrée à soir. A côté de cette porte, et en témoignage de gratitude bien mérité, la société d'agriculture du département de l'Ain a érigé, en 1830, un marbre en l'honneur de Pierre Meysson, cultivateur de Foissia, qui a introduit l'usage de la marne dans cette commune et dans le voisinage.

§ 3. Les religieux de Gigny n'étaient pas seigneurs de Foissia et n'y avaient point de revenus féodaux. Guillaume de Foissia, en 1272, fit hommage de la *Poype de Foissia* au comte de Savoie. Cette terre étant ensuite devenue châtellenie, fut donnée, en 1355, à Guillaume de la Baume. Dès-lors elle est toujours restée dans la maison de Montrevel.

Art. XV. — *Prieuré de* Saint-Hilaire.

Ce bénéfice n'est connu que par indication renfermée dans nos inventaires, « d'un titre en latin contenant provi- « sion du prieuré de Saint-Hilaire, en 1532, en faveur de « noble Jean-Michel de Rye. » S'agit-il ici du prieuré de Saint-Hilaire, dépendant de Cluny, dans la commune de Saint-Romain, près Beaune, réuni en 1681 aux bénédictins anglais de Saint-Emond de Paris, où devaient résider deux moines, y compris le prieur ? S'agit-il de celui de Saint-Hélier ou Saint-Hilaire en Auxois, démembré de l'abbaye de Saint-Seine et uni, en 1689, au séminaire de Dijon ? On l'ignore entièrement. Ce prieuré n'est point inséré dans le catalogue de Cluny, et, d'ailleurs, les généalogistes de la maison de Rye ne citent point le titulaire en question.

Art. XVI. — *Prieuré d'Ilay ou de* la Motte.

§ 1. Ilay était autrefois une petite commune du canton de Saint-Laurent-en-Grand-Vaux, ou des Petites-Chiettes, dans l'arrondissement de Saint-Claude. Ce n'est aujourd'hui qu'un hameau de la Chaux-du-Dombief, à laquelle il a été réuni depuis plus de vingt ans. C'est là que commence la zône des sapins et des grands hêtres. On n'y voit plus croître les frênes élevés, ni cultiver le maïs ; la terre y est carbonisée ou *écobuée*, au mois de juillet, pour la fertiliser ; le bœuf y est attelé avec un collier, comme le cheval ; les blés, orges et avoines y sont coupés, au milieu du mois d'août, avec la faux, comme le foin. Là aussi, on fabrique les bons fromages des montagnes ; on sale et on dessèche les viandes pour les conserver, sous le nom de *brésil* ; on voyage sur la neige en traîneau pendant l'hiver ; on commence enfin à trouver les mœurs, les usages et la vie des hautes montagnes.

Au nord et à quelque distance de ce petit village, existe un lac qui s'étend jusqu'au village du Frasnois, nommé *lac d'Ilay, lac du Frasnois,* et dans les titres du dix-septième siècle, *lac de la Motte.* C'est dans une *Isle* ou *Motte* rocheuse, vers le bord oriental de ce lac, qu'était un prieuré dépendant de Gigny, nommé, à cause de sa position, prieuré d'*Ilay,* prieuré de Saint-Vincent de la *Motte.* L'eau servait de cloître aux moines qui l'habitaient ; mais, pour arriver à leur pieuse et pittoresque solitude, une chaussée en pierres avait été pratiquée depuis le bord du lac. Cette chaussée existe toujours, beaucoup enfoncée dans le sol tourbeux, de sorte qu'aujourd'hui on ne peut parvenir dans l'île, au moyen de cette chaussée, qu'en marchant à près d'un mètre dans l'eau. Cet enfoncement a donné lieu de dire dans le pays qu'une partie de l'île s'était engloutie sous l'eau avec l'église du prieuré, et que l'on entendait encore la cloche appeler quelquefois, du fond du lac, les moines à matines. Mais laissons ces contes pour ce qu'ils valent, ainsi que les traditions scandaleuses recueillies et conservées par le P. Joly et par M. Monnier. Contentons-nous de dire qu'actuellement cette île est envahie par des broussailles, du bois et deux noirs sapins d'un aspect assez pittoresque ; qu'on y voit encore les ruines du prieuré, ses fondations et même des pans de murs, avec des pruniers et autres arbres fruitiers de l'ancien jardin des moines.

§ 2. Les habitants d'Ilay disent par tradition que leur prieuré a été *fondé* dix-sept ans avant la chartreuse de Bonlieu, c'est-à-dire au milieu du douzième siècle. En effet, celle-ci paraît avoir été établie peu avant 1172, année où Thiébert de Montmoret lui fit une riche donation. Elle fut ensuite enrichie par son fils et son petit-fils, et les seigneurs de Clairvaux en conservèrent la garde. Les religieux de cette chartreuse ont eu jusqu'à la fin la pêche du lac même dans lequel le prieuré d'Ilay existait. D'un autre côté, les nobles chanoines de Gigny, dans un procès qu'ils eurent avec les habitants d'Ilay, de 1753 à 1773, interpellés d'affirmer par serment s'ils n'avaient pas en leur pouvoir de titres favorables à ces habitants, passèrent procuration pour prêter ce serment négatif, en déclarant qu'ils n'avaient d'autres titres que celui produit au procès et à eux remis par les vénérables chartreux de Bonlieu, *dont les droits étaient communs avec les leurs.* On peut donc penser avec quelque raison que le prieuré d'Ilay et la chartreuse avaient une origine commune et contemporaine, et qu'ils provenaient tous deux des libéralités de la maison de Montmorot. Cette opinion nous paraît mieux fondée que celle qui attribuerait l'établissement de ce prieuré, sur la fin du onzième siècle, à saint Simon de Crespy, moine de St.-Claude, et même que celle qui suppose des bénédictines à Ilay et des chanoines réguliers à Boulieu, dès le commencement du sixième siècle.

§ 3. Quoiqu'il en soit, le titre le plus *ancien* sur ce prieuré, qui soit parvenu à notre connaissance, est un titre en latin, analysé sur nos inventaires, « contenant donation faite par
« le seigneur d'Andel, prieur de Gigny, à l'abbaye de Ba-
« lerne, en 1176, de tout ce que l'église d'Islay possédait
« dans le vallon de Chambly, depuis le guay d'Apel, suivant
« que se termine la montagne de Cuire de *Saint-Claude* (198),
« tout ce qu'elle possédait dans les terres, prés, étangs et
« bois, dès la roche de *Dulcia* (Doucier), depuis le lac de *Ma-*
« *rignet* (Marigny), au-dessus du mont vers *Jura* (bois qui
« domine Chalin), les usages et granges dites ès *Satflou*
« (Saffloz), dans les terres, prés, bois, décimes, pour 14 ᴸ
« tournoises et pour le service annuel de trois sols, monnaie
« de *Lion* (Lons-le-Saunier), payables le jour de l'Exaltation
« de Sainte-Croix au prieur d'Islay, ou à Gigny, au prieur
« cloîtrier. »

C. 65. On a aussi analysée, au chapitre XII, une charte de 1204 contenant acensement, par le prieur de Gigny, à celui de Boulieu, des dîmes et de tout ce que le prieuré possédait à Islay, Chiettes, Saint-Cloud, Collondon, etc...

On lit, en outre, qu'en 1233 une partie du territoire du village du Frasnois fut acensée aux habitants de ce lieu conjointement par le prieur de Saint-Vincent, de la Motte, par l'abbé de Balerne et par les seigneurs de l'Aigle et de Châtel-Neuf.

Dans le quatorzième siècle, il s'éleva un différend entre

---

(198) L'analyste de cette charte a confondu ici saint Claude avec saint Clou de Denezières ou du Frasnois, sans doute parce qu'ensuite d'une orthographe vicieuse, on lisait dans ce titre aussi bien que dans celui de 1204; *Claudus* au lieu de *Clodus*. Le culte de saint Claude est bien postérieur au douzième siècle et l'abbaye de Saint-Oyen a changé encore plus tard de nom. On reviendra sur cette confusion à l'article du prieuré de Maynal.

Pierre de Champdivers, prieur d'Ilay, et Jean, prieur de Bonlieu, concernant la propriété de la *Chaux-Louvrière*. Ce procès durait depuis plusieurs années et était instruit pardevant Michel de Chevrel, bailli de Béatrix de Viennois, veuve de Hugues de Chalon, sire d'Arlay. Or, en 1328, cette dame nomma deux arbitres pour le terminer à moindres frais ; mais la procédure n'en avança guère plus vite, car ce ne fut que trente ans plus tard, au mois de décembre 1357, que ces deux arbitres, Alexandre de Noserey et Vésin de Montaigu rendirent, en forme de transaction, une sentence par laquelle il fut dit que, « dès le Saut-Girard, en tirant le « long du ruisseau, jusque vis-à-vis des bornes plantées « où soulait être le moulin des Platelles, la Chaux-Louvrière « appartiendrait à la chartreuse, tandis que, dès le saut du « val de Chambly, jusqu'au Saut-Girard et jusqu'à l'arête « de la montagne des Platelles, elle appartiendrait au prieuré « d'Islay » dont Étienne de Montfleur, religieux de Gigny, était alors titulaire.

C. 105.

§ 4. Ce petit monastère était sous le *vocable* de saint Vincent, et les habitants d'Ilay en faisaient la fête le 22 janvier, avant leur incorporation à la commune de la Chaux ; mais depuis cette époque, ils chôment celle de saint Point, patron de celle-ci. L'ancien catalogue des bénéfices de Cluny dit qu'il devait y résider un moine avec le prieur. Il était du diocèse de Besançon, à la collation du pape et de la paroisse des Petites-Chiettes. Il fut *uni*, presque dans le principe, à celui de Poitte ; car dès 1288, les prieurs sont reconnus les mêmes, ainsi que le vocable. La mention distincte des deux établissements, par l'historien Gollut, donnerait à penser que l'union fut bien postérieure ; mais, d'un autre côté, l'omission de celui de Poitte dans le catalogue précité donne encore lieu de croire que cette union est très ancienne : ils furent sécularisés ensemble en 1766, et réunis au chapitre de Gigny, après avoir été possédés en commende pendant au moins quatre siècles.

C. 131.

C. 146.

§ 5. Nos propres recherches, réunies à celles de l'abbé Baverel et de J.-B. Béchet, n'ont fait connaître que les *prieurs* suivants :

Guichard de THOIRIA, curé de Soucia, en 1288.
Pierre de CHAMPDYVER, 1328.
Étienne de MONTFLEUR, religieux de Gigny, 1357.
Pierre GEMELLI, 1603.
Girard DURAND, 1604—1639, qui supplanta, en cour de Rome, Antoine QUARREY, nommé par le prieur de Gigny.
Edmond ou Aimé MATHEY, de Dole, 1648, 1653.
Jean DORIVAL I, 1663.
Jean DORIVAL II, clerc, de Besançon, 1737.
Claude-Louis DORIVAL, 1750, 1768.

§ 6. Les *revenus* du prieuré de la Motte et de celui de Poitte réunis étaient, pour le titulaire, de 500 fr. en 1635 et 1737, et de 800 fr. en 1760, déduction faite du don gratuit, des impositions royales ou de communauté et des suppléments de portion congrue. Ils furent loués ensemble par les nobles chanoines, moyennant 1,000 fr. en 1768, 1,200 fr. en 1774, et 1,905 fr. en 1781. Ces revenus consistaient, pour le prieuré de la Motte seulement : 1.° en quelques terres et de beaux prés à Ilay et au Frânois ; 2.° en dîmes perçues à Ilay, Chambly, le Frânois et la Fromagerie ; 3.° en cens et quelques autres droits seigneuriaux dans ces quatre villages.

On a déjà parlé du cens de trois sols dû, d'après le titre de 1176, par l'abbaye de Balerne, à cause du vallon de Chambly; d'un autre côté, on lit que les habitants de la Fromagerie confessèrent, en 1653, devoir au prieur, en corps de communauté, la cense annuelle de quatre mesures de froment et six d'avoine, à l'ancienne mesure de Balerne, formant le 12.° de six quartaux de ces deux denrées. L'autre douzième appartenait à la dame de l'Aigle, et le restant à l'abbé de **Balerne** et au prince d'Orange. En la même année, les habitants d'Ilay reconnurent aussi devoir les lods et de plus, en corps de communauté, une mesure de froment pour le droit de four. Nos nobles chanoines pensaient que le prieur avait encore le droit de pêche et de chasse, car leur fermier ayant été condamné, en 1771, pour une contravention de cette nature, ils en appelèrent ; mais en 1772 ils se désistèrent.

Quant aux dîmes, elles étaient perçues, au Frânois et à la Fromagerie, selon la même reconnaissance de 1653 et selon les baux du noble chapitre, à la onzième gerbe des grains qui se liaient, et au onzième cuchot de ceux qui ne se liaient pas. Le feurg n'était que de la douzième gerbe et du douzième cuchot à Ilay et à Chambly, sauf que, dans ce dernier lieu, les habitants donnaient une mesure par pose ou journal, en place de la dîme des grabadis ou denrées qui ne se liaient pas. On ne lie guère que le seigle et le froment, dans ces pays élevés ; l'orge, l'avoine, les fèves et les lentilles, sont chargées sur les voitures, comme du foin.

§ 7. Il existe une *chapelle* dans le village d'Ilay, laquelle porte le millésime de **1730**. Son architecture, en effet, n'est pas antique, et on peut présumer qu'elle a été érigée après que celle du prieuré dans l'île est tombée en ruines. Les religieux de Gigny y faisaient célébrer des messes ; mais, de 1752 à 1773, ils eurent procès avec les habitants d'Ilay, sur le nombre de celles qui devaient y être célébrées. Dans le bail de 1768, les nobles chanoines n'obligèrent le fermier du prieuré qu'à la célébration de 20 messes par an ; mais dans ceux de 1774 et 1781, ils stipulèrent qu'il en ferait dire une chaque semaine, par un prêtre de leur choix, le tout sans doute conformément à la sentence intervenue.

Ilay était autrefois de la paroisse de Bonlieu, qui comprenait Bonlieu, Ilay, la Chaux-du-Dombief, les Petites-Chiettes, Saugeot, le Puits et Denezières. Mais l'église fut transférée, en 1749, aux Petites-Chiettes, et aujourd'hui trois paroisses remplacent l'ancienne, dont Vincent était desservant en 1356.

C. 108.

Girard d'Islay était religieux à Balerne en 1203, 1209.

Art. XVII. — *Prieuré de* Saint-Laurent-de-la-Roche.

§ 1. Si on en croyait un diplôme de l'empereur Frédéric, à la date de 1153, et inséré dans la *Bibliothèque de Cluny*, on serait porté à croire que le prieuré de Saint-Laurent a appartenu d'abord à l'abbaye de Baume, d'autant mieux que le même document recense aussi, dans le voisinage, comme dépendants de la même abbaye, des prieurés à Cesancey et à Sainte-Agnès. Cependant, comme on lit dans un autre exemplaire du même diplôme, qui existe aux archives du Jura, *monasterium sancti Lautheni*, au lieu de *monasterium sancti Laurentii*; comme aussi, d'un autre côté, beaucoup de chartes analogues du onzième et du douzième siècle ne recensent plus Saint-Laurent parmi les autres possessions de Baume, il faut reconnaître que ce prieuré appartenait d'ancienneté à l'abbaye de Gigny, et qu'il avait sans doute fait partie du patrimoine de Bernon. En effet, on a déjà vu, au chapitre XII, qu'en 1192, les religieux de Gigny étaient seigneurs suzerains de Saint-Laurent, et que, de concert avec Rodolphe, prieur de ce dernier lieu, ils avaient associé dans cette seigneurie le comte Étienne de Bourgogne, qui avait fait construire bientôt après, sur le pic d'un rocher, un château-fort célèbre dans l'histoire locale. C'est ce rocher qui a donné le surnom au village de Saint-Laurent. Mais aujourd'hui il ne reste guère plus de vestiges de cette forteresse que de l'ancien prieuré de nos moines. On a vu d'ailleurs que, postérieurement, ces derniers avaient cédé au seigneur leurs droits temporels, moyennant une rente en grains dont il a été parlé.

§ 2. A l'égard du prieuré, où l'ancien catalogue de Cluny

portait qu'il devait rester un moine avec le prieur, on n'en retrouve aucune tradition locale, aucune maison, aucun champ, aucun bois, aucune vigne qui en rappelle le nom. L'église seule et isolée subsiste sous le vocable de saint Laurent, avec des indices d'une haute antiquité. Sa voûte et ses fenêtres sont en ogives ; on y trouve plusieurs écussons de la féodalité, et, sous le porche extérieur, une pierre pupitrale ainsi qu'à Cuisia, etc. Hugues en est cité comme vicaire, en 1150.

C 131.

Le prieuré de Saint-Laurent, situé au diocèse de Besançon, en pays d'obédience, était à la collation du pape. Les religieux de Gigny, en demandant leur sécularisation en 1756, avaient aussi sollicité la suppression de ce membre de leur établissement, et la réunion de ses revenus à la mense capitulaire, comme de ceux des autres prieurés de la dépendance. Cependant cette extinction ne fut pas accordée à l'égard du seul prieuré de Saint-Laurent. Le pape s'en réserva expressément la collation par la bulle sécularisatrice, et on voit que ce bénéfice a eu des titulaires jusqu'à la fin. L'abbé Jard, prieur, étant mort en 1768, les chanoines de Gigny se crurent toujours collateurs ; et *instruits*, comme on disait, *des bonnes vie, mœurs et capacité* de M. J.-B. de *Moyria*, l'un d'eux, ils se permirent de le présenter à la nomination de l'archevêque de Besançon ; mais ce prélat institua le sieur *Le Bœuf*. Il en résulta une espèce de conflit en cour de Rome, lequel M. de Moyria fit cesser, en adressant, le 30 novembre 1769, une procuration de désistement et de consentement à la nomination de son compétiteur.

C. 143, 144.

L'abbé Baverel a commis une erreur quand il a placé ce prieuré sous la dépendance de celui de Nantua, à l'office du chambrier duquel il aurait été réuni.

§ 3. Nous avons encore moins de documents sur ses *revenus* que sur son historique. On a seulement trouvé qu'en 1635, il rapportait 300 fr. à son titulaire, 500 fr. en 1737, et plus de 1000 fr. en 1785. On voit aussi que le prince d'Ysenghien, seigneur suzerain, disait en 1738 « que les terres de la seigneurie de Saint-Laurent devaient des cens en argent, blé ou « autrement, tant au seigneur qu'aux *prieur* et hospitalier « de Saint-Laurent, à la chapelle Barant, à celle du château, « à M. de la Baume, à l'aumônier de Saint-Claude et à la « *Châse-Dieu* de Gigny. » Au reste, il ne faut pas confondre, avec les revenus du prieuré de Saint-Laurent, les huit pareils de froment et d'avoine que nos religieux levaient sur les greniers du château de ce lieu, ensuite du traité de 1192, et que le fermier du seigneur fut condamné à livrer en 1580, 1660 et 1667.

Il ne faut pas confondre non plus, avec ces revenus, les cent mesures de froment que nos nobles chanoines ont perçues jusqu'à la fin sur la dîme de *Cesancey*. Une reconnaissance des habitants de ce lieu, du 9 juin 1565, constate déjà ce droit, non pas rien que pour 100 mesures, mais pour 128, ou autrement pour 16 quartaux, ce qui indique une réduction postérieure, peut-être en faveur du vicaire en chef qui fut établi. Cette rente provenait probablement de l'ancien prieuré de Cesancey, appartenant à Baume et dont il a été parlé. « L'abbaye de Baume, dit J.-B. Béchet, partagea, « avec le prieuré de Gigny, les revenus de Cesancey. L'une « et l'autre cessèrent par la suite d'y faire le service, tout « en conservant la dîme qu'ils ont perçue jusqu'à la fin. Ce « ne fut que dans le dix-septième ou dix-huitième siècle que « la chapelle de Cesancey, probablement reste de l'ancien « prieuré, fut érigée en annexe ou vicariat en chef. »

§ 4. S'ensuit la liste des *prieurs* connus, principalement d'après l'abbé Baverel.

Rodolphe, en 1183, 1192.

Étienne de Thoulonjon, 1337.

Guillaume de Vienne, 1373.

Pierre de la Balme, 1452.

Antoine ANDREVET (oncle), 1531.

Antoine ANDREVET (neveu), 1560.

Pierre PELLOT, prieur commendataire, 1605.

Julien PELLOT (frère du précédent), 1606.

Renaud VIEUX, 1607.

Guyot BADOUX, 1609.

Claude de MEYCIA, 1609.

Claude LIVET (résignataire du précédent), 1612.

François LIVET, 1616.

Laurent-Jean BRUN, docteur en théologie, protonotaire apostolique, chanoine théologal de Besançon, archidiacre de Gray, doyen de Poligny, prieur de Beaumont et de Romain-Moutier, abbé de Clairefontaine, 1618—1673.

Claude-Gaspard de MARNIX, 1674.

Claude-Charles de RECULOT, 1677.

Augustin INESSE, 1700.

Jean-Antoine TINSEAU, chanoine métropolitain, 1738.

? N.... CAMUSAT, chanoine, 1748.

Jean-Antoine TINSEAU, chanoine métropolitain, évêque de Belley, puis de Nevers (peut-être le même que le précédent, ou son neveu), 1752.

N.... JARD (restant à Auxerre), 1757—1768.

{Jean-Bernard de MOYRIA, chanoine de Gigny, 1768—1769.
{N.... LE BOEUF, 1768—1769.

N.... CAMUSAT, chanoine, 1785, 1786.

§ 5. Outre le prieuré, il y avait aussi à Saint-Laurent un ancien *hôpital*, à la collation du seigneur, avec chapelle sous le triple vocable de la Vierge, de saint Denis et de saint Antoine, duquel on parle encore aujourd'hui et dont on montre la maison. L'abbé Jean-Antoine *Tinseau*, docteur en droit et en théologie, chanoine métropolitain de Besançon, probablement ensuite prieur de Saint-Laurent et évêque de Belley, puis de Nevers, y fut nommé en 1722, sur la présentation du prince d'Ysenghien. Il y succéda à Léonard *Richard*, familier de Saint-Laurent, et il en était encore titulaire en 1738. Un autre ecclésiastique, Guillaume *Sommier*, l'était en et avant 1536. En cette année, il fut traduit en justice pour fait de *paillardise*, accusé d'y avoir entretenu des filles de mauvaise vie, d'avoir rendu l'une d'elles mère de trois jumeaux, et d'avoir nourri cette progéniture aux dépens de l'hospice. Mais on ne voit pas le résultat de la procédure.

Art. XVIII.—*Prieuré de* Marboz.

§ 1. On a déjà dit plusieurs fois que l'église de Marboz avait été donnée, en 974, à l'abbaye de Gigny, par Manassès de Coligny. Ce fut ensuite de cette libéralité que l'insigne monastère y établit un prieuré, peut-être conventuel dans le principe. Cependant les plus anciens prieurs ne sont connus que dès la fin du treizième siècle. « Étienne Julian, dit Gui-« chenon, d'après les titres de Gigny, prieur de Marboz, et « Humbert, sire de la Tour-du-Pin, depuis Dauphin de Vien-« nois, firent, en 1279, un traité par lequel le droit de *garde* « et la *justice* de ce prieuré demeurèrent au sire de la Tour, « pour être, ledit prieuré, de la *fondation* de ses prédécesseurs, « seigneurs de Coligny. » Ainsi donc se trouve confirmée notre charte du dixième siècle.

L'ancien pouillé des bénéfices de Cluny ne mentionne pas le nombre des religieux qui doivent résider dans cet établissement, placé sous le *vocable* de saint Martin, et à la collation du prieur de Gigny. Il paraît avoir été tenu en *commende* dès le milieu du quinzième siècle, fut sécularisé en 1768, et l'union de ses revenus à la mense capitulaire de Gigny, effectuée en 1769, après la mort du dernier titulaire. La *maison prieurale* existait au nord de l'église, un peu au bas du cimetière, et on en voit encore une partie qui porte toujours le nom de *prieuré*.

L'*église*, placée sous le même vocable que le monastère,

est située sur une butte isolée, assez haute. Sa nef et ses collatéraux sont de reconstruction presque nouvelle. Le chœur seul est d'une architecture plus ancienne, avec fenêtres en ogives. On n'y lit aucune inscription, on n'y remarque aucun monument antique. Les nobles chanoines de Gigny y firent exécuter en 1779 des réparations considérables.

§ 2. Le bénéficiaire de Marboz devait au prieuré dont il dépendait une redevance annuelle de sept florins d'or pour droit de *responsion*. Celui de 1572, qui s'y refusait, fut condamné à l'acquitter, par une sentence du bailliage de Bourg. C'était peut-être le cens annuel de 60 sols que le prieur Hugonnet Palem avait déjà reconnu, en 1302, être dû au prieuré de Gigny.

Une autre charge du titulaire était la *desserte*, c'est-à-dire l'obligation de faire célébrer, comme à Ilay et à Donsurre, une messe chaque dimanche et chaque fête.

§ 3. Les *revenus* nets du prieuré de Marboz ne s'élevaient qu'à 2100 fr. en 1760, et à 4000 fr. environ en 1769. Ils furent loués en 1778, pour neuf ans, moyennant 6000 francs par an et 2400 francs d'étrennes ou pot de vin, mais y compris la dîme novale et celle qui appartenait précédemment au sacristain du prieuré de Gigny. Le fermier fut en outre tenu de payer le don gratuit et les impositions; d'entretenir la maison prieurale et les cordes des cloches; d'acquitter les portions ou suppléments de portions congrues dûs aux curés de Verjon, Foissia, Étrée et Malafreta; enfin de payer à celui de Marboz une somme annuelle de 1000 francs convenue entre lui et les religieux de Gigny, savoir: 250 francs pour lui tenir lieu de la dîme novale, 450 francs pour sa portion congrue et celle de son vicaire, et 300 francs pour la desserte du prieuré. En 1788, ces mêmes revenus furent loués 8000 francs, aux mêmes conditions, et, dans l'un et l'autre bail, les nobles chanoines se réservèrent la nomination aux bénéfices dépendant du prieuré, ainsi que les cens et droits énoncés aux terriers.

Les revenus loués provenaient surtout de *dîmes* à Marboz, Étrée, Malafreta, Lécheroux et Verjon. Elles étaient perçues, aux champs, à la vingtième gerbe des blés proprement dits, et aux greniers, à la vingtième coupe des menus grains ou des grabadis. Le prieur dîmait aussi le chanvre, parce qu'il était tenu d'entretenir les cordes des cloches. Les autres produits étaient ceux de quelques champs et surtout de deux beaux prés à Marboz dits les *clos Ponsard* et *Martinet*. Nos inventaires citent, en effet, plusieurs anciens titres de propriétés foncières, notamment 1.º un acte de vente de plusieurs terres à Marboz, passé au prieur, en 1282, par Bernard de Saint-Germain; 2.º un titre de 1332 concernant le *Meix en Presle*, situé à Verjon, et dépendant du prieuré. 3.º un autre de 1341, relatif à quatre pièces de terre, etc.

§ 4. Bien que la justice du prieuré de Marboz ait été reconnue, dès 1279, appartenir au sire de Coligny, néanmoins, le titulaire y percevait des *cens* que nos religieux se réservaient dans les baux précités. Les inventaires citent plusieurs titres qui les établissaient, tels que 1.º une reconnaissance de fief ou plutôt d'arrière-fief faite, en 1356, au profit du prieur, par Jean de Saint-Amour; 2.º une autre, ou peut-être la même reconnaissance, faite aussi en 1356, de trois pièces de vigne chargées d'un cens annuel de 6 gros ; 3.º un titre de 1384, relatif à un cens de 3 sols estevenants, lequel n'était peut-être que la reconnaissance, renouvelée en 1704, pour une pièce de terre située près le bourg de Marboz, lieu dit au *Pré de la Vigne*, sous le cens annuel de trois sols viennois ; 4.º un *terrier* en latin, dressé en 1445, pour Étrée et autres lieux ; 5.º deux autres, rédigés en français, en 1500, pour Marboz et Verjon ; 6.º un autre en 1555, pour Montsonge, hameau de Marboz ; 7.º enfin, ceux qui furent renouvelés de tous les précédents en 1754.

§ 5. Le prieuré de Marboz paraît avoir été démembré autrefois, et peut-être dès le quatorzième siècle, au profit de l'aumônier et du *sacristain* de Gigny. On a déjà vu que le premier de ces officiers avait une portion des dîmes de Foissia, avec le patronage de l'église, tandis que le prieur de Marboz restait chargé de la portion congrue du curé. Un de nos documents, qui apprend que ce prieur jouissait encore des dîmes de Foissia en 1702, ferait croire à un démembrement bien récent; mais nous avons aussi trouvé des baux de ces mêmes dîmes attribués à l'aumônier, dès le milieu du dix-septième siècle. Quant au sacristain, il est bien établi qu'il en percevait à Étrée et à Marboz dans le seizième, comme dans le dix-septième et le dix-huitième siècle, sans y avoir aucun patronage, et sans payer aucune part des portions congrues, qui étaient aussi à la charge du prieur local dans ces deux paroisses. En effet, les sacristains de 1512, 1553, et 1604 louèrent ces dîmes, tant de gros que de menus grains, pour les percevoir à Étrée, Marboz, Montjuif, Sainte-Colombe et Charignolles. Le prix annuel du bail de 1512 fut de 110 florins de Savoie, et celui de 1553, de 140 florins avec trois douzaines de chapons par an. On voit ainsi que cet officier claustral, sans être pitancier ni réfecturier, eut grand soin de songer à sa propre table, car on ne vivait déjà plus en commun dans le cloître de Gigny. Ces mêmes dîmes, qui rapportaient au sacristain 409 francs en 1760 et 775 francs en 1771, furent ensuite louées, avec celles du prieuré de Marboz, après la mort de M. de Balay.

§ 6. Voici la liste des prieurs connus, d'après l'historien Guichenon et nos propres recherches :

Étienne JULIAN, en 1279.

Hugonet PALEM, 1302.

Jean de THOIRE ou THOIRIA, 1320.

Hugues PALIER, 1332.

Jean de JALOIGNY, 1341.

Pierre de LA VAVRE, 1356.

Humbert de POMIERS, 1364.

Hugues........, 1362.

Guy de l'Espinasse, 1384.

Jean d'Aurillia, doct. en décrets relig., moine de Cluny, 1445.

Pierre Rossan, docteur ès-droits, sacristain de Treffort, nommé par le pape Félix V, en 1450.

Jean Teste, vic. gén. de l'abbé commend. d'Ambronay, 1481.

Pierre de Marus........

Pierre de la Baume, protonotaire apostol., abbé de Suze, évêque de Genève, 1508.

Claude Paluat, 1544.

Philibert (bâtard) de la Baume, protonot. apost., 1549.

Claude de la Baume, archevêque de Besançon, cardinal, 1571—1584.

Prosper de la Baume, né à Marboz, abbé du Miroir et de Charlieu, prieur de Jouhe et de Talissieu, mort en 1599.

Pierre de Thon-Rantechaux, infirmier à Gigny, 1598.

Jean-Baptiste de la Baume, haut-doyen à Besançon, 1610.

Claude Druays de Franclieu, 1630—1649.

Louis de la Baume de Montrevel, 1649, 1650.

Louis de Thesut, prieur de Donsurre, puis de Gigny, 1693, 1702, 1729.

N.... de la Fare (abbé), probablement prieur de Gigny, prit possession en 1745.

N.... de Sailly, abbé, demeurant à Paris, 1754—1769.

Nonobstant la suppression du titre du prieuré de Marboz, par la bulle de 1760, nonobstant sa sécularisation prononcée, en 1768, par l'official du diocèse, avec union des revenus au chapitre de Gigny, nonobstant enfin la prise de possession desdits revenus par celui-ci, en 1769, il paraît qu'un sieur Guglard du Tillet, prêtre, demeurant à Paris, obtint par surprise quelque nomination, quelques provisions pour ce bénéfice. En effet, on trouve mentionnées sur nos inventaires : 1.º une défense signifiée, le 3 septembre 1771, par les nobles chanoines, aux fermiers du prieuré, de se dessaisir du prix de leur bail, en faveur de ce prétendant, à peine de payer deux fois; 2.º une requête présentée par eux au roi, le 10 juin 1772, contre le même personnage qui, sans doute, renonça à ses prétentions.

Marboz fut un des lieux cédés, en 1289, par le duc de Bourgogne, au comte de Savoie, contre les châtellenies de Sagy et de Cuisery.

Art. XIX. — *Prieuré de* Maynal.

§ 1. Le continuateur du grand ouvrage hagiologique de J. Bollandus a soutenu, avec beaucoup de vraisemblance, que *Ménal* ou *Meynau* était le lieu désigné, en l'année 1049, sous le nom de *Méténacourt*, dans une bulle du pape Léon IX. Cette bulle, adressée à Hugues de Salins, archevêque de Besançon, recense, au nombre des biens qui appartiennent à l'église de Saint-Étienne de cette ville, la *Court* ou terre de *Méténac*, avec ses dépendances quelconques, vignes, champs, bois, serfs de l'un et l'autre sexe, ensemble l'église du même lieu avec toutes ses dîmes, dans laquelle le bienheureux saint Claude repose. Le pontife ajoute que, dans le synode de Reims (tenu en la même année), il a excommunié les nommés Goffrid et Leutald, ainsi que leurs complices, qui s'étaient emparés de ces biens, et que, pour faire cesser leur usurpation, il les frappe encore d'anathême [199].

---

(199) *Leo Episcopus, servus servorum Dei, Hugoni archiepiscopo Chrisopolitano, etc.... Dignum duximus, dulcissime fili, etc., tibi similiter corroboramus... laudamus, etc... Cortem de Metenaco cum omnibus pertinenciis, vineis, campis, servis, ancillis, silvis et omnibus pertinenciis, ecclesiam ejusdem loci in qua requiescit sanctus Claudus, cum omnibus decimis. Hanc cortem injuste tenentes, quosdam Goffridum, necnon Leutaldum, complices quoque eorum in Remensi*

L'auteur Bollandiste se fonde principalement sur ce qu'il existe, de temps immémorial, dans l'église de Maynal, des reliques d'un saint Claude, martyr, qu'on y fête le dimanche après la nativité de saint Jean-Baptiste. Ce bienheureux, selon lui, ne peut être saint Claude, archevêque de Besançon, dont la fête est célébrée le 6 juin, et dont le culte n'a commencé d'ailleurs qu'en 1335 dans le diocèse de Lyon, et en 1440 dans celui de Besançon. Il aurait pu s'appuyer encore sur ce que l'archevêque de cette dernière ville n'a point été martyrisé; sur ce que la bulle parle de vignes, et qu'effectivement Maynal est un vignoble; sur ce que le mot *Méténac* a pu facilement se convertir, par la suppression de la consonne médiane, en *Méénal*, *Meynal*, *Meynau*, *Ménai*, etc. Mais il s'est mépris quand il a conjecturé que le saint Claude en question était un martyr de Lyon.

Un magistrat très recommandable, originaire de Maynal, M. Oudet, président en la cour royale de Dijon, qui a eu la complaisance de me procurer plusieurs documents relatifs à son lieu natal, a découvert que le saint Claude dont parle la bulle de Léon IX est l'un des cinq sculpteurs qui travaillaient au degré de la perfection en invoquant le nom de J.-C., et qui, ayant refusé de faire des statues pour les divinités païennes, furent martyrisés en l'an 302, sous Dioclétien. Leurs noms étaient Claude, Nicostrate, Symphorien, Simplicien et Castor. Leurs corps furent retirés du Tibre où ils avaient été jetés, et leurs reliques, déposées à Rome sous l'autel de l'église des Quatre-Couronnés, ont été apportées ensuite à Toulouse, dans celle de Saint-Saturnin. On les fête tous le 8 novembre.

synodo excommunicavimus, et ut modo cessent, anathema nostrum superponimus, etc... *Datum XIII kal. décemb.* etc... *Anno Leonis IX, papæ I° ind. III.*

D'autres extraits de cette bulle sont insérés dans l'*Histoire de Salins*, par J.-B Guillaume, et dans l'*Essai sur l'Histoire de Franche-Comté*, par M. Ed. Clerc.

En effet, la tradition à Maynal porte que le patron était un sculpteur, et, sur sa bannière renouvelée en 1763, il est représenté invoquant le ciel, un ciseau d'une main et un marteau de l'autre, avec un buste de marbre ou d'albâtre à ses pieds. A la vérité, ce patron, au lieu d'être connu à Maynal sous le nom de saint Claude, l'est sous celui de *saint Cloud*. Mais il est certain que c'est par corruption du mot et qu'il ne s'agit pas de saint Cloud *(Clodoaldus)*, fils du roi Clodomir qui ne sauva sa vie qu'en renonçant au trône de son père, et duquel on fait la fête le 7 septembre. On a dit d'abord *saint Clod*, puis *saint Cloud*, par dérivation de *Clodius* et non de *Claudius*. Aussi, on lit au bas d'un tableau qui existe dans l'église, que : « Le dix-huitième jour du mois « d'apvril 1621, la confrérie du Mont-Carmel a été érigée « dans l'église parochiale de Monsieur *saint Clod* de Maynal, « en l'honneur de laquelle les confrères d'icelle ont faict « faire, à leurs propres frais, le présent tableau, l'an 1626. » On lit encore, dans un registre de baptêmes ou naissances, rédigé en latin, et commencé en 1622, l'acte suivant : *Joannes, filius,* etc., *de Maynal, baptisatus fuit die festo sancti Claudii, vicesima nona junii* 1636, *et fuit patrinus,* etc. (V. note 198).

A quelle époque les reliques de saint Cloud ont-elles été apportées à Maynal ? Est-il vrai qu'elles aient été trouvées dans un pré de cette commune connu encore aujourd'hui sous le nom de *Pré de saint Cloud ?* Tout ce qu'on peut dire de certain, c'est que ces reliques existaient déjà dans l'église de ce lieu avant 1049, selon le témoignage de la bulle précitée. Mais, plus anciennement encore, cette église avait été placée sous le vocable de saint Denis, au rapport de l'historien Dunod, qui avait consulté les anciens titres du diocèse, ce qui lui donne une haute antiquité.

§ 2. L'auteur Bollandiste dit ensuite qu'en 1055, l'archevêque Hugues concéda à l'église de Saint-Étienne de Besançon, qu'il avait réintégrée, celle de Méténac dépendant de son domaine privé. Il ajoute qu'un siècle après, le 20 mai 1148, le pape Eugène III recensa cette même église de *Méténac*, avec toutes ses dépendances, au nombre des biens de l'église de Saint-Étienne de Besançon.

Ainsi donc, c'est postérieurement à l'année 1148 et ensuite de la libéralité ou d'une concession quelconque de cette métropole, que l'église de Maynal, avec ses droits et biens, a été réunie au monastère de Gigny ou à son office d'aumônier dont elle est devenue membre. C'est postérieurement aussi à cette époque qu'elle a changé son nom de *Méténac* en celui de *Mainay, Ménal, Meynau*, etc.

L'époque de l'incorporation du prieuré de Maynal à l'aumônerie de Gigny n'est pas connue précisément. Elle eut probablement lieu peu après le statut de 1308 qui accorda un traitement aux officiers claustraux dans l'ordre de Cluny. En effet, on trouve déjà, en 1336, un aumônier de Gigny, qualifié simultanément *prieur de Mainay*. Dès-lors, tous nos aumôniers, jusqu'en 1791, ont été prieurs du même lieu, et on peut en voir la liste à l'article consacré à leur office. L'acte de sécularisation de Gigny conserva ce bénéfice, en usufruit viager, à M. de Faletans, qui le possédait depuis 1727, comme aumônier. Quant au prieuré de Flacey, s'il a existé séparément, il fut réuni à celui de Maynal, au commencement du quinzième siècle, avec lequel il a toujours été confondu ensuite.

C. 106.

C. 141.

§ 3. Le prieur de Maynal était *coseigneur* du lieu, et sur la porte de la cour de la maison prieurale, les vieilles girouettes féodales font encore entendre leur aigre cri. Il percevait des cens et droits seigneuriaux d'après des reconnaissances ou terriers de 1382, 1408, 1529, 1621, 1703, 1780. Il exerçait une justice distincte sur certains lieux de la commune, nommait des officiers judiciaires particuliers, et dans les archives du chapitre de Gigny, existaient des registres ou minutes de cette justice moyenne et basse pour les années 1651, 1747, 1765. Il avait aussi le droit de mainmorte réelle et personnelle, dont le prieur Cl. de La Tour affranchit la famille Buchot, en 1611, moyennant une rente annuelle de 100 francs.

Outre ce seigneur ecclésiastique, Maynal avait un ou plusieurs seigneurs civils, ayant châteaux, terriers et justices propres. Cette seigneurie multiple appartint d'abord aux maisons de Rosay, Varax et Poligny, dont Guillaume de Rosay, vivant en 1403; Marguerite de Varax, en 1419; Guigonne de Varax, dame de Rosay et Maynal, en 1487; Jean de Poligny, écuyer, marié avec Alix de Salins-Vincelles. lequel testa en 1434, étant seigneur de Coges, d'Augea et de Ménay; Guyot de P., fils de Jean, seigneur des mêmes lieux, encore en 1460; Hugues de P., chevalier, seigneur d'Augea, fils du précédent et père de François de P., qui se maria en 1551 avec Madeleine de Salins-Vincelles; Claude de P., seigneur de Coges, qui reprit de fief du comte de Bourgogne en 1571, et qui fut marié avec Françoise de Montjen, dame de Maynal.

A ces seigneurs, succédèrent les barons de Cressia de la maison de Coligny, que nous avons vus aussi seigneurs de Flacey. Étienne Berton, de Lyon, acheta, en 1670, l'une et l'autre seigneurie de la veuve du dernier des Coligny. Sa fille fut mariée à Antoine de Laurencin, dont l'héritière reprit de fief en 1722 et vendit la seigneurie de Maynal à François-Louis de Vauchier, qui se qualifiait seigneur de Grandchamp et de Maynal, au milieu du dix-huitième siècle. Enfin la demoiselle de Vauchier porta en dot la même seigneurie au comte d'Amandre, mort en 1823.

On lit sur le mur méridional de l'église, derrière une boiserie, une inscription qui prouve qu'Antoinette de Seyturier ou de Cornod, troisième femme de Claude de Salins, seigneur de Vincelles-sur-Seille, Vaugrigneuse et Marigna, a été inhumée dans cette église. Cette dame, qui se remaria en 1538, fut mère de Madeleine de Salins, dont on a parlé, et d'Étiennette de Salins, mariée avec Joachim de Bernaut, seigneur de Rosay, toutes deux dames de Maynal. Ce fut ce Claude de Salins qui, au désir exprimé par *la dame au monde qu'il aimait le plus*, donna en 1511 un brillant tournoi ou *pas d'armes*, dans la cour de son château de Vincelles, en présence de l'empereur Maximilien, juge des combattants. Or, nous remarquerons ici que ce haut fait de chevalerie se passa au château de Vincelles, près Louhans, et non à Vincelles, près Maynal, comme quelques auteurs l'ont écrit.

Les seigneurs civils et ecclésiastiques de ce dernier lieu étaient sous la suzeraineté du seigneur ou baron d'Orgelet, de la maison de Chalon ou de celle qui lui succéda. Ce dernier, seul, avait la haute justice et le droit d'ériger le signe patibulaire. Il possédait aussi la garde du pré du Breuil, l'échantillonnage des mesures et le droit de garde à Maynal, la veille, le jour et le lendemain de l'Ascension, avec pouvoir exclusif d'y faire tenir les assises et d'y percevoir les amendes pendant ces trois jours.

§ 4. La *maison prieurale* existe encore au sud-est, près de l'église, et il paraît que de cette maison le prieur passait dans la partie cancellée de celle-ci, par une porte spéciale de communication. Cette habitation a une apparence d'antiquité, mais on n'y trouve aucun millésime ni aucune inscription. Dans le dix-huitième siècle, elle était occupée, de l'agrément de l'aumônier de Gigny, par M. de Grandchamp, ou autre seigneur. Un beau clos de vigne attenait à ce *prieuré* et en dépendait.

§ 5. L'*église*, sous le vocable de saint Cloud, et autrefois à la collation de l'aumônier, est belle quoique antique; toute en ogives, couverte en laves; ayant la figure d'une croix latine formée de deux chapelles, dont l'une dite la *Chapelle au prieur*; avec vestiges d'un cancel séparant la partie orientale.

réservée aux ecclésiastiques, de la partie occidentale, destinée aux paroissiens ; tombe de 1403 d'un membre de la maison de Pymorin, mais dont on ne peut lire toute l'inscription. Les fenêtres du chœur ont été garnies depuis peu de beaux vitraux coloriés, mais où le rouge domine trop et fatigue la vue, et sur lesquels sont représentés en grand saint Clod, saint Denis, saint Pierre, saint Paul et la Vierge.

Une grosse tour carrée, très élevée, portant la date de 1574, sert de clocher et de vestibule à l'église. L'une des cloches porte le millésime de 1773 et le nom de M. de Faletans, prieur de Maynal et haut-doyen de Gigny.

Au reste, l'église et le prieuré sont construits sur une hauteur et tout-à-fait isolés du village. Il y a encore dans la commune des champs, des prés et des bois dits *du prieur* ou *de l'aumônier*, même déjà dans un terrier du quinzième siècle. Quant aux curés, on en connait plusieurs très anciens : *Haymon I*, chapelain en 1235 ; *Haymon II*, chapelain en 1266, 1270, 1292 ; Girard *Pelletier*, d'Arinthod, avant 1374.

§ 6. La tradition, selon l'abbé Baverel, prétend que saint Lauthein a fondé ou établi le prieuré de Maynal et en a été le premier titulaire. Mais cette tradition n'a plus cours sur les lieux, et l'origine assignée est peu croyable, d'après ce qui a été dit. Le même auteur a aussi écrit, mais par erreur, que ce bénéfice ne valait que 200 francs à son titulaire en 1679, et 400 francs en 1760. En effet, en 1740, il était loué moyennant 1500 francs, en 1760 moyennant 1657, et en 1788 moyennant 2600.

Les revenus en provenaient 1.º des dîmes de Maynal et de ses hameaux, le Sorbief et Sellières ; de celles d'Augea et de ses sections, Changea et Bois-Laurent, depuis le quatorzième siècle au plus tôt ; de celles d'Orbagna et Crèvecœur ; de celles de Beaufort, Rambey et Champ-Bérard ; enfin de celles de toute la paroisse de Flacey ; 2.º des cens, lods, amendes et autres revenus féodaux ; 3.º des échutes de

C. 73.

mainmorte ; 4.º de quelques acensements ou rentes, et, parmi ces dernières, de celle de 100 francs due par la famille Buchot ; 5.º des droits de patronage des églises de Maynal, Beaufort et Flacey, montant ensemble à 27 francs ; 6.º enfin de la maison et du clos du prieuré et de quelques prés ou autres biens fonds.

§ 7. Quant aux charges, elles s'élevaient environ à 134 fr. en 1760, non compris la portion congrue due aux trois curés qui percevaient, sans doute en remplacement, une portion des dîmes. Le bénéficiaire devait, comme les autres prieurs subordonnés, un cens ou droit de responsion au monastère supérieur, lequel s'élevait à 4 francs, et que M. de Faletans, dernier titulaire, a payé jusqu'à la fin. Il devait, en outre, pour don gratuit, environ 50 francs par an, et il évalua, en la même année 1760, à 80 francs, à peu près, l'entretien annuel, à sa charge, du chœur, de la sacristie, des autels, linges et ornements dans les trois églises de son patronage.

On terminera cet article en observant que ce prieuré a été inscrit, par erreur typographique, dans le catalogue des bénéfices de Cluny, sous le nom de *Marnay*, au lieu de *Mainay*.

Art XX. — *Prieuré de* Mouz *ou de* la Madeleine.

§ 1. On appelle encore *Sous-Mouz* les terres situées au bas du revers occidental de la butte sablonneuse nommée aujourd'hui *la Madeleine*, à un kilomètre à soir de la petite ville de Cuiseaux. C'est sur ce monticule isolé, près d'une croix où l'on fait, tous les ans, une procession des Rogations, qu'existait l'antique *prieuré de Mouz*. Dans l'acte des franchises et privilèges que Jean de Cuiseaux accorda à sa ville, en 1265, l'*église de Mouz* est désignée comme la limite occidentale de ces franchises [200].

[200] M. Monnier pense que *Mouz* pourrait bien être dérivé de *Monza*, vice-

Il est à croire que cette église a été la mère de celles de Cuiseaux et de Champagna, et que les moines de ce prieuré ont été les desservants de ces deux paroisses jusqu'à l'époque du concile de Latran. On peut donc présumer qu'à cette époque, c'est-à-dire, à la fin du douzième siècle, les églises de Cuiseaux et de Champagna ont été construites et ont commencé à avoir des chapelains ou vicaires perpétuels en titre, présentés par le prieur de Mouz, ou plutôt par celui de Gigny, son supérieur, puis institués par l'ordinaire. On trouve, en effet, pour la première fois Garin, chapelain de Cuisel en 1189, ensuite André en 1222 et 1238, Ansellin à Champagna en cette dernière année, ceux-ci témoins d'une de nos chartes. D'un autre côté, un bon juge en pareille matière, M. J. Bard, affirme que l'église de Cuiseaux est du commencement du treizième siècle.

C. 77.

L'existence du prieuré de Mouz, à un petit éloignement de Cuiseaux, a probablement donné lieu de dire que cette ville s'étendait jadis jusqu'au monticule de la Madeleine. Mais cette tradition ne mérite pas foi, tant à cause de la charte de 1265, que parce qu'on n'a découvert aucunes ruines dans les champs intermédiaires.

§ 2. Le prieuré de Mouz, dont on ne connaît aucun titulaire résidant, mais qui existait probablement encore en 1265, paraît avoir été *réuni* de bonne heure à *l'office du chambrier* de Gigny, c'est-à-dire, dans le quatorzième siècle, comme celui de Châtel, ou du moins, de temps immémorial, ainsi que disaient nos religieux lors de leur sécularisation. Il n'en est fait aucune mention, ni dans l'ancien pouillé

de Maroc et lieutenant d'Abdérame, et que ce nom serait une nouvelle preuve de l'invasion des Sarrasins dans nos pays. Bien que je sois très convaincu de cette invasion (à laquelle néanmoins on ne doit pas la plante céréale qui porte le nom de ces peuples), je n'émettrai aucune opinion sur cette étymologie, et je me contenterai de dire qu'il existait aussi une *ville de Mouz* dans le voisinage de Sagy, bien connue dans le quatorzième siècle. (Voyez page 65 ci-devant.)

Cluny, ni dans notre charte de 1424, relative à l'érection de la collégiale de Cuiseaux. Le prieur de Mouz ne figura aucunement dans celle-ci, pour donner quelque adhésion ; celui de Gigny seul, avec tous ses religieux, y parut et consentit à ladite érection. L'église de Mouz, après l'union du prieuré, fut convertie en une *chapelle* sous le vocable *de la Magdeleine*, laquelle a subsisté jusqu'en 1760. Le chambrier en conserva le patronage temporel et prit, jusqu'à la fin, le titre de *prieur de la Magdeleine sous Cuscau, prieur de Sainte-Magdeleine de Mouz*. Il conserva aussi à Cuiseaux les *dîmes* dites *de la Magdeleine* et *de Foissia*, avec quelques cens et quelques vignes, le tout évalué, en 1760, à 125 francs de revenu annuel. Ce titulaire reconnut, à cette époque, qu'il était chargé de faire célébrer chaque année, à Cuiseaux, des messes en valeur de 30 fr. Or, c'était probablement pour la *desserte* de l'ancien *prieuré*, comme on a vu que cela était pratiqué à Donsurre, Ilay et Marboz. Ce petit bénéfice était certainement le prieuré de la Madeleine que l'historien Dunod plaçait, en 1735, au nombre de ceux qui dépendaient de Gigny ; mais il s'est trompé en ajoutant qu'il était réuni à l'office de l'aumônier ; il a voulu dire du chambrier. On découvrit, il y a environ un siècle, au voisinage de la chapelle, des fondements de constructions qui étaient sans doute celles de l'ancien monastère. Celui-ci n'a-t-il été placé, sous son dernier vocable, que depuis 1468, lorsqu'un seigneur de Clémencey apporta à Cuiseaux une statue en argent de sainte Madeleine, prise au pillage de l'église de Saint-Lambert de Liége, lors du sac de cette ville par Charles-le-Téméraire ? Je l'ignore.

§ 3. Si, dans les derniers siècles, le prieuré de Mouz ou de la Madeleine n'était pas richement doté, c'est que la mense capitulaire de Gigny absorbait presque tous les revenus locaux qui provenaient peut-être de l'ancien monastère. En effet, nos religieux étaient gros *décimateurs* et même *seigneurs* censiers dans les deux paroisses de Cuiseaux et de Champagna, et encore dans celle de Joudes. Par ce motif, l'établissement de la collégiale ne put avoir lieu sans leur consentement, et ils en dictèrent même les conditions.

D'après des reconnaissances et des terriers de 1403, 1486, 1500, 1546, 1557, 1596, 1610 et 1693, ils percevaient des lods, vends, corvées, échutes de mainmorte et cens en argent, blé, avoine, vin, huile de noix, poules, etc... Ces revenus féodaux étaient perçus à Cuiseaux, Marie et Semon ; à Champagna, Marie, Vaux, Arbuans et Louvarel; à Joudes, Marcia, Rosières et le Villars; enfin à Balanod. Nos inventaires citent déjà une vente faite, en 1283, d'une maison située à Cuiseaux et dépendant de la directe du prieur de Gigny, par Pernette, veuve de Pierre Guichard de Cuiseaux, à Michel de Morges. Ils mentionnent aussi une reconnaissance en latin, passée en 1403, au profit du prieuré, d'un cens annuel de 18 sols estevenants, valant un franc de bon or et de bon poids, affecté sur une vigne à Vaux. Ils rappellent encore un mandement de garde obtenu, en 1481, par nos religieux, contre Jean Gallois, de Saint-Amour, qui s'était mis en possession de l'hoirie d'un homme mainmortable du même village de Vaux.

Ces divers droits féodaux, réunis aux dîmes et à quelques vignes, furent loués, en 1780, moyennant la somme de 2625 francs, y compris les dîmes, vignes et droits qui appartenaient en propre à l'office du sacristain, au village de Marie, lesquels avaient été loués, en 1771, au prix de 200 fr. Le fermier de 1780 fut chargé, en outre, de livrer annuellement, au seigneur de Cuiseaux, 720 mesures d'avoine prélevées, avant tout partage, sur la dîme de la paroisse, et aux religieux de Gigny 80 mesures de froment, prélevées aussi, pour leur tenir lieu des novales. Après ces deux prélèvements, les chanoines de Cuiseaux avaient le tiers du restant des dîmes de toute espèce à Cuiseaux et à Champagna, en leur qualité de desservants et en manière de portion congrue. Les deux autres tiers appartenaient au chapitre de Gigny, avec la totalité des revenus féodaux, ce qui faisait l'objet du bail.

§ 4. Les nobles religieux conservèrent aussi jusqu'à la fin le droit honorifique du *patronage* des deux cures; mais le droit utile, montant à 7 fr. par an, fut réuni dès 1479, comme on a vu, à l'office de l'ouvrier. Ils s'étaient, en outre, réservé, en 1424, la faculté de se retirer à Cuiseaux dans les maisons canoniales et de faire célébrer l'office divin dans l'église de cette collégiale, en temps de guerre et même quand bon leur semblerait. On a parlé de plus, au chapitre XIV, de la *maison de Gigny* ou *maison de l'aumône*, qui leur a appartenu jusqu'à l'accensement perpétuel qu'ils en firent en 1694. On ajoutera ici que l'acte de fondation de la chapelle de Vincelles, ou du Rosaire, existait dans les archives de Gigny, avec des pièces de procédure relatives aux droits du chapelain, ce qui prouve des prétentions de la part de nos religieux. Cette chapelle avait été fondée, le 6 août 1410, par Guillaume Bouton, seigneur du Fay, dont la fille se maria avec Jean de Salins, seigneur de Vincelles, près Louhans. Le patronage en arriva ainsi dans la famille de ce seigneur, laquelle l'a transmis aux seigneurs de Chilly. C'est de là sans doute qu'elle prit le nom de *chapelle de Vincelles*.

§ 5. Anciennement nos moines possédaient encore à Champagna, près de l'emplacement du presbytère actuel, de grands et beaux bâtiments qui subsistent en partie, avec un clos de vigne environnant, qui porte toujours le nom de *clos de Gigny*. Ces bâtiments étaient peut-être ceux d'un ancien château, car on a vu qu'en leur qualité de seigneurs suzerains, ils avaient reçu, en 1270 et en 1330, plusieurs hommages-liges ou devoirs de fief. Quant au clos de Gigny, aujourd'hui en terre labourable, il n'appartenait déjà plus aux nobles chanoines sur la fin du dix-huitième siècle, et se trouvait alors divisé entre plusieurs propriétaires.

Au reste, les églises de Cuiseaux et de Champagna paraissent très anciennes. Celle de Champagna surtout est d'une apparence tout-à-fait gothique, malgré le rajeunissement sans goût qu'on vient de donner à son clocher. Sa voûte et ses fenêtres sont en ogives très aiguës, et la lumière y pénètre à peine. Aussi, elle était jadis *mère-église*, au rapport de l'abbé Courtépée. Quatre petites croix de pierre d'une seule pièce sont placées aux quatre coins du cimetière, comme à Graye. Unie en 1424 à la collégiale de Cuiseaux, cette vieille église en a été séparée en 1832, et dèslors elle a eu son desservant particulier. Guichon de Cuiseaux l'était en 1428.

Art. XXI. — *Prieuré d'Oussia.*

« § 1. La paroisse du Pont-d'Ains, dit Guichenon, est à
« Oussia, car l'église qui est dans la ville du Pont-d'Ains
« n'en est qu'une annexe pour la commodité des habitants.
« Dans le village d'Oussia est un prieuré appelé d'Oussia
« ou du Pont-d'Ains, sous le vocable de saint Didier, qui
« dépend du prieuré de Gigny en Comté et doit sept florins
« d'or de redevance. La fondation de ce prieuré est ignorée,
« et touchant ses prieurs, j'ai recouvré ceux-ci :

« Perceval de Loriol, en 1436.
« Antoine de Montjouvent, prieur commendataire
 « (cellérier de Gigny, 1473).
« Jean-Philibert de Chasles, protonotaire apostolique.
« Jean de Joly, évêque de Saint-Paul-Trois-Châteaux,
 « en 1540.
« Claude Boisserat, 1563—1576.
« Pierre de Gemilly, 1584.
« Pierre Vitet, 1587.

« N....... Giroudy.

« Christophe de Gerbais de Sonnas, 1596.

« Jean Gavain, 1602.

« Pierre Nesme, perpétuel de l'Isle-Barbe. »

§ 2. A cette notice nous ajouterons que le prieuré d'Oussia a probablement été fondé en faveur du monastère de Gigny, par la puissante et généreuse maison de Coligny, souveraine de la localité. Elle avait construit, sur la hauteur qui domine le Pont-d'Ain, un château-fort pour défendre et protéger ses états. On voit encore sur la façade orientale de la tour à plate-forme, qui subsiste aujourd'hui, de nombreux écussons féodaux à l'aigle éployée. Ce château est converti actuellement en hospice pour les ecclésiastiques infirmes et sans fortune.

Nous avons dit précédemment que l'hommage rendu, en 1265, au prieur de Gigny, pour des meix possédés en fief dans la paroisse d'Uncia, pourrait avoir quelque rapport à ce prieuré.

C. 131.   L'ancien catalogue, si souvent cité, attribue non-seulement à Gigny le prieuré d'Oussia, qu'il nomme *Oucieul*, mais encore un second prieuré au Pont-d'Ain, où il n'en a jamais existé. Il est évident que c'est un double emploi. Il ne faut pas confondre non plus, avec le lieu de notre prieuré, Oncieux et Saint-Didier d'Oussia, deux autres communes du département de l'Ain.

Il y a eu des prieurs titulaires à Oussia jusqu'à la fin.

C. 144.   M. de *Faletans*, qui l'était déjà en 1756, a été le dernier et n'a cessé d'en jouir qu'en 1790. Ce bénéfice, à la collation du prieur de Gigny et non à celle du pape, fut sécularisé, en 1768, par M. de la Forêt, official de Lyon, commissaire apostolique délégué, qui déclara que les revenus en seraient unis à la mense capitulaire de Gigny, après le décès du titulaire.

§ 3. Le village d'Oussia, divisé en *haut* et *bas*, n'est aujourd'hui qu'un hameau de la commune du Pont-d'Ain. C'est au-delà du haut Oussia qu'existaient l'église et la maison prieurale, dans un site très élevé, d'où l'on jouit d'un charmant coup-d'œil sur la Bresse, le bas Bugey et la rivière d'Ain, qui roule des lits de graviers avec ses flots torrentueux. L'*église* a été démolie en 1831, et la charrue passe aujourd'hui sur son emplacement, ainsi que sur celui du cimetière. Elle était grande et vaste, quoique sans collatéraux; avec voûte et fenêtres en ogives, vitraux peints; cancel entre le chœur et la nef; trois ou quatre chapelles; bénitier, au milieu duquel une croix en pierre, haute de deux mètres, était implantée.

La *maison prieurale*, d'assez petite étendue, existait au midi de l'église, dont elle était peu distante. On en voit encore quelques restes ou débris; mais elle a été démolie, même avant l'église; et sur son emplacement, on a reconstruit une maison de cultivateur ou de vigneron. Tout près se trouve un clos de vigne, appelé aujourd'hui la *Vigne au prieur*. Un mur d'enceinte renfermait l'église, le cimetière, le prieuré et ses dépendances.

L'église était sous le *vocable* de saint Didier, qu'on y fêtait autrefois le 11 février, on ne sait pour quel motif. L'abbé Rigolet, dernier curé, transporta cette fête au 23 mai, jour réellement consacré au saint évêque, martyrisé, en 608, par ordre de la reine Brunehaut. Actuellement les habitants d'Oussia fêtent le même patron que ceux du Pont-d'Ain; mais il y a toujours, le 23 mai, une vogue, un apport, une fête de plaisir à Oussia. Le prieur de Gigny nommait à la cure.

§ 4. Le bourg du *Pont-d'Ain* est un lieu moins ancien qu'Oussia. Il a pris son nom d'un pont détruit dans le seizième siècle, remplacé d'abord par un bac et aujourd'hui par un nouveau pont en fil de fer. L'église, sous le vocable de Notre-Dame d'août, patronne de toute la paroisse, est d'une construction moderne, et a sa porte d'entrée ouverte à l'orient, à cause de la place publique. On y remarque un tabernacle singulier au maître-autel. C'est un vaste soleil rayonnant, embelli de figures d'anges à la circonférence, et surmonté d'une croix portant une couronne royale, le tout en belle dorure. Il a été donné à l'église par un officier de marine, auteur du plan de cet ornement.

§ 5. Les *revenus* du prieuré d'Oussia, évalués nets à 625 f. en 1760, étaient loués sur la fin, moyennant environ 1000 f., par M. de Faletans. Ils provenaient 1.º de l'enclos du monastère ; 2.º d'un *bois* dit *au Prieur*, actuellement défriché ; 3.º de beaux prés ; 4.º de dîmes perçues à la vingt-deuxième gerbe, sur le seigle, le froment, l'orge, l'avoine, les fèves et le chanvre, mais non sur le maïs ni sur le sarrazin. On percevait ces dîmes dans tout le territoire d'Oussia et du Pont-d'Ain, même à Tolle, hameau réuni maintenant à la commune de Neuville. On n'en percevait point à Varambon ni à la Madeleine.

Le prieur devait aux religieux de Gigny, comme a dit Guichenon, sept florins d'or pour droit de responsion annuelle. Sur son refus de satisfaire à cette charge, il fut appelé en justice en 1572, et condamné, en 1603 et encore en 1652, par sentences du bailliage de Bresse. En conséquence, M. de Faletans paya jusqu'à la fin 10^l· 10^s· au noble chapitre. Il paya aussi annuellement, au clergé de Bresse, une somme variable de 12 à 15 fr., pour décimes ou don gratuit.

Art. XXII. — *Prieuré de Poitte.*

§ 1. D'après une tradition locale, le prieuré de Saint-Vincent de Poitte aurait existé à un kilomètre environ au sud de ce lieu, dans un pâturage communal qui porte le nom de *Vicour*. On trouve, en effet, dans cette localité, des indices de plusieurs habitations anciennes, des monceaux de pierres dont quelques-unes paraissent avoir subi l'action du feu, des fondations de murs à mortier, et des nombreux débris de grandes tuiles épaisses, dites romaines, ayant un rebord à crochet sur toute leur largeur. On y a trouvé encore quelques pièces de monnaie, une bague ou anneau d'or, des ustensiles en fer, etc. Cependant ces ruines ne sont pas celles de notre prieuré qui, d'après une autre tradition plus certaine, existait au nord et tout près de l'église, sur une partie du cimetière, laquelle porte encore le nom de *Prioré*. Aussi, on y a découvert, il y a quelques années, des ouvrages en maçonnerie, dont on a même extrait des pierres pour la clôture du cimetière. A l'appui de cette détermination, nos inventaires citent un arrêt du parlement du 13 septembre 1670, qui confirme au prieur de Saint-Vincent de Poitte le droit de passer, avec chars et bestiaux, par le cimetière, pour se rendre en son prieuré. On lit aussi dans le bail de 1781, que le fermier jouira de *l'emplacement de la maison picurale*, ce qui ne peut s'entendre du terrain vague et communal de Vicour.

§ 2. Le prieuré de Poitte, à la collation du pape, était sous le même vocable que celui d'Ilay, avec lequel il paraît avoir été réuni dès le treizième siècle. Il fut aussi probablement possédé en commende de très bonne heure, du moins déjà en 1546. Omis dans le catalogue des bénéfices de Cluny, sans doute à cause de l'union susdite, il est mentionné, par l'historien Gollut, comme distinct de celui d'Ilay. Ils furent sécularisés ensemble en 1766, et le dernier prieur commun étant mort en 1768, les revenus de l'un et de l'autre furent unis à la mense capitulaire de Gigny et loués dès-lors ensemble par les nobles chanoines. Voici la liste des *prieurs* qu'on a pu découvrir et qu'on peut comparer avec ceux d'Ilay.

C. 116.

N.... prieur *(de Peyto)*, en 1274.

Guichard de Thoiria, curé de Soucia, prieur d'Ilay et de Poitte *(Petoir)*, en 1288.

Jean-Simon de GRANDMONT, aumônier de Gigny, 1546.
Gérard DURAND, 1624, 1626.
Aimé MATHEY, 1653.
Jean DORIVAL I, chanoine à Besançon, 1663, 1666.
Jean DORIVAL II, clerc à Besançon, 1702, 1737.
Louis DORIVAL, 1750, 1757, 1760, 1768 (déjà coadjuteur en 1737).

§ 3. Les *revenus* de ce prieuré, indépendamment de celui d'Ilay, étaient perçus à Poitte, Pont-de-Poitte, Blesnay, Mesnois, Buron, Joudes et Thuron. Ils provenaient de cens, lods et vends rière quelques-uns de ces lieux, et de dîmes en tous eux, lesquelles étaient levées à la 12.e gerbe des gros blés et à la 16.e des grabadis. Mais au reste, le cens considérable, affecté sur le *moulin Perrin*, de Poitte, dont il a été parlé, appartenait à l'office de cellérier de Gigny, puis à la mense capitulaire, et non point au prieur local. Quant au montant des revenus on peut consulter l'article d'Ilay. Le terrier des cens dus au titulaire avait été dressé en 1545.

§ 4. L'*église* paroissiale, désignée peut-être sous le nom de *Peyst*, dans une charte de 1184, était sous le vocable de saint Brice, évêque de Tours, duquel on fait la fête le 13 novembre, et le curé était à la nomination du prieur de Gigny. Cette église, placée encore sous le vocable de saint Martin, qu'on n'y fête pas maintenant, a une apparence d'antiquité, avec son toit en laves, ses voûtes en ogives aiguës et une tombe armoriée, offrant une inscription gothique en partie effacée. L'ancienne cloche, qui a été refondue depuis peu, avait eu pour parrain un religieux de Gigny, et pour marraine une dame de Châlin.

Outre saint Brice, on fête aussi à Poitte, le 28 août, le bienheureux saint Guérin. Sa fête est chômée avec la plus grande dévotion ; il y a un nombreux apport de tout le voisinage ; on s'abstient de tout travail, et on se garde bien surtout d'atteler les bestiaux ce jour là. Tous les cultivateurs font alors bénir un peu de sel qu'ils donnent, le lendemain matin, à leur bétail, pour le faire prospérer et le préserver de maladies. Nous ignorons l'origine de ce culte et de cette pratique religieuse; nous ne connaissons même d'autre saint de ce nom, que saint Guérin, cardinal, fêté à Bologne le 6 février. Il y a un dicton vulgaire qu'on applique aux mauvais payeurs qui promettent de *s'acquitter à la Saint-Guérin, qui jamais ne vient*.

Art. XXIII. — *Prieuré de* Vieux-sur-Albe.

On apprend, par un inventaire des titres de Gigny, qu'une reconnaissance de cens fut faite, en 1337, au profit du prieuré de *Vieux-sur-Albe*, au diocèse de Genève, dépendant du prieuré de Gigny, au diocèse de Lyon. On voit en outre qu'en 1452, d'autres reconnaissances de ce genre eurent lieu, d'abord à *Vieux* et à *Chezeaux*, et encore de nouveau, dans la même année, aux mêmes villages, et aussi à *Mûrs*.

S'agit-il dans ces indications de Vieux près Champagne, en Bugey, dépendant effectivement de l'ancien diocèse de Genève, ou d'Albin, dépendant de celui de Grenoble? Aucun document ne confirme ces présomptions.

CHAPITRE LVIII.

Biens et revenus du monastère de Gigny.

§ 1. On ne peut pas appliquer au prieuré ou au chapitre de Gigny l'ancien proverbe ou dicton :

> En tout pays où le vent vente,
> L'abbaye de Cluny a rente.

Cependant ce monastère fut riche aussi dès le commencement. En effet, il fut d'abord doté, comme on a vu, du patrimoine considérable de Bernon, que la donation du roi Rodolphe augmenta bientôt. Il fut enrichi ensuite des libéralités des sires de Coligny, de Bagé et de Montmorot, du comte Étienne de Bourgogne et de beaucoup d'autres personnes pieuses. Mais le malheur des temps, les guerres souvent renouvelées, la nécessité de faire de grandes concessions, pour obtenir des princes garde et protection, l'avilissement de la valeur primitive des cens et des rentes, la mauvaise administration, et enfin des causes peu connues maintenant, diminuèrent beaucoup ces richesses. On peut en juger en se bornant à considérer que les prieurés d'Albin, de Bellesvaux, de la Cluse, de Saint-Hilaire, de Treffort et de Vieux-sur-Albe avaient cessé, depuis plusieurs siècles, d'appartenir à nos religieux. Toutefois, malgré ces pertes, leurs revenus étaient encore bien considérables, lors de la suppression du chapitre, comme on va le voir. Ils provenaient 1.º des dîmes; 2.º du patronage des cures; 3.º des cens, lods, amendes, échûtes de mainmorte et autres droits féodaux; 4.º de rentes et accensements; 5.º de domaines et biens immeubles; etc...

§ 2. Les *dîmes* formaient la principale branche des revenus de nos religieux, et grand était le nombre des lieux où ils avaient la qualité de gros décimateurs. Voici ceux que l'auteur de cette histoire a constatés dans les trois départements du Jura, de l'Ain et de Saône-et-Loire, non compris ceux qui dépendaient du prieuré de Chambornay, dans la Haute-Saône.

<small>Voyez carte des possessions.</small>

1.º Dans le département du Jura: Agea, Aiglepierre, Anières, Augea, Balanoz, la Balme-d'Épy, Bans, Barésia, Beaufort, Béfia, Bissia, Blesney, Bois-du-Ban, Boissia, la Boissière, Boujailles, Broissia, Buron, Cesancey, Chambéria, Chambly, Champagne, Changin, Chatagna, Château-s.-Salins

Châtel-Chevreau, Châtel-de-Joux, Châtonnay, Chazelles, Chevreau, Chisséria, Chissey, Civria, Clairvaux, Cogna, Courbouzon, Cousance, Couvetaine, Cressia, Crèvecœur, Crilla, Cropet, Cuisia, Dessia, Digna, Dramelay, Échailla, Épy, Étival, Florentia, la Frânée, le Frânois, la Fromagerie, Genod, Gigny, Gisia, Graye et Charnay, Hautecour, Ilay, Saint-Jean-des-Treux, Saint-Julien, Lains, Lancette, Lanéria, Saint-Laurent-de-la-Roche, Légna, Port-Lesney, Louvenne, Loysia, Macornay, Marigna, Marnoz, Marsenay-lez-Chambéria, Saint-Maur, Saint-Maurice, Maynal, Merlia, Mesnois, Messia-lez-Chambéria, Saint-Michel, Monnetay, le Mont-près-Dramelay, Montagna-le-Reconduit, Montagna-le-Templier, Montaigu, Montfleur, Montigny-les-Arsures, Montrevel, Montséria, Morges, Mouchard, Moutonne, Nancuise, Nantey, Néglia, Granges-de-Non, Orbagna, Patornay, la Pérouse, Piételle, le Pin, Poisoux, Poitte, Prétin, Pymorin, Rambey, Rothonay, Sancia, Savigna, Senaud, Sésigna, Soussonne, Souvans, Soyria, Tarcia, Thoiria, Thuron, Trétu, Ugna, Vadans, Vaux-de-Chambly, Véria, Vertamboz, le Villars près Gigny, Villechantria, Villers-Robert, Vogna et Uxelles.

2.º Dans le département de l'Ain : Chevigna, Cormoz, Courmangoux, Cuisia, Donsurre, Etrée, Foissia, Germagna, Lécheroux, Malafreta, Marboz, Saint-Nizier, Oussia, Pont-d'Ain, Pressia, Tolle, Verjon, Villemoutier et Villeneuve-lez-Saint-Amour.

3.º Dans le département de Saône-et-Loire : Champagna, la Chapelle-Naude, Condal, Sainte-Croix, Cuiseaux, Dommartin, Flaccy, Frontenaud, Joudes, Marcia, Saint-Sulpice et Varennes-Saint-Sauveur.

§ 3. La *valeur* locative de toutes ces dîmes s'élevait à peu près à la somme de 50,000 francs, non compris celles du prieuré de Château-s.-S. Voici, d'après les derniers baux, le tableau de celles qui n'étaient pas louées avec les autres revenus des prieurés, dans les trois départements. On a ajouté quelques dates anciennes qui les concernent :

Agea et Vogna, 1270, 1550.	162 fr.
Balanoz	550
La Boissière	450
Cesancey	230
Chambéria, Messia, Marsenay et Sancia, 1544, 1550	530
La Chapelle-Naude	153
Chatagna et Moutonne, 1550	237
Chevreau et Digna, 974, 1236	132
Condal (avec un pré), 1510, 1556.	1240
Cousance	229
Cressia, 1226	94
Sainte-Croix	432
Cuisia (J.), 1534	450
Dessia, 1550	54
Digna (*voyez* Chevreau).	»
Dommartin, 1294, 1483.	400
Épy, la Balme, Florentia, Lanéria et Senaud, 1191, 1256, 1304, 1483.	860
Foissia, 1483	600
Frontenaud, 1294.	412
Gigny et Cropet, 895, 1191, 1336, 1544.	2120
Gisia, 1132.	192
Graye et Charnay, 1294, 1345.	665
Joudes (*voyez* Marcia), 1548	310
Saint-Julien.	1555
Lains et Lancette, 1191.	200
Saint-Laurent-de-la-Roche (grains dus par le seigneur), 1192.	200
Louvenne, 1191	880
Loysia, Champagne et Bois-du-Ban	976
Marcia et Rosière, 1191, 1554 (*voyez* Joudes).	400

Marigna.	611
Merlia	60
Monnetay, 1191	300
Montagna-le-Templier, Broissia et Barézia, 1191	974
Montaigu et Saint-Maur, 1534, 1550. . . .	370
Montfleur, 1191	555
Montrevel	150
Morges, 1191	900
Nancuise.	430
Saint-Nizier, 1286.	3500
La Pérouse, 1191.	850
Le Pin	60
Poisoux	321
Pymorin.	855
Rothonay, Anières, Béfia, Montséria et Echailla, 1191.	715
Sesigna, 1550.	108
Ugna, 1550, 1576.	250
Varennes-Saint-Sauveur, 1294, 1353, 1380. .	500
Véria, 1312	669
Villechantria, 1191	515
TOTAL. . . .	27436

§ 3. Les religieux de Gigny, aussi bien que les autres décimateurs, ne se contentaient pas de dîmer une seule fois la moisson du pauvre cultivateur. Outre la grosse ou grande dîme, ils percevaient encore la petite ou menue dîme, celle des *grabadis*, comme on disait. De leur côté, l'ouvrier levait la *mareille* et le sacristain la *gerberie* ou *gerbe de passion*, desquelles il a été parlé au chapitre consacré aux officiers claustraux.

La *grosse dîme* était perçue à la gerbe, dans les champs mêmes, sur le froment, le seigle, l'orge d'hiver, l'avoine et la navette. La dîme des raisins ou de la vendange, que les décimateurs mettaient ensuite cuver, faisait aussi partie de la grosse dîme.

La *petite dîme* frappait en général sur tous les carêmages ou menus grains semés au printemps, à l'exception de l'avoine, c'est-à-dire, sur l'orge, le maïs, les fèves, les pois, les lentilles, les vesces, le millet, le panis, le sarrazin et le chanvre. Elle était levée au champ, pour quelques-unes de ces denrées, à la gerbe, au tas ou au sillon. Pour d'autres, on la levait au grenier et à la mesure. Les baux de l'époque ne parlent pas des pommes de terre, parce que la culture n'en était pas encore répandue. Celle du maïs, ou blé de Turquie, n'avait commencé qu'à la fin du seizième ou au commencement du dix-septième siècle ; car on lit qu'en 1616, les habitants de Flacey furent condamnés à en souffrir ou à en payer la dîme, comme celle des autres denrées.

Les habitants de Pymorin ayant pris l'habitude de semer du méteil ou de la *blondée*, composée de froment, de seigle, d'orge, de lentilles et de gesses, il s'éleva des difficultés pour décider si la dîme de ce méteil serait de l'espèce grosse ou menue. Or, il survint à cet égard, en 1769, une transaction par laquelle on reconnut qu'il y aurait lieu à la grosse dîme, si le méteil était récolté dans la fin ou sole des blés d'hiver, et à la petite dîme, s'il l'était dans le finage des grains d'été ou de printemps.

§ 4. Le *feurg* ou taux le plus ordinaire *de la dîme*, due aux religieux de Gigny, était la onzième gerbe des grains d'hiver, et la seizième gerbe ou mesure des récoltes semées au printemps. Mais, au reste, il y avait beaucoup de variétés ou d'anomalies à cet égard. Ainsi, dans plusieurs communes, comme à Donsurre, Marigna, Monnetay, Nancuise et Saint-Nizier, la grosse dîme n'était perçue qu'à la douzième. Dans quelques-unes, comme à Gizia, Ilay et Joudes, ce dernier taux était le même pour la grosse et pour la menue dîme. Dans quelques autres, comme au Frânois et à la Fromagerie, les blés d'été, comme ceux d'hiver, étaient dîmés indistinctement à la onzième gerbe. Au contraire, à Marboz, on ne dîmait les gros blés qu'à la vingtième gerbe au champ, et les menus grains à la vingtième coupe au grenier. Bien plus, à Oussia et au Pont-d'Ain, on ne levait que la vingt-deuxième gerbe du froment, du seigle, de l'orge, de l'avoine, des fèves et du chanvre, et on ne dîmait ni le maï sni le sarrazin. A Saint-Nizier, le froment et le seigle étaient dîmés à la douzième gerbe; l'avoine, l'orge, les fèves, le panis, le sarrazin et les lentilles à la quinzième, et le maïs au quinzième sillon. Souvent aussi la dîme des grabadis avait été réglée par un abonnement, moyennant, par exemple, une mesure de menus grains par journal de terrain ensemencé, comme à Clairvaux, à Graye, etc.

§ 5. Il y avait assez fréquemment *plusieurs décimateurs* dans la même paroisse, lesquels s'en partageaient les dîmes. Ainsi, les moines de Gigny n'en avaient que la douzième partie à Dessia, la sixième au Pin, le tiers à Saint-Maurice, le quart à Merlia, et des portions encore plus irrégulières à Foissia, à Cormoz, à Saint-Amour, etc. Il y avait même à Gigny deux dîmes distinctes, tant en gros qu'en menus grains; la première ou principale appartenait pour les deux tiers à la mense capitulaire, et pour l'autre tiers au sacristain et au curé; la seconde, appelée *dîme de Moysia*, ou de la *Combe Chanée*, appartenait par moitié aux religieux, indépendamment du prieur, et par moitié au curé de Louvenne, qui prenait aussi le titre de lieutenant de celui de Gigny. C'est en cette qualité de décimateur, qu'il parut en 1781 dans un traité concernant l'église paroissiale et mentionné précédemment.

§ 6. Les *décimateurs* étaient en effet *chargés* de la construction et de l'entretien du chœur et du sanctuaire des églises paroissiales, dont les chapelles étaient entretenues par les prébendiers, tandis que la nef, les cloches et la clôture du cimetière concernaient les paroissiens. Les décimateurs devaient aussi fournir le presbytère ou logement au curé et à son vicaire, ainsi que la *portion congrue*.

Celle-ci était une pension due, depuis le concile de Latran de 1179, par le curé primitif ou gros décimateur, au desservant de la paroisse. Fixée à 200 francs en 1571, elle fut portée à 300 francs en 1629, 1686 et 1731, pour le curé, et à 150 francs pour le vicaire. Un nouvel édit la fixa, en 1768, à la valeur de 25 septiers de froment, à la mesure de Paris, ou à 500 francs, et celle des vicaires à 200 francs. Les curés avaient en outre la *dîme novale* des terres qu'on défrichait pour les mettre en culture. Or, sous le double rapport de cette dîme et de la portion congrue, il survenait ordinairement, entre le curé et le décimateur, un abonnement, un accord. Ainsi, d'un côté, le desservant consentait à recevoir, pour tenir lieu de sa pension, une portion de la dîme ordinaire. C'était le tiers à la Boissière, Champagna, Cuiseaux, Donsurre, Joudes, Gigny, Lains, Louvenne, Marigna, Monnetay, Pymorin et Véria. C'était la moitié à Graye et à Loysia. C'étaient les deux tiers à Gisia et à Cuisia. D'un autre côté, la dîme novale était ordinairement réunie à la grande dîme, sous la condition que les desservants recevaient une pension des décimateurs, ou bien qu'ils prélevaient, avant tout partage, une certaine quantité de denrées sur la totalité de la dîme. Il y avait des abonnements de ce genre pour Châtonnay, Cuiseaux, Graye, Loysia, Marboz, etc.

§ 7. Les religieux de Gigny avaient le *patronage* d'un grand nombre de cures. Il leur appartenait parce qu'anciennement ils avaient bâti ou doté les églises, selon l'adage: *Patronum faciunt dos, ædificatio, fundus.* Ils n'avaient pas, à la vérité, le droit de *pleine collation* ou de juridiction comme épiscopale, mais seulement celui de présenter, pour le service des paroisses, des ecclésiastiques convenables, à la nomination des évêques. Le droit de pleine collation était très rare, et ceux qui en étaient pourvus étaient désignés sous la qualification honorable de *prélats inférieurs* de l'Église. Les abbés de Cluny ne l'avaient que pour cette ville et son territoire, et ceux de Saint-Étienne de Dijon, pour quelques cures seulement.

Le patronage simple avait été conservé à nos moines, à la fin du douzième siècle, par le concile de Latran, qui leur ôta le soin des ames et la desserte des paroisses, desquelles ils restèrent curés primitifs. Ils avaient probablement cette prérogative dans toutes les églises dont ils étaient gros décimateurs par eux-mêmes ou par leurs prieurs ruraux; mais aujourd'hui, on ne peut pas en fournir la preuve positive. Il est seulement établi qu'ils l'exerçaient dans au moins soixante paroisses ou chapelles. Aussi voit-on que les vicaires de Gigny et les prêtres qui y avaient pris naissance étaient très souvent nommés desservants des cures de leur patronage. Ce privilége appartenait pour le plus grand nombre au prieur, et pour plusieurs au chambrier, à l'aumônier, à l'infirmier et à l'ouvrier, comme on l'a vu aux articles de ces officiers claustraux. Enfin, dans les prieurés ruraux non réunis à la mense capitulaire, il appartenait aux titulaires de ces bénéfices. Au reste, comme patrons, nos religieux devaient présenter le candidat dans les six mois de la vacance, sinon l'évêque avait le droit d'en instituer un de son choix. Le pape pouvait même nommer avant, et prévenir les patrons ecclésiastiques : seul aussi, il conférait quand la vacance provenait d'une résignation en faveur.

Le patronage était un droit honorifique et lucratif. Il procurait la préséance au chœur et à la procession, le droit de banc au chœur ou en autre lieu distingué de l'église, le pouvoir de placer des armoiries dans celle-ci, etc. Quant aux émoluments annuels, nous n'avons rien pu apprendre de positif sur ceux qui en revenaient aux religieux de Gigny.

Il paraît toutefois, par ce qui a été dit aux articles du chambrier et de l'infirmier, qu'anciennement les patrons ecclésiastiques des cures avaient droit à la moitié des oblations et autres droits casuels quelconques des églises. Mais ces produits ayant été acensés à une époque où l'argent avait une haute valeur, ils donnaient des revenus très minimes à la fin du dix-huitième siècle, par suite de l'avilissement du numéraire. Ainsi, on a vu qu'en 1760, le patronage de seize cures ne rapportait qu'environ 103 francs, au chambrier, à l'aumônier, à l'infirmier et à l'ouvrier de notre monastère.

<small>C. 143, 144.</small>

L'évêque de Saint-Claude ne consentit à la sécularisation de celui-ci qu'en se réservant le droit de collation aux cures et chapelles de son diocèse, afin d'en jouir immédiatement, pour celles qui appartenaient aux futurs chanoines, et seulement après la mort du prieur commendataire, pour celles qui étaient à la nomination de celui-ci. Cette condition acceptée par eux leur enleva presque toutes les présentations et ils n'en conservèrent que quelques-unes dans les diocèses de Lyon et de Besançon. Enfin, en 1788, le petit nombre de

<small>C. 150, 151.</small>

celles qui leur restaient ne fut point cédé aux dames de Lons-le-Saunier et de Migette, par le décret de suppression du noble chapitre, mais réservé aux évêques respectifs des diocèses.

S'ensuit la nomenclature de toutes les cures et chapelles dont le prieur et les moines de Gigny avaient le patronage avant la sécularisation, soit d'après nos propres recherches, soit d'après les historiens Dunod, Lamure et Courtépée, comme encore d'après un ancien pouillé en latin, cité par J.-B. Béchet, lequel nous n'avons pu retrouver aux archives du Jura :

<small>Voyez carte des possessions.</small>

Andelot, Beaufort, la Boissière, Chambéria, Chambornay, Champagna, la Chapelle-Naude, Châtel, Châtonnay, Civria, Clairvaux, Condal, Cousance, Cressia, Sainte-Croix, Cuiseaux, Cuisia (Ain), Cuisia (Jura), Digna, Dommartin, Donsurre, Dramelay, Épy, Étrée, Flacey, Foissia, Frontenaud, Germagna, Gigny, Graye, Saint-Jean-des-Treux, Joudes, Saint-Julien, Saint-Laurent-de-la-Roche, Louvenue, Loyon, Loysia, la Madeleine-sous-Cuiseaux, Malafreta, Marboz, Marigna, Saint-Maurice près Clairvaux, Maynal, Monnetay, Montagna-le-Reconduit, Montagna-le-Templier, Nantey, Saint-Nizier, Oussia, Poitte, Pont-d'Ain, Pressia, Pymorin, Saint-Remi-du-Mont, Rosay, Rothonay, Saint-Sulpice, Thoulonjon, Varennes-Saint-Sauveur, Véria, Verjon et Villechantria.

§ 8. La *féodalité* était une autre source abondante de revenus pour nos religieux. On a vu, au chapitre XVII, en quoi consistaient ces droits féodaux dans la seigneurie de Gigny et des villages qui en dépendaient. Voici le tableau approximatif de leurs produits, en 1788 :

Deniers de cens.	380 fr.
Froment de cens, 1400 mesures, à 3 fr.	4200
Avoine de cens, 1800 mesures, à 1 fr.	1800
Poules de cens, évaluées à	66
Langues des boucheries, louées.	36
Ban d'août, loué.	56
Lods et vends, environ.	1500
Amendes et droits de justice, environ.	1000
Chanvre, 110 l., évaluées	33
Corvées de bras, de charrue, de voiture, etc., environ.	200
Rente due pour la banalité du four.	81
Mouture des grains du monastère, environ.	50
Droit d'usage dans les bois communaux, environ	300
Echutes de mainmorte, environ.	600
TOTAL.	10,302

Ce n'était pas rien que dans la terre de Gigny que nos nobles chanoines avaient des revenus féodaux ; ils percevaient encore des cens à Anières, Arinthod, Chambéria, Jondes, Loysia, Macornay, Marigna, Moutonne, Néglia, Saint-Nizier, Rosay, Sézéria, Varessia, Véria et quelques autres lieux indépendants des prieurés ruraux. On n'en connaît pas aujourd'hui le produit positif, qui était assez minime. D'ailleurs, le revenu de la plupart des prieurés, membres de celui de Gigny, se composait en partie de plus ou moins de droits féodaux, notamment à Chambornay, Châtel, Châtonnay, Chazelles, Clairvaux, Cuiseaux, Cuisia, Donsurre, Ilay, Saint-Laurent, Marboz, Maynal et Poitte. Mais ce genre de produits était confondu dans la totalité des revenus de ces bénéfices.

§ 9. Les *acensements* perpétuels et les *rentes* ne donnaient, en 1788, qu'une faible somme annuelle à nos religieux, puisque nous avons trouvé qu'elle ne s'élevait qu'à environ 2,000 francs en tout. Cette nature de revenus, toujours la pire de toutes, avait principalement diminué par l'avilissement du numéraire survenu peu à peu, dans le laps des siècles. Tandis, en effet, que le produit des biens-fonds donnés à rentes perpétuelles, dans les temps antérieurs, avait augmenté immensément, parce que l'argent était devenu plus commun, les rentes et acensements étaient restés aux mêmes prix. Dans cette somme de 2,000 francs était comprise celle de 200 francs pour l'acensement du moulin de Gigny ainsi que du pré et du bois qui en dépendaient. Elle comprenait aussi celle de 20 francs pour la tuilerie voisine, celle de 264 francs pour la seigneurie de Condal, celle de 200 francs due au chambrier par le seigneur de Sainte-Croix [201], celle de 101 francs qui remplaçait le

---

[201] L'article suivant d'un de nos inventaires a peut-être rapport à cette rente:

« Requête présentée en 1601, par MM. de Gigny, au lieutenant-général de « Chalon, pour obtenir paiement de plusieurs termes à eux dûs par noble « Henri d'Antigny, seigneur de Sainte-Croix, pour raison d'une fondation par « lui faite d'un anniversaire en l'église du prieuré de Gigny. »

quartier de maire de Salins, etc., etc... Mais, au reste, on n'a trouvé aucun indice de celle de 60 sols, monnaie de Lons-le-Saunier, créée en 1155 pour les dîmes du Miroir.

Ces rentes et acensements étaient dus aux nobles chanoines à Saint-Amour, Arinthod, Avenans, Beaupont, la Boissière, Bourcia, Broissia, Chambornay, Champagna, Champagne, Changea, Charnay, Château-sur-Salins, Châtillon-en-Dombes, Condal, Cropet, Cuisia, Foissia, Gigny, Gevria, Graye, Guinant, Lains, Lanéria, Louvenne, Loysia, Marigna, Marnésia, Maynal, Mérey, Monnetay, Montagna-le-Templier, Montrevel, Morges, Morval, Moutonne, Nancuise, Orgelet, La Pérouse, Pymorin, Rothonay, Salavre, Salins, Savigna, Ugna, Varessia, Varey, Véria, le Villars, Visargent, etc...

§ 10. Aux dîmes, droits féodaux, rentes et acensements, il faut ajouter de nombreux *biens immeubles* appartenant au monastère de Gigny et donnant des revenus considérables. Ces immeubles, situés surtout à Gigny, Graye et Cropet, étaient :

1.° Les *maisons*, cours, jardins et vergers du cloître ;

2.° Les trois *condamines*, d'une superficie de 12 hectares et louées moyennant environ . . . . 600 fr.

3° *Prés à Gigny*, d'une contenue de 13 hectares, loués 1400

4.° Deux *étangs* mis en pré, loués. 250

5.° La *Grange de l'Isle*, domaine d'une étendue de 20 hectares, louée sans les bois 460

6.° La *vigne de la Pendame* et ses dépendances, louées 150

7.° *Prés à Graye* et Charnay, loués. 2500

8.° *Prés à Cropet*, loués. 800

                        A reporter 6160

Le village de Sainte Croix n'a eu que deux seigneurs du nom de Henri d'Antigny, de 1265 à 1317.

Report. . . .	6160 fr
9.º Deux cent vingt-cinq arpents de *bois* à Gigny, Graye, Collonozay et autres lieux, évalués annuellement à.	2400
10.º Le *clos Saint-Jean*, vignoble à Saint-Jean-des-Treux, avec bâtiments, pressoir, usine, etc., contenant 120 ouvrées, loué.	550
Total, non compris les maisons du cloître .	9110

Outre ces immeubles, les religieux possédaient beaucoup de prés, terres, vignes, bois ou autres biens ruraux amodiés avec les dîmes ou les prieurés, notamment à Chambornay, Champagna, Châtonnay, Chazelles, Clairvaux, Condal, Cuiseaux, Cuisia (A), Digna, Donsurre, Gizia, Ilay, Marboz, Maynal, Oussia, Poitte, etc...

§ 11. En récapitulant tous ces revenus, on voit qu'ils consistaient :

En dîmes indépendantes des prieurés, louées.	27436 fr
En droits de patronage, évalués environ. . .	300
En droits féodaux de la seigneurie de Gigny .	10302
En acensements et rentes	2000
En immeubles indépendants des prieurés . .	9110
En droits casuels dus au sacristain, environ. .	100
En droits de blérie, gerberie et marcille. . .	256

Enfin en louage de prieurés à :
Chambornay	1200 f
Châtel, dîmes déduites	240
Châtonnay.	1000
Chazelles	200
Clairvaux	2705
Cuiseaux et Champagna . . .	2625
Cuisia et Pressia	2400
Donsurre	2000
Ilay et Poitte	1905

14275

A reporter. . .	63779

CHAPITRE LVIII.

Report.	63779 fr.	
La Madeleine-sous-Cuiseaux	125	
Marboz.	8000	11725
Maynal.	2600	
Oussia.	1000	

(Enfin en la terre de prieuré de...)

Total des revenus, non compris ceux du prieuré
de Château-sur-Salins, ci   75504

Ce total diffère peu de celui que l'auteur de cette histoire a trouvé sur une note de 1787, d'après laquelle ces revenus furent alors estimés, sans les bois, à 70,354 francs, dont 41,729 francs en Franche-Comté, 18,151 francs en Bresse, et 10,474 francs en Bourgogne.

D'ailleurs, ces revenus étaient nets, parce que dans tous les baux qui ont servi de base à ces calculs, les fermiers étaient chargés de payer, sans diminution de prix, les portions congrues ou leurs suppléments aux divers curés, d'entretenir ou réparer les presbytères et le chœur des églises, de payer les impositions locales, même le don gratuit et les décimes.

En général, on appelait *décimes* les sommes que les ecclésiastiques étaient obligés de payer ordinairement ou extraordinairement. Le *don gratuit* était la décime ordinaire ou subvention que le clergé donnait au roi. Les quittances de décimes et don gratuit furent déclarées, en 1789, imputables sur les contributions.

§ 12. Dans les derniers temps, le doyen du chapitre de Gigny payait 80 francs de don gratuit, à cause de son doyenné. On ignore s'il en payait encore autant à cause de son canonicat et si chacun des dix autres nobles chanoines acquittait aussi la même somme, ce qui porterait la totalité de cette charge à 960 francs pour l'établissement religieux. Il est certain qu'avant la sécularisation, c'est-à-dire en 1760, cette charge était encore plus lourde, car la mense capitulaire seule du prieuré payait 940 fr. de don gratuit, et en outre 150 francs pour l'hôtel des Invalides. D'un autre côté, on a vu aussi que les huit officiers claustraux acquittaient alors 254 francs pour le même droit de décimes.

A cette époque, les revenus de la mense, non compris ceux des offices et des prieurés, ne s'élevaient qu'à 19,462 francs, et elle avait 6,778 francs de charge, savoir :

Don gratuit.	940 f.
Invalides de Paris.	150
Aux religieux du prieuré	3000
Aux mêmes, valeur de 477 mesures de froment.	572
Aux mêmes, valeur de 1,013 mesures d'avoine.	354
Aux prieur cloîtrier, novices et chantres, pour vin	98
Au seigneur de Cuiseau, valeur de 720 mesures d'avoine.	468
Valeur de dix livres de cire dues à l'église de Sagy.	15
Au chapelain de saint Nicolas à Saint-Julien, valeur de 24 mesures de froment et de 36 mesures d'avoine.	55
Honoraires des officiers de la justice prieurale	35
Frais de justice criminelle	100
Entretien et réparation des chœurs, clochers, ornements, linges, etc., des églises du patronage.	400

Suppléments de portion congrue aux curés de :
- Gigny . . . . 45 fr.
- Montagna-le-Templier . . . 23
- Joudes 33
- La Boissière 33
- Saint-Julien. 120
- Montfleur 45
- Cuisia (Ain). 200
- Pressia 92

591

Total. 6778

Il faut se rappeler ici que le prieur commendataire avait droit aux deux tiers de cette mense; mais qu'il les avait loués aux religieux, moyennant 8000 francs d'abord, et 9000 francs ensuite.

CHAPITRE LIX.

Liste des religieux connus.

Il serait intéressant de connaître les religieux qui ont fait partie de notre monastère, non-seulement à cause de Gigny, mais encore à cause des familles féodales qui lui ont fourni des membres, et à cause des lieux dont ces familles portaient le nom. Voici ceux qui sont venus à notre connaissance, avec les dates de leur vie claustrale.

Amedor (voyez Molans).
Andel (N... d'), en 1176.
Anglic (Mathieu d'), 1424.
Arago (Joseph d'), 1612.
Ardria, 928.
Aubepin (Gaspard de l'), 1546, 1547, 1565.
— (Hilaire Moccuer de l'), 1731.
Aymon (voyez Haymon).
Buisset (Claude), 1424.
Balay-Marigna (Eustache de), 1667, 1685.
— (Henri de), 1670—1705.
— (Henri-Adrien de), 1700—1720.
— (Hugues I de), 1650, 1660.
— (Hugues II de), 1713—1771.
— (Jean de), 1682, 1683.
— (Philippe-Louis de), 1682—1710.
— Du Vernois (Claude-Aimé-Gaspard de), 1705—1751.

Ballet (Louis), 1508, peut-être *Balay.*
Balluflrt (Guillaume de), 1389, peut-être *Beaufort.*
Barchod (Jacques de), 1482.
Bassure (Étienne de), 1424.
Bavilre (Pierre de), 1478.
Baume (Louis de la), 1577, 1582, 1590.
— (N... de la), 1730, (*voyez* Suze.)
Beaufort (Guy de), 1406, 1424.
Befrannot (Guy de), 1424, peut-être *Baufremont.*
Belot (Claude-Éléonore de), 1676, 1693, 1694, (*voye*
       Villette.)
— (*voyez* Larrians, Montbozon, Villette.
Bernon, 894—927.
Blandans (Pierre de), prieur de Plâne, 1452.
Bois (Antoine du), 1424.
— (Pierre du), 1577.
Bonard (Louis de), prieur de Ruffey, 1482, 1494, 1508.
Bougne (*voyez* Bugne).
Bouhier (Jean), 1737—1744.
Bouvard (N... de), 1577, (*voyez* Buseau.)
Brancion-*Visargent* (Claude de), 1712—1745.
Bugne (Claude de), 1620, 1635, 1636.
— (Étienne de), 1482.
Buseau-Bouvard (N...), prieur de Châtonnay, 1474, 1478,
    1499, 1525 (*voyez* Bouvard.)
Buson (*voyez* Champdyvers).
Bussy (Louis de), 1527.
Chambut (Jean de), 1490.
Champagne (Rodolphe de), 1306.
Champdyvers (N... Buson de), 1720.
Chantrans (Claude de), 1616, 1617, 1653, 1654.
Charme (Antoine de la), 1482, 1488.
— (Claude de la), 1612, 1620, 1623.
Charnoz (Claude I de), 1482, 1488, 1489, 1499, 1508.

Charnoz (Claude II de), 1590.
— (Garric de), 1482, 1499, 1508.
Chassault (N... de), 1565.
Chatard (Amblard de), 1482.
— (Humbert de), 1424, 1435, 1437.
Chatel (Louis de), 1482.
Chatelet, (*voyez* Marnézia.)
Chatillon (Étienne de), 1305, 1310.
— (François de), 1503—1506.
Chavirey (Claude-Louis de), 1660, 1677.
— dit *de Rosay* (Désiré de), 1664, 1693.
— (Guibert de), 1582, 1612.
— (Jean de), 1577, 1620.
— (Jean-Baptiste de), 1678, 1719.
— (Nicolas de), 1612, 1620.
Chissey (Blaise I de), 1353.
— (Blaise II de), 1575, 1584, 1590, 1593, 1612, 1620.
Choievoy (Aimé de), 1424.
Collaou (Antoine de), 1482, 1497, 1498, 1499, (probablement *Courlaou*.)
Cormoz (Pierre de), 1499.
Cuisel (Guidon de), 1282.
Cuse (N.... de), avant 1664.
Dagay (Jean), 1480, 1482, 1494.
Daquier (Pierre), 1612.
Darota (Claude), 1612.
Daréol (Claude), 1577, 1582, 1612.
Déchaux (*voyez* Vauchier).
Déodat, 928.
Dortan (Gaspard de), 1527, 1546.
— (Jean de), 1424, 1441, 1452.
Du Bois (*voyez* Bois).
Du Pasquier (*voyez* Pasquier).

Dertal (Jean de), 1424.
— (Léonard de), 1525.
Eroissus (Joseph d'), 1620.
Ermandrad, 928.
Etrenoz (Alexandre-Hermenfroy d'), 1771—1788.
Faletans (Jean-François de), 1727—1788.
Farod (Pierre de), 1424.
Farquier (Étienne de), 1488.
Fauvernier (Étienne de), 1522.
— (Jean de), 1553, 1582, 1589, 1590.
— (Nithier de), 1499.
— (Pierre de), 1533, 1573.
Feillens (Pierre de), 1305, 1307, 1310.
Fetigny (voyez Pasquier).
Folfens (Jean de), 1488, peut-être Foncens.
Fontadun (Denis de), 1527.
Foudras (Léonard-Alexandre de), 1782—1788.
Francheleuse (Léonard de), 1506, peut-être Franchelems.
Francey (Antoine de), 1527.
Fromenay (Jean de), 1404.
— Voyez Visemal.
Gayard (Étienne de), 1424.
Gavain (Pierre), 1520, 1531.
Gaufrede, 1276.
Gayne (Jean de), 1452, 1474, 1482.
Geoffroy, voyez Gaufrede.
Germain (Aymonet de S.), 1379.
— (Jean de S.), 1546, 1560.
— (Louis de S.), 1730, 1743.
Girard, voyez Nicolet.
Giraud, avant 1310.
Gonssans, voyez Jouffroy.
Gorrevod (François de), 1482, 1499.
Gozbert, 981.

GRANDCHAMP (Jean I de), 1124.
— (Jean II de), 1452, 1482, 1488, 1494.
— (Jean III de), 1508, 1530, 1542, 1546, 1557.
GRANDMONT (Jean-Simon de), 1543, 1546, 1547.
— (Charles de), 1612.
GRANGE (Jean de la), 1356, 1357.
GRALAN, 928.
GRANET (Jean), 1452, 1482.
GUICHARD, 1270.
GUIBOD (Guillaume de), 1424.
GUIGAT ou GUIGART (Jean I de), 1424.
— (Jean II de), 1546.
— (Jacques de), 1527, 1546, 1570.
GUIGONNARD de *la Villette* (Jean I de), 1527, 1546.
— — (Jean II de), 1553, 1582.
— — (Pierre de), 1546.
GUIGUES, 1236.
GUILLAUME I, 1278, 1294.
GUILLAUME II, 1379.
GUINAL (N.... de), 1565.
GUY I, 928.
GUY II, 1297.
HAYMON, 1191, 1204.
HUGUES de *Dalmace* (St.), 1076—1109.
JAHAN (Claude de), 1482.
JEAN, 1244, 1246, 1249, 1253.
JENILI (Pierre), 1336.
JÉRÔME (Guillaume de St.), 1482, 1494.
JEUNE (Jean le), 1442—1450.
JOUFFROY (Claude-François de), 1704, 1705, 1717.
— (Éléonore-Gabriel de), 1717.
— de GONSSANS (François de), 1647, 1648.
— (Louis-François-Gabriel de), 1738—1788.
JULIEN, 928.

La Baume, *voyez* Baume.
La Charme, *voyez* Charme.
La Grange, *voyez* Grange.
La Lye, *voyez* Lye.
La Muysance, *voyez* Muysance.
La Palud, *voyez* Palud.
La Roche, *voyez* Roche.
La Rovere, *voyez* Rovere.
La Tour, *voyez* Tour.
Laifin, 894.
Lallemand de *Lavigny* (Jean-Thomas de), 1684—1726.
Larrians (Éléonore-Hyacinthe de Belot de), 1704—1751.
Lascases (Louis de), 1771—1788.
Lavigny, *voyez* Lallemand.
Le Jeune, *voyez* Jeune.
Lessot (N....), 1431.
Lestzon (Guy de), 1406, peut-être le même que le précédent.
Lezat (Audon de), 1424. *Voyez* Lezay.
Lezay (Jean-Gaspard-Henri de), 1688, 1717.
— (Pierre de), 1612.
— *Voyez* Lezat, Marnésia.
Liconna (Fromond de), 1423.
Louvat (Antoine du), 1546.
— (Étienne du), 1575.
Luyrieux (Aynard de), 1450.
Lye (Paris de la), 1546, 1582.
Maigret (Alexandre de), 1577, 1582, 1590.
Mairot de *Mutigny* (N....), 1720.
Malivert, dit de *Vaugrigneuse* (Claude-Antoine de), 1658, 1679.
— (Jacques de), 1708—1756.
Malvigne (Pierre de), 1499, 1508.
Marigna (Jean de), 1379. *Voyez* Balay.
Marnezia, dit du *Châtelet* (N.... de), 1741. (*Voyez* Lezay).

CHAPITRE LIX.

Martix (Claude-Gaspard de), 1663, 1667.
Mayeul, 974.
Mazure (Jean de), 1546, 1553.
— (Louis de), 1577.
Mellia (Étienne de), 1424, 1452.
Menthon (Joseph de), 1774—1788.
Messey (Claude de), 1588, 1605, 1612.
Molans (Oct.-Ign.-Bernard d'*Amédor* de), 1782—1788.
Montadroit (Bertrand de), 1424, 1431.
Montagu ou Montaigu (Étienne de), 1440.
— (Guillaume de), 1632—1633.
— (Humbert de), 1430—1433.
— (Jean de), 1348.
— (Marc de), 1612, 1615, 1620, 1625.
Montboson (Éléonore-Alexandre de Belot de), 1750—1788.
Montfalcon (Aimé de), 1490.
Montfaucon (Marie-Melchior de), 1774—1788.
— (Pierre-Marie de), 1780—1788.
Montferrand (Benoit de), 1483, 1488.
Montfleur (Étienne de), 1357.
Montfort (Jean de), 1577, 1582, 1590.
Montjouvent (Antoine de), 1473, 1482, 1494.
— (Jean de), 1499, 1508, 1512, 1523, 1547.
— (Jean-François de), 1553, 1583.
— (Philibert de), 1527, 1546.
Montmoret (André de), 1437.
Montplzat (Pierre de), 1774, 1785.
Montrichard (François de), 1546, 1547.
Morel (Cleriadus de), 1580, 1612, 1620.
— (Étienne de), 1473.
— (Pierre de), 1439, 1440.
Mouchet, *voyez* Aubépin.
Moyria (Ennemond de), 1746.
— (Jean-Bernard de), 1749—1788.

Moysia (Pierre de), 1499, 1508, 1527.
— (Ponce de), 1219, 1226, 1227, 1231, 1236.
Mugnet ou Monnet (Guy de), 1155.
Mutigny, voyez Mairot.
Muysance (Bernard de la), 1455, 1457, 1466, 1471.
Nance (Ferdinand-Marie de), 1684—1736.
Nicolet (Girard), 1437.
Orgelet (Pierre d'), 1406.
Ornans (Alexandre d'), 1476.
Pacon (Jean), 1336.
Palud (Antoine de la), 1508.
— (Denis de la), 1546, 1553.
Pasquier (Guillaume du), prieur de l'Etoile, 1612, 1620, 1646, 1647.
Pasquier de Letigny (Henri du), 1676, 1697.
— de la Villette (Henri du), prieur de l'Etoile, 1615, 1676.
— de la Villette (Bénigne-Éléonore-François du), 1730, 1738.
Pasquier de Viremont (N... du), 1722.
Pellapucin (Antoine de), 1452, 1458.
Pelousey, voyez Prowost.
Penard (Jean de), 1482, 1508.
Pin (Cleriadus du), 1664, 1722.
Playne (Jean I de), 1482, 1494.
— (Jean II de), 1573.
— (Guillaume de), 1582.
Poligny (Jean de), 1482.
— (Pierre de), 1543, 1546, 1561, 1564.
Poly de Saint-Thiébaud (Gaspard de), 1731.
Ponce, voyez Moysia.
Prowost dit de Pelousey (Philippe-Louis de), 1645, 1663.
Quentin (Saint), voyez La Tour.
Raginbaulme, 928.

Raincourt (Jérôme-Joseph de), 1655, 1682.
Rantechaux, voyez Ronchaux, Thon.
Ray (Cleriadus de), 1557, 1560.
Raynans (Étienne de), 1476.
Rebcin (Mayeul de), 1310, peut-être Rabutin.
Recllot (Charles de), 1687, 1693.
Roche (Jacques de la), 1437.
— (N... de la), 1632.
Rolland, 1238.
Rolin (Jean), cardinal, évêque d'Autun, 1458.
Romanet (François de), 1577.
Ronchaux (Louis de), 1615, 1617, 1632. (Voyez Rantechaux, Thon.)
Rovere (Julien de la) 1493—1503.
Royge (Pierre de), 1582.
Rye (Ferdinand de), 1586—1636.
— (Louis de), 1542—1550.
— (Philibert de), 1550—1556.
Sagey (N.... de), 1733.
Saix (Léonard du), 1546, 1547.
— (Louis du), 1582.
Sampigny (Gabriel de), 1527.
Sannon, 928.
Sappel (Guillaume de), 1640, 1645, 1648.
Sarsly (Henri de), 1395, 1406.
Sauler (Jean de), 1357.
Saux (Pierre de), 1336.
— (N.... de), 1412.
Saturnier (François de), 1499, 1508, 1525, 1527.
— (Nicolas de), 1522, 1525, 1527.
Sillarno (Jean de), 1482.
Suze (Anne-Louis-François de la Baume de), 1730—1737.
Tarlet (Louis de), 1531, 1546; mort avant 1553.
Tartre (Louis du), 1499.

Tartre (Marc-François du), 1655, 1704.
— (N.... du), 1676, 1679, 1684, (peut-être le même que le précédent.)
— (Pierre du), 1527.
Tenarre (François de), 1543, 1546.
Thesut (Abraham de), 1663—1721.
— (Louis de), 1721—1729.
Thiebaud (St.), *voyez* Poly.
Thon-Rantechaux et Ronchaux (Guillaume de), 1635, 1647, 1664.
— (Louis de), 1632, (*voyez* Ronchaux.)
— (Pierre de), 1598, 1630.
Thoulonjon (Gavand de), 1379.
— (Léonard de), 1482, 1488.
— (Pierre de), 1577, 1612.
Toulouse (Antoine de), 1452.
Tour (Claude de la), mort en 1611.
— *Saint-Quentin* (Claude de la), 1555, peut-être le même que le précédent.
— (Louis de la), 1488, 1499.
Tournon (Georges de), 1707, 1720.
Ugnye (ou *Ugna*) (Jean d'), 1499.
— (Pierre d'), 1577, 1582.
Uranibert, 981.
Vailles (Pierre de), 1424.
Vallefin (N.... de), 1601.
Vauchier du *Déchaux* (N.... de), 1712.
Vaugrigneuse, *voyez* Malivert, Marigna.
Vergey (Antoine de), 1517, 1541.
Veria (Étienne de), 1408, 1424.
Vir (Henri de), 1336.
Villars (Jean de), 1350.
Villette (Éléonore de Belot de), 1664, 1703.
— (*voyez* Guigonnard, Pasquier.)

VIREMONT, *voyez* Pasquier.

VISARGENT, *voyez* Brancion.

VISEMAL de *Frontenay*, dit de *Falerans* (Jean-Gaspard de), 1686, 1704, 1724, (*voyez* Frontenay.)

WAUCHIER, 1109.

WITBALD, 928.

WUINERAN, 928.

ZANTLIN, 981.

CHAPITRE LX.

Juges et officiers judiciaires de Gigny.

§ 1. Le seigneur de Gigny avait, comme il a été dit, la double juridiction exercée au premier degré par un *châtelain*, et en appel pour les causes civiles par un *bailli*. On a vu quelle était la compétence de ces juges, et on ajoutera seulement ici, qu'avant l'ordonnance de 1667, ils ne connaissaient pas des actions possessoires par voie de complainte immédiate, mais ensuite d'un *mandement de nouvelleté* délivré par le bailli royal. On en peut voir des exemples en 1488, 1517 et 1546, dans quelques-unes de nos chartes. C. 125, 126, 128, 129.

Ces juges, âgés d'au moins 25 ans, et munis d'un certificat de bonne vie, de bonnes mœurs et de religion catholique délivré par le curé, étaient nommés par le prieur de Gigny. Ils étaient reçus au bailliage de Montmorot ou d'Orgelet, devant lequel ils prêtaient serment. Ils devaient tenir deux assises par an, et s'il s'agissait, dans une cause criminelle, d'appliquer des peines afflictives, le châtelain devait être assisté de deux assesseurs gradués en droit.

La justice civile et criminelle était rendue sur la place publique de Gigny, à tous les habitants ou justiciables de la seigneurie. On rappellera ici que le seigneur territorial ou du clocher avait seul droit de la faire rendre ainsi à découvert et sur la place, tandis que les coseigneurs ne pouvaient l'exercer que sous le toit de quelque maison dépendant de leurs seigneuries particulières, ce qu'on appelait *justice sous latte*. On ajoutera qu'au reste, toute justice seigneuriale devait être rendue hors du château, des maisons et de la présence du seigneur, mais toujours dans la seigneurie même et non en territoire emprunté. Ces juges étaient nommés *pédanés*, parce qu'ils jugeaient debout, sans être assis sur un tribunal. On les appelait aussi *juges de dessous l'orme*, parce qu'ils remplissaient leurs fonctions sous l'orme planté devant l'église ou devant le château. Le ministre de Henri IV, Sully, ayant renouvelé l'ordonnance qui enjoignait de planter, dans chaque commune, un orme ou un tilleul sur la place publique destinée aux fêtes, foires et marchés, on a appelé ces arbres des *Sullys*. On en voit encore quelques-uns de cette époque.

Les officiers judiciaires, à la nomination du seigneur haut-justicier, dans une châtellenie titrée, étaient, outre les juges bailli et châtelain : un procureur fiscal ou d'office, un greffier, trois procureurs postulants, un huissier et trois sergents [202]. Ces officiers, ainsi que les notaires seigneuriaux, prêtaient serment devant le juge auprès duquel ils devaient exercer, et ils étaient immatriculés au bailliage royal.

§ 2. Voici les noms de quelques *châtelains* de Gigny :
Bernard (Jean), d'Orgelet, en 1546.

---

[202] « Le sergent (*Serviens*), dit Chevalier, exécutait les mandements et « ordonnances, faisait la collecte des prestations dues au seigneur, étalonnait « les mesures nouvelles, faisait les saisies, publiait les bans, etc... Dans quel- « ques lieux, dit encore le même historien, la sergenterie était confondue avec « m. itie. » Or, il en était ainsi à Gigny, et, en 1785, Didier Col. fut institué *sergent-maire* par le haut-doyen du noble chapitre.

Colombet (Philibert), notaire à Saint-Amour, 1660, 1663.

Biet (Claude), d'Arinthod, procureur à Orgelet, 1666—1704.

Donneur (Jean-Antoine), d'Orgelet, docteur en droit, avocat en parlement, 1710, 1712, 1714.

Bidault (Remi), conseiller du roi, maire de Poligny, receveur des consignations, amendes et épices en cette ville, 1724, 1728.

Babey (Pierre-François), notaire et procureur à Orgelet, puis avocat en parlement, 1730—1755.

Cordier (Laurent), d'Orgelet, avocat en parlement, 1755—1769.

Clerc 1.º (François-Gilbert), avocat à Orgelet, 1769—1771.

Delacroix (André-Joseph), avocat à Coligny, 1772—1785.

Clerc 2.º (François-Gilbert), avocat à Orgelet, 1787—1789.

§ 3. S'ensuivent maintenant les noms de quelques juges-baillis, qui ne pouvaient être reçus qu'autant qu'ils étaient licenciés en droit :

Belin (Eustace), de Dole, docteur ès-droits, en 1517.

Robert (Abel), d'Arinthod, docteur en droits, 1664—1695.

Buchod (Claude-Philibert), de Gigny, docteur ès-droits, 1675—1720.

Farod (Jean-Balthazar), seigneur de Largillay, avocat du roi à Orgelet, 1723, 1742.

Après ce dernier titulaire, les registres de la justice de Gigny n'en font point connaître d'autres. La double juridiction seigneuriale, déjà supprimée en France par les deux ordonnances de 1560 et 1564, le fut définitivement en Franche-Comté, par l'édit de 1749.

§ 4. Le *procureur d'office* poursuivait les délits et les contraventions, assistait aux jugements, requérait les tutelles, apposait les scellés en l'absence du greffier, etc... On a constaté à Gigny ceux dont les noms suivent :

Goy (Jean), en 1488.

Prevost (Nicolas), docteur ès-droits, 1517.

De Vif (Barthélemy), substitut du procureur fiscal, 1529.

Pandet (Claude), notaire, 1544, 1545, 1547.

Enjourrand (Jean), notaire, 1570.

Chapon (Jean), notaire, 1589, 1635.

Badoulier (Nithier), de Clairvaux, notaire, 1648, 1649.

Boisdeau (Guyot), de Gigny, notaire, 1660, 1662.

Grandmont (Taurin), notaire, 1664.

Chapon (Jean), notaire, 1664—1674.

Bachod (Hubert), de Gigny, notaire, 1675—1720.

Martin (Simon), d'Arinthod, notaire, 1723—1729.

Berthelon (Benoît), 1730—1744.

Geneault (Jean-Baptiste), d'Orgelet, notaire et juge à Andelot, 1746—1763.

Renauld (Claude-François), notaire à Saint-Amour, 1763—1770.

Gaspard (Jean-Baptiste), de Gigny, notaire, 1773—1781.

Grandmont (Claude-Marie), 1782—1785.

Fleschon (Claude-Joseph), notaire à Gigny, 1787—1789.

§ 5. Le *greffier* tenait la plume à l'audience, recevait les déclarations de grossesse, apposait seul les scellés, les levait par commission du juge, faisait les inventaires des meubles et immeubles, écrivait les partages aussi par commission du juge, etc... On n'a recouvré que les suivants :

Bouquerod (N....), en 1514.

De Vif (Claude), 1633, 1634.

Vuillemenot (Guillaume), de Saint-Julien, 1661—1699.

Bouquerod (Gabriel), de Gigny, 1699—1741.

David (Claude-Joseph), 1741, 1742.

Martin (Jean-Claude), 1743, 1745.

Regaud (Claude-François), en même temps greffier des justices d'Avenans, Cressia, Loysia et Rosay, 1746—1778.

Fleschon (Claude-Joseph), notaire, 1779—1786.

Badet aîné (Taurin), 1787, 1790.

§ 6. S'ensuivent encore ici les noms des trois *juges de paix* qui remplacèrent, jusqu'à un certain point, les juges seigneuriaux, et qui ont exercé pendant que le canton de Gigny a subsisté :

Gaspard (Jean-Baptiste), notaire, 1790—1793.

Callod (Jean-Charles), 1794, 1795.

Desous (Jean-François-Hubert), chirurgien, 1795—1802.

Ces trois titulaires ont eu, pendant tout leur exercice, le même greffier, c'est-à-dire celui du dernier juge châtelain.

CHAPITRE LXI.

Notaires de Gigny.

Dans les seigneuries de haute-justice titrées de châtellenies, le nombre des notaires était fixé à deux, à la nomination du seigneur. C'était un droit féodal, connu sous le nom de *tabellionage*, dont il a été parlé au chapitre XVII. Une de nos chartes mentionne néanmoins quatre notaires à la fois demeurant tous à Gigny, en 1546, mais y compris des notaires royaux et publics. Quoiqu'il en soit, ceux qui suivent sont les seuls venus à notre connaissance : C 123

Morand (Jean), en 1336.

Gemillat (N..), 1436.

Moura (Jean), de la Pérouse, prêtre et notaire impérial, en 1437.

Roussel (Guillaume), prêtre, notaire de l'autorité impériale, en 1443. G.

Barbier (N...), 1451.

De Vif (Claude), petit-fils d'un gentilhomme flammand de G.
    ce nom, de la suite d'un seigneur de Vergy, lequel se fixa
    à Montaigu où il mourut en 1482.

Prod (Guillaume), 1488.

Deloy (Jacques), 1488.

Goy (Jean), 1496, 1504, 1516, peut-être procureur fiscal en 1488.

Pitiou (N...), notaire apostolique, juré, impérial de la cour de Lyon, à Gigny, en 1496, 1499, 1510.

Chapon (Claude), de Cropet, prêtre, notaire public, 1508.

De Vif (Jean), 1520, 1522, 1533, 1546, 1550, 1551.

De Vif (Barthélemy), 1521.

Vuillemenot (N...), 1527.

Chapon (Jean), de Cropet, clerc, notaire public, 1528, 1530.

Chapon (Jean), de Gigny, clerc, notaire public, juré du bailliage d'Aval, 1543, 1559, 1564, peut-être le même que le précédent.

Monnard (Louis), 1543, 1546, 1571.

Chapon (Louis), de Gigny, 1546, 1547, 1553, mort en 1554.

Pandet (Claude), 1547.

Chapon (Guillaume), de Gigny, clerc, notaire, 1554, 1578.

Humbert (Sébastien), notaire royal, 1554, 1582, 1583.

Vuitton (Claude), de Gigny, 1565.

Chapon (Claude), 1567.

Enjourrand (Jean), 1570.

Chapon (Jean), 1581, 1649.

Bertrand (Louis), 1590, 1592, 1596, 1601.

Bouquerod (Jacques), 1599, 1621, 1629, 1633.

De Vif (André), 1599, 1634.

Chapon (Claude), de Gigny, 1612, 1629.

Chapon (Nicolas), 1612, 1679.

Bertrand (Claude), 1617, 1636, 1640.

De Vif (Claude), 1627, 1633.

Badoulier (Nithier), de Clairvaux, 1635—1693.

Chapon (Jean), de Gigny, 1640—1674.

Boisdeau (Guyot), de Gigny, 1643—1675.

Grandmont (Taurin), 1661—1695.

Grandmont (Aimé), 1680.

Bachod (Hubert), de Gigny, 1671—1723.

Bouquerod (Gabriel), de Gigny, 1692, 1693.
Badoulier (Anatoile), 1725—1738 ; puis à Saint-Julien.
Gréa (Pierre), 1738—1771.
Gaspard (Jean-Baptiste), de Gigny, 1763—1795.
Fleschon (Claude-Joseph), 1771—1819.
Micholet (Claude-Marie-Paulin), 1817—1833.
Mottay (Jean), 1819—1843.

CHAPITRE LXII.

Curés, vicaires, ecclésiastiques de Gigny.

§ 1. ON a vu, au chapitre XVII, que l'église de Gigny et celle de Véria avaient été unies et incorporées depuis une époque immémoriale et notamment déjà avant le quinzième siècle. En conséquence, les desservants dont les noms suivent, au moins depuis cette époque, ont été communs à ces deux paroisses.

Joceran, chapelain de Gigny, en 1270.
Michel, curé de Gigny, 1282.
Denis, curé de Gigny, 1336.
Chatard (Hugues de), recteur de l'église paroissiale de Gigny, 1346.
Maréchal (Pierre), curé de Gigny et de Véria, 1408, 1414, 1421.
Godard dit Javel, 1562, 1588.
Rossel (Claude), de Véria, 1616—1636 ; (restait à Véria.)
Marchant (Claude), recteur de l'église N.-D. de Gigny, 1641—1646.
Veyron (Claude), 1646—1672 ; (restait à Gigny, appelait Véria son annexe et y avait *Boisson* pour vicaire).
Montcroissant (Jean-François de), 1672—1717 ; (quitta Gigny en 1686, pour aller rester à Véria.)

Cancalon (N...), 1717—1752.

Morel (Claude-Marie-Gaspard), prêtre familier d'Orgelet, curé de Véria et vicaire perpétuel de Gigny, 1753—1784.

Chapelut (Claude-Louis), 1784—1792 ; (desservant de Véria seulement en 1795—1809).

§ 2. Depuis le départ de M. de Montcroissant pour Véria, sur la fin du dix-septième siècle, les vicaires demeurèrent à Gigny ; mais ils n'y remplissaient pas long-temps leur ministère, comme on a déjà dit, et ils devenaient bientôt titulaires de quelque cure, sur la présentation des nobles religieux en voici les noms :

Bouquerod (Jean), en 1681—1683.

Bugnot (N...), 1683—1685.

Fuynel (Pierre-Claude), 1685—1690.

Blondeau (N...), 1690—1693.

Vuiton (Pierre), 1694—1700.

Fleur (Jean-François), 1700—1706.

Daguet (N...), 1706, 1707.

Villemot (N...), 1708, 1709.

Clément (N...), 1709—1712.

Gentelet (Claude-Antoine), 1712—1722.

Paget (N...), 1722—1724.

Morel (Claude-Étienne), 1724—1738.

Babey (C.), 1738—1743.

Bouquerod (Alexis), 1743—1746.

Michaud (N...), 1747.

Christin (P.-B.), 1747.

Cattin (Pierre-François), 1748—1752.

Mermet (N...), 1752—1758.

Favier (N...), 1758—1768.

Bonnot (Pierre), 1768—1771.

Lorges (Joseph-Marie), 1771—1779.

Panisset (N...), 1779—1784.

Guillaumot (Jean-François), 1784—1791.

Perrin (Taurin), 1791, 1792.

§ 3. Les églises de Gigny furent fermées en 1793, 1794 et 1795, comme toutes celles de la France, et le service divin fut interrompu. Cependant, sous le directoire, dont le gouvernement bon, désintéressé et tolérant, a été décrié à tort et par pur système par ceux qui l'avaient renversé sans mission, on commença à respirer et à revenir de l'exaltation révolutionnaire. Aussi, en juillet et août 1795, deux prêtres qui n'avaient d'autres titres que l'intention de répondre au désir des ames pieuses, G.-G. Perrin et Cl.-L. Chapelut, prirent acte, au greffe de la municipalité de Gigny, de leur soumission à la loi et du serment qu'ils renouvelaient pour reprendre l'exercice du culte catholique. D'un autre côté, les prêtres, qui considéraient ce serment comme incompatible avec leur conscience, célébraient leur culte dans des maisons particulières, pour les fidèles de leur croyance, et ils étaient tous également tolérés par l'administration.

Cet état de choses dura jusqu'au concordat de 1801, et dès-lors les succursalistes ou desservants qui suivent se sont succédés à Gigny, dont la paroisse fut séparée de celle de Véria :

Bourcier (Jean-Baptiste), de Nancuise, 1801—1820.
Petit (Jean-Claude), 1821—1826.
Fusier (Ferdinand), 1826—1838.
Lugan (G...), 1838—1843.

§ 4. On ajoutera ici, comme devant intéresser quelques lecteurs, la liste des ecclésiastiques originaires de Gigny, ou qui y ont résidé :

Jacques de Gigney, curé d'Épy, en 1300.
Humbert de Gigny, curé de Saint-Amour, 1308.
Jacques du Villars, prêtre, 1424.
Roussel (Guillaume), notaire apostolique à Gigny, 1443.
Chapon (Claude), de Cropet, prêtre, notaire public, 1508.
Barbier (Claude), de Gigny, mort peu avant 1517.
Pition (N...), notaire apostolique à Gigny, 1510.

Pytiot (Barthelemy), de Gigny, 1520, (peut-être le même que le précédent.)

Humbert (Laurent), de Gigny, 1527.

Rossel (Claude), 1543, 1582.

Malessard (Jean), de Gigny, curé de Loysia, 1577, 1582.

Goy (Anatoile), vicaire perpétuel à Gigny, 1605, 1626.

Bertrand (Claude), de Gigny, curé de Loyon, 1612, 1621.

Grandmont (Charles), de Gigny, 1617, 1631.

Berthelon (Claude), de Gigny, 1618, 1629.

Malessard (Claude-Antoine), de Lons-le-Saunier, aumônier du prieur, 1660, 1662.

Bachod (André), de Gigny, prêtre en 1669, curé de Maynal en 1672, 1675.

Guyennot (N....), chanoine à Gigny, en 1675.

Bouquerod (Jean), de Gigny, vicaire en 1681—1683, puis curé à Nantey.

Pytiot (Pierre), curé à Marigny, 1693.

Bachod (François), curé à Maynal, 1700.

Vuiton (Pierre), vicaire, 1694, 1700.

Humbert (François), dit le *Franc*, de Cropet, mort curé de Montagna-le-Reconduit en 1719.

Bachod (André), curé de Germagna, 1706.

Collin (Jean-Baptiste), de Gigny, jésuite, curé de Montagna-le-Reconduit, mort centenaire en 1805.

Bachod (André), curé de Maynal, 1749.

Bouquerod (Alexis), vicaire à Gigny, curé à Saint-Sulpice, en 1748.

— (Claude-Antoine), curé à Loysia, 1746. 1763.

— (Claude-Philibert), curé à Oussia, 1771.

Gaspard (Benoit), de Gigny, curé de Maynal en 1770, mort en 1811.

Perrin (Gaspard-Guy), secrétaire du chapitre en 1769. 1778, etc.

Reynaud (Sylvestre), de Gigny, curé de Vernantois, mort en 1825.

Goybel (N....), de Gigny, curé à Dommartin, mort nonagénaire en 183...

Goybel (N...), neveu du précédent, curé à Cresancey en 1842.

CHAPITRE LXIII.

Médecins ou chirurgiens de Gigny.

Regnard (N...), de Cuiseaux, chirurgien à Gigny, en 1665.
Pytiot (Claude-Louis), chirurgien, 1671.
Enfaix (Charles), chirurgien, 1674.
Roussel (François), chirurgien de l'aumônerie, mort en 1682.
Viard (Philippe), chirurgien, 1682, 1689.
Bulliod (Pierre), 1687.
Bouache (François-Lazare), 1690, 1700.
Bouquerod (Jean-Claude), chirurgien, 1693—1745.
Villevieille (Étienne), 1717.
Arbel (François), frater, mort en 1730.
Boudot (Philibert), chirurgien prébendé du chapitre, 1709—1769.
Desous (Philibert), 1753—1782.
— (Jean-François-Hubert), 1785—1843.
Perrin (Étienne-Guy), 1770—1820.
Plassin (Auguste), docteur en médecine, 1806—1810.
Guillaumod (Joseph-Emmanuel), docteur en médecine, 1821—1843.

CHAPITRE LXIV.

Maires de Gigny.

Avant l'année 1790, la commune de Gigny était administrée, de même que les autres, par un ou plusieurs échevins qu'on renouvelait tous les ans. Ils furent remplacés par les maires dont voici la liste :

Gaudin 1.° (André-Louis), 1790.
Plassin 1.° (Philippe), 1790, 1791.
Gaudin 2.° (André-Louis), 1791, 1792.
Bachod (François), 1793, 1794.
Florin (Taurin), 1794, 1795.
Gaudin 3.° (André-Louis), 1795.
Perrin (Étienne-Guy), 1795.
Bénier (François-Joseph), 1795.
Badet 1.° (Taurin), 1796—1799.
Martin (François), 1799—1801.
Plassin 2.° (Philippe), 1801.
Badet 2.° (Taurin), 1802—1805.
Fleschon (Claude-Joseph), 1806—1812.
Bénier (Félix), 1813.
Bouquerod (François), 1813, 1814.
Martin 1.° (Claude-François), 1814, 1815.
Berthelet (Jean-Claude), 1815—1831.
Guillaumod (Joseph-Emmanuel), 1832—1835.
Martin 2.° (Claude-François), 1835—1843.

CHAPITRE LXV.

Histoire de saint Taurin.

L'histoire de S. Taurin [203] est trop étroitement liée avec celle de Gigny, pour ne pas la donner à la suite de celle-ci. On va donc la lire publiée aussi complète que possible, au moyen des nombreuses pièces insérées dans le recueil de nos preuves. Beaucoup de personnes de nos jours, à la vérité, dédaignent les études hagiologiques et n'ajoutent aucune foi aux légendes des saints, à cause des miracles multipliés qu'elles contiennent. Cependant, il faut reconnaître aussi que ces légendes renferment, en outre, des documents précieux et irrécusables pour l'histoire en général et surtout pour celle des localités, et que, sans elles, la connaissance de celles-ci serait souvent réduite presque à rien.

Il paraît qu'il a existé plusieurs saints du nom de Taurin, savoir: celui d'Ostie ou de Porto, celui d'Auseh et celui d'Evreux. Mais il est possible aussi que ces trois se réduisent à un seul que la dévotion aurait multiplié dans des temps très reculés.

Art. I. — S. Taurin d'Ostie *ou* de Porto.

Un ancien martyrologe d'Autun, d'une date inconnue, mais postérieure au neuvième siècle, place au 21 août la passion des bienheureux SS. Taurin, Hippolyte, Félix, Sénateur et

C. 6.

---

[203] Dans les actes de Gigny des deux derniers siècles, ce nom est constamment écrit *Thaurin*; mais, dans les titres antérieurs et dans tous les livres, ainsi que dans les antiques inscriptions, on le trouve sans la lettre *h*, et nous suivrons cette ancienne orthographe.

Herculien, martyrisés à Ostie sous le prince Claude. D'un autre côté, le calendrier rédigé dans le quatrième siècle, sous le pontificat du pape Libérius, mentionne que S. Taurin de Portoest fêté le 5 septembre en cette ville.

Le martyrologe précité ajoute que les corps de ces martyrs furent inhumés d'abord avec vénération par les chrétiens, puis transportés à Autun dans l'église de S. Martin ; et que long-temps après, leurs saintes reliques furent recueillies et cachées précieusement par S. Hugues, chef de cette abbaye d'Autun et contemporain de notre Bernon. On ignore de quel prince Claude il est question dans ce martyrologe, à moins que ce ne soit de l'empereur romain, deuxième de ce nom, surnommé le *Gothique*, et mort en l'année 270. A la vérité, on ne lit pas que, sous son règne, les chrétiens aient été persécutés ; mais ils l'avaient été sous Valérien et Gallien, ses prédécesseurs, et ils le furent encore sous Aurélien, son successeur. Aussi, on lit que S. Hippolyte, évêque de Porto et écrivain ecclésiastique du troisième siècle, a été martyrisé à Ostie, le 13 août de l'an 250, d'après Grégoire de Tours, ou le même jour de l'an 259, selon d'autres. On lit aussi qu'en cette ville on fait sa fête le 13 ou le 21 août. On peut donc fixer le martyre de S. Taurin d'Ostie ou de Porto à la même époque très rapprochée en effet de celle du règne très court de l'empereur Claude II. Au reste, il n'est pas question autrement de ces saints martyrs dans l'histoire ecclésiastique d'Autun. Ils ne sont même pas mentionnés dans les bréviaires ou rituels de ce diocèse.

Ainsi, il est évident que S. Taurin d'Ostie, martyr, ne peut être le même que S. Taurin, confesseur et évêque d'Évreux. Cependant, il est très digne de remarque que sa fête soit fixée dans les deux mois d'août et de septembre, où l'on chôme aussi celle de l'apôtre de la Normandie, patron de Gigny.

Art. II. — S. Taurin d'Ausch.

S. Taurin d'Ausch, martyr, ne peut pas être confondu non plus avec celui d'Évreux. D'après une légende écrite en 1108, et d'après de vieux bouts-rimés latins, ce premier archevêque d'Ausch transféra dans cette ville, nommée auparavant Clairvaux, le siége métropolitain de la Novempopulanie, après la ruine par les Vandales de la ville d'Éause. Celle-ci, nommée en latin *Elusa*, qui avait vu, avant S. Taurin, quatre évêques résider dans ses murs, n'est aujourd'hui qu'un modeste chef-lieu de canton du département du Gers. D'après ces mêmes documents, S. Taurin aurait gouverné l'église d'Ausch pendant dix-neuf ans et y aurait été martyrisé en l'an 260, ou selon un historien d'Aquitaine, 40 ans plus tard, lors de la persécution de Dioclétien. Quoi qu'il en soit, il est encore très remarquable qu'on célèbre sa fête à Ausch, le 5 septembre, comme celle de ses homonymes.

L'église cathédrale d'Ausch est sous le vocable de la Nativité de la Vierge, et possède les reliques de S. Taurin, de S. Léotad et de S. Austind. Aussi, lit-on que, le 13 janvier 1610, l'archevêque d'Ausch, Léonard de Trappes, fit don à l'église des jésuites de Toulouse d'une portion de fausse-côte et d'un os d'un doigt de S. Taurin.

Art. III. — S. Taurin d'Evreux.

Les documents qu'on possède sur le saint évêque d'Evreux, patron de Gigny, sont tout autrement nombreux et intéressants que ceux qui sont relatifs à ses deux homonymes. On en jugera par la notice qui suit:

§ 1.

Sa vie par Déodat — Motifs de douter de son authenticité.

C. 16, 17.   Si on ajoutait une foi entière à l'histoire et aux actes de S. Taurin d'Evreux parvenus jusqu'à nous, il aurait eu le rare avantage d'avoir, pour biographe et pour témoin de ses gestes, un contemporain et un disciple. Or, selon ce récit de *Déodat* ou *Dieudonné*, S. Taurin serait né à Rome, du temps de l'empereur Domitien, et aurait eu pour père Tarquinius et pour mère Euticia. Il aurait été baptisé par le pape S. Clément lui-même ; ensuite, il aurait été emmené, encore enfant, dans les Gaules, par S. Denis, l'aréopagite évêque de Paris ; enfin, à l'âge de 40 ans, il aurait été consacré évêque d'Évreux par ce dernier, alors âgé de 90 ans.

L'hagiographe donne ensuite la vie toute miraculeuse de S. Taurin. Nous ne le suivrons pas dans le récit de tous les prodiges par lesquels il aurait converti les Neustriens à la foi de Jésus-Christ ; on peut les lire dans le recueil de nos preuves, et nous nous contenterons d'en citer quelques-uns qui importent davantage à notre histoire. Ainsi, il raconte que, lorsque le saint apôtre approcha la première fois des portes d'Evreux, le démon chercha à l'effrayer et à le détourner, en se présentant à lui successivement sous la forme d'un ours, d'un lion et d'un buffle, desquels il triompha facilement par l'aide de Dieu [204]. Bientôt après, il ressuscita Euphrasie, fille de Lucius d'Evreux qui lui avait donné l'hospitalité, laquelle le démon venait de faire périr dans le feu. Ce miracle amena la conversion d'un grand nombre de personnes et notamment de Déodat, frère d'Euphrasie, qui fut

C. 9.   (204) On lit dans la légende d'un ancien bréviaire d'Evreux, que S. Taurin avait attaché au buffle une corne d'une grandeur extraordinaire, laquelle on conservait toujours soigneusement dans l'abbaye d'Evreux, en 1587, et qu'on montrait en preuve de l'événement miraculeux.

baptisé et tenu sur les fonts par S. Taurin lui-même, et dans la suite ordonné prêtre par lui. Il chassa miraculeusement les prêtres de Diane du temple de cette déesse, et transforma l'édifice en une église dédiée à la Vierge, sous le vocable de laquelle la cathédrale d'Evreux est toujours placée [205], comme tout le diocèse l'est sous son patronage.

Cependant, le préfet Licinius ayant eu connaissance de ce qui se passait, fit appeler le saint évêque à Gisai [206], l'engagea en vain à adorer les divinités païennes, puis, à son refus, le fit flageller ou battre de verges [207]. Mais, durant ce supplice, un courrier étant venu annoncer au préfet la mort de son fils, à la chasse, et celle de son piqueur, l'épouse de Licinius fit cesser la flagellation, dans l'espoir que S. Taurin ressusciterait leur fils et son compagnon, comme il avait ressuscité Euphrasie. Et en effet, l'homme de Dieu opéra cette double résurrection qui amena la conversion, non-seulement du préfet Licinius, mais encore de tous les habitants du lieu.

S. Taurin, ayant ainsi heureusement rempli sa mission apostolique, fit un voyage à Rome, reçut la bénédiction du pape Sixte I, revint à Evreux et s'endormit paisiblement dans le Seigneur, au milieu d'un nuage odoriférant, étant assis sur son siége pontifical, après avoir annoncé l'invasion prochaine des Gaules par des ennemis venus de l'Orient. Il fut inhumé pieusement et avec larmes, à un tiers

---

(205) La légende citée porte que cette église s'appelait encore *Eglise de Ste.-Marie de la Rotonde*, à cause de la forme ronde qu'avait le temple de Diane. Elle ajoute que S. Taurin plaça dans celui-ci sa chaire épiscopale qui y resta long-temps; mais que, par la suite, elle fut transférée dans une église plus vaste érigée en l'honneur de la sainte Vierge. C. 9.

(206) Probablement *Gisey*, commune de l'arrondissement de Bernay.

(207) On lit, dans le même bréviaire de 1587, que le noisetier dont on prit une verge, pour flageller S. Taurin, ou auquel on l'attacha pendant la flagellation, subsistait et repullulait toujours à Gisai, mais qu'il ne produisait que des noisettes vides et sans amandes. C. 9.

de mille à l'occident de son église. L'hagiographe ne fixe pas le jour de sa mort; mais Orderic Vital, dans l'abrégé qu'il a donné de la biographie de Déodat, dit que cette mort arriva le 11 août. L'invasion ennemie prophétisée survint bientôt, et les habitants du pays, incapables de résister, s'enfuirent ainsi que Déodat lui-même. Celui-ci se retira à Milan, où il écrivit son histoire, au milieu des accès d'une fièvre contre laquelle il invoque, en terminant, l'assistance de son bienheureux patron.

C. 17.

Telle est en substance la notice de S. Taurin écrite par son disciple. Malheureusement, il n'y a que trop de motifs de révoquer en doute son authenticité ou sa véracité et de penser qu'elle a été rédigée long-temps après. 1.° Les actes et interrogatoires des martyrs et des confesseurs de la foi périrent presque tous dans la persécution de Dioclétien, empereur de la fin du troisième et du commencement du quatrième siècle. Dès le pontificat de S. Grégoire, pape, mort en 603, il ne s'en trouvait plus à Rome; on possédait seulement des catalogues de leurs noms et des dates de leur mort, autrement des martyrologes. 2.° Déodat, qui prétend avoir écrit au commencement du second siècle, cite S. Géry, évêque de Cambray, qui n'a vécu que sur la fin du sixième. 3.° Il parle de guerre et d'invasion ennemie, dans un temps de paix profonde. 4.° Il dit que la chaste Diane (fille de Jupiter) était en même temps la femme et la sœur de ce Dieu, double erreur que n'aurait pas commise un homme de cette époque, élevé dans la religion païenne. 5.° Il parle de la transformation d'un temple de Diane en église où S. Taurin aurait exercé le culte chrétien, tandis qu'il est bien certain que les fidèles n'ont point professé publiquement leur religion, et n'ont point possédé d'églises avant la conversion de Constantin au quatrième siècle, ou tout au plus avant Alexandre Sévère et Philippe dans le troisième. 6.° Il parle aussi de martyrs dans les Gaules, tandis qu'Eusèbe et Sulpice Sévère affirment qu'il n'y en a pas eu avant la persécution de l'empereur Marc-Aurèle. 7.° Il mentionne la messe, les anges gardiens, les parrains, les filleuls, le dimanche, le culte de la sainte Vierge et autres usages ou cérémonies religieuses probablement non établies, ou autrement dénommées, dans les premières années du second siècle. 8.° Il se sert des mots *parœcia* paroisse, *filiolus* filleul, *senior* seigneur, *canonicus* chanoine, *cultus* couteau, et autres qui sont plutôt du moyen âge que de l'époque citée. 9.° Il emploie une latinité qui ne peut pas être celle du second siècle. 10.° Il se sert déjà des chiffres arabes qui n'ont été connus en Europe que dans le dixième siècle. 11.° Si S. Denis l'aréopagite eût sacré S. Taurin évêque à l'âge de 40 ans, il aurait été âgé lui-même, non pas de 90 ans, comme il le dit dans le récit de Déodat, mais au moins de 135 ans. 12.° S. Taurin qualifié déjà vieux, lors de sa flagellation, et âgé déjà de 40 ans, lors de sa consécration épiscopale, ne serait cependant mort qu'à l'âge de 35 ans, s'il était mort du temps du pape Sixte I. 13.° L'historien Grégoire de Tours dit positivement que S. Denis, évêque de Paris, n'est venu dans les Gaules qu'après le milieu du troisième siècle, de sorte que Déodat a confondu S. Denis l'aréopagite, disciple de S. Paul, dont on fait la fête le 3 octobre, avec S. Denis, évêque de Paris, postérieur de près de deux siècles et qui est fêté le neuvième jour du même mois. 14.„ Enfin, cet hagiographe fait prédire à S. Taurin que le lieu de sa sépulture sera long-temps inconnu.

Il est donc évident que les actes de notre saint patron écrits par Déodat n'inspirent point de confiance, et qu'ils sont l'ouvrage de quelque imposteur du moyen âge. Cependant, ces actes existaient déjà avant le douzième siècle et peut-être avant le onzième, puisque Orderic Vital, moine de Cluny, né en 1075, qui a écrit une histoire ecclésiastique finissant à l'année 1147, en a donné un abrégé très exact.

C. 17.

D'un autre côté, comme la confusion des deux saints du nom de *Denis* n'a commencé que depuis la biographie écrite, en 834, par Hilduin, moine de S. Denis de Paris; comme aussi Déodat a employé des chiffres arabes inconnus avant la fin du dixième siècle, on peut présumer que les actes de S. Taurin n'ont été fabriqués qu'au commencement du onzième siècle, probablement par quelque moine de l'abbaye d'Evreux.

§ 2.

Époque à laquelle a vécu S. Taurin d'Evreux

En quel temps S. Taurin a-t-il donc vécu ? Les uns, comme l'auteur du martyrologe romain et comme l'annaliste Baronius, ont adopté pour véridiques les actes de Déodat, et ont fixé la mission de S. Taurin, dans les Gaules, à l'an 95 de J.-C., sous le pontificat du pape Clément. D'autres ont présumé que S. Taurin avait été envoyé en Neustrie, dans le milieu du troisième siècle, à la même époque où S. Saturnin fut envoyé à Toulouse; S. Paul à Narbonne; S. Trophime à Arles; S. Gatian à Tours; S. Martial à Limoges; S. Stremoine en Auvergne, et S. Denis à Paris. Mais l'historien Grégoire de Tours, qui parle de cette mission, à la date de l'an 250, sous l'empereur Dèce, ne fait aucune mention de S. Taurin. Ces mêmes auteurs, voulant trouver au moins quelque chose de vrai dans le récit de Déodat, au risque de contredire le père de l'Histoire de France, ont attribué cette mission au pape Sixte II, sous le règne de l'empereur Gallien, en l'an 264, lorsque les Allemands envahirent les Gaules, sous la conduite de leur roi Chrocus.

De son côté, l'auteur de l'histoire de S. Taurin, publiée, en 1685, par les religieux de Gigny, pense que cet apôtre a vécu encore plus tard et peut-être sous l'empereur Probus, qui, en 280 environ, défit près de 700,000 barbares venus de la Germanie dans les Gaules.

Enfin, quelques-uns retardent encore l'apostolat de S. Taurin en Neustrie. La légende du bréviaire de Clermont en Auvergne fixe l'époque de sa mort au quatrième siècle. Celle du bréviaire de Besançon porte qu'il prêcha l'évangile à Évreux au commencement du cinquième, lorsque S. Vitric gouvernait encore la métropole de Rouen (en 383, 399, 404). En cela, cette dernière légende se trouve d'accord avec un historien d'Évreux qui soutient que les églises suffragantes n'ont pas reçu les lumières de l'évangile avant leur église métropolitaine ; que, dans tout le troisième siècle, la Normandie était plongée dans les erreurs de l'idolâtrie, et que la mort de S. Taurin ne peut être placée qu'en l'année 408, époque de l'invasion des Vandales. Il faudrait la retarder encore plus, si réellement, comme d'autres le prétendent, S. Gaude, mort en 491, a été son successeur immédiat au siége d'Évreux.

De cette variété d'opinions, il résulte que l'époque précise de S. Taurin est incertaine. Cependant, comme, d'un côté, on le trouve déjà inscrit dans les plus anciens martyrologes, notamment dans ceux qui sont attribués à S. Jérôme, mort en 422 ; dans celui du moine Usuard qui écrivait sous Charlemagne, à la fin du huitième siècle ; dans ceux de Besançon, de Tours et autres ; comme l'invention de ses reliques remonte à l'an 600 environ ; comme une abbaye a été fondée à Évreux, en son honneur, bien avant l'an 690 ; comme on parle de miracles qu'il aurait opérés en cette ville, la septième année du règne de Charlemagne ; comme encore il est certain que son église a été profanée par les Normands et ses reliques transportées en Auvergne dans le courant du neuvième siècle, on ne peut se refuser à reconnaître son existence, quatre à cinq cents ans après J.-C.

§ 3.

Invention de ses reliques. — Abbaye d'Évreux.

Le lieu de la sépulture de S. Taurin resta long-temps inconnu, ainsi qu'au rapport de Déodat il l'avait prédit. Ce ne fut que du temps du roi Clotaire II, c'est-à-dire, en l'an 600 environ, qu'il fut indiqué miraculeusement à S. Laudulfe, évêque d'Évreux, dont on fait la fête en cette ville, sous le rit double-mineur, le treizième jour d'août [208]. Les fouilles exécutées dans le lieu désigné firent, en effet, découvrir un sarcophage où on trouva l'inscription : *Ici repose le bienheureux Taurin, premier évêque de la ville d'Évreux.* Cette invention eut lieu le 11 août, jour anniversaire de la mort du saint apôtre, et on y éleva aussitôt une chapelle construite en bois qui, peu après, devint l'église d'une grande et célèbre abbaye.

Cette abbaye existait déjà dans le septième siècle, puisque S. Leuffroy, fondateur en 692 de celle de Sainte-Croix, près d'Évreux, mort en 738, et fêté le 21 juin, y avait reçu sa première instruction. Au milieu du neuvième siècle, elle fut pillée, incendiée et renversée de fond en comble, comme toutes les autres, par les Normands. Mais, un siècle après environ, Richard I, petit-fils de Rollon, duc de Normandie dès 943, et mort en 996, chercha à réparer, comme il put, les grands maux que son aïeul avait faits aux monastères. C'est pour cette raison qu'il mérita le surnom de *père des*

---

(208) Ce saint évêque d'Évreux ne doit pas être confondu avec *S. Lô* ou *Laud* (*Laudus, Lautou*), évêque de Coutances, mort en 568, fêté le 21 septembre, lequel avait assisté aux synodes d'Orléans en 533, 538, 549, et a donné son nom à la ville de Normandie, capitale du département actuel de la Manche, appelée auparavant *Briovera*, où existait aussi une abbaye d'Augustins sous son vocable. Les reliques de cet évêque de Coutances furent transportées d'abord à Rouen, puis à Angers avant le douzième siècle, époque à laquelle a été fondé le doyenné ou chapitre de S. Laud, de cette dernière ville.

moines. Il rétablit donc l'abbaye de S. Taurin et la dota convenablement, de sorte qu'il en a été considéré comme le fondateur Or, parmi les revenus et privilèges qu'il lui concéda, on trouve déjà ceux de la belle foire qui se tient à Evreux, comme à Gigny, le 11 août, à l'occasion de la fête de S. Taurin, foire toujours célèbre et bien fréquentée de nos jours, pour les affaires, comme pour les plaisirs (209).

En l'année 1035, le duc Robert (dit le diable) céda l'abbaye de S. Taurin d'Evreux à celle de Fécamp, en remplacement de celle de Montivilliers que son père lui avait donnée, et le corps du S. évêque y aurait, dit-on, été transféré et déposé dans une châsse précieuse. Dès-lors, l'abbaye d'Évreux fut soumise à celle de Fécamp, pendant environ deux cents ans, et ses abbés furent choisis parmi les moines de cette dernière. En vain, les religieux d'Evreux essayèrent de secouer le joug en 1106 ; ils ne parvinrent à réussir qu'en 1240, et seulement alors ils élurent un des leurs pour abbé, ce qui fut approuvé par le pape.

Ce monastère fut de nouveau détruit, en 1195, lorsque Philippe-Auguste essaya de reconquérir la Normandie, pour la réunir à la France. On le mit en commende en 1472, et on y introduisit en 1642 la réforme de S. Maur.

Au reste, cette antique abbaye était très riche, jouissait de nombreux privilèges et avait sous sa dépendance l'église de S. Aquilin.

§ 4.

Translation des reliques de S. Taurin, de S. Aquilin et de Ste. Florence en Auvergne. — Normands.

Dans le neuvième siècle, les Normands, appelés aussi *Marckomans* dans quelques anciennes chartes, peuples guerriers et na-

(209) *Voyez* note 163.

vigateurs, probablement originaires de la Norwége et du Danemarck, apportèrent l'épouvante dans les provinces maritimes de la France. Leurs premières apparitions sur les côtes de Neustrie et de Bretagne eurent lieu en 818, 834 et 835, leurs premières incursions en 837. Quatre années plus tard, en 841, ils remontèrent la Seine, sous la conduite de leur chef Hasting, et brûlèrent la ville de Rouen. Dès-lors, pendant près d'un siècle, ils ne cessèrent de porter le fer et le feu dans presque toutes les parties de la France, plus souvent vainqueurs que vaincus. Ces intrépides pirates remontaient, avec leurs barques d'osier, tous les fleuves de l'Océan et de la Manche, ainsi que leurs nombreux affluents ; puis ils débarquaient à l'improviste dans les villes et lieux sans défense situés sur leurs bords, les livraient au pillage et à l'incendie, et revenaient sur leurs vaisseaux lorsqu'ils s'étaient chargés de butin. Ils entrèrent même, en 858, dans la Méditerranée par le détroit de Gibraltar, remontèrent le Rhône, portèrent la désolation jusqu'à Valence, et, à leur retour, allèrent encore dévaster la ville de Pise en Italie. Lorsqu'une ville leur résistait quelque temps, ils en faisaient le siège, traînaient ou portaient leurs barques à terre, les remettaient à l'eau au-dessus de la ville, pour aller piller et guerroyer plus loin. C'est ainsi que, pendant les longues années qu'ils assiégèrent Paris en vain, on les vit se rembarquer en amont et aller saccager Meaux, Melun, Sens et autres villes de la Champagne et de la Bourgogne.

Une telle audace couronnée de pareils succès, ou plutôt suivie de pareils fléaux, répandit une terreur générale dans toute la France, au point qu'on inséra dans les litanies et dans l'office de la messe la prière spéciale : *Du glaive des Normands délivrez-nous, Seigneur*. Les églises et les monastères, où se trouvaient beaucoup de richesses, étaient surtout des objets de convoitise pour eux. Aussi, ces lieux furent principalement pillés, saccagés et incendiés par ces pirates. Ils massacraient impitoyablement les moines et les prêtres dans leurs cloîtres et jusqu'au pied des autels, profanant les choses sacrées, dispersant les reliques des saints et s'avançant à la lueur des incendies.

Cette guerre d'extermination obligea donc les peuples et surtout les ecclésiastiques à émigrer au loin et à emporter avec eux leurs choses les plus précieuses, et au nombre de celles-ci, leurs reliques vénérées. C'est cette émigration qui transporta en Auvergne, en Bourgogne et en Franche-Comté, celles de plusieurs saints originairement en vénération dans la Bretagne, la Neustrie et l'Anjou, lesquels ont même donné ensuite leurs noms à quelques-uns des lieux où leurs reliques ont été apportées. Ainsi, dans le 9.e siècle, celles de S. Philibert et de S. Florent arrivèrent à Tournus; celles de S. Martin de Tours à Auxerre; celles de S. Médard, de S. Sylvain et de S. Prudent à Dijon; celles de S. l'Iocel à Beaune; celles de S. Quentin à Besançon; celles de S. Renobert, de S. Maur, de S. Vivant et de S. Ylie dans les villages de ces noms près Quingey, Lons-le-Saunier et Dole. C'est aussi à la même époque qu'eut lieu la translation de celles de S. Taurin, de S. Aquilin [210], et de Ste. Flo-

C. 20.

C. 10, 11, 12, 13, 20.

---

[210] *S. Aquilin*, né en 620 à Bayeux, fut d'abord militaire sous le règne de Clovis II, devint ensuite évêque d'Évreux, et assista, en cette qualité, au concile de Rouen tenu en 689, avec un évêque Taurin qu'il ne faut pas confondre avec celui dont nous écrivons ici l'histoire. Après un épiscopat de 42 ans, S. Aquilin mourut à Évreux, en 695, et fut inhumé dans une chapelle qu'il avait fait ériger au faubourg de cette ville. Cette chapelle est devenue par la suite une église paroissiale sous le vocable de son saint fondateur, dépendante de l'abbaye de S. Taurin d'Évreux.

La commémoraison de S. Aquilin est indiquée dans le martyrologe romain et dans les bréviaires d'Évreux et de Besançon, à la date du 19 octobre, comme fête double-mineure dans le premier de ces diocèses, et comme semi-double dans le second. On lit aussi quelque part que ce confesseur est fêté le 16 mai en Auvergne, sous le nom de *S. Agolin*, et les 15 février et 18 juillet, à Évreux, sous celui de *S. Aquilin*. Cependant, ni les calendriers ni les bréviaires de Clermont et d'Évreux n'en font mention à ces dernières dates. Au

C. 10, 13, 15.

C. 63.

C. 5, 10, 13.

rence (211), d'Evreux à Lezoux en Auvergne dans l'arrondissement actuel de Thiers. Elle fut effectuée par le zèle et les soins de Gunthert, évêque d'Evreux, originaire d'Auvergne, accompagné de quelques moines de l'abbaye de cette ville.

(. 2)   On ne connaît pas l'année précise de cette translation. Mais il est à croire qu'elle fut postérieure à l'an 841, époque de la première invasion des Normands à Rouen, et antérieure à 890. En effet, on trouve qu'avant cette dernière date, les reliques des autres saints avaient déjà été apportées, soit en Bourgogne, soit en Auvergne, notamment celles de S. Martin en 853, celles de S. Maur, de S. Ylie et

C. 10, 11, 20, 60,   reste, il n'était point chômé à Gigny où l'on possédait néanmoins ses reliques
130, 131.   avec celles de S. Taurin. Elles ont été profanées et dispersées, les unes et les autres, en 1794, et aujourd'hui on voit seulement dans l'église le buste doré de l'évêque du septième siècle.

Deux communes du département de l'Eure portent le nom de S. Aquilin, l'une dans l'arrondissement d'Evreux, et l'autre dans celui de Bernay.

C. 5   (211) Le martyrologe romain cite, à la date du 10 novembre, Ste. Florence, comme ayant été martyrisée avec Tibère et Modeste, lors de la persécution de Dioclétien, dans le voisinage d'Agde en Languedoc. On connaît une autre Ste. Florence, vierge, baptisée par S. Hilaire en 350 environ, laquelle se consacra à la vie des recluses à Comblé, village du Poitou entre Vivône et Lusignan, où elle mourut en l'an 367. Plus tard, on bâtit une église sur son tombeau et sous son vocable, laquelle fut ensuite celle d'un prieuré dépendant de l'abbaye de Nouaillé et a subsisté jusqu'en 1789. Dans le onzième siècle, le tombeau de Ste. Florence fut ouvert, et ses reliques déposées solennellement sous le grand autel de l'église cathédrale de Poitiers où elles sont encore. Elle y est fêtée le 1.er décembre, jour de sa mort, sous le rit solennel-mineur, et dans le reste du diocèse sa fête n'est que double-mineure. Elle a donné et donne encore son nom, soit à beaucoup de personnes du Poitou, soit aussi à plusieurs communes de cette province.

Comme Ste. Florence n'est l'objet d'aucun culte ni à Gigny, ni dans la Franche-Comté, non plus que dans l'Auvergne, on ne peut pas affirmer que les reliques transportées dans le neuvième siècle aient appartenu à l'une ou à l'autre des vierges dont on vient de parler. Sans l'exhumation pratiquée à Comblé dans le onzième siècle, il serait plus à croire que c'étaient celles de Ste. Florence du Poitou, parce qu'on comprendrait plus naturellement le transport primitif de ces reliques à Evreux, que de celles de Ste. Florence d'Agde. D'un autre

Bénédictins du IX⁰ Siècle

de S. Vivant en 863, celles de S. Philibert en 871, celles de S. Florent en 880 et celles de S. Quentin en 890. D'un autre côté, l'évêque Guntbert est connu pour avoir assisté, de 847 à 862, à divers conciles. Au reste, les reliques de S. Taurin ne furent pas les seules qu'on dirigea d'abord en Auvergne, puisqu'on lit que celles de S. Vivant et de S. Philibert y furent aussi portées dans le principe. Il en résulte donc que l'Auvergne, la Bourgogne et surtout la Franche-Comté, furent les provinces de France où les Normands ne pénétrèrent pas ou pénétrèrent à peine. La Saône paraît avoir été la limite qu'ils n'ont guère dépassée, quoiqu'ils aient saccagé le village de Saint-Vivant-en-Amour près Dole, ainsi que les villes d'Autun et de Chalon, en 888. Celle de Tournus fit aussi alors des fortifications pour leur résister.

Une fois déposées à Lezoux, hors de France, comme dit une de nos chartes, les reliques de S. Taurin, au rapport de quelques légendes, y opérèrent, comme à Evreux, un grand nombre de miracles. Ainsi, elles y remédièrent à la morsure des serpents venimeux [212]; elles rendirent la vue à un grand nombre d'aveugles, la parole à beaucoup de muets, le mouvement à des paralytiques, etc., etc. Ces miracles y attirèrent un grand concours de peuples voisins.

§ 5.

Translation des mêmes reliques de Lezoux à Gigny.

Cependant, la guerre avec les Normands prit fin. D'un côté, en effet, ces conquérants avaient éprouvé de

côté, les reliques de S. Florent, si célèbre dans l'Anjou, et peut-être père de Ste. Florence, arrivèrent aussi à Tournus à la même époque.

[212] Au rapport du moine Ord. Vital, S. Taurin préserva la ville d'Evreux de tout reptile venimeux. Si même on y en apporte un par quelque hasard ou circonstance, il périt aussitôt en y entrant.

grands échecs à diverses reprises, comme en Belgique en 881, à S.-Florentin et devant Paris en 838, en Lorraine en 893, à Chartres en 905, dans le Charollais en 911, etc. D'un autre côté, les Français, lassés de ce funeste état de choses si prolongé, suppliaient leur roi de faire la paix à tout prix. En conséquence, Charles-le-Simple et Rollon, chef des Normands, entrèrent en négociations, et cette longue guerre fut terminée, comme beaucoup d'autres, par un mariage. Le roi de France donna sa fille au chef normand et la dota de la Neustrie en toute souveraineté et de la Bretagne en fief relevant de la couronne. Il exigea seulement de lui qu'auparavant il se ferait baptiser et embrasserait la religion chrétienne, ce qu'il accepta sans doute d'autant plus volontiers que cette conversion était toute dans son intérêt. Cette grande transaction fut faite en l'an 912, et dès-lors la belle province de Neustrie prit le nom de ses nouveaux maîtres.

C. 20.

La paix permit donc aux peuples de reprendre l'exercice de leur culte religieux et de reconstruire ou réparer les églises et les monastères. On chercha aussi à recouvrer les saintes reliques qui avaient été transportées au loin, et on le fit avec d'autant plus de zèle qu'elles attiraient des offrandes des pèlerinages et par conséquent des richesses dans les églises. Leur possession était si précieuse que, pour les obtenir, on mettait tout en œuvre, même le mensonge, la fraude et le larcin.

C. 20.

Trois jeunes ecclésiastiques d'Evreux, les plus rusés qu'on put trouver, furent donc envoyés à Lezoux avec la mission secrète d'en rapporter les reliques de S. Taurin et de ses compagnons. La collégiale de chanoines, qui a subsisté dans cette petite ville jusqu'en 1789, y existait déjà [213], et les trois étrangers firent accroire qu'ils y étaient venus pour s'instruire et se perfectionner dans les études religieuses.

(213) L'église de S.-Pierre de Lezoux est mentionnée dans plusieurs autres titres, notamment dans l'un de 1401.

CHAPITRE LXV.

Après y être demeurés quelque temps, ils gagnèrent l'amitié des religieux à tel point, que l'un d'eux, plus instruit, fut nommé d'abord chanoine et ensuite custode ou sacristain de l'église. Cet office rendit donc bien facile l'exécution du projet qu'il méditait depuis son arrivée. En conséquence, les trois compagnons, s'étant concertés, entrèrent dans l'église, une certaine nuit, et trouvèrent séparées dans une châsse les reliques des trois bienheureux de Neustrie ; savoir celles de S. Aquilin et de Ste. Florence dans deux sacs de cuir, et celles de S. Taurin dans un sac de soie de Constantinople, avec l'inscription rencontrée dans le sarcophage, lors de l'invention des reliques à Evreux. Par un pieux larcin, ils se chargèrent chacun de l'un de ces précieux fardeaux et se hâtèrent de quitter Lezoux, à la faveur de la nuit [214]. Cependant, craignant d'être poursuivis, ils ne reprirent pas le chemin direct de la Normandie ; mais ils se dirigèrent à l'orient, passèrent la Saône [215] à une journée au-dessus de Lyon, et voyageant plus de nuit que de jour, ils gagnèrent les montagnes de la haute Bourgogne [216] ou Franche-Comté et arrivèrent à Gigny.

[214] C'est au moyen d'un pareil larcin et par un stratagème fort analogue, que les reliques de S. Florent furent enlevées, en 945, de l'abbaye de Tournus.

[215] La légende qui est ici analysée porte que la Saône sépare le Royaume de l'Empire des Romains. Et en effet, cette rivière fut la limite des états partagés, en 843, entre Charles-le-Chauve qui eut le royaume de France à l'occident de la Saône, et Lothaire qui eut l'empire des Romains à l'orient de cette rivière. De là les noms de *Terre de roi* ou *de France* et de *Terre d'empire* ; de là les épithètes de *royal* ou de *au royaume* données à quelques villages a soir de la Saône, comme Lessard et Châtenoy près Chalon, pour les distinguer des communes homonymes situées à l'orient dans la Bresse. De là, enfin, les expressions *tournes à l'empire*, *tires au royaume*, employées encore de nos jours dans la navigation de la Saône. De ce que la légende porte que cette rivière sépare encore le royaume de l'empire, on pourrait induire qu'elle aurait été écrite avant le milieu du onzième siècle, époque où l'empire cessa de posséder le rivage oriental. Mais elle qualifie aussi Cluny de *Monastère des monastères*, qualification que cette abbaye n'a prise qu'un peu plus tard.

[216] La légende dit qu'en ces lieux on n'avait pas à craindre les Normands

Ils y logèrent chez un pauvre homme qui leur donna une hospitalité cordiale. Mais, grande fut leur surprise à tous lorsque, le lendemain, après avoir voyagé toute la journée, ils se retrouvèrent de nuit à la porte de la même chaumière, où ils osèrent à peine demander un nouveau gîte. Le second et le troisième jour, la même chose étant encore arrivée, ils ne doutèrent plus que les bienheureux dont ils emportaient les reliques ne voulussent que celles-ci fussent déposées en ce lieu. Ils s'informèrent donc du monastère établi depuis peu d'années, et ils allèrent raconter à Bernon et à ses coreligieux ce qui leur était arrivé (217). Or, ceux-ci, après un sage examen et une mûre délibération, accueillirent avec reconnaissance les précieuses reliques envoyées si miraculeusement par la Providence. Ils les déposèrent en grande jubilation dans leur nouvelle église, et S. Taurin fut adopté comme patron et protecteur de Gigny. Dès-lors même ou peu de siècles après, l'abbaye ou le prieuré fut placé sous son vocable, et le sceau de cet insigne monastère offrit son effigie avec l'inscription : *Sigill. Sci Taurini Cigniaci*. Trois de nos chartes de 1279, 1310 et 1356, en font foi. (*Voyez* la note 35.)

C. 94, 100, 108.

Ainsi furent transportées et installées à Gigny les reliques de l'apôtre de Normandie, et ce transport eut probablement lieu en l'année 915, avant que Bernon allât prendre l'administration de l'abbaye de Cluny. Toutefois, comment concilier cette translation avec l'existence de ces mêmes reliques, en 950, à Chevignes, hameau de Prissé, au soir de Mâcon? On lit, en effet, qu'en cette année, l'évêque de cette ville, à la sollicitation de l'abbé de Cluny qui possédait, depuis 939, un prieuré en ce lieu, y consacra une église en l'honneur de

dont on ne parlait même pas. Ainsi, malgré la paix, il y avait donc encore des partisans qui inquiétaient les autres pays.

(217) La légende fait un éloge emphatique de Bernon et de ses moines, ce qui donne à penser qu'un de ceux ci en est l'auteur.

S. Taurin, parce que, dit-il, il n'est pas convenable qu'un si glorieux confesseur, qui y repose avec ses syncelles ou compagnons, reste long-temps sans recevoir la bénédiction épiscopale (218). La qualification de confesseur, donnée dans la charte au saint personnage, doit empêcher de croire qu'il s'agisse du martyr S. Taurin d'Ostie ou d'Autun. D'un autre côté, on peut présumer que, lors de leur fuite de Lezoux, les ecclésiastiques d'Evreux, avant de traverser la Saône, ont passé par Chevignes qui n'est guère qu'à une grande journée au-dessus de Lyon, et y ont peut-être déposé quelque portion de leurs reliques. Cependant, l'auteur de cette histoire s'est assuré qu'il n'existe actuellement, en cette localité, aucun indice que S. Taurin y ait jamais eu un culte quelconque : plus de reliques, plus de chapelle, point de vocable ni de patronage pour les habitants en particulier, point de tradition, point de fête, etc. Il a même constaté que, sur le bréviaire manuscrit de Mâcon du treizième siècle, qui existe à la bibliothèque de Lyon, il n'est fait aucune mention de S. Taurin au calendrier, à la date du 11 août, mais seulement de S. Tiburce.

§ 6.

Chapelle de S Taurin à Gigny.

La maisonnette du pauvre homme, où les reliques s'obstinèrent trois fois à ramener les pieux larrons qui les empor-

---

(218) *Anno 950, Mainbodus Matisconensis præsul, rogante Heymardo, abbate Cluniacensi, ecclesiam in honorem sancti Taurini, in villa Cavannis exstructam, quam Cluniacenses Rodulfi regis tempore obtinuerant, dedicavit eo quod non est congruum, inquit, ut tam gloriosus confessor et syncellitæ inibi commorantes diu sine benedictione episcopali persisterent. Heymardus abbas et quidam ex monachis suis terras in dotem ecclesiæ conferunt, ubi Obedientia est, ut vocant, abbatiæ Cluniacensis.* MABILLON, Act. sanctorum, tome V, page 319. (D'après le cartulaire de Cluny.)

taient, demeura, dit-on, bien long-temps intacte au milieu des incendies et des ruines du voisinage. Elle fut ensuite changée en une chapelle sous le vocable de S. Taurin.

Cette chapelle, qui existait proche le nouvel hôpital, a été vendue avec ce dernier, en 1793, comme bien national, et dès-lors livrée à des usages profanes; mais elle n'a été démolie que depuis vingt ans environ. Son architecture n'était pas antique; les portes et les fenêtres en étaient cintrées, arrondies et non en ogives; le toit en laves. On n'y lisait ni date ni inscription quelconque, et on n'y voyait de remarquable que la sculpture des armoiries de la maison de Ronchaux, au sommet des deux jambages de la porte. Ces armoiries étaient, comme on sait, d'azur, à deux croissants acculés d'argent, accompagnés de quatre besans d'or en croix. Comme on trouve, parmi les membres de notre monastère, deux infirmiers et un aumônier du nom de *Thon-Ronchaux*, à la fin du seizième et dans le courant du dix-septième siècle, on peut penser raisonnablement que cette chapelle fut reconstruite à cette époque. C'est sans doute d'elle que l'histoire de notre saint patron, publiée en 1685, fait mention.

Au reste, les reliques de S. Taurin ont toujours été déposées dans l'église de l'abbaye ou du prieuré et jamais dans cette chapelle. Les vieillards actuels disent qu'on y allait en procession et qu'on y célébrait la messe, l'un des jours des rogations, comme encore le jour de la fête du patron, ainsi que dans les temps de calamités.

§ 7.

Incendie de Gigny. — Transport des reliques à Cluny, à Lyon, etc., et retour à Gigny.

En l'année 1157, un incendie, animé par un vent du nord impétueux, réduisit en cendres le bourg de Gigny et son monastère, à l'exception de l'église et de quelques maisons isolées. Or, les religieux et les habitants se trouvant ainsi réduits à la plus triste position, quelques-uns proposèrent d'aller à Cluny en procession, avec les reliques de S. Taurin, soit pour solliciter des secours réparateurs de l'abbaye chef-d'ordre, soit pour faire une pieuse collecte dans le voyage. Cette proposition industrielle fut goûtée et accueillie ; quelques moines, délégués à cet effet, se mirent en route, et après de nombreux et éclatants miracles opérés en chemin, ils arrivèrent à Cluny. Hugues (III.e du nom), qui en était le onzième abbé [219], vint à la rencontre de la sainte châsse, avec toute la solennité possible, accompagné de ses religieux et des habitants de la ville et du voisinage. S. Taurin et ses bienheureux compagnons continuèrent à y opérer des miracles qui attirèrent un grand concours de fidèles et produisirent sans doute d'abondantes oblations.

Après que nos moines eurent séjourné quelque temps dans l'abbaye de Cluny, l'archevêque de Lyon, Héraclius de Montboissier, qui prenait sans doute intérêt au prieuré de Gigny situé dans son diocèse, et dont il avait été l'arbitre deux ans auparavant dans l'affaire du Miroir, témoigna le désir d'être visité par eux. Il les invita donc à se diriger sur Lyon, pour retourner à Gigny, ce qu'ils firent d'autant plus volontiers que cette démarche était toute dans leur intérêt.

De Cluny ils vinrent donc à Mâcon, puis à Bagé-le-Châtel, puis à Chaveyria, doyenné de la dépendance de Cluny,

[219] La vie de S. Taurin publiée à Gigny, en 1685, rapporte que l'incendie arriva lorsque S. Hugues était abbé de Cluny: mais c'est une erreur, car cet abbé était mort en 1109, comme on a vu précédemment. Il a été confondu avec Hugues de Frazan ou de Montlhéry, dont on a parlé à la page 51, successeur de Robert-le-Gros qui avait remplacé lui-même, en 1156, Pierre-le-Vénérable. Cette erreur est même constatée par la légende latine qui porte positivement qu'en l'année 1157, Hugues devint abbé de Cluny, de simple moine qu'il était auparavant.

puis à Neuville-les-Dames, monastère de religieuses bénédictines, relevant de l'abbaye de Saint-Claude, puis à Montberthod, prieuré de celle de Cluny dans la commune actuelle de Riottier près la Saône [220], puis à Trévoux, bourg alors nouveau [221], puis à Legnieu [222] et enfin à Lyon.

Dans tous ces lieux, on fit des stations, et les saintes reliques prodiguaient continuellement des miracles. C'étaient des aveugles, des sourds et des paralytiques qu'elles guérissaient ; c'étaient des blasphémateurs ou des mécréants qu'elles frappaient de mort subite ; c'étaient des tempêtes qu'elles apaisaient ; c'étaient des passants qu'elles préservaient de la chûte des maisons en ruines, etc... La légende porte qu'on entendait braire les ossements dans la châsse, lorsque le miracle s'opérait.

Le cortége arriva à Lyon quand les troupes alliées de l'archevêque et de Girard, comte de Mâcon, venaient d'être battues et mises en déroute par celles de Guigues, comte de Forez, devant le château d'Iseron qu'elles avaient tenté de prendre d'assaut. La sainte châsse fut déposée dans l'église de S.-Nizier de cette ville, et le bienheureux Tamin apporta de grands soulagements aux maux causés par la guerre. La légende ajoute qu'il y ressuscita un enfant mort et qu'il y guérit cinq paralytiques.

(220) Ce prieuré ou doyenné nommé *Mons Bertraldi*, dans notre légende, est appelé *Mons Berthodi* et *Mons Bertaudi* dans des chartes du treizième siècle, et *Mons Bertrandi* dans un pouillé de 1671.

(221) La notice publiée en 1685 a traduit *Triverium* par Saint-Trivier-en-Dombes ; mais il est évident, par la marche que suivaient les religieux, qu'il s'agit de Trévoux situé en effet entre Riottier et Legnieu, et qu'ils avaient dû laissé S.-Trivier bien loin derrière eux. D'ailleurs, ce dernier lieu, mentionné dans des titres du sixième et du septième siècle, est d'une autre ancienneté que Trévoux qui, selon la légende, venait d'être fondé au commencement du douzième siècle. Aussi, le plus ancien titre où Trévoux soit nommé, et qu'ait rencontré M. de la Teyssonnière, ne date que de 1188.

(222) Ce lieu dépendait autrefois du pays dit le Franc-Lyonnais, dont Neuville était capitale. Il y existait un ancien château appartenant aux sires de Villars, et donné en 1186 à l'abbaye de l'Isle-Barbe.

Après un certain séjour, nos religieux songèrent à revenir à Gigny, afin de réinstaller leurs précieuses reliques dans la basilique de Bernon. Ils exécutèrent ce retour par Montluel, par S. Christophe, membre de l'abbaye de S. Rambert, par Meximieux, Chalamont et autres lieux (223), où les miracles continuèrent à manifester la vertu du saint patron. Un concours immense de fidèles en fut témoin tout le long de la route, et cette longue marche fut réellement comme triomphale. Les deux derniers miracles furent opérés sur un prêtre de Jujurieux et sur une femme de Cuiseaux.

Les habitants de Gigny, qui avaient été privés si longtemps de leur bienheureux patron, n'eurent pas plutôt appris son prochain retour, qu'ils se portèrent spontanément en foule à la rencontre de sa châsse, à une demi-lieue environ, avec tous les religieux du monastère vêtus d'aubes. Ce fut un grand jour de fête et de joie que celui où ils possédèrent de nouveau ses précieuses reliques qui furent rétablies solennellement dans l'église prieurale.

§ 8.

Culte de S. Taurin à Gigny et ailleurs. — Confrérie. — Dédicace de la nouvelle église paroissiale.

Depuis bien des siècles, S. Taurin est honoré et fêté dans un grand nombre de lieux. On célébrait, ou même on célèbre encore sa fête, soit le 11 août, jour de sa mort, soit le 5 septembre, jour de l'invention ou de la translation de ses reliques, notamment à Évreux, à Fécamp, à Rouen, à Bayeux et dans toute la Normandie ; comme encore à Lezoux et dans tout le diocèse de Clermont ; à S. Thurin en Forez, à Gigny,

C. 1, 2, 3, 4, 5, 9, 10, 11, 12, 14, 35, 36, 92, 132

(223) Il est difficile de déterminer les lieux désignés, dans la légende, sous les noms de *Vallis de Curneias* et de *Gisiacum*. La notice de 1685 a traduit ce dernier mot par Jujurieux, et le premier pourrait faire penser à Châtillon de Cornelle, mais ces lieux concordent mal avec l'itinéraire suivi.

à Prétin et dans toute la Franche-Comté; même à Cluny, à S. Marcel près Chalon-s.-S., à Remiremont, à Tours, à Chartres, à Rome et jusqu'en Irlande.

1.º S. Taurin est principalement en honneur dans la Normandie en général et dans le département de l'Eure, dont il a été l'apôtre, en particulier. Une commune de ce département porte le nom de *S. Taurin des Ifs*, dans l'arrondissement de Bernay. A Évreux, il est qualifié de premier patron de la ville et du diocèse. Il y est fêté, en conséquence, le 11 août, sous le rit solennel-majeur, avec légende et hymnes spéciales aux premières et secondes vêpres, ainsi qu'aux nocturnes et aux laudes, et à cette occasion, est tenue la foire célèbre dont on a parlé. Le 18 août, l'octave de la fête de cet apôtre est célébrée en même temps que la fête de tous les saints évêques d'Evreux, sous le rit double-majeur. Enfin, le 5 septembre, l'invention de ses reliques est chômée, comme fête double-mineure, avec légende aux nocturnes et hymnes propres à laudes et à vêpres. Il paraît néanmoins que, pendant long-temps, le culte de ce patron a été borné à la ville épiscopale seule; car on lit qu'en 1278, l'évêque d'Évreux demanda et obtint aux états de l'ordre de Citeaux, que la fête s'en ferait dans tout son diocèse.

2.º A Fécamp, à Rouen, à Bayeux et autres lieux de la Normandie, S. Taurin est fêté sous le rit solennel-mineur, ou sous le rit double-majeur. Une légende contemporaine porte que ce saint évêque avait déjà un autel spécial à Fécamp, en l'année 1031, c'est-à-dire, même avant la soumission de l'abbaye d'Evreux, et que S. Guillaume, abbé de S. Benigne de Dijon, fut enterré devant cet autel.

3.º S. Taurin est protecteur et patron secondaire de l'église de Lezoux, et sa mémoire y est honorée tout aussi solennellement et d'une manière aussi distinguée, que s'il en était titulaire, soit le 11 août, soit le 5 septembre. Mais dans le reste du diocèse de Clermont, il n'est chômé que sous le rit semi-double. Il y a dans l'église de Lezoux une chapelle spéciale, sous le vocable de ce saint évêque, et, dans le sanctuaire, sa statue de grandeur naturelle se trouve à côté de celle de S. Pierre, premier patron, et à côté de celle de S. Jean-Baptiste.

4.º A quelques myriamètres à l'orient de Lezoux, mais dans le ci-devant Forez, existe la petite commune de S. Thurin, annexée à la paroisse de S. Martin-la-Sauveté, au diocèse de Lyon. Cette commune fait, au 11 août, la fête de S. Taurin dont elle porte le nom. On peut présumer qu'en raison de ce culte, tant à S. Thurin qu'à Gigny qui étaient autrefois du même diocèse, l'apôtre de la Normandie se trouve inscrit au calendrier d'un bréviaire très ancien de Lyon.

5.º Dans la belle église prieurale de S. Marcel près Chalon-sur-Saône, qui remplace actuellement celle qui fut bâtie, en 577, par le roi Gontran, on lit l'inscription suivante, en lettres capitales du douzième ou du treizième siècle au plus tard :

H: ATARE: CONSECRATV E : IN HONORE : SCOR'. JOH'IS BB : MARTINI : NICHOLAI : TAVRINI: LVPI : SILVESTRI : AGRICOLE : EPCOR' : BENEDICTI. ABBIS : 7. S. GVNDRANI REG. RELIQI + E S. LVPI.

Autrement : *Hoc altare consecratum est in honore sanctorum Johannis Baptistæ, Martini, Nicolai,* Taurini, *Lupi, Silvestri, Agricolæ, episcoporum; Benedicti abbatis ; et sancti Gundrani regis. Reliquiæ + sancti Lupi.* Cette inscription, gravée sur une petite pierre carrée du parement intérieur, au mur méridional de l'église, prouve donc qu'un autel y a été élevé, au douzième siècle environ ou même plus tôt, en l'honneur soit de S. Taurin, évêque, soit de plusieurs autres bienheureux. La qualité d'évêque, donnée au premier, doit faire plutôt attribuer cette inscription à l'apôtre de la Neustrie qu'au martyr de Porto ou d'Autun. L'éloignement des lieux empêche d'autant mieux aussi de la rapporter à S. Taurin d'Ausch, que cet évêque a toujours été inconnu dans les pays circonvoisins, tandis que S. Taurin d'Evreux y a été honoré dès le dixième siècle, notamment à Lezoux, à S. Thurin, à Chevignes et à Gigny. Au reste, notre patron n'a maintenant aucun culte à S. Marcel et n'y est connu par aucune tradition, par aucun souvenir. L'intérêt de la vérité m'oblige aussi de mentionner une grave inadvertance d'un célèbre archéologue de notre époque et de notre voisinage, de M. *J. Bard*, qui, en expliquant cette inscription, a pris pour le chiffre arabe 7, le signe usité au douzième et au treizième siècle comme représentatif de la conjonction *et*. Il a été conduit ainsi à transformer le célèbre S. Benoît, abbé du Mont-Cassin et chef des moines de l'occident, en un autre S. Benoît, prétendu abbé de S. Marcel. Mais revenons à notre saint évêque.

6.° On a vu, à l'art. du prieuré de Château-sur-Salins, (§ 3, 9), qu'il était patron de la paroisse de Prétin, que les habitants en faisaient la fête au 11 août, mais qu'en 1709 ils le renoncèrent pour adopter S. Etienne. Nous renvoyons à ce qui en a été dit.

« 7.° La ville de Remiremont en Lorraine, dit la notice publiée en 1685, étant affligée et désolée de peste, deux ou trois siècles auparavant, en fut tout à coup délivrée miraculeusement par un vœu solennel et public à S. Taurin. On y pratiquait tous les ans, le 11 août, une procession, pour remercier Dieu de ce qu'il avait délivré les habitants par l'intercession toute-puissante de ce grand saint. » On parlera bientôt aussi de la députation qui était envoyée annuellement à Gigny, en exécution de ce vœu et en reconnaissance de ce bienfait.

8.° A Gigny, comme à Evreux et comme à Lezoux, S. Taurin a toujours été grandement honoré et fêté, soit le 11 août, soit le 5 septembre. A la vérité, lorsque l'église paroissiale fut érigée, à la fin du douzième siècle environ, elle ne fut point mise sous le vocable de ce saint évêque, mais sous celui de la vierge ou de Notre-Dame du 15 août, sous lequel elle resta exclusivement jusqu'en l'année 1780. A la vérité, S. Taurin demeura le patron spécial ou le protecteur de l'église du prieuré, dans laquelle ses reliques avaient été déposées du temps de Bernon, et on a vu qu'en 1452, une personne pieuse avait fait une donation au sacristain de cette église, pour l'entretien du luminaire du saint pontife. Néanmoins, non-seulement les religieux du monastère, mais encore les habitants, ont toujours célébré sa fête plus solennellement que celle de Marie.

En effet, cette fête était chômée, comme fête principale et de première classe, le 11 août et le 5 septembre, avec toute la solennité possible. On chantait des grand'messes à notes à l'autel spécial du saint, avec diacre et sous-diacre; on faisait des processions générales dans les rues de Gigny, où l'on portait pieusement la châsse contenant ses reliques, en chantant continuellement ses louanges; etc. Ces grandes cérémonies devaient être annoncées d'avance par le desservant de la paroisse, qui était tenu d'y assister et d'y conduire ses paroissiens. Le vicaire de 1778 s'étant permis de ne pas se conformer à cet ancien usage, les paroissiens, jaloux du culte de leur saint, dénoncèrent cette innovation à l'évêque de S. Claude, qui arrangea l'affaire. Cette procession, pour la fête solennelle de *monsieur S. Taurin* au 11.ᵉ d'août, se trouve mentionnée dans un acte de l'officialité de Lyon, à la date du 31 mars 1621. On y lit que les habitants de Véria et d'Andelot y assistaient avec leurs croix et leurs gonfalons; que la procession partait de l'église du prieuré, allait près de l'église paroissiale, sans y entrer, et retournait ensuite à la première; que le curé devait s'y trouver avec ses paroissiens et que les nobles religieux y avaient le pas ou la préséance.

La double fête de S. Taurin à Gigny y a toujours donné lieu à un grand concours des fidèles du voisinage, pénétrés, pour ses reliques, d'une profonde vénération. La dévotion en amenait aussi beaucoup de la Bresse, comme si le souvenir des nombreux miracles opérés en 1158, s'était conservé dans ce pays. La ville et l'abbaye de Remiremont elles-mêmes avaient soin d'y envoyer également, chaque année, un député chargé de déposer une offrande et de faire célébrer deux messes à l'autel du saint évêque qui les avait jadis délivrées de la peste. C'était l'exécution d'un vœu perpétuel, et le député ne partait de Gigny qu'après s'être muni d'une attestation qu'il s'en était acquitté exactement. On a parlé précédemment de vœux analogues faits, en 1629, par les habitants de la Bourgogne et les RR. PP. Cordeliers. Au reste, à Gigny, comme à Evreux, le concours de peuple né de la dévotion à S. Taurin a amené, ainsi qu'on a déjà dit, l'établissement d'une foire le lendemain de la fête.

C. 132. Au nombre des pièces justificatives de cette histoire, on trouvera les statuts d'une *confrérie* établie à Gigny, en 1582, *en l'honneur, louange et révérence du glorieux ami de Dieu, Monsieur Saint Taurin.* On remarque dans ces statuts . 1.º la distinction des confrères, avec droit de préséance, selon les trois ordres du clergé, de la noblesse et du tiers-état; 2.º la solennisation de la fête du saint patron, le 5 septembre, jour de la translation de ses reliques, par une grand'messe, avec procession jusqu'en l'église paroissiale, suivie d'un pieux et frugal banquet; 3.º la célébration d'une messe de *requiem*, le 6 septembre, pour les confrères défunts, précédée des sept psaumes pénitentiaux et suivie de l'absoute des morts; 4.º la célébration d'une grand'messe le mardi de chaque semaine; 5.º la louable invitation faite à tous les membres de concilier les confrères qui auraient des procès entre eux, etc.... Quelques rentes furent constituées au profit de cette association religieuse, de 1599 à 1623. Mais, au reste, elle paraît avoir eu peu de durée; car on voit que, par un règlement capitulaire des religieux du prieuré de 1683, la messe hebdomadaire établie par ces statuts fut restreinte à une messe célébrée le premier mardi de chaque mois. On voit, en outre, qu'en 1685, il existait une *confrérie de S. Renobert* à Gigny ; mais rien ne prouve non plus que cette pieuse institution ait subsisté jusqu'au milieu, ou à la fin du dix-huitième siècle.

On peut juger encore de la haute vénération du pays pour S. Taurin, en ce que, de tout temps, les habitants de Gigny et des villages voisins, de l'un et de l'autre sexe, ont été mis sous sa protection et ont reçu son nom avec les eaux du baptême. Les chartes du seizième siècle et les registres civils de Gigny et de Véria, dans le dix-septième et le dix-huitième, en font foi. Cet usage a toujours existé aussi et existe encore maintenant à Lezoux.

Enfin, les habitants de Gigny donnèrent un autre témoignage de leur piété envers S. Taurin, lorsqu'il fut question, en 1780, de consacrer leur nouvelle église. Bien qu'elle eût été placée d'abord sous le vocable de la Vierge, ils présentèrent une requête à l'évêque de S. Claude, pour obtenir qu'elle fût mise sous celui de S. Taurin. Ils firent appuyer leur demande par M. de Faletans, haut-doyen, qui, le 22 octobre 1780, écrivit la lettre suivante au prélat :

« Monseigneur,

« Les habitants de Gigny m'ont prié de vous écrire, pour appuyer auprès de vous la requête qu'ils ont l'honneur de vous présenter, pour que vous ordonniez que l'on continue, dans la paroisse, de reconnaître pour patron de leur nouvelle église S. Taurin, comme cela s'est pratiqué depuis huit cents ans qui remontent jusqu'à l'époque où la relique a été déposée dans notre église. Les miracles qui s'opérèrent alors firent proclamer par la voix de tous les peuples S. Taurin pour patron de la paroisse. Jamais il n'y a eu, depuis ce temps là, d'interruption pour en faire la fête le 11 août et le 5 septembre qui est le jour de la translation, c'est-à-dire, le jour où la relique a été déposée à Gigny.

« Un vicaire du lieu mal conseillé a voulu, en 1778, intervertir l'ordre sur cet objet, ce qui a élevé des murmures dans la paroisse, qui auraient été plus loin, si on n'avait pas contenu le peuple.

« Pourquoi vouloir, par esprit de vertige, éteindre une dévotion qui attire des étrangers de toutes parts, qui font concours à Gigny dans le temps de cette fête ? Ce serait encore faire élever des cris de toute la contrée qui a une même confiance dans la protection de ce saint.

« Le parlement, par arrêt, a ordonné au curé du lieu d'assister, comme ils ont toujours fait, aux processions que l'on fait ces jours-là, depuis notre église, où l'on porte la relique. »

Le prélat ayant consulté sur cette demande le curé Morel, cet ecclésiastique entêté, animé d'un esprit de contradiction, probablement instigateur de son vicaire en 1778, ayant peut-être encore à cœur l'arrêt de 1763 qu'on lui rappelait, répondit : « qu'on ne savait pas pourquoi les paroissiens voulaient changer leur divine protectrice et introduire un nouveau culte dans leur église, parce qu'elle était neuve ; que l'ancienne église avait été dédiée à la Vierge ; que de tout temps, soit avant la translation des reliques de S. Taurin de la cathédrale de Luçon à Gigny, soit après, l'église paroissiale de Gigny avait été sous ce dernier vocable [224]. Si l'on a célébré, ajoutait-il, des offices en l'honneur de S. Taurin, ça toujours été comme protec-

---

(224) Où ce curé a-t-il donc trouvé qu'il existait une église paroissiale à Gigny, avant la translation des reliques de S. Taurin, c'est-à-dire, avant le dixième siècle ? Où a-t-il encore trouvé que ces reliques avaient été déposées quelquefois dans la cathédrale de Luçon ? Aurait-il confondu Lezoux avec Luçon ?

teur de la seigneurie, et l'idée de quelques ennemis du culte de Marie ne me paraît pas une raison suffisante, pour en substituer une autre. Ils devront être plus que satisfaits, si l'on bénissait la nouvelle église sous les deux vocables. »

En conséquence de ces observations, le 4 novembre 1780, l'évêque de Saint-Claude « décréta et ordonna, pour la plus grande gloire de Dieu, que la nouvelle église paroissiale de Gigny serait à l'avenir et demeurerait à perpétuité sous les deux vocables et titres de l'Assomption de la très sainte Vierge et de S. Taurin, évêque; que les paroissiens de Gigny feraient, chaque année, le 5 septembre, la fête de S. Taurin, et célébreraient d'une manière spéciale la fête de l'Assomption de la très sainte Vierge comme étant leur patronne. »

C'est ensuite de cette décision qu'on cessa de célébrer, au 11 août, la fête de S. Taurin. Les chanoines du noble chapitre continuèrent seulement à la chômer, ce jour-là, sous le nom de *petite S.-Taurin*, et la fête du 5 septembre resta propre aux paroissiens sous le nom de *grande S.-Taurin*. On voit même qu'à une époque où l'irréligion commençait à être de mode, une délibération municipale du 10 août 1790 défendit spécialement au vicaire de faire aucun office solennel le lendemain. D'ailleurs, cette distinction de la fête de S. Taurin en *grande* et *petite* est peut-être plus ancienne que l'ordonnance épiscopale. C'était probablement une distinction féodale, et les nobles à seize quartiers ne voulaient pas, sans doute, fêter le patron le même jour que leurs corvéables et leurs sujets. Après le rétablissement des cultes en 1802, on recommença à fêter S. Taurin, au mois de septembre seulement. Mais, bien qu'on continue de faire à vêpres l'antique procession où l'on porte la châsse des reliques, cette fête a dégénéré, comme toutes les autres, sous le rapport de la dévotion, et actuellement elle est presque convertie en pure fête de plaisirs mondains.

§ 9.

Reliques de S. Taurin.

Il résulte évidemment de ce qui précède que les reliques de S. Taurin, évêque d'Évreux, ont toutes été transportées d'Évreux ou de Lezoux à Gigny, après la paix faite avec les Normands, et qu'elles ont continué à y rester déposées dans l'église du monastère. Cependant, beaucoup d'autres lieux prétendent aussi les posséder en tout ou en partie, surtout Évreux, Fécamp, Lezoux, Chartres, Cluny, Luxeuil, S.-Claude et même Rome.

C. 10, 17.   1.° En effet, on lit qu'en 1058 le corps de S. Taurin fut transporté d'Évreux à Fécamp, où il fut déposé avec vénération dans une châsse précieuse, et qu'il s'y trouvait encore au dix-huitième siècle. D'un autre côté, on lit aussi que ces reliques existaient toujours en 1547 dans l'église d'Évreux; qu'elles furent volées en 1564, puis recouvrées; qu'en 1565, elles furent cachées en terre pendant quelque temps pour les préserver de la fureur des protestants; qu'en 1587 elles y étaient encore; qu'en 1690 elles y opéraient des miracles; qu'en 1759 et en 1803 elles s'y trouvaient également.

2.° L'église de Lezoux en Auvergne prétendait de même posséder les reliques de son protecteur ou patron secondaire, depuis le neuvième siècle jusqu'en 1793, qu'elles furent entièrement dispersées et perdues. Après le rétablissement du culte en cette ville, en 1802, le vénérable curé qui gouverne encore son église (1838) chercha à réparer cette perte. S'étant donc adressé à l'évêque d'Évreux, ce prélat lui envoya un fragment *bien et duement authentiqué* des reliques de l'apôtre de son diocèse, lequel fragment a été déposé précieusement dans l'église de Lezoux.

C. 10.   3.° Selon un chroniqueur du moyen âge, une partie des reliques de S. Taurin fut envoyée, après les guerres de Phi-

…ippe-Auguste, d'Évreux à Chartres, où elles furent placées dans la cathédrale. D'un autre côté, l'historien Dunod dit, en 1735, que le crâne ou chef du saint évêque était dans l'abbaye des bénédictins de Chartres, auxquels il avait été donné par ceux de Gigny, tandis que deux graves voyageurs de la congrégation de S. Maur affirmaient, plusieurs années avant, l'avoir vu dans l'abbaye de Luxeul.

4.° D'après d'autres relations, un os de l'épaule de l'apôtre de la Neustrie était en vénération à Cluny en 1661, et un doigt à S. Claude, avant l'année 1735.

5.° Enfin, il n'y a pas jusqu'à Rome qui ne revendique le précieux corps de S. Taurin, qu'on assure exister dans l'église de S. Jean Calybite, où sa fête est chômée le 11 août.

Il serait difficile de concilier ces diverses prétentions, plus ou moins contradictoires, avec les témoignages historiques, et d'en établir le fondement. Il vaut mieux convenir, après S. Augustin qui s'en plaignait déjà, qu'on a multiplié les reliques et qu'on en a débité des fausses. Mais on doit croire, avec un judicieux et fidèle historien ecclésiastique *(Fleury)*, « que Dieu, qui connaît le fond des cœurs, ne laisse pas d'avoir pour agréable la dévotion des peuples qui, n'ayant intention que de l'honorer en ses saints, révèrent de bonne foi les reliques exposées depuis plusieurs siècles à la vénération publique. » Mais revenons à celles de Gigny.

On trouvera, dans les preuves de cette histoire, les procès-verbaux en forme de deux visites faites, l'une en 1547 et l'autre un siècle plus tard, des reliques contenues dans la châsse de S. Taurin. La première fut pratiquée par les religieux du monastère, agissant au nom de Louis de Rye, évêque de Genève, leur prieur commendataire. Or, il en résulta que le chef et les ossements de S. Taurin, enveloppés d'une toile blanche et d'un tapis de soie, y étaient alors renfermés, avec un très vieux parchemin portant l'ins-

C. 130, 134.

cription : *Hic requiescit corpus beati S. Taurini, episcopi et confessoris.* Il en résulta aussi que cette châsse contenait, en outre, plusieurs autres restes précieux et vénérés, notamment du sang de J.-C., et des reliques de la Ste. Vierge, de Ste. Aniane, S. Colomban, S. Didier, S. Eusèbe, S. Eustache, S. Ferradée, S. Jean, apôtre et évangéliste, S. Jean, confesseur, Ste. Julienne, S. Léger, S. Loup, S. Marin, martyr, S. Oyen, S. Romain, S. Sauveur, confesseur, S. Siagre, Ste. Tigride de Moirans et S. Vauldebart. Le procès-verbal constate encore qu'à cette époque S. Aquilin avait sa châsse spéciale, de laquelle les visiteurs se permirent d'extraire un ossement, pour le déposer auprès de ceux de S. Taurin. D'ailleurs, il n'y est pas question de Ste. Florence. On lisait au dos de cet acte que *le corps de S. Taurin passait néanmoins pour exister aussi à Evreux*. La châsse était alors en bois, mais recouverte d'argent pur et même d'or en quelques endroits. Elle portait différentes effigies, notamment celles du saint évêque, de la sainte Vierge, etc...

C. 134. La seconde visite des reliques de S. Taurin fut faite en 1647, pour répondre au désir du dernier des Coligny, protecteur du prieuré de Gigny, ensuite de la permission accordée par l'archevêque de Lyon. Le prieur Louis de Pelousey y procéda en présence des quatre seuls religieux qui avaient lutté contre le malheur des temps, et encore en celle d'un official de Lyon, d'un gentilhomme de la maison du roi de France et du curé de Gigny. Le célèbre Samuel Guichenon y assista aussi, se trouvant sans doute alors à Gigny pour consulter les archives du monastère et recueillir les matériaux de la précieuse histoire de Bresse et de Bugey qu'il publia trois ans plus tard. Il fut constaté par cette nouvelle visite, que la châsse, unique alors pour les deux évêques d'Evreux, contenait le chef, la cervelle et tous les os du corps de S. Taurin, avec un os entier de la cuisse ou de la jambe de S. Aquilin. Elle renfermait aussi à peu près toutes les autres reliques de la précédente visite, et, en outre, quelques nouvelles appartenant à S. Germain, S. Guibert, S. Martin, S. Michel, S. Nizier et S. Paul, apôtre. Le procès-verbal porte qu'il ne s'en trouva point de Ste. Florence, parce qu'elles avaient été données à l'abbaye de Baume et à d'autres monastères. D'ailleurs, ce titre nous apprend, ainsi qu'il a été dit au chapitre XLV § 8, ce que devinrent les reliques, pendant la guerre de trente ans, et combien notre prieuré eut à souffrir durant ces longues années de calamités inouies. Lors de cette visite, la châsse était la même que celle de 1547. Mais on trouve écrit, en 1685 [225], que depuis peu les religieux en avaient fait construire une nouvelle en argent avec un magnifique autel.

Cette nouvelle châsse fut probablement celle à fond d'ébène, presque toute couverte de lames d'argent armoriées et sculptées en relief, que visita, en 1760, M. de Fargues, évêque de Saint-Claude. Cette dernière visite constata les mêmes reliques qu'en 1647, avec le procès-verbal de cette année. On trouva en outre dans la châsse d'autres reliques authentiquées de S. André, S. Antonin, S. Benoît, abbé, S. Charles Borromée, S. Philippe de Néri, S. Pierre, S. Paul, Ste. Rosalie et S. Vincent de Paule, comme encore de la Sainte-Croix, des vêtements du bienheureux Benoît XI,

---

(225) C'est en cette année que parut « la *Vie de S. Taurin*, premier évê-
« que d'Evreux en Normandie, dont les saintes reliques déposent dans l'église
« du royal monastère de Gigny, au comté de Bourgogne, le tout recueilli des bons
« auteurs et des vieux livres manuscrits des archives de la même abbaye, par le
« zèle de MM. les religieux et officiers de ladite abbaye. » (Petit vol. in-12, approuvé le 2 octobre 1785, par François Miguardet d'Autun, docteur en Sorbonne, et par P. Morel, prêtre).

Cette mauvaise biographie, très rare aujourd'hui, fut composée au moyen des légendes manuscrites qu'on trouvera parmi nos pièces justificatives. Ces légendes existaient dans les archives du prieuré, et étaient, dit cette notice, d'un caractère et d'un vélin antiqué. L'opuscule contient, en outre, la relation de quelques miracles opérés à Gigny, en 1678, mais que nous avons négligé de rapporter.

de la chemise de Ste. Catherine *de Vicis*, du voile de sainte Marguerite de Corthone, et d'une toile imbue du sang de S. Pierre. Ces nouvelles reliques avaient été données en 1753, 1757 et 1760, à M. de Faletans, grand-prieur cloîtrier, par le pape ou ses familiers.

C. 152.
On a vu qu'au commencement de l'année 1794, l'argenterie de la châsse de S. Taurin avait été enlevée et livrée au district. Au mois de septembre de la même année, les reliques elles-mêmes furent profanées par des hommes pervers et clouées à l'arbre de la liberté. L'administration municipale ne vit dans cette profanation qu'un attentat contre l'arbre populaire, et les reliques furent envoyées en grande partie à Orgelet. Des personnes pieuses parvinrent néanmoins à en sauver quelques-unes qui furent réintégrées dans la châsse, lors du rétablissement du culte. Aujourd'hui, il s'y trouve encore une mâchoire inférieure, un os de cuisse ou fémur, celui d'un avant-bras, une portion de côte qui était renfermée dans un tuyau de fer caché dans une croix d'argent, lequel tuyau on plongeait dans le vin, pour le bénir, etc... Il s'y trouve aussi un lambeau de parchemin illisible. En l'année 1840, on a confectionné une nouvelle châsse, vitrée, en bois doré, pour contenir les reliques restantes qu'on voit ainsi à l'œil même. A cette époque, un procès-verbal a été dressé de l'enquête faite pour constater leur authenticité et pour établir comment elles avaient été soustraites au vandalisme révolutionnaire.

FIN DE L'HISTOIRE.

PREUVES

ou

PIÈCES JUSTIFICATIVES.

PIÈCES JUSTIFICATIVES.

1.

EX S. HIERONYMI MARTYROLOGIIS.

III. Id. Augusti. Ebroeas Natalis sancti *Taurini*.
III. Idus Agusti. Romæ Tiburti, Valeriani, Cœciliæ virginis, Cassiani martyris. In Ebroica civitate depositio S. *Taurini* episcopi.
Nonis septembris. *Taurini*. Vesontione, Ferreoli, Ferrutionis, et octava S. Johannis.

DACHERY. Spicil. MARTENNE Thes. nov. 3.

2.

EX USUARDI MARTYROLOGIO.

III. Idus Augusti. Apud castellum Ebroas sanct. *Taurini* episcopi.

3.

EX MARTYROLOGIIS BISUNTINIS.

III. Id. Augusti. Ebroas sancti *Taurini* episc.
F. August. S. Tiburtii. Ebro. S. *Taurini* episc.

DUNOD. Hist. de l'egl. de B.

4.

EX MARTYROLOGIO TURONENSI.

Nonis septembris *Taurini*...

MARTENNE. Thes. nov. 3.

5.

EX MARTYROLOGIO ROMANO. Ann. 1586.

III Id. Augusti. Apud Ebroicenses in Gallia sancti *Taurini* episcopi qui a beato Clemente papa illius civitatis episcopus ordinatus, evangelii praedicatione christianam fidem propagavit, ac multis pro ea susceptis laboribus, miraculorum gloria conspicuus obdormivit in Domino.

XIV Kal. novembris. Ebroicis sancti *Aquilini* episcopi et confessoris.

IV Id. novembris. In territorio Agathensi, sanctorum martyrum Tiberii, Modesti et *Florentiae* qui, tempore Diocletiani, variis tormentis cruciati, martyrium compleverunt.

6.

EX MARTYROLOGIO ÆDUENSI.

MABILLON
A. SS. sæc. 5.

XII Kal septembris, in Ostia civitate, passio sanctorum martyrum Hippolyti, *Taurini*, Herculiani, Felicis, Senatoris, qui, sub Claudio principe, palmam adepti, regna coelestia perceperunt: quorum corpora a Christianis cum reverentia sepeliuntur. Unde post modum translata in Augustodunensi civitate, in ecclesiam almi præsulis Christi Martini cum honore tumulata sunt. Sed, longo post tempore, ab episcopo Cabilonensi et bonæ memoriæ domno Hugone ejus coenobii sancti Martini abbate et ab ipsius loci monachis, viris religiosis et honestis, nec non ab universo clero circumquaque adveniente honorifice recondita.

7.

GALL. CHRIST.
I p. 997.

In Elisana civitate fuerunt quatuor tantum episcopi, priusquam Auscis sedes transferretur, Paternus, Optatus, Servandus, Pompidianus, quorum primus Paternus scilicet prophetavit, dum viveret, his verbis dicens : *Ego unus, post me tres, nihil amplius, ex quo mutabitur sedes, et qui altare et pignora B. Mariæ hinc de-*

tulerit, me et illos relinquat. Quod ita factum est. Procedente itaque longo tempore, facta persecutione Wandalorum qui destruxerunt civitates Guasconiæ et civitatem Elizonam, translata est sedes, sicut sanctissimus Paternus prophetaverat, in Villam-Claram quæ nunc vocatur Auscia, a *Taurino* qui fuit post quatuor præfatos quintus pontifex, in Auscia civitate. Ipse namque transtulit Auscis altare B. Mariæ quod nunc cernitur, attulitque quatuor sanctissimos prædictos episcopos in ecclesia B. Petri sepultos, tumulavitque in ecclesia circa altare B. Johannis Baptistæ et evangelistæ, quæ nunc vocatur ecclesia S. Orientii. Quos post multorum annorum curricula, Bernardus prior ipsius loci, postea archiepiscopus Toletanus effectus, in prædicto loco honorifice tumulatos invenit. Deinde tam episcopi quam cleri aliique viri civitatis sepulturam apud S. Orientium habuerunt.

8.

DE S. TAURINO MARTYRE ET ARCHIEPISCOPO AUXITANO.

Die 5 septembris.

Ave protopræsul almifice,
Taurine, martyr inclite,
Qui, civitate Elisana demolita
A Vandalis et eversa,
Transtulisti altare B. Mariæ
Ad vicum Vallis-Claræ,
Ut Paternus prophetaverat
Præsulando Elisæ et dixerat ·
Post me tres, et postea nullus
Elisanæ civitati episcopus.
Vallem-Claram erexisti
In civitatem cui præfuisti,
Uno de viginti annis prædicando,
Hæreses extirpando, ecclesiam consecrando,
In honorem Nativitatis B. Mariæ
Annis ducentis sexaginta a passione

Domini nostri Jesu Christi,
Et ecclesiam martyrio consecrasti.
O valde felix dies illa !
Qua civitas ista Auxia
Taurinum habuit patronum
Archipræsulem et sponsum

9.

EX BREVIARIO EBROICENSI ann. 1587.

BOLLAND. Aug
t. 2.

....In monasterio Ebroicensi ad hoc usque tempus in honore et veneratione habentur S. Taurini reliquiæ...

....Animantia illa sibi subjecit Taurinus, ita ut bubalo cornu inusitatæ magnitudinis detraxerit, quod usque ad hæc tempora ad rei memoriam in monasterio sancti Taurini apud Ebroicas servatur et ostenditur...

....Quod (*templum Dianæ a S. Taurino in ecclesiam conversum*) etiam hodie nominatur ecclesia Sanctæ Mariæ Rotundæ, ob formam quam sub ipso gerebat. In ea adhuc Rotunda cathedram episcopalem Taurinus collocavit, ubi diu mansit, sed alia ampliori exstructa ecclesia in laudem et memoriam ejusdem Virginis, in istam postea cathedra episcopalis translata est...

...Ad hoc usque tempus in villa Gisiaca agri Ebroicensis duravit corylus, renascentibus a radice per successionem virgulis, quæ nuces inanes et sine nucleo producit; quod accidisse narrant incolæ ex eo quod de illa corylo cæsus fuerit beatus Taurinus, vel ad illam alligatus dum cæderetur....

10.

EX EODEM BREVIARIO EBROICENSI ann. 1737.

Die XI augusti, Festum S. Taurini Ebroicensium apostoli et primi episcopi ac confessoris fidei, solemne-majus.

Taurinus episcopus ab apostolica sede ut creditur, missus in Gallias, primus apud Eburovices Christi fidem invexit....

Die XVIII augusti, Festum duplex-majus de octava S. Taurini, et festum omnium SS. pontificum Ebroicensium.

Taurini Ebroicarum apostoli solemnitas a clero et plebe Ebroicensis ecclesiæ, adjuncta sanctorum omnium qui ei in episcopatu successerunt memoria, repetitur et clauditur. Sunt enim, præter antiquiores et illustriores quatuor, Gaudum, Laudulfum, Æternum et *Aquilinum*, quorum sanctitas publicis ecclesiæ fastis vindicata, propriis per annum diebus recolitur, plures alii, *etc*....

Die V septembris, Festum duplex-minus inventionis corporis S. Taurini.

Taurini Ebroicensium apostoli et primi antistitis corpus, *etc*. ... Beatus autem Laudulfus ligneam in ipso loco (*inventi corporis*) ecclesiam extruxit, cui jam, ante finem septimi sæculi, monasterium adjunctum est, cum schola in qua sanctus Leufredus litteris operam dedit. Hoc monasterium deinceps per bella Normannorum destructum est, expulsique monachi. Ex eis nonnulli duce Guntberto episcopo Ebroicensi, in Arverniam ad castrum Laudosum, cum parte non modica corporis S. Taurini confugerunt. Inde, post annos aliquot, ad *Gigniacum* Burgundiæ monasterium, sub beato *Bernone* abbate, delatæ sunt illæ reliquiæ, ibique assiduo populorum e vicinis provinciis concursu celebratur. Conversis autem ad fidem christianam Normannis, Ebroicense monasterium, in cujus poliandro reliqua pars corporis sancti pontificis per fideles viros defossa fuerat, a Richardo gentis ipsius duce restaurari cœptum est, ante annum 996. Quod, coruscante jam miraculis frequentioribus loco, a filio ejus Richardo perfectum, Fiscamnensibus monachis post ejus mortem reformandum a Roberto ejusdem fratre subjectum est. Hi retectas ante aliquod tempus sancti pontificis exuvias, Fiscamnum, ut Oderieus Vitalis scripsit, transtulerunt et aliquandiu apud se servarunt : quæ tandem in cœnobium Ebroicense, retenta apud Fiscamnum aliqua parte, reportatæ, ibidem in capsa pretiosa servantur. Ossa tamen quædam in incendio civitatis, tempore Philippi-Augusti, cum capsa vetustiore, sublata, Guillelmo Neubrigensi teste, Carnutum ad majorem ecclesiam sanctæ Genitricis missa sunt, ubi magna populorum veneratione frequentantur.

Die XIX octobris, Festum duplex-minus S. Aquilini Ebroicensis episcopi

Aquilinus in civitate Bajocensi nobili prosapia oriundus, *etc.*. Ejus pignora, cum parte corporis sancti Taurini, Guntbertus episcopus Ebroicensis ; subtracta Normannorum adhuc paganorum furori, ad Laudosum Castrum in Arvernia transtulisse scribitur, quæ deinceps *Gigniaci* in Burgundia a beato *Bernone* abbate recepta sunt, ubi hactenus honorantur.

11.

EX BREVIARIO CLAROMONTENSI ann. 1774.

Die XI augusti, Festum semi-duplex S. Taurini Ebroicensis episcopi

Antiqua et venerabili traditione, in Castro Lodoso memoria colitur beati confessoris *Taurini* Ebroicæ civitatis protopræsulis, cujus reliquiæ, dum Normanni Neustriam invaderent, a piis monachis in Arverniam in Castrum Lodosum translatæ dicuntur. Clarus fuit Taurinus, dum viveret, multis miraculis et virtutibus. Cives plurimos ad Christi fidem convertit, dirutis falsorum numinum simulacris; multa vero Deo altaria et ubique vexillum crucis erexit. Ipse pro Christo strenue operatus et passus requievit plenus meritis in sœculo ecclesiæ quarto.

12.

EX BREVIARIO BISUNTINO ann. 1761.

Die VI septembris, Festum semi-duplex S. Taurini Ebroicensis episcopi

Taurinus, ineunte quinto sæculo, eo tempore quo Victricius metropolim Rothomagensem administrabat, veri Dei cultum in agro Ebroicensi docuit primus, ibique sedem episcopalem posuit. Illius corpus diu ignotum a Landulfo presbytero detectum est sæculo sexto desinente. Qui, cum Viatori episcopo successisset, curavit super tumulum altare ædificari. In eodem loco, temporum successu, templum erectum est, et condita abbatia insignita nomine Taurini, cujus reliquiæ in capsa argentea ibidem sommo cum honore recoluntur. Monasterio per bella Normannorum destructo, expulsi sunt monachi; ex eis nonnulli, duce Guntberto episcopo Ebroicensi, in Arverniam ad Castrum Laudosum, cum parte non modica corporis sancti Taurini, confugerunt. Inde post annos aliquot, ad *Gigniacum* Burgundiæ monasterium, sub beato *Bernone* abbate, delatæ sunt illæ reliquiæ, ibique assiduo populorum e vicinis provinciis concursu celebrantur.

13.

EX EODEM BREVIARIO BISUNTINO.

Die XIX octobris, Festum semi-duplex S. Aquilini Ebroicensis episcopi.

Aquilinus, nobilibus apud Bajocas ortus parentibus, uxorem duxerat ex qua liberos suscepit. Sub Chlodovæo secundo militiam secutus, barbaros regnum devastantes fortiter debellavit. Ad propria reversus, una cum conjuge, perpetuæ castitatis votum emisit. Ætherii Ebroicensis episcopi a clero et populo successor renuntiatus, mira sanctitate enituit. Tanta erat austeritate vitæ ut inedia corpus domaret, nullum sibi usurpans cubile nisi pavimentum; concilio Rothomagensi sub Ausberto, anno 689, interfuit; timens ne per oculos, quos sui corporis fenestras appellabat, noxia irreperet concupiscentia, ipsis orbari exoptavit, illud a Deo petiit et impetravit. Cum per duos supra quadraginta annos sedem occupasset, sancte obiit. Corpus ejus in ecclesia quam in suburbio exstruxerat sepultum variis miraculis claruit. Normannis Neustriam vastantibus, sacræ illius reliquiæ *Gigniacum* in Burgundia superiore delatæ sunt, ubi magna pietate coluntur.

14.

EX BREVIARIO LUGDUNENSI M. S. PERANTIQUO.

LAVRE. V. du dioc. de Lyon.

III. Id augusti. Tiburt. mart. *Taurini* confessoris.

EX DECRETO CONCILII ROTHOMAGENSI ann. 689.

MAB LION.
A. SS sæc. 2.

..... Ansbertus archiepiscopus urbis Rothomagensis huic concilio præfui et subscripsi; Ratbertus episcopus (Turonensis), Regulus episcopus (Remensis), Ardradus episcopus Carnotenæ urbis, Ansoaldus episcopus Pictaviensis urbis, *Aquilinus* episcopus Ebroicin. urbis; Cadocnus episcopus, Armonius episcopus, Gerebaldus episcopus Bajocassinæ urbis, Taurinus episcopus.

16.

VITA S. TAURINI

BOLLAND. August. II. 639—644.

Autore *Deodato* presbytero, ejus discipulo.

Ex codicib. M. S. vetustissimis, Gigniacensi, Acceyensi, Corneolensi, Carthusiæ Divionensis, Vallis-Lucentis, et Rubeæ-Vallis.

Prologus auctoris.

Beato quidem *Taurino* plenarie sufficit quod vitæ suæ testem illum qui est in cœlo fidelis habere meruit, et quod in illo supernorum civium senatu laudabilis exstitit, sed ad hujus reverentiam fidelibus pro ipsorum profectu commendandam, quamvis non omnia, quia non sufficimus, tamen vel pauca de eadem vita sunt scribenda; ut videlicet sicut recenti memoria præsentes et cœvi, sic in hac relatione, qualis vel quantus fuerit, per temporum successionem scire valeant futuri; et cognoscentes promptius ac studiosius eum venerentur, inde autem consequenti ordine ejus patrocinium plenius promereantur: alioquin vulgari fama, qua nunc certatim celebratur, paululum debiscente, et magnificentia illius in dubium veniret, et pietas devotorum deminuatur. Ebroicenses autem semper noverint quod hic primum eis verbum bonum eructavit, ipsique sunt signum apostolatus ejus in Domino. Ipsi ergo dijudicent quanti habendus sit per quem super eos divina stillare misericordia cœpit. Si quid sane in eodem scimynculo inusitatum forte sonuerit, superfluum est inde curiosius retractare: facile enim quisque prudens advertet quod alias vel talia vel similia persæpe reperiuntur. Et hoc inferam ipse temporum ordo poscebat quoad discutiendam ipsam originalem hominum cœcitatem majora miracula coruscarent. Verborum autem compositio non est nobis curanda, quia simplex homo non debet pomposa relatione referre.

CAPUT PRIMUM.

Sancti Natales, Baptismus, Missio in Gallias, Episcopatus Ebroicæ, opera prodigiosa et apostolica.

Temporibus Domitiani regis, fuit vir quidam Romæ nomine Tarquinius, paganus; genere romanus, cui erat uxor Euticia, verissima christiana, nobilique Græcorum prosapia ortu. Tarquinius autem, ut sævissimus lupus, persequebatur christianos, nesciens uxorem suam esse Dei famulam. Illa autem assidebat Dominum orationibus, ut virum suum converteret ad christianitatis ritum, insuper etiam ipsis talem filium daret qui, veluti Samuel, semper Domino deserviret. Et ecce, quadam nocte, cum fessa quiesceret, vidit sibi adstare angeli cum vultu uterum suum virga tangentem; et post paululum procedere virgam instar lilii cujus flores nimium dabant odorem. Expergefacta autem cœpit intra se cogitare quæ esset hæc visio, confisa autem in Domino arcana sibi secretim revelata suo hilaris abscondit in pectore, et jam creberrime loca sanctorum frequentare cœpit. Adveniente autem tempore, infans nascitur et Taurinus a parentibus vocatur.

Mox autem ut sacri baptismatis tempus advenit, ad baptisandum sancto Clementi apostolico tradidit, eique somnium quod aliquando viderat narravit. Quod audiens beatus Clemens ipse eum de sacris fontibus sustulit; vocans autem beatum Dionysium areopagitam qui cum eo tunc Romæ versabatur, retulit ei somnium Euticiæ et ait illi: O fili, multa tibi pro Christo debentur certamina. Interea, ut effer buit a Domitiano gravissima christianorum persecutio, advocavit ad se beatus Clemens sanctum Dionysium episcopum, cœpitque cum deprecari ut pro nomine Christi

Galliarum peteret partes et populum ibidem commorantem Domino acquireret dicens : Forte etenim a Domino huc advenisse constat, quia sic erit. Mox jussum libentissime complectens, convocato a beato Clemente concilio, innotuit illis desiderium beati Dionysii, quod audientes Læti sunt. Sanctus autem Clemens exhortatus est illos ut, si qui essent inter illos, habere se eamdem voluntatem dicerent, et illico conjuncti sunt cum illo cœterorum sanctorum plurimi, ita ut legio fieret. Dei accepta benedictione apostolica, exierunt ab urbe: secumque beatus Dionysius filiolum suum Taurinum, precibus matris victus, abduxit et eum cum omni diligentia spirituali nutrivit. Nunc longum est mihi enarrare quæ ipsi sancto et qualia pro Domino sustinuere tormenta.

Ad beatum Taurinum vertamus pennulam nostram. Post multa autem curricula annorum crudelissimus Sisinnius commovit persecutionem gravissimam Christianorum. At ubi audivit famam B. Dionysii, Parisium adiit et eum ante se præsentari fecit. Ut autem cognovit vir sanctus cum hoste rabido se habere conflictum et suum a terrore de illo triumphum, elegit inspirante divina clementia salubre consilium et Taurinum filiolum suum Ebroicæ civitati ordinavit episcopum. Jam enim ordinaverat germanum ejus Gaudericum in civitate Cameraca. Cœpit autem vir sanctus Dionysius quasi neophytum confortare filiolum episcopum, ut ipse solitus erat dicere : « Vade, ô fili, in pace et plebem a Deo et a me tibi commissam diligenti cura custodi et viriliter age sicut fortis miles. Ego autem nonagenarium, tu vero quadragenarium ducis annum. Noli minas pavere mortalium peccatorum ; hodie sunt et cras non erunt, cito enim ut fœnum marcescent. Quando enim Dominus noster pro nobis mortem subiit temporalem, solque suos retraxit radios, adhuc ego ignarus notitiæ ejus dixi: O viri, credite mihi, perpetua lux adventura est mundo post tam densas tenebras. Ita scias, et tu nunc, fili, post præsentes tribulationes cito pacem ecclesiæ redituram. » Quod ita evenit, Sisinnius tyrannus post tres menses capitalem suscepit sententiam et pax ecclesiæ restaurata est.

Interea beatus Taurinus monita salutis suscipiens, et Ebroicas adiens, susceptus est a quodam honorabili viro civitatis nomine Lucio. Prius autem quam appropinquaret portæ civitatis, in tribus se apposuit figmentis contra illum diros hostis, una in specie ursi, secunda leonis, tertia bubali. Quibus divina virtute superatis, ait ad Sathan : « O miser, modo assimilaris mutis animantibus, derelicto tui conditoris consortio. Est tibi modo melius aut aliquod gaudium. » Respondet Sathan et ait : « Quale gaudium erit mihi modo dum tu huc adveneris potestatem meam evertere cum Deo tuo ? Tantum mihi remanserat in hac provincia. Illum Dionysium qui te huc transmittit cito faciam interire, et ego ineam tecum singulare certamen. » His dictis, nusquam comparuit. Tertia autem die, cum vir Dei in præfati viri domo prædicationem in populo faceret, multique ad fidem convolarent, subito adversarius filiam ejusdem Lucii nomine Euphrasiam vexare cœpit atque in ignem mersit, quæ statim mortua est. Et dixit Diabolus ad beatum Taurinum : Taurine, inique agis contra me, in omnibus enim adversabor. Sanctus Taurinus respondit: Dominus mihi adjutor est, non timebo quid faciat mihi homo. Sed dum terror nimius invaderet, intolerabilisque Lucius, simulque nescirent quis cum illo loqueretur, sanctus Taurinus taliter eos allocutus: O filii, nolite timere; si credere volueritis in D. M. J. C. cujus ego sum famulus, mox videbitis filiam vestram resurgere. Qui omnes pari voce consenserunt se ita esse facturos. Tunc B. Taurinus cum suis in orationibus positus diutissime oravit. Post finitam vero orationem, cum omnes respondissent *Amen*, infusus lacrymis, tenens manum ejus dixit: Euphrasia, in nomine D. mei J. C., surge. Quæ statim surrexit et nullum signum adustionis in ea apparuit. Videntes populi prostraverunt se ad pedes ejus et cœperunt ab eo auxilium Domini imprecari et ut subveniret perditæ civitati. Baptisati sunt autem 120 homines illa die, 8 cœci illuminati et quatuor muti sanati aliæque virtutes non modicæ patratæ. Tum advocans populum, interrogavit cui Deo voluissent servire, qui dixerunt: Si quis est qui alium Dominum adorare voluerit, nisi illum quem tu prædicas, et in cujus virtute fecisti Euphrasiam exsurgere, vivus incendatur.

Sanctus Taurinus hæc audiens, agens gratias Deo, dixit ad populum. Eamus ad Deam vestram. Intrans fanum Dianæ dixit Taurinus: Ecce Dea vestra, rogate illam ut adjuvet vos. Sacerdotes cœperunt clamare dicentes: Sancta Diana, invictissima Dea et Regina, veli, vindica nos de malefico isto. Dæmon vero qui intus latebat dixit : Cessate, miseri, cessate me invocare: ex quo enim iste vir, servus Dei altissimi ingressus est ad hanc civitatem, ego catenis igneis religatus teneor, nec auderem loqui nisi ipse jussisset. Et ait vir sanctus: Vultis Dianæ vestræ servire quam frater ejus Jovis accepit in conjugium, quod nefarium est in omnibus legibus romanis, an Deo qui fecit cœlum et terram et omnia quæ in eis sunt? Et respondentes populi una voce dixerunt: Unus est Deus vivus qui fecit cœlum et terram, non est alter, et illi volumus deinceps servire in cujus nomine tu fecisti Euphrasiam surgere. Tunc beatus Taurinus dixit ad illos: Vultis videre Deam vestram? Et ait ad Dæmonem. In nomine J. C. exi de simulacro. Dæmon iniquitatis, ut videant qualis sis. Et ecce apparuit æthiops niger sicut fuligo, barbam habens prolixam, et scintillas igneas ex ore emittens, stetitque ante eos et ait ad Taurinum : « Quando huc advenisti arbitratus sum te superare et interficere; nunc autem invaluisti et fortior me es, quia Deus tuus te defendit; cum multis habui conflictum et nullus sicut tu me superavit. Nunc autem quia vicisti, precor, ne ante tempus jubeas me abyssum mitti. » Videntes populi hanc effigiem se prostraverunt ante sanctum Dei, obsecrantes ut ab hac bestia mortifera eos liberaret. Quos benigne consolatus est dicens: Nolite pavere, fidem habete tantum modo. Ecce angelus Domini advenit, splendens ut sol, omnibusque cernentibus, extemplo ligatis manibus dorso, cum adduxit. Videntes autem omnes cœperunt clamare : Adjuva, S.

C 17. Taurine! Et baptisati sunt illa die 2000, infirmus autem vix remansit qui tum non curaretur. Inter quos ego Deodatus credidi, frater Euphrasiæ, et baptisatus, et ab ipso susceptus sum a fonte, postea vero ad honorem presbyterii ab ipso sum promotus. Tunc expurgavit templum Dianæ omni spurcitia idolorum et consecravit illud in honorem sanctæ Dei Genitricis Mariæ. Tum cœpit circumquaque idola destruere et ecclesias Christo consecrare, diocesim omnem circuire, canonice ordinare, hospitalitatem in omnibus construere. Sed antiquus hostis invidus bonitatis suscitavit quemdam præfectum Licinium nomine et Leara qui fuerunt sacerdotes templi Dianæ qui converterunt 20 discipulos suos ut cum interficerent. Quos cernens vir Dei a longe cognovit nequitiam illorum, porrexitque illis signum crucis. Illi steterunt illo in loco fixi, et ait ad illos: Quid statis? Facite quod jussum est vobis, sin autem abite, si vultis. Ut autem cognoverunt se solu-

tos, ceciderunt ad pedes ejus impetrantes baptismum consequi
immortale; qui statim catechizavit eos. Videntes autem magi sua
signamenta deludi, propriis se interemerunt cultris, ut sermo divi-
nus adimpleretur: *Qui parat fratri suo foveam, ipse prior incidet
in eam.* Audiens interea Licinius beati viri famam, Gisaico villa
cum sibi praesentari fecit. Qui cum traheretur obviam habuit virum
paralyticum, sororemque ejus coecam, surdam et mutam acce-
pitque aquam, et benedixit, ac illos perfudit, qui mox adepti
sunt sanitatem. Carnifices autem qui eum trahebant crediderunt
in Domino.

CAPUT SECUNDUM.

Ejus flagellatio. Conversio judicis aliorumque per miracula maxima.
Sancti obitus et sepultura plena prodigiis.

Mox autem ut vidit eum Licinius consul ait : Unde es, inve-
terata canities? B. Taurinus respondit : Patre sum romanus, matre
vero graecus; genitor meus Tarquinius, mater mea Euticia vocatur. Licinius dixit : Quantum temporis est ex quo fugisti patrem
tuum, meus etenim avus fuit? Taurinus respondit : Non fugi, sed
patre meo J. Christo rogante, huc adveni. Licinius dixit : Qui
vocaris? Respondit Taurinus : A nativitate Taurinus, fide tamen
christianus. Licinius dixit : Propter hanc dementiam ante sex
annos occidi jussi matrem tuam. S. Taur. audiens matrem suam
coronatam martyrio ait : Gratias ago tibi, Domine, quia matrem
meam ante me recipere voluisti. Licinius dixit : Quem Deum ado-
ras? Taurinus respondit : Stulte, nonne dixi tibi quia servus sum
conditoris coeli et terrae? Audiens autem Licinius se illudi ait :
Consule senectuti tuae et adora Deos invictissimos; miror enim de
tam nobili progenie unde es genitus quomodo ad tantam dementiam pervenisti. Taurinus dixit : Non est dementia, sed D. mei
J. C. misericordia. Licinius dixit : Noli vana loqui, sed adora
Deos meos. Dixit vero Taurinus : Ubi sunt Dii tui? Licinius
dixit : Adsunt in praesenti. T. dixit : Quomodo et invocantur?
Li. dixit : Aureus Jovis, Mercurius argenteus. Et Taurinus : Quis
fecit ista simulacra? Licinius respondit : Ego jussi facere. Ait
Taurinus : Quare non ambulant sicut tu? Dic mihi, quis te fecit?
Respondit Licinius : Deus meus. Ad haec dixit Taurinus: Nonne

dixisti antea quia tu eum fieri rogasti ? Ut quid eum inclusum tenes in scrinio, si factor tuus est? Nonne te debet ille potius custodire ?

Audiens autem Licinius suam irrideri insaniam jussit eum nudum virgis cædi. Cumque percuteretur, ait : Domine, respice in me et miserere mei jam senis. Et facta est vox ad eum : Noli timere, sancte meus, quia tecum sum. Statim autem aruerunt manus carnificum. Leovilla vero uxor Licinii dixit, monita a Spiritu sancto, adhuc tamen pagana : Nonne antea dominus meus dixisti quia pater istius senis avus tuus? Cur tam ferreum habes pectus ut consobrinum tuum jam pessime jubes flagellari ? Ille vero ira accensus, ad illam dixit : Tu maga effecta es ? Per salutem Deorum, quia easdem pœnas similiter patieris Cum autem illa traheretur, dixit : Serve Dei, si potes, adjuva me, et ego credam in Deum tuum S. Taurinus dixit : Noli timere, nihil mali sustinebis. Dum hæc agerentur, nuntius venit dicens, mortuum filium ejus esse et unum armigerum illius; venationem enim exercentes circa castellum Alerci veloci cursu præcipitati interierant. Quod audiens Licinius omnisque exercitus ejus, nimia attritus angustia, jussit laxari uxorem. Quæ veniens cecidit ad pedes Licinii dicens: Precor, Domine, ut credamus in Deum Taurini et reviviscat filius noster.

Et Licinius jussit eum sibi præsentari, cui et dixit : Canitie veternosa, potes per tuas artes magicas resuscitare filium meum. Taurinus dixit : Deus meus dixit : omnia sunt possibilia credenti ; tu ergo, tantum fidem habe et mox tuum recipies filium. Ubi vero in fide est verbis confirmatus, dixit B. Taurinus : Pergamus omnes ad civitatem. Intrantes autem ecclesiam sanctæ Dei genitricis Mariæ, prostraverunt se omnes ante orationem. Et dum ab oratione surgerent, venerunt ad corpora defunctorum. Elevans autem ad cœlum oculos Taurinus dixit : Domine ut credat populus iste quod filius tuus est D. J. C., et ipse est salvator mundi, et dedisti ei potestatem omnis carnis, qui dixit discipulis suis *Omnia quæcumque petieritis patrem in nomine meo fiet vobis,* ut in ejus nomine precor, ut surgat puer iste Marinus. Apprehendit autem manum ejus, et protinus exsurgens quasi a somno, excussit a facie sua pulverem quoque pariter ac sanguinem ; procedensque ad pedes ejus deprecatus est sibi dari immortale baptismatis sacrumentum, ut sibi fuerat ab angelo imperatum. Quod ita factum est.

Surgens autem a fonte ait ad patrem : Heu, pater, nescis quam miseram vitam ducimus, quantasque pro hac nostri similes suscipient pœnas, et quanta gloria est his qui diligunt et serviunt illi Deo quem colit vir iste consobrinus noster! Vidi eum inter angelicos choros esse et pro nobis deprecari. Cum hæc et alia de vita æterna deprecaret, Licinius et uxor ejus, omnesque optimates procidentes ad pedes ejus, postulaverunt sibi dari baptismatis donum. Et baptisati sunt illa die mille ducenti viri.

Marinus autem prostravit, postulavit ad pedes ejus et dixit : Vir Dei altissimi, resuscita armigerum meum, ne remaneat in pœnis in quibus cum deliqui. Et ait B. Taurinus : Bene postulas, filius tuus erit tibi bonus nuntius. Et ait Beat. Tauri. ad omnem populum : Oremus, fratres, ad Dominum ut reddat nobis mortuum istum. Omnes autem prostrati oratione clamabant dicentes · Exaudi Dominus noster famulum tuum. Postquam autem surrexerunt dicentes, Amen, convertit se beatus vir ad corpus et ait : O juvenis Paschasi, in nomine J. C. surge. Qui statim et velut de somno surgens ait ad beatum virum : Magnas sustinebam pœnas, vir sancte, quando nuntius venit ab Altissimo me ad te reduci. Et ait ad seniorem suum Marinum : In die qua Albas deposueris, mandat tibi ille qui me huc adduxit ut ad eum redeas. Qui mox levi febre corripitur et secundum mandatum octavo die mortuus est. Videntes autem Paschasium quoque resuscitatum, fide jam firmati, in secunda die penitus nihil remansit qui tunc ibidem aderant de illa parœcia qui non convolaret ad baptismum J. Christi.

Jam omnis Gallia ejus florebat eloysio. Interea cum hæc agerentur, et omnis plebs esset ovans, Diabolus inimicus veritatis, iterum vastissimum orientalem contra Gallos concitavit hostem. Cum vero certum compererunt Galli se casuros, nec ullo modo quivissent resistere, omnes unanimes ad viri Dei confugerunt auxilium. Vir autem Dei triduanum illico indixit jejunium. Quo peracto, dixit ad eum angelus Domini : « Gratias age creatori tuo quia animas tantum modo impetrasti. Locus vero iste desertus erit usque ad longum tempus, sed iterum in melius reformabitur. Tu vero octavo die recipies coronam a Domino laboris tui. » Quod ita factum est. Mane autem facto, et convocato in ecclesia populo, nuntiavit illis quid sibi Dominus ostendere dignatus esset. Adveniens autem populus valde perterritus est, sed vir Dei blande consolabatur eos. Populus vero ait ad eum : Scimus quia vir Domini es, dic ergo nobis quis erit nobiscum et ad quam partem fugiemus ? Dixit Taurinus : Nolite diffidere, properate Romam, et beato papæ Sixto diem exitus mei nuntiate, si adhuc non est martyrio coronatus.

Ego autem Deodatus filiolus ejus jam ediderám unum libellum de sanctis et bonis operibus ejus et de libris quos exposuerat; mirabilis enim doctor fuit. Longum autem est enarrare quomodo ivimus cum illo Romam, quomodo matrem suam ibidem honorifice sepelivit, quomodo etiam Licinius, simul cum uxore sua, pro nomine Christi gloriose coronam sunt adepti, et quomodo, accepta benedictione Sixti, remeavimus ad propria. Quæ omnia in libello superius memorato inveniuntur. Ut autem advenit dies dominica, affuit omnis populus in ecclesia secundum consuetudinem. Vir autem Dei post expleta missarum solemnia, ait ad omnem populum : Fratres, quinta die huc omnes congregamini. Postera igitur luce, quinta feria affuimus in ecclesia omnes. Interea exortus est luctus intolerabilis de excessu Patris. Ipse vero, inchoato officio et ex more peracto, consolatus populum vehementer, et prædixit eis multa futura quæ postea probavimus, et, post multa prædicationis verba, residens in sede episcopali benedixit nobis dicens: Abite filioli mei in pace, D. J. C. vobiscum erit. Nos ad eum vero prospicientes vidimus subito circa altare multitudinem magnam hominum candidatorum, et audita est vox dicentium omnibus : Veni nobiscum, sancte Dei Taurine, qui multas pro Dei amore sustinuisti passiones, et intra in gaudium Domini tui. Testor Deum non me laudans quasi unus ad cœlum vidi me esse (nescio tamen quo modo) in ejus obsequiis. Mox autem ut facta est nox, tam densa nebula implevit domum, ut nullus ibidem potuisset comparem suum adspicere. Transacto vero quasi unius horæ spatio, recessit odorifera nebula et apparuit sedens in sede episcopali quasi orans extensas manus et oculos habens versos ad cœlum.

Facta autem quæstione populo quo in loco sepeliretur, ne ab hostibus potuisset inveniri, deprecati sunt Dominum ut dignaretur eis ostendere quid facerent de sanctissimi viri corpore. Moxque apparuit eis vir honorabilis vultu, candidus velut nix, dicens ad illos : Fratres, sumite corpus Patris vestri et me præeuntem sequimini. Confidentes autem de visione, nihil hæsitantes, sumpsimus corpus et exivimus per portam occidentalem, sequentes virum usque ad tertiam partem milliarii ejusdem occidentis, et ibidem vir ille substitit et ait : Deponite corpus, fratres ; deinde extulit : Habetis mausoleum? Respondimus nos habere valde optimum. Itaque, conducto mausoleo, semper eodem viro stante nobiscum, fecimus fossam. Cumque ex more intus posuissemus eum, fletusque et luctus pertingeret quasi usque ad cœlum, erexit se quasi vivus de fossa et ait ad nos : Filioli mei, quid hoc feceritis nolite timere : istum virum audite, et inclinato capite siluit. Nos autem adspicientes ad virum qui nobiscum erat quid vellet dicere, ait : « Fratres, vos timetis Patrem vestrum a vobis auferri, ab hostibus, non enim erit hoc. Ego namque sui custos illius in vita, quoque custos illius in morte. Ejus memoria multa erit in sæculo, nam autem cultus iste subvertetur, sed nullus vestrum peribit. » Et postquam omnia consummavimus sepulturæ ornamenta, ait ad nos vir ille, ut credimus angelus ejus : « Recedite velociter ne involvamini ab hostibus, ideo recipietis mercedem vestri laboris et sit pax vobis. » Postea nunquam comparuit; sed prius ille dixit : « Per longa enim tempora incognitus erit ille locatus. »

Ego Deodatus, filiolus ejus, breviter ista percurri, consistens Mediolanis civitate apud virum Benedictum sanctum, febre detentus. Nos accepta benedictione angelica, aufugimus timorem gentium, jam enim hostes imminebant et appropinquabant. « Orate pro me quicumque hanc ejus vitæ paginulam legeritis. Ora pro me, Pater sancte, qui me a fontibus sacris suscepisti, et in omni fuga mei amoris solatium assis, et liberes a febribus tuis sanctis orationibus per D. N. J. C. Amen. »

17.

EX ORDERICI VITALIS

Histor. ecclesiastic. libr. V. § 47, ann. 1080.

DUCHÊNE.
Hist. Norm
scriptor. p 555.

Eo tempore (ann. 1080), fides Christi Evanticorum, il est, Ebroas urbem super Ittonam fluvium sitam possidebat et salubniter illuminabat. Nam illuc beatus *Taurinus* a Dionysio Machario directus fuerat et a Deo confortatus multa miracula fecerat. Deus enim cum eo erat semper et omnia opera ejus gloriose dirigebat : pro quo dura et aspera hujus sæculi æquanimiter perferebat. Romanum Tarquinium patrem suum Euticiamque matrem piissimam Christi cultricem cum aliis amicis et cognatis Romæ reliquerat, et jussu Clementis papæ cum Dionysio Jonico Gallias tenellus exul penetrarat. Grassante nimirum secunda persecutione quæ sub Domitiano in Christianos furuit, prædictus Dionysius Parisiensis episcopus Taurinum filiolum suum jam quadragenarium præsulem ordinavit : et (vaticinatis pluribus quæ passurus erat) Ebroicensibus in nomine Domini direxit. Viro Dei ad portas civitatis appropinquanti, Dæmon in tribus figmentis se opposuit, scilicet in specie ursi et leonis et bubali terrere athlætam Christi voluit. Sed ille fortiter ut inexpugnabilis murus in fide perstitit, et cœptum iter peregit, hospitiumque in domo Lucii suscepit. Tertia die, dum Taurinus ibidem populo prædicaret, et dulcedo fidei novis auditoribus multum placeret, dolens Diabolus Eufrasiam Lucii filiam vexare cœpit et in ignem jecit. Quæ statim mortua ; sed paulo post orante Taurino ac jubente ut resurgeret, in nomine Domini resuscitata est. Nullum in ea adustionis signum apparuit. Omnes igitur hoc miraculum videntes subito territi sunt et obstupescentes in Dominum Jesum Christum crediderunt. In illa die CXX homines baptisati sunt, octo cœci illuminati, quatuor muti sanati, aliique plures ex diversis infirmitatibus in nomine Domini sunt curati.

Deinde Taurinus fanum Dianæ intravit, Zabulonque coram populo visibilem astare in virtute Dei coegit; quo viso, plebs ethnica valde timuit. Nam manifeste apparuit eis Æthiops niger ut fuligo, barbam habens prolixam et scintillas igneas ex ore mittens. Deinde angelus Domini, splendidus ut sol, advenit, cunctisque cernentibus, ligatis a dorso manibus, Dæmonem adduxit. In illa igitur die duo millia virorum baptisati sunt et omnes infirmi ope divina curati sunt. Hæc Deodatus Eufrasiæ frater vidit et credidit, et baptisatus, presbyterque factus hæc veraciter scripto retulit. Tunc Taurinus fœdum Dianæ fanum intravit, exorcismis et orationibus emundavit, Deoque templum in honore sanctæ Dei genitricis Mariæ dedicavit. Deinde cœpit circumquaque idola

C. 16.

destruere et ecclesias Christi consecrare, omnem diocesim circumire, canonice ordinare, hospitalitatem in omnibus constituere.

Invidus Sathan tot bona videns doluit, variisque machinationibus virum Dei lædere satagit et multos in illum adversarios excitavit. Duo magi, Cambisses et Zaraa, sacerdotes Dianæ fuerunt, visaque conversione populi ad Deum ingemuerunt et XX discipulos suos ut Taurinum perimerent concitaverunt. Qui venientes, a viro Dei a longe visi et cogniti sunt; ipsoque crucis signum contra illos faciente, illico fixi steterunt. Illo iterum jubente soluti sunt, et provoluti pedibus ejus crediderunt, et in nomine sanctæ et individuæ Trinitatis baptisati sunt. Magi autem, ut sua figmenta nihil in militem Christi valere compererunt, propriis se cultris interemerunt.

Interea Licinius consul famam beati pontificis audivit, ipsumque sibi Gizaico villa præsentari fecit. Qui cum traheretur, obvium habuit unum paralyticum, sororemque ejus cœcam, surdam et mutam. Protinus ille aquam benedixit, ægros perfudit et mox sanitati restituit. Carnifices hoc viderunt et in Dominum statim crediderunt. Dum præsul et consul de idololatria et theosebia procaciter altercarentur, et præsul jussu consulis irrationabiliter furentis nudus virgis cæderetur, Deum fideliter deprecatus est, et mox voce de cœlo ad eum missa confortatus est. Manus quoque carnificum statim aruerunt. Licinius vero Leovillam uxorem suam, quia loquebatur pro viro Dei, ira succensus jussit cruciari.

Dum hæc agerentur, nuncius venit dicens filium ejus in venatione circa castellum Alerci præcipitio mortuum cum armigero suo. Licinius ergo cum omni exercitu suo nimis contristatus est et virum Dei quem cruciare cœperat, nutu Dei rogare coactus est. Taurinus autem postquam in ecclesiam sanctæ Mariæ prostratus oravit, cum populo ad corpora defunctorum perrexit. Ibi devote Deo supplicavit, finitisque precibus, manum Marini juvenis consobrini sui apprehendit, eumque in nomine Domini resuscitavit. Quod Licinius et uxor ejus, et omnes optimates ejus videntes gavisi sunt, et procidentes ad præsulis pedes sacrum sibi baptisma dari petierunt. Baptisati sunt itaque in illa die mille ducenti viri.

Deinde Marino poscenti pro armigero Taurinus acquievit, ad

corpus accessit, Deum invocavit, Paschasium inclamavit et in virtute Dei vitæ restauravit. Ambo sibi superstites retulerunt quæ defuncti apud inferos viderant. Paschasius Marino prædixit quod in die quo Albas deponeret moreretur; quod ita factum est. Nam Marinus levi febre conceptus est, et octava die baptismatis mortuus est.

His aliisque multis miraculis Taurinus Ebroarum primus pontifex claruit, et multa millia hominum ad cognitionem veritatis et justitiæ perduxit. Denique, dum Sixtus papa in sede apostolica resideret, et Helius Adrianus rempublicam gubernaret, plenus dierum et virtutum Taurinus III Idus Augusti de cœlo vocatus est, et ecclesia populo densa odoriferaque nebula repleta. Transacto unius horæ spatio, nebula recessit, et pontifex in cathedra sedens et quasi orans, manibus extensis, oculisque ad cœlum versis, apparuit. Ingens luctus parochianorum casu pastoris factus est, jussuque angeli (qui populo in specie viri honorabilis apparuerat) extra urbem quasi ad tertiam partem milliarii ad occidentem vir Dei sepultus est. Locus ille diu post modum sine honore habitus est. Sed nunc ibi gratia Dei electus grex monachorum in militia salubri constitutus est. In sepelitione venerabilis episcopi res accidit inusitata. Dum in mausoleo præsul ex more poneretur, populusque nimis fleret, illic quasi vivus de fossa erigens se ait: Filioli mei, quid hoc facitis? Nolite timere. Justum virum audite. Et inclinato capite siluit.

Sepulto itaque servo Christi, dixit ad populum angelus Dei· « Recedite velociter, ne involvamini ab hostibus. Nunc civitas ista subvertitur, sed nullus vestrum periclitabitur. Per multa tempora incognitus erit locus iste. » His dictis, nusquam comparuit et completa sunt omnia ut prædixit. Nam sepulcrum sancti antistitis et anniversarium transitus ejus diu homines latuerunt. Signa quoque nonnulla per eum apud Ebroas adhuc quotidie fiunt. Dæmon enim quem de Dianæ phano expulit adhuc in eadem urbe degit, et in variis frequenter formis apparens neminem lædit. Hunc vulgus *Gobelinum* appellat, et per merita sancti Taurini ab humana læsione coercitum usque hodie affirmat. Et quia jussis sancti antistitis sua frangendo simulacra obsecundavit, in baratrum non statim mersus fuit : sed in loco ubi regnaverat pœnas luit, videns salvari homines, quibus jam dudum ad detrimentum multimode insultavit.

Fertur aliud ab incolis, et est verum, quod in Ebroicense urbe animal vivere nequit venenatum. Nam pinguis humus imbuta fluentis Ittonæ fluminis colubros et serpentes pariebat et ejusmodi animantibus Ebroica civitas nimis abundabat. Civibus autem pro tali peste conquerentibus deprecatus est Dominum beatus Taurinus ut urbem ab hoc incommodo liberaret, nec ulterius venenatum reptile intra mœnia urbis vivere sineret. Oravit et exauditus est. Si casu coluber seu bufo in fasciculo herbæ defertur, statim dum intra muros urbis venerit, moritur.

Post longum tempus religio christiana crevit, et clerus Ebroicensis cum fidelibus indigenis primi præsulis sui Taurini polyandrum quæsivit, Deoque monstrante invenit. Deinde reverenter de terra levatum est, et post aliquod tempus a fidelibus Fiscannum translatum. Ibi venerabile cœnobium monachorum ad Deitatis cultum jugiter agendum constructum est, ibique in capsa pretiosa sancti viri corpus veneranter aptatum est.

« Almi Taurini præsulis precibus et meritis nos Deus eruat ab omni veneno vitiorum, et perfecto sanctarum decoret nos jubare virtutum, et in sanctis mansionibus suorum conjungat collegio sanctorum : ubi possimus ipsum Regem Regum digniter laudare per omnia sæcula sæculorum, Amen. »

18.

EX VITA S. LAUDULFI Ebroic. episc.

Autore anonymo.

... Tempore Clotharii regis, dum beatus Laudulfus, more solito, Ebroicas civitatem pergeret matutinorum solemnia celebrare, audivit Angelorum choros psallentium ac dicentium : « B. Taurini laudanda est festivitas, cujus lingua fulget in Gallia ». Nuntiavit suo episcopo Viatori ; sed Viator morte præventus non potuit invenire eum. Post mortem vero ipsius electus est a populo S. Laudulfus, qui nocte ac die non cessabat supplicare ut ei Dominus ostenderet venerabilem thesaurum. Vertente autem anno, uno tantum comite secum, perrexit nocte ad locum ubi in præterito anno audierat voces Angelorum. Prostratus autem in oratione iterum audivit voces psallentium simili modo Sed ignarus loci iterum in oratione prostratus rogavit ut ei Christus manifestum faceret locum. Inde autem elevans oculos, videt a terra usque ad cœlum columnam pertingentem, clarum velut solem. Qui accepto sarculo fodiens, invenit sarcophagum et reperit ibi scriptum : *Hic requiescit beatus Taurinus primus episcopus Ebroicæ civitatis* Tunc desuper ecclesiam ligneam ædificavit in honore etc,

19.

EX VITA S. LEUTFREDI.

Autore anonymo.

.... S. Leutfredus... ad suburbanum civitatis Ebroicæ tetendit, ubi venerandus confessor Christi, *Taurinus*, præsul quondam ejusdem loci requiescit.... magistrum reperit qui sibi operam in litterarum eruditione impenderet, etc...

20.

HISTORIA TRANSLATIONIS S. TAURINI

Ad Castrum Laudosum et inde ad Cœnobium Gigniacense.
Autore anonymo.

(Ex Codicib. Gigniacensi et aliis.)

CAPUT PRIMUM.

Ebroicenses corpus sancti Taurini sui pridem ad Arvernos translatum clam inde surripientes deferunt usque Gigniacum.

Tempore quo cunctarum rerum dispositor habitatores Neustriæ provinciæ judicio suo, semper quidem justo, sed non semper manifesto, delere voluit, suscitavit gentem ab extremis et frigidis partibus, scilicet a plaga aquilonari. Illa vero diu inhabitans insulam quæ dicitur Norweia et pertæsi assidui lactis et carnium quæ ad victum quotidianum habebat, ariditatem naturalem meliori conditione et fecundiori mutare salubre elegit. Confidens in magnitudine brachii sui et spem ponens in rege suo qui Rollo vocabatur, pauperrimis et sterilibus finibus suis in spiritu vehementi præsumpsit egredi et fortissimum regnum Francorum quod omni fecunditate et jucunditate gloriatur tentavit aggredi. Prædictus vero rex illius tam contrarius erat religioni, quam privatus omni bona voluntate. Non enim in Christo regeneratus, infidelitatis tenebris obcæcabatur, et verum lumen quod Christus est extremis oculis adspicere non poterat. Rationi obvius, naturæ contrarius, paganitatis legibus obstrictus tenebatur, ita ut multos Deus crederet et eos in diversis simulacris adoraret. Numen verum et æternum blasphemabat et ejus jugum suave et leve ferre detectabat. Tantus erat illi fervor circa culturam dæmoniorum, quanta animositas cordis.

Et quoniam superbia et avaritia oculos ejus obcæcaverant, inter sanctum et profanum, inter malum et bonum discernere non poterat. Gloriam autem suam in ore hominum, non in Deo, nec in bona conscientia posuerat et in humani cruoris effusione gloriabatur. Denique, mores humanos exuens et belluinos induens, belluam vivebat. Nihil commune cum hominibus habebat, propter naturam quam adeo pravis operibus corruperat ut vix aliquid de homine præter effigiem sibi retineret. Fas nefasque confundebat, et ut tantum modo ferocitatem animi sui expleret intentus erat. Ille vero gentis suæ voluntate cognita, consilio inito, navigium præparat, omni armatura munitus. Barbara gens et more bestiali vivens, quamvis et natura rationalis etfere usu irrationalis esset, tamen regem suum ubique locorum se secuturam promittit, et marinis et terrenis laboribus propter amorem ejus, ac si in verba jurasset, sese exponit. Et quia nec voluntatem nec spem repatriandi habebant, de omni supellectili sua nihil relinqui faciunt, quin uxores parvulosque eorum secum adducunt. Sic classibus diligenter præparatis fortunæ maris se committunt.

Cumque diu per mare latum et spatiosum navigarent, aspirantibus prosperis ventis, ad provinciam Rothomagensem quæ tunc Neustria vocabatur appulerunt. Videntes vero regionem vicinitate maris et sylvarum opacitate idoneam, placuit in oculis eorum et eam sibi in perpetuam mansionem elegerunt. Habitatores illius alios in gladii ore occiderunt, alios diversorum genere tormentorum affecerunt. Quicumque vero præsidio fugæ evadere potuerunt feliciores se reputarunt quam si Crœsi opes acquisissent. Tanto enim vita plus diligitur, quanto magis mors timetur. Tantus terror circumjacentes provincias affecit ut publice in processionibus et missarum solemniis devotus clerus et humilis populus corde et voce ad Dominum clamarent: *A gladio Normannorum libera nos, Domine.*

Prædictus vero tyrannus, communicato consilio cum primatibus suis, antiquum nomen provinciæ illi mutavit et novum composuit. Antea quippe Neustria vocabatur et compositum nomen, scilicet *Normanniam*, adinvenit. Est enim compositum nomen ex *Man* quod verbo dicitur Homo, et *Norweia* quæ est remotissima insula. Normannia, secundum interpretationem nominis patrii, est hominum qui de Norwcia venerunt, Normannus de Norweia homo. Et tunc mutatum est antiquum nomen et novum impositum. Gens illa bellis assueta, decipiendi edocta, tam gladio quam astutia, provinciam illam sibi acquisivit, et acquisitam usque hodie possidet; et facies illius totum nobile Francorum regnum expavit et, ut superius prælibavimus, divinum auxilium (quoniam humanum non sufficiebat) cum gemitu et lacrymis imploravit.

Translata sunt illis diebus multa corpora sanctorum et, ne ab illis occuparentur, ad remotissima loca sunt delata. Inter quæ, corpus S. Philiberti abbatis, de Gemetico, in Burgundia videlicet in pago Cabillonensi ad locum qui dicitur Trinorchium (super Ararim fluvium in margine regni situs est locus) est delatum, ibi cum magno honore adoratur, *etc... etc...*

Ea tempestate, quidam de ordine cleri, fidei perfectæ pleni, religione locupletati, operibus bonis insignes, mira devotione circa *Taurinum* ferventes, corpus illius omni sibi thesauro carius in loculo gestatorio decentissime ornato posuerunt; et cum eo *Aquilini* confessoris pignora, qui post eum Ebroicensem rexit ecclesiam collocaverunt; *Florentiæ* quoque virginis corpus cum his duobus confessoribus composite condiderunt. Intentio corum erat ut sanctum Dei a canibus et margaritæ omni pretio pretiosiores a porcis, id est a Normannis, non conculcarentur. Et quanto vehementiori amore circa sanctos prædictos Dei detinebantur, tanto meliori studio ad eos conservandos accingebantur. Prædicti heroes et sibi et corporibus sanctorum providentes, non solum longe a Normannia, sed etiam extra Franciam exire et intra Arverniæ provinciam, apud *Laudosum* honorabile castrum, ubi nullus timor, nulla mentio Normannorum habebatur, abire utile crediderunt, et maxime quia episcopus Ebroicæ civitatis, qui corpora præfata secum fugitando ferebat, indigena ejus provinciæ esse videbatur. Ibi itaque corpora sanctorum, post mortem prædicti episcopi, miraculis coruscantia, per multa annorum curricula, permanserunt.

Ut postquam miseratione divina terra Normanniæ ad pacem deducta est, cultus fidei Christianitatis ibi abundavit, ut compererunt pro certo incolæ Ebroicæ civitatis, quod proprii ac primi patroni corpore, cum aliis pignoribus sanctorum diu per longa tempora essent viduati, mœrore nimio non immerito afficiebantur. Qua de re, consilio inter se habito, tres clericos elegerunt quos magis in tota illa patria astutia et calliditate imbutos esse arbitrati sunt. Hos in provincia Arvernensi direxerunt, quatenus corpora sanctorum sæpe dicta quoquo modo inde asportare et ad proprium locum, quia vi non poterant, furtim tentarent reducere: Qui venientes apud jam dictum castrum Laudosum, quasi dicendi gratia, diu ibi permanserunt et omnes ibidem manentes, maxime canonicos qui ibi Deo serviebant, ad amorem sui in tantum provocaverunt, ut unum ex ipsis qui in litteris et in omnibus quæ ad sæculum pertinent eruditus esse videbatur, canonicum efficerent. Et postea ecclesiæ in qua corpora jam dicta recondita erant, custodem constituerunt. Exinde tres clerici solliciti inter se disponere cœperunt qualiter hoc pro quo venerant ad effectum perducerent. Tandem nocte quadam in ecclesia ingressi, ad cancellos ubi sanctorum corpora manere diligenter didicerant, accedentes et eos confringentes invenerunt tria corpora, licet in uno loco tamen sigillatim posita: tum duo in sacculis de corio diligenter consutis et tertium in serico sacculo de pallio Constantinopolitano posita invenerunt, in quo tertio invenerunt titulum: *Hic requiescit beatus Taurinus primus Ebroicæ civitatis episcopus*, quod clam in sarcophago ipsius tempore suæ revelationis scriptum repertum est. Hæc videntes magno gaudio sunt repleti, et singula corpora in singulis portellis, quas diligenter ad hoc præparaverant, mittentes, unusquisque eorum onus suave ac multum sibi leve super colla imponentes, quo celerius potuerunt, de ipsa villa et patria in tempestivo noctis silentio recesserunt. Et ne ab insequentibus comprehenderentur, iter Normanniam tendens relinquentes, ad ortum solis ubi nemo eos pergere æstimaret, iter arripuerunt, magis nocte quam in die pergentes; et hoc non sine magno timore, et inter fortissima montuosa loca Burgundiæ in quibus nullus timor, nulla mentio Normannorum habebatur, abire velle crediderunt. Cumque piscosum fluvium qui dicitur Arar, qui nunc temporis dividit Regnum ab Imperio Romanorum, transissent Deo annuente, ad locum qui vocatur *Gigniacus* attigerunt.

CAPUT SECUNDUM.

Iidem, triplici miraculo moti, corpus illud abbati Gigniacensi tradunt.

In illo loco *Berno* abbas, vir genuinæ nobilitatis, corporis mentisque luce conspicuus, basilicam in honore beatorum apostolorum Petri et Pauli et habitationes ordini monastico congruentes ædificabat. Ille plus abbatem operibus quam verbis ostendebat; plus re quam voce officium abbatis gerebat. Nihil illi de monacho superbia usurpabat; de abbate negligentia nihil illi auferebat; monachus vita, opere abbas erat. Et quia multarum virtutum charismate plenus erat, attamen super candelabrum et civitas supra montem sita erat. Multum personam illius humilitas, quæ monachalis habitus ornamentum est, commendabat. Vigilantia circa gregem sibi commissum nomen ei *Bonum* in vita præsenti, quod melius est quam divitiæ multæ, et mercedem bonam in æterna patria acquirebat; et sicut præibat aliis dignitate, sic præcellebat operatione. Primus ad omne bonum, tanquam aries dominicus, gregem ovium per diversa bonorum operum exercitia post se trahebat. Tanta gravitate, quæ abbati congruit, plenus erat ut nullus dubitaret qui videret, ipsum esse pastorem gregis.

Tanto zelo religionis fervebat ut Heliam vel Phinees in rescandis vitiis referret. Adeo misericordiæ visceribus circa pœnitentes affluebat ut sanctum Nicolaum pene redoleret. Quanto itaque erga delinquentes austerus erat, tanto benignus erga emendatos. Unde austeritate misericors, et misericordia non remissa pene hominem excedebat. Sic itaque quos auctoritate Christo lucrifacere non poterat, misericordia competenti ad Christum revocabat. His duobus modis nullam ovem in ovili suo positam aberrare sinebat. Evolabat Francia ad ejus magisterium; virtutum ipsius insignia Anglia odorabatur; Burgundia pendebat ad ejus arbitrium et manum suam ferulae ejus ponebat; Alemania mirabatur sub ejus fama quae longe major erat re quam opinione; Italia nutrix sapientum sapientiam illius videre desiderabat, et omnia alia regna Bernonem sui temporis decorem et honorem affirmabant. Unde mirum videtur quid causae extiterit, cum opus et nomen sanctitatis habuerit, quod ut festum ejus in terra celebretur non obtinuit. Multos inferiores in humanitate, patientia, religione et aliarum virtutum dotibus legimus, quorum festa celebramus. Sancta propter merita et bona opera quis sanctus efficitur, profecto cum magni apud Deum meriti et apud homines praeclari nominis Berno sit, non immerito sanctus putatus.

Unde sub dispositione sua, dum mundanum militem indueret, multa monasteria regenda susceperat, videlicet *Cluniacum* monasterium, tunc propter sui exordium tenue et exiguum, nunc propter sui religionem et monastici ordinis rigorem omnium *monasteriorum monasterium*, *Balmense* quoque, *Etiense* et multa alia quorum longe est enumerare seriem.

Gigniaci locus ad quem corpora praedictorum sunt evecta sanctorum, situs est inter Lugdunensem provinciam quae prima est Galliarum et Bisuntinam quae nobilis est inter provincias cisalpinas Ibi namque et uterque archiepiscopatus Lugdunensis et Vesontionensis finem facientes, terminum quem de jure transgredi non possunt, praefixerunt. Locus ille positione sua decorus, aquarum et fontium meatu jucundus, opacitate silvarum amoenus, clementia aeris saluber, religioni colendae idoneus erat et est, et Deo propitio semper erit. In eo bajulatores pretiosorum corporum, prima die adventus sui, in domo cujusdam pauperis hominis, jucundam invenientes requiem, noctem illam feliciter transegerunt. Mane autem facto, valedicentes hospiti suo, et omnia prospera loco imprecantes, ipsumque omni benedictione prosequentes, tota die ambulantes, adveniente crepusculo, ad domum de qua exierant sunt reversi, et credentes se errasse et ob hoc rectam viam praetermisisse, errorem qui in humanis actibus plerumque versatur detestari coeperunt. Dominus domus pauper, sed dives bona voluntate, non timens fures quia non habebat unde posset exspoliari, eos non tanquam hospites et advenas, sed tanquam cives et domesticos gratanter recepit. Cumque pro sua facultate, eis tam devotum quam gratum exhibuisset convivium, quietem noctis in eodem quo prius eis paravit loco.

Reficientes itaque somno artus, factoque mane de lecto surgentes, qua pergere deberent, omni diligentia inquisierunt. Auditis regionum vocabulis et terrarum proprietatibus, diem totam frustra ambulando consumpserunt, quoniam, eo advesperascente, ante fores jam dictæ domus se positos invenerunt. Attoniti autem et ultra quam dici posset admirantes, valde timuerunt: jam voluntatem sanctorum quorum corpora gestabant, aliquantulum suspicantes, non tamen pene agnoscentes, velle eos ibi requiescere crediderunt. Pauper hospes eis obviam procedens repletus gaudio, « En, inquit, benedicti a Domino, gratias Deo et vobis, quia
« ad hospitium meum iterum diverti dignati estis. Non privabor
« benedictione, quia gratanter volui vos suscipere. Benefecit mihi
« Dominus, quia recepi vos; melius mihi faciet, quia diligo vos.
« Modicæ opes meæ non sunt propter vos attenuatæ sed augmen-
« tatæ; panem quem dedi vobis Dominus mihi reddidit, et ditior
« sum hac hora quam qua ad me intrastis. Videor mihi videre
« quod Dominus est vobiscum, quoniam in adventu vestro mihi
« et rebus meis alacritas et sospitas provenit. Quæso, manete me-
« cum, quot diebus vobis placuerit, et ego vobis comitabor et
« ducam ad locum optatum. Forte gestatis aliquid pretiosi de
« quo tam salutifer odor emanat, qui pro intellectu meo omnium
« specierum vires exuperat, cui etiam cum tanto timore et reve-
« rentia astatis. Si vero aliquid vobis timori est, in me tutam
« reperietis fidem si me secreti vestri conscium efficere dignemini.»
« Non, inquiunt, o hospes; ibi non timemus ubi non est timor,
« quin potius de Domini misericordia præsumentes qui, de remotis
« partibus per diversa pericula nos cum salute conducens, ad
« locum quem optamus perducet: cras discedemus, tibique et
« hæredibus tuis vicem amoris et servitii rependere desiderabi-
« mus. »

Recedente nocte et aurora prævia, die adveniente, invocato nomine Salvatoris, et signo crucis frontibus suis imposito, confidentes in patrocinio Sanctorum quorum deferebant corpora, viam arripiunt. Quid plura? A mane usque ad vesperam, arreptam viam carpentes, post crepusculum, in atriolo prædicti hospitis sui, non sine admiratione, se translatos viderunt. Jam eis res operte claruit, et quod Sancti Dei, quorum secum habebant corpora, locum illum in quo requiescerent, elegerunt, pro repetitione trinæ reversionis suæ ad domum, quasi per ostensionem trini miraculi, eis innotuit. Revera miraculum erat, ut pote insolitum et contra cursum naturæ exhibitum, ut tribus diebus iter agentes, non possent a domo sæpe dicta elongari.

Interrogant quis esset locus ille, quo nomine censeretur abbas, cujusmodi bonitas et perfectio in grege sibi commisso esse crederetur. Respondetur eis quod ad placitum expositoris : « Locus ille Gigniacus appellatur, mirumque si ipsi soli Bernonem abbatem non cognoscerent, cujus fama et religio fere ubique terrarum nota erat. Adjunctum est quod sicut sol illuminat terram, sic ipse sapientia sua et religione totam illuminaret patriam, vixque ei secundum in universa morum honestate posse reperiri. Monachi ejus similes angelis, in terra corpore positi, cœlum mente inhabitabant. Nihil eis commune cum hominibus nisi natura; internis perfecti, externis irreprehensibiles erant; Christum in corde habebant; Christum in ore sonabant; Christum ostendebant in opere; terrena omnia respuebant et tanquam lutum platearum calcabant; hominis vires in vigilando, in jejunando, in orando transierant, Regulam S. Benedicti quam professi erant ad unguem servabant. In melius operando, quidam illorum magnarum virtutum pleni, præcepta Regulæ transcendebant, adjicientes sibi ad laborem, tanquam eis non sufficeret Regulæ observantia. Orationibus eorum inclinabatur Dominus; insensibilia obediebant elementa, cum ad preces eorum pluviæ diffunderentur, et serenitas rursus pro opportunitate cœlum et terras lætificaret; non esse aliquem tantis criminibus irretitum qui ad jussum et admonitionem eorum non respiceret et exemplo eorum sese non castificaret. »

Accedentes itaque ad præfatum abbatem, cum omni mansuetudine et humilitate qui essent, unde venirent, quid gestarent; quomodo detinerentur, seriatim narraverunt. Pater ille, audito quam impretiale pretium servis suis de longinquis regionibus deferri voluisset, repletus gaudio, et perfusus ora lacrymis, pectusque pro devotione tundens, erupit in vocem laudis divinæ et cum

Psalmista corde et voce exclamavit : *Domine, Deus virtutum, Beati omnes qui sperant in te; non privabis bonis eos qui ambulant in æquitate; in sæcula sæculorum laudabunt te.* Deinde convocans universum cœtum fratrum, qualiter eos Dominus in benedictionibus dulcedinis prævenisset, diligenter exponit. Perorat tanquam facundus rhetor misericordiam Salvatoris, merita Sanctorum quorum corpora in præsentia eorum consistebant, voluntatem eorum cui resisti impossibile erat; pronuntiat desiderio suo satisfactum, orationes eorum divinitus exauditas, cum pretiosas reliquias haberent, sub quarum patrocinio tutam deinceps et quietam agerent vitam. Videbat illas oves dominicas nova cantica præ lætitia frequentare, insolitam jubilationem ostendere : credebat eas Spiritu sancto repletas quoniam magnitudinem earum laudum præferebant quas humana vix mens capere poterat.

Tota villa vertitur in jubilum; felicem locum, felicem patriam proclamabat cui Dominus tam pretiosa corpora Sanctorum suorum largiri dignatus sit; extendit palmas ad cœlum, Salvatoris magnalia laudans; doloris et mœroris deinceps nesciam se futuram pronuntiat. Uterque sexus mulierum et virorum, infantum quoque immaturitas certatim irruunt in terram super quam Sanctorum corpora delata sunt; loculum in quo continebantur tam amore quam veneratione osculantur. Suscipiuntur a devotis fratribus pretiosæ reliquiæ; ponuntur in ecclesia recens ædificata; patronus et advocatus loci illius ex tunc usque modo et in æternum beatus Taurinus constituitur.

Quanta miracula ad declaranda Sanctorum merita divina ibi pietas ostendere dignata sit, non est nostræ facultatis evolvere, etc.... Postea locus iste a fulgure, a tempestate et peste fuit immunis. Paupercula domus et lignea in qua Sancti Dei tribus noctibus requieverunt, vix potuit vetustate consumi, cum omnia vetustas consumat. Sæpe in medio flammarum, cum circumpositæ domus arderent, illæsa permansit. Locus ille qui continuit eos, in signum fuit populorum. Si vir vel mulier irreverenter eum intravit, statim divino judicio correpta pœnas luit; si brutum animal tetigit, cœcitate oculorum vel infirmitate membrorum divinitus est percussum; plerumque sub obscura nocte visæ sunt candelæ ardere, auditæ sunt voces suavitatis et dulcedinis repletæ, etc...

21.

EX VITA S. HUGONIS monachi Æduensis.

Autore anonymo.

MABILL. A. SS.
sæc. 5.
MARRIER. Bibl.
Cluniac. p. 5.

(Ex codice Æduensi.)

1. Auctor universitatis, *etc...*

12. Tunc igitur per diversa terrarum procul et in vicinis cœnobii *(S. Martini Æduensis)* humiliter exposcentes rogabant sibi dari ad regimen suorum, correctionemque morum, de personis monachorum ejusdem monasterii, quod utique noverant cunctis excellere, in religionis sanctitate. Balmense igitur cœnobium inter cætera erat tunc temporis omni regulari districtione destitutum; ad cujus regimen invitati, communi consilio delegerunt prætaxati Christi tirones unum ex suis, vigoris regularis tenore acerrimum ac sanctitate præditum, nomine *Bernonem* qui, ut rerum exitus perdocuit, divinitus electus exstitit. Qui abbas constitutus; præfati cœnobii regimine, semper quæ Dei sunt proclivius habens, magis animarum lucris, quam rebus transitoriis insistere, multi- *m* in brevi ovilis Christi coadunavit gregem. Cui etiam more ut in cæteris, Domnus Hugo per omnia fidissimus adjutor existens, qui creditum sibi talentum a Domino, ut epibata sagacissimus, amplificare studebat. Hoc denique cœnobio domi forisque diversis bonorum copiis referto, plurima ad ipsius exemplum per eosdem viros aut noviter fundata, seu in melius reformata claruere monasteria.

13. Erat igitur tunc temporis Guillelmus Arvernorum dux et Aquitanorum, Primorum Celticæ provinciæ liberalissimus, cujus familiares milites sæpius ipsum Balmensem frequentabant locum, qui a præfato Abbate nec non a fratribus ejusdem loci affectuose excipiebantur. At ipsi revertentes ad Dominum suum quidquid boni vel honestatis ibidem conspexerant, oppido diligenter illi referebant. At ille, ut erat vir omni bonitate conspicuus, cœpit mente tractare. Si quomodo valeret talem reperire locum hujusmodi religionis usibus congruum. Qui protinus mittens ad virum

Dei Bernonem, mandavit illi ut ad se quanto cius deveniret. Ipse vero illico occurrens ei, devenit ad eum in locum revera a Deo bonorum omnium largitore præelectum, atque æternæ saluti præ- destinatum, cognomento Cluniacum ; ad quem cum venisset, ha- bens secum clarissimum Hugonem, ejus consultu universa agebat. Statim vero jam dictus Princeps dum suscepisset eos summo cum amore, patefecit eis suæ mentis desiderium, de constructione vi- delicet cœnobii quod optabat explere, si Divinitas annueret illi. Qui dum circumquaque loca circumjacentia suspiciter intuiti fuissent, nullum ad hujus modi congruentiam tam habilem repe- rerunt locum, sicuti Cluniacum. Sed cum diceret isdem Dux, propter infestationem canum venatoriæ industriæ, quæ ibidem semper morabatur, fieri non posse ; fertur Abbas facete ac jo- cundanter, ut erat vir prudentissimus, tale eidem Duci responsum dedisse : « Tolle, inquiens, canes exinde, et immitte monachos. Tu enim ipsa bene nosti quod præmium restat tibi canum a Do- mino, vel quæ merces monachorum. » At ipse, summa cum ex- sultatione gaudens suscepit verba viri Dei et ait : « Saniore, Pater, prudenter es usus consilio, et sine fictionis fuco : nunc quo- que fiat cooperante Christo, ut tua hortatur benignitas. » Denique protinus cœptum opus est atque in brevi perfectum, et tunc in honore principis Apostolorum Petri consecratum. Perparva ta- men primitus fratrum conciola in eodem est constituta loco quoniam isdem Princeps dominium in promptu non habebat quod daret. Sed quam ingens copiosaque seges ex illo paucissimo se- mine procedens excreverit, soli Deo notum constat, non cuipiam mortalium homini. Optimam tamen loci famam inclite norunt :

Belgicus et Celtes, Aquitanus et Hesperus uter.

Sed jam ad ordinis seriem redeamus. Interea *Gigniacum* nec non Vicelliacum (*alias* Inzeciacum), cum aliis quam plurimis ditioni illorum subactis atque strenue emendatis, alacriter in divino proficiebant cultu.

22.

EX VITA S. ODONIS Abbat. Cluniac.

Autore monacho anonymo.

(Ex Codice Gigniacensi)

...... Airecto tandem itinere deveniens (Adegrinus) in fines Burgundiæ pervenit in quandam vallem quæ Balma dicebatur ex nomine. In ea namque erat monasterium in quo *Berno* abbas regimen tenere videbatur. Igitur quia patris Bernonis mentionem fecimus et utilis occasio se præbuit nos quædam narrare debere quæ fidelium cognitioni offerre cupimus, quæque etiam evidentiorem nobis dant viam eorum ad quæ festinamus, inserendum huic operi qualiter idem Berno (ut in præfacione hujus operis jam diximus) primum quidem in laicali habitu, post modum vero in monastica religione Deo devotus exstiterit. Fuit enim ex Burgundia oriundus, genere admodum clarissimus, prædiorum etiam possessione locupletissimus. Qui vir, Deo dilectus, spretis mundi hujus illecebris, secundum illud evangelicum præceptum, in cœlo suum totum recondere volens thesaurum, in proprio solo construxit celebre monasterium quod *Gigniacus* est nominatum ; et ex paterna vel materna possessione non mediocriter reddidit locupletatum. Cernens vero secundum sui votum, idem in omnibus optime jam valere cœnobium, omnibus suis, ut dictum est, ibidem delegatis, sanctæ conversationis habitum sumpsit et in eodem loco Dei omnipotentis se servitio mancipavit, atque post modum jam in sancta religione perfectus, electione cunctorum monachorum, sive nobilium, ipsi cœnobii regimen suscipere non recusavit; bonam hanc sui laboris consummationem existimans, si in utraque ejus loci, id est, in materiali vel in spirituali fabrica, dignus auctor vel operator existeret. Quod officium tam prudenter tamque decenter exercuit ut non solum locum in omni sancta religione redderet perfectum, verum etiam illud monasterium de Balma antiquissimum a beato Columbano, ut ferunt, normæ monachorum sacratum, et tunc religione et temporali facultate jam pene desolatum, in pristinum statum revocaret et regulari ordine decenter ordinaret.

23.

EX VITA S. ODONIS Abbat. Cluniac.

Autore *Johanne* italo monacho, ejus discipulo

(Ex Codice Compendiensi)

EX LIBR. I.

1. Dominis et in Christo fratribus Salernicensibus, servus Christi Jesu, frater Johannes, etc. ...

3. Odo...., tricesimo ortus sui anno, Burgundiam petiit, ibique per quindecim annos sub *Bernone* abbate monasticam vitam duxit. Post modum vero Abbas ordinatus, Franciarum, Aquitaniarum, Hesperiarumve partium, atque urbis Romanæ consistentium cœnobiorum effectus dux et pater dulcissimus.

4. Anno itaque Dominicæ Incarnationis nongentesimo tricesimo nono et ejus ætatis sexagesimo, in monastica religione tricesimo anno Romam veniens, me miserum terrenis irretitum nexibus repetit, miseransque suo rete piscatus est, etc....

21... Militem Adhegrinum nomine, in armis strenuum et in consilio providum..;

22. Unus autem ex assistentibus et auditor internus erat prædictus Adhegrinus : qui mox corde compunctus, dispositis omnibus quæ possidebat concite rediit ad eum (Odonem). Deposita itaque capitis coma et sæculari militia, ex tunc Christi factus est Agonista. Sumens igitur Pater noster universa quæ sibi ipsi ad temporalem usum tulerat, in sinibus pauperum erogavit, ut pridem de suis fecerat. Manserunt simul milites palatini parvissimo tugurio contenti. Videntes denique mundum in maligno positum, et ejus amatores ruinosam et illecebris plenam tenere viam, quotidie ad monastica festinabant scandere fastigia. Interea non fuit locus in Franciæ finibus, ubi audierunt affuisse monasterium in quo aut per se non issent, aut suos perlustratores non misissent : et non invenientes religionis locum inter eos in quo requiescere possent, ad prædictum tugurium revertebantur cum magno dolore

Ob hanc causam placuit Adhegrino Romam pergere. Arrepto tandem itinere, devenit in finibus Burgundiæ, pervenit in quandam villam quæ Balma dicitur ex nomine. In ea namque erat monasterium nuper a Bernone abbate constructum : deveititque illuc, et ab eo officiosissime secundum Regulam beati Benedicti intra domum hospitum est susceptus : ibique more hospitis aliquo tempore commorari voluit, non tamen ut eorum aliquo indigeret, sed ut mores habitantium locique consuetudines posset cognoscere. Fuerunt autem institutores ejusdem loci imitatores cujusdam Patris Eutici : cujus vitæ meritum conversationisve qualis fuerit, huic operi inserere nolui; obitum vero qualem meruerit, vestræ memoriæ commendare curavi.

VID. C. 22.

23. Fuit isdem vir (*Euticus*) temporibus Ludovici magni imperatoris, carus videlicet Regi, omnibus quia amabilis. Nam cum esset laicus et peregrinis studiis eruditus, deserens ea unde superbire solet humana fragilitas, totum se dedit beatorum Patrum regulis et institutionibus : ex quibus nempe auctoritatibus diversas Consuetudines sumsit, unoque volumine colligavit. Deinde, non multo post monachus est effectus : et in tanto amore apud regem habitus, ut intra palatium illi construeret monasterium. Decurso enim vitæ præsentis stadio, circumstantibus undique fratribus, subito emisit spiritum; etc.. Ipse enim pater Euticus institutor fuit harum Consuetudinum quæ hactenus in nostris monasteriis habentur : quas vir venerabilis Adhegrinus intuens, quantocius patri nostro Odoni curavit nunciare. At ille sumtis secum centum voluminibus librorum mox ad idem demigravit monasterium : factus est ille qui antea fuerat secutor, postea signanus. Domnus vero Adhegrinus in unam se coartavit cellulam : et permittente abbate Bernone, per triennium mansit in ea. Nam patri Odoni, quia erat vir scholasticus, laboriosum scholæ imposuerunt magisterium. Erat autem ætate tricenarius, *etc...*

29..... (*Quidam fratres Balmenses Odoni advenienti, ut eum averterent monastica professione, aiebant:*) « Nosti consuetudinem Bernonis abbatis ?.... Heu, heu, si sciretis quam dure scit ille monachum tractare. Correptionem vero suam sequuntur verbera, et rursum quos verberat compedibus ligat, domat carcere, jejuniis affligit : et hæc omnia perpessus, nec sic suam potest miser impetrare gratiam. » Hæc audiens Domnus Odo pedetentim titubare de ingressu cœpit. Quem prædictus intuens Adhegrinus, mox prosiliens in medium inquit : « Odo pater, noli trepidare, ista verba non sunt fantis, sed administrantis. Animadverte, et quia per eorum ora diabolus loquitur vide. » Mox illi confusi retrorsum redeunt. Pater namque Odo cum Adhegrino collega suo ad suavissimum Christi jugum colla submittunt, etc....

30. Libet interea patris nostri Odonis paulisper seorsum ponere vitam, ut in exponendo ejusdem loci Consuetudines parum mihi aliquid liceat immorari, quatinus sequens lectio possit esse lucidior. Mos enim ejusdem loci fuerat ut magister solus cum solo puero nec quoquam iret saltem, nec ad naturæ digestionem, sed nec solus puer secretius illi loqui præsumeret; sed, etc.. Tempore vero refectionis, nunquam decrat lectio utrisque mensis : Micas quæ ex sectione panum fiebant, unusquisque ante se diligenter recolligens, priusquam lectio finiretur, cum gratiarum actione sumebant. Finita itaque lectione, nec eas, nec cibum alium sumere ultra aliquis audebat. Has autem micas sacratiores aliis cibis esse fatebantur, etc...

32. Est et alius inter eos taciturnitatis modus. In competentibus namque horis nemo intra claustrum ejusdem monasterii audet loqui, nec se cum alio fratre jungere. Quando vero duodecim celebrantur lectiones, nullus intra prædictum claustrum, præter ad capitulum, sequenti die loqui audet. Octava enim Natalis Domini et ejus Resurrectionis summum silentium die noctuque fiebat in illis. Brevissimum quippe istud, illud significare fatebantur æternum silentium. Nam quotiens necessarias ad exposcendum res instabant, totiens diversa in invicem fiebant ad perficiendum signa, quas puto grammatici digitorum et oculorum notas vocare voluerunt. Adeo nempe inter eos excreverat ordo iste, ut puto si sine officio linguæ essent, ad omnia necessaria significanda sufficere possent signa ipsa. At vero in quotidianis diebus inter diei noctisque cursus CXXXVIIJ canebant psalmos· ex quibus XIIII nos demsimus propter pusillanimorum animos, exceptis peculiaribus orationibus quas nostri frequentant fratres, quæ videlicet modum Psalterii videntur excedere. Similiter duabus missis, identidemque letaniis. Per singulas vero horas canonicas bis flexebant genua. In octavis quas diximus LXXV tantum canebant inter prædictos cursus et semel flectebant genua et bis

reficiebant. Sunt namque alia quam plurima quæ arbitror propter fastidiosos lectores huic operi non inserere.

33.... Tandem admirans Bernus abbas tantam in juvene (*Odone*) patientiam, mox eum convocat, et more regulæ ipsam commotionem benedictione sanat: atque posthinc carior factus est illi, *etc*...

37. Providens itaque pater Bernus honestissimum virum fore futurum (*Odonem*), promovit eum et accersito episcopo sine suo velle consecrare eum fecit sacerdotem, *etc*......

38. Per illud videlicet tempus exitiali languore cœpit decumbere Pater Bernus (*alias* beatus Berno). Mox vicinos episcopos accersivit, et ab omni ordine se deposuit: insuper et flebili voce se reum indignumque tali ministerio proclamabat præfuisse. Rogabat autem inter hæc verba fratres, ut sibi quem vellent Patrem eligerent. Tunc manibus Fratrum Pater noster (*Odo*) captus, et quasi violenter constrictus, ac proclamantibus omnibus ut ordinaretur, coram Abbate suo vi est ductus. Et cum nec sic vellet cedere, et locum Pastoris subire, superatus est tandem episcoporum consensu et excommunicatione. Ordinatus itaque ille: intra modicum tempus Pater Bernus migravit ad Dominum.

EX LIB. II.

t...... Igitur pater Odo electus et Abba ordinatus, mox contra eum prædicti veterani persecutores insurgunt. Ille autem malens locum dare et beate quiescere, quam contentiose vivere; derelicto eodem monasterio, et quæque ibi fuerant a Domno Bernone parata, atque ei paterno more tradita, abiit Cluniacum et cœptum pridem perfecit monasterium. Secuti sunt autem eum seniores loci illius, *etc*,•....

24.

EX VITA S. ODONIS abbat. Clun.

Autore *Nalgodo* monacho Clun.

MABILLON.
A. SS. sæc. 5.

15..... Adegrinus miles qui inter consiliarios Fulconis comitis Andegavensis nobilissimus et magnus erat..... abrenuntians omnibus quæ mundi erant, apud beatum Odonem sese faciens tonsotati, mentem simul comam et habitum bonam commutationem deposuit. Induit sibi vestem religionis canonicæ, et socius futurus mercedis in agone Christi militi collaborat. Habitabant simul et sub eodem cellulæ strictioris articulo tenebantur, etc...

16. Non multum spacii fuerat interjectum cum ambo majori ad cœlestia desiderio sublevati, ad aggredienda majora devotiori rapiuntur affectu.... Procedunt pariter ex condicto per Gallias, domos religionis circumeunt, monasteria visitant; ut ubi amplior fuerit ordinis rigor, sui propositi metam figant. Non invento ubi requiesceret pes eorum, hujus negotii gratia Romam ire, si forte in via reperiant ubi eorum desiderium finem sumat, pari alacritate consentiunt. Iter accelerant, maturant negotium, et ad monasterium quod vulgo Balma dicitur in Burgundia Lugdunensi perveniunt.

17. Præerat Balmensi cœnobio *Berno* abbas vir in omnibus honeste agens, qui vigorem disciplinæ quem ab Euticio loci fundatore susceperat, successor virtutis illius egregie sequebatur. Erat magni nominis locus ille: ubique cœnobialis ordinis et fervere censuram, et mutuam esse habitantium honestatem, sententia communis erat. Suscepti more hospitum exploratores virtutum qualitate disciplinæ et ordinis veritatem cum fidelibus oculis, cum veridicis assertionibus huriebant. Quod palam quærere verecundiæ illis fuit, familiaribus scrutiniis extorquebant. Bona visa est et secreta loci positio. Sed honestas habitantium et censorius ordinis rigor ipsa positione plus placuit. Utriusque deliberatio data est in consensum, ut ubi perpetuo militaturi, cœleste cingulum sibi assumant.

18. Indoluit antiquus hostis (*Dæmon*) etc... Secreti vocati hospites cautissime deducuntur in partem, et ut consilium salutis suæ patientius audiant, simulatio venenata deposcit, etc... Difficillimum quod ambiunt, in terra aliena et silvestri. Sub homine barbaro et immitti monachatum induere; quem cum eos pœnituerit assumpsisse, deponere ipsi non possint. Ita esse inhumanam et crudam Bernonis illius barbariam: ut prædo, non monachus; tyrannus, non pater, gladiatorius et carnifex, non corrector aut nutritius haberetur. Probris verbera, plagas verberibus admovere: nec intendere profectibus filiorum, sed pœnis eorum et mortibus solitum satiari: se in proximo discessuros, quia sub eo locum quietis

et salutis invenire non possent. Animadvertit illico venerabilis Adegrinus in verbis astutiæ latentes dolos, etc.... non fugiendum jugum, etc....

19. Ingressu precibus impetrato, ad societatem fratrum regulariter admittuntur: et initiali professione præmissa in veram Christi plenitudinem transformantur, etc...

20. Suscepto habitu monachi beatus Odo, etc....

21. Quia vero pietate et munditia specialius eminebat visum est abbati ejus puerilem scholam Odonis providentiæ posse committi, etc....

22. Præsidebat tunc temporis regendæ Aquitaniæ dux Guillermus virtute conspicuus et potens armis, etc... Consilium fuit illi monasterium construere monachis, etc... et Berno abbas ducis litteris invitatus præsentiam suam intulerat curiæ triumphanti; etc.. Dux Guillermus Bernonem abbatem in oculis omnium advocat et in manu ejus Cluniacum vallem cum adjacentiis quæ in territorio Matisconensi alodii jure possideat, solemni donatione reponit. Testamentalibus etiam litteris præmissam donationem, et ab omni persona tam ecclesiastica, quam mundana quietissimam libertatem privilegii more consignat. Acceleratur opus, fundamenta jactantur, ædificia conficiuntur ut desiderii sui post tempora longa complendi vel initia unius adspiciat. Bernonem abbatem, quoad viveret, futurum Cluniacensi cœnobio constituit provisorem: quo sublato liberam esse monachis facultatem quemcumque vellent idoneum regulariter subrogandi. Acta res est et publice septimo Idus septembris apud Bituricum, in conspectu episcoporum et procerum, quos ad sua negotia terminanda principis dignitas invitarat.

Vid C 50.

23. Anno ab Incarnatione Domini nongentesimo decimo, gloriosus Dux Aquitanorum venerandis Apostolis Petro et Paulo venerabile construxit monasterium in valle quæ dicitur Cluniaca; ibique venerabilem Bernonem designavit abbatem; cujus cœnobii plenam et integram libertatem et egregius fundator eis in ipsis posuit fundamentis et felicis memoriæ Gregorius septimus, Urbanus secundus amplissimis privilegiis firmaverunt, etc...

26. Intuens Berno abbas in viro Dei (Odone) virtutum copiam, abundantiam gratiarum, dignum eum altiori gradu pronuntians, decernit officio sacerdotis sacris altaribus ad promovendum.

Reclamantem pro viribus et nolentem extrema obedientiæ necessitate compellit. Advocato Bisuntinensi archiepiscopo et solemni consecratione præmissa, sacerdotis induit dignitatem, *etc*...

27. Interim Berno abbas annosa senii gravitate deficiens, exitiali etiam languore correptus decubuit. Urgebatur duplici molestia, ægritudinis et ætatis, atque ad tollendam de medio vitam ejus morbus et senium in eodem corpore compugnabant. Vicinos adsciscit episcopos consilii viros invitat, quorum prudentia et responsis et sibi consulat jam migranti, et filiorum provideat disciplinæ. Cum magno gemitu et multis lacrymis deducens in publicum annos suos, præteritum vitæ suæ in negligentia et torpore se inaniter consumsisse conqueritur. Se fuisse abbatem nomine, non merito; officio non virtute; se infructuose et diu locum regiminis occupasse. Inde se damnationis obnoxium tormento: quia locum pastoris mercenarius, locum innocentiæ reus implens, dignitatis officium indignis actionibus ministrasset. Spem superesse remedii, ut dum suæ libertatis est animus, abrenuntians cathedræ pastorali, sedem prælationis evacuet, et locum tribuat meliori. Id se optare, id omnimodis se precari, ut ad curam spirituum, ad regimen animarum submoto infructuoso et sterili, dignior et magis idoneus subrogetur, *etc*... Ipsi sibi præficiant ducem, *etc*... Verumtamen nisi a communi sensu ejus sententia dissentiret, videretur sibi ut pastoralis sollicitudinis magnitudo partiri deberet in duos : quorum alter in altero conquiescat, et neuter ponderis intolerantia suffocetur. Et ecclesia quidem Balmensis pro consuetudine habeat sponsum suum : Cluniacensi vero filiæ, jam adultæ, jura matrimonii non negentur. Probant singuli quod dictum erat, favent omnes : et in sapiente viro veritatem consilii admirantur. Sacerdotes qui tunc aderant auctoritate, filii supplicatione contendunt, ut ipse ad nutum suum quos idoneos viderit eligat, et geminum matri et filiæ constituat provisorem. Ipse qui melius probaverat subditorum spiritus an Dei essent, verius poterat indicere, quis tanto officio dignus esset. Certum enim fuerat apud eos, eum cui tanta virtus erat consilium ministrandi, ad faciendum quod dixerat spiritu sapientiæ non carere.

Vid. C. 42. Victus senior sacerdotum reverentia et precibus filiorum, *Guidonem* venerabilem nepotem suum Balmensis ecclesiæ fecit abbatem, Cluniacensi autem cœnobio sanctum præfecit *Odonem* : Deo pro nobis melius operante, ut domus gratiæ et virtutis, toto orbe post modum dilatanda, in primo pastore suo sanctimoniæ fundamentum et religionis exciperet firmitatem.

29..... Ita per ducentos fere annos optimus provisor noster (*S. Martinus*), et in Cluniacensem ecclesiam ostendit gratiæ suæ veritatem et circa suum alumnum Odonem, cujus meritis vivimus, amoris sui plenitudinem declaravit, etc....

25.

EX GLABRI RODULFI monachi Clun.

Histor. sui temporis Libr. III. Cap. 5.

...... (*Sub ann.* 860, *Normannis infestantibus*). Expulsi monachi a monasterio Glannafolio quod ipse sanctus Maurus construxerat in Andegavensi territorio, venientesque ad monasterium sancti Savini confessoris Pictavensis, tulerunt secum totam, quam valuere supellectilem; ibique per aliquod spatium temporis, iis quæ didicerant, operam dedêre. Rursusque illo frigescente ejusdem districtionis tenore, apud monasterium sancti Martini Augustidunensis suscepta (*Regula S. Benedicti*), dignoscitur aliquotiens viguisse. Deinde vero tertia transmigratione in superiore Burgundia locatum Balmense occupavit monasterium. Ad ultimum quoque prædicta videlicet institutio jam pene defessa auctore Deo elegit sibi sapientiæ sedem, vires collectura ac fructificatura germine multiplici, in monasterio scilicet cognomento Cluniaco: quod cum ex situ ejusdem loci aclcivo atque humili tale sortitum est nomen : vel etiam (quod aptius illi congruit) a cluendo dictum, quoniam cluere, crescere dicimus. Insigne quippe incrementum diversorum donorum a sui principio in dies locus idem obtinuit. Construxit igitur prædictum cœnobium primitus pater monachorum Balmensis monasterii *Berno* vocatus jubente Willermo piissimo Aquitanorum Duce, in pago Matisconense, super Graonam fluviolum, quod etiam cœnobium in primo non amplius quam quindecim terræ colonias dicitur in dotem accepisse. Fratres tamen duodecim numero ibidem memorantur convenisse : ex quorum velut optimo semine multiplicata stirps Domini exercituum

Ducuêne,
Hist. Francor.
Scripto t 4.

innumerabilis magnam cognoscitur replesse. Qui quoniam iis, quæ Dei sunt, videlicet justitiæ et pietatis operibus incessanter adhæserunt, idcirco bonis operibus repleri meruerunt, insuperque futuris mirabile reliquerunt exemplum. Nam post præfatum Bernonem suscepit regiminis curam sapientissimus Abbas Odo.

26.

EX CHRONOGRAPHIA SIGEBERTI Gemblac. Cœnobitæ.

Lutetiæ, 1566. in-fol.

Ann. 895....... Hoc tempore claruit in Burgundia *Berno* ex comite abbas *Gigniacensis* cœnobii a se fundati, qui ex dono Avæ comitissæ construxit Cluniacum cœnobium in cellam Gigniacensem.

Ann. 898....... Odo musicus ex clerico Turonensi monachum profitetur sub Bernone abbate.

Ann. 912....... Berno abbas moriturus Odonem olim musicum constituit abbatem Cluniacensis cœnobii ex conditione ut ecclesia Cluniacensis solveret annuatim ecclesiæ Gigniacensi censum duodecim denariorum.

27.

EX CHRONICO S. BERTINI.

Martenne, res nov. t. 3

Autore *Johanne Iperio*.

..... Hoc etiam tempore (ann. 895) claruit in Burgundia *Berno* abbas *Gigniacensis* ecclesiæ a se fundatæ: Fundavit ex dono Annæ comitissæ et construxit ecclesiam Cluniacensem non ut proprie tunc monasterium, sed domum sive cellam subjectam abbati et ecclesiæ Gigniacensi; quæ Cluniacensis ecclesia post modum est exaltata et fundata in monasterium magnum et solemne per Hugelinum Burgundiæ principem tempore primi Berengarii imperatoris

.... Hujus Conradi (*imperatoris*) tempore et circa suæ regnationis principium, Berno abbas Gigniacensis qui, de comite monachus eamdem ecclesiam fundaverat, et ex dono Annæ comiipsæ construxerat ecclesiam Cluniacensem in cellam Gigniacensem, etc....

28.

EX BREVI CHRONICO LOBIENSI.

MARTENNE.
Thes. nov. t. 3.

Autore *Fulcuino*.

DCCCXCV. *Berno* ex comite Burgundiæ abbas *Gigniacensis* cœnobii a se fundati ex dono Avæ comitissæ construxit Cluniacum cœnobium in cellam Gigniacensem.

29.

EX CHRONICO MALLEACENSI seu S. MAXENTII.

LABBE, Bibl.
nov. t. 2.

Autore monacho Maxent. anonymo.

Anno DCCCCX. Willermus Dux Aquitanorum construxit *Cluniacum* monasterium in fundo proprio, quod est in Burgundia, etc.
..... Eo tempore, Ebbo Bituricus cœpit ædificare cœnobium *Dolense* in honorem Dei matris...... ubi primus abbas fuit *Berno* cui successit Odo; etc...

Similiter sanctus Geraudus, comes *Aureliaco* suum cœnobium construxit in proprio jure ubi iterum primus abbas fuit *Berno*. Willelmus comes Cluniaco *sanctum Bernonem* primus abbatem instituit, qui postquam subditis suis bene ministravit, in eo monasterio defunctus est ac sepultus; etc....

Anno DCCCCXVIII. Willelmus Dux comes Arvernorum obiit; etc...

Anno DCCCCXV. Berno abba suscepit curam Cluniacensis cœnobii quam tenuit XI annis. Obiit autem idus januarii, regnante Ludovico rege, etc...

Eo tempore DCCCCXXVI, anno instante et Ludovico regnante Odo abbas Cluniacum monasterium suscepit regendum.

30.

EX CHRONICO S. MARTINI MASCIACENSIS.

<small>LABBE, Bibl. nov. t. 2.</small>

Anno DCCXXXVIII. Initium monasterii *Masciacensis* ab Egone comite.

Anno DCCCXIIII. Adventus monachorum in Masciaco.

Anno DCCCCXXVI. Obiit *Berno* abbas, et Guillelmus Dux Aquitanorum hominem exuit.

31.

EX CHRONICO DOLENSIS COENOBII.

<small>LABBE, Bibl. nov. t. 1</small>

Autore anonymo.

Anno DCCCCXVII. Fundatus est locus *Dolensis* monasterii ab Ebbone seniore primo Domino Dolensi.

DCCCC XIX. Obiit Guillelmus Dux Burgundiæ et fundator Cluniacensis cœnobii.

DCCCC XX. Dedicatus est Dolensis, *etc...*

DCCCC XXVII. Obiit *Berno* primus abbas Dolensis.

32.

EX CHRONICO VIRDUNENSI seu FLAVINIACENSI.

<small>LABBE, Bibl. nov. t. 1.</small>

Autore *Hugone* monacho Virdun. tum abbate Flavin.

.... Anno DCCCCX, constitutio monasterii Cluniacensis, et DCCCCXVIII obiit Willelmus Dux constructor illius.

33.

EX BREVI CHRONICO S. AMANDI ELNONENSIS.

<small>MARTENNE. Thes. nov. t. 3.</small>

DCCCCXII. Odo constituitur primus abbas Cluniacensis cœnobii fundati a *Bernone* abbate *Gigniaci*.

34.

EX MARTYROLOGIO MONASTICO BENEDICTINO.

MARRIER, Bibl. Clun. p. 12

Id. Januarii. In monasterio Cluniacensi depositio sancti *Bernonis* primi ejus loci abbatis, magnæ sanctitatis viri.

35.

EX CHRONICO S. BENIGNI DIVIONENSIS ABBATIS.

D'ACHERY. Spicil. t. I.

Autore anonymo.

Willelmus.... pervenit ad cœnobium nomine Fiscannum ubi plus solito infirmitate prægravatus.... reddidit Deo spiritum. Cujus corpus a medicis qui ibi aderant, conditum aromatibus, honorifice traditum est sepulturæ in ipso monasterio ante altare sancti *Taurini* confessoris; *etc...* Obiit vero prædictus pater noster Willelmus anno ab Incarnatione millesimo trigesimo uno.

36.

EX VITA S. WILLELMI DIVION. ABBAT.

LABBE, Bibl. nov.

Autore *Glabro Rodulfo* coætaneo.

29. Willelmus.... venit Fiscannum. Post aliquot vero dierum acribus cœpit doloribus affligi ... Anno igitur ejusdem nativitatis Dominicæ MXXXI. Indiction. XIV, a nativitate Dei cultoris LXX..... e mundo transivit.... Sepultum est sacrum illius corpus honorifice in gremio ejusdem sanctæ Trinitatis ecclesiæ in conspectu euntium ac redeuntium fratrum.

37.

895.
BALUZ. Miscell. t. 2.
MABILL. A SS. sec. 5.

Formosus servus servorum Dei *Bernoni* religioso ac venerabili abbati cœnobii sito in territorio Lugdunensi quod in honorem beati Petri apostolorum principis constructum esse dignoscitur in loco qui *Gigniacus* perhibetur ac in eodem venerabili monasterio in perpetuum.

Convenit apostolico moderamini pia religione pollentibus benigna compassione succurrere et poscentium animis alacri devotione impertiri assensum. Ex hoc enim lucri potissimum pretium a conditore omnium Domino promeremur, dum venerabilia loca opportune ordinata ad meliorem fuerint sine dubio statum perducta. Igitur properans ipse, Berno venerabilis abbas, ad beatorum apostolorum limina, nostramque adiens apostolicam præsentiam retulisti nobis ipsum memoratum cœnobium a te tuoque consobrino nomine *Laifino*, de propriis rebus vestris dumtaxat in honore sancti Petri constructum atque dicatum existere, et ut ab omnibus immutilatum servetur, per testamenti paginam, quod nobis servandum contulistis, eidem beato Petro cœlestis regni clavigero, nobis per Dei gratiam vicario obtulistis, ad sempiternum vobis remedium conferendum. Ideo suggessistis nostro apostolatui ut apostolici nostri privilegii illud sanctione muniremus. Quapropter quod statuistis devote admittentes, petitionemque vestram ratam arbitrantes, inclinati precibus vestris per hujus præceptionis seriem prædictum venerabile cœnobium cum cellis, seu casis, terris, vineis, casalibus, fundis, pratis, silvis, una cum colonis et colonabus, necnon et cellulam quæ vocatur *Balma* cum adjacentiis suis, omnia et in omnibus, quæ tam a gloriosis regibus, quam ab aliis Deum timentibus inibi data vel præcepta sunt, vel deinceps Domino adjuvante donanda erunt, hac præsenti tertia decima indictione, apostolica auctoritate confirmamus, munimus et in perpetuum sub jure et ditione atque potestate beati Petri apostoli et nostra confirmatum stabilimus, ita scilicet ut nulli homini qualibet dignitate fulcito licitum sit, aut etiam de ipsis donatoribus quamcumque vim aut aliquam oppressionem ibidem inferre, aut res donatas vel a modo devote donandas quoquo modo auferre: potius autem firmum et ab omnibus immutilatum custodiatur ad jus et protectionem beati Petri apostolorum principis. Si autem (quod humanum est) abbas prædicti cœnobii obierit, congregatio ejus monasterii ex se ipsis secundum Deum et regulam beati Benedicti, quem idoneum præviderint concordi voto habeat semper eligendi et secundum morem in abbatem sibi præficiendi De decimis autem questi estis eo quod de propriis vestris a vobis persolvi quærantur. Quod si ita se res habet, hoc ne fiat interdicimus, maxime cum scriptum sit ne sacerdotes decimas dare cogantur, etc...

Scriptum per manum sergi scrinarii sanctæ Romanæ ecclesiæ in mense novembrio, indictione supra scripta... imperante Domino Augusto Arnulpho a Deo coronato. Bene valete.

38.

Anno ab incarnatione Domini VCCC LXXXXVIII. Indict. VIII. Cum convenisset Ermengardis Regina et cuncti principes Ludovici filii Bosonis in loco qui dicitur Varennas ad Placitum: accesserunt ad ejus præsentiam monachi de *Gigniaco* monasterio, *Berno* videlicet abbas, aliique sub ejus regimine positi, conquerentes et monachili humilitate conclamantes quod Bernardus ejusdem Reginæ vassalus, eorum res injusto ordine invadendo possedisset, hoc est *Balmam* cellam quam olim a Rodulpho rege per præceptum adquisierant. Quod, tam benignissima et venerabilis regina, quam omnes undecumque confluentium locorum principes, diligenter attendentes, diligentiusque audientes, prædictumque Bernardum in medium vocaverunt et cur easdem res teneret interrogaverunt. Ipse autem respondit per donum Ludovici prædictas res se tenere credere. Cujus responsionibus nec Regina consensit, nec alii consentire dignum fore dijudicaverunt. Et tunc ipse per jussionem reginæ jam dictum locum in præsentia omnium inverpivit, et ut ultra easdem res non invaderet spopondit. Tunc his ita expletis, jussit Dominatrix Regina tam Abbatibus quam Fratribus cœteris, hanc firmitatis scribere notitiam, ut nullo deinceps contradicente præscriptum locum quieto teneant ordine, et ut hæc notitia manere valeat firma per multorum temporum curricula, manu propria, manibus tam Episcoporum quam Procerum undique confluentium firmavit affirmarique rogavit, et Bernardi qui inverpituram istam fecit. S. Ermengardis reginæ quæ fieri jussit et firmari rogavit. S. Rostagnus Archiepiscopus Arelatensis, S. Andradus sanctæ Cabilonensis Ecclesiæ Episcopus. S. Isac Gratianopolicensis Episcopus. Richardus gloriosus comes firmavit. Vindo comes firmavit. Vigo comes firmavit. Adelelmus comes firmavit. Ratterius comes

898.
GUICHENON,
Bib. Sebus
MABILL. A SS.
sec. 5.
PLANCHER,
Hist. de Bourg.
t. 1.

firmavit. Teubertus comes firmavit. Ragenardus comes firmavit. Ansigis firmavit. Rainbaldus numiculator firmavit. Gormarus firmavit. Adelardus firmavit. Actum Varenna.

39.

In nomine sanctæ et individuæ trinitatis Rodolphus ordinante divino munere serenissimus Rex. Si servorum Dei justis postulationibus serenitatis nostræ aurem accomodaverimus, et quod pie et rationabiliter petunt, benigne et clementer concesserimus, hoc nobis profuturum in præsenti vel in futuro minime dubitamus. Idcirco notum esse volumus omnium fidelium nostrorum sollertiæ tam præsentium quam futurorum, qualiter vir venerabilis *Berno* videlicet reverendissimus abbas adiit nostram magnitudinem, petens nos ut quemdam locum *Gigniacum* quem ipse abbas et sui confratres tenent vel construunt regulariter, rebus proprietatis nostræ ditaremus, quod libenter fecimus. Donamus itaque pro æterna retributione ad jam dictum locum in honore beati Petri apostoli constructum, vel ipsi apostolorum principi subditum, res quas postulavit abbas prædictus, hoc est, in comitatu scutindis quandam cellam nomine *Balmam*, ubi fluvius Salliæ surgit, quam ipsi monachi prælibati ad fundamentum reædificaverunt: in præfato etiam comitato cellulam quampiam in qua *sanctus Lautenus* confessor pretiosus requiescit: in ipso etiam comitato quandam villam nomine *Cavanacum* et *Clemenciacum* cum omnibus suis appenditiis, quæ ad dictas villas juste et legaliter pertinere videntur vel ad dictam villam, in rebus vel mancipiis, cum omni integritate ad sæpe dictum locum Gigniacum donamus, et de nostro jure in jus habendum, præfati abbatis, Bernoni videlicet vel successorum ejus, qui ipsum locum dominaturi sunt sub instituta regula, solemni more transferimus, nullo ipsis jam dictis monachis contradicente, sed quiete hoc possideant in perpetuum. Ut autem hujus præcepti auctoritas firmius credatur et ab omnibus inviolabiliter semper observetur, et in Dei nomine totius firmitatis obtineat vigorem, manu propria subter eam firmavimus, et annuli nostri signum subtus in ea mandavimus affigi.

Data IV idus decembris anno ab Incarnatione D. N. J. Christi DCCCCIV indictione VI, regnante Domno Rodolpho Rege anno XVI. Actum Nova Villa in Dei nomine feliciter. Amen.

40.

Cunctis sane considerantibus liquet *etc*... Quod ego Guillelmus dono Dei comes et Dux sollicite perpendens, ac propriæ saluti, dum licitum est, providere cupiens, ratum, imo pernecessarium duxi, ut ex rebus quæ mihi temporaliter conlatæ sunt ad emolumentum animæ meæ impartiar, *etc*...

Igitur omnibus in unitate fidei viventibus, *etc*... notum sit quod ob amorem Dei et Salvatoris nostri Jesu Christi res mei juris sanctis Apostolis Petro videlicet et Paulo, de propria trado dominatione *Clugniacum* scilicet villam quæ sita est super fluvium qui Grauna vocatur, cum cortile et manso indominicato, et capella quæ est in honore Sanctæ Dei genitricis Mariæ, et Sancti Petri Apostolorum principis, cum omnibus rebus ad ipsam pertinentibus, villis siquidem, capellis, mancipiis utriusque sexus, vineis, campis, pratis, silvis, aquis, aquarumve decursibus, farinariis, exitibus et regressibus, cultum et incultum cum omni integritate. Quæ res sitæ sunt in comitatu Matisconense, vel circa, suis unaquæque terminis conclusæ. Dono autem hæc omnia jam dictis Apostolis, Ego Willelmus et uxor mea Ingelberga, primum pro amore Dei deinde (*) pro anima senioris mei Odonis regis, progenitoris ac genitricis meæ, pro me et uxore mea, salute scilicet animarum nostrarum et corporum, pro Avanæ nihilominus quæ mihi easdem res testamentario jure concessit, pro animabus quoque fratrum et sororum nostrarum, nepotumque ac omnium utriusque sexus propinquorum, pro fidelibus nostris qui nostro servitio adhærent; pro statu etiam ac integritate catholicæ religionis. Postremo sicut omnes Christiani unius compage caritatis ac fidei tenentur, ita pro cunctis præteritorum scilicet, præsentium, sive futurorum temporum orthodoxis, hæc donatio fiat. Eo siquidem dono tenore, ut in Clugniaco in honore sanctorum Apostolorum Petri et Pauli monasterium regulare construatur, ubique monachi justa regulam beati Benedicti viventes congregentur, qui res ipsas perennis temporibus possideant, teneant, atque ordinent, *etc*... (Præcipimus siquidem ut maxime illis hæc nostra donatio ad perpetuum refugium, qui pauperes de sæculo egressi, nihil secum præter bonam voluntatem attulerint, ut nostrum sup-

909.
Mabill. A. SS. sæc. 5.
Marrier, Bibl. Clun.
Justel. Hist. d'Auvergne.
S. Julien de Ball.
Hist. de Mâcon.

(*) Vid. ad finem.

plementum fiat abundantia illorum). Sintque ipsi monachi cum omnibus præscriptis rebus sub potestate et dominatione *Bernonis* abbatis, qui quandiu vixerit, secundum suum scire et posse eis regulariter præsideat. Post discessum vero ejus habeant eidem monachi potestatem et licentiam quemcumque sui ordinis secundum placitum Dei atque Regulam sancti Benedicti promulgatam, eligere maluerint Abbatem atque Rectorem, ita ut nec nostra, nec alicujus potestatis contradictione contra religiosam dumtaxat electionem impediantur. Per quinquennium autem Romæ ad lumina Apostolorum, ad liminaria concinnanda decem solidos præfati monachi persolvant, habeantque tuitionem ipsorum Apostolorum, atque Romani Pontificis defensionem, et ipsi monachi corde et animo pleno prælibatum locum pro posse et nosce suo ædificent. Volumus etiam ut nostris successorumque nostrorum temporibus, prout opportunitas atque possibilitas ejusdem loci sese dederit, quotidie opera misericordiæ pauperibus, indigentibus, advenis peregrinantibus summa intentione ibidem exhibeantur. Placuit etiam huic testamento inseri, ut ab hac die nec nostro, nec parentum nostrorum, nec fastibus regiæ magnitudinis, nec cujuslibet terrenæ potestatis jugo subjiciantur iidem monachi ibi congregati: neque aliquis principum sæcularium, non comes quisquam, non Episcopus quilibet, non pontifex supra dictæ sedis Romanæ, per Deum et in Deum, omnibusque sanctis ejus, et tremendi judicii diem contestor, deprecor, (*ne*) invadat res ipsorum Dei servorum. Non distrahat, non minuat, non procamiet, non beneficiet alicui, non aliquem prælatum super eos contra eorum voluntatem constituat etc....

Actum Bituricæ civitatis publice. † Willelmus ego hanc auctoritatem fieri et firmare rogavi, ac manu propria roboravi. Signum Ingelbergæ uxoris ejus. Madalbertus peccator Biturigensis Archiepiscopus subs. † Adalardus Episcopus subs. Atto peccator Episcopus subs. Signum Willelmi comitis nepotis ejus. S. Armanni. S. Wigonis. *etc.*. *etc.*. Data tercio Idus septembris, anno undecimo regnante Karolo rege. Indicione XIII. Ego Odo levita ad vicem Cancellarii scripsi et subscripsi.

(*) (*Hæc charta varie legitur apud S. Juliannum Balleuræum, præcipue in loco sequenti*) : .... Pro requie animarum senioris mei

Odonis regis, Progenitoris nostri, Genitricis nostræ, et chariss. conjugis meæ Ingelbergæ. Ea lege ut in eodem loco monasterium regulare sub ordine S. dicti Benedicti construatur : cui *Berno* abbas *Balmensis* in Sequanis quandiu vixerit præficiatur. Eo vero defuncto, liberæ electionis potestas, monachis concedatur, *etc*....

41.

Ego Ebbo nutu Dei commotus sollicite perpendens, ac propriæ saluti dum licitum est, providere cupiens, *etc*... Notum sit quod ob amorem Dei et Salvatoris nostri Jesu Christi res juris mei beatæ Virgini Mariæ et sanctis Apostolis Petro videlicet et Paulo de propria trado donatione ; hoc est in villa *Dolis* in territorio Bituricensi, in vicaria Brinense, capellam in honore S. Germani et quantum in ipsa villa visus sum habere. Item in ipsa villa capellam in honore sanctæ Mariæ super Andram fluvium, mansum indominicatum, cum molendinis duobus, *etc*... Trado ecclesiam sancti Dionysii super fluvium Andram prope villam Dolis, *etc*... Item do capellam sancti Martini infra castrum Dolis, cum Castro et omnibus adherentibus, Germiniacum etiam alodum in Albari villa ; *etc*... Dono igitur hæc omnia et confirmo, ego Ebbo et uxor mea Hildegardis, jam jam dictæ beatæ Mariæ pro amore Dei, deinde pro anima senioris mei Willelmi principis, eo siquidem tenore ut in Dolis in honore beatæ Mariæ Virginis et sanctorum Apostolorum Petri et Pauli monasterium regulare construatur, ibique monachi, juxta regulam S. Benedicti viventes congregentur, qui istas res perenni tempore possideant, *etc*... Sintque ipsi monachi cum omnibus rebus præscriptis, sub potestate et dominatione *Bernonis* abbatis. Post decessum vero ejus, habeant iidem monachi potestatem et licentiam quemcumque sui ordinis secundum placitum Dei atque regulam S. Benedicti promulgatam eligere maluerint eligere abbatem ; per quinquennium autem Romæ ad luminaria ipsorum apostolorum concinnanda, quinque solidos persolvant, habeantque Romani Pontificis defensionem ; *etc*... Sed et hujus firmitas testamenti omni authoritate suffulta, ut semper inconcussa subter firmans, inclyto seniori Willelmo et coeteris viris corroborandam tradidi.

Actum Biturica civitate publice. S. Ebbonis. S. Hildegardis. S.

918.
BALUZE, Miscell.
LABBE, Miscell.
GALL. CHRIST. t. 2.

Odolrici, *etc.. etc...* Willelmus comes. Gerontius sanctæ Biturigensis ecclesiæ archiepiscopus. Turpius episcopus Lemovicensis. Arnoldus episcopus Arvernensis. Hildebertus episcopus indigous. Data per manum Gerlamni diaconi, ad vicem cancellarii, jussu Willelmi principis IV Non. septemb. Anno XX regnante Karolo rege.

42.

Ex quo divina dispensatio post diluvium præcepit ut homo homini præesset, quicumque secundum Deum tam in veteri testamento, quam in novo, aliis præfuerunt, quantum possibile fuit, procurarunt, ut consultum subditis in posterum esset. Quod et beatum Benedictum et alios complures nostri ordinis instructores fecisse, sibique successores, dum adviverent elegisse, multa documenta probant. Quapropter tam regalis potestas, quam sacerdotalis auctoritas; sed et principum sublimitas, nec non et reliquorum fidelium, quos forte hanc scripturam audire contigerit cognoscat universitas, quod ego *Berno* omnium abbatum extremus abbas, supremum diem jam vicinari agnoscens, duos ex nostris fratribus, *Vuidonem* videlicet meum consanguineum, atque Odonem adæque dilectum, una cum fratrum consensu mihi succedere delegavi; ut post meum discessum, vice mea, Deo largiente, fungi præcepi. Ita scilicet ut dilectus noster prædictus Wido cœnobio *Gigniacensi*, *Balmensi*, *Æthicensi*, cum cella quæ dicitur *Sancti Lauteni*, cum omnibus rebus ad prædicta monasteria pertinentibus, regulariter præsit præter villam quæ dicitur *Alafracta* et res quasdam quæ fuerunt Domni Sansonis in eodem pago consistentes, et quartam partem caldariarum quæ sunt sitæ in loco qui dicitur *Leodonis*, et medietatem prati quod fuit Domni Saimonis. At vero carissimus frater Oddo Cluniacum, Masciacum et Dolense monasterium ita cum rebus ad eadem monasteria pertinentibus; Deo favente, suscipiat. His igitur ita dispositis, obsecro vos, o principes et seniores, quicumque terrenarum rerum judices estis, ut hanc scripturam mea vice loquentem, in quolibet nostro conventu libenter audiatis, et sicut lex divina jubet, bonis consentientes sitis, et tam prælatos prædictos, quam et monachos et loca cum rebus ad ipsa pertinentibus, in eo statu quo et per regalia præcepta, quin etiam et per apostolica privilegia dudum sancitæ sunt, et nunc a me decretum est, permanere consentiatis. Quod si quælibet vel inter ipsos vel aliunde controversia, quæ vobis discernenda sit, forte succreverit; justitiam sustentetis, et calumniam reprimatis, quo fiat illud quod in auctoritatibus nostris insertum est, ut omnium bonorum, quæ in præfatis locis geruntur, sicut adjutores fueritis, ita quoque participes esse possitis. Villam autem quæ dicitur Alafracta cum omnibus ibidem pertinentibus, et quartam partem de caldariis quas Leodonis habemus, verum etiam jam dicti prati medietatem ad Cluniacum trado eo tenore, ut per singulos annos census duodecim denariorum Gigniaco pro vestitura reddatur. Nec injustum videatur si Cluniaco easdem res assigno, quoniam ibi sepulturam mihi locavi, et locus ipse quasi posthumus morte Domni Guillelmi quondam inclyti ducis atque nunc mea imperfectus deseritur. Et certe pauperior est possessione et numerosa fraternitate. Et ut hoc inferam, si post filios priores et priorem locum quibus testamentum feci, nobis alios divina largitas et locum et filios ampliare dignata est, ratum debet videri, ut posteriores filii non exhæredentur, sed aliqua pars hæreditatis nostræ eis proficiat, qui quamvis in alio loco; tamen eidem domino, id est beato Petro, cujus nomine utrumque locum construximus. De cœtero tam prælatos quam et omnes fratres præsentes scilicet et futuros, per misericordiam Dei qui præsens respicit, deposco, ut inter vos unanimitas ita perseveret, quatinus modum conversationis huc usque retentum, tam in psalmodia, quam in observatione silentii, sed et in qualitate victus et vestitus, et insuper in contemtu rerum propriarum, si non melius, saltem sicut huc usque fecistis, sic deinceps custodiatis. Si autem, quod absit, ab aliquo eorum fuerit pertinaciter erratum, præcipimus per sanctæ Regulæ auctoritatem, ut utriusque loci Priores ad corrigendum errorem sibi mutuo suffragentur. Si quis autem, quod absit, hanc nostram institutionem in aliquo fregerit, deterreat eum vox divina quæ dicit: *Maledictus qui transfert terminos proximi sui*, id est institutionem præceptorum suorum; et conatus ejus penitus frustretur. Dispositio vero nostra quæ, ut credo, per caritatem utrisque locis cupit esse consultum, Deo disponente et beato Petro patrocinante inconvulsa permaneat.

Signum Bernonis abbatis qui hanc cartam fieri et firmari rogavit. Signum Widonis moderni abbatis qui hoc consensit. S. Oddonis abbatis. S. Geoffredi. S. Wandalberti. Anno quarto regnante Radulfo rege.

43.

Joannes episcopus servus servorum Dei dilecto filio Rodulpho glorioso regi Francorum, nec non reverendissimo et sanctissimo confratri nostro Widoni sanctæ Lugdunensis ecclesiæ archiepiscopo, atque reverendissimis episcopis Statæo et Bernoni, comitibus Hugoni et Gisleberto. Auditum nostris apostolicis auribus quod *Guido* abbas per violentiam abstulit a Cluniaco hoc quod *Berno* abbas de potestate *Ginniacensis* monasterii sub censum tenendum legaverat. Quapropter monemus subjectionem vestram, quatenus res omnes illas Cluniensibus restituatis; quia prædictus *Wido* conqueritur, quod Berno abbas hoc legaliter non fecit, pro eo quod terminum temporis ac personarum in illo suo testamento non posuit; nos ad quorum dispositionem utraque loca pertinent, jubemus et constituimus ut quandiu ex illis monachis qui in Ginniaco professionem fecerunt, aut oblati sunt apud Cluniacum, aliquis vixerit, res ipsas monachi Cluniacenses teneant sub ditione nostra, nisi forte ipsi monachi sua sponte res ipsas dimiserint. Cæterum vobis, o fili Rodulfe, et fidelibus tuis, qui monasterio Cluniensi prodesse valeant attentius, et abbatem et congregationem vestræ dilectioni commendamus, utque locus ille sanctæ nostræ sedi commissus est, sese pro amore apostolorum, mundi videlicet judicum, atque paterna dilectione bene gaudeat elegisse.

44.

Mos est lex, licet non scripta et usu jam communi pro lege tenetur, ut de rebus ecclesiæ quibuslibet etiam sæcularibus, per scripturæ auctoritatem aliquid concedatur. Quapropter noverint omnes, tam futuri quam præsentes, quia Domnus *Berno* venerabilis pater quasdam res quæ *Gigniaco* monasterio fuerant ab ipso traditæ, Cluniensi cœnobio, per testamentariam auctoritatem delegavit. Ego igitur *Guido* prædicti cœnobii Gigniensis abbas, libenter cum dominis fratribus idipsum consentiens, hanc auctoritatem de ipsis rebus facio, considerans videlicet, quod ipse noster specialis pater utraque monasteria uni Domino, id est beato Petro dedicavit, atque construxit, et tam ipsos fratres qui eidem beato Petro apud Cluniacum quam istos qui Gigniaco deserviunt, in una fraternitate ac germana caritate dimisit, et insuper inibi sepulturam sibi locavit. Hoc igitur ego attendens, secundum auctoritatem quam prælibatus pater jam fecerat, prædictas res, id est villam quæ dicitur *Alafracta* cum omnibus ad eam pertinentibus, et cum omni alodo quam Sanson Gigniaco dedit, et cum dimidio prato quod Nonnus Saimo similiter dedit, ad Cluniacum ea ratione ex fratrum consensu trado, ut per singulos annos cera duodecim denariorum pretium valens, missa sancti Petri pro vestitura Gigniaco reddatur. Fratres vero res easdem sine ulla contradictione possideant, ita tamen ut eas in aliena potestate non obligent, sed ipsi perpetualiter in usu eas habeant ; nisi forte, quod absit, locus ipse vel habitatores ad canonicam vel sæcularem conversationem redierint. Ut autem hæc auctoritas firma permaneat, firmo, dominisque fratribus firmare præcipio. S. Wuidonis, abbatis. S. Wuineranni monachi. S. Gualanni. S. Juliani. S. Sannoni. S. Raginelmi. S. Deodati. S. Ermendradi. S. Ardriæ. S. Witbaldi. Ego Rotgarius sacerdos rogatus scripsi et subscripsi, atque datavi XII Kal. febr. Anno VI regnante Rodulpho rege.

45.

974.
Du Bouchet, Hist. de Coligny, p. 32.
(Ex Chartulario Gigniacensi.)

Omnipotentis Dei amplissima largitas consuluit humanæ fragilitati, ut ex perituris non peritura, ex labentibus non labentia acquirere possint homines moribundi. Idcirco ego Manasses comes considerans causam fragilitatis humanæ, simulque recordans sententiam Domini dicentis : *Date eleemosynam et omnia munda sunt vobis;* itemque : *Redemptio animæ viri divitiæ ejus,* ut pius et misericors Dominus de immanitate facinorum meorum me absolvere dignetur, tam pro me ipso quam pro genitore meo Manasse comite et Judita matre mea et uxore mea Gerberga et filiis meis : Cedo Domino Deo et principibus apostolorum Petro et Paulo et ad locum *Ginniacum* qui regitur sub gubernatione Domini *Maioli* abbatis, ecclesias *Tres-fortium, Marbosium,* et *Cabrellum* sitas in pago

Reversimontis, cum omnibus decimis et donariis sive oblationibus, vel sepulturis, cum campis, pratis, aquis, aquarum decursibus, appendiciis et omnibus ad ipsum pertinentibus, totum et ab integro sine ulla controversia. Sane si quis hanc donationem contradicere præsumpserit, iram Dei omnipotentis incurrat et sanctorum omnium, nisi ad satisfactionem et emendationem venerit, et convictus componat de auro solidos mille. Et hæc donatio firma permaneat et stabili stipulatione subnixa. Signum Manassis comitis. Signum Gerbergæ comitissæ uxoris ejus. Signum Manassis eorum filii. Signum Walaci filii eorum. Signum Richardi filii eorum.

Facta est hæc donatio mense Augusto apud Castrum quod vocatur Coloniacum, anno incarnationis Dominicæ DCCCC LXXIV Indict. II. regnante Conrado rege.

46.

981.

JURNIN. Hist. de Tournus.

Ego in Dei nomine Aynricus considerans molem peccatorum meorum, dono ad sacram et toto orbe venerabilem ecclesiam sanctæ Dei Genitricis Mariæ, sancti Valeriani martyris, et egregii confessoris Christi Philiberti Trenorcensis monasterii super alveum Sagonæ positi, ubi etiam Oddo abbas præesse videtur, aliquid ex rebus mihi ex jure parentum evenientibus, videlicet ecclesiam S. Johannis in villa quæ dicitur Anguliacus positam, cum omni re ad se pertinente et appenditia........ totum et integrum a die præsenti dono atque transfundo elemosinaria largitione ad jam dictam ecclesiam, et monachis ibidem Deo deservientibus, ad mensam videlicet fratrum perpetuo habendum, et receptionem pauperum et hospitum suscipiendorum. Hoc tamen tali ago constitutione, ut diebus vitæ meæ usum fructuarium exinde percipiam, atque in præsenti mansum unum in hac eadem villa in vestituram, cum superposito servo nomine Constabulo, eis concedo. Jam dictus autem Abbas et monachi, amicitiarum causa, ex rebus sanctæ Dei Genitricis Trenorcensis monasterii mihi aliquid concesserunt; videlicet capellam sancti Mauritii in villa Gevencionno, cum terra sancti Valeriani quæ in hac ipsa villa sita. Donaverunt simili modo terram quæ est in villa Loviaco. R........ autem opinio quod antecessores mei hoc munus elemosinarium, quod sanctæ Dei Genitrici trado, ad monasterium *Gigniacense* olim fuerit destinatum : quod ego tam præcatibus, quam etiam commutationibus, Abbati ipsius loci, et sibi commissis fratribus firmare rogavi, ne per meum discessum vel hæredum meorum, ab aliqua eminenti persona monachi Trenorcenses aliquam calumniam a meis successoribus patiantur...... Ut autem hæc donatio firmitatis lege roboretur, eam manu firmare curavimus, et amicis nostris, ac fidelibus ad consentiendum tradidimus.

S. Aynrici qui donationem istam fieri et firmare præcepit. S. Mannoni, S. Adalgeri, etc....

S. Domni *Zantlini* venerabilis Abbatis qui firmavit et firmare rogavit. S. Uraniberti præpositi. S. Gozberti, etc...

Data per manum Wagonis Cancellarii et Levitæ anno XXX.º I.º regnante Gonrado rege.

47.

1076.
BULLAR.
CLUNIAC, p. 20.

Gregorius Episcopus serv. serv. Dei, charissimo filio *Hugoni* Cluniac. abb. Justa sanctaque religioni profutura poscentibus aurem nos oportet benevolam commodare, quatenus et petentes remedia sperata reperiant et ecclesiis monasteriisque destitutis debita non desit sollicitudo compassioque pastoris. Proinde *Gigniacensis* monasterii (quod proprium Beati Petri apostolorum principis esse dignoscitur), monachi nostræ miserationis sperantes auxilium id monasterium et religionis quæ olim excellentissima habebatur, nunc propter abbatum præpositorumque remissiorem sollicitudinem, penitus amisisse vigorem, et temporalibus etiam omnino destitutum esse subsidiis, lacrymabiliter conquesti sunt. Quibus miseriis propellendis, ipsi quoque monachi quæ medicina possit adhiberi suggerentes, multis supplicationibus nobis institerunt, ut tuæ vigilantiæ præfatum monasterium debeamus commendare, quo per providentiæ tuæ studium quæ aliorum somnolentia deperiit religio reviviscat, et corporalibus item Domino auxiliante suffragiis renovetur et crescat. Igitur tibi Hugoni charissimo sanctæ Rom. ecclesiæ filio reverendissimo, videlicet Cluniacensis monasterii abbati, prædictum Gigniense monasterium committentes, hujus nostræ præceptionis authoritate præcipimus, annuimus, atque concedimus ut ab hac præsenti die quandiu vixeris, illud prout Domino miserante volueris, ordinandi, regendi, corrigendi, commutandique cum omnibus suis pertinentiis liberam potestatem habeas. Postquam autem tu desideratam longi laboris mercedem a Christo recepturus, Domino vocante, ab hoc mundo transieris : omnesque successores tuos talem in præfato Gigniensi monasterio potestatem habere volumus et hanc authoritate roboramus, scilicet ut nullus ibidem abbas eligatur aut ordinetur nisi vel ipse Cluniacensis abbas affuerit, eumque approbaverit, vel per legatum suum secundum timorem Dei assensum præbuerit. Si quis autem Regum, Imperatorum, Ducum, Comitum, seu quælibet magna vel parva persona hujus nostri præcepti sanctionem violaverit, et infringere ausus fuerit, donec tibi aut tuis successoribus satisfecerit, dignamque pœnitentiam egerit, eum a sacro sancto corpore Domini velut sacrilegum removemus et apostolica authoritate prohibemus.

Datum Lateranis quinto idus decembris per manus Petri Sanctæ Romanæ eccles. presbyteri cardinalis ac Bibliothecarii, anno quarto Pontificatus Domini Gregorii papæ septimi. Indict. decima quarta. Bene valete.

48.

1090.

GUICHENON, Hist. de Savoie.

Omnibus Christianis præsentibus et futuris, notum fore cupimus, quod quidam vir illustrissimus Nantelmus nomine, laudantibus Humberto comite et Vuidone Genevensi episcopo, construxit ecclesiam, ad honorem Sanctæ Dei Genitricis Mariæ, in allodio quod dedit ei comes Humbertus in loco qui nunc *Bellævalles* dicitur, qui supra villam *Boggarum* quæ Scola nuncupatur situs est, quem assensu supra dictorum Comitis et Episcopi, Beato Petro *Gigniacensi* tradidit, et congruas atque utiles officinas, ad serviendum Domino, et monastice vivendum ibidem instituit. Huic itaque loco, vel ecclesiæ, et habitatoribus ejus, de rebus propriis, et possessionibus, diversis in locis plurimum largitus est. In Boggis, decimas ecclesiasticas ad integrum, et honores quos tenebant Pontius et Joscellinus presbyteri, in villa quæ *Esparniacus* dicitur, mansum unum super Rupem, ad Lietheras campum unum, ad Fontenilum pratum unum, et campum unum, in colle contaminam unam, de manso Curtinæ octavam partem, quam tenebant Willermus et Durandus fratres, apud *Scholam* grancam unam cum adjacente ortu, præterea terram de Salice sicut rivus eam dividit, et ab ipsa terra omnes valles a fluvio, usque ad Alpem clusam, a vertice secunda montis mini, sicut aquæ dependent, versus vallem per Saltum Andreæ, usque ad magnam rupem, super Yrindinariam, sicut pendet versus vallem, et totam Alpem Alminam, cum omnibus appenditiis suis, [apud *Castellarium* molendinum unum, ad *Motam* mansum unum. Item in Scola illam partem decimarum quam tenuit Burno de Arnis, apud Rotas tertiam partem decimarum, ultra fluvium Cheran tertiam partem similiter. Item Mabos fratrum, novem bissellos fabarum censales in Savoia, Apud vallem quæ Crosa dicitur: dimidium mansum, quam tenebat Bernardus Andreæ, apud Sanctum Johannem, vineam unam et curtile unum. Item possessionem quandam, quam emit a tribus sororibus Girardi, Apud Alodia vineam unam juxta Bernardi domum, ibidem terram quam emit ab Emena de Mediolano, in loco qui vocatur Cantat-Merulus duas canaverias, decimam et tredecimam de propriis laboribus, tam in vino quam in annona, In Milleriis mansum unum quem tenebat a Conone Maurianensi episcopo laudante eodem. Apud Voltas clausum unum vinearum, cum terra appendente eidem. Hæc dedit vir prædictus Nontelmus domui Dei et beatæ Mariæ, quæ sita est in Bellis vallibus, et habitatoribus ipsius loci, tam præsentibus quam futuris, pro remissione peccatorum suorum, pro remedio animæ patris sui Guilfredi et matris suæ. Item benevolentiæ suæ exhortationibus, dedit præfatæ ecclesiæ Amblardus, dimidium mansum prope rupem, Witfredus nepos ejus tertiam partem decimarum suarum, ab Histrione fluvio, usque ad Cheran, quod censum ecclesiarum duarum Castellarii scilicet, et Mothæ Æmma decimam quam apud *Compostam* et *Dulciacum* tenebat Vuillermus, ad *Sanctam Redegundam* duas partes decimarum unius mansi. Ipse nobilis comes Humbertus piscationis unum diem omni septimana donavit, in lacu Arvorum, Bannı infractum, et legem de omni foris facto, quod facient homines Sanctæ Mariæ; verbi gratia, si homo Sanctæ Mariæ firmaverit duellum, et occiderit, Monachi habebunt legem; item emendationem victi sui hominis, si percusserit aliquem, vel fecerit alicui quod non decet, percusso de injuria rectum faciet, et Priori legem, quam solebat dare, homo Sanctæ Mariæ dabit, [vel quicumque alius de suo allodio, idem de Consulari Fisco dedissent, vel daturi essent. Laudavit ut omni tempore, sicut liberum et proprium allodium, præfata ecclesia, et habitatores illius possiderent jure perpetuo, et in silva super Voltas, pascuare, ad Dominicos porcos, et materiam ad faciendum Dominicum clausum, quod est apud Voltas, et ad cellarium et torculare idem. Actum est hoc in eadem ecclesia dum consecraretur a catholicis viris, Bosone Tarantasiensi Archiepiscopo, et Bosone Augustensi episcopo, necnon Conone Maurianensi pontifice, qui peractis missis, cum gradum ligneum qui ad hoc officium diligenter et eminenter ante monasterium fuerat præparatus, pariter ascendissent videlicet ut ex eo populo, qui ex diversis partibus, ad consecrationis benedictionem multus confluxerat, verbum Domini et Salutis monita loquerentur, coram omnibus; hanc donationem confirmaverunt, et quicumque super his, quæ in ea continentur, vim aut injuriam deinceps monachis, vel habitatoribus ipsius loci facere violentiam, aut insuper scriptam donationem violare.

49.

1100.
GUICHENON, Hist. de Bresse.
MARRIER, Bibl. Clun 552.
BULL CLUN. p. 32.
GALL. CHRIST. t. 4.

Paschalis Episcopus, servus servorum Dei venerabili fratri *Hugoni* Cluniacensi abbati ejusque successoribus regulariter substituendis in posterum. Zelus Domini et religionis prærogativa qua per universum fere Occidentem nostris temporibus, per Dei gratiam congregatio vestra præcelluit, et inconcussa unitas, qua inter procellas omnes sedi apostolicæ adhæsistis mansuetudinem nostram vehementius exhortantur, imo urgent atque compellunt, ut vestris petitionibus assensum accomodare et quieti vestræ in posterum providere sollicitius debeamus. Quapropter quidquid libertatis, quidquid tuitionis, quidquid auctoritatis prædecessores nostri ecclesiæ Romanæ pontifices præsertim apostolicæ memoriæ Gregorius VII et Urbanus II vestro monasterio et locis ad id pertinentibus contulerunt, nos quoque præsenti decreto, autore Domino confirmamus : ad hæc adjecimus, ut omnibus prioratibus et cellis quæ nunc sine proprio abbate vestro regimini subjectæ sunt, nullus unquam futuris temporibus abbatem ordinare præsumat, sed tam prioratus ipsi et cellæ, quam et cœtera in quibuslibet locis omnia de quibus Fraternitas tua, Arvernensis concilii, quod per supra dictum Urbanum pontificem celebratum est, tempore investita erat, de quibus tunc nulla quæstio mota est, cui nimirum concilio per temetipsum interfueras, tam tibi quam successoribus tuis, in pace semper et quiete serventur, in quibus hæc propriis visa sunt annotanda nominibus : Sancta Maria de Charitate, de Martiniaco, Sanctus Petrus de Munsiaco, S. Petrus de Leniciis, S. Paulus de Pergamo, S. Isidorus de Hispania, S. Odylus de Scarrione, S. Marcellus de Salsiniaco, S. Marcellus de Cabilone, Carus-locus, Paredus, Romanum monasterium, S. Victor de Gebenna, Paterniacus, S. Saturninus de Provincia, S. Eutropius, S. Martinus de Campis, S. Martinus de Auxia, Monasterium de Caceriis, S. Maria de Tolosa, Boort, Tirinus, Sylviniacus, Virgenus, *Ginniacus*, Nantuacus, S. Pangratius de Anglica, S. Licerius de Bigorro, S. Orientius Auscicnsis, S. Maria de Nazara, S. Jacobus de Potino, S. Gabriel de Cremona, S. Salvator et S. Stephanus de Niverno. Præcipimus etiam ut omnes ecclesiæ, seu capellæ vestræ et cimiteria libera sint, et omnis exactionis immunia, præter consuetam episcopi paratam justitiam in presbyteros, si adversus Ordinis sui dignitatem offenderint, exceptis nimirum ecclesiis illis quæ absque hujus modi subjectione in abbatis subjectione subsistant, *etc.*

Datum Anagniæ per manus Johannis S. R. E. diaconi cardinalis XVII kal. dec. Indictione VIII. Incarnationis dominicæ M C. Pontificatus autem Domini Paschalis papæ secundo.

50.

1109.
Marrier, Bibl. Clun. p. 577.

Guillelmus Dei gratia sanctæ Bisuntinensis ecclesiæ archiepiscopus venerabili Patri domno Pontio Cluniacensi abbati ejusque successoribus regulariter substituendis in perpetuum, *etc....* Et quoniam Cluniacensis ecclesia præ cœteris Galliarum ecclesiis hujus modi spiritalis agriculturæ peritissimos agricolas et multo plures habere cognoscitur ; venerabilis fratris nostri *Walcherii Gigig.....* Prioris petitionibus annuentes, Altepetrensem ecclesiam religione quondam monastica destitutam, tibi, Deo dilecte Cluniacensis abbas, sanctissimoque ejusdem loci conventui dedimus, concessimus ad inhabitandam, et in religione monastici ordinis, Deo auctore, vigilantius informandam. Actum Bisuntii in ecclesia S. Joannis, laudante Pontio Alte pretrensi Priore *etc....*

Apud Gulchenon *etiam legitur, ex Chartulario Cluniacensi,....* Donatio ecclesiæ Altepetrensis monasterio Cluniacensi facta a Guillelmo Bisuntinensi archiepiscopo, ad preces *Walcherii* prioris *Gigniacensis* sine data. (*Bibliot. Sebus. page* 446.)

51.

1106.
GALL. CHRIST.
t. 11.

Notum sit tam futuris quam præsentibus quod anno ab incarnatione Domini 1106, indictione XV, 7 idus novembris, lis quædam seu calumpnia ante Henricum regem Anglorum jamque Ducem Normannorum Rotomagi in camera archiepiscopi Willelmi ipso præsente fuit finita, et quia monachi Sancti *Taurini* eam injuste adversus ecclesiam S. Trinitatis Fiscanni faciebant, coram episcopis atque abbatibus, cœterisque Normanniæ baronibus seu comitibus firmiter est terminata. Prædicti namque monachi et se et abbatiam Sancti Taurini de subjectione et donatione Fiscannensis ecclesiæ se cupientes auferre, *etc. etc...* Huic vero causæ seu placito interfuerunt ex parte Regis Willelmus archiepiscopus, *etc...* Ex parte abbatis Fiscanni, Willelmus prior Fiscanni qui electus fuit in abbatem Sancti Taurini, *etc...*

52.

1131.
Hist de Coligny. 35.
MABILC Annal. Bened. t. 6.

Anno ab incarnatione Domini MCXXXI. Humbertus Coloniacensis construxit abbatiam quæ *Miratorium* dicitur, in archiepiscopatu Lugdunensi tempore domini Petri archiepiscopi et Willelmi comitis Matisconensis, a quo terram eamdem tenebat; deditque fratribus ibidem Deo servientibus, consensu et concessu uxoris et filiorum suorum Guerrici, Willelmi, Humberti et Willelmi comitis, omnem terram quam ibi habebat, et nemus eidem terræ contiguum quod Bilenus (*alias* Bileium) dicitur. Concessit et quidquid Miratorienses monachi ab ejus hominibus quoquo loco vel quolibet modo possent adquirere. Necnon et per omnem terram suam pascua et nemora eorumdem usui necessaria. Hujus rei testes sunt Rainaldus de Cuisiaco, Milo de Belloforti, Aymo Lumbel de Cuisello, Guido Bardulfus et alii.

Dedit etiam terram apud Gisiacum in qua fratres prædicti vineam ædificaverunt, laudante uxore sua et filiis suis Widone videlicet atque Dalmatio et Bernardo. Testes sunt Humbertus de Toria et Girardus de Chavannis.

53.

Innocentius Episcopus, servus servorum Dei, dilecto filio Stephano Cisterciensium abbati, ejusque successoribus regulariter substituendis in perpetuum ; etc... Statuimus ut de laboribus quos vos et totius vestræ congregationis fratres propriis manibus seu sumptibus colitis et de animalibus vestris a vobis decimas expetere vel recipere nemo præsumat. Nulli ergo hominum liceat vestrum monasterium temere perturbare, aut ejus possessiones auferre, vel ablatas retinere, minuere, vel aliquibus molestiis fatigare, sed omnia integra conservantur vestris, et aliorum pauperum Christi usibus profutura. Si qua ergo in posterum ecclesiastica sæcularisve persona, hanc nostræ constitutionis regulam sciens, temere contra eam venire tentaverit, secundo tertiove commonita, si non satisfactione congrua emendaverit, potestatis honorisque periculum patiatur, et a sacratissimo corpore, et sanguine Domini Jesu Christi aliena fiat, atque in extremo examine districtæ ultioni subjaceat, etc...

Ego Innocentius Catholicæ Ecclesiæ episcopus.

Ego Johannes, etc...

Datis Cluniaci per manum Haimerici Sanctæ Romanæ Ecclesiæ Diaconi et Cancellarii, quarto idus februarii, indictione decima, Incarnationis Dominicæ anno millesimo centesimo tricesimo secundo, Pontificatus vero Domini Innocentii secundo.

1132.
A. MANRIQ.
Annal. Cisterc.
1132.

54.

Summo Pontifici et nostro speciali Patri, Domino Papæ Innocentio frater Petrus, humilis Cluniacensium abbas salutem et obedientiam. Magna materies multa me loqui cogeret, sed auribus Majestatis vestræ importunus aut nimius esse formido. Ea propter dilectæ et diligendæ paternitati vestræ humiliter suggero, litteras nuper a vobis mihi directas, me filium vestrum, et totum semper vobis subditum, et devotum Conventum, quoniam insolita et damnosa præferebant, graviter vulnerasse. Insolita, inquam, et

1133.
MARRIER,
Bibl. Clun.
A. MANRIQ.
Annal. Cisterc.
1132.

damnosa præferebant, quia decimas quas usque ad hæc tempora per ducentos, et eo amplius annos, vestra Cluniacensis ecclesia indifferenter ab omnibus suscepit, et indifferenter omnibus reddidit, auferebant. Insolita, inquam, et damnosa præferebant : quia quod vere nunquam de quolibet parvo Cluniacensis ecclesiæ membro factum audivimus, in magno monasterio *Gigniaco*, post quadraginta dies divina officia, propter repetitas Parochiæ suæ decimas, interdicebant.

Et cum a sanctis prædecessoribus vestris, multis privilegiis confirmatum sit, ut fratres Cluniacenses non solum omnium parochiarum suarum decimas absque alicujus contradictione susciperent, sed etiam quas propriis excolebant sumptibus, retinerent : noluerunt tamen uti hac potestate, scientes scriptum esse : *Væ illi per quem scandalum venit.* Unde humiliter et modeste decimas tam rusticorum, quam mancipiorum suorum non solum monachis, canonicis, sed etiam quibuslibet clericis, presbyteris, militibus, raptoribusque persolvunt. Cumque ipsi universis debitas atque indebitas decimas, vel quælibet alia pacifice reddant, cur non et ab aliis quiete suscipiant ?

Dedi ipse Cisterciensibus fratribus, teste Domino Claravallensi abbate, quibusdam in locis decimas, sed tanta jam est, per Dei gratiam, ipsorum et aliorum religiosorum, ubique terrarum in circuitu nostro numerositas, ut si omnibus decimas indulserimus, jam decimam fere nostri numeri partem perdamus. Nam si brevitas pateretur, ostenderemus, quam plura monasteria nostra ita a diversis religionibus circumsepta, ut ad duas vel unam leucam, unum vetus quinque vel septem monasteriis sepiatur. Quæ in parochiis nostris, et cum adsensu et sine adsensu nostro contra jus canonicum constructa, majorem partem jam parochiarum nostrarum obtinent. Quibus omnibus si decimæ concedantur, oportebit ut nostri, aut sicut dixi, numerum suorum minuant, aut forte in quibusdam locis, loco pariter et domibus cedant.

Restat igitur, venerabilis Pater, fidelis et semper subjecta Magestati apostolicæ congregatio vestra, ut ab amore paterno, novi filii, veteres non expellant, quoniam etsi novi diligendi, non tamen propter novos, nisi promeruerint, sunt veteres abjiciendi, *etc.*

Unde iteratis precibus, precatur universitas filiorum vestrorum, rogo et ipse qualiscumque, tamen vester, ut si aliud ad præsens non placet, sententiam saltim interdicti usque ad Pascha Domini differatis, quatenus infra hoc spatium sapientes fratres ad vos mittere, et per eos tam de his, quam de aliis agere possum vobiscum.

55.

Venerabili fratri et dilectissimo amico, domino Haimrico Apostolicæ sublimitatis Cardini et Cancellario, frater Petrus, humilis Cluniacensis abbas, salutem, etc...

..... Sed aiunt quidam de alieno munifici : Hi (*Cistercienses*) pauperes sunt; illi (*Cluniacenses*) divites. Debent ergo divites pauperioribus subvenire. Et recte, sed attendant quod ait Salomon : *Ubi multæ divitiæ, multi et qui comedant eas.* Et quia quandoque ditior est pauper in tugurio, quam rex in solio, quia ille si satur est, jam nullius eget : iste multis millibus dum providere non sufficit, mendicat. Novit mundus in quos usus Cluniacus redditus agrorum, in quos pecunias, in quos decimas, in quos quæ habet expendat. Requirat prius et conferat diligenter curiosus indagator Cluniacenses et Cistercienses redditus cum expensis, et demum de divitiis vel paupertate sententiam ferat.

Sed esto, pauperes illi, divites isti ; Agatur judicio...: etc... Si misericordia impendenda est pauperi, nunquid irroganda est injuria a paupere? Si danda est ei eleemosyna, nunquid exercenda est ab eo rapina ? Monstruosum prædæ genus, si laborent divitibus sancti pauperes extorquere quod pessimi divites pauperibus solebant auferre. etc...

Contuli ego dum ex charitate rogaverunt, quasdam eis decimas: sed aliud est quod sponte Deo offertur, aliud quod violenter aufertur. Fuisset ut cumque tolerabile certis hoc et paucis locis concedere : sed tanta est per gratiam Dei multiplicatio novæ segetis, ut si velut illi exigunt, novis veteres coguntur cedere, antiquos labores oporteat deperire ; etc...

...Jam de sententia super *Gigniacenses* absque vocatione, absque audientia prælata quid dicam non invenio. Nam excepta tempestate quæ per Dominum Pontium *(abbat. Cluniac.)* excitata est, nunc primum in monachos Cluniacenses excommunicationis vel interdicti sententia ab apostolica sede promulgata est, etc...

1133.
MARRIER,
Bibl. Cluniac.
A. MANRIQ.
Annal. Cisterc.
1132.

Non se putabant nostri tale apud suum dominum meritum reposuisse, pro cujus obedientia, et servitio dicuntur se, suaque pene omnia expendisse. Sed ne jactare propria videar, ista interim conscientiæ ipsis dimitto; pro universis, quæ numerare possem, deprecans, ut Ecclesia (*Cluniacensis*) sibi a Deo commissa, etsi non augmenta saltem nulla quæ non meruit sentiat detrimenta. Memor sit se propriis manibus illam Ecclesiam consecrasse, quod ejus prædecessores nonnullos certum est præoptasse. Quam si diminuerit, videbitur destruxisse, quod visus fuerat construxisse. Insultabunt, quod jam ex parte cœperunt, nobis inimici ejus : quorum multitudo ubique, etsi non aperte contradicit, tamen aperte odit, nec cessabunt dicere, quod solent dicendo frequentare : « Ecce, Cluniacenses, habete Papam vestrum quem vobis, spreto monacho vestro, elegistis. Talem spem, talis digne sequitur merces. » Sed quid, Charissime, magni quem semper in vobis habui amoris fiducia me diffusius forte quam debui loqui compulit, rogo ne miremini, quoniam et magnum Ecclesiæ nostræ super hac de re murmur, et lingua quæ deerat mediatoris nuntii, me tanta imprimere chartis coegit verba.

Nunc igitur ea spe, qua vobis post Dominum Papam universa ecclesia Dei, specialiter Cluniacensis, innititur, laborate, obsecro, ut in melius sententia commutetur : quia mirum sapientibus videri non debet, si homini tantis totius mundi curis in diversa distracto, quilibet sua quærens subripere potuit; sed valde mirum videbitur si postquam perniciosum cognoverit, tantus pastor ovibus non providerit. Quod si præsens aliud non placet, sicut eum litteris propriis rogavi, illius novi interdicti asperitatem usque ad proximum pascha differat, quia usque ad illud tempus mittere ad eum, etiam antequam ista audirem, nuncios idoneos proposueram. Sed tempus præfixum tam breve est, ut nisi cito cum indulgentia nuntius remittatur, Gigniacense monasterium in ipsa Domini Nativitate, quod vix sine lacrymis dico, divinis officiis careat et corda fratrum nostrorum nunquam delendus sævæ amaritudinis dolor inurat. *etc.*

56.

1151.
S BERNARD.
Eugen papæ
Epist. 283.
A. MANRIQ
Annal. Cisterc.
1151.

....Apud Cluniacum *Gigniacensibus* occurrimus, spe pacis pro qua laboratum multum, elaboratum nihil. Nam totum quatriduanum laborem nostrum sola demum sequuta est ruina spei. Repetita est juxta tenorem litterarum vestrarum damnorum resarcitio, restitutio ablatorum; sed incassum. Multum visum est ad eos, quia nocuerant multum : quippe ultra triginta millia solidorum cumputatio facta est amissorum, siquidem abbatia una (ne per singula evagemur) tota destructa est. Cœterum de tantis amissis multa dimittere parati fuimus; cum illi tam minimum obtulerunt, ut venerabilis abbas Cluniacensis qui affectuosius quam efficacius, pro reformanda pace laborabat, nec dignum relatu judicaret. Itaque non provenit compositio quia reparatio tam ridicula offerebatur. Dicebant autem : Quidam maligni de nostris totum malum fecerunt. Quid ad nos? Ipsi viderint. At id quoque ridiculum. Clarum erat in tota regione, per homines Ecclesiæ hoc grande facinus perpetratum; monachos quoque affuisse quosdam, consensisse omnes. Nam qui contradiceret malefactoribus, ne unum quidem fuisse, usque ad hoc tempus audivimus. Denique ipse Dominus abbas istiusmodi tergiversatores palam refellebat, et convincebat affirmans juste ab Ecclesia repeti, quod per Ecclesiam amissum esse constabat. Ultima expectatur manus vestra in eo quod non nisi in manu valida, posse emendari satis superque probatum est.

57.

1154.
BULL. CLUN.
p. 63.

Anastasius episcopus servus servorum Dei, dilecto filio Petro Cluniacensi abbati salutem et apostolicam benedictionem. Quotiens aliqua negotia ordine judiciario in nostra præsentia terminantur, ne in dubium veniant quæ geruntur, rationabile est ea pro securitate partium litterarum memoriæ commendare. Pro controversia siquidem, quæ inter dilectum filium nostrum Eustorgium abbatem de Miratorio et fratres tuos *Gigniacenses*, super dampnis ei a fratribus ipsis illatis agitabatur, tam tu, quam ipse abbas, in nostra præsentia convenistis, et causa ipsa coram nobis

et fratribus nostris diutius tractata et diligenter discussa est. Auditis itaque utriusque partis allegationibus, ac rationibus plenarie intellectis, participato fratrum consilio, judicavimus, ut prædictus abbas de Miratorio decem et septem millia solidorum Lugdunensis monetæ, quos, licet pro pace, violenter tamen ei donaveras, usque ad primas Augusti kalendas absque contradictione tibi et monasterio tuo restituat. Post modum vero ea, quæ per eosdem fratres Gigniacenses ablata sunt, judicio dilecti filii nostri Odonis diaconi cardinalis apostolicæ sedis legati restitui facias, damna quoque illata eidem abbati resarciri, vel de ipsis ei justitiam præcipimus nihilominus exhiberi. Nulli ergo hominum fas sit hujus nostræ diffinitionis sententiam temerario ausu infringere, etc......
Datum Laterani, etc... XIV kalendas martii, indictione II. Incarnationis Dominicæ M. C. LIV. Pontificatus vero domni Anastasii IV papæ anno primo.

58.

1154.
BULL. CLUN.
p. 65.

Anastasius episcopus servus servorum Dei venerabilibus fratribus H......Bisuntino et ..... Lugdunensi archiepiscopis, salutem et apostolicam benedictionem. Quæ in Romana ecclesia ordine judiciario terminantur, in sua debent stabilitate firmiter permanere, et qui ea violare præsumunt, vel quominus impleantur quomodo libet impedire, districtæ ultioni debent procul dubio subjacere. Super causa autem quæ inter dilectum filium nostrum Petrum Cluniacensem abbatem et Eustorgium abbatem de Miratorio agebatur, talem noveritis a nobis sententiam ordine judiciario promulgatam. Ab eodem enim abbate de Miratorio pecuniam decem et septem millium solidorum Lugdunensis monetæ supra dicto filio nostro Cluniacensi abbati judicavimus esse reddendam. Verum quoniam prædictus abbas de Miratorio supra dicta sententia commotus, non accepta licentia remeavit; ut nostra sententia debeat adimpleri, statuimus quod idem abbas de Miratorio et fratres ipsius ad kalendas Augusti pecuniam ipsam Cluniacensi abbati restituant. Alioquin ex tunc, tam ipsum abbatem quam Priorem ejus vinculo noveritis anathematis innodatos, atque in eorum ecclesia, et fratribus omnibus atque conversis, ubicumque fuerint, divina sciatis officia interdicta. Vobis ergo per apostolica scripta mandamus, quatinus sententiam excommunicationis et interdicti per vestras provincias, usque ad impletionem nostri mandati faciatis firmiter observari. Datum Laterani VII kalendas maii, Pontificatus nostri anno primo.

59.

1155.
GUICHENON.
Bibl. Sebus.
p. 113.

Notum sit omnibus quod Fratres de Miratorio reddiderunt domui Cluniacensi mediantibus Dominis Eraclio Lugdunensi Archiepiscopo Apostolicæ Sedis legato, et Henrico Wintoniensi Episcopo, undecim millia solidorum Lugdunensis monetæ pro X et 7 millibus solidis, de quibus, domus prædicta Cluniacensis ab illis de Miratorio investiri præceperat pro omnibus decimis quas *Gigniacenses* exigebant; Dictum est quod fratres de Miratorio LXX solidos Ledonensis monetæ eis annuatim persolvant, et pro his, de iis inter eos perpetuo pax permanebit : De pascuis dictum est, quod illi de Miratorio pascua in terris Gigniacensibus sine damno eorum bona fide interveniente habeant. Similiter monachi Gigniacenses de propriis animalibus, pascua in terris de Miratorio habeant; Si quis etiam Gigniacensis aut ab ecclesia illa egressus, vel alius quispiam potestati eorum subditus, illis de Miratorio damna vel injurias inferret, ipse Prior Gigniaci et alii fratres illum ad restitutionem damnorum vel injuriarum bona fide compellent; si vero malefactor ille penitus a potestate Gigniaci recederet, et postea aliquis hominum suorum tam clericorum quam laicorum eundem suscipere, vel ipsi auxilium præbere, seu etiam consulere causa malignandi reperiretur, Prior Gigniaci cum aliis fratribus receptatorem vel consulatorem illum ad restituenda damna coerceret. Postquam etiam a potestate eorum foret penitus egressus, Domini archiepiscopus Lugdunensis, Episcopus Wintoniensis, abbas Cluniaci, Prior Gigniaci, et sui ipsum graviter bona fide usque ad satisfactionem persequerentur ; Similiter illi de Miratorio Gigniacensibus de suis facient, de terris vel querelis quas Gigniacenses et Fratres de Miratorio hinc inter se habent. Dictum est quod attestatione bonorum virorum si fieri possit, conveniant, ut ubi unusquisque jus suum recipiat; Si autem inter se in aliquo convenire non possint, ante dominos Lugdunensem archiepiscopum et Henricum

Wintonensem episcopum ad terminandam querelam remearent. Hoc itaque totum tam Cluniacensis conventus, quam Gigniacenses, necnon et Miratorienses laudaverunt et fieri concesserunt. Factum est etiam laudantibus et confirmantibus Dominis E. Lugdunensi archiepiscopo Apostolicæ sedis legato, Henrico Wintoniensi episcopo, P. Cluniacensi et E. Miratoriensi abbatibus, et G. *Priore Gigniaci*, quod et omnium sigilla præsenti chartæ inserta declarant. Hæc autem facta sunt anno ab Incarnat. Domini M. C. LV. VI non. martii, confirmata in capitulo Cluniacensi.

60.

1158.
BOLLAND.
August. t. 2.

CIRCUMVECTIO S. TAURINI CORPORIS

Anno M.C.LVIII. instituta, eamque comitata miracula.

Auctore anonymo.

(Ex Codice Gigniacensi.)

CAPUT I.

Circumvectionis occasio et Progressus ad cœnobium Cluniacense.

Anno ab Incarnatione Domini MCLVII qui primus erat Hugonis dominationis qui de humili monacho in magnum abbatem Cluniacensem sublimatus est villa *Gigniacensis* quæ per multa annorum curricula sub protectione sanctissimorum confessorum *Taurini, Aquilini* et Deo datæ virginis *Florentiæ* immunis ab incendio, a peste et a tempestate fuerat, quam terribilia sunt judicia Regis sæculorum, et rectæ viæ ejus, veris argumentis agnovit. Aquilone namque vento gelido et sicco vehementius solito perflante, flamma vorax de scintilla ignis concreta, quamdam domum in eadem villa combussit et inde globatim erumpens, a læva et a senestra parte, et ante sitas domos et quæque obvia excrevit, in favillam et cinerem redegit. Officinæ monachorum inibi nocte et die devote Deo servientium, quæ religioni colendæ plurimum idoneæ erant, similem sententiam destructionis susceperunt, et pœnas divinæ permissioni aut voluntati dederunt et quæ prius erant ad honorem et decorem habitantium versæ sunt in stuporem et dolorem intuentium. Sic pariter villa cum officinis in vastitatem tanquam eremi redactis, habitatores earum nimia tristitia affecti sunt, et tanquam spe vitæ amissa, quid facto opus eis esset, quid consilii inirent nesciebant. Fuerunt inter quos quidam fidei magnæ, quorum forte corda Deus inspiratione sua sic tetigit, ut profiterentur super tanta calamitate ad suffragia sancti Taurini debere conversum iri. Noverant enim ab ejus pietate multa sibi beneficia præstita, multaque solatia in visceribus misericordiæ ejus reposita; possibile esse ut tanti patroni meritis villa et officinæ fratrum a præsenti possent resurgere ruina, et ad priorem vel ad meliorem statum revocari. Unde in commune decernunt ut unicum suum refugium B. videlicet Taurinum qui per crebra miracula plurima eis compulerat beneficia, votis sedulis adirent et tanquam dormientem precibus sedulis et orationibus continuis excitarent. Placet omnibus quod communis dictat oratio, et sanctum Dei per regiones circumpositas deferendum dignum credunt, ut devotio credentium augeretur et infirmorum cura ve medela proveniret. Hac igitur spe ducti ne seducti fratres, quibus nulla nota suspicionis erat, quibus honestas reverentiam comparabat, de multis paucos quosdam eligunt quos tam sancto operi præponunt: Illi rescrantes conscientiam confessione, et legentes si qua eis inhæserat reprehensionis pœnitentia, capsam in qua sanctissima pignora continentur susceperunt.

Egressi villa sine magno pondere per loca meticulosa et periculosa sine timore et periculo Cluniacum usque veniunt: Domnus abbas Hugo, vir satis humilis in oculis suis, comperto adventu gloriosi confessoris, exultat in Domino; præcipit totam villam obviam procedere; monasterium Cluniacum omni studio, omnibus ornamentis suis adornari; *etc*.... Fit lætitia insolita populo; fit gaudium spiritale in conventu illo venerando; *etc*... (*Deinde multa narrantur miracula.*)

CAPUT II.

Ejus continuatio Lugdunum usque.

Civitas est in provincia Burgundiæ quæ *Masticus* dicitur, cui abundantiam temporalium bonorum situs loci administrat. In illa cum innotuisset jucundus adventus sancti Taurini, tota viam invadit; *etc...* Pulsantur campanæ per civitatem; *etc...* Suscipitur (*Sanctus*) cum magno honore et in ecclesia S. Petri deponitur. Ad famam miraculorum tota ejus patria commota plures in grabatis qui paralytici erant et membrorum olim habilitatem amiserant defert. Cumque advenientes tam sanos quam ægrotos ecclesia recipere non posset, quisque modo potuit occubitum sibi fecit inter et extra, *etc...*: (*Ibi multa miracula*.)

Dum inde corpus transfertur *Balgiacum* nobile *Castrum* in Lugdunensi diœcesi situm obvius factus est quidam, cum venerandum corpus deferretur, et paralyticus sanatur. Aeris tempestas orta magna subito sedatur.

A prænominato Castro fere sex milliariis burgus quidam *Cavariacus* distabat qui jure fori proprius est ecclesiæ Cluniacensis. Mulier ibi paralytica jacebat, et confessor sanavit; *etc...*

Apud locum qui dicitur *Nova Villa* monasterium est sanctimonialium quæ secundum regulam sancti Benedicti, et sub cura Abbatis Sancti Eugendi præteritos decoquere errores, et novos inducere mores Deo promiserant, ubi cum Beati viri corpus deferretur, quanta lux miraculorum effulserit longum est revolvere; *etc...*

Juxta Ararim fluvium in loco uberi ab antiquo jure fundata est Decania Cluniacensis quæ *Mons Pertalaï* dicitur: Ad hanc cum gleba inclyti confessoris Taurini delata fuisset, a monachis inibi Deo militantibus in spiritu jocunditatis et voce exultationis suscepta est; *etc...* (*Ibi miracula*.)

Burgum quemdam novum *Triverium* cum pertransiret beatus Taurinus, obvia facta est quædam mulier lumine oculorum privata; *etc.....* (*Ibi miracula*.)

Operæ pretium esse videtur breviter enarrare, quæ pœna subsequuta est infidelitatem cujusdam villæ quæ dicitur *Lehennacus* et pœna quod remedium invenit. Habitatores illius, tanquam filii Belial, corda in malum indurata habentes, non solum Sancto Dei debitam reverentiam exhibere noluerunt, sed eum ignominiose a finibus suis exterminarunt; Fratres honestate refertos qui eum deferebant, omni genere contumeliarum affecerunt; etc... (*Inde tempestas, grando, etc.*, *ortæ postea reparatæ.*)

CAPUT III.

Reditus ad cœnobium Gigniacense.

In provincia Burgundiæ, supra Rhodanum rapidissimum fluvium, civitas quædam est fundata nomine Lugdunum quæ antiqua dignitate prima est Galliæ. Ibi subjectione obedientiæ subditæ sunt tres opulentæ civitates : prima Rhotomagensis quæ caput est provinciæ quæ mutato nomine nunc appellatur Normannia, Secunda Turonensis cui præfuit magnus in oculis Dei Martinus episcopus, Tertia Senonensis quæ finis dicitur esse Galliæ et initium Burgundiæ venientibus a mari Britannico. Archiepiscopus prædictæ civitatis et Comes Matisconensis Girardus, expeditione incante facta castellum quoddam quod vocatur *Esius* quod est quasi clavus confixus in oculis civitatis Lugdunensis, reversum iri cupientes, in virtute brachii sui ferro et flammis vehementer aggressi fuerant. Dumque totis viribus elaborarent eum expugnare, duo comites Albonerus et Forensis, derepente ab insidiis erumpentes, irruerunt super eos. Impetum quorum ferre non valentes castro cesserunt, expugnationi finem fecerunt ac deinde terga eis dederunt. Illi fugientes velociter insequentes alios in ore gladio trucidarunt, alios membris mutilarunt. Hoc audito infortunio, civitas tota et vultum et habitum mutaverat, cui grandis erat materia dolendi, dum alius audiret patrem suum morti traditum, alius fratrem vel amicum ad mortem vulneratum vel aliquo membrorum privatum. His ita gestis, supervenit corpus Taurini quod dolorum multorum eis remedium fuit; etc... (*Inde miracula multa patrantur*) in ecclesia B. Nicetii in qua sanctissimum corpus depositum.

A prædicta civitate castrum quoddam *Monlosili* non multis millibus distat, oppositione sua satis jocundum. Hinc habet vineas. Inde prata multiplici flore ridentia ; proximitas Rhodani fluvii piscium penuriam pati non permittit. Hoc militaribus viris plenum, et pudicitia fœminarum adornatum, dulcem solet præstare advenientibus mansionem. In quod cum venisset inclytus Taurinus, non facile est relatu quanto studio gens illa se præparaverit in occursum ejus. etc. (*Ibique miracula multa.*)

In territorio Lugdunensi villa quædam est vocabulo *S. Christophorus* in juridictione abbatis Rainberti posita. In ecclesia illius cum quidam fideles etc... (*Ibi miracula.*)

In loco cui *Maximiacus* nomen est, quædam infirma mulier conversabatur, etc... (*Ibi miracula.*)

Villæ cui vocabulum est *Chalamont*, cum appropiaret Sanctus Dei, universus populus utriusque sexus finibus suis egressus in occursum ejus procedens, etc... (*Ibi miracula.*)

Cum inde ad vallem quæ dicitur *de Curneias* pervenisset reverentissimus confessor, turba copiosa quæ ad famam ejus convolarat, fines undique repleverat. In ea erat quidam clericus de villa *Gisiaci*, quem tanta infirmitas opprimebat ut impotentiam omnium membrorum pateretur, etc... (*Miraculo sanatur*).

Tot igitur regionibus peragratis, et immensis locorum spatiis emensis, paucisque de multis miraculis factis in scripto redactis, Sanct. Confess. Taurinus ad delectabile habitaculum suum, Gigniacense monasterium redire cœpit. Ad occursum ejus tota patria quæ cum gravi molestia absentiam ejus diu sustinuerat, ad duo milliaria prope eodem monasterio, cum Conventu fratrum vestibus albis induto obvia venit. Erat in ea muliercula quædam de burgo *Cuiselli* cui continuus langor de muliere præter naturam nihil demiserat ; jacebat tanquam simulacrum male effigiatum ; pedes, manus et omnia membra ejus non ad jucunditatem naturæ, sed ad pœnam mortis ei inerant ; qualiscumque morte vita deterior erat. At vero ubi mulier illa odoriferum juxta corpus beati viri deposita et exposita, mundissima ejus ossa concussa sunt et contremuerunt ita ut circumstantibus magnus terror incuteretur (id namque consuetudinis habebat, quando de illo virtus exire et sanare infirmos volebat).

Per hoc signum grex humillimus monachorum et devotus populus cognoscens viscera misericordiæ ejus esse commota, sese in oratione cum contritione cordis dedere. Sed priusquam ab oratione surgerent, surrexit mulier a grabato suo, et altera ab eo quæ fuerat sicut corpore ita anima mutata est. Corpus recepit diu optatam sanitatem, et anima deposuit qua gravabatur tristitiam. Mirantur omnes qui aderant et nullum sanctorum parem vel similem beato Taurino in virtute miraculorum prædicant. Reportatur ad ecclesiam suam cum magna jubilatione sanctissimus Præsul, et in sede sua cum magno honore collocatur; ubi ex tam magnis et præclaris miraculis coruscare non desistit, ad laudem et gloriam Domini J.-C. qui cum Patre et S. Spiritu vivit et regnat per omnia sæcula sæculorum. Amen.

61.

1101
Ex Chartis
Curiæ Compul.
Dolanæ.

Noverint præsentes et futuri quod ego *Haymo* prior et omnis *Ginniaci* conventus Stephano comiti Burgundiæ concessimus locum *Monteuz* super *Soram* ad faciendam munitionem ibi, et villam liberam, hac conditione ut in omnibus qui ibi instituentur vel fient omnium utilitatum medietas sit ecclesiæ nostræ. Insuper sine comitis participatione nostræ sint decimæ et cœtera jura ecclesiastica. Præterea leges per manum nostram deducentur et per manum præpositi comitis bona et sincera fide in societate. Nec liceat comiti aliquem ibi hospitari sine assensu nostro......
..... in villa *Martiaci* de unoquoque homine nostro qui ibi erat vel aliunde veniret de fossore VI denarios et minale de havena, de habentibus boves XII denarios et minale de avena. De aliis vero nostris hominibus qui ibi recipientur omnis proventus et utilitas sit communis nobis et comiti.

Eodem quoque modo dedimus comiti in villa de *Monesteys*, *Moysia*, *Morges*, *Lancette*, *Leyns*, *Sainte-Fontaine*, *Chichivere*, *Expernia*, *Exvens*, *Dompierre*, *Pollia*, *La Chirya*, *Samona*, *Broissia*, *Villa-Poillet*, *Chentria*, *Loyon*, *Crameria*, *Avenans*, *Morval*, *Florentia*, *Nantel*, *Monceyria*, *Augisel*, in hiis autem omnibus villis, prædicto modo comiti dedimus quod nostrum ibi erat.

Propter hanc donationem promittit et juravit comes se defensurum universas res ecclesiæ nostræ et præcipue *nundinas Gigniaci*. Juravit etiam ecclesiæ nostræ castellum Monteuz et nos ei, sciendum est quod nobis firmissimo juramento tenetur, ne ei vel ejus successoribus liceat alienare a propria manu sua prædictas donationes ullo modo , nec homines nostros adversum nos in aliquo manu tenere.

Actum anno Domini M.º C.º LXXXX primo.

(*Charta a clar. amico* D. Monnier *communicata*)

62.

1192.
Ex Chartis Curiae Comput. Dolanæ.

Sciant præsentes et futuri quod *Haymo* Prior *Gigniacensis* et *Rodulfus* Prior *Sancti Laurentii*, consensu conventus Ginniaci adsociaverunt comitem Stephanum in villa Sancti Laurentii et in ædificatione ejus villæ, tali pacto. Prior retinuit sibi in dominio jus ecclesiæ, scilicet oblationes , sepulturas, decimas, prata et condaminas , domos et tachiam mansorum , in censu et in aliis villæ redditibus medietatem. Comes retinuit sibi in dominio jus furti, adulterii, homicidii , violationis stratæ ; cœteras leges præpositi prioris et comitis communiter discernant, et capiant, et per medium dividant ; nec alter sine assensu alterius de hujus modi legibus quicquam possit condonare. Præterea propria familia Mensæ prioris immunis ab omni occasione legis comitis habeatur. Item comes piorque Sancti Laurentii castrum sibi ad invicem sacramentant , et quotiens præpositus mutabitur successor priori fidelitatem cum Sacramento faciet.

Datum anno ab incarnatione Domini millesimo CXCII.

(*Charta a clar, amico* D. Monnier *communicata.*)

63.

1195.
GALL. CHRIST. tom. XI.

Ricardus Dei gratia rex Anglorum, Dux Normanniæ, Aquitaniæ, comes Andegavensis, Archiepiscopis, Episcopis, Abbatibus, Comitibus, Baronibus, Justiciariis, Vicecomitibus, Senescallis, Præpositis et omnibus ministris et fidelibus suis , salutem. Sciatis nos concessisse et præsenti charta nostra confirmasse Deo et ecclesiæ beati *Taurini* primi Normannorum episcopi, pro salute animæ nostræ et antecessorum et successorum nostrorum , donationes quas antecessores nostri suo tempore et barones eorum eidem ecclesiæ fecerunt. Quæ donationes et qui eas donaverunt in præsenti charta subscribuntur. Ricardus filius Willelmi dux Normannorum qui *abbatiam* in honore *Sancti Taurini Ebroicensis* instituit, hæc quæ subscribuntur de dominio ipsi Sancto donavit, scilicet decimam telonei Ebroicensis civitatis et vice-comitatus, et hospites in eadem villa cum libertate, et burgum ejusdem ecclesiæ propinquum soli ecclesiæ serviens, et terram cum aqua, et in silva sua ligna ad omnes usus monachorum necessaria, et pastionem ad suos proprios porcos, et ibi prope villam quæ dicitur Patervillam, et dimidiam terram Isticlmaisnillam, cum dimidia parte *ecclesiæ Sancti Aquilini*; et in Ebroicensi pago *etc*.... Hominibus quoque dedit tantam libertatem in curia Sancti Taurini quantam suis hominibus in sua curia; in pago quoque Constantini, *etc*..., et liberas consuetudines per totam terram suam, et in festivitate Sancti Taurini *nundinas* totius civitatis et omnes illius diei consuetudines. Willelmus de Paccio, Mathildis filius, pro sua et parentum suorum et dominorum absolutione, *etc*... *etc*...

Data apud Vallem Radolii 15 januarii per manum Willelmi El. episcopi cancellarii nostri, anno sexto regni nostri.

64.

In nomine Domini nostri Jesu Christi anno incarnationis Dominicæ M. C. LXXXXVIII. Ego Rainaldus primæ Lugdunensis ecclesiæ minister humilis, Stephanus ejusdem ecclesiæ Decanus et Josseronnus abbas Insulæ Barbaræ cognitores causæ, ex delegatione Summi Pontificis quæ inter Dnm Nantuellinum Gebennensem episcopum ex una parte, et Cluniaci et S. Eugendi monachos ex parte alia, vertebatur; Ex eo quod idem Episcopus in quibusdam capellis quas eorum monasteria in Gebennensi episcopatu habent, sine assensu et præsentatione ipsorum instituit capellanos, cum ad præscripta monasteria de jure communi præsentationem pertinere, idem monachi constanter affirmarent. Visis et auditis allegationibus utriusque partis et attestationibus cum summo labore et sollicitudine, et virorum prudentium habito consilio: Electionem et præsentationem Capellanorum in his Ecclesiis eisdem monachis adjudicavimus, scilicet Monasterio S. Eugendi in ecclesiis de Seyssiaco et Neviduno et Episcopum Gebennensem ad restitutionem gageriæ quam habebat in Venna ab eadem Ecclesia IX libris prius ei solutis condemnamus, Monasterio Nantuaci in ecclesiis Rumil-

1198.
Guichenon.
Bibl. Sebus.
p. 299.

liaci, Ingiaci, *Gigniaci,* Talussiaci, Ameysiaci, Viriaci parvi, Chavornay, Passini, Romagniaci, Breno, Albergamenti, Corcelles, Chandore, Chantré, Serrieres, Arlos, Dorches, Villæ Billiaci et de Chanay, electionem et præsentationem adjudicavimus, Monasterio S. Victoris in ecclesia de Chillonay et ad restituendam gageriam quam eadem Ecclesia a comite habebat, præfatum episcopum condemnamus, Monasterio de Paterniaco in Ecclesia de Tela, Monasterio de Condamina in ecclesia de Thiés electionem et præsentationem similiter adjudicamus; Episcopo vero Gebennensi electionem et præsentationem capellarum in iis Ecclesiis adjudicamus in octo Ecclesiis de Boges, scilicet Sanctæ Radegundis, Seclæ, Jarsiaci, Castellaiis, Monte Capella de Certy, Allioni et in Ecclesiis de Fringe, Choclla, Chomonteti, Castellionis, Sallanchiæ, et Sanctæ Mariæ de Ripa.

65.

1204.

Ex Chartis Jurensib. aut Ledonensibus.

Gestorum memoriam veterum vigilantia iccirco literis mandare docuit ne subrepens oblivio jurgiorum posteris seminarium fieret. Unde ego *Aimo* prior *Gigniaci* et totus ejusdem ecclesie conventus, presentibus et futuris. notum facimus quod de communi consilio ascensivimus priori et fratribus *Boni loci.* decumas et quidquid obedientia de *Islacu* habebat infra terminos Boni loci. a saltu de Islacu sicut protenditur rupis de *Colundun* scilicet totum quod habebat in Arsures et ad *Sanctum Claudum* et ad fontem Guarner et ad *Chietes.* Census assignatus est Vq. solidorum Ledonensium reddendus infra octabas Sancti Martini ponendus super altare beati Petri Gigniacensis. De hac re in pace perpetuo tenenda. fidejussores dedimus priori et fratribus Boni loci. dominam Beatricem uxorem quondam Petri de Muntmoret. et duos filios ejus Jacobum et Humbertum. qui dicitur Arraguns. Propter hoc autem dederunt ecclesie Gigniaci. predicti fratres Boni loci Lxxxxta. libras Ledonenses. Actum solemniter in communi capitulo Gigniaci in crastinum videlicet apparitionis Domini. in manu domini Girardi prioris Boni loci. Hujus rei testes sunt frater Martinus conversus. Pontius sacerdos de Jeldes. Petrus de Loisia sacerdos. Pontius clericus domine de Muntmoret. Humbertus miles de Colonia. Guigo miles de Rotelei. Pontius prepositus de Loisia. Humbertus bastardus. Aimo de Doucia. Et ut hoc ratum et firmum sit. presens carta per cirographum scripta. sigillo nostro et prioris Boni loci est signata. Actum est hoc anno dominice incarnationis millesimo ducentesimo quarto.

(*Pendet adhuc sigillum Boni loci huic chartæ-partitæ*).

66.

1212.
Ex Chartis Jurensibus.

Sciant universi tam præsentes quam futuri quod ego Humbertus Arragonus de Montimoret. Sancte Marie Valliscluse Aimonique priori et servis Dei ibidem Deo servientibus hominium feci et Hubertus bastarz mecum. Ego autem in remissione peccatorum meorum et patris mei et antecessorum meorum. donavi et concessi eis pascua in omni terra mea. et unum cartallum frumenti ad seminandum annuatim *Losiaco* circa festum Sancti Michaelis receptum. Item promisi eis fidem et prestitione de cunctis meis et de aliis secundum posse meum. Item Hubertus frater meus bastardus dedit eis pascua in terra sua ; hec omnia ego Hubertus Arragonus supra testimonium sci. evangelii. juravi firmiter tenere in perpetuum et supra dictus frater meus et Petrus capellanus de Losia et Ugo Bochardus de la Rocheta et Jocerandus de Charchillia. Ipsi enim servi Dei in cunctis suis orationibus et bonis spiritualibus me et patrem meum et antecessores meos participes effecerunt. Eodem die Ugo Bochardus de la Rochetta. dedit pascua in terra sua. Hoc factum est in claustro Vallecluse, coram clericis et laicis anno ab incarnatione Domini millesimo ducentesimo duodecimo anno.

Preterea sciant universi tam presentes quam futuri quod homines Criliaci scilicet Robertus de la Raisosa et fratres sui et plures alii fecerunt. calumpniam erga domum Vallecluse, *etc....* Quibus causis ventilatis receperunt judicium a legitimis personis a Poncio capellano de Claresvaus, ab Aimone sacerdote, *etc...* Prior et predicti fratres ab illa causa liberi permanserunt in tantum quod *etc...* Hoc fuit factum in *castro Criliaci* coram Huberto Arragone et Villelmo de Rosellum. Villelmo de Charchillia et Petro capellano de Loisia. Uberto capellano de Saronia. *etc...* Et hoc totum fecerunt confirmare sigillo abbatis Grandevallis et sigillo prioris Boni loci et sigillo prioris *Ginniaci*. et sigillo dni Villelmi de Rosellum.

(*Pendebant olim quatuor sigilla.*)

66 bis.

1219.
Ex Chartis Jurensibus.

Notum sit omnibus tam futuris quam presentibus quod ego St. comes Burgundie dedi ecclesie Sancte Marie de *Chastia sub Salins*, Johanne filio meo comite Cabulon laudante decimas de *Vilerobert* et de l'*Abierement devant Vilerobert* quiete et pacifice ab eadem ecclesia in perpetuum possidendas. Prior vero et monachi ejusdem ecclesie in recompensatione hujus doni dederunt mi et heredibus meis in perpetuum possidendum quidquid habent apud *Sovens* exceptis X jujeribus terre et IIII^{or} falcibus prati et uno casali et ecclesiasticis beneficiis decimis scilicet et eleemosinis et eis que veniunt ad altare. Et ut hoc ratam et inconcussam habeat firmitatem, presenti pagine, sigillum meum apposui, et Johannes filius meus comes Cabulonum et prior ecclesie de Chastia sub Salins in veritatis testimonium et munimen. Actum anno gratie M.° CC.° XIX.°

67.

1219.
Juenin. Hist. de Tournus. p. 185.

Pontius prior *Gigniaci*, Jocerannus de Sandrediis, Guillelmus de Coloniaco archipresbyteri, omnibus ad quos præsentes litteræ devenerint, salutem in Domino. Universitati vestræ notum facimus, quod cum querela interesset inter Abbatem Trenorchiensem Guichardum nomine et conventum ejusdem loci, ex una parte, Guillelmum Custodem Sancti Stephani Lugdunensis ex altera, super dono Ecclesiæ de Cavannis quam dictus Abbas dederat Johanni de Sarsiaco Archipresbytero Balgiaci, de mandato venerabilis Patris R. Lugdunensis Archiepiscopi; apud Pontem-Vallis pariter accessimus, super quæstione donationis dictæ Ecclesiæ diligentius quam potuimus inquisitionem facientes. In primis igitur tenorem privilegiorum Romanorum Pontificum quæ secum dictus Abbas attulerat, etc... Post modum vero testes et attestationes quæ subsequuntur audivimus, etc...

Ut autem hæc memoriale perpetuum, et perpetuam habeant recordationem, sigillis nostris præsentem paginam in signum veri testimonii, duximus roborandam. Actum anno Domini millesimo CC. nono X. mense Novembri.

(*Pendebant olim tria sigilla.*)

68.

1226.
Ex Chartis Jurensibus.

Ego P. Dnus de Cusel et ego L. uxor ejus et ego Isa. filius eorum notum facimus presens scriptum inspecturis quod nos tenebamur fratribus Vallisclusæ facere quietam possessionem in helemosina quam predecessor noster p. dnus Cuselli fecerat eis de terra de Fenix. quam et dautreset et heredes ejus tenebant more Chassamenti. Cumque multe cause super hoc tractate fuissent tandem compositum ita est *Giniaci* coram *Abbate Balmensi et priore Gniniaci.* Nos siquidem de helemosinis quam fratres Valliscluse habebant Cuselli dedimus. hu. dautreset et heredibus suis vineam quam Achinboud dederat predictis fratribus et carratam feni quam dederat. r. de Gebennis in prato de la suli et l. XI : Stephanensium pro tali donacione et pro remedio anime sue et antecessorum suorum concessit predictus hubt dautreset et frater ejus et mater et heredes ejus quidquid juris habuerant in predicto territorio domui Vaucluse etc... predicti fratres receperunt eos participes in omnibus bonis spiritualibus ordinis sui. Et nos tenemur hanc composicionem facere quietam et firmam predictis fratribus et suis. In testimonium veritatis co roborata est sigillo nostro. Et sigillo abbatis Balmensis et sigillo conventus Ginniaci hec carta anno gracie m. cc. xx. vi.

(*Huic Chartæ-partitæ pendebant olim tria sigilla*).

69.

1226.
Ex Chartis curiæ comput. Dolanæ.

(*Noverint præsentes et futuri*) Quod *Pontius* prior et omnis *Gigniaci* conventus concessimus Stephano comiti Burgundiæ et successoribus ejus locum qui dicitur *Creysiacus* ita quod medietas omnium proventuum....... instituentur erit ecclesiæ Gigniaci, percipiet etiam eadem ecclesia sine participatione comitis vel hæredum ipsius decimas ejusdem loci et cœtera jura ecclesiastica, leges per manum nostram deduci debent et colligi et per manum præpositi comitis ante dicti bona et sincera fidei societate. Non licebit comiti vel successoribus ejus ibidem aliquem recipere vel hospitari absque laude et assensu ecclesiæ memoratæ. Præter hanc donationem et societatem juraverunt prædictus comes et Joannes comes Cabilonensis quod ipsi protegent et defendent res nostras et ecclesiam nostram. Juraverunt etiam prædicti comites prædictum castellum de Creysiaco nobis et nos eis : Tenentur etiam iidem comites sub eodem juramento se fideliter et firmiter observare.

Non licebit eis donationes hujus modi a propria manu sua alienare. Ullo modo non possunt homines nostros contra voluntatem nostra in aliquo guarantire vel manu tenere.

Ut et istud ratum et firmum permaneat in perpetuum præsentibus litteris apposuerunt sigilla sua jam dicti comites et nos nostrum in testimonium veritatis.

Actum anno gratiæ M.º CC.º XX.º sexto.

(*Charta a clar. amico* D. Monnier *communicata*).

70.

12. 7.
Archives
de Besançon.
M. 154.

Nos Jahans cuens de Borgone et Sires de Salins, Nos Amers Sires de Colonie, Nos *Ponz* priors de *Gignie*, Nos Hues de Rogemont mestre du Temple en Borgone, faisons sauoir à toz cex qui cestes presentes lettres verront orront, que mes sires Manassers de Cologni establis en nostre presence reconnut dist que la vile de Montagni et totes les appendices de Montagni estoient liges à la Maison dou Temple, bois, plen, pré, champ ; toz li terrages de Sainte Fontaine liges dou Temple, bois, plen, et pré, champ; la terce partie dou terrage d'Espernie bois, plen, pré, champ; la vile de Broissie deis l'aigue de Suren tant que a la terre de Montagni qui fu done d'aumosne, quant li diz Manassers fu renduz au Temple. Nos Amers sires de Coligni donames, otreames, ladite aumosne por nostre frere Manasser. Apres ceste reconnoissance nos comandames que les dites terres fussent aquiées par devant nous, liquel aquiement furent fet en tel maniere que Colons d'Esvenz jurés dit que la terre de Montagni dure deis for Richar tant que superer qui est entre le cham de Colognie, le terrage d'Espernie qui est desoz le chemin, deis l'aigue de Meirin tant que au pomer a la deschaucé, tant que au fo Ferre qui est devers Faverges, deis l'aigue de Meirin envers venz tot droit si comme ele porte contremont vers Faverges, tant comme aigue pent vers Sainte Fontaine, deis le chasne de Rissié tant que à la dois de la fontaine de Malpertuis, tant que au chasne dou Repossot, tant que au soil du molar de Sant Muris devers venz, tant que a for Richar, deis en... tot droit tant que a fo Ferré devers Lancetes. Dou terrage de Sante-Fontaine dist que il dure deis fo Ferré tant à l'aigue de Meirin, tant comme aigue pent vers Sante Fonteine. Vuchars doriolet. Haymes li clers de Sant Julien. Vullames Putoudaz. Lambers Butisac. Berars des Crucs. Robers Jalers. Haymes Aubespins. Parins juré disrent ce mame que Colons por totes choses. En tesmoig de ceste reconnoissance, de cest aguiage, pour la priere de l'une de l'autre partie, nos auons mis nostres seex en cestes presentes lettres, en tesmoig de vérité, en l'an de l'encarnation nostre Segnor qui adonecques coroit por M—CC—XXVIJ.

(*Pendaient autrefois quatre sceaux à des cordons de soie verte. D'ailleurs cette charte sur parchemin n'offre ni accents, ni apostrophes, ni lettres majuscules, ni virgules, ni point sur i; mais seulement de petits tirets ou traits après les mots, en place de virgules*).

71.

1231.
GALL. CHRIST.
t. 4.

Ego Amedeus dominus de Coloniaco omnibus præsentes litteras inspecturis vel audituris notum facio quod me hominem domini abbatis et ecclesiæ S. Eugendi profiteor et recognosco, et per fidelitatem qua erga eos teneor promisi abbati et ecclesiæ nominatæ quod quidquid boni vel adversi mihi contigerit, pro gageria quam abbas et ecclesia S. Eugendi habebant apud Jasseron a bonæ memoriæ Amedeo de Coloniaco avunculo meo: quam gageriam dominus Bernardus de Toria tunc temporis Bellicensis episcopus et abbas S. Eugendi domino Stephano de Villars nepoti suo dedit et concessit, et postea Hugo S. Eugendi abbas et ejusdem ecclesiæ conventus donum illud laudaverunt et concesserunt. Ego inquam vel mei nullatenus de cœtero propter hoc abbatem vel ecclesiam S. Eugendi poterimus in aliquo impetere vel convenire, quia medionti us bonis viris *Pontio de Moysia* videlicet tunc temporis venerabili abbate Balmensi et nobili viro domino Guidone milite de Tramelay, super hoc ego et abbas S. Eugendi plenarie concordavimus et pacem bonam fecimus, et propter hoc ab abbate et ecclesia S. Eugendi quinquaginta libras Gebennenses habui. In cujus rei testimonium et munimentum, sigillum memorati abbatis cum sigillo meo præsentibus litteris feci apponi. Actum anno gratiæ MCCXXXI, mense januario.

72.

1213.
Ex Chartis Jurensibus.

Sciant omnes tam presentes quam futuri quod Thyeboudus de l'Istinnia et Hugo frater ejus dederunt Deo et fratribus valliscluse quicquid juris habebant in prato de Larlz et in curtile quod est in territorio Sarrumniaci et omnes querelas quas habebant vel habere poterant erga fratres predicte domui guerpiverunt, et pro ista donatione habuerunt de bonis domus XIII sol. Stephanienses per partes prius V sol. postea VIII. Nepotes eorum Petrus et Hugo V sol. quia videlicet nepotes hanc donationem confirmaverunt et juraverunt super sanctum altare majoris ecclesie presente conventu monachorum ne de cetero in predictis calumpniam facerent. Sed pro viribus suis in pace tenerent. Et ut hoc ratum sit in perpetuum ad consensum utriusque partis facta fuit presens cartula et sigillo conventus *Ginniaci* in testimonium roborata. Factum est hoc tempore Vitti prioris dicte domus incarnationis Verbi anno M CC. tri ce si mo III.

(*Pendebat olim sigillum.*)

73.

1235.
Ex Chartis Jurensibus.

Notum sit omnibus presens scriptum inspicientibus quod ego Aymo capellanus de *Mayna* et fratres mei scilicet magister Willermus et Hubertus existentes in majori ecclesia Valliscluse presente conventu dedimus et obtulimus pro salute animarum nostrarum Deo et beate Marie Valliscluse et fratribus ejusdem loci quicquid juris habebamus vel habere poteramus in hereditate Bonifilii olim patris nostri quam tenebat a fratribus Valliscluse. Quod ut ratum maneat et stabile, conventum *Ginniaci*, tam nos quam fratres dicti loci, rogavimus ut presenti cutule sigilli sui apponent fulcimentum anno gracie M. CC. XXX. V.

(*Pendebat olim sigillum.*)

74.

Ego *Poncius* abbas Balmensis et prior *Gigniaci* testificor universis presentes litteras inspecturis quod Guido de Mosyaco miles in presentia mea conventui Valliscluse dedit Deo et domui Valliscluse terciam partem decime de vinea de *Fossia* que pars de jure ad se spectabat. Et ipsi fratres ei concesserunt partem, etc... Et ad preces dicti militis presenti pagine sigillum meum apposui in testimonium veritatis. Factum anno Domini M. CC. XXX. VI.

(*Pendebat olim sigillum.*)

1236.
Ex Chartis Jurensibus

75.

Notum sit universis tam futuris quam presentibus presentes litteras inspecturis quod ego *Bartholomeus* prior de *Chastel-Chevrel* et ego Humbertus capellanus de Digniaco concessimus Deo et domni Valliscluse terciam partem decime vinee de *Foissia* que pars nostra erat sub annuo censu videlicet duorum cascorum sub precio XII den. in vindemiis annuatim persolvendorum consensu et voluntate patris prioris nostri *Gigniaci* tunc abbatis Balmensis in perpetuum possidendam. Ne donum nostrum posterorum malicia perturbari valeat sigillum patris abbatis Balmensis tunc prioris Gigniaci in cujus presencia hoc factum fuit presentibus litteris apponi fecimus in testimonium veritatis. Actum anno Domini M. CC. XXX. VI. XIIII septembris.

(*Pendebat olim sigillum.*)

1236.
Ex Chartis Jurensibus

76.

Noverunt omnes presens scriptum inspecturi que ego Hugo de Tramelay, filius Fromundi pro anima mea et antecessorum meorum dedi Deo et beate Marie et fratribus Valliscluse Cartusiensis ordinis dominium quod habebam in illa omni decima quam Vil-

1237.
Ex Chartis Jurensibus.

lelmus miles de Vareys tenebat de me apud Chilinniacum. Dedi etiam predictis fratribus quicquid juris et dominii habebam a publica via versus occidentem usque ad summitatem montis de Laiserablo que videlicet publica via transit per Sarrumniacum veniens ab aquilone et tendens ad meridiem. Laudavit hoc uxor mea et heredes mei de quibus expediebat ut hoc laudaretur. Fratres vero predicti quittaverunt me de escambio quod debebam eis pro manso de Lasogeta et pro manso de Laplana et de quatuor posis terre que omnia pater meus destinaverat in obitu suo et ego tenebar reddere. Quittaverunt me etiam de dapno quod intuleram eis capiendo Stephanum fratrem Johannis prioris, pro ejus redemptione fratres supradicti dicebant se trecentos solidos persolvisse. Ut autem ista donatio et de dapnis illatis restitutio semper firma et quieta permaneat feci presentem cartam fieri et sigillis domini prioris et conventus *Ginniaci* roborari in testimonium veritatis anno gracie M. CC. XXX. VII.

(*Pendebant olim duo sigilla.*)

77.

1238.
Du Bouchet.
Hist de Coligny.
p. 61.

Nos *Rollandus* prior *Ginyaci*, Stephanus archipresbyter Coloniaci notum facimus universis præsentem paginam inspecturis, quod Willelmus dominus de Alba Spina in præsentia nostra recognovit virum nobilem Hugonem de Alba Spina patrem suum dedisse Deo et beatæ Mariæ Miratorii in puram et perpetuam eleemosynam et fratribus ibidem Deo servientibus quicquid juris habebat vel habere se credebat in hominibus istis, scilicet Petrum Delbos, Aimonem Trecart, *etc...* Cum eorum' tenementis, *etc...* Nobilis vero mulier Agnes domina Cuselli; de consilio Amedei nobilis viri et illustrissimi domini Coloniaci, et hominum suorum de Cusello ad quos spectabat ordinare eleemosinas viri illustrissimi Hugonis de Cusello nuper defuncti qui dictam eleemosinam usque nunc perturbaverat, eo quod dicebat eam esse de dominio suo, in remedium animæ dicti Hugonis et antecessorum suorum, dictos homines cum hæredibus suis et eorum tenementis in eleemosinam Deo et beatæ Mariæ Miratorii donavit quicquid juris dominus Cuselli in prædictis hominibus cum suis tenementis et omnibus appendiciis habebat vel habere dicebatur, *etc...*

In cujus facti memoriam sigilla nostra apposuimus scripto præsenti ad instantiam supra dictæ dominæ et Willelmi domini de Alba Spina qui præsens scriptum sigilli sui caractere roboravit. Testes Andreas capellanus Cuselli, Humbertus capellanus de Villa-Nova, Ansellinus capellanus Campaniæ, Amedeus dominus Coloniaci, Poncius dominus Clarævallis, Hugo dominus Monneti, Humbertus de Arceset, Stephanus, Guigo milites, Gauterus de Champania, et Guido frater suus, Willelmus Alvios et plures alii clerici et laici.

Actum apud Cusellum anno Domini M. CC. XXXVIII, in *domo Giniacensi*, mense novembri.

78.

1240.
Ex Chartis Juvensibus.

Noverint omnes presens scriptum inspicientes quod Hugo domicellus de Moysia donavit et verpivit Deo et beate Marie et fratribus Vallecluse quidquid juris et possessionis et dominii habebat ad Ginillia et in finibus ejus et in omnibus appendiciis Crolliaci, etc... etc... Presens pagina sigillo conventus *Ginniaci* in testimonium roborata fuit. Actum est hoc in ecclesia majori Valliscluse presente Petro priore ejusdem domus et conventu monachorum et dno Petro de Roseillon. Anno incarnationis Verbi M. CC. XL.

(*Pendebat olim sigillum.*)

79.

1245.
Du Bouchet.
Hist. de Coligny,
p. 62.

Nos *Johannes* humilis prior *Gigniaci* notum facimus universis tam præsentibus quam futuris præsentem cartulam inspecturis, quod Johannes dominus Cuiselli in nostra præsentia constitutus recognovit, coram nobis, et dedit domino Amedeo domino de Coloniaco quidquid ipse Johannes et sui habebant aut habere debebant aut poterant a Verie sibi et suis hæredibus quiete et pacifice perpetuum possidendum. Ita tamen quod dictus Amedeus prædicto dono dictum Johannem dominum Cuiselli de centum libris acquittavit, quas dictus Johannes dicto Amedeo de maritagio Aliæ uxoris dicti Amedei debebat. Et etiam sæpe dictus Amedeus acquittavit sæpe dictum Johannem et fratres suos sexaginta libras quas ipse Amedeus emendaverat pro fide jussione quam fecerat domino Hugoni patri ipsius Johannis domini Cuiselli. Ne autem controversia super hoc oriatur in futuro, nos ad partes utriusque partis præsenti cartæ sigilli nostri apposuimus firmitatem in testimonium veritatis. Actum anno Domini M. CC. XLIV. mense decembri.

80.

1246.
Du Bouchet.
Hist. de Coligny.
p 63.

Noverint universi præsentes litteras inspecturi et etiam audituri. Quod nos Amedeus dominus Coloniaci et Aalis uxor ejusdem Amedei dedimus et vendidimus Petro Priori domus Montismerulæ et Fratribus ejusdem loci Cartusiensis ordinis, quicquid habebamus, possidebamus, vel habere poteramus, vel possidere per nos sive per I. dominum Cuiselli quod quodmodo nomine garde, commende, defensionis, sive emptoris, vel alio modo, in tota villa de Vairia et in toto territorio de Fontanamez et in corumdem appendiciis, etc... Tradidimus etiam Priori et fratribus memoratis litteras J. domini Cuiselli quas de emptione cum ipso J. a nobis facta, etc... In cujus rei testimonium præsenti cartulæ, nos sæpe dictus Amedeus sigilli nostri apponi fecimus firmitatem, et eam Priori et fratribus tradidimus supra dictis. Nos vero *Johannes Gigniaci* et nos Johannes archipresbyter Coloniaci ad prædictarum partium præsenti cartulæ sigilla nostra apponi fecimus in testimonium veritatis. Actum ab incarnatione Domini anno M. CC. XLVI.

81.

1249.
Ex Chartis
Jurensibus.

Nos frater *Johannes* humilis prior *Gigniaci* et Johannes archipresbyter Coloigniaci notum facimus universis presens scriptum inspecturis et etiam audituris quod cum Johannes dns Cuiselli inquietaret abbatem et conventum de Balerna et eorumdem possessionem turbaret, etc... In hujus vero rei testimonium ad requisitionem et preces dicti Johannis sigilla nostra presentibus duximus apponenda. Datum Cuiselli mense Julii, anno domini M. CC. XL. IX.

(*Pendebant olim duo sigilla.*)

81 bis.

1250.
Ex Chartis Jurensibus.

Nos capitulum ecclesie sancti Michaelis de Salinis notum facimus universis presentes literas inspecturis, quod Hugo de Sovens miles et Perrecha uxor ejus, in nostra presentia constituti, dederunt et concesserunt in puram et perpetuam eleemosinam Priori et fratribus monasterii beate Marie de *Castello super Salinas*, pro remedio animarum suarum et antecessorum suorum, pratum de Molliron in territorio de *Sovens*, ultra fluvium dictum Lon, in loco dicto Sauges, totum hinc et inde circa aquam mortuam. Item dederunt quoddam casale quod dederunt Guidoni filio Ydelechi fabri de Ars. Item et tertiam partem totius grosse decime parochie de *Sovens* et tertiam partem minoris decime ejusdem parochie cujus minoris decime Renaudus de Esclens percipit tertiam partem, et major de Sovens aliam tertiam partem, ut dicebant. Item dederunt liberos Stephani dicti Becon de Fontenai, cum ipso St. et manso eorum. Que supra dicta omnia ad dictum H. de Sovens jure hereditario pertinebant, ut dicebant. Item dederunt Ydelechum fabrum de *Ars*, cum heredibus suis et manso ipsorum ad dictam P. similiter, ut dicebant jure hereditario pertinentia.. Que omnia supra dicta, ut confessi sunt coram nobis, dicti H. et P. ab nullo domino tenebant. Hec autem omnia supra dicta tali modo dederunt et concesserunt predicti H. et P. quod si alter ipsorum prius decedat, reliqus propter concessionem predictam dicti prati de Molliron, ad vitam suam tenebit medietatem campi dicti Predomengier qui campus est dicti monasterii de Castello, et tenebit iterum medietatem dicti prati de Sauges. Post decessum vero dictorum H. et P. campus et pratum predicti ad dictum monasterium de Castello revertentur libere et pacifice possidendi. In cujus rei testimonium, Nos predictum capitulum, ad preces dictorum H. et P. presentes literas sigilli nostri munimine reddidimus roboratas. Actum anno Domini millo CC.^{mo} qinqagesimo mense martio.

82.

1251.
Ex Chartis Jurensibus.

Nos Petrus de Eschalone, canonicus Valentinensis, Officialis curie Lugdunensis, notum facimus universis presentes litteras inspecturis quod, cum illustris vir Manasses quondam de Cologniaco patruus illustris viri domini Stephani de Cologniaco dominus de Andelos, recognovit omnia jura et possessiones que habebat apud Broissye, in decimis, plano, nemore et......... de Montagniaco et in quodam manso apud Corcayles...... pertinere ad priorem et prioratum ecclesie *Gigniaci*, qui mansus religiosis predicte ecclesie debebat duos solidos bonorum Viennensium et quatuor parvos annuatim censuales in festo natalis Domini. Item............ religiosis teneri annis singulis in octo solidis censualibus pro molendino de Brossyé vulgo appellato Molendinum Salvaster et dicti religiosi habebant capturam omnium piscium et piscaturam in nascia.......... que singula continebantur in quibusdam litteris inde confectis, sanis, integris, sigillatis sigillo illustris viri domini Johannis quondam comitis Burgundie et domini Salinensis anno gratie millesimo ducentesimo quinquagesimo primo.

1316. Predictus dnus Stephanus de Cologn. dnus de Andelos, etc.... attendens et considerans quod nullus debeat locupletari in jactura aliena, quod alienum capere manifeste sit mortale peccatum.......... in recompensatione omnium peccatorum et in eleemosina perpetua assignat et adlocat priori et conventui Gigniaci duodecim solidos bonorum Viennensium censuales levandos et recipiendos a dictis religiosis annis singulis in perpetuum in festo sancti Martini hyemalis super molendinum suum predictum de Broissié, etc... In cujus rei testimonium nos predictus officialis ad preces et requisitionem predicti dni Stephani etc... sigillum nostrum presentibus litteris duximus apponendum. Et nos predictus dnus Stephanus de Cologniaco, dnus de Andelos, sigillum nostrum una cum sigillo dni officialis presentibus litteris apposuimus in robur et testimonium omnium premissorum. Actum et datum presentibus magistro *Johanne de Gigniaco* et magistro Johanne de Charnoz testibus ad premissa vocatis, octavo decimo die mensis junii. Ego vero predictus juratus presentes litteras expedivi sub signo meo; anno dni M° CCC.° sexto decimo.

(*Pendebant olim duo sigilla.*)

83.

Ego Guido de Trenay miles et ego Guillelma uxor dicti Guidonis notum facimus presentes litteras inspecturis, quod nos, pro remedio animarum nostrarum et predecessorum nostrorum dedimus et concessimus in puram helemosinam ecclesie Valliscluse et fratribus ibidem Deo servientibus partem cujusdam vinee site in territorio des peytieres juxta vineam *etc.* . in clauso Valliscluse et de illa parte nos devestientes priorem Valliscluse nomine helemosine in veram et puram misimus possessionem et promisimus bona fide, *etc.* . Pro hujus modi donacione seu helemosina supra dicti fratres dederunt nobis triginta sex sextarios vini et fecerunt nos participes bonorum suorum spiritualium que in ecclesia sua facta fuerunt ut de cetero fient. In cujus rei testimonium presentes litteras sigillo religiosi, viri J. prioris *Gigniaci* et sigillo J. capellani Cuyselli fecimus roborari. Actum anno Domini M CC L tercio mense octobri.

(*Pendebant olim duo sigilla.*)

1253.
Ex Chartis Jurensibus.

84.

Ego Humbertus dictus Arragons dominus de Loysiaco, miles, Notum facio universis presentes litteras inspecturis quod dedi *etc...* Deo et beate Marie et fratribus Valliscluse in puram elemosinam pro salute anime mee et antecessorum meorum, Gaudomarum de Loysiaco et heredem ejus cum manso suo et tenemento pro quodam cartallo frumenti seminandi promisso quondam domui supra dicte et ei retento. Pro cujus recompensatione dictus Gaudomarus successores ejus et heredes tenentur reddere annuatim prefate domui dictum cartallum frumenti seminandum et unum cartallum avene et duodecim denarios in festo Sti. Michaelis. Que omnia promisi per juramentum meum super Scta Dei evangelia prestitum, *etc. etc...*, Et ut ratum et firmum sit, sigillum conventus *Gigniaci* cum sigillo meo presentibus apponi feci in robur et testimonium veritatis. Actum anno Domini M CC L mo quinto, mense junii.

(*Pendebant olim duo sigilla*).

1255.
Ex Chartis Jurensibus.

85.

1255.
Ex Chartis Jurensibus.

Nos. G. prior *Gigniaci* et A. prior Vallisclusæ Cartusiensis ordinis, notum facimus universis presentes litteras inspecturis, et nos nobilis vir Johannes dominus de Marrigniaco, natus nobilis viri J. comitis Burgundie domini Salinensis, laude et consensu nobilis mulieris B. uxoris sue et filiorum ejus Hugonis videlicet et Johannis, spontaneus et ex certa sciencia, non vi, nec dolo inductus ad hoc, vendidit et tradidit religioso viro L. abbati sancti Eugendi nomine ecclesie sue Sancti Eugendi tertiam partem ville et territorii de Nermiez cum pertinenciis et hominibus universis, terris, aquis, nemoribus, justiciis et rebus aliis quocumque nomine censeantur ad dictam tertiam partem spectantibus, et generaliter omnia illa que habebat in dicta villa et territorio seu habere poterat modis omnibus ut debebat, que omnia ad dictam ecclesiam ratione feodi pertinebant, pro quatuor viginti et decem libris Stephaniensibus quas ab eodem abbate recepit: Idem Johannes habuit totaliter integre in pecunia nummata prout idem Johannes confessus est coram nobis qui de dicta villa se devestiens dein abbatem nomine sue ecclesie investivit, etc... In cujus rei testimonium ad preces predictorum in presenti carta contentorum ipsam roboravimus una cum sigillo ipsius Johannis nostrorumque munimine sigillorum. Datum IIII idus octobris anno Domini M CC. quinquagesimo quinto.

(*Pendebant olim tria sigilla*).

86.

1264.
(Ex Chartis curiæ comput. Dolanæ.

Nos Johannes comes Burgundiæ et Dominus Salinensis notum facimus universis præsentes litteras inspecturis quod nos vidimus et diligenter de verbo ad verbum inspeximus litteras infra scriptas, non cancellatas, non abolitas, nec in aliqua sui parte vitiatas quarum tenor talis est : Noverint etc... Sciant etc... Noverint etc... (Vid. Cart. 61. 62. 69. *suprà*).

Quia autem propter vetustatem præcedentium litterarum......ne in quartis aut in sigillis earum....... scriptionis emergeret in futurum. Ne quicquam calumniæ posset objici contra illas Ex eo quod nos nec pater noster prædictus loqui videbamur in iis nisi per appositionem sigillorum nostrorum. Idcirco............ qui in præsentiarum existim......... remedium animæ meæ et animarum progenitorum nostrorum diligenti deliberatione præhabita, præmissas litteras ex certa scientia............ quoad vetustatem vel corruptionem si quæ est in illis vel sigillis earum, seu in forma dictationis simplici vel aliud hoc quod nos vel pater noster Stephanus comes Burgundiæ....... loqui nisi per appositionem nostrorum sigillorum, quibus nihilominus authoritatem nostram omnimode impertimus. Et quas verum fatemur continere per hanc.............. Et ne illas oporteat de cœtero exhiberi hanc pro illis cum solemnitate publica debita. Volentes et statuentes ut hæc præsens littera quantum ad omnia præmissa in præsenti carta conscripta, omne.......obtineat et plenariam firmitatem contra nos et hæredes successoresque nostros sicut a nobis eam habentes, ita quod nulla exceptione vel aliqua ratione repelli aut elidi valeat vel infirmari quominus nos et...... à nobis eam habentes perpetuo teneantur ad omnia præmissa firmiter..... fideliter adimplenda secundum ea quæ superius sunt expressa. In quorum verum testimonium et robur perpetuum sigillum nostrum præsentibus litteris publicari et......... duximus opponendum.

Datum anno Domini m°cc.°lx° quarto, mense novembris.

(*Carta a clar. amico* D. Monnier *communicata*).

87.

Ego Guillelmus dominus Coloniaci Notum facio universis præsentes literas inspecturis. Quod mota discordia seu controversia super querelis et controversiis, quas ego et Religiosi viri frater. Amedeus abbas monasterii Miratorii et conventus ejusdem loci habebamus ad invicem seu poteramus habere usque ad diem Pentecostis proximum præteritum; Ego dictus Guillelmus pro me et successoribus meis et dicti Abbas et conventus pro se et successoribus suis, super dictis querelis et controversiis compromisimus, tanquam in arbitros seu amicabiles compositores, in viros discretos videlicet Magistrum Guillelmum Rectorem ecclesiæ Champaigniaci, et dominum Aimonem Rectorem ecclesiæ de Maduay, et in dominum Jocerandum capellanum de *Gigniaco* pro

1270.
Du Boucuet.
Hist. de Coligny.
p. 72.

superioti, et cœteris tam a me quam a dictis Abbate et Conventu electis. Et promisimus ego Guillelmus pro me et successoribus meis, et dicti Abbas et Conventus pro se et successoribus suis, et per juramentum tam a me quam a dictis Abbate et Conventu præstitum, et sub pœna centum librarum Viennensium hinc ac inde promissa solemniter stipulata ; Quod nos prædicti tres videlicet Magister Guillelmus, dominus Aimo et dominus Jocerandus super dictis querelis et controversiis alte et basse dicerent; pronuntiarent et ordinarent inter nos super dictis controversiis, aut querelis arbitrando seu amicabiliter componendo servaremus, attenderemus aut adimpleremus : Qui videlicet Magister Guillelmus, dominus Aimo, et dominus Jocerandus, dictum compromissum in se suscipientes, auditis et intellectis quicquid coram ipsis tam ego quam dicti Abbas et Conventus dicere et proponere volumus dictum suum seu arbitrium in me, pro me, et dicto Abbate pro se et dicto Conventu suo præsentibus in hunc modum concorditer protulerunt.

Dixerunt enim et arbitrati fuerunt, Quod dicti Abbas et Conventus pascua et usagia in omni terra mea, et in omni dominio meo in perpetuum habeant, et haberent hoc salvo, Quod si animalia dictorum Abbatis et Conventus in eundo vel redeundo alicui ex hominibus meis damnum inferent vel inferrent, dicti Abbas et Conventus tenerentur ad restitutionem æstimationis dicti damni.

Item dixerunt seu arbitrati fuerunt; Quod dicti Abbas et Conventus haberent et habeant in nemoribus meis usibus suis præcipuis necessarias, secundum quod in cartis seu instrumentorum dictorum abbatis et conventus seu monasterii supra dicti continetur.

Item dixerunt seu arbitrati fuerunt, Quod dicti Abbas et Conventus possent et possunt vindemiare vineas suas quam habent dicti Abbas et Conventus apud vineam dictam de Fayo, quam de novo plantare seu ædificare fecerunt dicti Religiosi in campo quod vulgariter nuncupatur *Campus Odonis*, prout de magna vinea ipsorum Abbatis et Conventus usque nunc extitit consuetum, et quod custodes quas ego dictus Guillelmus vel successores mei ponent, deinceps in vineis de Castellania *Chevrelli* custodiendis præsentent se dicto abbati pro vineis ipsius et dicti monasterii Miatorii custodiendis et jurent dicti custodes coram dicto abbate se dictas vineas fideliter custodire. Et in fine vindemiarum dictus abbas dictis custodibus, et pro labore suo, seu pro custodia dictarum vinearum quod ipsi abbati placuerit. Ita quod dicti custodes nihil ultra a dicto abbate exigant seu petant.

Item dixerunt seu arbitrati fuerunt quod dicti abbas et conventus esclosam molendini eorumdem siti subtus vineam ipsorum abbatis et conventus, quam esclosam ipsi volebant construere de lapidibus; et ego ipsam esclosam fieri prohiberem seu prohibebam, fecerant si eis placuerit de lapidibus, ita tamen quod pro hoc alii nullum præjudicium generetur.

Item dixerunt seu arbitrati fuerunt quod dicti abbas et conventus nemus de *Osseo* cum meis appendiciis habeant, teneant et possideant tanquam suum proprium pacifice et quiete, et de ipsis nemore et appendiciis suam faciant plenarie voluntatem reservato tamen hominibus meis de *Gisiaco* usu quod habere consueverunt ab antiquo in prædictis nemore et appendiciis.

Item dixerunt seu arbitrati fuerunt; Quod ego vel quicumque fuerit de *Chanello* in hominibus dictorum abbatis et conventus in Castellania Chevrelli manentibus, quæ de dominio vel eleemosinis illorum de *Alba Spina* processerunt, nullum bannum seu legem vel emendam habeant, exemptis hominibus dictorum abbatis et conventus apud *Cusiacum* manentibus: ita tamen quod ego dictus Guillelmus possum ponere bannum in pratis, vineis et arboribus ad dudum meum spectantibus, ita quod si homines dictorum abbatis et conventus inciderent vel inciderint in bannum meum, ego possim ab ipsis habere et levare bannum vel talem emendam qualem levare et habere consuevi pro prædictis.

Item dixerunt seu arbitrati fuerunt quod fovea illa quæ Stagnum appellatur, dicta subtus domum ipsorum abbatis et conventus juxta ripariam, cedat et remaneat dictis abbati et conventui et monasterio supra dicto, et quotiescumque contigerit dictum abbatem vel successores suos declinare ad domum suam de vinea apud *Sinciacum*, dictus abbas seu successores sui posset vel possint, faciat vel faciant piscari in riparia de *Gisiaco* et de *Cosancia* ad proprium usum suum et suorum sine bonni occasione.

Item dixerunt, arbitrati fuerunt, seu ordinaverunt de territorio quod vulgariter appellatur de Cheneviris, quod a metis illis, quas dicti arbitri et dictis abbate et conventu præsentibus et consentientibus pro dicto territorio dividendo, posterum cedat in perpetuum ad jus abbatis et conventus prædictorum, vel etiam proprietatem eorumdem pars illa, sive terra illa quæ protenditur ab inde versus *Grangiam de Nons*; ex alia vero parte cedat in jus meum et proprietatem et meorum in perpetuum illa terra quæ protenditur a dictis metis positis versus publicum iter de *Cusello* et *Loysiaco*, hoc tamen salvo quod dicti arbitri retinent et retinuerunt sibi, me et dictis abbate et conventu volentibus et consentientibus, adhuc inquirere si dictum terragium de *Chanelles* ulterius versus alta Fay se extendat, et habita seu facta inquisitione; seu facta inde probatione legitima, ego dictus Guillelmus et dicti abbas et conventus tenemur et promisimus parere dicto seu ordinationi ipsorum dictorum arbitratorum. Sciendum est etiam quod ego dictus Guillelmus visa et considerata de consilio amicorum meorum utilitate mea, permutavi seu in escambium dedi dictis abbati et conventui molendinum meum de Gisiaco prope rupes et quandam peciam terræ meæ sitam juxta dictum molendinum. Et dicti abbas et conventus dederunt mihi pro prædictis molendino et pecia terræ emynagium et forvagium *Sancti Amoris*, et quinque solidos Viennenses censuales, quos habent dicti abbas et conventus apud Sanctum-Amorem, ita quod a rupe de Gisiaco aqua totius ripariæ de Cosaucia oritur usque ad molendinum *Brutinorum*, non possim per me vel per alium facere seu ædificare molendinum, et quod batita nostra et folli quæ modo sunt seu extant in villa Gisiaci, in molendinum converti non valeant in futurum

Item dixerunt et arbitrati fuerunt quod si forsitan molendina monasterii Miratorii quæ sunt in villa Gisiaci et molendinum quod habent dicti abbas et conventus subtus vineam dictorum abbatis et conventus dicto molendino adjacentem propter illuviones aquarum et propter alia impedimenta necesse alibi fuerit transportata, ut liceat superius et inferius transmutare, ubi dicti abbas et conventus sibi melius viderent expedire, tamen sine præjudicio et gravamine alieno.

Item ego dictus Guillelmus laudo, approbo et confirmo, omnes eleemosinas, libertates a me et praedecessoribus meis ecclesiæ dicti monasterii Miratorii factas, secundum quod in cartis abbatis et conventus praedictorum super his confectis plenius continetur.

In cujus rei testimonium ego præfatus Guillelmus præsentibus literis sigillum meum appono, et tam ego dictus Guillelmus quam abbas prædictus rogamus venerabilem virum Officialem Lugdunensem, ut præsentibus literis sigillum suum una cum sigillo meo apponat in testimonium veritatis etiam præmissorum. Nos vero præfatus Officialis Lugdunensis ad preces Guillelmi et abbatis prædictorum præsentibus sigillum nostrum una cum sigillo dicti Guillelmi duximus apponendum, in robur et testimonium veritatis omnium præmissorum. Datum et actum anno Domini millesimo ducentesimo septingentesimo mense junio.

88.

Anno Domini millesimo ducentesimo septuagesimo secundo mense septembris, hæ sunt fidelitates Nobilium terræ Baugiaci factæ nobili viro Domino Amedæo de Sabaudia Domino Baugiaci, etc....

Item domina Beatrix uxor quondam domini de *Luaysi* facto hommagio-ligio, jurata fidelitate, confitetur tenere a domino Baugiaci in feodum ligium castrum de Belvici cum pertinentiis et appenditiis universis, et feodo et retrofeodo, salvo feodo quod tenet a priore *Gigniaci*, et feodum dictum Logalos et feodum dictum Lopelachaz. etc...

Poncetus de Gigniaco facto hommagio ligio et jurata fidelitate, salva fidelitate domini Sancti-Amoris, recognoscit se tenere in feodum pro uxore sua, quidquid tenet in villa et territorio de *Avignion*, etc...

1272.
GUICHENON.
Hist. de Bresse.

89.

Nos Johannes dictus Ruphus, Guillelmus et Poncius fratres filii quondam Bunoudi de Loysiaco notum facimus universis presentes litteras inspecturis, quod cum causa sive discordia verteretur inter nos ex una parte et viros religiosos priorem et conventum Valliscluse, etc....

1276.
Ex Chartis Jurensibus.

Quia vero sigilla propria non habemus rogamus et requirimus nobilem dnam nostram Catharinam dnam Cuyselli et virum venerabilem et religiosum *Gaufredum* priorem *Gigniaci* ut sigilla sua que autentica reputamus presentibus litteris apponant in signum et robur et testimonium omnium predictorum. Et nos dicta Catharina dna Cuyselli et dictus Gaufredus prior Gigniaci ad preces et requisitionem, *etc...* sigilla nostra apposuimus, *etc....*

Datum et actum anno dni M.º CC.º septuagesimo sexto mense octobris.

(*Pendet adhuc sigillum Catharinæ Montoelli*).

90.

1277.
Ex Chartis Jurensibus.

Ego Stephanus de Sivriaco burgensis de Cuysello notum facio, *etc...* rogo et requiro viros venerabiles et religiosos Parisium abbatem Miratorii et *Guillermum* priorem *Gigniaci*, ut sigilla sua que pro autenticis habeo presentibus litteris apponant una cum sigillo mei dicti Stephani in testimonium predictorum ; *etc...* Et nos dicti abbas et prior ad preces *etc....* Datum anno dni M.º CC.º septuagesimo septimo mense januarii.

(*Pendebant olim tria sigilla.*)

91.

1277.
Ex Chartis Jurensibus.

Ego Jacobus dictus Vitalis burgensis de Cuysello notum facio *etc...* Rogans et requirens venerabiles et religiosos viros Parisium abbatem Miratorii et *Guillermum* priorem *Gigniaci* ut sigilla sua que pro autenticis habeo presentibus litteris apponant una cum sigillo mei dicti Jacobi in testimonium predictorum, *etc...* Et nos dicti abbas et prior ad preces *etc...* Datum anno dni M.º CC.º septuagesimo septimo, mense januarii.

(*Pendebant olim tria sigilla.*)

92.

1278.
MARTENNE,
Thes. nov. t. 4.

EX STATUT. ORDIN. CISTERCIENSIS ann. 1278.

Art. 31. Petitio episcopi Ebroicensis qui petit festum sancti

Taurini fieri in sua diœcesi, exauditur, et fiat de eo sicut de beato Remigio.

93.

Nos Jacobus dominus de Crilliaco et de Loysiaco notum facimus universis presentes litteras inspecturis *etc...*

Quia vero sigillum proprium non habemus rogamus et requirimus viros venerabiles et religiosos *Guillermum* priorem *Gigniaci*, et conventum ejusdem loci, et benignum nepotem nostrum Nicholaum Rolliardi curatum de Cuysello et Dominum Petrum capellanum Loysiaci ut sigilla que in hac parte auctentica reputamus presentibus litteris apponant in testimonium omnium predictorum. Et nos dictus Guillermus prior Gigniaci, et dictus conventus, et *etc...* sigilla nostra apponimus. Datum anno dni M.º CC.º septuagesimo nono mense septembri.

(*Pendebant olim quatuor sigilla.*)

1279.
Ex Chartis Jurensibus.

94.

Nos frater *Guillelmus* humilis prior *Gigniaci* totusque ejusdem loci conventus notum facimus universis presentes literas inspecturis. Quod nos cum plena et sana deliberatione confitemur et recognoscimus. legitimam illam custodiam. quam vir bone memorie Johannes quondam comes burgundie et dominus Salinensis. ac ejus predecessores, in ecclesia nostra Gigniacensi. cum suis pertinenciis sine prisia seu exactione aliqua hactenus habuerunt eodem modo legitime pertinere ad nobilem virum dominum Johannem de Cabilone comitem anthisiodorensem ejusdem filium cui eandem predictus pater suus in sua bona memoria tradidit et concessit. eumdemque fuisse post modum et esse in possessione pacifica de eadem. Quam quidem legitimam custodiam sine prisia seu exactione aliqua per se vel per alium faciendam nobis personis et rebus ecclesie nostre in posterum fideliter exhibere, et bona et res ecclesie nostre pro posse suo legitime custodire. In cujus rei robur et testimonium sigilla nostra presentibus litteris duximus apponenda. Datum anno M.º CC.º septuagesimo nono mense januarii.

1279.
Ex Chartis Bisuntinis.

(*Pendent duo sigilla de quibus* VID. *Not.* 3°, *p.* 49.)

95.

1289
Ex † Gurtis Jurensibus.

Ego Johannes, Ruffus de Loysiaco notum facio universis *etc.*

In cujus rei testimonium sigilla domini Guillelmi de Forcis vicarii Cuyselli, *Stephani de Gigniaco* et Thomasseti Coledroni burgensis Cuyselli feci presentibus litteris apponere in testimonium veritatis. Datum anno Domini M.º CC.º LXXX.º nono, mense aprilis.

(*Unum adhuc pendet e tribus sigillis.*)

95 bis.

1293.
Archives du Jura.

Nos Othes coens palatins de Bourgongne, et sires de Salins facons sauoir a touz. Que li emglise de *Chastel sur Salins* les personnes et tote li terre, et li mambre de celi sont en nostre bone garde. Et dauons les personnes, les biens et les homes de la dite emglise garder en tel maniere que nos ne dauons ne poons panre en garde nuls des homes de la dite emglise de Chastel ne entrer de nouel en droit, en jurisdictions, en possessions, ou ens prieres diceli contre la volenté dou prior de Chastel qui or y est ou qui y serai, ne aidier ne defendre ne maintenir les homes de la dite emglise contre lou prior dou dit leu. Aincois volons que li priours qui y est et cil qui apres lui y saront se joient et esplaitoient de leur homes en quelque leu quil soient en notres fins et au destroit de nostre contey de Bourgongne et de la seignorie de Salins et autre part. Et deffendons a touz nos bailliz, Chasteleins, maiours et sergenz et aus autres nos officiaus et subgiez qui y sont et saront ou tamps a auenir quil au priour de la dite emglise qui or y est et a cels qui y saront ne empaichoient ou destorboient contre li diz priours et sui successours ne sesplaitoient de leur homes et de leur biens. En tesmoignaige des quels choses dessus dites, Nos auons baillies au priour de Chastel ces lettres saelées de nostre seal. Données en Bracon le mercredy devant feste saint Barnabé lapostre, l'an de grace mil dous cenz nonante trois.

(*Pend un grand sceau représentant un homme à cheval l'épée à la main*).

96.

Nos frater *Guillelmus* humilis prior *Gigniacensis* totusque ejusdem loci conventus. Et ego Guillelmus filius quondam Raymundi prepositi quondam de *Grayes* notum facimus universis presentes litteras inspecturis quod Nos, visa et cognita evidenti utilitate nostra presenti et futura, facimus inter nos invicem permutationem de nostris hominibus et de eorum tenementis et aliis terris et rebus nostris hic inferius annotatis, videlicet in hunc modum.

Quod ego dictus Guillelmus nullo errore lapsus, non vi, non dolo, non metu inductus, nec ab aliquo circonventus, sed ex plena et mera deliberatione certus, sciens, prudens et spontaneus, visa et considerata utilitate mea et meo commodo evidenti, do, trado, cedo et concedo, et quitto pro me et meis in perpetuum dictis religiosis dominis meis et eorum successoribus, nomine et ex causa legitime permutationis, quidquid juris, juridictionis, proprietatis, possessionis, reclamationis, usagii et consuetudinis, de jure seu de facto habeo vel habere possum et debeo, seu habere visus sum, in toto parrochiatu de *Loysiaco* et de *Grayes* et in toto parochiatu de *Gigniaco*, et in dictorum parrochiatuum territoriis universis videlicet in hominibus presentibus et futuris et eorum tenementis, in domibus, casalibus, curtilibus, molendinis, battentoriis, exclosia, in terris cultis et non cultis, pratis, aquis, aquarum decursibus, nemoribus, taliis, usagiis, servitiis, pascuis, tachiis et communibus, juribus et juridictionibus et rebus aliis quibuscumque omnibus censeatur, que quidem omnia tenebam et tenere debebam in feodum ligium, a dictis Religiosis Dominis meis, de quibus universis et singulis supra dictis devestio me et meos successores, et eosdem Religiosos dominos meos investio per presentes litteras, nomine et ex causa quibus supra et in possessionem corporalem vel quasi et vacuam induco et mea integritate qua predicta tenebam seu tenere et possidere debebam tempore contractus permutationis supra dictæ, de quibus predictis Religiosis aliqua declaravi prout in quadam cedula sigillo meo proprio et sigillo religiosi viri Amedei abbatis Miratorii sigillatæ plenius continetur. Que quidem in predicta permutatione mei juris que specialiter nominavi et ea supra dictis Religiosis legi-

1294.

Ex Chartis Cuseileisib.

time contra omnes garentias promisi dictos Religiosos dominos meos presentes et recipientes dictas donationem, traditionem, cessionem, concessionem et investituram, nomine supra dicto, nihil juris, proprietatis, possessionis seu reclamationis, mei vel meis in eisdem de cetero penitus retinendo. Cedo etiam et concedo dictis Religiosis et eorum successoribus omnia jura, omnesque actiones reales et personales, mixtas, utiles, et directas, et petitorias, reique persecutorias et alias quascumque mihy et meis compententia et competitura, competentes et competitura, in predictis et singulis predictorum contra quascumque personas et alias predictorum ipsa jura et ipsas actiones in ipsos Religiosos dominos meos et eorum successores totaliter transferendo, constituens ipsos procuratores in rem suam, et efficiendo ipsos veros et proprietarios possessores omnium predictorum, prout melius et utilius dici seu intelligi potest et firmius fieri, quocumque jure, et quocumque modo, et quacumque ratione, et consuetudine ad totam utilitatem dictorum dominorum meorum et ecclesie Gigniacensi predicte.

Et e converso, nos dicti prior et conventus, deliberato et habito inter nos communi et sano consilio, et etiam cum pluribus viris fide dignis, discretis et amicis nostris et ecclesie nostre, videntes et consentientes in hoc facto evidentem utilitatem nostram et dicte ecclesie nostre presentem et futuram, et conditionem nostram et ecclesie nostre melioratam fore, damus unanimiter et concorditer, nomine et ex causa permutationis, et in recompensationem predictorum nobis a dicto Guillelmo datorum, tradimus, cedimus et concedimus et quittamus in feudum ligium perpetuum dicto Guillelmo et heredibus ejus in perpetuum qui pro predictis vel de predictis erunt vassali nostri ligii quidquid juris, proprietatis et possessionis, juridictionis et dominii, consuetudinis et usagii habemus et habere possumus et debemus, seu habere visi sumus in toto parochiatu et territoriis et appenditiis universis et singulis de *Domomartino* et de *Varennes* et de *Cheleres* et in villa de *Crosis* sita in parrochia de *Frontenay* et in eorumdem parochiatuum de Domomartino et de Varennes territoriis et appendentiis universis, videlicet in hominibus et eorum tenementis, in omnibus terris cultis et non cultis, pratis, pascuis, aquis, nemoribus, tachiis, censis, servitiis, usagiis, servitutibus, et rebus aliis omnibus mobilibus et immobilibus quibuscumque rebus consistant in predictis parochiatibus et territoriis de Domomartino et de Varennes territoriis et appendentiis universis quibuscumque nominibus censeantur, prout melius et sanius dici seu intelligi potest et debet ad totam utilitatem dicti Guillelmi et ejus heredum vassalorum nostrorum ligiorum, salvis tamen et retentis nobis nominatim et expresse nostrisque successoribus in perpetuum, pleno jure patronatus in predictis parochiatibus, et omnibus decimis, et spiritualibus sepulturarum oblationibus que in predictis locis et pertinentiis et parochiatibus supra dictis ratione patronatus percipimus et habemus et que nobis evenire poterunt in futurum. Dedimus tamen eidem Guillelmo suisque heredibus, nomine et ex causa permutationis predicte, in augmentationem feudi supra dicti, viginti quartalla bladi percipienda, habenda et levanda, annis singulis, tempore messium in fructibus decimarum nostrarum de Domomartino et de Varennis, medietatem videlicet frumenti et medietatem siliginis, quos fructus in predictis decimis nostris tempore messium percipimus et habemus. De quibus omnibus et singulis supra dictis datis a nobis dicto Guillelmo et ejus heredibus qui proinde erunt vassali nostri ligii, devestimus nos de eisdem, et nomine et ex causa et modo quibus supra investimus et in possessionem corporalem vel quasi et vacuam per presentes litteras inducimus dictum Guillelmum tanquam vassalum nostrum ligium presentem et recipientem pro se et dictis heredibus dictas donationem, traditionem, cessionem, concessionem et investituram sibi a nobis factas. Nomine causa et modo quibus supra cedimus insuper et concedimus dicto Guillelmo et ejus heredibus omnia jura et omnes actiones reales et personales, mixtas, utiles et directas, civiles et petitorias, reique persecutorias et alias quascumque nobis competentia et competitura, competentes et competituras in predictis omnibus et singulis dicto Guillelmo a nobis datis et etiam contra quascumque personas ratione eorumdem, et ipsa jura, et ipsas actiones reales et personales in eundem Guillelmum et in dictos ejus heredes totaliter transferimus et mandamus constituentes ipsum Guillelmum procuratorem nostrum in rem suam, prout melius et utilius dici seu intelligi potest, seu jure, seu quacumque consuetudine, ad totam utilitatem dicti Guillelmi et dictorum ejus heredum.

Renunciavimus autem in hoc facto ex certis scientiis, nos dicti prior et conventus sub fide et voto religionis, et ego dictus Guillelmus per juramentum meum super sancta Dei evangelia corporaliter prestitum exceptionibus infra scriptis, videlicet doli et in factum dicte permutationis ex causis legitimis non facta, omni deceptioni, lesioni et gravamini, et omni auxilio et beneficio juris canonici et civilis introducti et introducendi, et omnibus gratiis et indulgentiis Ordini Cluniacensi a Sede Apostolica sub quacumque forma verborum concessis et concedendis, juri dicenti generalem renunciationem non valere. Promittentes nobis invicem sub prestitis fide, voto et juramento pro nobis et successoribus nostris, nobis invicem ita fieri stipulantibus non venire, ullo tempore, in toto vel in parte, per nos vel per alium, contra ea que in presentibus litteris continentur.

Rogans autem et requirens ego dictus Guillelmus illustrum virum dominum Johannem de Cabilone comitem Allysiodorensem et dominum Rupisfortis et discretum virum Galteryum de Changeyo canonicum Eduensem et officialem Lugdunensem pro domino episcopo Eduensi gerente administrationem archiepiscopatus Lugduni ipsius, sede vacante, ut sigilla sua presentibus litteris apponant, una cum sigillo meo, quod presentibus litteris appono in testimonium veritatis; et nos dictus Johannes de Cabilone, comes Allysiodorensis et dominus Rupisfortis, sigillum nostrum, et nos officialis Lugdunensis sigillum dicte curie nostre Lugdunensis, ad preces et requisitionem dicti Guillelmi de Grayes presentibus litteris duximus apponenda. Datum anno Domini millesimo ducentesimo nonagesimo quarto, mense martii.

(*Charta a clar. dom.* Guichard *communicata.*)

96 bis.

1295.
Ex Chartis Jurensibus.

Ego Jacobus curatus ecclesie de *Sovans* notum facio universis presentes literas inspecturis, quod ego admodiavi et retinui ad vitam meam duntaxat a religioso viro et honesto *Odone* priore de *Castro supra Salinum* omnes decimas suas quas habet grossas et minutas aut habere debet et potest, nomine suo et ecclesie sue de Castro, in terris que excoluntur in toto finagio et territorio de *Sovans* et de *Banc*, et quicquid juris habet dictus prior in eisdem;

nomine quo supra, pro sexdecim libris usualis monete, singulis annis. Quam pecunie summam promitto bona fide reddere et solvere quolibet anno sine contradictione aliqua predicto priori vel ejus certo mandato, infra octabas festi beati Bartholomei apostoli. Si vero in solutione predictarum sexdecim librarum defectio, quod absit, ad terminum supra dictum, promitto et teneor predicto priori omnia damna, costamenta, missiones et expensas, etc.... resarcire, etc.... In cujus rei testimonium presentibus literis ego predictus curatus de Sovans sigillum meum apposui Actum et datum anno Domini millesimo ducentesimo nonagesimo quinto, mense maii.

(*Ex apographo antiquo.*)

97.

Je Jacques de *Gigney* prestre curiez de *Espy*. fais sauoir a touz ces qui verront et orront ces presentes letres. que je bien appensez et connoissant mon grant en cen facent senz force senz paour sens aucune especie de barat ne de malice. mes de ma franche volontey. considéranz moy estre tenuz a cen faire pour juste cause et loiaul. donne et ouctroy apres ma mort a noble baron Jehan de Chalon conte d'Auxerre pour lui et pour les siens quant que je ay et touz les biens moubles et herictaiges qui de moy demorront apres ma mort et lon estaublisse mon hoir. en toutes chouses qui de moy demorront apres mon deces. En tesmoignage de veritey jai mis mon seel pendant en ces lettres. donneez lan mil trois cenz lon sambadi apres la saint martin ou mois de novembre.

(*Pend un petit sceau ovale, allégorique, représentant une main tenant une poignée d'épis de blé, avec l'inscription*: S. Jacobi C. de Espy de Gig.....)

1300.
Archives
de Besançon.
B. 353.

98.

(Hoc est transcriptum cujusdam litteræ digni fratris *Petri de Felins* prioris tunc prioratus *Gigniaci* non viciatæ, non rasæ, non abolitæ, non cancellatæ, nec aliqua sui parte corruptæ, atque sigilli conventus Gigniaci sigillatæ, scriptum per manus Simonis Caonieti de Gigniaco clerici curiæ Lugdunensis jurati, quarum litterarum tenor talis est.)

1305.
Ex Chartis
Gigniacensib.

Nos frater *Petrus* humilis prior *Gigniaci* notum facimus universis præsentes litteras inspecturis quod nos considerantes et attendentes quosdam reditus quos in cimeterio nostro Gigniaci habemus, ratione mortuorum in dicto cimeterio vel ecclesia nostra Gigniaci sepulchratorum et a Sacrista nostro Gigniaci melius quam a nobis possunt et debent recipi et leviari ut supra pro utilitate domus nostræ et obedientiæ sacristiariæ nostræ Gigniaci benignissimo fratri nostro *Stephano de Castellione* sacristæ nostro Gigniaci et successoribus suis in perpetuum, in ephiteosim damus, tradimus, et concedimus ac etiam deliberamus pro nobis et successoribus nostris quidquid juris, actionis et reclamationis habemus, aut habere possumus vel debemus, ratione et ex causa prædicta, ad opus Sacristiariæ prædictæ, in supra dicto cimeterio, tam in pecunia quam in vestibus quoquo modo sit, salvis tamen et retentis nobis ad opus hospici nostri conventus, etc... (*Pannis funebribus et pomparum pretiosis vestibus*). Sacrista videns et considerans utilitatem et commoditatem obedientiæ suæ, ratione ex causa permutationis seu excambii, nobis et successoribus nostris cessit, tradit et deliberavit in perpetuum tres decim libras ceræ.

Datum et actum anno Domini millesimo trecentesimo quinto, mense julii.

(Et ego prædictus Simon clericus juratus facta collatione, scripsi de verbo ad verbum).

(*Ex apographo authentico.*)

99.

Nos freres *Pierre* humbles priours de *Gigney* de l'ordre de Clugney et nos freres Hugues priours de Valcluse de Chartrosse faicons sauoir a touz. Que nos hauons vehu et regarde diligemment et lehu de mont a mont unes lettres bones saines et entieres scelées dou sceal de noble baron Guillaumes de Chalon cuy en arrier conte d'Auxerre et de Tonnerre desquex la tenours est cex. Je Guillaumes de Chalon etc... etc... Ces presentes lettres donnees et faites lan de nostre seigneur corrant mil deux cens quatre ving et treze. En tesmoignage de laquel chouse et de nostre vision. nos li priours de Gigney et de Valcluse dessus dits hauons mis seaux pendanz en ces presentes transcript en l'original de mont a mont. Donne lan de notre seigneur corrant pour mil CCC et cinc ou mois de decembre.

(Pendent deux petits sceaux ovales, dont l'un, portant l'empreinte de deux personnages debout qui se regardent, paraît être celui du prieur de Gigny. L'inscription en est à peu près illisible).

100.

1310.
Archives de Besançon.
G. 34.

Nos frater *Stephanus de Castellione* humilis sacrista *Gigniacensis* Notum facimus universis presentes litteras inspecturis Quod cum reverendus in Xpo pater ac dominus Hugo divina miseratione Bisuntinus archiepiscopus administrator generalis tunc temporis illustrium puerorum Johannis de Chabilone comitis autissiodorensis et tornodorensis dominique Rupisfortis. et juhannete sororis ejus. Dominus Hugo de Neblans. Dominus johannes de Prusilliaco milites tutores eorum puerorum, et frater Guido de Gy ordinis fratrum minorum exequtor testamenti illustris viri domini Johannis de Chabilone comitis autissiodorensis et domini Rupisfortis defuncti. Nobis et successoribus nostris in perpetuum reddiderunt unum mansum situm in villa de *Marisinel* in parochiatu de Chamberye cum omnibus pertinenciis suis et cum duobus jugeribus terre spectantibus ad eundem mansum qui vulgariter *mansus filiorum johannis de Marisinel* cum tenementorum juribus pertinenciis et appendiciis dicti mansi universis ubicumque et quibuscumque nominibus censeantur spectantem et pertinentem ad officium Sacristanie Gigniacensis quem acquisivit frater *Giraldus* quondam sacrista Gigniacensis ad opus sacristanie Gigniaci. Quem mansum prefatus illustris vir dominus Johannes de Chabilone defunctus ad manus suas per longua tempora applicaverat. Nos vero precedens frater Stephanus humilis sacrista supra dictus non vi non dolo non metu ducti nec ab aliquo circumventi sed consideratis quam plurimis honoribus graciis et liberalitatibus nobis et officio Sacristanie nostre supervenisse a predicto illustri viro domino Johanne de Chabilone comite autissiodorensi et domino Rupisfortis defuncto factis. ex certa sciencia promittimus. bona fide et sub voto religionis nostre quod fieri faciemus in conventu Gigniaci: annis singulis in perpetuum duo anniversaria pro remedio anime predicti defuncti. antecessorum et successorum suorum: videlicet unum tercia die Natalis domini, et aliud tercia die nativitatis beati Johannis baptiste annis singulis in perpetuum. Et promittimus bona fide ac sub voto predicto reddere et solvere pro quolibet duorum anniversariorum annis singulis in perpetuum conventui supra dicto triginta solidos bonorum Viennensium pro pidancia et nomine pidancie. Quas pecunie summas nos predicto conventui assedamus adlocamus et etiam assignamus supra mansum nostrum situm ut dictum est in villa de Marisinel et supra duo jugera terre spectantia et pertinentia ad dictum mansum et in perpetuum. Et ad hoc obligamus nos et successores nostros in perpetuum specialiter et expresse. In cujus rei testimonium nos predictus sacrista sigillum nostrum presentibus literis duximus apponendum. Et rogavimus et requisivimus. virum veneiabilem ac religiosum dominum dominum *Mayolum Rebucini* priorem Gigniaci. totumque ejusdem loci conventum ut singula sua presentibus litteris apponant una cum sigillo nostro in robur et testimonium veritatis omnium premissorum. Et nos predicti prior et conventus qui in hoc. nos consentimus ad preces et requisitionem predicti sacriste sigilla nostra presentibus litteris duximus apponenda. una cum sigillo suo ad majoris vinculum firmitatis. Datum et actum die martis post ramos palmarum anno domini M.º CCC.º decimo. mense aprilis.

(*Pendent tria sigilla de quibus dictum est* : Not. 35, pag. 49.)

101.

1313.

Du Bouchet,
Hist. de Coligny,
p. 34.

Nous Marguerite dame de Montluet et de Coloignye faisons sçavoir a touts ceux qui verront et orront ces lettres, que comme nous tenissions en ban trois pieces de boys lesquelles sont au territoire de *Chevrel*, et sont assises au parrochiage de *Digna*, appartenans à la seigneurie de nostre Chastel de Chevrel, l'une desquelles est appelée *Pierrefue*, l'autre le *Coulongneseys* moitié à la France, et l'autre l'*I Raye*, et religieuse personne et honneste frere *Estienne de Moncunin* prieur de *Chastel-Chevrel* soit venus a nous plusieurs fois en complaignans, disant que nous feisions tort à luy et à son prieuré et à ses hommes qui avoient de tout temps et à jamais essarté, bouschée et pasquoye en lesdites pieces

de boys par et ainsi comme il est accoustumé en communes, ainsi
comme il disoit, nous ladite Marguerite regardant bien et loyalté
et voulant avoir aucune chose de l'église de Chastel-Chevrel, et
dou la volenté et dou consentement dudit prieur de Chastel-Chevrel, et dou los et de la volenté aussi dou prieur de *Gignyé* et
dou couvent doudit lieu, les hommes doudit prieuré consentants
à ce, recevons à nous et à nos hommes qui sont de notre seigneurie
de Chevrel ladite piece de bois de Pierre-fue pour garder et pour
tenir en Ban, et pour lever les emendes de tout ceux qui seront
emendables ; et les autres deux pieces de bois nous habandonnons
audit prieur de Chastel-Chevrel et a ses hommes et ez nostres hommes dudit parrochaige, pour user en la maniere que l'on doit user en
communes, sans estre riens entenus à nous ne ez nostres de Ban
ou de Emende recouvrer, totefois à nous et ez nostres toute seigneurie en lesdites choses. Et c'est assauoir que nous, regardé le
profit de nous et des nostres, Avons donné et octroyé audit prieur
et à ceux qui seront prieurs apres luy au temps advenir, l'usage
de Boscheyer en nostre dit bois de Coulongneseys, pour chauffer
son hostel et pour clorre ses propres curtils et ses propres champs
que ledit prieur a à maintenant, et bois pour ses propres vignes
paisseler, a une beste tant seulement audit bois de Coulongneseys : Et s'il usageoit audit bois fois que a une beste ou mesusoit
en donations et en crédances, nous porrions lever pour chescune
beste que il envoyera oudit bois sept sols Viennois, ou pour chescune fois que mesusera audit bois, et cyron lon au serment de
nostre Forestier selon l'usage du pays sour les choses dessusdites.
Et en recompensation des choses dessusdites, ledit prieur de
Chastel-Chevrel a donné à nous et à nos hoirs et à toujours-
mais par le los dou prieur et dou couvent de *Gigney*, deux
meix de terre assis en la ville de *Flandria* et au perrochaige de
Cousance ; c'est assaver le *Meix ferré* et le *Meix Enfant Mabile*,
ensemble totes les appendences, tot le droit qu'il y a pouvoit et
doit auoir esdits Meix et ez appendences, par raison de l'eglise
de Chastel-Chevrel et de Gigney. Et toutes les choses dessusdites, Nous ladite Marguerite promettons pour nous et pour nos
hoirs par stipulation solemnel et par nostre serment donné sur les
saints Evangiles de Dieu corporellement, et sous l'obligement de
touts nos biens présens et advenir quelconques qu'ils soient, audit

prieur et à ses successeurs, garder et attendre la teneur de cestes lettres à toujours-mais, fermement sans corruption et sans contredit, et contre les choses dessusdites ou aucunes d'icelles par nous ou par autruy, non n'y venir, ne a aucun qui voussit venir encontre consentir : Et voulons et octroyons nous et nosdits hoirs qui seront seigneurs de Chevrel au temps a venir à toujours-mais a ce estre tenus et obligés, et que ces presentes lettres en toutes cours et tous jugements vaillent ainsi comme publique instrument, Et renonçans nous la dite Marguerite en ce fait, de certaine science et par nostre pouvoir à l'exception desdites donations et octroyance non mye faites et déclarées en la maniere que dessus, au fait de bar et ez dépens, à la demande et l'office de libelle, à la contestation de plaid, à la copie du scel de ces lettres, à la imploration de l'office du juge, à tout remede d'appel, à tout abandonnement de lettres, à ce que nous ne puissions dire que ladite donation non aye esté faite par cause ou sans cause non mye d'y currers à droit, qui dit que quand les femmes errent en fait ou en droit que on leur doit subvenir, a tout droit escrit et non escrit et introduit à la faveur des femmes, à tout autre ayde à venir contre les choses dessusdites ou aucune d'icelles, et au droit qui dit que générale renonsiasion ne vaut, et à tout droit de canon et de loix.

En tesmoignage de laquelle chose, nous ladite Marguerite avons mis nostre scel pendant en ces presentes lettres. Données l'an de Nostre Seigneur courant presentement M. CCC. XIII. au moys de May.

(*Scellées d'un sceau ovale représentant une dame vétue d'un manteau doublé de vair, portant un oiseau sur le point, avec l'écu des armes de Coligny à la droite, et celui des armes de Monluel à la gauche, et autour l'inscription* : S. Margarete Domine Coloniaci et Montislupelli.)

(*D'après le Cartulaire de Gigny.*)

102.

1320.

Ex Chartis Bisunt. C. 117.

Nos matildis comitissa atrebatensis burgundie palatina ac domina Salinensis. Notum facimus universis quod nos *etc....* dedimus donamus cessimus et concessimus penitus et in perpetuum in presentem et perpetuam elemosinam pro remedio anime nostre et carissimi consortis nostri bone memorie domini Othonis comitis burgundie et predecessorum nostrorum monasterio de *Castro supra Salinas* ordinis sancti Benedicti bisuntine diocesis priori et conventui ejusdem monasterii quadraginta solidos parvorum..... et perpetui redditus singulis annis in festo sancti Michaelis eisdem vel eorum mandato in sauneria salinensi super puteum comitis burgundie et receptorum dicte saunerie *etc*..... Ita tamen volumus dictos quadraginta solidos in communem pitanciam conventus ipsius monasterii committi et exinde singulis annis prima die hinc post octavam domini festi quandiu vitam in humanis duximus unam missam solempnem de sancto spiritu et post meum decessum unum anniversarium perenne et..... super remedio animarum die obitus nostri solempniter celebrari. In cujus rei testimonium presentes litteras sigilli nostri munimine fecimus roborari. Datum et actum die mensis decembris anno domini millesimo trecentesimo vicesimo.

Copia facta est per me Guidonem de Arbosio presbyterum publicum auctoritate imperiali notarium *etc*..... anno millesimo trecentesimo quinquagesimo tertio. Facta est collatio cum originali. Ita est Guido de Arbosio.

(*Cum impressione sigilli quadripartiti nigro-albi.*)

103.

1328. — Du Boucher, Hist de Coligny, p. 123.

In nomine Domini, Amen. Anno Domini M. CCC. XXVIII. die Jovis ante festum beatæ Mariæ Magdalenæ, ego Stephanus dominus de Andelos miles filius quondam domini Johannis de Andelos militis, in bona et sana memoria per Dei gratiam constitutus, timens *etc*... ne decedam intestatus, *etc*. testamentum meum *etc*... facio *etc*... in hunc modum *etc*.....

Item conventui *Giniaci*, conventui fratrum minorum de Ledone et conventui fratrum prædicatorum de Pologniaco, cuilibet eorumdem conventuum sexaginta solidos bonorum Viennensium semel pro una commemoratione animæ meæ et mortuorum in eisdem conventibus facienda, do et lego, *etc*....:

Datum anno et die quibus supra.

(*Pendet sigillum.*)

104.

1328.
Archives du Jura.

Nos Beatrix de Viannoys dame de Allay faczons sauoir a touz que grant descort et plait fust entre religieuses personnes frere *Pierre de Champdyver* priour de *Ylay* de l'ordre de Clunié dune part. Et frere Jean priour de Bonlue de l'ordre de Chartousse dautre part. Sus que lidit prior dilay demandoit audit priour de Bonlue la *Chauz* dite *Lobere* et les appartenances assises entre Bonlue et Ylay et avoit estée ventilée ladite cause par plusieurs années entre les Senanters desdits priours par devant discrete personne mons Michel de Chevrel cayenarrier nostre baillis. Nos vouillant esparnier es depens desdits priours auons commis a discretes personnes cest assauoir a mons Alexandre de Nosseicy chevalier et a meistre Vesin de Montagu cler tote la cognoissance de ladite cause *etc....*.

En tesmoignage de ladite chose nos auons mis notre sceaul pendant en ces presentes lettres. Donné lan de nostre seignour corrant pour mil CCC et vint et huit ou mois de oust.

(*Pendait autrefois un sceau.*)

105.

1336.
Ex Chartis Gigniacensibus.

Nos Joannes de Fargue licentiatus in legibus, *etc...* notum facimus universis presentes literas inspecturis quod Joannes delabriat clericus *etc...* ad levandum, grossandum quamdam notitiam per Joannem de Cuisiat *etc...* grossam levavit et in forma publica redegit quæ sequuntur.

Anno Domini millesimo trecentesimo trigesimo sexto, die decima octava mensis julii, in presentia mei Joannis de Cuisiat *etc...* domini Joannis *Pacon* decani *Gigniaci*, dominus *Dionisius* curatus Gigniaci confessus fuit dominum Petrum de *Scejo* sacristam Gigniaci patronum esse dictæ parochialis ecclesiæ Gigniaci et percipere ratione patronatus emolumenta quæ sequuntur: Medietatem habeat pro indiviso primitiarum dictæ parochialis ecclesiæ; item in oblationibus censualibus quæ fiant in crastinis nativitatis Christi sextam partem; item in aliis oblationibus quæ fiunt per totum annum medietatem, exceptis oblationibus quæ fiunt super corpora quæ sunt in dicta ecclesia ; item in oblationibus festi beati Michaelis medietatem ; item in sepulturis puerorum qui sepeliuntur in cemeterio dictæ parochialis ecclesiæ medietatem ; item in sepulturis illorum qui sepeliuntur in cemeterio ecclesiæ prioratus quinque partes, curatus sextam partem cum pitantia quæ tota sua ; item vestes et luminaria illorum qui sepeliuntur in cemeterio dicti prioratus, dictus sacrista totum percipit ; item in concessionibus quadragesimis in festis mortuorum medietatem, et curatus aliam medietatem ; item in decimis fructuum, animalium, cætera vero omnia quæ proveniunt ad ecclesiam, sunt et pertinere debent ad curatum prædictum absque parte patroni.

Hanc autem confessionem prædictus curatus ex certa scientia fecit et asserit esse veram coram me etc.....

(*Ab apographo authentico.*)

106.

1346.
Archives de Gigny ou de Croupet.

Nous *Jean de Ronchat*, licencié ès loix, bailly et juge ordinaire de noble Monsieur Jean de Chalon seigneur de Château-Belin, et sieie *Henri de Vij* chambrier de *Gigny* arbitres et arbitrateurs et amiables compositeurs élus conjointement en cette partie, par les parties cy dessous contenues, faisons sçavoir à touts que, comme question fut mise entre les habitants et commune de *Croupet* acteurs d'une part ; les habitants et communauté dudit lieu de Gigny, d'autre part.

De et sur ce que lesdits de Croupet disoient et affirmoient contre les defendeurs de Gigny que jaçoit ce que lesdits de Croupet eussent droit de pasqueyer leurs bestes quellesconques, maltrains, et autrement par touts et terrains dudit lieu de Gigny avec lesdits de Gigny ensemble et divisément, et que d'iceluy droit fussent et eussent été eux et leurs devanciers de Croupet ont saisine et possession paisibles, ont aussi par 10, 20, 25, 30 et 40 ans et autres par temps de temps, qu'ils n'étoient du commencement ni du contraire et par les dernieres années paisiblement en leurs propres noms par bonne foy et continuellement, néanmoins lesdits de Gigny induement et de nouveau troubloient et inquiétoient ceux de Croupet en leurdite possession, ou aussi en mettant ban pour leurs bestes de mattrait, en une grande partie dudit train et ne laissent pasquoyer paisiblement les bettes de mattrait desdits de Croupet en iceluy ban ; demandoient, requeroient lesdits de Croupet être defendu esdits de Gigny qu'ils ne troublassent ni inquiétassent d'hinque et avant leur possession, ou aussi de pasquoyer en ban, ce que leur laissant paisiblement et qu'il le possede.

Les devant dits de Gigny disant et alleguant au contraire les choses par les de Croupet non devoir estre ; à la parfins nous avons reçus le serment desdites parties donné sur saint évangile de Dieu de faire, tenir, attendre, accomplir, garder inviolablement et ratifier tout ce que par nous d'un même accord, serait ordonné, déclaré et accordé, inquise la vérité des choses dessusdites avec plusieurs de leurs voisins pour ce appelés et élus sur ce nier, déliberation avec plusieurs et prud'hommes assistants ; voulant mettre audit débat et question quand se nous aappera suffisamment de l'intention desdits de Croupet, pour bien de paix, d'un même accord, avons traité et défini et prononcé par nostre sentence arbitrale, presents les parties, par la maniere que s'ensuit et a sçavoir que dore avant perpétuellement lesdits de Gigny laisseront paisiblement esdits de Croupet, pasquoyer les bettes quelconques és pasquiers de Gigny sans les troubler ni empêcher aucunement et quand viendroit la saison que l'on a accoutumé de mettre les bans pour les bêtes de mattrait, que lesdites parties communément et d'un même accord, missent touts les ans leurs bans là ou leur plairoit fussent pour toutes leurs bettes de mattrait de Gigny et de Croupet et s'il avenoit que je ne sçais que les parties ne fussent d'un accord de mettre lesdits bans que *Monsieur de Gigny* que par iceluy temps y sera bailloit et ordonnoit esdits de Croupet ban suffisant audit terrain de Gigny, pour leurs bettes de mattrait, selon la qualité et quantité de leurs bettes, lequel ban a aussi bailloit et ordonné par Monseigneur ou sergents à ce requis par lesdits de Croupet esdits de Gigny, seront tenus de garder alors desdits de Croupet tant seulement en considération à la quantité des bettes de mattrait de Gigny et du ban qu'ils auront pris ; Item, que pour un bien de paix et bonnefoy perpetuellement entre lesdites parties, laquelle prononciation rapport et sentence arbitrale dit et rapporté, lesdites parties en chacune d'icelle ont approuvé, ratifié, homologué, vu tout et confirmé.

Donné audit lieu de Gigny sous le scel et sceau dudit baillage, en absence du propre scel de moi Jean de Ronchat et du scel propre de moi ledit Chambrier, présent vénérable et les personnes Pierre Jentet prieur de *Mainay* et aulmonier dudit Gigny, Pierre de Maillat sage en droit, Jean Morand notaire, Pierre de l'Epion, et plusieurs autres à la chambre dudit aulmonier, le vingt-sixième jour du mois d'octobre mil trois cent trente-six. Ita est de Meliveot.

(*D'après une copie non authentique.*)

107.

Nos Hugo *Chaterdi* rector parochialis ecclesie *Gigniaci* et Thomassetus burgensis Cuyselli custodes tunc temporis sigilli quo utimur in terra de Cuysello, *etc...* Datum die veneris post festum beati Vincencii anno Domini millesimo CCC. quadragesimo sexto.

(*Pendet sigillum domini Cuysellensis.*)

1 46.
Ex Chartis Jurensibus.

108.

In nomine Domini amen. Per hoc presens publicum instrumentum cunctis appareat evidenter quod anno ejusdem Domini currente more solito in curia Bisuntinensis ecclesie trecentesimo quinquagesimo sexto, decima nona die mensis julii, hora circa meridiem, indictione octava pontificis sanctissimi patris in Christo et domini nostri domini Innocentii Dei providentia pape sexti anno quarto, in Orgeleto, in domo anteriori Stephani Regis in sala superiori dicte domus........ in mei notarii publici et testium infra scriptorum presentia, propter ea que sequuntur personaliter constituti venerabiles et religiosi viri frater *Joannes de Grangia* doctor decretorum, humilis prior monasterii *Gigniacensis*, Clugniacensis ordinis suo et conventus sui Gigniaci nomine, ex una parte; et frater Petrus de S.to Mauricio, prior Boni loci ordinis Cartusiensis et conventus dicti Boni loci, ex altera parte. Dicte partes super discordia seu questione que vertebatur seu verti

1356.
Ex Chartis Jurensibus.

sperabatur inter ipsos super eo videlicet quod dictus dominus prior Gigniaci, nomine quo supra, petebat et asserebat dictos priorem et conventum Boni loci ecclesie Gigniaci teneri et esse efficaciter obligatos ad censum nummatum quinque solidorum Ledonensium reddendorum et solvendorum inf. a octavam festi beati Martini hyemalis ponendorumque super altare beati Petri Gigniacensis, dicens insuper quod prefata moneta ledonensis cursum non habeat ad presens, predictorum quinque solidorum ledonensium extimatione seu valore predicti prior et conventus boni loci et successores eorumdem persolvere debebant viginti solidos monete bisuntinensis seu Stephanensis. Cujusquidem monete florenus boni auri cugni florentini legitimi ponderis valet quindecim solidos et non ultra.

Dictus prior boni loci in contrarium dicebat nomine suo et conventus sui predicti boni loci quod quamvis ad solutionem dictorum quinque solidorum ledonensium obligati fuissent......, tamen sexdecim solidos monete bisuntinensis duntaxat solvere consueverunt et eosdem solvendo per priores et conventum Gigniacenses pro tempore qui et qualiter fuerint et inmunes solutio que per eosdem fuerit ita habita et accepta per tantum tempus quod sufficere debebat ad prescriptionem completam. De qua prescriptione compromiserunt et compromissum fecerunt in nobilem virum dominum Stephanum de Belloforti militem nominatum et electum pro parte dicti prioris Gigniaci nomine quo supra, et in discretum virum magistrum Eugenium de Monte acuto nominatum et electum pro parte dicti prioris boni loci nomine quo supra, tanquam in arbitros arbitratores et amicabiles compositores ibidem presentes et in se omnis dicti compromissi suscipientes etc.....

Tandem multis altercationibus habitis hinc et inde, visis et auditis omnibus que dicte partes proponere dicere et allegare una contra alteram voluerunt, ipsi arbitri arbitratores seu amicabiles compositores, consideratis considerandis super omnibus et singulis predictis in mei notarii publici et testium infra scriptorum presentia, pro bono pacis et boni finis, presentibus dictis partibus dixerunt, pronunciaverunt et ordinaverunt in hunc modum videlicet quod prior et conventus boni loci pro tempore solvant in loco et modo superius designatis priori et conventui seu ecclesie

Gigniacensi supra dictis ratione et loco dictorum quinque solidorum ledonensium, decem et octo solidos predicte monete bisuntine, cujusquidem monete florenus boni auri cugni florentini legitimi ponderis valeat quindecim solidos monete bisuntine....... Et insuper pro rebus et bonis pro quibus dicti quinque solidi ledonenses debebantur, *etc* . Quam pronunciationem dicte partes hinc et inde nominibus quibus supra in mei notarii publici et testium infra scriptorum presentia ratam et gratam habuerunt, acceptaverunt, laudaverunt *etc*..... Cum sigillis dictarum partium et conventuum suorum.

Acta sunt hec anno die hora inditione et loco supra dictis, presentibus nobilibus viris Renaud domino de Prusilly, Guillelmo domino d'Escrille, Johanneto de Virmont, Guillelmo de Belloforti..... Pynet de Sancto Amore, Petro de Turre Maii, Johanne de Vilmus domicellis et quam pluribus aliis ad hec testibus vocatis necnon priore de........ priore Vallisclusæ ordinis Cartusiensium et domino Vincentio curato boni loci specialiter rogatis.

Et ego Petrus de Ronchal presbyter notarius publicus autoritate imperiali curiarumque bisuntinensis et Lugdunensis juratus omnibus et singulis premissis dum sic agerentur una cum testibus ante dictis presens fui et inde presens publicum instrumentum confeci, manu mea ipse scripsi et signo meo signavi publico consueto ad hoc specialiter rogatus, in testimonium omnium et singulorum premissorum. *P. de Ronchal* (*cum paragrapho.*)

Nos vero frater Johannes de Grangia, doctor decretorum, humilis prior monasterii Gigniacensis totusque ejusdem loci conventus omnia et singula superius in presenti publico instrumento declarata approbamus, laudamus, ratificamus et confirmamus, pro nobis et successoribus nostris, et eadem vera et firma habemus per presentes; et in omnium et singulorum premissorum testimonium sigilla nostra huic presenti publico instrumento una cum signo et subscriptione dicti notarii publici duximus apponenda.

Nos vero frater Petrus de Sancto Mauricio prior boni loci totusque ejusdem loci conventus confitemur omnia et singula superius declarata in presenti publico instrumento vera esse omnia et singula comprobamus, laudamus, ratificamus et confirmamus pro nobis et successoribus nostris et ea rata habemus per presentes; et in omnium et singulorum premissorum testimonium, nos prior et conventus predicti boni loci huic presenti publico instrumento sigillum nostrum cum sigillis prediclorum prioris et conventus Gigniaci et subscriptione dicti publici notarii duximus apponendum.

(*Pendent tria sigilla de quibus dictum est: Cap. XXIV. §. 2.*)

109.

1357.
Ex Chartis Jurensibus.

.........,. Notum facimus..... quod Johannetus quondam filius Guillelmi de Digniaco, alias dictus Grivel, et Guilleta ejus uxor.. Confitentur in veritate et recognoscunt accensasse..... a religioso viro fratre Johanne de *Sauler* humili monacho pictanciario ecclesie prioratus *Gigniacensis* Cluniacensis ordinis Lugdunensis diocesis pro ipso et successoribus suis in officio dicte pictanciarie perpetuo quandam vineam conventus et Pictanciarie Gigniaci sitam in territorio Digniaci in jornali dicto *dessoubs Chastel*, sub annuo censu seu precio novem potorum olei nucum puri et boni ad mensuram Chevrelli annui et perpetui redditus solvendi dicto pictanciario et suis successoribus in dicto officio, *etc*.... Actum presentibus domino Stephano..... Curato ecclesie de Digniaco, Juliano Pelliparo, testibus ad premissa vocatis pariter ac rogatis. In cujus rei testimonium nos Laurentius Calveti, doctor decretorum, Officialis Lugdunensis ad preces et requisitionem dictorum *etc*..... sigillum curie nostre presentibus litteris duximus apponendum. Datum die prima mensis februarii anni Domini millesimo CCC.^{mo} quinquagesimo septimo.

Et ego notarius juratus presentem litteram expedivi sub solito signo meo. (*Cum paragrapho.*)

(*Pendebat olim sigillum.*)

110.

1379.
Du Bouchet. Hist. de Coligny. (Ex Chartulario Gigniacensi.)

Anno Domini M. CCC. LXXIX. die XVII mensis maii, in camera dicti prioris Gigniaci præsentibus Aymoneto de S. Germano, Galvado de Tholojone diœcesis Lugdunensis, et Petro Boniandi alias dicto de S. Juliano Burguni Cologniaci testibus ad infra scripta. Nobilis et potens dominus Johannes de Cologniaco, dominus de Andelosto, et Loysiaco prope Gigniacum, sciens se confitetur tenere et tenere debere in feudum ligium et defendo ligio a domino priore et ecclesia prioratus Gigniaci Cluniacensis ordinis Lugdunensis diœcesis, nomine et ad opus dictæ ecclesiæ ratione dicti loci de Loysiaco, quadraginta quartalla bladi censualis per medium frumenti et avenæ ad mensuram Miselli reddenda et solvenda annis singulis in perpetuum apud *Charnois* in festo hyemali B. Martini vel circa per dominum priorem Gigniaci, domino dicti loci Loysiaci, et ratione dicti bladi se esse et esse debere homo ligius et feudatarius dictæ ecclesiæ præsenti, stipulanti, recipienti et super his suo et dictæ ecclesiæ nomine tractanti cum domino Johanne prædicto. Idem dominus Johannes de manu et ore fecit hommagium, fidem promittendo quam decet feudalem, more in talibus observato, promittens pro se et suis per juramentum *etc*... et sub obligatione *etc*... supra et infra scripta universa et singula rata, *etc*.....

Actum in dicto loco anno et die supra dictis.

111.

In nomine sanctæ et individuæ Trinitatis, patris, filii et spiritus sancti. Amen.

Ego *Joannes* miseratione divina episcopus Tusculanus, sanctæ romanæ ecclesiæ cardinalis Ambianensis vulgariter nuncupatus *etc*.... præsens testamentum meum *etc*... condo, facio et ordino in hunc modum. In primis quidem confiteor simpliciter recognosco et credo firmiter sanctam et catholicam fidem *etc*... Item cum ego dederim conventui prioratus *Gigniaci* Cluniacensis ordinis, Lugdunensis diœcesis, cujus etiam fui prior, 5oo francos pro reddi- tibus emendis ad usus proprios conventus absque hoc quod Prior in ipsis aliquid petere possit; et de dictis 5oo francis ipsi jam certam partem cujusdam stagni emerint, quam tenent et possident, et voluerim et ordinaverim quod religiosi dicti conventus 12 anniversaria cum Vigiliis et Missa quolibet anno, temporibus superius designatis ac etiam unam Missam de *Requiem*, *etc*.... pro salute animarum supra scriptarum et cum orationibus supra scriptis omni die in perpetuum debeant celebrare, per modum superius de aliis anniversariis factum, volo et ordino quod prædicti duo episcopi et alii executores mei post obitum meum faciant dili-

1402.
Fr. Duchesne, Hist. des Cardin.

gentiam de predicti quod dicta Missa dicatur et prædicta anniversaria fiant etc.... Præsentibus etc.... testibus ad præmissa vocatis etc.... anno millesimo quadringentesimo secundo, indictione decima die duodecima mensis aprilis.

112.

Anno Domini M.CCCC.VI. die XXVII mensis Januarii in camera domus nostri doctrini prioris *Gigneaci* Cluniacensis ordinis Lugdunensis diœcesis præsente venerabili et magnæ auctoritatis viro magistro Johanne de Chevrello domicellis et religiosis viris fratribus Petro de *Orgeleto* baccalaureo in discretis eleemosynario et Guidone de *Lestzone* camerario dicti prioratus Gigniaci, et Guidone de *Belloforti* priore prioratus de *Vlaca*, diœcesis dicti testibus ad infra scripta, Nobilis et potens dominus dominus Jacquemardus dominus de Coloigniaco et de Andelos sciens se confitetur tenere et tenere debere in feudum ligium et de feudo ligio a domino priore et ecclesia dicti prioratus Gigniaci Cluniacensis ordinis Lugdunensis diœcesis nostræ et ad opus dictæ ecclesiæ, ratione castri sui ipsius Jacquemardi de Loysiaco seu mandamenti sui Loysiaci, videlicet quadraginta quartallas bladi censualis per medium frumenti et avenæ ad mensuram Miselli reddenda et solvenda annis singulis in perpetuum apud *Charnois*, in festo hyemali B. Martini vel circa, per dominum priorem Gigniaci, domino dicti loci Loysiaci; et ratione dicti bladi se esse et esse debere homo ligius et feudatarius dictorum ecclesiæ et domini prioris ad causam ipsius ecclesiæ, cui Domino priori videlicet venerabili et religioso viro domino *Henrico de Sayceio* priori dicti prioratus Gigniaci præsenti, stipulanti, recipienti, et super his, suo et dictæ ecclesiæ nostræ nomine tractanti cum domino Jacquemardo prædicto; idem dominus Jacquemardus de manu et ore fecit hommagium, et fidem promittendo feudalem more in talibus observato, et prout sui ipsius domini Jacquemardi antecessores hactenus dicto domini priori et suis prædecessoribus in dicto prioratu facere consuevere, promittens pro se et suis idem dominus Jacquemardus præmissa omnia universa et singula rata habere etc ... contra non venire, etc.... Renuncians etc... Datum anno, die, mense, loco et præsentibus quibus supra.

113.

1408.

Dr Bouchet, Hist. de Coligny.

Nos Jacquemardus dominus Coloniaci et de Andelos domicellus, Notum facimus universis præsentibus et futuris præsentes nostras literas inspecturis, Quod cum *etc...* pro parte venerabilis et religiosi viri fratris *Joannis Burgensis* prioris prioratus de *Donceurio* Cluniacensis ordinis dictæ diœcesis Lugdunensis, et dictorum hominum et habitantium dictarum villarum *S. Joannis de Torcularibus* et de *Chazelles*, Lugdunensis diœcesis, sufficienter informati ordinationes et cridas vindemiarum ac jornalium omnium et singularum vinearum *etc...* absque nostri et alicujus cujuscumque licentia et mandato pertinere, et pertinere debere. Idcirco dictas ordinationes et cridas vindemiarum ac jornalium omnium et singularum vinearum dictarum villarum *etc...* laudamus, confirmamus, pacificamus et approbamus *etc...* inhibendo per præsentes pro nobis et nostris heredibus et successoribus quibuscumque perpetue, omnibus et singulis officiariis et subditis nostris *etc...* ne dictos priorem de Donceurio et suos in dicto prioratu successores perpetue quoscumque homines habitatores et syndicos dictarum villarum S. Joannis de Torcularibus et de Chazelles præsentes et futuros *etc...* perturbent, molestent, vel inquietent quoquo modo *etc......* Actum et datum in burgo nostro Coloniaci, domicelli præsentibus Renaudo de Portinco, Joanne de Bosco domicellis, et Humberto Pomerio burgensi Coloniaci prædicti, testibus ad præmissa vocatis specialiter et rogatis, die decima quinta mensis januarii anno Domini M CCCC VIII.

(*Pendebat sigillum Coloniaci.*)

114.

1408.

Ex Chartis Gign. (AB APOGRAPHO.)

Nos Antonius de Marciliaco licentiatus in decretis, decanus Montisgrisonis, officialis Lugdunensis, notum facimus universis præsentes litteras inspecturis quod quæstione et materia nuper subortis inter religiosum virum fratrem *Stephanum de Vereyaco* sacristam prioratus conventualis *Gigniaci*, Cluniacensis ordinis, Lugdunensis diœcesis, ex una parte; et dominum *Petrum Marc-*

chal presbyterum curatum parochialis ecclesiæ dicti loci Gigniaci, ex parte altera ; de et supra emolumentis et juribus patronatus dictæ parochialis ecclesiæ ad officium Sacristiæ ab antiquo spectantis dicto sacristæ , tam virtute quarumdam declarationis litterarum supra juribus dicti patronatus , *etc...* habere , exigere et percipere debere illa quæ sequuntur : medietatem pro indiviso primitiarum *etc... etc...* (*ut in charta* 105 *supra.*)

Promittentes dictæ partes et earum quælibet pro se et successoribus suis perpetuis *etc...* Actum et datum Gigniaci in domo habitationis domini Eleemosinarii , *etc....* die penultima mensis martii, anno Domini 1408, coram dicto jurato notario.

115.

1412.
Ex Chartis Gign. (AB APOGRAPHO.)

In nomine Domini per has præsentes publicum instrumentum appareat evidenter *etc....* inter religiosum virum dominum *Stephanum de Veriaco* monachum professum sacristam prioratus conventualis *Gigniaci etc....* ex una parte ; et parochianos habitatores dicti loci Gigniaci , ex parte alia , *etc....* Dictus sacrista dicebat et prætendebat se esse in possessione pacifica et sufficienti ad bonam præscriptionem sepeliendi quoscumque parochianos tam viros quam mulieres decedentes in dicta parochia Gigniaci decem annis majores, *etc....* (*cum jure percipiendi secundum qualitates defunctorum*): duos scutos, duos francos, duos florenos, *etc...*

(*Parochianis non consentientibus, partes Priorem arbitrum nominarunt qui statuit Sacristam percepturum*) : a quolibet decedente ætatis talis cujus consueverunt sepeliri in cœmeterio dicti prioratus, scilicet a ditioribus 20 solidos Stephanienses, a mediocribus 12 solidos, a pauperibus sex solidos pro anni jure funerati, ita tamen ut sacrista luminare conveniens et pannum ministret propriis expensis ; perceptione bladi per medium percipi per ipsum sacristam cum curato dictæ parochialis ecclesiæ consueti sibi sacristæ et suis successoribus reservata *etc...* anno Domini milesimo quatercentesimo duodecimo , die quinta mensis aprilis, *etc....*

116.

1412.

Ex Chartis Gign. (AB APOGRAPHO.)

Nos Antonius de Marcilliaco, licentiatus in decretis, decanus Montisgrisonis, officialis Lugdunensis, notum facimus, *etc...* Quod cum dudum discordia et questione subortis inter religiosum virum *Stephanum de Veriaco* sacristam prioratus conventualis *Gigniaci*, Cluniacensis ordinis, Lugdunensis diœcesis, nomine et ad causam sui sacristiæ officii, ex una parte; et quatuor probos parochianos et habitatores parochiæ dicti loci Gigniaci, ex parte alia; de et supra facto sepulturarum seu funerarum quorumdam tunc defunctorum et ab inde decedentium parochianorum ejus ecclesiæ parochialis Gigniaci majorum duodecim annis *etc...* conventiones, concordias et concessiones perpetuo duraturas quæ sequuntur: Quod quotiescumque de certo aliquem vel plures dictorum parochianorum presentium ac futurorum decedere contingit ab humanis, pro sepultura seu funerarum singularitate cujuscumque decedentis seu singulorum parochianorum in futurum decedentium majorum duodecim annis, ipsi tunc ut hactenus debebunt in cimiterio dicti prioratus sepeliri, sive sint dicti decedentes aut tunc temporis defuncti sui juris, aut sub paterna authoritate constituti, uxorati, aut soluti, *etc...* Teneantur et debeant dicti parochiani presentes et futuri in quantum ipsorum quemlibet tangere poterit in futurum presens cujuslibet decedentis aut tum defuncti, solvere et tradere dicto sacristæ et dictis suis in officio successoribus unum florenum auri seu valorem secundum cursum *etc...* et matriculario ipsius sacristæ 12 denarios stephanienses pro toto ac omni jure et emolumento, perceptione bladi per medium percipi per ipsum sacristam cum curato dictæ parochialis ecclesiæ consueti sibi sacristæ et suis successoribus reservata; *etc...*

Actum ac si per arrestum parlamenti sedentis in comitatu Burgundiæ esset in sententiam ordinatum et pronunciatum... Datum est in dicto claustro prioratus Gigniaci die sexta mensis novembris, anno Domini milesimo quatercentesimo duodecimo, et datum presenti venerabili viro *etc...*

117.

1414.

Ex Chartis Gign. (AB APOGRAPHO.)

(*Anno* 1414, *die* 13 *januarii, curatus* Marechal *fecit concordiam cum suis parochianis* Gigniaci *et* Croupeti *de quibusdam juribus casualibus sibi propriis, scilicet*):

...: Dictus curatus pro se et suis successoribus in perpetuum, ad causam dictæ parochialis ecclesiæ *Gigniaci* percipere debet a quolibet in dicta parochia laborante, in quolibet anno duas posas videlicet unam tempore seminationis frumenti.

Pro sua messe unam pugneriam comblæ frumenti; item tempore messium a quolibet foco duas gerbas frumenti, unam ratione primitiæ et unam ratione clericaturæ.

Item quando contigerit decedere ab humanis in dicta parochia aliquam personam ætatis sufficientis et recipientis sacrum sacramentum eucharistiæ, parentes dictæ defunctæ tenebuntur dare eleemosinam dicto curato duplum pretii concessi in eleemosinam alteri convocatorum juxta devotionem ipsorum.

Item curatus debet habere ex qualibet persona ætatis prædictæ medietatem bladi quod dicta persona decedens seu parentes voluerint dare pro sua sepultura, et alia medietas pertinet domino Sacristæ ad causam juris patronatus.

Item pro quolibet infante decedente in dicta parochia debentur dicto curato quatuor denarii Stephanienses pro sua sepultura.

Item etc... (*De juribus baptismi, matrimonii, litterarum dimissoriarum et aliis casualibus in totum curato propriis.*)

118.

1424.

Ex Chartis Cusellensib. (AB APOGRAPHO)

Noverint universi presentes pariter et futuri presens publicum instrumentum inspecturi, quod contractaretur de translatione ecclesie collegiate de Chabanis Lugdunensis diocesis, de ipso loco de Chabanis ad locum Cuiselli ejusdem diocesis, de qua unione fienda dicte ecclesie collegiate de ecclesiis parochialibus Cuiselli et Champagnaci cum juribus et pertinentiis earumdem; que siquidem ecclesie parochiales cum suis juribus et pertinentiis sunt et esse consueverunt, tam de jure quam de consuetudine, de patronagio monasterii seu prioratus *Gigniaci*, ordinis

Cluniacensis, Lugdunensis diocesis, nec valere fieri dicta unio sine consensu prioris et conventus dicti prioratus *Gigniaci*. Idcirco, ut dicta translatio et unio suum debitum sortiri valerent effectum, ad instantiam illustrissimi domini domini Ludovici Aurantie principis et nobilium et potentium dominorum, domini Guillermi de Sedeloco, eximii legum doctoris, confundatoris dicte ecclesie collegiate et domine Alesie de Cabillone ejus charissime consortis, dominorum Montisflorum et dictarum Chabanarum.

Anno Domini millo quatrincentesimo vigesimo quarto, die octava mensis octobris, indictione tertia, pontificatus sanctissimi in Christo patris et domini nostri domini Martini divina providentia pape quinti anno ipsius octavo, congregati et personaliter constituti, coram nobis notario publico et testibus infra scriptis, dicti prior et conventus, in dicto loco Gigniaci, in capitulo ejusdem ecclesie, omnes qui commode voluerunt et potuerunt interesse, ad sonum campane, ut moris est, capitulantes et capitulum facientes, deliberatione matura et de consilio nonnullorum proborum virorum consiliariorum dicte ecclesie Gigniaci. In quo capitulo intererunt videlicet: Reverendus in Christo pater frater Humbertus *Chatardi* prior dicti prioratus, Joannes *Guigut* prior claustralis dicti prioratus, Guido de *Befrannot* camerarius, Stephanus de *Veriarco* sacrista, Guido de *Belloforti* celerarius, Stephanus *Gaiardi* decanus, Audo de *Leza* cantor, Beltrandus de *Montedirecto* operarius, Stephanus *Bassureco*, Emmo de *Choiotoio*, Joannes de *Magno Champo*, Joannes de *Dortinco*, Guillelmus *Guiddodt*, Mathæus *Anglici*, Antonius de *Bosco*, Petrus de *Vailles*, Stephanus de *Melliaco*, Claudius *Baisset*, Joannes de *Duretal*, Petrus *Farodi*.

Qui omnes ad instantiam et requiestam dictorum dominorum, consideratis considerandis, et attentis meliorationibus et augmentationibus tam in juribus quam in honoribus que verisimiliter contingere possunt et debent in futurum in dictorum translatione et unione, eisdem translationi et unioni unanimiter, univoce, et nemine discrepante, sub modis, casibus et conditionibus sequentibus consentierunt.

Videlicet quod, factis dictis unione et translatione, quod quotiescumque contigerit in futurum dictas ecclesias parochiales vacare, qualitercumque et quoquam modo prefatus dominus prior qui nunc vel qui pro tempore fuerit, habebit et retinebit jura patronatus dictarum ecclesiarum parochialium cum potestate eligendi et presentandi in dictis parochialibus ecclesiis unum canonicum de collegio vel extra collegium dicte ecclesie transferende idoneum et sufficientem qui, tanquam vicarius perpetuus, dictarum ecclesiarum parochialium habebit curam et regimen animarum, et sacramentorum administrationem; et hoc pro prima vice quas dictas ecclesias parochiales vacare contigerit in futurum et consequenter toties quotiescumque vacabunt, et quocumque tempore vacationis sue mortis vicarii perpetui superdictum dominum priorem presentatus suo et de collegio sive non. De fructibus provenientibus et emonumentis dictarum ecclesiarum habeat congruam portionem, unde possit honeste vivere, jura papalia archiepiscopalia et dicti prioris solvere, hospitalitatem tenere, et talia onera incumbentia supportare, una cum portione seu prebenda et habitu unius canonici. Item, quia ecclesia Gigniaci habet in dicto loco Cuiselli et ejus territorio majorem partem reddituum et decimarum suarum, quapropter reservat quod prefatus dominus prior cum suo conventu, in futurum, tempore guerre vel alio quandocumque sibi placuerit, possit et sibi licitum sit facere residentiam in dicta parochiali ecclesia Cuiselli et in ejusdem ecclesie domibus, et in eadem ecclesia divina officia ad placitum celebrare seu facere celebrare. Item, quod in dicta unione fiat declaratio decimis, censibus, ventibus, et aliis quibuscumque emonumentis qua et quas seu que rectores dictarum ecclesiarum parochialium capient seu capere debent et consueverunt debitis parochialibus ecclesiis cum dicto domino priore et conventu Gigniaci. Item, si aliquid incorporet in dicta ecclesia parochiali in futurum aliquis de dictis bonis acquireret quod illi licitum et sibi tanquam privata persona, salvo tamen dicte ecclesie Gigniaci jure domini et prelatione laudimiorum, servitiorum et aliorum omnium predictis rebus acquirendis dicte ecclesie Gigniaci debitorum et solvere consuetorum. Item, quod in compositione declaratur congrua portio presbyteri parochialis seu vicarii perpetui quam percipiet de bonis ecclesie parochialis cum canonicatu et prebenda seu canonicali portione. Item, quod promissa omnia fient per compositionem quam jurabunt observare tam dominus decanus et canonici de collegio communiter et divisim, quam dictus dominus prior cum suo conventu, ibidemque existentibus nobili et potenti domino Guillelmo de Sedeloco, legum doctore, domino Montisfloris qui una secum discretis viris magistro Joanne Hatenio (de Lauconnois) decano dicte ecclesie collegiate de Chabanis, Villelmo de Melliaco chanonico ejusdem ecclesie viro, et attento consensu dicti domini prioris et ejus conventus, dictam translationem et unionem et alia de quibus superius mentionatur, videlicet dominus Montisflorum tam nomine suo quam etiam nomine dilectissime ejus consortis nobilis et egregie domine Domine Alesie de Chabillione, et dicti decanus et conventus nominibus suis, predictis omnibus pro utilitate dicte ecclesie consentierunt et presenter consentiunt, sub modis, conditionibus, conventionibus factis et casibus superius descriptis; promiseruntque dicte partes et earum quelibet ipsas tanget ex suis certis scientiis per sua juramenta ad sancta Dei evangelia prestita, manibus ad pectora positis, videlicet dictus dominus prior sua propria auctoritate, et alii de conventus auctoritate, jussu et licentia dicti prioris, et dictus dominus Montisflorum suo prestito juramento in manibus nostrorum notariorum publicorum infra scriptorum, et dicti decanus et chanonici manibus suis ad pectora positis, nobis notariis infra scriptis stipulantibus more publicatum personarum ad utilitatem quorum interest et interesse poterit, in futurum omnia predicta et eorum singula facere, tenere firmiter et inviolabiliter perpetuo observare, et non contra venire, facere, dicere, vel se aliquando opponere, facto, dicto, vel verbo, palam, vel occulte, in judicio vel extra, per se vel per alium, nec alicui contra venire volenti in aliquo consentire, sed ea adimplere posse tenere, in quantum eis constat. Acta fuerunt hec presentibus dominis Johanne Chatardi curato Marbosii, Jacobo Villardi de Gigniaco presbyteto, Fromundo de Loco voio de Sancto Amore, Guillelmo Arbi de Monteregali, Guillelmo de Balino damo, Stephanus Chatardi de Montrichardo dicto fido burgii sancti Andree, et Claudio Barignet de Orgeleto notariis, testibus ad premissa vocatis.

(*Charta a clar. domin.* Guichard *communicata.*)

119.

Du Bouchet. Hist. de Coligny.

1435.

Ceux qui doivent se trouver aux obseques de feu noble mémoire Monseigneur de Coloigné et d'Andelot que Dieu absoille.

Premièrement les ecclésiastiques.

Monsieur l'abbé de Tournus (*Hugues de Fetigny*).
— — de Beaune (Lis. *Baume, Henri de Salins.*)
— — de Balerne (*Pierre Marechal*).
— — du Mireur (*Regnauld de Sampans*).
— le prieur de Gigney (*Humbert de Chatard*).
— — de Seligney.
— — de Bonlieu.
— — de Montmerle (*Près S. Julien S. R.*)
— — de Coloigné (*Hector de la Poype.*)
— l'archidiacre de Lyon.
— — de Chalon.
Item quatre cents chappellains.

Les seculiers.

Monseigneur le prince (*Louis de Chalon, prince d'Orange.*)
— d'Arguel.
Item, Monsieur de St.-George (*Probablement Guillaume de Vienne*).
Monsieur de Buxi.
— de Fonvens (*Jean de Vergy, gouvern. du C. de Bourg*).
— le comte de Fribourg. (*Gouverneur du D. de Bourg.*)
— d'Autreis (*Charles de Vergy, sénéchal*).
— de Ruffey (*Jacques de Vienne*).
— de la Cueille. (*Probablement Guillaume de Luyrieux.*)
— de Saint-Amour (*Jean de Saint-Amour*).
— de Varembon.
— de Fenix.
— de Corcent.
S'ensuit ce qui est nécessaire pour les obseques dudit seigneur:

Premièrement.

Froment pour pain dont sera faite la farine XXIV quartes (ou mesures de Saint-Amour).
Item, aveyne pour les chevaux XX quartes.
— vin blanc et vermoix (*rouge*) six queues.
Vin-aigre bon un barral.
Verjus deux barraulx.
Moutarde de Valois, douze peintes seront achétées à Genève.

Grosse chair.

Quatre bœufs.
Six douzaines de moutons.
Huict porc de Roz (*probablement cochons de lait*).
Item, poullaigles six cents chiefs (*volailles*).
— Oysions gras; si on les peut finer, quatre douzaines.
— Veneson, ce que l'on pourra finer, tant cugniz, perdrix, sanglier, comme autres.
— Fromages pour faire farces, tartres, comme autres choses necessaires, quatre douzaines.
— Eufs, quatre cens.

Espices.

Gegimbre blanc dix livres.
Item, poivre trois livres.
Grainne, une livre (*probablement graine de paradis*).
Cloz, demy livre (*gérofle*).
Noix muscades demy cent.
Poivre long une livre.
Canelle trois livres.
Soucre pour cusine, quatre livres.
Amandres, vingt-cinq livres.
Dregée pallée, deux livres.
Etemines, six aulnes.

Veiselle pour cusine et autres choises.

Premierement chaudieres grandes VIII.

Item grandes paëlles X.

—— paelles fritieres VI.

—— Veiselle d'estaings tant plats comme escuelles ce que l'on en pourra finer, et semble estre expédiant de supplier à Monseigneur le prince de en prester de celles qu'il a alentour en ses places.

Item que l'on pourra finer de grands coquasses et pots pour les seigneurs.

Item un millier de vaisselles de bois, plats et escuelles, et sera bon de parler à Loys Morrebz pour avoir celles qu'il avait fait faire pour les obseques de son pere.

Item Poiches de bois grandes et petites deux douseines.

Item grands haistes de fert (*broches à rotir*) ce que l'on en pourra finer, et le surplus l'on fera de bois.

Item Mortiers demy douseine.

Item vingt aulnes de toilles pour couvrir les buffez, les viandes, et pour nettoyer les cusiniers.

Item un milliers de verres, et porra l'on marchander à un vairrier qui les fournisses, et que l'on saiche combien il aurra pour ceux qui seroient rompus, et que les entiers qu'il les repraigne.

Item Greaulx (*seaux*) neufs une douseine.

Item Bruches de terre deux dousaines.

Item Barraulx pour tenir vin demi dousaine.

Item Vans pour tenir et entreposer les viandes, tant pour servir que pour relever, deux dousaines.

Item tout ce que sera nécessaire de Nappes et de Tourgeures pour fournir les tables.

Item pour l'Ypocras selon que l'on en voudra faire selon l'advis de l'Apoticaire de Lons-le-Saulnier lequel conviendra mander tant pour ouvrer la cire du luminaire, comme pour faire les poudres des espicees que l'on employera.

Item conviendra apprester foison de bois sec et une charrietée de charbon pour la cusine.

Item conviendra tout ce que dessus est dit, fournir comme dessus, fere venir Hugonin Othenein escuyer, Maistre d'Oustel de Monseigneur le Prince, Pierre Dangisel et Guillaume Domo demourans a Lons-le-Saulnier cusinier de mon dit seigneur le Prince, quinze jours avant le jour assigné pour faire ledit obseque, au lieu du Mireur, pour ordonner les lieux necesseres et convenables; etc.....

120.

1437.
Ex Chartis
Gig1 (AB APO-
GRAPHO.)

Nos frater *Humbertus Chatardi* humilis prior prioratus conventualis *Giniaci*, Cluniacensis ordinis, Lugdunensis diœcesis, et nos frater *Girardus Nicolet* humilis prior claustralis, major saniorque pars conventus dicti prioratus Giniaci, una ad sonum campanæ more solito in capitulo nostro congregati et nostris dictis prioribus mandato, licentia, authoritate et voluntate, salvo tamen jure nostro et dicti nostri prioratus, ad nostrorum dictorum prioris claustralis et conventus concensu assensu et concilio, coram nobis et domino Joanne Moura Perosie presbytero et notario autoritate adimperali publico testibus que præscriptis proto ea quæ sequuntur personaliter constitutus venerabilis carissimus frater et socius noster dominus *Jacobus de Rupe* celerarius dicti nostri prioratus Giniacensis, scilicet prudens, spontaneas, de jure suo et dicti sui celerariæ officii satis superque admonitus, et pro utilitate et commodo ejusdem dicti sui officii, pro se et suis successoribus in perpetuum quibuscumque, abergat et sub titulo puræ, perfectæque per irrevocabilis perpetuæque ipsius abergationis de novo tradit, cedit, quittat et remittit Janneto *Caillon*, Petro Ludovico Caillon ejusdem functi libris naturalibus, presentibus, abergantibus, stipulantibus, solemniter recipientibus nomine viri et ad opus super suorum heredum naturalium et legitimorum, unius et plurium de suis et cujuslibet ipsorum propriis corporibus et legitimo matrimonio procreatorum et dictorum heredum, vel prædictorum heredum naturalium, legitimorum et de suis propriis corporibus et legitimo matrimonio procreatorum quorumcumque in perpetuum et super hoc cum dicto celerario specialiter tractantibus, videlicet totum mansum dicti celerarii de *Vilario* prope Giniacum et ad ipsum celerarium nominis dicti sui officii pertinens et spectans in Grangia dicti loci de Vilario, sive sit in domibus, chasalibus, curtalibus necnon viridariis, arboribus, terris, planis et non planis, pratis, pascuis, agris, aquarum decursibus, nemoribus et aliis rebus et possessionibus dicti sui mansi et tenementi quibuscumque et ubicumque situatis ultra montem vulgo appellatum de *Cessey* a parte orientali una cum ipsarum rerum præabergatarum fundis, ingressibus, egressibus, juribus, pertinentiis et appenditiis suis universis et singulis; videlicet partem ipsius functi et partem Joannis Praud de Ginico dicto celerario remissam et quittatam per ipsum Joannem Praud, ipse dictus celerarius abergat, de licencia et consensu, canone, servitio et onere quinque florinorum auri boni Florentiæ bonique ponderis et duorum cartalium bladi per medium frumenti et avenæ, ad mensuram Gignaci, trium corvatarum et unius gallinæ solvendorum per dictos abergatores et suos prædictos successores et heredes deinceps et in perpetuum dicto celerario, et suis in dicto celerariæ officio successoribus quibuscumque, et perpetuo anno quolibet, et ad terminos infra scriptos, videlicet dictos quinque florinos auri Florentiæ dicti in die festi sancti Bartholomæi apostoli, et dicta duo cartalia bladi per medium frumenti et avenæ die ipso festi beati Michaelis Archangeli, dictasque tres corvatas videlicet unam ad falcem sive ad tundenda prata, aliam ad fænandum et aliam ad ducendum lignum et dictam gallinam die carnis privii adventus Domini ; et quoquidam manso et tenemento superius abergato, tum fundis, ingressibus, egressibus, juribus, pertinentiis, appenditiis suis universis ac singulis, dictus celerarius pro se et suis prædictis successoribus quibusque perpetuis, de licentia et consensu prædictorum, dictos Jannetum Caillon, Petrum et Ludovicum liberos ejus et super presenti et recipienti in perpetuum quo ad dominum et veram proprietatem investit per traditionem cujusdam instrumenti in quadam pelle pergameni descripti quod eisdem tradit manualiter in signum devestituræ et investituræ hujusmodi et in pocessionem corporalem vel quasi et perpetuam deposuit, *etc*...... Reservata videlicet quod si contigerit res dictas et pocessiones præabergantes aut suos heredes prædictos ponendo multas in eisdem et in eo casu adveniente partagio pocessionum dictarum abergatarum illorum prædictorum et suis heredibus naturalibus legitimis et de suo proprio corpore a matrimonio legitimo procreatis descendant, et ad ipsum dictum celerarium et ejusdem successores in dicto celerariæ officio eveniet evenire debebit pleno jure et sine contradictione ullacumque possidebit, promittens dictus celerarius et per juramentum suum per se et suos prædictos ad eorum licentia, more religiosorum manu ad pectus apposita, et sub voto religionis suæ, ac obligatione omnium et singulorum bonorum suorum tam ecclesiasticorum quam mundanorum, mobilium et immobilium, presentium et futurorum quorumcumque prædictam abergationem etc..... firmam habere perpetuoque tenere et inviolabilem observare, dictasque res et pocessiones præabergatas dictis abergariis et suis prædictis defendere, manu tenere et garentire ab omnibus et contra omnes etc. etc..... Insuper idem celerarius pro se ac suis prædictis celerariis nos dictos scilicet priorem claustralem et conventum Gigniaci quatenus promissa omnia et singula laudare, approbare, ratificare ac eisdem consentire volumus et præsentes litteras sigillo nostro sigillare ad perpetuam rei memoriam habendam, et præmissis quæ omnia et singula supra et infra scripta, nos dicti pro jure nostro et dicta nostra ecclesia ac dicti nostri prioratus et conventus, pro nobis et nostris successoribus quibuscumque, laudamus approbamus et ratificamus et eisdem consentimus, ad requisitionem dicti celerarii litteris præsentibus sigilla nostra duximus apponenda.

Actum in dicto capitulo nostro Gigniaci et datum die quarta mensis februarii anno Domini millesimo quadringentesimo trigesimo septimo, præsentibus religioso nobili viro fratre Guillermo de sancto Hyeronymo camerario Nantuaci, Guillermo de Bosco domicello, Stephano de Belloloco, Buscaudo Villana, testibus ad præmissa vocatis et specialiter rogatis.

121.

Eugenius episcopus servus servorum Dei dilecto filio magistro Berardo de Narvia capellano nostro et causarum palacii apostolici auditori, Salutem et apostolicam benedictionem.

Dum ad personam dilecti filii nostri *Johannis* tituli *Sancte Praxedis presbyteri Cardinalis* principalis dirigimus considerationem intuitum, et attente conspicimus quod ipse Romanam ecclesiam, cujus honorabile membrum existit, suorum honorat plenius magnitudine meritorum, dignum quominus, potius debitum reputamus ut eam sibi reperiat inexhibitionem gratiarum munificam et in suis opportunitatibus liberalem. Nuper siquidem per eundem cardinalem nobis exposito quod, orta dudum inter eum et dilectos

1443.
Ex Chartis Divionensib.

filios *Petrum Morelli* et *Stephanum Chaussin* qui se prout..........
prioratum *Gigniaci* Cluniacensis ordinis Lugdunensis diocesis, quem
dudum per obitum quondam *Humberti Chatardi* predicti prioratus
prioris... defuncti vacantem, prefatus Cardinalis vigore quarumdam
aliarum nostrarum litterarum, prout ex earum forma poterat, se
infra tempus legitimum acceptasse et de illo sibi provisum fuisse,
prefatos que Petrum qui ad possessionem dicti prioratus se in-
trusit, et Stephanum acceptationem et provisionem hujusmodi se
opposuisse et opponere, ac fecisse et facere quominus acceptatio et
provisio hujus modi debitum sorciantur effectum. Petrus vero et
Stephanus, eorum videlicet quilibet, dictum prioratum ad se de
jure spectare asserebant, prout etiam adhuc asserunt materia
questionis. Nos tunc causam hujusmodi non obstantem quod de
sui natura ad eandem curiam legitime devoluta et apud eam trac-
tanda et finienda non esset, dilecto filio Baptiste Electo Theatino
tunc locum unius ex auditoribus causarum palacii apostolici de
mandato nostro tenenti, primo et consequenter cum ipse Electus
ab eadem curia se absentasset, tibi audiendam commisimus et sinc
debito terminandam, tuque in ea ad nonnullos actus, citra tamen
conclusionem, inter easdem partes diceris processisse. Cum autem
nos hodie, lite ipsa sic coram te indecisa pendente, de persona
ejusdem Petri monasterio Sancti Eugendi Jurensis ordinis et
diocesis predictorum tunc vacante providimus, ipsumque illi
in abbatem prefecerimus, et propterea omne jus, si quod ipsi Petro
in eodem prioratu seu ad eum quomodo libet competiit aut com-
petere potuit, per assecutionem pacificam regimus bonorum dicti
monasterii vel majoris partis eorumdem per ipsum Petrum provisionem et presentationem hujus modi auctoritate faciendam vaca-
tione speretur. Nos statu cause hujus modi presentibus pro expresso habente ac eidem cardinali, ne novus sibi in causa hujusmodi adversarius surrogetur providere specialem que gratiam
facere volentes, motu proprio, non ad ipsius cardinalis vel alterius
pro eo nobis super hoc oblate petitionis instantiam, sed de nostra
mera liberalitate, discretioni tue per apostolica scripta mandamus,
quatenus prefactum jus dum illud per assecutionem hujusmodi
aut alias quovis modo, preter quam per ipsius Petri obitum,
vacare contigerit, conferendum eidem cardinali cum omnibus
juribus et pertinentiis suis donationi tue auctoritate nostra re-

serves, districtius inhibendo venerabili fratri nostro Archiepiscopo Lugdunensi, ac illi vel illis ad quem vel ad quos ipsius prioratus collatio, provisio, presentatio, electio, seu quevis alia dispositio communiter vel divisim pertinet, ne de illo contra reservationem hujusmodi disponere quoquo modo presumant; Et nichilominus eundem cardinalem ad prefatum jus dum vacaverit, ut prefertur, necnon ad litis et cause prosecutionem et defensionem in eo statu in quo ipse Petrus tunc erat et in quo si assecucio ipsa tunc facta non foret posset et deberet admitti, ac etiam ad possessionem in qua ipse Petrus erat, ut profertur, eadem auctoritate admittas et admitti facias, ut est moris; ac insuper dictum pioratum qui si conventualis ac curatus et electivus est, et a monasterio Cluniacensi Matisconensis diocesis appendet ac per illius monachos gubernari consuevit, cujus que fructus redditus et proventus octingentarum librarum Turonensium parvarum, secundum communem extimationem, valorem annuum ut accepimus non excedunt, sive adhuc per obitum tunc, sive per assecutionem hujus modi, aut alias quovis modo, seu ex alterius cujuscumque persona vel liberam resignationem alicujus de illo in dicta curia vel extra eam etiam coram notario publico et testibus sponte factam, seu Constitutionem felicis recordationis Johannis pape XXII predecessoris nostri que incipit : *Execrabilis*, vacet et tanto tempore vacaverit quod ejus collatio juxta Lateranensis statuta concilii ad sedem apostolicam legitime devoluta, ipseque prioratus dispositioni apostolice specialiter reservatus existat et super eo inter aliquos alios in dicta curia vel extra eam lis cujus statum presentibus haberi volumus pro expresso pendeat indecisa dummodo tempore dant presentium non sit in eo aliquid specialiter jus quesitum cum omnibus juribus et pertinentiis suis eidem Cardinali eadem auctoritate conferas et assignes, inducens per te vel alium seu alio scundem Cardinalem, vel procuratorem suum ejus nomine, in corporalem possessionem prioratus juriumque et pertinentiarum predictorum, et defendens inductum a moto exinde quolibet detentore, ac faciens eundem cardinalem vel dictum procuratorem pro eo ad prioratum hujusmodi ut est moris admitti sibique de illius fructibus redditibus proventibus juribus et obventionibus universis integre responderi, contradictores auctoritate nostra appellatione postposita compescendo, nonobstante quod dictus cardinalis Cluniacensis aut alterius regularis ordinis professor non existit, ac pie memorie Bonifacii pape octavi predecessoris nostri et aliis constitutionibus apostolicis, nec non monasterii prioratus et ordinis predictorum juramento, confirmatione apostolica vel quacumque firmitate alia roboratas statutas, et consuetudinibus contrariis quibuscumque, seu si aliquis super provisionibus sibi faciendis de prioratibus speciales, vel aliis beneficiis ecclesiasticis in illis partibus generales dicte Sedis vel legatorum ejus litteras impetrarint, etiamsi per eas ad inhibitionem reservationem et decretum vel alias quomodo libet sit processum, quibus omnibus prefatum cardinalem in assecutionem dicti prioratus volumus anteferri, sed nullum per hoc eis quoad assecutionem prioratuum aut beneficiorum aliorum prejudicium gravari, *etc. etc..*

Datum Florencie anno incarnationis dominicæ millesimo quadringentesimo quadragesimo secundo quarto non. julii Pontificatus nostri duodecimo.

122.

1444.
Du Bouchet
Hist. de Coligny.

En non de nostre Seigneur, amen. Saichent tous présens et advenir; Que comme feu noble et puissant Seigneur Jacquemard jadis seigneur de Colloignie et d'Andelot par son testament et derriere ordonnance ait voulu, disposé et ordonné que noble et puissant seigneur Messire Guillaume seigneur dudit Colloignie et d'Andelot, et Estienne seigneur de Cressie ses enfants et heritiers soient tenus un chacun pour sa rate de payer, suppourter et appaisier ses debtes, clayes et charges, selon la portion et partie que ung chascun d'eulx auroit et emporteroit de ses biens succession et hérie, selon la forme de sondit testament. Ainsi est que mesdits seigneurs Messires Guillaume et Estienne vuillans equipoller, declairer et mettre à cler la charge à laquelle ung chascun d'eulx seroit et devroit estres tenus *etc...* ont cogneu et confessé et arresté entre eulx, que *etc...* Ainsi est que lesdits Seigneurs ont quitté et remis l'ung à l'autre toute mieux vallance et autre deception ou le sien que pourroit estre en quelque maniere que ce soit esdits partaiges, parmi ce que mondit Seigneur de Colloignié et d'Andelost a quitté, cédé, transporté et remis à mondit seigneur de Cressie présent *etc...* tout le droit raison et action que lui pouvoit ou pourroit compéter et appartenir en la rente de XX pareurs bleds moitié froment et avenc qui est dehue sur le grenier de *Gignié* a rachapt d'icelle, en lui cedant et transportant toutes actions pour le pouvoir reachepter et avoir perpétuellement en son nom propre, parmy payant la somme qui est deuë pour ledit reachapt, *etc*... Fait et passé ou chastel de Colloignie le sixieme jour d'octobre M. CCCC. XLIV. en presence de Nobles hommes Jehan du Bois Seigneur de Preissié, Guillaume Morel escuyers, et autres.

123.

En nom de la Saincte Trinité, du Pere et du Fils et du Saint-Esperit, amen. Je Guillaume seigneur de Colleigna et d'Andelot savoir fais a tous qui ces presentes lettres verront et orront, que je *etc*... pour mon testament nuncupatif, ordonnance et derniere volonté, fais, dispose et ordonne mes executeurs, c'est assavoir *etc*... vénérable et religieuse personne frere *Bernard de la Muysance* Prieur de..... *etc*... Fait et donné au bourg dudit Andelot et en la maison de Maistre Jean Vieux, le mercredy jour de Saint Barthomier XXIV jour d'aoust l'an M. CCCC. LVII. Presents, *etc*...

1457.
D.¹ Bouchet,
Hist. de Coligny.

123 bis.

Universis presentes litteras inspecturis Frater philibertus de Laviere in decretis licenciatus humilis prior major Cluniacensis vicariusque generalis natus in spiritualibus et temporalibus reverendissimi in christo patris et domini domini Johannis de Bourbonio Dei gratia perpetui administratoris monasterii et abbatie Cluniacensis Salutem in domino.

Notum facimus quod cum dudum per sanctissimum dominum nostrum Sixtum papam quartum perpetuo annexus unitus et incorporatus fuerit prioratus beate marie de *Castro supra Salinas* ordinis nostri Cluniacensis mense capitulari ecclesie collegiate Sancti Mauricii salinensis Bisuntinensis diocesis. Ob quam unionem plures lites et controversie non modice inter venerabiles religiosos viros fratres de conventu prioratus conventualis *Gigniaci*

1481.
Ex Chartis
Jurensibus.

dicti nostri ordinis a quo dictus prioratus beate Marie in mediate dependet et canonicos predicte ecclesie collegiate sancti Mauricii exorte et introducte sunt majoresque exinde oriri sperentur. Cumque post modum medio et via peritorum et proborum virorum dicte partes de hujusmodi controversiis et litibus devenirent ad concordiam tractatum et composicionem amicabilem talem. videlicet quod prefati religiosi et fratres de conventu Gigniaci tenebuntur procurare et cum libero effectu impetrare et obtinere a sanctissimo domino nostro papa seu sancta sede apostolica infra d..em resurrectionis domini proxime future unionem et reductionem membri de *Chisseyo* ad dictum prioratum beate Marie spectantis cum singulis reddititibus proventibus decimis et emolumentis ejusdem quibuscumque. Nec non unionem annexionem et perpetuam incorporationem ecclesiarum parochialium de *Souuanco prope Villerobert Vadans* et *Marnol* cum omnibus juribus patronatus una cum singulis juribus reddititibus proventibus decimis et pertinentiis earumdem ad mensam communem prefati capituli sancti Mauricii salinensis. adeo et taliter quod predicti domini de capitulo sancti Mauricii seu eorum successores possint et valeant plenarie integre pacifice et quiete uti et gaudere dicto membro de Chisseyo ceterisque juribus supra dictis dictarum ecclesiarum parochialium provisiones bullas apostolicas processus ac alia mandata super hoc necessaria quo ad liberum effectum fruitionis dicte unionis. Et insuper promiserunt dare et realiter solvere dicti religiosi de conventu Gigniaci prefatis de capitulo sancti Mauricii summam duorum mille francorum bone monete patrie burgundie in crastino dicti festi resurrectionis domini pro relevando dictos de capitulo ab expensis per ipsos in prosecucione hujusmodi negocii ut dicta unio sortiretur effectum passis et sustentis. Fueritque etiam actum inter easdem partes quod prefati religiosi de Gigniaco poterunt habere et recuperare dictum membrum de Chisseyo cum singulis reddititibus ejusdem dando et solvendo integre predictis canonicis et capitulo sancti Mauricii seu eorum successoribus infra viginti annos proxime venturis summam mille et ducentum francorum monete predicte Non ob......... si quid constiterit fieri de predicto membro de Chisseyo. Dictique canonici tenebuntur renonciare et cedere predicte unioni dicti prioratus de castro ad opus et in favorem dicti conventus de

Gigniaco ut ei conventui per translacionem aut alias canonice de dicto prioratu provideatur. Dicti etiam canonici sancti Mauricii promiserunt constituere suos legitimos procuratores ad cedendum et renunciandum ejus juri liti et cause pretensioni rate et ad causam unionis dicti prioratus de castro expedireque et tradere dictis religiosis de Gigniaco omnes et singulas bullas provisiones et mandata quas et que penes se habent facientes ad dictam unionem prout hec et plura alia in instrumento publico super hoc confecto et recepto per *Deborgeto* notarium publicum ac sigillis dictarum ecclesiarum de Gigniaco et de sancto Mauricio ac sigillo tabellionatus comitatus Burgundie sigillato sub data XXI diei presentis mensis augusti anno a nativitate domini millesimo IIIJ^c octuagesimo primo indicione XIIIJ pontificatus prefati sanctissimi domini nostri Sixti pape quarti anno undecimo dicuntur latius contineri. Nos requirentes pienominatæ partes et presertim dicti religiosi et fratres de conventu Gigniaci quatenus hujusmodi tractatum transactionem et concordiam sic ut punctualiter habitas et factas laudare approbare et ratifficare nostrumque consensum et assensum prebere dignaremur et vellemus. Nos igitur prior major vicarius generalis prefatus viso ad plenum tenore dicti instrumenti habitaque deliberatione matura cum consiliariis prefati reverendissimi patris in cluniaco residentibus et attendentes in hac parte commodum et honorem dicti nostri ordinis cluniacensis requisitionemque hujus modi racioni congruam fore. Dictum tractatum transactionem et concordiam omniaque alia et singula in instrumento prefato super hoc recepto contenta et declarata sic et quatenus rite legitime et canonice facta sunt laudamus approbamus ratifficamus confirmamus et emologamus nostrumque consensum pariter et assensum in quantum opus est in eisdem prebemus per presentes. Quibus nostrum in testimonium premissorum duximus apponi sigillum. Datum Cluniaci die ultima mensis augusti anno domini millesimo CCCC.^{mo} octuagesimo primo.

Per R. P. dominum priorem majorem vicarium predictum, Rosset (*cum paragrapho*).

(*Pendebat olim sigillum.*)

123 ter.

1482.
Ex Chartis Jurensibus.

In nomine domini amen. Cum venerabiles et religiosi viri domini de conventu *Gigniaci* ordinis Cluniacensis Lugdunensis diocesis pro bono pacis super variis litibus et controversiis tunc motis inter eosdem dominos de Gigniaco ex una : Et venerabiles viros dominos prepositum capitulum et canonicos ecclesie sancti mauricii salinarum bisuntinensis diocesis ad causam unionis et perpetue incorporationis prioratus beate marie de *castro supra salinas* ad mensam capitularem dicte ecclesie sancti mauricii per sanctissimum dominum nostrum papam facte amicabiliter exti-

Vid. supra.

tisset compositum et concordatum partibus ex altera : prout in instrumento accordii desuper confecto et per Claudium de borgeto de orgeleto notarium publicum recepto plenius continetur Nichillominus quia prefati domini de gigniaco conventa accordata et contenta in eodem instrumento accordii infra tempus in ipso instrumento contentum non eorum ut asserebant deffectu sed culpa dictorum dominorum sancti mauricii...... evidentissime : loco et tempore. declarabant minime adimplere potuerunt. Idcirco venerabilem et circumspectum virum magistrum petrum morelli de orgeleto presbyterum in decretis licentiatum eorumdem dominorum de gigniaco ut asserebant procuratorem et nuncium ad eosdem dominos sancti mauricii destinatum et missum ad nomen eorumdem dominorum de gigniaco petendum et requirendum dictos dominos de sancto mauricio ut terminum infra quem contenta in dicto instrumento accordii ut profertur debuissent esse expedita jam effluxum iterum et de novo prorogare et innovare deberent miserunt et destinarunt. Quiquidem magister petrus et nuncius quo supra nomine non recedendo a dicto accordio imo ad eumdem attendendo omnia et singula in eodem instrumento concordii contenta et descripta per omnes et singulas suas clausulas puncta et capitula approbavit emologavit et ratifficavit Ipse que magister petrus quo supra nomine promisit et solemniter juravit tactis licteris sacrosanctis ad sancta dei evangelia procurare cum libero effectu impetrare et obtinere infra diem resurrectionis Domini nostri Jesu Christi proxime futurum unionem annexionem et incorporationem membri de *Chisseyo* et nonnullarum ecclesiarum ad mensam communem et capitularem dicte ecclesie sancti mauricii *etc. etc...*

Hinc est quod anno a nativitate domini millesimo quadringentesimo octuagesimo secundo indicione quindecima die vero octava mensis septembris pontifficatus domini nostri sanctissimi Sixti pape quarti anno duodecimo in mei notarii publici testiumque infra scriptorum ad hoc vocatorum et rogatorum presentia personaliter constituti in prioratu gigniaci in conventu et loco capitulari ejusdem loci venerabiles et religiosi viri domini et fratres Claudius de *Charnoz* prior claustralis joannes de *magnocampo* camerarius anthonius de *montejouvenco* cellerarius johannes *dagay* elemosinarius guillelmus de *sancto jeronimo* sacrista amblardus *chatard* decanus jacobus *barchodi* pictanciarius johannes *gayne* cantor franciscus de *gorrevod* johannes *penardi* anthonius de *la charme* leonardus de *tholonjone* stephanus de *beugne* claudius *jamin* ludovicus de *Chastel* garricus de *Charnoz* anthonius de *collaou* johannes de *fillarno* et johannes de *poligny* religiosi dicti prioratus gigniaci capitulantes et ad sonum campane capitulariter congregati qui scientes et eorum quilibet in solidum ex eorum spontaneis voluntatibus non cohacti ut dicebant renunciando beneficio dividendarum actionum omnia et singula in predicto instrumento ratifficationis promissionis et prorogationis nomine eorumdem dominorum religiosorum per magistrum petrum morelli supra dictum eorumdem procuratorem et nuncium facta dicta gesta promissa et prorogata et omnia alia in eodem instrumento prius dicto contenta et descripta per omnes et singulas suas clausulas puncta et capitula ratifficarunt emologarunt et approbarunt ac quilibet eorum ratifficavit emologavit et approbavit *etc...* per presentes cum promissione renunciationis submissionis et aliis clausulis opportunis De et super quibus omnibus et singulis premissis dicti domini religiosi gigniaci et quilibet ipsorum sibi a me notario publico infrascripto fieri atque confici petierunt et quilibet eorum petiit unum vel plura publicum seu publica instrumentum et instrumenta acta fuerunt hec in dicto loco gigniaci et capitulo prioratus ejusdem loci sub anno indicione die mense et pontifficatu quibus supra presentibus ibidem andrea filio magistri humberti johanne vernoyx et guidone magnim laicis dicti loci gigniaci testibus ad premissa vocatis et rogatis. Ita est mochet. (*Cum paragrapho.*)

124.

1484.
Archives
de Besançon.
C. 25.

Hugues de Chalon seigneur de Chastel Guyon et de Nozeroy savoir faisons à touts que, à cause de nostre chastel et seigneurie d'Orgelet, entre autres choses nous compete et appartient la haute justice et monstre d'armes sur les *hommes du Secretain du priorey de Gignia au lieu de Chamberia etc... (Par cet acte, H. de Ch. cède ces droits à Humbert de Binans, écuyer, seigneur de Chambéria, en se réservant seulement, en haute-justice, la contribution ès deux cas de nouvelle chevalerie et de mariage de fille.)*

Donné en nostre Chastel de Nozeroy, sous nostre scel et seing manuel le 9 mai 1484.

125.

1488.
Archives
de Gigny.

Jehan Guyod de Cousance demeurant a Arinthod, Pierre Darlay de Saint-Julien notaires publiques, arbitres arbitrateurs et amiables compositeurs nommés et esleus par les parties apres nommées, sçavoir faisons à tous que comme debat proces et différent fussent mehus et espérez a meuvoir au temps advenir entre Nobles et religieuses personnes les religieulx et convent du prieuré de *Gigny* et les habitants dudit Gigny impetrants en matiere possessoire de nouvelleté d'une part; Et les habitants des villages de *Louvenne* et de *Croppet* le grand et le petit deffendeurs d'autre part;

Au fait et pour raison de ce que lesdits impetrants disoient et maintenoient les bois et communes de *Mallaissard* à eulx compéter et appartenir, assavoir auxdits habitants de Gigny par droit de communes et auxdits religieulx et convent pour y prendre bois pour leur chauffaige et desdits bois communes et appartenances dudict Malaissard estre Seigneurs et possesseurs, en avoir jouys par eulx et leurs prédecesseurs par le temps passé paisiblement et sans contredict jusque à ce jour que lesdits habitants de Louvenne et Croupet s'estoient entremis en iceulx bois de leurs authoritez privées les vouillant a eulx appliquer *etc.* à raison duquel trouble iceulx impétrants avoient obtenus et fait exécuter ledit mandement de nouvelleté.

Lesdits habitants de Louvenne et de Croppet disants au contraire que les bois et communes de Malaissart leur compétoient et appartenoient a bon et juste tiltre d'accense à eulx faite par très Révérend Pere en Dieu Messire *Benoit de Montferrant* évesque et comte de Lausanne, commendataire perpétuel du prieuré dudict Gigny *etc...* au voyant et saichant desdits impétrants non contredisants. Lesquels bois et communes leur avoient été déclarées estres assises en la terre justice et seignorie dudit Gigny en lieu dict en Malassard et estre et s'étendre entre les limites et confins suivants, assavoir devers vent ès communes de Louvenne qu'ils avoient avant ledit accensissement tirant par le grand chemin de *Vaulgreney* jusques à la *Combe-Chasnée*, dois là tirant contre souleil couchant jusque ès bois de la *Pérouse etc...* Lesquels defendeurs n'avoient aucunement depassé ni excédé lesdites limites, et par ainsi lesdits impétrants sans cause convenable avoient impétré et fait exécuter ledit mandement de nouvelleté ; et plusieurs aultres choses disoient et maintenoient lesdites parties d'un côté et d'autre, chascune d'elles tendant à ses fins.

Desquels débats procès et differends lesdites parties se sont entendus en compromis et amiable signe *etc.* par lettres reçues par Guillaume Prod et Jacques Deloy notaires de la date du treizieme jour de fevrier de l'an mil quatre cent quatre-vingts et huit, *etc...*

Et finalement ce jourd'huy date des présentes comparants par devant nous sur les lieux et place contentieux Nobles et religieuses personnes Jehan de *Grantchampt* Chambarrier, Claude de *Charnoz* pitancier Leonard de *Tholongeon* doyen, Loys de *La Tour,* Jehan de *Folvens*, Anthoine de *La Charme*, touts religieux dudit Gigny, tant en leurs noms comme des autres religieux et pour et en nom dudit convent de Gigny ; Bartholomey *Muard,* Pernot *Pitiot*, Guillaume *Gay*, Jean *du Villars* prud'hommes et eschevins dudit Gigny, Pierre *Broissiat* barbier, Jean *Goy* procureur dudit seigneur de Gigny, Cornille de *Vix*, Jehan *Vinchron,* Jehan son fils, Hugue *Vinchron*, Claude *Monod*, Humbert *Broissiat*, Felix *Gaillard*, Denis de *Grantchampt* et Philibert *Tchisset*, touts habitants dudit Gigny, en leurs noms et pour et au nom des aultres habitants d'une part ;

Et Claude *Bugnon* de Croupet, Jehan *Guichard*, Bertrand *Guillermot*, Humbert *Chapponet* dit *Chappon*, Jehan *Lonpont* de Louvenne, Estienne *Ruchet* prud'hommes et eschevins desdits lieux de Croppet et Louvenne, Pierre *Bernard*, Jehan *Muard* de Louvenne, Oddot *Petit*, Jehan *Janet*, Guillaume *Humbert*, Perreceval *Chapon*, Pierre *Prot*, touts habitants dudit Louvenne et Croppet en leurs nom et pour et au nom des autres habitants;

Lesquelles parties nous ont instamment requis de veoir et visiter les places dudit différand, afin de procéder à la pacification de leurs dits débats, ce que avons fait, appellés avec nous plusieurs gens congnoissant lesdits bois et place dont débat est; Et avons veu et visité iceulx bois et commune de Malessard de retour en retour bien au long; puis nous sommes retirés avec les dessus nommés *etc...*

Nous lesdits arbitres estant d'un mesme accord et consentement, avons dit, prononcé, sententié et arbitrés; *etc...* en la forme et manière que s'ensuit. C'est assavoir que auxdits habitants de Louvenne et Crouppet le petit et le grant sera et demourera perpétuellement, selon la forme des lettres d'accense a eulx faite par mondit seigneur de Gigny, les bois places fonds et appartenances dudit lieu de Malessard cy après déclairés : Assavoir tout le bois dudit Malessard depuis le sentier dit le *sentier Bourdot fioid* dois la au carre du bois de la *Biouleye* lesdits sentier et chemin estant de vers le vent en tirant en devers souleil couchant au long des bornes et limites des bois et aysances de la *Prouse* qu'est a entendre tout ce qu'est entre les chemins desdites limitations et le chemin dessoubz venant au long des bois des *Eschaudées* droit tirant au long de la *terre des fours*, et dois là venant tout droit au sentier de Malessard qui tire à *Monnetay*, entre lesquelles limites adoux pendannes, et dois le dit sentier de Malessard tout ce qu'est dudit bois de Malessard de toutes parts en devers vent jusques aux limites et bois de *Prousa* et de *Louvenna*.

Et aussi auront et demeurera perpetuellement comme dessus auxdits habitants de Louvenne et Croppet le bois appelé *Fauvarel* depuis ledit sentier tirant à Monnetay *etc...*

Et le surplus desdits bois déclairés audit mandement et impétration de nouvelleté sera et demourera perpétuellement a iceulx impétrants et habitants dudit Gigny, avec le droit de prendre de la terre et araïnne audit lieu dit *ès Fours* pour leurs usances et necessités, avec lesdits de Louvenne et de Croppet, nonobstant ledit bail et accense fait auxdits defendeurs *etc...*

Et moyennant les choses dessusdites avons condampnés et condampnons lesdites parties a elles desister et demettre desdits procès et differends mehus à l'occasion desdits bois sans amendes adjugées ou non adjugées; Et aussi avons condampnés et condampnons lesdits deffendeurs habitants de Louvenne et Crouppet à payer par moitié ès mains de nous lesdits arbitres dans dix jours prochainement venants la somme de cinquante francs monnoie, tant en payement de nos peines labeurs et vacations que aussi pour satisfaire aux dépens desdits impétrants lesquelx seront taxés par nous et a eulx payés sur ladite somme, comme pour touts autres frais et dépens.

Laquelle nostre sentence arbitraire lesdits Révérends Jehan de Grantchampt etc. (*Noms des religieux et habitants de Gigny répétés comme devant*) ont déclaré apres ladite prononciation la avoir et tenir pour agréable.

Et lesdits Claude Bugnon etc... (*Noms des habitants de Louvenne et Cropet répétés comme devant*) par le contraire ont dit et desclaré qu'ils n'y executoient, que par ladite sentence et déclaration l'on leur ostoit la pluspart des bois à eulx accensés par ledit seigneur de Gigny et que en tant que besoin estoit ils protestent d'en appeler.

Donné sur les lieux et place dessus desclarés le jeudy vingt et septieme jour de mars, l'an mil quatre cens quatre vingts et huit, presents nobles hommes Guillaume de Monmorot seigneur de Peliangeay (lis. *Pelagey*) Jehan de Loupt chastellain de Saint Juilliain, Estienne Andron Berrard dudit Saint Julliain, messires Jehan Martinet et Jehan Vuyton prestres et plusieurs aultres témoins à ce appelez et requis. *Signés* Guiod et Darlay.

126.

1517.
Archives
de Gigny.

Antoine de Vergey par la grace de Dieu, archevêque de Besançon, commendataire et administrateur perpétuel de *Gigny*, sçavoir faisons: Comme procès et controverse soit mehue et esperée a mouvoir plus grand entre nous et les manants et habitants dudit Gigny que nous disions et prétendions être gens mainmortables et de serve condition à cause de notre dit prieuré et leur devoir succeder touttes et quantes fois qu'ils vont de vie à trépas sans hoirs de leurs corps procreés en loyal mariage et sans laisser aucuns étant communs en biens avec eux que leur put et dut succeder selon et en suivant la coutume générale du Comté de Bourgogne riere lequel est assis ledit Gigny, et que n'agueres pour ce que Messire Claude Barbier à son vivant prêtre et natif originellement dudit Gigny étoit allé de vie a trepas saisi et possesseur de plusieurs meubles, immeubles et dettes, sans avoir delaissé personne que par ladite coutume lui doige succeder autre que Nous comme seigneur de la mainmorte, quoi nonobstant une nommée Talbarde veuve de feu Jean Enjourrand s'étoit entremise esdits biens, à raison duquel trouble nous aurions impétré contre elle un mandement de nouvelleté par lequel avons compris la généralité de touts lesdits habitants que nous affirmons être nos gens de mainmorte quelque lieu qu'ils dussent demeurer. Lequel mandement avait été depuis exécuté et à l'exécution d'icelui s'étoient opposés les prud'hommes et eschevins dudit Gigny, tant en leur nom que pour et ès noms de touts les autres habitants dudit lieu pour deduire leurs droits et intérêts, et pendoit la cause indécise au bailliage d'Aval et siége de Montmourot.

Disant lesdits echevins au nom que dessus, que le lieu dudit Gigny fut ja pour ce donné au prieur dudit Gigny, pour la dotation et fondation dudit prieuré en toute justice haute moyenne et basse, mere mixte impere, avec le pouvoir d'y entretenir un *Marché* chacune semaine et trois *Foires* chacun an et de parfaire les *Murailles* du bourg dudit lieu, au temps de laquelle dotation fondation les y manans et habitans étoient tenus et réputés gens francs et de franche condition, et icelle liberté et franchise ont toujours entretenus par cy devant et vécu franchement comme font et ont accoutumé de faire les autres bourgeois et gens francs dudit comté, sans qu'ils ayent jamais reconnu en général ou particulier aucune servitude mainmortable à laquelle ils ne pourraient être astraints, et leur pourroit être tollue leurdite liberté par certaine particuliere jouissance que nos prédécesseurs prieurs dudit Gigny pretendoient avoir sur aucuns desdits habitants lesquels par taciturnité, pauvreté, crainte, revérence ou autrement l'auroient permis, et n'auroit ladite jouissance été sur les originellement natifs dudit bourg et fauxbourg dudit Gigny, ainsi audit cas seulement sur aucuns étant de la terre justice et seigneurie d'illec qu'étoient venus faire leur demourance auxdits bourg et fauxbourg, pourquoy comme ils disoient tels actes n'étoient suffisants pour nous acquerir servitude mainmortable sur eux ni leurs biens et doivent être tenus et réputés gens francs libres et de franche condition et tel par droit écrit naturel étoient procréés, tellement que par acte, confession, reconnoissance ils ne se pouvoient asservir ni astraindre à aucune servitude ou macule mainmortable, et néanmoins à raison de ce qu'ils étoient diffamés par ladite execution dudit mandement de nouvelleté et autrement, plusieurs fesoient difficulté de prendre alliance avec eux par mariage et ne vouloient habiter audit Gigny, mais que plus est la pluspart des y manants étoient en délibération et propos de habandonner ladite terre, que pourroit être la totale desertion dudit bourg et au détriment de notre église et prieuré ; et à ce moyen pardonnons les anciennes charges qu'il nous sont dehues, à cause des meix maisons et héritages y assis, et par les manans et habitans, et plus nous seroit préjudiciable si autrement n'étoit pronvu à ce que dessus et déclaration par nous faite et fin mise esdits differends et procès.

Pour éviter lesquels considérant et entendant que selon disposition de droit écrit toutes personnes naissent franches et que servitude a été introduite par droit de gens ; aussi par les Reconnoissances d'ancienneté faites par nos sujets dudit Gigny mamans et habitans esdits bourg et faubourg n'appert qu'ils soyent affectés d'aucune servitude de condition mainmortable et qu'ils ayent confessé être sujets aux prieurs dudit Gigny de sujetion de mainmorte, heu sur ce préalablement l'avis des prieur claustrier et autres religieux de notre dit prieuré, pour ce capitulairement assemblés en la maniere accoutumée, et par diligente inquisition que sur ce avons fait faire envers eux expressement, vision des titres de notre dit prieuré, et information de vive voix tant par noble homme et sage Helion de Sentans escuyer, seigneur de Buisson, maitre Nicolas Prevot docteur ès droits notre avocat fiscal, comme par autres nos officiers à ce par nous commis et députés, nous a apparu lesdits habitants être gens francs et avoir joui de liberté, et que n'avons legitime ni suffisant enseignement au contraire pour justifier notre intention.

Par ces causes et plusieurs autres à ce Nous mouvans, de notre bonne volonté et certaine science, car ainsi nous a plu et nous plait, par l'advis desdits sieurs et religieux, pour l'évidence utilité de notre dit prieuré, et afin de tolluer la suspission qu'on plusieurs contre les habitants dudit Gigny et les inviter à y édifier et faire demourance, pour nous et nos successeurs prieurs et commendataires dudit lieu, à plein informés de nos droits,

Avons connu et confessé connoissons et confessons par cettes par devant le notaire soubscrit notre secretaire, comme si nous étions par devant notre juge compétent, tous et singuliers les manans et habitans de présent et qu'à l'avenir demeureront et habiteront esdits bourg et fauxbourg dudit Gigny, eux, leurs hoirs et successeurs yssus, partis et extraits, et qui naitront et partiront dudit Gigny bourg et fauxbourg d'iceluy, quelque part qu'ils aillent demeurer, ensemble leurs biens en quelque part qu'ils soyent assis, être, devoir demeurer gens francs et de franche et libre condition, quittes, immuns et exempts de toute sujettion de mainmorte, ayant droit, faculté, et puissance de pouvoir et devoir disposer, vendre; aliéner et donner de leurs biens acquis et à acquerir en notre dite terre et ailleurs ou bon leur semblera, faire testament, codicile, donations ou autres contrats, succéder les uns aux autres par testament et *ab intesta*, supposé que les décédants n'ayent hoirs de leur corps, et ne délaissent personne que par ladite Coutume leur doivent succéder, et faire au surplus tous autres actes de liberté ainsy et par la maniere que font et usent les autres franches gens dudit Comté, sans y avoir dorres-en-avant par nous ne nos dits successeurs aucun droit de servitude mainmortable, sans toutte fois par cettes prejudicier ne déroger ès charges anciennes dehues et accoutumées, droits de lods, retenue, et autres droits qui nous sont debus audit Gigny et par les habitans d'illec. Et si par cy devant en jugement ou dehors ayent été aucunes choses proposées et alleguées de notre part contre l'effet des presentes, nous en sommes audit nom desisté et départis, désistons et départons au profit desdits habitans absents, Jean Petiot marchand et Barthelemy de Vif au present prud'hommes et echevins dudit Gigny, tant en leurs noms que de leurs consorts prud'hommes et de tous les autres manans et habitans dudit Gigny, ensemble notre secretaire souscrit presents, stipulans et acceptants pour eux et leurs successeurs habitans, et en outre pour les causes que dessus, nous sommes départis dudit procès et desdites impétration et execution dudit mandement de nouvelleté, voullant et consentant lesdits habitans être par monsieur le bailli d'Aval ou son lieutenant maintenus et gardés précisement et définitivement en leurs droits possessoirs jouissance et saisine par eux prétendus.

Promettant nous ledit archévêque de Besançon et commendataire que dessus, pour nous et nosdits successeurs prieurs dudit Gigny, par notre serment prêté en forme de prélat et sous l'expresse hypotheque et obligation de tous et singuliers les biens temporels de notredit prieuré et desdits successeurs en icelluy presents et avenir quelconques les presentes confessions, déclarations, traitté et transaction en tout le contenu cy devant avoir toujours perpetuellement fermes stables et agréables sans aller ou souffrir faire au contraire directement ou indirectement en quelle maniere que ce soit, soumettant quant à ce nous et nosdits biens avec ceux de nosdits successeurs à coertion et juridiction de notre tres redoutée et souveraine Dame et de toutes cours tant ecclesiastiques que seculieres; Renonçant à toutes actions d'exception, lézion et tous autres privileges faveurs et exceptions introduites tant par droit, style, que coutume, même au droit disant les biens d'Eglise n'en pouvoir être aliénés sans le decret et autorité du supérieur, et générale renonciation ne valoir si la spéciale ne precede. En temoignage de vérité desquels choses nous avons signé les presentes de notre nom et seing manuel, et fait signer par notre secretaire soubscrit et fait sceller du petit scel de notre chambre.

Donné en notre ville de Norey, le vingt troisieme jour du mois de fevrier de l'an mil cinq cent dix sept; Presents François d'Arbois, Georges de Montileur ecuyer, vénérable personne messire Jean Baptiste prieur de Blansac, témoins à ce requis. *Signés* De Vergey, et par ordonnance de mondit seigneur, V. Carret.

(*Pend un sceau aux armes de Vergy.*)

127.

1543.
Archives de Gigny.

Au nom de Notre Seigneur, amen. A tous ceux qui ces présentes lettres verront et orront, soit chose notoire et manifeste que par devant et ez presence de Claude Berrard et Pierre Darlay de St. Julien, clers, notaires publics, coadjuteurs des tabellions du bailliage d'Aval au comté de Bourgogne, commissaires députés en cette partie a recevoir et rediger par écrit les *terriers* et rentiers de la seigneurie de *Gigny*, par autorité et lettres de la souveraine cour du parlement à Dole et aussi des témoins cy après nommés, pour ce personnellement et à ce spécialement venant, N...... de Gigny, lequel saige, saichant, pour lui, ses hoirs, successeurs et ayant cause, de son bon gré et libérale volonté, connoit, reconnoit et confesse être homme franc et bourgeois dudit Gigny, sujet en toute justice haute, moyenne et basse, mere mixte impere *etc.*; de Reverend pere en Dieu, Messire *Louis de Rye*, abbé d'Auberive, seigneur et prieur du prieuré conventuel dudit Gigny, *etc....* Et, en outre, confesse tenir, porter et posseder de mondit seigneur le reverend abbé, à cause de sadite seigneurie et prieuré dudit Gigny, les meix, maisons, prés, terres, *etc...*

Pour lesquels héritages cy dessus *etc...* iceluy confessant connoit et confesse devoir audit seigneur, *etc...*

En témoignage de verité desquelles choses ledit reconnoissant a pour ce requis, obtenu et fait mettre à ces presentes lettres le scel de l'empereur notre sire, duquel l'on use au contraux en la cour de Montmourot, faites, données et passées audit Gigny le....... jour du mois de (mai ou juin), l'an mil cinq cent quarante trois, Presents *etc...* temoins à ce appelés et requis. *Signés* Darlay et Berrard.

(*D'après copie authentique.*)

128.

1546—1547.
Archives de Gigny.

Hustace Belin de Dole, docteur és droits, bailli de *Gigny* pour reverend pere en Dieu et seigneur, messire *Louis de Rye*, évêque et prince de Geneve, abbé de Saint-Oyen de Joux et d'Auberive, prieur et seigneur dudit Gigny, sçavoir faisons à tous présents et avenir que

Etans et comparans le jourd'huy date de cette judiciellement pardevant nous aux assises dudit Gigny, honorables hommes maitre Claude Pandet, notaire, procureur dudit seigneur révérend audit bailliage de Gigny, assisté de noble et religieuse personne messire *Simon de Grandmont*, prieur de *Poyte* et de *Maynau*, aumônier dudit Gigny et vicaire général dudit sieur révérend prieur d'illec, d'une part ; et honorable homme Jean Chapon aussi notaire et procureur des manans et habitans de la ville et communauté dudit Gigny, assisté de Pierre Monnard Boubier et de Jean Monnard le vieux coéchevins dudit Gigny, tant en leurs noms que de leurs consorts echevins d'illec, d'autre part.

Disant que, puis n'avoit gueres, traité, transaction et accord avoit été fait, lu et passé entre le dit reverend prieur dudit Gigny d'un côté et lesdits echevins et habitans dudit lieu d'autre, de plusieurs differends, etc... à raison de quoi, pour perpetuelle fermeté, icelles parties nous ont instamment requis vouloir insinuer, authoriser et decreter les dites lettres de traité. Pour quoi nous inclinant à leur requête et en leur presence avons judiciellement fait faire lecture a haute et intelligible voix de tout le contenu esdites lettres de traité par le scribe de la cour de céans soussigné, desquelles lettres la teneur s'ensuit :

A tous presents et avenir soit notoire, comme il soit que procés et differends soyent mûs et espérés mouvoir plus grand, tant en la cour souveraine de parlement à Dole, bailliage d'Aval, *bailliage de Gigny*, qu'en la *Châtellenie* d'illec entre tres reverend pere en Dieu et seigneur messire *Louis de Rye* évêque et prince de Geneve, abbé de S. Oyen de Joux et d'Auberive, prieur et seigneur dudit Gigny d'une part ; Et les echevins manans et habitans de la ville et communauté dudit Gigny, d'autre ; au fait et pour raison de ce que ledit seigneur tres reverend, comme prieur et seigneur dudit Gigny, disoit et maintenoit qu'il n'étoit permis ni loisible auxdits habitans, soit en général ou en particulier, faire, ni construire, raz, raffours de chaux, ni fourneaux de charbon, ès bois communaux dudit Gigny, sans avoir de ce faire licence ou permission de mondit sieur ou son commis audit Gigny. Aussi disoit et maintenoit ledit sieur tres reverend qu'il n'étoit permis ni loisible auxdits habitans d'amodier ou acenser leursdits bois communaux aux forains et étrangers aussi sans permission de mondit seigneur, pour obvier aux abus que s'y pourroient faire, si ce n'étoit pour fournir et satisfaire au luminaire de leur église parochial. Davantage, qu'il n'étoit loisible ni permis auxdits habitans prendre ny usurper de leur dite commune, sinon tant seulement pour l'usage et commodité particulière d'eux et de leur maison sans en abuser ; aussy qu'à mondit seigneur compétoient et appartenoient en toute banalité les bois banaux de *La Forêt* et la *Côte du Sauget* du long et large qu'ils s'étendent et comportent en toute justice, en telle manière que lesdits habitans devoient être contraints le reconnoitre à mondit seigneur par devant ses commissaires aux reconnoissances dudit Gigny. Item encore disoit qu'il n'étoit permis auxdits echevins et habitans de pêcher en l'hereux banal de son moulin dudit Gigny du long et large qu'il s'étend. Encore disoit et maintenoit qu'a lui appartenoit le droit de faire faire toute dehue visitation des Barrures et delits riere Gigny par ses officiers, lesdits echevins de Gigny appelés, sur peine de danger de l'amende de trois sols etevenans contre les mesusans, au profit de mondit seigneur. Item, qu'il entendoit d'avoir la succession de feue Benoite Pariset, pour autant qu'il prétendoit icelle être originellement yssue du village de Louvenne mainmortable envers ledit seigneur.

Au contraire de quoy disoient et maintenoient lesdits habitans et echevins de Gigny plusieurs choses, même que, sauve la grâce et révérence de mondit seigneur, il ne sçauroit faire apparoir dehument par titre et témoignage digne de foy des droits par lui cy dessus prétendus, ainsy par le contraire que auxdits habitans de tous temps et de toute ancienneté leur appartenoient plusieurs belles et grandes communes de bois situées en et riere ladite seigneurie de Gigny, joignant une partie aux bois de Piemorin et d'ailleurs riere lesquelles ils maintenoient avoir le droit d'y prendre et coupper tous bois tant en particulier que en générale pour leur usage et commodité d'eux, edifier et maisonner leurs maisons, en vendre à qui que bon leur sembleroient, en faire roues, rouages, labours, scabelles, buffets, tonneaux, cercles et autres ouvrages, et les mener vendre à gens étrangers ou bon leur sembloit ; et desdites communes faire raz et raffours de chaux aussi pour leurs affaires et necessités, faire fourneaux de charbon et bailler place a marechaux étrangers dont ils faisoient leur profit lequel ils convertissoient ou bon leur sembloit. Aussy disoient que lesdits bois de La Forêt et de Sauget n'étoient aucunement bannaux même quant auxdits habitans de la ville de Gigny, et que mondit seigneur n'avoit coutume d'y prendre n'y recouvrer aucune amende sur eux, et par ce moyen n'étoient tenus d'en reconnoitre aucune banalité du moins excedant l'amende de trois sols. Davantage disoient lesdits habitans qu'ils avoient le droit de pêcher a tous filets et engins en et par toute la riviere de Suran passant par le district et territoire de ladite seigneurie de Gigny sans aucuns dangers d'amende. Item disoient qu'aux echevins de la ville dudit Gigny appartenoit le droit d'aller visiter chacun an, avec le sergent ou blief de mondit seigneur, au terme de fête de S. George, pour savoir si les héritages emblavés étoient deument clos et barrés pour la préservation des fruits d'iceux, et que ladite premiere visitation se devoit faire par les echevins sans appeler le procureur de mondit seigneur, et les mesusants étoient tenus seulement pour ladite premiere fois à deux cars ou un sol, lesquels étoient pris sur lesdits mesusants pour les dépenses desdits echevins et sergent et ne s'en fesoit aucun rapport en la châtellenie dudit Gigny, si le mesusant n'étoit refusant de payer sa portion desdits dépens, mais que certain temps apres, comme dix jours, le procureur de Monsieur pouvoit aller faire une revue desdites visitations et faire rapporter les mésusants non ayant duement clos et les pouvoit faire rapporter en ladite justice et en payer l'amende de trois sols à mondit seigneur. En outre, disoient qu'ils étoient et sont gens francs, libres, et de franche condition sans aucune servitude ni condition mainmortable; même tous les habitans residants et originairement natifs de la ville dudit Gigny, et qu'ils en avoient déja obtenu lettre de sentence du temps de feu de bonne mémoire messire *Antoine de Vergey* jadix prieur et seigneur dudit Gigny, et que suivant ce et leur ancienne jouissance et possession, iceux habitans s'étoient reconnus ses sujets et bourgeois francs et de franche condition, comme les francs bourgeois de ce comté de Bourgogne, comme peut apparoir par leurs reconnoissances dudit Gigny n'a gueres faites à la part de mondit sieur, et que pour ce que aucuns particuliers dudit Gigny avoient été tirés en cause au bailliage dudit Gigny pour eux être entremis en la succession de feue Benoite Pariset qu'ils prétendoient être autrefois yssue et native de la ville dudit Gigny ils en avoient fait executer certain mandement de nouvelleté contre ledit seigneur, comme de tout

V. c. 126.

V. c. 127.

pouvoit apparoir par les actes et procédures desdits procès. Desquels droits dessus déclarés lesdits habitans étoient possesseurs en bonne possession, saisine etc... tellement qu'ils en avoient acquis droit prescrit, le tout au vu, sçu, et soufferte desdits seigneurs de Gigny, leurs officiers ou amodiateurs etc.... avec ce que desdits droits ils avoient obtenu sentence en la cour du bailliage d'Aval au siege de Montmorot contre ledit sieur, de laquelle il étoit appelant en ladite souveraine cour de parlement la ou ledit procès appellatoire étoit encore indécis.

Ledit seigneur Révérend repliquant au contraire etc...

Et plusieurs autres choses disoient lesdites parties l'une à l'encontre de l'autre, chacune d'icelles tendant à ses fins que seroit prolixes à écrire; desquels differens pour ce que mondit seigneur le tres révérend, de son bon vouloir, désire entretenir et maintenir en paix et concorde de ses dits sujets presents et avenir avec leur seigneur, pour obvier esdits procès entre eux, aussy pour l'augmentation de sondit prieuré,

Aujourd'huy date de cettes, en la presence et par devant les notaires et témoins souscrits, personnellement étably à ce, spécialement venant ledit tres reverend pere en Dieu messire *Louis de Rye* évêque, etc... tant en son nom comme pour et ès noms de ses successeurs prieurs avenir dudit Gigny, d'une part ;

Et Jean *Chappon* notaire, Antoine *Bertrand* cordonnier, Jean *Goillon* et Adrien *Enjourrand* echevins ; honorables hommes Louis *Chappon*, Louis *Monnard*, Jean de *Vif*, notaires, Jean *Goy* dit bel, Pierre *Monnard Bouhier*, Jean *Pitiot*, Louis *Favernier*, Hubert *Duvillard*, Claude de *Vif*, Jean Martin *Barbier*, Jean *Caillon* dit noir, Guillaume *Poupon* menuisier, Benoit *Gerod*, Claude *Goy* dit Gandre, Jean *Bertillon*, Guy *Jeannet*, Jean *Paul* Couturier, Jean fils de Buscaut *Gay*, Jean *Bonet* le vieux, Jean *Bonet* le jeune, Pierre *Bertrand* cordonnier, Jean *Monard* le vieil, Jean *Monard* le jeune, Thaurin *Freredoux*, Claude *Cothel*, Claude *Tissot* couturier, Barthelemy *Bertrand*, Laurent *Maillet*, Claude *Bondonna* maréchal, Hilaire *Goy*, Perceval *Morel*, Jean *Monet Chappins*, Jean *Enjourrand* cordonnier et Amour *Caillon*, tous manans et habitans dudit Gigny, tant en leurs noms, comme de tous les autres habitans de ladite ville de Gigny absents pour lesquels ils se font fort et les promettans faire consentir au contenu de cettes toutes fois que requis en seront, d'autre part.

Lesquelles parties esdits noms, saiges, sachants, de leurs libérales volontés, pour elles, leurs hoirs et successeurs perpétuellement quelconques, ont traittés, transigés et accordés entre elles d'iceux différens et proces, en la forme et maniere que s'ensuit, assavoir,

Premierement que lesdits habitans de Gigny pourront cy après, toutes et quante fois que bon leurs semblera, faire raz et *raffours de chaux* es bois de leursdittes communes, sous condition que ce soit par l'avis et consentement des echevins et de la plus grande et saine partie desdits habitans, et iceux raz et raffourgs les pourrons vendre aux étrangers, à qui bon leurs semblera, au profit des affaires de leur communauté, pourvu qu'un chacun habitans sera tenu fournir aux frais desdits raz et raffourgs, ou autrement que lesdits raz et raffourgs demeureront au profit de ceux qui contribueront aux frais; et si aucuns particuliers dudit Gigny fait aucuns rats ou raffours esdits bois, il le pourra et devra faire, quand bon lui semblera, pour en bâtir, employer et vendre en la terre et seigneurie dudit Gigny, et non ailleur, et ce moyennant et permy ce que iceux habitans seront tenus de délivrer a mondit seigneur ou à ses successeurs, comme étant communier desdites communes, assavoir pour un chacun raffours cinq queués de chaux, et pour chacun raz une queuë aussi de chaux qu'ils seront tenus lui rendre en son *château* dudit lieu, ou en la ville dudit Gigny en quelle maison qui luy plaira.

Et pourront aussi lesdits habitans faire *fourneaux de charbon* en leurs dits bois communaux touttes et quantes fois que bon leurs semblera, pourvu qu'ils le feront par l'avis desdits echevins et de la pluspart des habitans, le tout sans le congé ni consentement dudit seigneur, lesquels ils pourront vendre aux étrangers pour les affaires de leur communauté; et si les maréchaux dudit Gigny ou aucuns habitans particuliers font fourneaux de charbon particulierement, faire le pourront pourveu qu'ils ne les pourrons vendre à gens étrangers, fors seulement à ceux de ladite seigneurie, et pour s'en servir à leur metier et usage de leur maison; et lesquels particuliers qui ferons lesdits fourneaux de charbon, ne les pourrons faire, sinon ès lieux desdites communes que leur sera accordé place pour ce faire, pour obvier aux dégats, et desquels fourneaux de charbon n'en sera payé aucune chose à mondit seigneur ny à ses successeurs.

Item, pourront lesdits habitans prendre tous *bois* esdites communes, quant bon leur semblera, pour leur usage, chauffage, et en faire tous ouvrages, en vendre aux étrangers tant ouvriers que non ouvriers, comme ils ont accoutumé faire d'ancienneté, et pour bâtir et maisonner ricre ladite seigneurie de Gigny, sans licence de mondit seigneur.

Item, pourrons lesdits habitans amodier, quand bon leurs semblera, une partie de leurs dits bois communaux aux forains et étrangers, sans le congé ny licence de mondit seigneur, et ce pour fournir et satisfaire tant au luminaire de leur eglise parochial que autres leur affaires, sous condition que ce soit par l'avis desdits echevins et de la pluspart desdits habitants. Afin d'obvier aux abus que y pourroient être faits, à faire la limite de la place d'icelle portion de commune que sera amodiée auxdits étrangers, sera appelé par ledit echevin le Prévot de mondit seigneur ou son forestier, pour obvier que lesdits amodiateurs ne s'étendent plus outre que de ce que luy sera amodié.

Item est accordé entre lesdites parties que les bois de *La Forêt* et de la *Côte du Saugel* sont et demeureront des maintenant *bannaux* à mondit seigneur contre lesdits habitans, du long et large qu'ils s'étendent et comportent et selon qu'ils seront limités par commis que à ce seront députés par lesdites parties deans six semaines prochainement venans, moyennant que tous ceux et celles qu'ils seront trouvés mususants esdits bois, y prenants et coupant bois, seront amendables envers mondit seigneur, assavoir pour un chacun pied de chesne que y prendront couperons et emmeneront sept sols etevenans sans interets; et pour chacune charrée de bois mort et blanc autre que de chesne qui seront pris ésdits bois aussi de sept sols etevenans tant pour l'amende que pour les interets; pourveu aussy que lesdits habitans pourront aller, venir, a pied, chars et chevaux, et mener paitre leurs bestiaux par lesdits bois en temps de vaine pâture seulement, sans aucuns dangers d'amende, et qui n'y feront aucun chemin nouveaux.

Item, ne pourront lesdits habitans *pêcher* en quelque manière que se soit, en l'éreux ou éclouse du moulin banal de mondit seigneur audit Gigny, du long et large qu'il s'étend et comporte et selon qu'il sera limité par commis que à ce sera député par lesdites parties dans le premier jour d'octobre prochainement venant et ce sur le péril et danger de l'amende de sept sols etevenans au profit de mondit seigneur.

Item, est accordé que par le procureur de mondit seigneur, appelés avec luy les echevins dudit Gigny, seront faites les visitations tant *barrures* que délits, un chacun an, assavoir de clorre le lendemain de la Saint George ou deux jours apres inclusivement, et des delits en temps de la Saint Jean Baptiste, et tous mesusants seront amendables au profit de mondit seigneur, pour chacune amende qu'ils feront de trois sols etevenans, et de l'exploit qui en sortira les echevins en auront quatre emendes chacune de trois sols si elles y surviennent qui seront prises et levées par la main dudit procureur.

Item, est accordé que mondit seigneur veut et entend que lesdits habitans, leurs hoirs et successeurs originairement nez et natifs dudit Gigny et leur postérité nez et à naitre sont et soyent gens *francs* libres et de franche condition, sans aucunes servitudes ni conditions mainmortable et pour tels les tiens et reputent, et que de ladite liberté ils jouissent par la forme des droits seigneuriaux et reconnoissances dudit Gigny, sauf que à mondit seigneur compete le droit de prendre les mainmortes sur les manans et habitans dudit Gigny originairement yssus et partis des autres villages de la seigneurie, excepté de ceux qui sont affranchis par mondit seigneur, que demeureront francs comme s'ils avoient été natifs en la ville dudit Gigny, par la forme de leur affranchissement et reconnoissance.

Et finalement est en outre accordé que, quant à la succession de ladite feue Benoite Pariset, *etc....*

Et moyennant le present traité, lesdites parties se sont désistées d'une part et d'autre de tous procés étant entre icelles, sauf des proces de la *chasse* qui sont pendants en la chatellenie dudit Gigny, contre aucuns particuliers, dont chacune partie demeurera en ses droits ; partant comme de raison tous dépens d'une part et d'autre compensés, et ce sous le bon vouloir et plaisir de ladite cour souveraine ; voullans et consentans lesdites parties que le present traité soit insinué et décrété par devant monsieur le bailli dudit Gigny ou son lieutenant, et qu'elles soient condamnées à l'entretenir et observer tout le contenu audit present traité ; et pour plus grande sureté vigueur et valeur d'iceluy, elles ont constituées et constituent par cettes leurs procureurs spéciaux et irrévocables, assavoir honorable homme Claude Pandet, Louis Chappon, Louis Monnard, Jean de Vif, Philibert Groflier et Jean Chappon auxquelles elles ont donné et donnent toutes puissances de ce faire, etc...

Promettants lesdites parties, par leurs serments pour ce donnés et touchés corporellement aux saints évangiles de Dieu étants es mains desdits notaires coadjuteurs que dessus, solemnelle et légitime stipulation sur ce entrevenue et sous l'hypotheque expresse obligation de touts et singuliers leurs biens, etc... Soumettans pour ce icelles parties elles, leurs biens, leurs hoirs, etc... Renonçant quant à ce à toutes et singulieres exceptions, etc...

En temoignage de verité desquelles choses, lesdites parties ont prié, requis, obtenu et fait mettre à ces presentes lettres et aux semblables par lesdits notaires et coadjuteurs le scel de l'empereur notre sire, duquel l'on use aux contraux en la cour tabellionnde de Montmoroz, faites, données et passées audit Gigny devant la *porte rouge dudit prieuré*, le second jour de juin de l'an mil cinq cens quarante six, présents nobles et religieuses personnes messire Simon de Grandmont aumônier, Jacques de Guigard chantre, François de Tenarre refecturier, Antoine de Louvat, Leonard du Saix, Pierre de Poligny, Jean de Mazure et Jean de Guigard touts religieux dudit Gigny ; à ce present discrete personne, messire Pierre Jacques, *alias* Martin curé de Savigny, Benoit Bouveron d'Allonal, Sorlin Goillon de Graye, maitre Pierre Gradelet de Langres maçon, Pierre Muyard de la Perouza demeurant audit Gigny, Guillaume Vuitton du Villars, et plusieurs autres temoins à ce requis et appelés. Ainsy *signés* : C. Berard, P. Vieux et J. Darlay.

Et depuis, le même jour, en l'église dudit prieuré de Gigny, personnellement illec étant assemblés capitulairement au son de la cloche, en présence dudit seigneur révérend prieur et desdits témoins et notaires souscrits, Nobles et religieuses personnes, freres, Jean de *Granchamp* prieur cloistrier, Simon de *Grandmont* aumonier, Jean de *Montjouvent* doyen, Philibert de *Montjouvent*, Jacques de *Guygat* chantre, Louis de *Tarlet* pidancier, François de *Tenarre* refecturier, Pierre *Favernier* enfirmier,

Denis de *La Palu* ouvrier, Gaspard de *Dortan*, Antoine de *Lourat*, Jean de *Guigonnard*, Pierre de *Guigonnard*, Pierre de *Poligny*, Leonard du *Saix*, Gaspard de *L'Aubespin*, Jean de *Mazures*, Paris de *La Lye*, François de *Montrichard* et Jean de *St. Germain*, tous officiers et religieux du couvent dudit Gigny, lesquels tant en leurs noms comme des autres absents, a plein informés du contenu au traité cy dessus à eux leu et donné a entendre par lesdits notaires souscrits, en tant que en eux est, peut et doit toucher et appartenir, ont consentu et aggréés à icelluy traité, voullans et consentans qu'il sortisse son plein et entier effet, selon sa forme et teneur, pourvu que les religieux dudit couvent de Gigny jouirons desdits bois communaux pour leur chauffage tant seulement, comme ils ont accoutumés. Présents a ce, messire Pierre Jacques *alias* Martin, Jean Vuillastrier de Saint-Julien prêtre, Nicolas de Lhure ecuyer seigneur dudit lieu, Jean *Bernard* d'Orgelet châtellan de Gigny, et autres temoins à ce requis. Ainsy *signés* P. Vieux. C. Beraid. et J. Daılay.

Apres la lecture faite desquelles lettres dessus transcrites et du consentement desdites parties dessus nommées, nous avons préalablement d'office fait conclusion et revendication en cause, icelle faite, nous les avons insinuées et insinuons par ces presentes et à icelle avons mis et interposé par ces présentes l'authorité et decret de la cour dudit bailliage, en condamnant lesdites parties et chacune d'icelles en droit soy, et de leur consentement, de perpetuellement à toujours-mais entretenir, garder et observer tout le contenu és presentes lettres de traité, sous protestations faites par lesdits seigneur, vicaire et aumônier que préalablement et avant ce que lesdits habitants jouissent du fruit et profit du contenu esdites lettres que l'abonnage et limitation de l'erreux du moulin banal et des bois de La Forêt et Côte du Sauget soyent faits suivant la forme dudit traité, ce qui a été accordé de la part desdits habitants. Dont lesdites parties ont requis acte de Cour que leur avons octroye et octroyons. En témoing de vérité desquelles choses, nous avons fait mettre à ces présentes le scel aux causes de la Cour dudit bailliage. Donné judiciellement aux assises de Gigny par nous y tenus le dix hui-

tieme jour d'avril apres pâques l'an mil cinq cent quarante-sept.
Signé. D'Ailay.

(*D'après une copie authentique.*)

129.

1546.
Archives
de Gigny.

A tous ceulx qui ces presentes lettres verront et orront, soit chose notoire et manifeste, comme il soit que différent soit mehu et plus grant esperé à mouvoir.

Entre honorables hommes Jehan *Berthillon*, Thaurin *Freredoux*, Arthaud *Freredoux*, jadis eschevins de la ville et communauté de *Gigny*, tant en leurs noms que pour et au nom de Claude *Bondonat* leurs consorts eschevins et de tous les habitants dudit lieu de Gigny desquels ils se firent forts, impetrant en matiere de garde, d'une part; Et noble et religieuse personne messire Jehan de *Grantchampt* celerier de Gigny, et Thaurin *Caillon*, Girard fils de Jehan *Caillon* dit *Grivel*, et Thaurin *Vuython* du *Vuillars*, opposans d'autre part;

De et sur ce que lesdits eschevins de Gigny esdits noms firent executer ladite garde sur tous et singuliers les biens desdits habitans dudit Gigny, mesmes en toutes et singulieres leurs communes de bois; en deffendant par le Sergent qui executa ladite garde à tous estrangiers non résidant audit Gigny par voix de crix de n'en copper, ny prendre, ni emmener bois desdites communes sur painne de l'amende, et fut lors par ledit sergent notiffié sondit exploit audit sieur Cellerier et à plusieurs habitans dudit Villars.

A quoy répondirent lesdits messire Jehan de Grantchampt, etc... qu'ils étoient communiers es communes des bois dudit Gigny, et qu'ils avoyent droit et puissance de y prendre et copper bois comme les habitans dudit Gigny; Et au moyen de ce firent requeste en matiere de complainte iceulx habitans dudit Villars pour obtenir ung mandement de nouvelleté dont à la fin de cestes sera la teneur inserée.

A quoi repliquerent lesdits habitans de Gigny qu'ils diroient contre ledit mandement.

Au moyen de quoy lesdites parties se condescendirent par amyablété que abosnarge et lymitation fut fait desdites communes, lequel abosnarge fut fait lors après comme il sera cy dessoubz desclairé par les nommés cy après; et plusieurs aultres choses disoient lesdites parties etc...

Pourquoy ainsy est que aujourd'huy, en présence et par devant Jehan *Chappon* de Gigny clerc notaire publique juré du bailliage d'Aval en ce conté de Bourgongne, personnellement estant honnorables hommes Jehan *Berthillon* et Thaurin *Freredoux* jadis co-eschevins dudit Gigny, et Adrian *Enjourrand* et Jehan *Goillon* a présent eschevins, Pierre *Monnard*, Humbert *Duvillars*, Jehan fils de Buscaud *Gay*, Jehan *Bonet* le vieux, Jehan Pierre *Freredoux*, Jehan *Monnard* le jeune, Amour *Caillon* Jehan *Enjourrand* et Jehan *Caillon* dit noir, tous bourgeois, manans et habitans dudit Gigny, tant en leurs noms que de tous les autres manans et habitans etc... d'une part.

Et noble et religieuse personne messire Jehan de *Grantchampt* celerier du prioré dudit Gigny, Girard *Caillon* fils de Jehan Caillon et Girard *Caillon* dit noir, eschevins dudit Villars, Guillaume *Vuython*, Claude *Caillon* fils de feu Thaurin Caillon, Jehan *Caillon* dit garde corps, et Claude *Caillon* dit Gay dudit Villars, tant en leurs noms que pour et ès noms de tous les aultres habitans dudit Villars, d'autre part :

Lesdites parties de leur bonne volonté et certaine science, pour elles, leurs hoirs et successeurs, desdits differands ont traittées transigées accordées et lymitées comme s'ensuyt, assavoir que lesdits sieurs celerier et habitans dudit Villars susnommés, ont renoncés et renoncent par cestes à l'opposition par eulx faicte cy dessus et audit mandement de nouvelleté par eux impétré. Ains dient, desclairent, veuillent et renoncent par cestes jamais rien quereler, ne demander, ne copper, ne prendre bois esdites communes de Gigny, en quelque lieu que ce soit, et desclairent non y avoir aucuns droits, et demeure l'abosnarge et lymitation cejourd'huy fait entre lesdites parties à perpétuité sans jamais aller ne venir au contraire. Et demeure le bois auxdits sieurs celerier et habitans du Villars en devers le soir, dois lesdites bosnes cy dessus desclairées au long des terres desdits habitans du Villars, sans par ce iceulx prendre ne copper bois oultre icelles bosnes du consté devers le matin, vent et bise, jusques a ung sentier a pied tendant devers ledit Villars a Monnetay, et dois là tendant jusques és champs estant devers la *fontaine du vieulx Villars* territoire et dismaige dudit Gigny ; etc.... dont et desquelles choses lesdites parties sont contentes. Promettans etc.... soubs l'hypotheque et expresse obligation de tous et singuliers leurs biens etc... lesquelx quant à ce elles submettent et obligent aux cours de Bourgongne, à celle de Monseigneur l'official de Lyon, etc.... confessent et renoncent à tous droits etc....

En tesmoignage de vérité desquelles choses, les parties ont priés, requis, obtenu et fait mettre le scel duquel l'on use aux contraulx en la court dudit bailliage d'Aval à ces presentes lectres que furent faictes et données audit Gigny en la maison dudit sieur celerier, le second jour du mois de novembre l'an mil cinq cens quarante six ; presents nobles et religieuses personnes, freres, Gaspard de *Dortent*, Anthoine *Louvat* religieulx dudit prioré, Huguenin Vincent meunier du molin de Guynant et Benoît fils de Pernot Ruchet de Louvenna, tesmoings à ce appelés et especialement requis.

S'ensuyt la teneur du mandement de nouvelleté.

Pierre du Tartre escuyer, docteur ès droits, lieutenant général de monsieur le bailly d'Aval au conté de Bourgongne, et honorables hommes M.res Philibert Brulet et Guillaume Vuillemenot et chascun d'eulx par soy, salut. Receu avons l'humble supplication et requeste de noble et religieuse personne messire Jehan de Grandchampt celerier de Gigny, et Thaurin Caillon, Girard fils de Jehan Caillon dit Grivel et Thaurin Vuython du Villars, contenant que entre aultres plusieurs biens compétans et appartenans auxdits supplians, etc... appartient à bon et souffisant tiltre que autrement dehuement, assavoir audit messire Jehan de Grantchampt comme celerier et pour raison de son office, la vraye propriété seigneurie et directe de tous les meix, maisons et appartenances d'icelles, assis et situés au lieu dit *Es Granges du Villars* pres ledit Gigny, et auxdits Thaurin Caillon etc.. la seigneurie utilité d'une pourcion desdits meix et maisons, et à cause desdites granges, le droit, authorité, faculté et puissance de ung chascun d'eulx respectivement pour son usaige, commodité et nécessité de chauffaige de sa maison dudit Villars, copper, abatre et prendre du bois ès bois communaux dudit Gigny, mesme en ung bois appelé en *Belles Tappes* territoire dudit Gigny, touchant devers matin le chemin tendant à Croppet appelé le *chemin du Cret*, devers soir les communes de la grange dudit Villars, devers vent les communes de Louvena, et devers bise le champt ès Pitiot le chemin entre deux tendant à *la Biolée*. Duquel droit de prendre et copper bois audit lieu, lesdits supplians ont tant par eulx que leurs dits predecesseurs celerier et grangiers, jouys et usés, tant par ung, dix, vingt, trente, quarante, cinquante ans et plus suivamment par les dernieres années, le tout notoirement et publiquement au veu et sceu mesmes des habitans dudit Gigny, sans troubles ni empeschement en ladite possession et joyssance ou aussy, fors que depuis ung an en ça et qui n'est encores expiré, que Jehan Berthillon, Thaurin Freredoux, etc... baillerent et laisserent à tiltre d'admodiation pour le temps et terme de six ans commençans au jour dudit bail et finissons à tel jour, à Guillaume Vuython dudit Villars l'un des grangiers dudit sieur celerier, le droit et faculté de prendre et copper bois pour son chauffaige en sa maison dudit Villars, lesdits six ans durant, tantseulement audit bois de Belles Tappes, avec part exprés que lesdits eschevins et habitants dudit Gigny pourroient admodier et vendre dudit bois, se bon leur sembloit, aux aultres habitans dudit Villars; Et fut ce moyennant la somme de deux francs monnoie de Bourgongne que ledit Vuython promit payer auxdits laissans aux termes sur ce prefix; comme aussi lesdits eulx disans coeschevins dudit Gigny et leursdits consorts depuis environ dix mois en çà auroient fait plusieurs aultres admodiations desdits bois aussi à Antoine Caillon *etc*..., tous dudit Villars grangiers et tenans par accensissement leurs meix, maisons dudit Villars et déppendances d'icelles dudit s.r de Grantchamp comme celerier dudit Gigny; voire ont lesdits coeschevins fait exécuter recentement certaine garde aux droits mentionnés par lesdites admodiations à l'encontre des ayant admodiés lesdits bois depuis notifiée audit s.r celerier et aultres cosupplians; par lesquelles telles quelles admodiations et garde lesdits eschevins notoirement veuillent et entendent spolier lesdits s.r celerier de sa possession cyvile et les aultres cosupplians de leur possession naturelle, en parce les troublant et molestant en leurs droits possessoires *etc*.... requerant sur ce puissance et mandement en forme de complainte et de nouvelleté.

Pourquoy, les choses susdites considérées, vous mandons que vous informiez bien diligemment, singulierement, secretement sur icelles, leurs circonstances et deppendances par bon et suffisant nombre de tesmoings que ferez venir et adjourner par devant vous, parties adverses appelées à les veoir produyre, jurer et recepvoir, et si tant par les informations que aultrement debument vous en appert, lever et oster auxdits supplians les nouveaulx troubles et empeschements à eulx mis et opposés en leurs faisant restablyr ce que prins et levé aura esté à leur préjudice, les maintenant et gardant de part Sa Majesté et de mondit sieur le Bailly en toutes possession, joyssance, saisine ou aussy, et en signe de garde et de votre dit exploit mettez et placez ou faltes et asseoir les pannonceaulx et armoyries aux armes de Sadite Magesté, ou brandons accoustumés, afin que personne n'en pretende cause d'ignorance, et icelluy vostre dit exploit signifiez et faites savoir à ladite partie adverse et à tous aultres qu'il appartiendra en leur faisant les inhibitions et deffenses en tel cas nécessaires, et en cas d'opposition, la nouvelleté estre et deffaite, le rétablissement fait avant toute œuvre, et la chose contentieuse sequestrée, prinse et mise sous la main de Sadite Magesté, pour soubz icelle estre régie et gouvernée au prouffit de celle desdites parties qu'il appartiendra; donnez et assignez journées aux parties et opposant par devant mondit sieur le Bailly ou son lieutenant à jour et lieu certains et compétans dont requis serez, pour débattre les causes de ladite opposition et aultres, procéder par raison de ce fait et ses dépendances, vous donnons puissance, authorité et mandement espécial par cestes; mandons en oultre au premier sergent estably audit bailliage qui sur ce sera requis que à vous en ce faisant obéisse et entende diligemment et face tous adjournement et commandement et deffense dont de part sera requis pour l'exécution de cestes et certiffier compétamment de ce que fait sera esté; les justices des lieux suffisamment requises.

Donné soubs le scel aux causes de la court dudit baillage le cinquième jour du mois d'aoust l'an mil cinq cens quarante six; ainsi signé *J. Chardon*.

Pour lesdits habitans de Gigny, signé *J. Chappon*.

Et depuis ledit second jour de novembre de l'an mil cinq cens quarante six, Noble et religieuse personne Simon de *Grandmont* aulmonier du prioré de Gigny et vicaire général en la spiritualité et temporalité dudit prioré, tant en son nom que pour et au nom de tres revérend pere en Dieu messire *Loys de Rye* abbé des abbayes de St. Oyen de Joux et d'Auberive et aussi prieur et seigneur dudit Gigny duquel il se fait fort, a consenti et consent au traicté cy-dessus en tant qu'il touche audit Sgr. prieur, sans jamais aller ne venir au contraire. Fait audit Gigny, les an et jour susdits, en présence de Humbert Mugnet de Vescles et Pierre Tabel de Poyte témoins à ce requis. Signé *J. Chappon.*

130

1547.
BOLLAND. Act.
SS. August.

Hac die XIX mensis maii anno M D XLVII. festo ascensionis Domini nostri J. C., in ecclesia prioratus conventualis S. Petri *Gigniacensi*, hora circiter media dicti diei, nobiles et religiosæ personæ J. Simon de *Grammont* eleemosynarius et generalis vicarius reverendi in Deo patris ac domini *Ludovici de Rye* episcopi et principis Gebennensis, abbatis abbatiarum S. Eugendi, Albæ ripæ, Aceii, prioris ac domini dicti Gigniaci; Joannes de *Grandchamp* prior claustralis et cellerarius, Joannes de *Montjovet* sacrista, Leonardus du *Saix*, Gaspar de l'*Aulbespin* religiosi claustrales dicti prioratus, Paris de *La Lye* diaconus, Franciscus de *Montrichard*, Joannes de *S. Germain* in dicto prioratu novitii, et Ludovicus *Chapon* dicti Gigniaci notarius, ad hoc vocati et requisiti, prædicti Vicarius, Prior Claustralis, Sacrista, commissarii et deputati dicti domini reverendissimi, ut visitemus capsam in qua requiescit corpus domini nostri sancti *Taurini* in theca lignea argento desuper puro et multis locis auro obducta, in quo argento elaboratæ exstant effigies variæ, ut Dom. Sancti Taurini, Nostræ-Dominæ (Mariæ-Virginis) et aliæ; Nos supra dicti commissarii venimus die et hora ut supra, in dictam ecclesiam, et secundum commissionem nostram aperuimus dictam capsam, in qua invenimus caput et ossa D. D. S. Taurini simul cum schedula vetusta membranea sic inscripta: *Hic requiescit corpus beati S. Taurini episcopi et confessoris:* Quia dicta schedula jam tum erat valde antiqua, renovavimus illam per aliam Schedulam priori appositam. Quod caput et ossa involuta sunt telæ candidæ superinducto tapete serico.

Item invenimus in dicta capsa reliquias S. Siagrii et S. Ferradæi, cum schedula imposita in qua scriptum est : *Hic sunt reliquiæ S. Siagrii et Ferradæi*, telæ involutas. Insuper invenimus in quadam tela ossa D. S. *Marini* martyris, ut notat hæc epigraphe : *Hic sunt reliquiæ D. S. Marini martyris*, id est, duo ossa.

Invenimus præterea in pyxide lignea operculo inducta, in qua sunt plures reliquiæ et scheda membranacea in qua reliquiæ de *sanguine Domini*, reliquiæ de S. *Maria*, de S. *Joanne*, de S. *Marino*, de S. *Aniane*, de S. *Juliana*, de S. *Leodegario*, de S. *Desiderio*, de S. *Romano*, de S. *Eugendo*, de S. *Joanne* apostolo et evangelista.

Item in alio panno lineo invenimus reliquias sequentes cum sua singulis superaddita epigraphe nempe : Reliquiæ S. *Lupi* confessoris atque pontificis ; S. *Eustatius* ; S. *Columbanus* ; reliquiæ S. *Eusebii* confessoris ; item unam costam et unum dentem de reliquiis S. *Salvatoris* confessoris; reliquiæ S. *Tigridis* virginis de urbe Moriana, Reliquiæ S. *Joannis* confessoris ; S. *Vauldebartus*.

Et eodem die et momento, accepimus de duobus ossibus magnis quæ erant in capsa Domini S. *Aquilini* unum et posuimus in capsa D. S. Taurini.

Et nos dicti commissarii et Ludovicus Chapon notarius certificamus, supra dicta esse vera et ita per nos comperta, sub subscriptione manuali nostra et in illa dicti Ludovici Chapon hic apposita jussu nostro, etc...

(*Charta ex Gallico in latinum conversa ab auctore Bollandista.*)

131.

EX CATALOGO BENEFICIORUM CLUNIACENSIUM.

Biblioth. Clun p 1706.

(Circa sæcul. XV.)

Prioratus de *Gigniaco*, Lugdunensis diocesis, ubi antiquitus erant, computato Priore, triginta duo monachi, sed per diffinitionem factam anno 1266, fuerunt reducti ad numerum 25, et debent ibi celebrari tres missæ continue cum nota, et sunt ibi decem Officiarii claustrales perpetui.

Prioratus immediate subditi Prioratui de Gigniaco.

Prioratus *Castri Salinensis* Vesontinensis diœcesis, octo monachi Priore computato.

Prioratus de *Bellavalle* Gebennensis diocesis.

Prioratus de *Claravalle* Vesontinensis diocesis. Unus monachus et Prior.

Prioratus de *Marbosio* Lugdunensis diocesis.

Prioratus de *Clausa S. Bertrandi*(*) Gebennensis diocesis.   * AL. *Bernardi*.

Prioratus de *Albino* Gratianopolitanensis diocesis.

Prioratus de *Castro-Chivrel* Lugdun. dioc. Unitus officio Camerariæ Gigniaci.

Prioratus *Doucieul*. Lugdunensis diocesis.

Prioratus de *Tresfort* Lugdunensis diocesis.

Prioratus *Doncieure* ubi debent esse Priore computato tres monachi et unus presbyter sæcularis commensalis.

Prioratus d'*Islay* Vesontin. dioc. Unus monachus et Prior.

Prioratus de *Chatenay* Vesont. diocesis, ubi debent esse, Priore computato, duo monachi.

Prioratus *S. Laurentii de rupe* Vesont. dioc. Unus monachus et Prior.

Prioratus de *Chambournay* Vesont. dioc. ubi debent esse, Priore computato, duo monachi.

Prioratus de *Marnay* Vesontin. dioc. Unitus Eleemosynario Gigniaci.

Prioratus *Pontis Indis* Lugdun. diocesis.

132.

1382.
Archives de Gigny.

Au nom de la tres haulte tres saincte et indivise deité et unité de dieu le pere dieu le fils dieu le sainct Esperit. Amen.

Lan des Chrestiens mil cinq cens quatre vingt et deulx, le quinziesme jour du moys de juing Constituez en leurs personnes par devant sebastien *humbert* de gigny notaire royal Révérends et nobles seigneurs Domp Blaise de *Chissey* humble prieur cloistrier et refecturier du prioré double conventuel sainct pierre de gigny pour la passation du contenu es presentes Guibert de *Chau-*

1 re) Chamberier Guillaume de *playne* aulmonsnier Alexandre de *maigret* doyen Loys de *la Baulme* Chantre Jehan de *fauvernier* enfermier Pierre d'*Ugny* ouvrier religieulx officiers Jean de *Guignonard* dict de *la Villette* Paris de *la lye* Domps loys du *saix* Claude *Dareols* Jehan de *Chauvirey* Jehan de *Montfort* pierre de *Boyge* religieulx prestres. Messire Jehan *malessard* prestre curé de loysia Messire Claude *Rossel* prestre et sebastien humbert de gigny notaire royal inspirez par la divine grâce de dieu et du sainct Esprit Ainsy qu'ils ont tres humblement supplyé et requis devotement en la *chapelle de Saint-Andrée* dudit prioré de gigny ou ils estoyent assemblés desirants de tous leurs pouvoirs les saluts de leurs ames et de tous leurs parents amys et chrestiens et de tous leurs predecesseurs et successeurs quelconques. Et faire œuvre en ce mortel monde qui puisse estre aggréable a dieu nostre souverain créateur et redempteur par lesquelles a sa saincte grace ils puissent parvenir à la gloire eternelle de paradis. Pourquoy ils ont supplyé et requis l'intercession de la sacrée glorieuse Vierge Marie et de tous les saincts et sainctes de paradis, Et d'un mesme accord vouloir et consentement en l'honneur louange et révérence de Dieu et du glorieulx amy de Dieu Monsieur sainct *Taurin* Evesque et Confesseur leur patron auquel tous et un chascun des susnommez ont de long-temps heu et ont de present leur ardente et singuliere devotion. Pour ces causes et aultres a ce les mouvants Ont fondez ordonnez instituez et estably et par ces presentes dois maintenant et pour tout le temps advenir a touiours mais et perpetuellement font ordonnent instituent et establissent en l'antique eglise du prioré royal de gigny en lhautel et chapelle vulgairement dicte et apellée *lhautel et chapelle de sainct Taurin* ou aultre telle que lesdits sieurs confraires leurs successeurs sera ordonné et advisé une assemblée et congregation chrestienne et honneste dicte communement une *confrayrie* en la forme et maniere que sensuyt.

De laquelle l'ordre et ranc et préséance sera des personnes et confreres afin deviter confusion.

Assavoir les fondateurs les premiers et apres le degré des fondateurs les gens d'église les premiers ceulx de noblesse apres en aultres rang les Bourgeois et aultres non d'esglise ou nobles observant en chascun desdits troys estats l'ordre de leur reception.

Pourquoy sera dressée une table ou Roue pandue à la chapelle St.-Taurin ou seront escript les noms et surnoms de tous lesdits confreres presents et avenir le jour de leur reception et apres leurs deceps seront rayez par les prieurs qui en auront la charge pour y marquer ceulx qui seront d'espuis esleuz.

Premierement le cinquiesme jour du moys de septembre que lon solempnise chascun an en l'eglise du prioré dudit gigny la translation du corps dudit bien heureux sainct Taurin sera dicte et célébrée et chantée perpetuellement en ladite église dudit prioré en lautel et chapelle susdite une grande messe a note a diacre et soubdiacre de l'office dudit sainct Taurin et ce à heure de dix heures du matin ou chascun de tous lesdits confreres seront tenuz d'assister dévotieusement a payne de payer chascun des deffaillans quatre blancs qu'il payera aux prieurs sans excuse quelconque le lendemain pour estre aux affaires de ladite confrayrie.

A icelle grande messe sera faicte une procession générale que sera portée dois ledit prieuré jusques en l'eglise parrochiales dudit gigny ou touts les confreres assisteront à mesme peine.

Le jour de translation St Taurin cinquiesme de septembre se diront et chanteront les vespres audit prioré avecques les oraisons et prieres selon ledit office Saint Taurin et suivamment les vigiles ou touts et chascuns les confreres assisteront à la payne du payement susdit.

L'endemain du jour de ladite translation que sera le sixiesme de septembre se dira et célébrera pour le salut et remede des ames des trespassez confreres une grande messe à diacre et soubdiacre de *requiem*, à laquelle aussi tous les confrères seront tenus d'assister et aulx litanies qui seront dictes apres icelle messe à la peyne susdite.

Item chascun mardy de toutes les sepmaines de lan sera dicte et célébrée sans faillir au susdit autel une grande messe a note a diacre et soubdiacre Laquelle messe sera dicte et célébrée par lun des confreres et non par aultres à laquelle tous les confreres qui seront au lieu de gigny ledit jour seront tenuz d'assister a peine d'un petit blanc qu'ils payeront comme dessus.

Devant la quelle chapelle sera entretenue ordinairement et perpetuellement de jour et de nuict une lampe ardente et allumée d'huille à la charge des prieurs sur le revenu de la confrayrie.

Le luminaire de la grande messe du jour de la translation Sainct Taurin sera six grands cierges chascun d'une livre et de quatre cierges chascun de demye livre.

Item de quatre bonnes et grosses torches allumées dois le premier *sanctus* jusques à lelevation seconde du corps de nostre seigneur.

Le luminaire des messes d'un chascun mardy sera de six cierges allumés pendant la messe et deulx torches comme dessus.

Apres ladite messe de chascun mardy seront dictes les prieres pour les trespassez ou tous les confreres en lordres devant dicts seront miparty d'ung et d'aultre costé de l'eglise et seront dictes les oraisons.

Et le prestre que tout revestu sortira de dire la messe chantera. Tous et chascun des confreres presents et avenir qui sera religieulx et prestre tant du convent que aultre sera tenu de dire et celebrer ledit jour de feste translation St. Taurin une messe à basse voix de l'office de St. Taurin.

Et tous aultres non estant prestres seront tenu de dire les pseaulmes penitentiels oraisons et collectes de sainct Taurin et aultres suffragges qu'ilz ont accoutumez de dire afin de prier tous Dieu et sa saincte mere sainct Taurin et tous les saincts et sainctes de paradis pour eulx leurs predecesseurs parents amys et leurs successeurs vivants et trespassez.

Avenant la maladie d'un confrere les prieurs et confreres seront tenuz laller visiter consoler veoir ayder du revenu de la confrayrie s'il est pauvre necessiteux, ou qu'il resident en mesmes lieu pour se veoir commodement lung l'aultres et s'il sont d'istant de residance et quil le facent la charité sera plus grande.

A l'enterrement de chascun prieur et confreres tous les aultres confreres et prieur qui seront au lieu du deceps de leurs confreres seront tenuz d'assister au chamts mortuayres et enterrement du decedez.

Et si l'un desdits confreres decede hors de gigny lesdits confreres en nombre de six pour le moing seront tenuz d'aller à ses obseques et enterremant et pourter le luminaire de la confrayrie pour y assister et y faire dire et célébrer le plus qu'il sera possible de messes contenues au suyvant article le surplus des frays oultre le luminaire à la charge du visité.

Quant ung prieur ou confrere décède soit audit gigny ou aultres lieux tous et ung chascun des aultres sil sont prestres dira et célebrera troys bas messes pour le remede et salut du trespassez, et sil n'est prestre donnera troys gros pour faire troys messes à la raison susdite.

Pour plus observer la foy paix et religion chrestienne que doit estre entre tous sil y a procès débat ou injure ou difficulté entre deulx ou plusieurs confreres. Tous les aultres semployeront à leurs générales assemblées de la translation a les pacifier et appointer par tous moyens licites.

Le jour de la confrayrie et translation que sera le cinquieme de septembre se fera un festin heure d'unze heures avant mydi par l'un desdits confreres a tous les aultres au lieu de gigny sans le pouvoir faire ailleurs, qu'au prieuré ou en la ville de gigny sans superfluité ny d'esbordement de viandes ou aultres choses voluptueuses.

Lequel festin commencera a estre faict par les fondateurs susnommes selon leurs ordres et apres par ceulx qui seront repceu cy apres confreres en lordre de leur reception. Nestoit qu'a l'assemblée generale de la confrayrie pour bonnes considérations ledit ordre fust diverty.

Eviteront lesdits confreres à ce festin toutes parolles actes et choses vitieuses et garderont toute modestie chrestienne à culx possible.

Nul desdits confreres n'amenera personnes audit convive sil n'est confreres de ceste confrayrie ou quil ne pretende dy estre receu.

Que si lun desdits confreres du lieu de gigny est malade luy sera envoyez son disner. Et si lun des estrangers est malade sera son disner distribué aux pauvres par lun des prieurs.

Celui qui fera le convive sera tenu d'apeller et amener en iceluy treize pauvres et leur donner à disner bien et honnestement et oultre ce a ung chascun diceulx ung petit blanc.

Pendant le susdit convive seront faites lectures des sainctes escriptures par tels quil choysiront ou sera .... cela par parolles d'un predicateur. Sil au lieu........ pourra estre appelle encore qu'il ne soit confrere.

Pour aller auquel convive l'on sortira de la grand messe en procession avec cantiques la teste nue et les mains joinctes.

Apres disner lon retournera en mesme procession et ordre en l'esglise rendre graces a dieu.

Telle procession sera observée en allant à vespres ledit jour dois la maison de celuy qui aura faict le banquet ou tous les confreres se rassembleront.

Seront receus en ladite confrayrie tous prestres gentilhommes notables et hommes de qualitez en bonne renomméez non diffamez sans y recevoir femmes de quelque qualité condition et eaage quels soient.

Bien pourront lesdites femmes estre receues aux bien faictz dicelle confrayrie et pour elles faictes les prieres comme a lun des confreres ou telles quelles ordonneront.

Laquelle reception se fera ledit jour de la translation par tous les confreres assemblez et à la pluralité des voix.

Tous ceulx qui voudront estre receu fournitreront chascun content six francs et demy monnoye de Bourgongne avant qu'estre receu, aux prieurs de ladite confrairie pour estre employez à lutilité d'icelle sans vouloir enfraindre la meilleure volonté des bons personnages qui voudront eslargy de leurs biens oultre ladicte somme au profit de ladite confrairie.

Les deulx prieurs seront annuellement esleus le jour de la confrairie et translation par ladite assemblée et pluralité de voix heure de mydi a charge touteffois que l'un desdits prieurs sera toujours l'un des Religieulx dudit convent de gigny lequels prieurs presteront le serment de bien et fidellement maintenir lhonneur et le bien de ladite confrairie et ce pardevant lesdits confreres.

Procedant à laquelle élection par tous lesdits confreres sera par le greffier faict haulte et intelligible lecture de ceste institution afin de tant mieulx la recongnoistre et observer par chascun des prieurs et confreres presents et advenir.

Lesdits prieurs rendront compte le lendemain de la translation par devant les commis de ladite confrairie. Et ne pourront employer iceulx prieurs aucun argent sans le consentement et ordonnance du plus grand nombre des confreres a quelque chose que ce soit a peyne d'estre rayez auxdits comptes de telles fournitures. Sans que lesdits prieurs et commis auxdits comptes en recoyve aucun salaire ne quil y soit faicte aulcune dépense.

Largent qui sera mise en constitution de rante par ladite confrairie sera mis es mains de gens solvables a peine de sen prendre a ceulx qui lauront presté Et tiltres achapts constitutions de rentes et papiers de ladite confrayrie seront es mains desdits prieurs que les restitueront rendant............ quils seront tenuz en faire et........... prieurs et les rendre à leurs successeurs......... ... et en prendre semblable inventaire.

Le mesme sera observé au regard........... des ornemants d'hautel et d'esglise............ et choses dépendent de..........

Sera commis greffier du............. de ladite...... de voix.. a sa vie durant et............. par mesme moyen.

Au plustost que faire se pourra lon se pourvoyera devant nostre sainct pere le pape pour avoir confirmation et approbation de la presente institution et de le supplyer tres humblement d'aider a icelle de pardons et indulgences et y donner telle correction et amendemant quil luy playra.

Lesdits fondateurs se reservent d'augmenter et diminuer corriger ce quils verront convenir à la presente institution.

Le tout soub le bon vouloir et plaisir de nostre sainct pere le pape gregoyre treiziesme et Philippe roy des Espagnes tres catholiques conte de Bourgongne nostre tout bon et souverain prince Et quil ny aye en ce faict rien contre les droits divins et humains.

133.

1636.
Ex Act. civ. Veyriaci.

Pestis apud *Veyriacum*. Anno Domini 1636, circiter 24 mensis maii, octavis solemnitatis S. S. Sacramenti altaris, Henricus a Borbonio princeps de Conde, gubernator ducatus Burgundici, violato jure gentium, irritum faciens pactum concordiæ et neutralitatis ante paucos dies inter ducatum et comitatum Burgundiæ juramento per regem Gallorum Ludovicum XIII, Parlamentum Divionensem et Dolanensem et per ipsum vallatum, urbem Dolanam obsidione cinxit numero bellatorum 30,000. Qui tandem, trium mensium expleto tempore in oppugnanda urbe et omni hostilitatis et crudelitatis genere exercendo, per serenissimum ducem Lotharingiæ Carolum, cum ejusdem comitatus proceribus, magna sui et suorum clade et strage, re infecta, ridibundus abire coactus est fugam trans Ararim petens, illum insequentibus militibus Cæsarianis sub duco comite Galcasso et Hungarorum rege Ferdinando.

Deinde 26 mensis augusti immediate sequentis dominus de Clinchaut miles Cæsarianus, dux 2,500 equitum bellatorum, Cuysellum appulit cum suis, qui tracta ibidem quinque dierum mora et sumpta à quolibet habitatore qua potuit...... ablatis secum 16 aut 18 præcipuis burgensibus pro habenda compositione 100,000 librarum Turonensium, sponte urbem valde desertam reliquit. Ibidem cum apud Guidonem Jacquilloz res nostras spe tutaminis asportassemus, parum inde retulimus, et quod pejus est, cum ejus uxor et filiæ aliquot apud nos se recepissent, morbum pestilentem nobis disseminatum adeo exitiose ut, intra 18 dies a 18 septembris putandos, domus nostra omnino extincta est eodem pestilentiæ morbo. Nam D. Petrus Rossel subdiaconus frater meus die eodem 18 anno suæ ætatis 22, Guillelma Rodot alias Privage, uxor optimæ indolis fratris mei alterius die 27, Joanna ejus filia et ejusdem fratris mei ætatis 10, cum Guillelmo Vianois servo, die 28, una ancilla die 29, Philibertus Rossel pater meus die 30 anno ætatis suæ 71, Claudia Rossel neptis mea die I.ª octobris anno ætatis suæ 7, Petrus Rossel frater meus die 3 anno ætatis suæ 35, et Maria ejus filia ultima domus nostræ anno suæ ætatis 3 die 4 ejusdem mensis octobris anni præsentis 1636, migrarunt ad Dominum morbo pestis consumpti, quorum ipse Dominus misereatur. Animæ eorum requiescant in pace. Amen.

134.

1647.
Archives de S. Claude.

Nous Dom. *Louys Prouuohst* dit de *Pelousey* prieur et seigneur de *Gigny*, sçavoir faisons a tous qu'il appartiendra que ce jourd'hui 7 d'avril 1647 avant midi, à la priere de Messire Joachim marquis de Coligny et d'Andelot, baron de Cressia, protecteur et amy dudit monastere de Gigny et en la presence et assistance de Dom Henry du *Pasquier*, Dom Guillaume *du Pasquier*, Dom Claude de *Chantrans*, et Dom Guillaume de *Thon-Rantechault* religieux prêtres et officiers dudit monastere, et encore en présence de Messire Nicolas Vieux prêtre, docteur ès droits, official et juge de l'Eglise au Comté de Bourgogne, riere le diocese de Lyon, et de Messire Claude *Veyron* prestre curé dudit Gigny, ensuite de la permission à nous accordée par le sieur Deville vicaire général de l'archevêché de Lyon du 3.e de ce mois, sur requeste présentée de notre part à Son Eminence Mgr le Cardinal archevêque de Lyon,

Avons procédé à l'ouverture de la châsse de Monseigneur *S. Taurin* l'un des patrons de ce monastere, apres avoir fait les prieres et préparations en tel cas accoutumées, avec les luminaires et autres cérémonies requises; dans laquelle châsse couverte de lames d'argent qui a été par nous ouverte du côté ou est l'image de Notre-Dame, avons trouvé plusieurs reliques tant dudit S. Taurin qu'autres saints personnages desquelles nous avons fait un inventaire particulier inséré au bas du present verbal. Apres laquelle ouverture et visite desdites reliques avec le respect deheu, ladite châsse a été refermée, et lesdites reliques remises en icelle, avec les billets entiers qui s'y sont trouvés et qui ont été encore par nous renouvellés à cause de leur ancienneté. Dont et de quoi, nous avons dressé le present procès-verbal, en notre chambre de la Maison prioriale, ou nous avons été contraincts de faire ladite ouverture et visite, à cause que ladite châsse avait été retirée en un cabinet a voûte y joignant, depuis l'onzieme d'aost dernier qu'elle fut rapportée ès solemnités du chasteau de Cressia, ou elle avoit été retirée et mise en sureté, comme précédemment elle avoit été déja mise en assurance, à raison des malheurs du temps passé, comme présentement ils regnent encore en ces pays depuis l'an mil six cent trente six, et parceque l'église dudit monastere de Gigny est tellement ruynée que dans icelle, il ne se peut pas avec respect et décence faire une cérémonie de telle nature. Fait en présence des susnommés, dudit seigneur marquis de Coligny, de dame Jeanne de Talaru de Chalmazel son épouse, de Pierre de Caret escuyer gentil-homme servant de la maison du roy de France, de M.re Samuel *Guichenon* avocat au présidial de Bourg-en-Bresse, de M.re Barthelemy Goiffon greffier de la Terre de Rivoire en Bresse, et de plusieurs autres personnes dudit Gigny et des lieux circonvoisins Ainsi signé sur l'original. J. de Coligny. Jeanne, De Talaru de Chalmazel, P. Louys de Pelouset, Du Pasquier infirmier de Gigny, Du Pasquier sacristain, De Chantrans refecturier, de T hon Ranchault aumosnier, Nicolas Vieux official, Claude Veyron curé, S. Guichenon, B. Goiffon, lequel original a esté enfermé et mis dans ladite châsse.

Mémoire des saintes reliques qui ont été trouvées dans la Châsse du glorieux S. Taurin, premier évêque d'Evreux.

Premièrement, dans un paquet de toile cirée, le chef avec la cervelle et touts les os du corps dudit Sainct Taurin bien munis dessus et dans le paquet de billets.

Puis, un autre paquet séparé titulé comme le premier, ou est un os tout entier de la jambe ou cuisse de Sainct *Aquilin*, aussi evesque d'Evreux et aultres reliques ayant esté donnnés à des monasteres du même ordre par présent.

Item, un aultre paquet de toile de nappe ou sont quantité de reliques dont le billet porte ces mots : *Reliquiæ et ossa plurimorum Sanctorum sic per titulos continentur*. Estant le paquet ouvert, on trouva dans iceluy : un aultre paquet assez gros de toile cirée sur lequel estoit ecript, *Reliquia Sancti Sinagrii confessoris*; un aultre moindre paquet, *Reliquia Sancti Leporii confessoris*; un aultre, *Reliquiæ Sancti Marini martyris, id est, duo membra*; puis, sur trois petits paquets séparés, il y avoit escrit : *Reliquia Sancti Senatoris, Reliquia Sancti Eustachii ou Eustasii, Reliquia Sancti Guideberti*. De plus, il y avoit sur un aultre paquet, *Costa Sancti* mais *incogniti*, n'ayant pu lire le billet effacé par l'antiquité. Plus encore deux petits paquets sur lesquels sont escrits séparément : *Reliquia Sancti Columbani abbatis Luxoviensis, Reliquia Sancti Johannis confessoris*, touts lesquels paquets sont enclos dans le susdit paquet de toile de nappe.

Item, il y a encore un aultre paquet portant : *Reliquia Sanctæ Tigridiæ virginis de urbe Moriana*.

Plus, un paquet sans billet, où sont des ossements et du sang et encore du fer, comme la moitié d'un cousteau enchâssé dans de la corne avec deux os du martyr occis, comme il est croyable, avec ledit cousteau.

Item, un petit paquet intitulé : *Reliquia Sancti Nicetii*.

Item, une boitte ou il y a plusieurs petits paquets intitulés comme il s'en suit : *Reliquia de Sanguine Domini*; un aultre, *Reliquia de S. Virgine Maria*; un aultre, *Reliquia de Sancto Johanne evangelista et apostolo*; encore un aultre, *Reliquia de Sancto Paulo apostolo; De sancto Michaële; De Sancto Marino; De Sancto Aniano; De Sancto Leodegario; De Sancto Desiderio; De Sancto*

Germano; De Sancto Eugendo; De Sancta Juliana; De Veste Sancti Martini.

Touts lesquels paquets ont été de nouveau munis de billets datés du 8.ᵉ jour du mois d'apvril de l'an 1647, y ayant encore esté laissés les vieux billets pour mémoire de l'ancienneté et pour temoignage plus authentique. Il ne s'y trouve point de reliques de Sainte *Florencie* dans ladite châsse, parceequ'elles ont esté transférées au monastere de Baulme et aultres.

(*Charte communiq. par M. Girod, vic. gén. de S.-Claude.*)

135.

1647.

Dunod.
Hist. de l'église de Besançon.

En la cause pendante en la Cour souveraine du parlement de Dôle, entre Messire Claude de Poligny baron et seigneur de Trave, Messire Guillaume-Philippe de Belot, chevalier, seigneur de Vilette, et Messire Claude de Montrichard, aussi chevalier, seigneur de Fertans, commis à l'Egalement pour la Noblesse de ce pays et comté de Bourgogne et en ladite qualité impétrants d'une part; Les Révérends Peres *Bénédictins réformés* de ce pays deffendeurs contumaces, d'autre:

Veu les exploits, deffauts, conclusions et pieces desdits impétrants; La Cour par arrêt pour le profit et exploits desdits deffauts, faisant *litis* contestation, conclusion et renonciation en cause, maintient et garde iceux impétrants en la jouissance, saisine, ou quasi des droits, authorités et facultés, que nul ne peut être receu religieux ès abbayes de S. Claude et Beaume et au prieuré de *Gigny* qui ne fut gentilhomme de naissance, et n'ait fait preuve de huit lignées, sçavoir quatre paternelles et quatre maternelles, par devant quatre gentilshommes de ce pays à ce députés, et selon que du passé ils en ont joui, interdisant pour ce auxdits deffendeurs, de en ce leur donner trouble ou empêchement, directement ou indirectement, les condamnant à ce, les dépens cette part faits compensés; mandant etc...

Fait au Conseil le 23 août 1647.

(*Extr. des Registres du Parlement de Dole.*)

136.

1654.
Dt ROD.
Hist. de l'église
de Besançon.

(*Extrait du cahier des Etats du comté de Bourgogne tenu en 1654 :*)

Art. 8..... Sur autres reconnaissances faites par la chambre de la Noblesse, par lesquelles on insiste à ce que Sa Majesté soit suppliée de déclarer que, dans les Maisons et Abbayes de S. Claude et de Baume et Prieuré de *Gigny*, dans lesquelles de tout temps n'ont été receus pour religieux que les gentilshommes de nom et d'armes, nuls autres que ceux de ladite Noblesse ne pourront y être receus pour religieux, en excluant touts autres; et

V. ch. 135.

l'arrêt sur ce sujet obtenu soit entierement exécuté; De quoy les trois Chambres unanimement supplient Sa Majesté.

Apostille. L'intention de sa majesté est que le droit mentionné en cet article, soit à toujours conservé et maintenu à la Noblesse, ainsi qu'il est requis, comme il a été cy devant de temps immémorial.

137.

1664.
Archives
de Gigny.

Les longues guerres et les malignes pestes qui, dans cette province, ont causé de si grands désordres, ont empêché de conserver les louables et anciennes *coutumes du prieuré de Gigny*. Il est bien aussi necessaire, puisque nous sommes délivrés de ces fléaux et grands malheurs, et que presentement notre Chapitre se voit repeuplé, de tâcher à rétablir le bon ordre qui y doibt être. C'est ce qui a obligé touts Messieurs dudit chapitre de résoudre les *Constitutions* suivantes et de les touts signer, pour être doresanavant inviolablement gardées :

1. Touts les lundy des Quatre-Temps, l'on s'assemblera pour tenir le chapitre général, ou tous Messieurs seront obligés de se trouver pour délibérer, à la pluralité des voix, des sujets qui s'y présenteront.

2. On commettra capitulairement deux religieux pour agir dans les affaires, lesquels rendront compte à touts les Chapitres du succès de leurs négociations.

Touts Messieurs prêteront le serment entre les mains de celui qui présidera le Chapitre de tenir et garder secrètement tout ce qui se dira et résoudra dans le Chapitre.

4. Avant toutes choses, l'on fera sçavoir aux parents des prétendus religieux qu'ils doibvent être exempts de toute sorte de maladies occultes, et que, pour ce, ils seront visités par le chirurgien du Chapitre qui en fera son rapport.

5. Pour les preuves des prétendus religieux, les parents mettront leurs papiers entre les mains de M. le Prieur Cloistrier lequel, au premier Chapitre, fera élire deux commis qui devront voir et bien examiner lesdits papiers, pour en faire, au Chapitre suivant, leur fidele rapport, le tout conformément aux statuts et coutumes de MM. de S. Georges.

6. Touts parents au quatrieme degré seront obligés à sortir du Chapitre lorsque l'on donnera voix.

7. Pour le droit d'entrée, l'on donnera les cent écus d'or accoutumés, comme il fut encore conclu autrefois à la réception de M. de *Cuse*, et à chaque religieux prêtre une pistole, et aux autres une demi-pistole, et autres droits accoutumés, et cent francs pour le présent de l'église.

8. Pour ceux qui voudront aller aux Ordres, ils seront obligés d'observer l'ancienne coutume qui est que nul n'y pourra aller sans l'exprès consentement du Chapitre; qu'ils demeureront un an soubsdiacres et deux ans diacres, et n'entreront en mépart que le lendemain de la seconde S. George, apres qu'ils auront dict la messe.

9. Pour éviter les désordres qui peuvent arriver à la livraison des prébendes, l'on se conformera aux statuts faits autrefois pour ce subjet.

10. Pour suppléer à beaucoup de manquements des fondations causés par les guerres, Messieurs ont résolu de doresanavant et à perpétuité, touts les seconds lundys de chaque mois, que l'on dira l'office des morts avec une grande messe laquelle se célébrera par celui qui aura fini ses tours de messe le dimanche précédent.

11. Pour le décès d'un religieux, l'on dira une grande messe trois jours consécutifs, et chaque religieux en dira trois petites messes, et l'on payera sur l'hoirie du deffunt religieux ses debtes avant que l'on la partage.

12. Pour éviter les désordres qui peuvent arriver quand il faut

faire diacre, Messieurs ont résolu que le dernier en séance en sera chargé, et que, s'il s'en rencontre un ou plusieurs en pareil degré, ils le feront alternativement, comme il s'est de tout temps pratiqué.

13. Les novices seront obligés de préparer les autels ou l'on voudra dire la messe, comme aux jours des Rogations et à la chapelle de S. Thaurin, comme aussi d'aider à habiller le prêtre qui voudra dire la messe.

14. Messieurs ont encore résolu de ne permettre à point de novice d'aller aux Ordres sacrés qu'il ne sçache son plainchant, afin de rendre le service qu'il doibt.

15. Oultre les susdites Constitutions, l'on a résolu d'observer toutes les autres qui ne sont pas ici comprises, comme de tout temps l'on a faiet.

Lesquels statuts ont été arrêtés en la maison de M. le Prieur Cloistrier en presence de touts Messieurs assemblés capitulairement lesquels ils ont touts signés le vingtieme du present mois de juin mil six cent soixante quatre.

Signés : *A. de Maliwert* prieur cloistrier; *C. de Chavirey* chambrier; *G. de Thon-Rantechaulx* aulmosnier; *D. de Chavirey* doyen; *Du Pasquier* sacristain; *Eleonor. de Vilette* infirmier; *J. de Raincourt* refecturier; *Eustache de Balay* ouvrier; *Cl. du Pin*.

138.

1691.
Archives de Gigny.

Au nom de Dieu, Amen. A tous soit notoire et manifeste que, par devant Jean et Guy Coste de St.-Amour pere et fils, notaires royaux et commissaires dextentes cette part, commis par Monsieur le Lieutenant-général au bailliage et siege d'Orgelet, par commission du 12 septembre 1688,

Constitué en personne N... lequel confesse tenir porter et posséder de la directe, censive et seigneurie, portant lods, vends, amende et droit de retenue, et en toute justice haute, moyenne et basse mere mixte impere, de reverend Messire *Abraham de Thesut*, docteur de la maison et société de Sorbonne, prieur et seigneur de Gigny et ce à cause de sondit prieuré, icelluy seigneur absent,

Assavoir, des biens dernierement reconnus par etc..., au profit de révérend Messire *Louis de Rye* abbé d'Auberive, prieur et

seigneur dudit Gigny *etc*..., par devant Berard et Darlay le........
juin 1543, *etc*.... Une maison *etc. etc*... sous le sens et servis de
etc..., que le confessant reconnait devoir et être tenu de payer
audit seigneur ou à son receveur ou ayant charge, en son château,
audit Gigny, à chaque jour de fête de S. Barthelemy apôtre.

Fait et passé audit Gigny le.... jour du mois de juin mil six
cent quatre vingt onze, Presents *etc*... (Signés) *J. Coste* notaire
royal et *G. Coste* notaire royal, *etc*...

139.

1693.
Archives
de Gigny.

Comme il soit que feu Messire Barthelemy Pytiot de Gigny,
prêtre, recteur de l'hôpital et Maison-Dieu de la ville de Cuseau
au duché de Bourgogne ait fait construire une *Chapelle en l'honneur de la Ste.-Croix* érigée en l'église paroissiale du bourg de *Gigny*
au comté de Bourgogne, par contrat du vingt novembre mil cinq
cent vingt, reçu *De Vif* notaire audit Gigny, par lequel il
appert comme il a fondé et doté ladite chapelle par forme de donation entre vifs de plusieurs prés, terres et autres fonds situés
au finage de Cuseau, Gigny et Vaux et en aurait assigné les revenus qui pour lors étaient très considérables, à condition de par
les Chapelains qui lui succederont, lui dire trois messes basses
par semaines avec les Collectes et autres choses exprimées par ledit
acte de donation entre vifs contenant le titre primitif de ladite
fondation. Mais par la longueur du temps, lesdits Chapelains auroient négligé la conservation desdits immeubles qui se seroient
dissipés et perdus par la longueur et rigueur des guerres, de sorte
que ladite chapelle est demeurée sans service, parce qu'il n'y a pas
suffisamment de revenu pour le faire exécuter pendant une quinzaine de jours seulement, de sorte que demoiselle Jeanne Pytiot,
residente de son vivant audit Gigny, muë de devotion pour ladite
chapelle de Ste. Croix de Dieu et le salut de son ame, il desire de
fonder ladite chapelle et d'en regler les services en plusieurs messes
basses qu'il veut être dites et celebrées annuellement et perpétuellement, pour à quoi parvenir.

Il est ainsi que, ce jourd'huy trentieme du mois de septembre mil six cent quatre vingt treize, en l'étude et par devant
Louis Pinard notaire et tabellion du roi, à la résidence de Dijon,

paroisse S. Jean, soussigné, en presence des témoins enfin nommés, A comparu en sa personne vénérable Messire Pierre Pytiot, prêtre, curé de Marigny, lequel de son plein gré a dit que son intention est de relever ladite chapelle de Ste. Croix dont les revenus sont éteints, par le moyen d'une nouvelle fondation qu'il a réglée en la forme et maniere ci apres :

Premierement veut et entend qu'il soit dit et célébré par le chapelain qui succedera audit s.^r Pytiot actuellement chapelain en icelle chapelle et par ses successeurs à perpétuité, les messes basses en l'honneur de l'Invention et Exaltation de la Ste. Croix, à chacun jour desquelles fêtes en sera dite une, ensemble à chacun jour qu'arriveront les fêtes des saints et saintes qui s'ensuivent, sçavoir : S. Antoine abbé, Ste. Agnès, S. François de Sales, Ste. Brigide, Ste. Agathe, Ste. Scholastique, S. Gabriel, S. Joseph, S. Joachim, Annonciation de N. D., S. Marc évangéliste, Ste. Petronille, S. Claude, S. Antoine de Padoue, Visitation de N. D., S. Pierre, patron dudit sieur fondateur, Ste Marguerite, Ste. Anne, S. Pierre es liens, S. Théodore évêque de Sion, S. Augustin, S. Marcel, S. Cosme et St Damien, les SS. Anges gardiens, Ste. Foy, Ste. Thérèse, S. Charles Borromée, Ste. Barbe, Ste. Catherine, Ste. Cecile et Ste. Luce; le tout pour le salut et le repos de l'ame dudit sieur Pierre Pytiot et de ses parents prédécesseurs et successeurs; et les ames sans secours de prieres des prêtres et familiers les plus abandonnées et les plus proches de leurs délivrances, et ce chacun à perpétuité, sans que lesdites messes puissent être changées n'y transférées à d'autres jours que ceux des fêtes cy dessus désignées, sans aucune nécessité considérable et essentielle, si ce n'est par la permission des collateurs et fondateurs pour des raisons suffisantes ; lesquelles messes ne pourront être dites par iceux chapelains pourvus à perpétuité ou prêtres qu'ils commettront en leur lieu et place qu'en ladite chapelle de Ste. Croix. Se réservant néanmoins ledit sieur Pytiot de la dire ou faire dire en quelque lieu qu'il lui plaira pendant sa vie durant.

Pour la dotation et fondation de ladite chapelle de Ste. Croix à perpétuité, ledit sieur Pytiot veut et entend qu'il soit payé par ses héritiers et descendants touts sous clause solidaire, auxdits chapelains la somme de deux cents francs monnoie du comté de Bourgogne, par chacun an, à perpétuité; moyennant le payement de laquelle somme annuellement, ledit fondateur veut et entend que lui et ses héritiers demeurent déchargés de celle de mille francs désignée par la donation entre vifs de ladite feue Jeanne Pytiot, en sorte qu'icelle somme de mille francs soit comprise et confondue dans le prix de la présente fondation, suivant les intentions de ladite demoiselle Pytiot.

Pour sureté, ledit sieur Pytiot fondateur veut que les revenus généralement quelconques de touts les fonds et immeubles qui lui appartiennent et qui sont situés au lieu et finage du Villais proche Marigny demeurent assignés et spécialement hypothéqués pour le payement de ladite somme de deux cents francs, sans qu'ils puissent etre divertis à d'autres usages qu'au préalable ladite somme ne soit payée ; etc:

Et d'autant que ledit feu Messire Barthelemy Pytiot avoit pourvu pour Patrons de ladite chapelle plusieurs de ses parents, sçavoir Antoine Lamour, Jean Pytiot l'ainé et Jean Pytiot le jeune, touts décédés sans hoirs mâles, sinon ledit sieur Pytiot qui est descendu en ligne directe dudit feu Jean Pytiot puisné qui par conséquent est resté seul patron et chapelain de ladite chapelle, et n'y ayant en ladite famille aucune personne plus proche du sexe féminin que demoiselle Thaurine Pytiot femme du sieur Claude Cassabois, iceluy Pierre Pytiot lui laisse et à ses descendants, à commencer par les ainés des mâles et à défaut par les filles, pour patrons alternatifs, avec sieur Henri de la Villette, dit du Pasquier, seigneur de la Villette, et à son défaut à l'ainé de ses fils et apres lui ses freres à commencer par les ainés, et à défaut de mâles ses filles et leurs descendants par le même ordre. Veut ledit sieur Pytiot qu'à la premiere nomination qui sera faite apres son décès, ledit sieur de La Villette ou sesdits enfants nomment un chapelain en son lieu et place pour la premiere fois, et ladite demoiselle Pytiot ou ses enfants pour la seconde nomination, et ainsi consecutivement d'alternatif en alternatif à perpetuité. Promettant *etc*. Obligeant *etc*. Renonçant *etc*..:

Fait, leu et relev en présence de vénérable Messire Claude Guillot prêtre mépartiste de l'église paroissiale de St. Pierre de Dijon, et de vénérable Messire Maurice Roussel prêtre familier de l'église de St. Pierre de Besançon trouvé audit Dijon, témoins requis soussignés avec ledit sieur Pytiot et moi ledit notaire. Signés *etc*. Controlé et registré *etc*...

140.

1713.
Tit. de l'auteur.

Aujourd'huy, en la compagnie et assisté du notaire royal soussigné, Dame Claudine Moyne veuve et usufruituaire des biens de feu Claude Jaillet le jeune de *Chichevière* paroisse de Fronteneaux, etc... se sont transportés auprès de reverend seigneur, messire, Jean-Baptiste de *Chavirey* Grand-Chambrier de *Gigny*, prieur de *Châtel*, La *Magdelaine-sous-Cuseau*, coseigneur de Fronteneaux, le Venay et Saffre, etc...: en sa maison à *Gizia* où ils ont appris qu'il étoit en venant, ou étant, après s'être mis en devoir de vassaux, tête nuë, et un genou en terre auroient dit audit seigneur Grand-Chambrier qu'ils étoient là pour reprendre de fief, et lui faire, comme ils lui fesoient et portoient, la foy et l'hommage qu'ils sont tenus lui faire et porter, à cause des meix, maisons, fonds et héritages qu'ils tiennent dépendants et faisant partie du *Fief de Chicheviere*, à cause de la mort de N. N...., le surplus dudit fief de Chicheviere étant possédé par le sieur Durand de Saffre, etc.... Lequel fief relevant en plein fief, foy et hommage dudit seigneur Grand-Chambrier à cause de son office de Grand-Chambrier de Gigny et en cette qualité coseigneur dudit Fronteneaux ; requerant iceux ledit seigneur Grand-Chambrier qu'il lui plaise les recevoir à ladite foy et hommage, à laquelle ledit seigneur Chambrier les a reçus et reçoit, à la charge de bailler leur aveu et dénombrement, suivant et dans le temps de la coutume, les dispensant pour cette fois seulement d'aller au lieu de Gigny dans son principal appartement seigneurial, et sans tirer à conséquence. Et ensuite lesdits N. N...... lui ont fait le serment de fidelité en tel cas requis, en lui baisant le dessus de sa main. Ce fut ainsi fait et passé par devant moi Claude Poyard notaire royal et tabellion du roi, résidant et réservé au lieu de Cousance, le douzieme jour de septembre de l'an mil sept cent treize, avant midy, en la présence des sieurs François Collin et Claude Clerc bourgeois à Gigny, etc.... Signés : De *Chavirey* chambrier de Gigny etc...

Et ledit jour, par devant moi ledit notaire royal ont comparu lesdits N.N... lesquels en conséquence de la reprise de fief cy dessus, et voulant s'acquitter de leurs devoirs; pour y parvenir, ont reconnu et confessé être vassaux dudit seigneur Grand-Chambrier de Gigny, comme étant en cette qualité coseigneur dudit Frontencaux, et reconnoissant tenir de lui noblement en plein fief et hommage, les meix, maisons, fonds et héritages cy apres déclarés et confinés, faisant partie dudit fief de Chichevicre relevant de lui, sans aucuns autres droits néanmoins que le devoir de foy et hommage et serment de fidélité en cas de changement et de mutations.

Premierement *etc*....

141.

1715.
Archives de Gigny.

A Monsieur, Monsieur de *Larrians*, Grand-Aumônier dans la royale abbaye de *Gigny*, prieur et coseigneur de Ménal, *etc*...

Vous remontrent humblement les habitants dudit Gigny et disent que le nommé Frere *Thaurin* natif dudit Gigny, frere hermite mendiant, souhaitant de faire son établissement et demeure audit Gigny, pour y vivre regulierement le reste de ses jours, n'a pas les moyens de faire achever de bâtir un petit hermitage et cellule pour lui et un Oratoire ; et comme cette saison est assez abondante, qu'il n'y a pas tant de pauvres audit Gigny que les précédentes qui soient dans la nécessité :

Il vous plaise, Monsieur, réduire l'aumône que vous distribuez annuellement audit Gigny ou partie d'icelle, pour la présente année seulement, à la construction de l'hermitage dudit frere Thaurin, à la participation des echevins et principaux habitants dudit Gigny, et ils prieront Dieu pour la conservation de votre personne.

Signés : J. C. Bouquerod, B. Brunet, C. Goy, J. Bouquerod, C. Goillon, Claude Vuiton, Claude Bocquerod, Thaurin Ficux, B. Clerget, T. Gagea, Pierre Berthelet, J. Bouquerod, François Goy, Philibert Bouquerod, B. Berthelon, J. Baptiste Bouquerod, A. Berthelon, C. Bouquerod, H. Bachod.

En marge est écrit : Nous consentons de donner cinquante mesures de froment, ou la valeur en argent, qui est la moitié de ce que nous donnons chaque année aux pauvres de Gigny, aux fins portées dans la présente requête. Et attendu que nous avons bâti l'*hermitage* à nos frais, nous nous reservons le droit de nommer les hermites qui y demeureront pour nous et nos successeurs aumoniers, déclarant que nous préférerons les habitants de Gigny aux autres, quand nous les en trouverons dignes. Fait audit lieu le 23 décembre 1715. *Signé :* Larrians aumônier.

142.

1720
Archives
de Besançon.

Les commissaires généraux, députés par arrêt du conseil du 2 avril 1716 et 20 mars 1717, pour procéder, en exécution de l'édit de 1716, à la liquidation et vérification des rentes, gages, pensions et autres charges employées dans les Etats du roi :

Vu le contrat passé le 27 janvier 1657, par lequel Henri du *Pasquier,* prieur de l'Etoile, sacristain et religieux du priorey de *Gigny* au comté de Bourgogne, tant en son nom que comme procureur dudit priorey, et de l'autorité de *Philippe-Louis de Prevost de Pelousey* prieur et seigneur de Gigny, a vendu et cédé aux commissaires du roi d'Espagne un *quartier de muire* appartenant auxdits religieux, à prendre au puits à muire de bourg dessous Salins, moyennant une rente annuelle et perpétuelle de cent francs comtois et deux charges de sel Rosieres, ladite rente en sel irrédimable, et celle de 100 francs rachetable en 2000 francs de ladite monnoie ; *etc....*

Nous commissaires etc.... avons ordonné et ordonnons que la rente de 100 francs comtois faisant 66 livres 16 s. 4 d. monnoie de France, appartenant aux religieux du priorey de Gigny sera et demeurera réduite, à commencer du 1.ᵉʳ janvier 1716, à la somme de 80 francs faisant en monnoie de France 53 livres 6 s. 8 d. etc. etc. Et à l'égard des deux charges de sel pleine Rosiere, l'emploi continuera d'en être fait à la maniere accoutumée.

Fait à Paris le 14 aout 1720.
Enregistré le 22 novembre 1720.

143.

1760.
Ex Chartis
Jurensibus

Bulla sæcularisationis, tam in capite quam in membris, Prioratus conventualis S. Petri oppidi de *Gigny* ; comitatus Burgundiæ, Ordinis S. Benedicti, diœcesis S. Claudii, ac erectionis ipsius in sæcularem et Collegiatam ecclesiam.

Clemens episcopus, servus servorum Dei, dilecto filio Officiali venerabilis fratris nostri episcopi S. Claudii, salutem et apostolicam benedictionem. Romanus pontifex etc. ..

Cum itaque, sicut accepimus, Prioratus conventualis *magnus* nuncupatus S. Petri oppidi de Gigny etc .; sedi apostolicæ immediate subjectus, quamvis, ultra dignitatem Magni-Prioris conventualis, habuerit et habeat octo Officia claustralia ac duodecim loca monachalia, quia tamen ex fundatione, vel legitima præscriptione, non alii ad illum recipiuntur et cooptantur, quam qui per sexdecim latera, octo videlicet paterna et totidem materna, generosam probaverint nobilitatem, ex maxima difficultate eam verificandi, quatuor duntaxat præter priorem nunc numeret monachos, nec spes ulla effulgeat quod velint alii ibidem profiteri, ob gravissimas quas in explendis probationibus præfatæ conspicuæ nobilitatis erogare debent expensas, sub periculo eas amittendi etiam cum dedecore propriarum familiarum, ubi illam concludenter non probent; Ob quem exiguum numerum monachorum in prioratu præfato ab antiquissimo tempore nil penitus retineri ac servari potuit de iis quæ tam Regula S. Benedicti, quam sacri Canones et constitutiones apostolicæ pro Religiosis eorumque spirituali profectu statuunt, nec inibi servatur vita communis aut disciplina regularis quæ in præceps omnino abiit, ita ut monachi ob deficientiam septorum claustralium in privatis domibus habitent ac vitam ducant inter personas sæculares proprio instituto minime congruentem, nigram tantum togam gestantes, eorumque habitus hujusmodi vix a sæcularibus distinguatur, atque brevissimum super inducant scapulare etiam nigrum, quod vix discernitur, nec ullis piis exercitiis in communi addicti certis statutis temporibus vacent, ita ut non sine scandalo populi præsbyteris sæcularibus uniformes reddantur.

Causæ autem hujus *collapsæ* monasticæ *disciplinæ* ac deinceps non sperabilis reintegrationis plures sunt, et quidem ex eo quod deficiunt loca claustralia, in quibus orationes et alia pia exercitia peragi possint; nullum præterea Novitii habent tyrocinii locum, neque certum Directorem qui eos ad regularitatem erudiat; sed qui in illo professionem emittunt satis est quod per annum habitu nigro incesserint et in privatis domibus sine scandalo vivant. Post vero emissam professionem quisque proprio vivit arbitratu, eamque singuli vitam ducunt quam tanquam nobiles ab adolescentia duxerunt et ut pote præfatæ Sedi apostolicæ immediate subjecti nullum agnoscunt superiorem qui eos visitet, moneat, vel arguat *etc*...

In tanto igitur rerum discrimine media deficiunt quibus in prioratu prefato dicta monastica disciplina reintegrari et retineri deinceps valeat *etc*....

Et si sicut exhibita nobis nuper pro parte infra scriptorum petitio continebat, prioratus hujusmodi *etc*....

Quare pro parte charissimi in Christo filii nostri Ludovici decimi quinti Francorum et Navarræ regis Christianissimi, ac dilectorum filiorum modernorum Prioris *Magni* nuncupati, et monachorum præfati prioratus, necnon universi populi et cleri dicti oppidi nobis fuit humiliter supplicatum, quatenus præfati prioratus ecclesiæ in sæcularem et collegiatam ecclesiam ut infra erigendæ hujusmodi decori et venustati, et in ea divini cultus augmento, necnon cleri et populi præfatorum spirituali consolationi in præmissis opportune providere de benignitate apostolica dignaremur.

Nos igitur qui *etc*.... dudum inter alia voluimus quod petentes beneficia ecclesiastica aliis uniri tenerentur exprimere verum annuum valorem, secundum communem estimationem, tam beneficii uniendi, quam illius cui uniri petitur, alioquin unio non valeret, et in unionibus semper commissio fieret ad partes, vocatis quorum interest, idemque servaretur in quibusvis suppressionibus perpetuis, dismembrationibus, concessionibus et applicationibus, etiam de quibusdam fructibus et bonis ecclesiasticis, præfato Ludovico regi ac Priori Magno nuncupato et monachis ac populo et clero præfatis, specialem gratiam facere volentes *etc*.... hujusmodi supplicationibus inclinati, ex voto congregationis venerabilium fratrum nostrorum S. R. E. Cardinalium rebus Consistorialibus prepositæ, discretioni tuæ per apostolica scripta mandamus quatenus, vocatis qui ad id fuerint evocandi, in præfato Prioratu et ab eo dependentibus uno de *Dompseur*, ac alio de *Marbos* et alio de *Oussia* Lugdunensis diœcesis, ac alio de *Clairvaux-les-Vaux-d'Ain*, et alio de *Poitte*, et alio de *Chatonnay* et alio de *Chambournai* Bisontinæ diœcesis prioratibus cura conventuque carentibus (excepto tamen ut infra dicto prioratu *S. Laurentii de la Roche*, ejusdem ordinis, præfatæ Bisuntinæ diœcesis qui in suo statu regulari et collativo ut prius remaneat) , illorumque respective sine cura ecclesiis , officiis claustralibus et non claustralibus, locis monachalibus, membris, granciis, domibus, capellis, et aliis dependentibus, nomen, titulum et essentiam ac naturam regulares *etc*.... de consensu prædicti Ludovici regis ad quem nominatio personæ idoneæ ad præfatum prioratum *etc*.... spectat et pertinet , auctoritate nostra et sine alicujus præjudicio, perpetuo supprimas et extinguas *etc*... ; ac ad statum *sæcularem* cum privilegiis , indultis , exemptionibus, libertatibus *etc*... ; necnon decimis , censibus , laudemiis , servitutibus, livellis, possessionibus, proprietatibus *etc*.... ; pensionibus et responsionibus annuis, tam in pane, vino, pecuniis, granis , frugibus , esculentis et proculentis , *etc*... dicta nostra auctoritate etiam perpetuo reducas et immutes.

Necnon Priorem Magnum nuncupatum et monachos præfati prioratus aliosque in ab eo dependentibus prioratibus *etc*... monachos quoscumque *etc*... a quavis obligatione monasticæ observantiæ eis imminente ex Regula et instituto dicti ordinis, prout etiam a quibuscumque votis per eos emissis, excepto duntaxat illo castitatis, eadem auctoritate nostra absolvas et totaliter liberes *etc*...

Necnon Priori Magno et monachis *etc*... sæcularia beneficia in titulum, regularia vero in commendam recipere *etc*,... et pensiones annuas percipere *etc*,... et licite ac libere testari seu alias disponere , *etc*.... et ne familiarum turbetur concordia, absque eo quod legitimam seu quidquam aliud ex bonis ad eorum respective parentes, consanguineos, seu etiam extraneos, propter professionis hujusmodi devolutis prætendere possint, ac proprietates et bona temporalia acquirere, ac donationes, hæreditates et legata quæcumque tam ex testamento quam ab intestato acceptare, recipere et retinere ac similiter de iis disponere valeant, auctoritate nostra præfata concedas et indulgeas *etc*...

Præterea præfatum prioratum, cujus viginti quatuor, illiusque officia claustralia et non claustralia et locos monachales, ac sine cura ecclesias et prioratus non conventuales *etc*..., quorum cujuslibet etiam viginti quatuor ducatorum auri de camera respective fructus redditus et proventus, secundum communem æstimationem, valorem annuum, ut præfati Prior Magnus et monachi asserunt non excedunt eorumque respective titulum collativum ac denominationem, naturam et essentiam *etc...* dicta auctoritate nostra etiam supprimas et extinguas.

Illisque sic suppressis et extinctis præfatam dicti monasterii ecclesiam in sui structura magnificam, ac sacris suppellectilibus pro divini cultus decore ipsiusque prioratus ecclesiæ usu necessariis refertam, aliisque distinctivis specialitatibus conspicuam, et in præfato oppido plurium nobilium familiarum numero illustri, populique frequentia celebri sitam, dignamque præterea ut titulo sæcularis et collegiatæ ecclesiæ condecoretur, in *sæcularem et collegiatam ecclesiam* sub invocatione Sanctorum Petri et Ludovici, cum Capitulo, Choro, Mensa capitulari, Arca, Bursa et Sigillo communibus, omnibusque aliis similium Collegiatarum ecclesiarum signis, insigniis, privilegiis, prærogativis, immunitatibus, libertatibus, *etc...*

— Et in ea unum *Decanatum* qui inibi Dignitas principalis et unica existat et cum uno *etc...* Canonicatu obtineri valeat et debeat, et ad quem, dum illum pro tempore, quovis modo, in quovis mense, et qualitercumque, præterquam per obitum apud Sedem apostolicam præfatam, vacare contigerit, nominatio personæ idoneæ Romano Pontifici pro tempore existenti, de persona tamen canonici dictæ Collegiatæ facienda, ad præfatum Ludovicum regem ejusque successores Franciæ reges spectare et pertinere debeat, pro uno Decano, qui capitulo Collegiatæ ecclesiæ præsideat, ejusdemque capituli caput existat, primum Stallum in choro obtinens cunctis præcedat, quique, necnon quatuor monachi sæcularisati, qui totidem assequentur canonicatus hujusmodi, eundem in sedendo, incedendo et aliis quibusvis actibus retinebunt gradum et ordinem quem ex eorum regulari professione seu alias nunc obtinent, idemque servetur quoad congressus seu capitula deinceps habenda in quibus idem decanus, *etc..* voto cæteris præponderanti assistat, ac præsideat, etiam quoad electionem seu nominationem sex hebdomadariorum et quatuor clericorum pro servitio dictæ collegiatæ, ejusque chori inferioris amovibiliter faciendi, idemque Prior-Magnus futurus Collegiatæ ecclesiæ decanus, omnibus quoque juribus honoribus et prærogativis fruatur quæ præfato monasterio quomodolibet competunt et cum sæculari statu compatibilia existunt, quæque in aliis collegiatis eccle-

siis tam in choro et capitulo quam extra ea primæ Dignitati debita
sunt, injuncto tamen eidem decano et omnibus canonicis onere
continuo jugiter residendi in dicto oppido, exceptis tamen per
singulos annos duobus mensibus;

Ac quatuordecim *canonicatus* totidemque præbendas ad quos,
dum illos pro tempore extra Romanam curiam tantum vacare
contigerit, nominatio personarum idonearum, quæ tamen ex parte
patris nobilitatem per sex gradus probaverint et ex domicellari
fœmina progeniti fuerint, modernis (*) tamen Priore-Magno et
quatuor monachis præfatis in eorumdem graduum numeratione
et probatione minime comprehensis, Romano Pontifici facienda,
ad eumdem regem Franciæ spectare et pertinere debeat, ita tamen ut sic nominati aut jam presbyteri sint, aut in sacro diaconatus sive subdiaconatus ordine, vel in ea ætate in qua infra
annum ad subdiaconatus ordinem promoveri valeant, constituti
existant, etc.... ac decanus et canonici apud ecclesiam Collegiatam personaliter residere et in ea singulis diebus ac debitis temporibus horas canonicas, ac Conventualem seu majorem et alias
Missas cœteraque divina officia solita et consueta, cum debita
mentis attentione et devotione servataque ecclesiastica disciplina
sæculari, psallere, decantare, recitare, celebrare, ac alias præfatæ ecclesiæ in divinis laudabiliter deservire debeant et teneantur; ita tamen ut præfata ecclesia, tam in capite quam in membris, omnimodæ jurisdictioni et visitationi venerabilis etiam
fratris nostri moderni episcopi S. Claudii, ejusque successorum
ecclesiæ S. Claudii præsulum pro tempore existentium, eorumque respective vicariorum in spiritualibus generalium semper et
perpetuo subjecta existat, quodque *etc*... futuri et canonici vestibus, tam intra quam extra ecclesiam et chorum hujusmodi,
ac ubique ad instar Dignitatum et respective canonicorum majoris ecclesiæ S. Claudii, excepta tamen Crucis gestatione, uti
possint et valeant;

Necnon in præfata ecclesia Collegiata *etc*... unum *Clerum inferiorem* nuncupandum, videlicet sex hebdomadariorum seu presbyterorum, ultra quatuor clericos per capitulum et canonicos

---

(*) L'expression *Moderne* employée plusieurs fois dans cette bulle y
équivaut au mot *Actuel*. (Voy. Not. 16 et Chart. 42, 149)

præfatæ ecclesiæ tam pro prima vice quam in posterum amovibiliter eligendos, qui inferiori choro et pro functionibus cultui ecclesiæ ejusdem debeant inservire ; ita tamen ut laicorum nemo ad inferioris chori servitium hujusmodi per aliquod tempus, urgente etiam necessitate, per eosdem capitulum et canonicos nisi de consensu et cum approbatione præfati episcopi S. Claudii, valeat nominari, quibus sex hebdomadariis et quatuor clericis per capitulum et canonicos præfatos assignari debeat stipendium, seu merces eis persolvenda, juxta quantitatem quam capitulum et canonici præfati designaverint, quique sex hebdomadarii obstricti erunt, nedum in choro præfatæ ecclesiæ, omnibus horis canonicis, verum etiam missis cum cantu interesse, munusque diaconi seu subdiaconi obire, et juxta modum à capitulo statuendum exercere etiam officia Sacristæ et Choristæ, eadem auctoritate nostra etiam perpetuo erigas et instituas.

Illisque sic erectis et institutis, pro *mensæ capitularis* præfatæ ecclesiæ ac decanatus, necnon quatuordecim canonicatuum *dote*, decanique et canonicorum congrua substentatione, ac onerum eis incumbentium supportatione, omnia et singula præfati monasterii officiorum claustralium et locorum monachalium suppressorum fructus, redditus, proventus, jura et emolumenta quæcumque ; ita tamen ut prior magnus et monachi sæcularisati in numero capitularium remansuri, loco præbendarum, fructuum et distributionum quotidianarum, *etc* .. ; vita eorum naturali durante, integros fructus, redditus et proventus locorum et portionum monachalium, seu officiorum claustralium sæcularisatorum, prout illos hactenus respective perceperunt, prius respective integre percipere valeant, *etc*...; donec commenda cessante per cessum vel decessum, omnes fructus et proventus in favorem mensæ capitularis cedere debeant, ac tam futurus decanus quam futuri canonici præbendales redditus, necnon distributiones quotidianas, una simul cum reliquis redditibus officiorum claustralium, *etc*... ; et prioratuum dependentium et vacantium percipient dicta auctoritate similiter perpetuo applices et appropries, ac respective reserves constituas et assignes, ac mensæ capitulari *etc*... omnia et singula præfati monasterii bona, ejusdemque officia claustralia ac locos et monachales portiones hujusmodi, necnon præfatos de *Dompseur*, *etc*... prioratus vacantes, una cum omnibus et singulis eorum respective fructibus, redditibus et proventibus, excepto tamen prioratu conventuali *S. Laurentii de la roche* ejusdem ordinis, Bisuntinæ diœcesis, qui perpetuis futuris temporibus ad liberam et omnimodam præfatæ Sedis apostolicæ collationem pertineat, juxta decretum Congregationis consistorialis sub die undecima mensis februarii currentis anni millesimi septingentesimi sexagesimi editum *etc...* Quorum *fructus* una cum omnibus aliis redditibus præfati monasterii *etc....* ; *in quatuor æquales partes repartiti* pro duabus applicentur dictis præbendis et canonicatibus, ac pro alia cedant pro massa distributionum quotidianarum seu manualium, et pro reliqua quarta parte applicentur in manutentionem et ornamentum ecclesiæ, ac supportationem onerum, necnon conservationem bonorum dictæ mensæ capitularis, ac stipendium seu mercedem præfatis sex hebdomadariis et quatuor clericis persolvendam ; ex quotis autem præfatorum reddituum qui præbendis et distributionibus quotidianis applicandi sunt, Decanus duplicatam obtineat portionem, et alii canonici unicam duntaxat, easdemque distributiones manuales pro singulis horis divini officii arbitrio capituli et canonicorum cum approbatione episcopi æque ab initio repartiendas, quisque ex eisdem decano et canonicis juxta eorum respective præsentiam et interessentiam in choro ad ratam perlucretur ; absentes vero et qui ab interventu in choro defecerint, *puncturas* subeant, et quidquid ex illis resultabit in favorem mensæ capitularis seu communis cedat pro necessitatibus capituli et canonicorum, prohibita quavis remissione, sed ita tamen ut qui singulis annis per duos menses absentes fuerint, non intelligantur privati fructibus distributionum seu massæ grossæ ; jus autem punctandi non interessentes ad digniorem seu antiquiorem ex canonicis competat et per ipsum exerceatur, juxta notulas puncturarum illi exibendas per unum ex hebdomadariis præfatis ad proportionem deficientiæ, eadem auctoritate nostra pariter unias, annectas et incorpores *etc....*

Cum hoc tamen quod *provisio* tam parochialis ecclesiæ dicti oppidi, quam omnium aliarum parochialium *ecclesiarum*, sive a præfato monasterio, sive ab aliis prioratibus in dicta diœcesi S. Claudii existentibus, *etc...* post secutam erectionem ecclesiæ collegiatæ vacaturarum, per dictum episcopum S. Claudii hujusmodi fiat idoneis presbyteris, qui animarum curæ digni præesse valeant, sed ita ut, quoad parochiales ecclesias, tam a præfato monasterio quam ab aliis tribus prioratibus illi annexis dependentes, carum dispositio, ut hactenus pertinuit, ita deinceps spectet ad illius perpetuum commenda'tarium, donec ejus commenda præfata per ipsius obitum vel alias legitime cessaverit, nec super illis ullum jus capitulum et canonici præfati habeant, exceptis tantum præeminentiis et juribus quæ per *pastores primitivos* supra vicarios repræsentantur et repræsentari solent; Quodque capitulum et canonici præfati, postquam erectio Collegiatæ effectum suum sortita fuerit, teneantur intra sex menses exibere præfato episcopo omnes fundationes *piorum legatorum etc....*; Eisdemque decano et canonicis, ut ipsi *etc...* capitulariter congregati quæcumque *statuta etc....* felix regimen ecclesiæ collegiatæ, prosperamque illius personarum et rerum ac missarum et aliorum divinorum officiorum celebrationem, fructuumque et proventuum mensæ capitularis, necnon distributionum quotidianarum repartitionem et divisionem concernentia ac alia utilia et necessaria *etc....* ab Ordinario loci prius examinanda et approbanda, ac etiam reformanda, facere, edere et condere, *etc...*, eadem auctoritate nostra similiter perpetuo concedas et indulgeas, eisque plenam facultatem impartiaris.

Postremo eidem Regi Franciæ *jus nominandi* ad Decanatum *etc...* unum ex Canonicis *etc...* ita tamen quod sic nominatus Litteras, apostolicas, intra sex menses, sub pœna nullitatis et restitutionis fructuum, expedire et jura debita et consueta Cancellariæ et Cameræ apostolicis persolvere omnino teneatur, necnon ad dictos quatuordecim canonicatus personas præcensita nobilitate præditas *etc...*, ita tamen ut sic nominati, eodem modo pariter ac decanus, *etc...* exceptis tamen modernis Priore et monachis qui absque ulla alia provisione possessionem decanatus et quatuor canonicatuum *etc...* assequi valeant *etc...* auctoritate nostra præfata reserves, concedas et assignes.

Nos enim si suppressionem, extinctionem, ad sæcularem statum reductionem *etc., etc...* Volumus autem quod dictus Prioratus *sancti Laurentii de la Roche*, præfatæ Bisuntinæ diœcesis, dispositioni sedis apostolicæ præfatæ perpetuo reservatus existat sub pœna nullitatis cujusvis alterius provisionis de illo pro tempore quomodolibet faciendæ eo ipso; ita ut aliter quam a sede apostolica provisus nec de regula triennali nec alio quocumque titulo juvari possit, et ad fructuum inde perceptorum restitutionem omnino teneatur; Volumus etiam quod modernus Prior-magnus, antequam in aliquo ipsius ecclesiæ collegiatæ erectæ se immisceat, fidem catholicam juxta articulos jam pridem a sede apostolica propositos, in manibus præfati episcopi S. Claudii seu tuis emittere, illamque sic emissam ad dictam Sedem sine mendis cum sui et dicti episcopi seu tui subscriptione quanto citius transmittere omnino teneatur.

Datum Romæ apud Sanctam Mariam Majorem, anno Incarnationis Dominicæ millesimo septingentesimo sexagesimo, duodecimo calendas Augusti, pontificatus nostri anno tertio.

144.

1760.
Rec. des Edits, etc.
IV. p. 344.

Jean-François de *Vuillars*, docteur en théologie, prieur de Coligny, supérieur et visiteur apostolique des religieuses Carmélites, Official ordinaire du diocèse de S. Claude, commissaire délégué du S. Siége en cette partie,

Vû la requête à nous présentée de la part de MM. les Grand-Prieur, Officiers claustraux et Religieux du noble chapitre, monastere et prieuré de *Gigny* en Franche-Comté, diocese de S. Claude, etc., etc...

Nous Official de S. Claude susdit, commissaire *etc*... tout mûrement considéré et examiné, le saint nom de Dieu invoqué, nous avons ordonné et statué *etc*..., que la bulle *etc*... duëment scellée, controlée et revêtue de Lettres d'attache de S. M. du 24 août 1760, soit exécutée selon ses dispositions, forme et teneur; en conséquence,

1. Nous avons éteint, supprimé, changé, érigé et fixé, *etc*., lesdits prieuré et monastère, en état d'Eglise collégiale séculière, sus le vocable de S. Pierre apôtre et de S. Louis roi, *etc*...

2. Nous avons délié et absous, *etc*..., les Grand-Prieur *etc*... excepté le vœu de chasteté expressément réservé par la dite bulle, *etc*...

3. Nous avons sécularisé *etc*... les personnes des susdits officiers claustraux et Religieux *etc*...

4. Nous avons créé et érigé *etc*... un Doyenné et 14 canonicats *etc*... En conséquence, nous avons assigné et conféré ledit doyenné, avec un desdits canonicats, à M^{ce} Jean-François de *Faletans* pourvu de la dignité de Grand-Prieur et de l'office claustral d'aumônier de Gigny, auquel est uni le prieuré de *Maynal*; et après avoir préalablement fait entre nos mains sa profession de foi prescrite et ordonnée par ladite bulle, lui permettons de conserver les prieurés réguliers d'*Oussia* et de Ste. Madeleine de Mantes de l'ordre de S. Benoit, qu'il possédoit en titre, lui accordant, ou besoin seroit, toutes provisions nécessaires en commende. Nous avons assigné et conféré le second canonicat à M^{ce} Alexandre-Eléonore de *Belot-Montbozon* pourvu de l'office claustral de Grand-Chambrier du monastère de Gigny et auquel sont unis les prieurés de Ste. Madeleine de *Mouz* et de *Châtel*; lui permettons de conserver et retenir le prieuré de *Dompseurre*, sous le vocable de S. Théodore, diocèse de Lyon, ordre de S. Benoit qu'il possédoit en titre; lui accordons pour ce, et où besoin seroit, toutes provisions nécessaires en commende. Nous avons pareillement assigné et conféré le 3.e canonicat à M^{ce} Hugues de *Balay-Marigna* pourvu de l'office claustral de Sacristain audit monastère. Nous avons aussi assigné et conféré le 4.e canonicat à M^{ce} Jean-Bernard de *Moyria* pourvu de l'office claustral d'Infirmier; lui permettons de conserver et retenir le prieuré de Notre-Dame de La Chassagne, au diocèse de Poitiers, ordre de S. Benoit, qu'il possédoit en titre, lui accordant, où besoin seroit, toutes provisions nécessaires en commende. Nous avons enfin conféré et assigné à M^{ce} François-Louis-Gabriel de *Jouffroy de Gonsans* pourvu de l'office claustral d'Ouvrier, le 5.e canonicat érigé; le confirmons et conservons, où besoin seroit, dans le droit et jouissance des chapelles séculières de Trois-Roix et de S. Nicolas qu'il possédoit cy devant en commende. Déclarons au surplus que lesdits pourvus *etc*... jouiront sans avoir besoin *etc*... d'autres provisions *etc*... et sans prendre nouvelle possession. Et attendu qu'il reste neuf canonicats cy dessus érigés, qui ne se trouvent pas remplis, et que les revenus destinés pour leur dotation ne sont pas encore à la jouissance dudit chapitre, il y sera pourvu ainsi et quand il appartiendra et par qui de droit.

5. Tous les biens, revenus et droits, tant utiles qu'honorifiques,

y compris ceux de curé primitif, appartenant au corps du chapitre régulier de Gigny etc... appartiendront au nouveau chapitre séculier etc...

6. Unissons et incorporons à ladite Mense tous et un chacun les revenus et droits honorifiques du *Prieuré de Gigny*, après en avoir supprimé préalablement le titre, comme nous le supprimons par les présentes, sous la réserve néanmoins desdits droits et revenus en faveur de l'actuel possesseur, et pendant tout le temps qu'il sera pourvu dudit prieuré.

7. Les droits utiles et honorifiques des offices claustraux, prieurés y unis et des places monachales dudit monastère que nous avons pareillement supprimés et supprimons, seront unis à la Mense capitulaire etc..., après la mort ou cession des actuels possesseurs, qui néanmoins en jouiront leur vie canoniale durant, ainsi et de la manière qu'ils en ont joui ou dû jouir dans leur état de régularité, et avec les mêmes droits de séance ou de rang qu'ils avoient, tant au chœur qu'aux assemblées capitulaires, etc...

8. Les revenus et droits honorifiques provenant des prieurés non conventuels de *Dompseurre*, de *Marboz* et d'*Oussia* au diocèse de Lyon, et ceux provenant des prieurés de *Clairvaux-les-Vaux-d'Ain*, de *Poitte*, de *Chatonnay* et de *Chambornay*, du diocèse de Besançon, dépendant et étant de la nomination du prieuré de Gigny, y rentreront par la mort ou cession des actuels titulaires.

9. Tous les revenus du chapitre seront divisés en quatre portions égales etc...

10. Le Doyen aura double portion et double revenu de chaque chanoine etc...

11. Le Doyen et ses successeurs auront droit de présidence, avec voix prépondérante dans les assemblées capitulaires, et jouiront de tous droits, honneurs, prérogatives, etc... aux chœur, chapitre, et cérémonies ecclésiastiques.

12. Nous avons créé, érigé et établi, pour le service de ladite église collégiale, un clergé inférieur composé de six prêtres et quatre clercs, touts amovibles, nommés par les doyen et chanoines dans leurs assemblées capitulaires etc... L'honoraire dû auxdits prêtres et clercs sera fixé par le chapitre à charge par eux d'assister aux heures canoniales et messes capitulaires, de faire les fonctions de choriste et de sacristain etc...

13. La 4.ᵉ partie du revenu total de la mense sera employée à former une distribution quotidienne, par proportion de la distinction des offices de matines, laudes, prime, tierce, sexte, none, Grand'messe, vêpres et complies, *etc. etc*...

14. Il sera nommé par le chapitre un prêtre du bas-chœur, chargé de marquer (*Ponctuateur*) etc...

15. Le doyen et les chanoines seront obligés à une résidence personnelle à Gigny, à la célébration quotidienne d'une grande messe, à la récitation avec chant de l'office divin, aux heures par eux fixées.

16. Le doyen et les chanoines auront la faculté de faire des Statuts et règlements *etc*... qui n'auront l'exécution qu'après approbation préalable de l'Ordinaire.

17. Ordonnons auxdits chanoines, six mois après notre présent décret, de remettre à M. l'Evêque de S. Claude, un état par eux assermenté, de toutes les Fondations faites dans leur église, ainsi que des titres justificatifs des revenus à ce affectés, *etc*...

18. Le doyen et les chanoines seront dès à présent et à perpétuité soumis à l'entière juridiction, autorité, visite et correction de M. l'Evêque de S. Claude et de ses vicaires généraux.

19. L'entière disposition et collation des cures et bénéfices situés dans le diocèse de S. Claude, dont la nomination et présentation compétoient cy devant aux Grand-Prieur *etc*..., appartiendra, dés à présent et à perpétuité, à M. l'Evêque de S. Claude et à ses successeurs, ainsi que celle des cures et bénéfices simples également situés dans ledit diocèse, et qui sont de la nomination du Prieur commendataire dudit Gigny, après néanmoins sa mort ou cession de prieuré.

20. La collation du prieuré de *S. Laurent-de-la-Roche* au diocèse de Besançon, appartiendra dés-à-présent et à perpétuité au Souverain Pontife.

21. La nomination aux Doyenné et Canonicats de l'église collégiale de Gigny appartiendra au Roi et à ses successeurs dans touts les genres de vacance et dans touts les mois de l'année, sans aucune réserve, et à charge par les pourvus, 1.ᵒ de prendre dans six mois du Souverain Pontife des Bulles de provision sur ce requises et entérinées par l'Official de S. Claude; 2.ᵒ de faire preuve de noblesse, avant que d'être admis dans ledit chapitre,

sçavoir de six degrés du côté paternel, non compris le prétendant, et en justifiant que leur mère est Demoiselle, fille légitime d'un homme né noble et non anobli, et sans néanmoins que les actuels doyen et chanoines soient assujettis à faire ladite preuve. Nul ne sera nommé au susdit doyenné qu'il ne soit déjà reçu chanoine audit chapitre et *de gremio*.

22. Quant au surplus des autres dispositions de ladite bulle, et sur la sécularisation et union des prieurés non conventuels de Dompseurre, Marboz, Oussia, Clairvaux, Poitte, Chatonnay et Chambornay, Nous nous reservons d'y statuer *etc...*

Donné à Gigny, dans la maison du S.ʳ Pierre *Gréa* où nous avions établi notre domicile, le 13 décembre 1760. Signé *De Vuillars*.

145.

Louis par la grâce de Dieu, roi de France et de Navarre, à touts présents et à venir, salut :

Les Grand-Prieur, officiers claustraux et Religieux du prieuré conventuel de S. Pierre de Gigny, en notre comté de Bourgogne, ordre de S. Benoît, diocèse de S. Claude, nous ont fait représenter Que, par brevet du 17 mai 1757, nous avons consenti à la suppression et extinction du titre de ce prieuré possédé en commende par le S.ʳ Joachim-Joseph de *La Fare*, et à la sécularisation du monastère et des religieux dont il étoit composé; ensemble à l'érection de l'église régulière dudit prieuré en église collégiale *etc. etc...* Qu'en conséquence, les exposants ont obtenu, à notre sollicitation, des Bulles de N. S. P. le Pape, le 12 des kalendes d'août 1760, Bulles qui, conformes aux dispositions cy dessus, réservent cependant au pape la pleine et entiere disposition à toujours du prieuré de S. Laurent de la Roche; ensuite de quoi l'Official de S. Claude, commissaire député pour leur exécution, a rendu le 13 décembre de ladite année 1760, son decret de Fulmination, par lequel il a prononcé, conformément auxdites Bulles, la sécularisation *etc...* le tout ainsi qu'il est porté plus au long audit décret; Qu'en cet état, les exposants osent espérer que nous voudrons bien mettre la derniere main à un arrangement qui ne sera pas moins dans la postérité le témoignage de la bienveillance dont nous les honorons, qu'un monument de l'attention que nous donnons a procurer l'avantage de la religion et de la noblesse ; Et qu'en même temps que nous affermirons par notre autorité l'exécution des bulles et du décret dont il s'agit, nous réglerons que la mère de tout récipiendaire dans le chapitre de S. Pierre et de S. Louis de Gigny sera Demoiselle de sang et d'extraction, et non fille d'un anobli; et nous déclarerons commun avec ce chapitre, l'arrêt de notre Conseil d'Etat du 23 octobre 1750 et nos Lettres-Patentes expédiées sur icelui, concernant les preuves de noblesse nécessaires pour être admis dans le chapitre de l'église Collégiale de S. Claude, seulement en ce qui concerne la forme de faire lesdites preuves : A l'effet de quoi, les exposants nous ont très humblement fait supplier de leur accorder nos Lettres sur ce nécessaires.

A ces causes et autres à ce nous mouvant, de l'avis de notre Conseil qui a vu lesdites Bulles *etc...*, ensemble ledit décret de fulmination *etc...*, et de notre grâce spéciale, *etc...*

Nous avons loué, approuvé et confirmé *etc...* lesdites Bulles et Décret de fulmination d'icelles ; Voulons et nous plaît que les dispositions y contenues sortent leur plein et entier effet, et soient exécutées selon leur forme et teneur en tout ce qui ne s'y trouvera point de contraire aux S.ts Décrets et institutions canoniques, aux concordats entre le St. Siége et Nous, ni ne dérogeant aux privilèges, franchises et libertés de l'église gallicane. Comme aussi nous avons ordonné *etc...* que, dans les preuves de noblesse *etc...* (*Comme dans l'exposé*). Si nnons en mandement *etc...*

Donné à Versailles au cis de novembre 1761, *etc......* Signé *Louis.*

Registrées (à Besançon le 11 février 1762, sans que l'arrêt du Conseil d'Etat du 23 octobre 1750, non plus que les Lettres-Patentes sur icelui, non en istrées en ladite Cour, mais énoncées, puissent avoir effet dans aucunes de leurs dispositions, ni que personne puisse s'en prévaloir en aucun cas, même pour toutes contestations au sujet des preuves de noblesse, dont la connaissance continuera d'être portée par devant les juges ordinaires, sauf appel à la Cour *etc.....*

146.

1767.

Louis par la grâce de Dieu *etc*...; Nos chers et bien amés les Doyen et chanoines du Chapitre noble et église collégiale de S. Pierre et de S. Louis de *Gigny*, diocèse de S. Claude, en notre comté de Bourgogne, Nous ont fait exposer: Que ce chapitre étoit anciennement un prieuré conventuel de l'ordre de S. Benoît; Que, par notre Brevet du 17 mai 1757, nous aurions consenti à la suppression du titre de ce prieuré *etc*...; ensemble à la suppression des prieurés de Dompseurre *etc*..... Qu'ensuite l'official de S. Claude, commissaire député, auroit rendu, le 13 décembre 1760, son décret de fulmination par lequel *etc*.... il auroit prononcé la sécularisation *etc*.. *etc*.... et auroit renvoyé à statuer sur la sécularisation et union des prieurés cy devant énoncés; Que par nos Lettres-Patentes de novembre 1761, nous avons approuvé et confirmé *etc*..; Que depuis et en conséquence de la réserve portée par le décret de fulmination, l'Official de S. Claude, en vertu de la même bulle, et après les informations et autres procédures nécessaires en pareil cas, a rendu le 3 décembre 1766, un décret par lequel il a prononcé les dispositions suivantes: 1.º Il a sécularisé les prieurés simples de la Nativité de la Vierge de *Chambornay-lez-Pin*, de S. Martin et de S. Brice de *Poitte* anciennement dit *Hilay*, de S. Nizier de *Clairvaux lez Vaux d'Ain* et de S. Maurice de *Chantonnay*, en a supprimé les titres et uni les revenus et droits en dépendants à la mense capitulaire du noble Chapitre collégial de S. Pierre et de S. Louis de Gigny, pour en jouir, sçavoir, de celui de S. Maurice de Chantonnay dés à présent, suivant la démission faite par le prieur actuel, à la charge de lui payer annuellement une pension viagere de 540 livres, et des trois autres à la première vacance de quelle façon qu'elle arrive; 2.º A réuni à l'archevêché de Besançon la totale collation et nomination des cures-vicairies perpétuelles de Clairvaux-lez-Vaux-d'Ain et de S. Maurice, de la cure de Chantonnay, des cures-vicairies perpétuelles de Poitte et de Chambornay pour en jouir, savoir de celle de Chantonnay, dès à présent, et des quatre autres à la première vacance arrivant après la vie prieurale des prieurs actuels, y réunissant aussi la nomination de touts les autres bénéfices qui pourroient dépendre desdits quatre prieurés ; 3.º A réservé au sieur *Brette* prieur de N. D. de Chambornay, au sieur *Dagay* prieur de S. Nizier de Clairvaux, au sieur *d'Orival* prieur de S. Martin et S. Brice de Poitte, touts les revenus et droits tant utiles qu'honorifiques dépendants de leurs prieurés sécularisés et supprimés, leur vie prieurale durant ; 4.º A ordonné que toutes charges qui étoient sur lesdits prieurés y resteront ; réservant aux églises, fabriques et communautés leurs droits, pour les faire valoir vis-à-vis du Chapitre de Gigny, apres l'union, et ainsi qu'ils les avoient auparavant, et à touts autres qui pourroient y prétendre des droits ; 5.º A réservé au Chapitre de Gigny, les droits honorifiques de curés primitifs et les responsions sur les vicairies, cures et bénéfices dont la collation est unie à l'archevêché de Besançon ; 6.º L'Official de S. Claude s'est réservé et à son Office de statuer sur l'union des autres prieurés mentionnés en la bulle, et qui sont ceux de *Dompseurre*, *Marboz* et *Oussia*, diocèse de Lyon, lorsque l'instruction des procédures, pour y parvenir, en sera faite *etc.*.... ; Que les exposants esperent que nous voudrons bien assurer, par le secours de notre autorité, l'exécution du décret dont il s'agit, et ils nous ont tres humblement fait supplier de leur accorder nos lettres sur ce nécessaires ; *etc*....

A ces causes *etc*... ; de l'avis de notre Conseil *etc*... ; Nous avons approuvé et confirmé *etc*... ledit decret *etc*...

Donné à Versailles au mois de septembre 1767. Signé *Louis*.
Enregistrées (à Besançon) le 4 mai 1768.

147.

1778.
Titres
de l'auteur.

L'an mil sept cent soixante et dix huit, le deux du mois d'août, après midi ; par devant nous Jean-Baptiste Gaspard et Claude-Joseph Fleschon notaires royaux, soussignés,

Furent presents MM. les Doyen, Chanoines et Chapitre noble et royal de S. Louis de Gigny, agissant par la voie de messire Jean Bernard de *Moyria* et Hermenfroy d'*Eternoz* chanoines et séchaux dudit chapitre, députés et fondés de procuration *ad hoc* d'icelui, par vertu d'une délibération capitulaire prise en la maniere ordinaire et à unanimité de voix le onze juillet dernier, etc.....

Et d'autre part se sont aussi présentés les habitants et communauté de *Graye-et-Charnay*, par une suite de leur assemblée tenue en la maniere accoutumée le present jour sur la place publique de Graye, par le fait leurs echevins en exercice assistés de etc..... touts composant la majeure et plus saine partie des habitants, même plus des deux tiers des chefs de famille de ladite communauté.

Lesquelles parties ont dit que la terre et seigneurie de Graye et Charnay ayant passé, en 1294, par voie d'échange, de *Guillaume de Graye* au prieur de Gigny son seigneur suzerain, et étant dès-lors demeurée annexée à la seigneurie de Gigny, les habitants desdits lieux de Graye et Charnay reconnurent au terrier dressé devant Claude Berrard et Jean Darlay notaires députés à ce, les 14 et 22 septembre 1542, être hommes mainmortables et de serve condition de feu messire *Louis de Rye* prieur de Gigny, suivant la coutume de cette province.

V. c. 96.

Mais déjà, par un traité reçu Bachod notaire, le 27 juin 1687, dont la Grosse ici représentée, etc...; feu messire *Abraham de Thesus*, prieur de Gigny, prenant égard à ce que cette macule de mainmorte gênoit le commerce de ces habitants et leur établissement; qu'il étoit peu convenable à un chrétien de porter le nom d'esclave, lors même que la liberté semble devoir être naturelle; que les offres que lui faisoient les habitants d'augmenter les cens lui étoient plus utiles et à profit que l'incertitude des échûtes; outre que les biens devenant plus précieux, les aliénations en seroient plus fréquentes et les lods plus considérables; mondit sieur le prieur, pour lui et ses successeurs, déchargea et affranchit à perpétuité touts lesdits habitants, leurs enfants nés et à naître, et leurs biens de toute macule de mainmorte, à la charge par eux de lui payer et à ses successeurs à perpétuité un supplément de cens d'un cinquième par dessus les cens ordinaires portés au terrier, bleds de terrage, bien vannés, hors de cuches, mesure du grenier de Gigny, et suivant ledit terrier.

Ce traité d'*affranchissement* n'ayant pas été revêtu des formes ordinaires qui devoient en assurer la validité et l'exécution, on refusa bientôt de s'y conformer, au moyen de quoi les habitants sont restés sujets mainmortables, comme ils étoient depuis leurs Reconnoissances de 1542. Mais, désirant donner suite au projet de franchise cy dessus, ils ont proposé d'en traiter de nouveau avec mesdits sieurs de Gigny, à la mense capitulaire desquels le prieuré de Gigny et les biens et revenus en dépendants ont été unis par les Bulles et Lettres-Patentes de leur sécularisation, pourquoi ils ont pris délibération par devant M.e Fleschon notaire, le 30 mars de l'an dernier, etc... ; par laquelle ils choisirent trois procureurs spéciaux pour faire lesdites propositions ; lesquels ayant conféré avec mesdits sieurs du chapitre, ceux-ci ont consenti d'y accéder et de passer le traité d'affranchissement, aux conditions dont sera parlé cy après, et encore sous celle que l'on abonneroit en même temps la dixme des menus grains qui se perçoit, riere le même territoire, au feurg du 16.e à la maison, suivant la Reconnoissance en passée dans le seizième siècle devant les notaires Chapon et Monnard, à un taux fixé et déterminé par chaque journal, dont MM. les députés traiteroient avec lesdits habitants, ce qui ayant été rapporté en l'assemblée de ceux-ci tenue le present jour, comme il est dit cy devant, il a été stipulé, traité et convenu ce qui suit entre les parties, sçavoir que :

MM. du chapitre agissant comme cy devant, affranchissent à perpétuité de toute servitude, condition et macule de mainmorte réelle personnelle et mixte, tous les habitants nés et à naître, résidants ou non résidants, des lieux de Graye-et-Charnay et dépendances, ainsi que tout leur territoire, de façon que le tout sera et demeurera dorénavant franc et de franche condition, et les possesseurs des biens libres d'en disposer, ainsi qu'ils trouveront convenir, et les successions *ab intestat* se règleront à l'avenir comme entre personnes franches suivant les loix et coutumes de cette province.

En considération de quoi et pour prix dudit affranchissement, touts les habitants et possédant biens riere ledit territoire dépendants de la directe et censive dudit chapitre, et chargés envers icelui de cens en bled-froment et avoine, payeront annuellement audit chapitre, à commencer au onze novembre de l'an prochain, un supplément d'un cinquieme desdits cens, c'est-à-dire, qu'au lieu de payer à l'avenir les cens à la mesure du château de Gigny qui est du poids de 24 livres, ils seront payés à la mesure du roi qui est celle du bailliage d'Orgelet du poids de 30 livres, bleds de terrage, hors de cuches et bien vannés, conformément au terrier dudit chapitre. Pour le recouvrement duquel supplément, ledit Chapitre aura les mêmes actions par ses terriers et la coutume de la province qu'il a pour le principal; bien entendu que lesdits cens emporteront, comme par le passé, tous droits de directe seigneurie, lods, vends, amendes, retenue et autres droits dont il n'est pas ici question.

Et pour la perception desdits cens, mesdits sieurs du Chapitre seront tenus de se procurer, à leurs frais, des mesure, demi-mesure, quart et douzain de mesure, duement ferrés, barrés, échantillonnés et marqués aux armes de la ville d'Orgelet, et de faire transcrire en tête de leurs terriers, au temps de la rénovation, le présent acte et traité, avec les ordonnances et arrêts d'homologation d'icelui, pour perpétuelle mémoire; et, à cet effet, lesdits habitants seront tenus de remettre et laisser en dépôt au Greffe de Gigny une grosse en forme du tout, pour y avoir recours au besoin.

Seront de plus tenus lesdits habitants de fournir à touts les frais qui seront à faire, soit pour obtenir les Lettres-Patentes homologatives du présent traité, soit pour faire procéder à l'enquête de *commodo et incommodo*, soit pour l'enregistrement desdites Lettres-Patentes et frais des présentes. Mesdits sieurs du chapitre créant et constituant pour ce leurs Procureurs spéciaux et *ad hoc*, lesdits habitants même le sieur Marie-Gabriel Poupon avocat au parlement demeurant à Orgelet ici présent et acceptant l'un des Procureurs spéciaux desdits habitants dénommés dans l'acte de délibération du 30 mars de l'an dernier, etc..; à l'effet d'obtenir lesdites homologation, Lettres-Patentes, et arrêt d'enregistrement, sans qu'il soit besoin d'un mandat plus spécial.

Il a de plus été traité et convenu entre lesdites parties, et pour ce qui les concerne seulement, qu'au regard de la *dixme des menus grains*, dont moitié appartient audit Chapitre et l'autre moitié au curé de Graye, au lieu de la payer comme cy devant, au feurg du 16.e, aux greniers des décimables, lesdits habitants la payeront à l'avenir, à raison par chaque journal qui sera semé en menus grains, d'une demi-mesure dudit bailliage, de même qualité de bleds dont les fonds seront semés, de façon que, sur le produit de ladite dixme à cette proportion, mesdits sieurs du chapitre emporteront la moitié, l'autre moitié demeurant réservée pour en traiter avec ledit curé; le tout sans attoucher aux dixmes des bleds qui se perçoivent sur les héritages qui continueront à se payer, comme du passé, à sçavoir les froments, avoine, orge d'hyver et seigle qui se payent au onzième, et les fèves et chanvres qui se paient audit seizième. Lesdites dixmes *abonnées* seront payables au premier mars de chaque année, à commencer l'année qui suivra l'expiration du bail actuel desdites menues dixmes ; au moyen de quoi les procés qui pourroient être entre ledit chapitre et lesdits habitants, pour raison desdites menuës dixmes, demeureront éteints et terminés, et chaque partie chargée de ses propres dépens. Bien entendu que les fonds du territoire qui sont exempts de dixmes n'y seront point assujettis par le présent traité ; et seront de plus tenus lesdits habitants, chacun en particulier, de fournir à mesdits sieurs du chapitre un état des fonds qu'ils possèdent distingué par chaque sole ou fin etc......

Ce fut ainsi traité, transigé et accordé par les parties qui en promettent l'exécution *etc*.... Fait, lu et passé dans la cour dudit Chapitre, et au devant de la maison de mondit sieur de Moyria, en présence du sieur Gaspard-Guy Perrin prêtre et de Jean-François Callod, les deux demeurant audit Gigny, témoins requis et soussignés avec lesdits MM. de Moyria et d'Eternoz, ledit sieur Poupon et ceux desdits habitans qui sçavent écrire *etc*... *Signés* : De Moyria séchal, d'Eternoz, Poupon, *etc.. etc.*

Teneur de la délibération de MM. du Chapitre.

L'an 1778 et le 11 juillet, à l'assemblée extraordinaire convoquée au son de la cloche, à la manière accoutumée, à laquelle ont assisté MM. de *Faletans* doyen, de *Montbozon*, de *Moyria*, de *Gonsrans*, de *Lascases*, d'*Eternoz*, de *Menthon*, de *Montfaucon*, de *Montpezat*, composant le chapitre, il a été représenté par M. de Faletans doyen que les habitants de Graye-et-Charnay étoient dans l'intention de s'affranchir et allibérer de la macule de mainmorte réelle et personnelle dont ils sont affectés, etc etc.. (*Signés au livre des délibérations*) De Faletans doyen, de

Belot Montbozon, de Moyria, de Gouffroy-Gonssans, de Lascases, d'Eternoz, de Menthon, de Montfaucon ; de Montpezat, et par ordonnance *Perrin* prêtre secrétaire.

Teneur de la délibération des habitants de Graye et Charnay.

L'an 1777, le 30 mars, environ les dix heures du matin, sur la place publique de Graye par devant moi Claude Joseph Fleschon notaire royal, *etc. etc... Signés etc... etc.*

148.

1787.
Archives de Gigny.

Aujourd'hui huitième du mois de février mil sept cent quatre vingt sept, le Roi étant à Versailles, Sa majesté s'est fait représenter les actes émanés, tant de son autorité royale que de l'autorité pontificale, pour la sécularisation dans le chef et dans les membres de l'ancien prieuré de S. Pierre de Gigny, du noble monastère de ce lieu, ordre de S. Benoit, diocèse de S. Claude, et des religieux composant la conventualité dudit monastère.

Sa majesté auroit reconnu que ladite sécularisation et l'érection en l'église collégiale dudit monastère avoient eu pour principaux motifs *de faire cesser des abus irrémédiables, que le malheur des temps et le relâchement y avoient introduits ; de procurer le bien de l'Eglise et de la religion, et d'ajouter de nouveaux avantages à ceux dont jouissoit déjà la noblesse ;*

Que pour parvenir à ce but, les titres dudit prieuré de S. Pierre, ceux des offices claustraux et non claustraux, des places monachales, de plusieurs prieurés et chapelles en dépendants, avoient été éteints et supprimés ; et qu'il avoit été créé à leur place, dans la même église conventuelle, un titre de Doyenné, première et unique dignité, et quatorze titres de Canonicats et Prébendes devant composer un Chapitre d'église collégiale;

Que pour faciliter à la noblesse les moyens d'entrer dans ce Chapitre qui lui étoit spécialement affecté, il avoit été statué, qu'au lieu de la preuve de huit quartiers de noblesse paternelle et de huit quartiers de noblesse maternelle, à laquelle étoient tenus ceux qui vouloient être reçus à la profession dans ledit monastère, il suffiroit pour entrer dans ledit Chapitre de faire preuve de six quartiers de noblesse paternelle, et de prouver seulement que la mère de l'aspirant étoit Demoiselle de sang et d'extraction;

Que du reste, la résidence personnelle à Gigny de touts les membres du Chapitre, pendant dix mois de l'année, leur assistance aux Offices de touts les jours, et touts les autres devoirs de la vie canoniale, leur avoient été rigoureusement prescrits par les actes même constitutifs de leur existence;

Que néanmoins, on s'était bientôt aperçu que l'établissement de ce nouveau Chapitre dans un simple village, tel que Gigny, ne pouvoit avoir, soit pour la religion, soit pour la Noblesse, l'utilité qu'on avoit désiré de lui procurer;

Que le lieu de Gigny n'est illustré, ni par *la résidence de plusieurs nobles familles*, ni par *le concours du peuple*, comme on l'avoit exposé dans le temps de la sécularisation, et inséré dans la Bulle accordée à cet effet; que ce lieu n'est habité que par des citoyens d'une classe commune, en général très pauvres, et qu'il n'y a qu'environ trois à quatre cents communiants;

Que la résidence dans un lieu si dépourvu de motifs et de moyens d'émulation, ne laisse aucune ressource satisfaisante aux membres d'un chapitre qui voudroient, après avoir rempli leurs obligations canoniales, se distinguer dans le service de l'Eglise et de la religion, autant par leur zèle et leurs talents, qu'ils le sont par leur naissance;

Que les inconvénients résultant de cette position, et le désir très légitime de la changer ont été le principe d'un grand nombre de démarches et même de délibérations du chapitre de Gigny, pour obtenir sa translation et sa réunion à d'autres chapitres nobles de la même province;

Que néanmoins, des vues de sagesse n'ont pas permis d'autoriser l'exécution de ces projets: mais qu'en même temps la nomination de quelques-unes des prébendes canoniales nouvellement établies, a été suspendue, et qu'il y en a quatre qui n'ont pas encore été remplies;

Qu'en cet état de choses, la suppression et l'extinction totales de ce chapitre seroient beaucoup plus utiles que sa translation, au bien de la religion, à celui de la Noblesse, à celui même des titulaires actuels des prébendes canoniales, si, après avoir prélevé sur les revenus de la mense capitulaire des pensions convenables pour lesdits titulaires, dont ils jouiront leur vie durant, la totalité des biens, droits et revenus tant actuels qu'éventuels, de quelque nature qu'ils puissent être, appartenant audit chapitre de Gigny, étoit unie aux abbayes et chapitres réguliers féminins de *Lons-le-Saunier* et de *Migette*, ordre de S. François, diocèse de Besançon ;

Que le doyen et les chanoines de Gigny, informés des vues de Sa Majesté à cet égard, ont déclaré dans leurs délibérations capitulaires des 21 juillet et 14 octobre derniers, *qu'ils s'en rapportoient entièrement à la justice et à la bonté de Sa Majesté*; qu'ils ont même fait dans la délibération du 14 octobre, des demandes relatives à leurs intérêts personnels, dans le cas de la suppression annoncée ;

Que la réunion de leurs biens aux abbayes et chapitres indiqués, seroit d'autant plus naturelle, que ces biens qui, dans l'état ancien du monastère de Gigny, formaient la dotation d'un Grand-Prieuré, de huit Officiers claustraux et de douze places monachales, appliqués ensuite à la dotation d'un Doyenné et de quatorze Prébendes canoniales séculières, suffiroient à la dotation d'un bien plus grand nombre de places ou Prébendes canoniales régulières dans les susdites abbayes et chapitres féminins ;

Que le chapitre de Lons-le-Saunier soumis à la Règle de S. François et à la juridiction de l'Ordinaire, est composé aujourd'huy d'une abbesse et de dix sept chanoinesses régulières prébendées, dont la plus ancienne est appelée Doyenne, et de plusieurs autres dames professes ou novices non prébendées ;

Que le chapitre de Migette, soumis à la même Règle de S. François et au régime des religieux Cordeliers, est composé aujourd'huy d'une abbesse, de six Dames prébendées, dont la plus ancienne est appelée Doyenne, de douze Dames semi-prébendées, et de plusieurs autres Dames professes ou novices non prébendées ;

Que, de temps immémorial et peut-être depuis l'origine, la vie commune n'est point en usage dans ces chapitres; et que les Dames chanoinesses, habitant les maisons particulières qui leur appartiennent respectivement dans l'enceinte des lieux réguliers, y jouissent, chacune en particulier, des pensions ou prébendes qui leur sont payées par Madame l'Abbesse, selon les loix et usages anciens;

Que ces deux chapitres situés dans la même province que celui de Gigny sont exclusivement consacrés à l'ancienne Noblesse, et que les aspirantes n'y peuvent être reçues qu'en faisant les mêmes preuves que faisoient autrefois les anciens religieux du monastère de Gigny, c'est-à-dire des preuves de huit quartiers de noblesse paternelle et de huit quartiers de noblesse maternelle de sang et d'extraction;

Que la rigueur de ces preuves étoit une des causes qui avoient insensiblement préparé la destruction de l'ancien monastère de Gigny, lequel n'étoit plus composé que de cinq religieux, lorsqu'il a été sécularisé; mais que le même inconvénient n'a pas lieu pour les chapitres nobles, féminins de Lons-le-Saunier et de Migette, puisque, malgré leur extrême pauvreté, le nombre des chanoinesses professes ou novices excède toujours de beaucoup celui des prébendes ou semi-prébendes établies;

Que d'ailleurs les chanoinesses régulières de Lons-le-Saunier et de Migette sont tenues, en vertu de leurs vœux solennels de religion, non-seulement des devoirs de la vie canoniale, mais encore des pratiques et observances de la vie religieuse *etc...*

Que la médiocrité actuelle de leurs prébendes est telle qu'il est absolument impossible que les chanoinesses y trouvent le plus étroit nécessaire; qu'elles sont en quelque sorte forcées par la nécessité à s'absenter de leurs chapitres, pour chercher dans les séjours fréquents et prolongés qu'elles font dans leurs familles, les secours indispensables que leurs prébendes ne peuvent leur fournir; *etc., etc...*

Qu'il ne peut y avoir rien de plus utile, soit au bien de la religion, soit à celui de la Noblesse, que de pourvoir convenablement à la dotation des chapitres de Lons-le-Saunier et de Migette et d'ôter par là tout prétexte aux chanoinesses régulières de ces chapitres de manquer aux devoirs de la vie canoniale, de tomber dans le relâchement, et d'être à charge à leurs parents, *etc...*

Qu'il sera possible de créer dans chacun de ces chapitres plusieurs Dignités ou Offices, dont la nomination, réservée à Sa Majesté, dédommageroit son patronage de la perte qu'il fera par l'extinction du Doyenné et des canonicats de Gigny ; etc...

Qu'en faisant disparoître du lieu de Gigny un chapitre noble qui en fait toute la richesse, on pourroit y établir, à titre de dédommagement, un ou deux prêtres, si besoin est, tant pour l'acquit des fondations de l'église collégiale, que pour le service spirituel de la paroisse, et des sœurs de charité pour l'éducation des jeunes filles et le soulagement des malades ;

Qu'en transportant à ces deux chapitres du diocèse de Besançon les biens et revenus du chapitre de Gigny situé dans le diocèse de S. Claude, il seroit aussi convenable de distraire de la masse desdits biens et revenus, au profit dudit diocèse de S. Claude, une somme annuelle qui seroit destinée à des bourses ou demi-bourses pour les jeunes ecclésiastiques de ce diocèse étudiant dans les séminaires, à des pensions de retraite pour les prêtres âgés ou infirmes et à des secours pour les vicaires pauvres du même diocèse ;

Par toutes ces considérations, l'intention du roi est, et Sa Majesté consent, qu'en suivant les formes en tel cas requises et accoutumées, il soit procédé à l'extinction et suppression à perpétuité des titres des Doyenné, Canonicats et Prébendes du Chapitre noble et séculier de Gigny, diocèse de S. Claude, et à l'union aussi à perpétuité des biens, droits et revenus tant actuels qu'éventuels, dépendants dudit chapitre, de quelque nature qu'ils soient ou puissent être, aux Maisons nobles de Lons-le-Saunier et de Migette, diocèse de Besançon, comme abbayes et chapitres de chanoinesses régulières de l'ordre de S. François, aux charges néanmoins, clauses et conditions suivantes :

Art. 1. Le service divin et canonial dans l'église de Gigny, l'acquit des Fondations et toutes les obligations inhérentes à la constitution du Chapitre seront remplis avec exactitude par les S.rs doyen et chanoines, jusqu'à ce que les Lettres-Patentes confirmatives du Décret d'union qui interviendra, aient été enregistrées; et ils jouiront à cet effet de leurs prébendes, distributions manuelles et quotidiennes, comme ils en jouissent actuellement.

Art. 2. Pour tenir lieu aux S.rs doyen et chanoines de leurs prébendes canoniales, dont la suppression doit être prononcée, il sera attribué à chacun d'eux, par le décret même de suppression, une pension annuelle et viagère; laquelle commencera à courrir du jour de l'enregistrement des Lettres-Patentes confirmatives du décret d'union. Cette pension pourra être d'abord de 3500 liv. et ensuite de 4000 liv. pour chacun des S.rs chanoines, et du double pour le S.r doyen, conformément à leur vœu exprimé dans la délibération capitulaire du 14 octobre 1786.

Art. 3. La jouissance des maisons canoniales, des droits de pêche et de chasse dans l'étendue de la terre de Gigny, pourra encore être conservée à ceux desdits doyen et chanoines qui déclareront vouloir fixer leur résidence à Gigny et continuer à habiter dans la maison canoniale qu'ils possèdent; mais ils seront déchus de cette jouissance, s'ils sont une année entière sans résider dans ladite maison, ou s'ils sont pourvus de quelque bénéfice qui les oblige à résider ailleurs.

Art. 4. Moyennant ladite pension viagère et les droits personnellement réservés à ceux desdits S.rs doyen et chanoines qui voudront résider à Gigny, ils ne pourront former de plus grandes demandes ou prétentions, etc...

Art. 5. La régie et administration de l'Econome-Séquestre continuera jusqu'à parfait payement des frais et dépenses, etc...

Art. 6. La pension viagère des S.rs doyen et chanoines sera hypothéquée par privilége etc.... Elle leur sera payée par moitié, de six mois en six mois, etc...

Art. 7. A compter du jour de l'enregistrement des Lettres-Patentes, lesdits S.rs doyen et chanoines ne seront plus tenus de l'acquit des fondations, de la résidence, du service canonial, etc...

Art. 8. Les frais et dépenses des Bulle, procédure d'union, décret etc... seront supportés en commun et par égales portions, par les abbayes et chapitres de Lons-le-Saunier et de Migette, etc...

Art. 9. etc...

Art. 10. Il sera créé dans chacun desdits chapitres réguliers, quatre Dignités, Personnats ou Offices, dont la nomination sera réservée à Sa Majesté, pour indemniser le patronage royal du préjudice qu'il souffrira par l'extinction du chapitre de Gigny.

Art. 11. Lesdites Dignités, etc...

Art. 15. Les revenus libres provenant de l'union s'accroîtront soit par l'extinction successive des dettes et des pensions viagères dont les deux chapitres se trouveront grevés, soit par le décès des titulaires qui possèdent encore d'anciens bénéfices compris dans l'union, etc...

Signés Louis, *et plus bas*, le baron de Breteuil.

149.

1787

Ex Chartis Gigniacensibus

Pius, episcopus, servus servorum Dei, dilecto filio Emiliano Bourdon, Officiali venerabilis fratris nostri episcopi Matisconensis, Salutem et apostolicam benedictionem.

Humanarum rerum ea est incerta conditio *etc...*

Exhibita siquidem nobis nuper, pro parte dilectarum in Christo filiarum modernarum, unius vulgo de *Lons-le-Saunier*, et alterius de *Migette* nuncupatorum Capitulorum nobilium regularium *etc...* petitio continebat quod , *etc...* in monasterio seu Prioratu Sancti Petri, Ordinis Sancti Benedicti, Oppidi de *Gigny*, Sancti-Claudii diœcesis, ac in Officiis claustralibus, locis monachalibus aliisque prioratibus et capellis ab eodem monasterio dependentibus , status, dependentia, hujus modi natura, et instituta regularia apostolica auctoritate perpetuo fuerunt suppressa et extincta, atque ejusdem monasterii seu Prioratus hujusmodi ecclesia in sæcularem et insignem Collegiatam nobilem nuncupatam ecclesiam sub invocatione sanctorum Petri et Ludovici fuerit erecta et instituta *etc. etc...*

Nos igitur hujusmodi supplicationibus inclinati, discretioni tuæ per apostolica scripta mandamus quatenus, vocatis qui fuerint ad id vocandi , Collegiatam ecclesiam præfatam, illiusque Capitulum *etc...* necnon quæcumque in ea sint Beneficia ecclesiastica non tamen curam animarum annexam habentia *etc...*, de dictorum Decani et canonicorum consensu, *etc...* perpetuo respective supprimas et extinguas.

Illisque sic per te respective suppressis et extinctis, omnia et singula præfatæ Collegiatæ ecclesiæ *etc..*, Decanatus, Canonicatuum et Beneficiorum, *etc...* jura, bona, res, proprietates , *etc...*, de simili eorumdem Decani et Canonicorum consensu *etc...*, præfatarum Mulierum nobilium Religiosarum Collegiatarum ecclesiarum Capitularibus respective Mensis præfatis *etc...* similiter perpetuo respective unias, annectas et incorpores, *etc...*

Subinde vero, cum status actualis reddituum et onerum ordinariorum præfatæ Collegiatæ ecclesiæ illiusque Capituli per te, ut præfertur, supprimendorum et extinguendorum hujusmodi haud satis, ut par est, dignoscatur ac pariter impossibile sit omnino distincte decernere ac statuere quæ distrahenda sit reddituum portio tam favore præfati oppidi, ad effectum videlicet illam erogandi in unius aut duorum, quatenus opus sit, sacerdotum sæcularium sustentationem qui dictæ Collegiatæ ecclesiæ etc., fundationibus satisfacere debebunt, necnon spirituali servitio parœciæ et Sororum Caritatis puellarum educationi ac infirmorum solatio addictarum erunt destinati, quam favore diœcesis Sancti Claudii, ad effectum similiter eamdem reddituum portionem erogandi in tot locos et semi-locos gratuitos, vulgo *Bourses* et *demi-Bourses* nuncupatos, pro adolescentibus ecclesiasticis præfatis in Seminariis ejusdem Sancti-Claudii diœcesis, necnon in tot pensiones subsidiarias, vulgo *Pensions de retraite* nuncupatas, favore presbyterorum senio confectorum, vel infirmorum, ac parochorum seu vicariorum egestate laborantium hujusmodi dictæ diœcesis; ac demum sicuti ad præfatorum reddituum et onerum præfatæ Collegiatæ ecclesiæ, etc... respectivam distributionem inter unum et alterum Capitula regularia præfata æque ac recte deveniri non potest, nisi habitis prius tam super actualibus præfatorum capitulorum regularium respective bonis, quam super reali valore et locali existentia bonorum iisdem Capitulis regularibus ut supra respective unitorum hujusmodi diligentissima informatione ac plenissima instructione; tibi qui præsentium executionem, ut supra, commisimus, omnimodam potestatem et auctoritatem, ut in ejusdem Collegiatæ ecclesiæ etc... redditus præfatos, ut præfertur, unitos, ac onera in eas respective portiones quas tu, adhibitis ad hunc effectum diligentiis omnibus opportunisque cautionibus, juxta tui prudentiam et conscientiam, necnon pariter juxta piissima præfati Ludovici regis vota, putaveris convenire, dividere et partiri libere et licite valeas, eadem apostolica auctoritate, earumdem tenore præsentium, tradimus atque tribuimus *etc...*

Ac insuper tibi, dilecte fili Officialis, cui earumdem præsentium executionem, seu jurisdictionem voluntariam, ut supra, commisimus, facultatem ut tu infra scriptum Promotorem, vel aliam quamcumque personam in ecclesiastica Dignitate constitutam in hujusmodi executione, seu voluntaria jurisdictione præfata, ut in ea solita munia exerceat, subdelegare libere et licite possis et valeas : necnon dilectis etiam filiis modernis tam Officiali Curiæ episcopalis Matisconensis pro parte Senatus seu Parlamenti Burgundiæ, sive ejus vices gerenti, quam Curiæ episcopalis hujusmodi Promotori facultatem quam ut ipsi, et eorum quilibet, circa eadem præmissa, quoad jurisdictionem contentiosam, solita itidem munia, juxta tamen canonicas sanctiones, ac usum et Consuetudinem illarum partium, adimplere etiam libere et licite valeant, ac quilibet eorum respective valeat, dicta apostolica auctoritate, ipsarum tenore presentium, respective concedimus et impertimur etc...

Datum Romæ, apud Sanctam Mariam Majorem, anno Incarnationis Dominicæ millesimo septingentesimo octuagesimo septimo, quarto decimo calendas Augusti, Pontificatus nostri anno tertio decimo.

150.

1788.
Archives de Gigny.

Aujourd'hui 27e d'avril 1788, le roi étant à Versailles, et sa Majesté étant informée qu'en exécution du Brevet émané de Son Autorité le 8 février 1787, de la Bulle donnée par N. S. P. le Pape le 19 juillet dernier, des Lettres-Patentes dont elle a été revêtue le 12 août suivant, et de l'arrêt d'enregistrement aux actes importants de la Cour rendu par le Parlement de Besançon le 30 du même mois, le S.r abbé Bourdon vic. gén. du diocèse de Mâcon et commissaire apostolique en cette partie, a fait la procédure d'instruction rélative à l'extinction et suppression à perpétuité des titres des Doyenné, Canonicats et prébendes du Chapitre noble et séculier de S. Pierre et de S. Louis de *Gigny*, diocèse de S.-Claude, et à l'union aussi à perpétuité des biens, droits et revenus, tant actuels qu'éventuels, du même chapitre, de quelque nature qu'ils soient ou puissent être, aux abbayes et chapitres nobles des Chanoinesses régulières de S.te Claire de Lons-le-Saunier et de N. D. de Migette, ordre de S. François, diocèse de Besançon.

Sa Majesté s'étant fait représenter le susdit Brevet et la susdite Bulle, aurait reconnu que les pouvoirs confiés au sieur commissaire ont été, sur la distribution respective des revenus et des charges et sur touts les objets relatifs à la temporalité qui doit être l'objet de l'union, subordonnés dans leur exercice à ses intentions.

Et ayant trouvé dans la procédure des lumières suffisantes pour manifester ses intentions ultérieures, Sa Majesté consent qu'il soit par le S.r Commissaire apostolique passé outre, si faire se doit, à l'extinction et suppression *etc...* et à l'union *etc...* aux charges, clauses et conditions suivantes :

I. Que la pleine disposition des cures, bénéfices et places à charge d'ame, auxquels présentent les S.rs doyen et chanoines du chapitre de Gigny, soit réservée aux évêques respectifs des diocèses dans lesquels ils sont situés.

II. Que touts les biens, droits et revenus *etc...* dépendants du même chapitre, qui sont situés dans la province de Franche-Comté, autres néanmoins que ceux du prieuré de *Chambornay-lez-Pin*, soient attribués aux abbaye et chapitre de Lons-le-Saunier : et les biens, droits et revenus *etc...* dépendants du prieuré de Chambornay-lez-Pin, et encore la totalité de ceux du susdit Chapitre de Gigny qui sont situés dans la province de Bresse et le duché de Bourgogne, aux abbaye et chapitre de Migette *etc....*

III. Que la totalité des charges de l'union soit tellement proportionnée *etc...* que l'un et l'autre chapitre jouissent, en vertu de ladite union, de revenus à peu près égaux.

IV. Que, sur la totalité des revenus à unir, il soit prélevé annuellement et perpétuellement, à compter du jour où seront décédés cinq des titulaires actuels des prébendes canoniales de Gigny, une somme d'argent égale à la valeur de 4400 mesures de bled-froment, mesure du bailliage d'Orgelet, estimé sur le prix moyen du même grain au marché de ladite ville qui aura immédiatement précédé la fête de S. Martin d'hyver, savoir :

Aux S.rs curé et vicaire de Gigny, pour l'acquit des *messes et prières fondées* en l'église collégiale du même lieu, lequel sera, selon leurs offres, par eux fait en l'église paroissiale, la valeur de 100 mesures, si mieux n'aiment lesdits S.rs curé et vicaire, recevoir pour cet acquit la somme qui sera réglée par le S.r évêque de S. Claude, conformément aux usages de son diocèse :

Entre les mains de celui qui sera préposé par ledit S.r évêque, la valeur de 1800 mesures; laquelle sera sous ses ordres employée en *pensions d'Ecclésiastiques* de son diocèse étudiants au Séminaire, pensions de retraite pour les prêtres âgés ou infirmes, et secours pour les curés et vicaires indigents du même diocèse :

Entre les mains des syndics de la Communauté de Gigny, tant pour l'acquit des *aumônes* dues par le chapitre dont la suppression doit être prononcée, que pour accroissement d'icelles, la valeur de 700 mesures, laquelle sera distribuée par lesdits syndics aux pauvres de la terre et seigneurie dudit Gigny, conformément à ce qui aura été réglé dans l'assemblée du S.ʳ curé du même lieu et des syndics des différentes communautés de la même terre et seigneurie, laquelle sera exprès tenue pour aviser aux moyens de rendre la distribution profitable :

A la *Fabrique de Gigny*, pour réparations et entretien du chœur, clocher, sacristie, linges, livres, vases et ornements de l'église paroissiale du même lieu, la valeur de 130 mesures ; au moyen duquel payement, s'il est accepté, la dixme demeurera déchargée de tout entretien et réparation :

Pour dotation d'un établissement de *Sœurs de charité*, lequel sera consacré tant à l'éducation des jeunes filles qu'au soulagement des malades de la Terre et Seigneurie de Gigny, aura pour habitation une des maisons canoniales, et sera en tout ce qui concerne l'administration et le service, soumis au sieur évêque de S. Claude, la valeur de 870 mesures :

A la communauté de Gigny, pour réparation et entretien, tant de la *Fontaine* située dans l'enceinte du chapitre, que de la maison qui sera attribuée à l'établissement de charité, la valeur de 100 mesures :

Et enfin, pour dotation de la *Cure* de Gigny, s'il écheoit de la désunir de celle de Véria, la valeur de 700 mesures.

V. Qu'au moyen de ces redevances, lesquelles seront représentatives de celles dont le Prieur, les Officiers claustraux et la mense conventuelle de l'ancien monastère de Gigny étoient tenus au profit des pauvres et de la paroisse du même lieu, les biens à unir demeurent à jamais déchargés de tout entretien, réparations et aumônes qui auroient pu être demandés, avant l'union par la Communauté, la Fabrique et les Pauvres de la Terre et Seigneurie de Gigny, comme étant lesdites redevances incomparablement plus avantageuses que le payement de ce qui devoit être rigoureusement dû.

VI. Que pour favoriser encore, tant ledit lieu de Gigny, que les communautés dont la Terre et Seigneurie est composée, et leur accorder un dédommagement qui ne leur laisse rien à regretter,

1.º Il soit donné à l'église paroissiale, pour son service et sa décoration, des vases, linges, ornements et autres meubles de l'église collégiale, dont la totalité vaille au moins la somme de 1000 livres ;

2.º Qu'il soit assigné une des maisons canoniales pour servir de presbytère ;

3.º Que les Ecclésiastiques nés dans la paroisse de Gigny soient, à égalité de mérites et de besoins, préférés pour les pensions affectées aux sujets du diocèse ;

4.º Qu'il soit annuellement payé, par les abbaye et chapitre de Lons-le-Saunier, aux communautés mainmortables, pour les indemniser de la perte des secours qu'elles recevoient des seigneurs résidants sur les lieux, une somme d'argent égale à la valeur de 180 mesures de froment, *etc*....

VII....... Qu'il soit ordonné que la rétribution, pour l'acquit des messes et prières fondées, *etc*.....

VIII. Que *etc*...

IX. Et enfin *etc*......

Consent Sa Majesté que, sur les différentes demandes formées, tant par les sieurs doyen et chanoines du chapitre dont la suppression doit être prononcée, que par toutes parties intéressées à ladite suppression ou se prétendant telles, ensemble sur les autres circonstances et dépendances de la temporalité qui doit être l'objet de l'union, il soit par le sieur commissaire apostolique statué, selon ses lumieres et sa conscience, conformément aux pouvoirs à lui accordés par Notre St. Père le Pape.

Permet Sa Majesté aux sieurs doyen et chanoines de porter dans toute l'étendue de son royaume, à commencer du jour auquel lesdites Lettres-Patentes seront enregistrées, la *Décoration* extérieure que le feu roi leur avoit accordée, dérogeant pour ce regard seulement aux dispositions des Lettres-Patentes du 5 février 1780.

Signés : Louis *et plus bas* De Lomenie comte de Brienne.

151.

1788.
Archives de Gigny.

Emilien Bourdon, prêtre, licencié en droit canonique et civil, prieur commendataire d'Hérival, chanoine honoraire de l'église de Mâcon, vicaire général du même diocèse, commissaire apostolique en cette partie;

Vû toutes les pièces de la procédure, *etc...*

Le Brevet du roi du 8 février 1787, *etc...*

La Bulle de N. S. P. le Pape, *etc...*

Les Lettres d'attache, *etc...*

L'arrêt d'enregistrement au parlement de Besançon, *etc...*

Autre arrêt rendu par le parlement de Paris, *etc...*

Les procurations passées au S.ʳ Ragmey, *etc...*

La Requête du S.ʳ Ragmey, *etc.*

Notre Ordonnance en marge, *etc...*

Les Conclusions du S.ʳ Promoteur, *etc...*

Notre Ordonnance, *etc...*

L'acte de prestation de serment du Greffier, *etc...*

La Commission levée au Greffe, *etc...*

Les Originaux des exploits d'assignation,

Les procès-verbaux de prestation de serment des témoins, *etc.*

Le procès-verbal d'information *de commodo aut incommodo*, *etc...*

Les procès-verbaux de comparution des parties intéressées, *etc...*

Défauts donnés, *etc.*

Procès-verbaux de transport à Lons-le-Saunier et à Migette, *etc...*

Pièces annexées auxdits procès-verbaux,

Procès-verbal de réquisition, *etc...*

Procès-verbal de nomination d'experts, *etc...*

Procès-verbal de remise du rapport des experts,

Procès-verbaux d'examen et vérification des comptes de l'économe séquestre, *etc...*

Le Brevet du roi du 17 avril 1788, *etc...*

Les Conclusions du Promoteur, *etc...*

Tout considéré, mûrement examiné et délibéré, après en avoir conféré avec des personnes doctes et expérimentées en théologie et en droit canonique ;

Le Saint nom de Dieu invoqué ;

Nous avons, en tant que de besoin, donné défaut contre toutes parties intéressées, connues et inconnues, assignées et non comparantes; pour le profit, avons dit et disons que leur silence vaudra consentement ; Et, en vertu des pouvoirs à nous accordés par la susdite Bulle du 19 juillet dernier, *avons éteint et supprimé, éteignons et supprimons à perpétuité le chapitre noble et séculier de S. Pierre et de S. Louis de Gigny*, diocèse de S. Claude, et les Titres collatifs des Doyenné et Prébendes canoniques d'icelui : pour les biens, droits et revenus généralement quelconques, tant actuels qu'éventuels, dépendants desdits Doyenné, Prébendes canoniales et Chapitre, être *unis et incorporés*, ainsi que nous les unissons et incorporons à perpétuité aux *abbayes et Chapitres des Chanoinesses nobles et régulières de Ste. Claire de Lons-le-Saunier et de Notre-Dame de Migette*, ordre de S. François, diocèse de Besançon, sçavoir :

Touts les biens, droits et revenus situés dans la province de Franche-Comté, autres néanmoins que ceux du prieuré de *Chambornay-lez-Pin*, aux abbaye et chapitre de Lons-le-Saunier ;

Et touts les biens, droits et revenus situés dans la province de Bresse et le duché de Bourgogne, et encore ceux dépendants du susdit prieuré de Chambornay-lez-Pin, en ladite province de Franche-Comté, aux abbaye et chapitre de Migette.

De manière cependant que lesdits établissements soient réciproquement quittes de touts cens, servis, *etc...*

Lesdites extinction, suppression, union, incorporation, création et érection par nous prononcées, sous les réserves avec les distractions, et aux charges, clauses et conditions suivantes :

Art. 1. *etc...*

Art. 2. Sera réservée aux Seigneurs Evêques la *nomination des cures*, bénéfices et places à charge d'ame établis dans leurs diocèses respectifs, auxquels présentoient, collectivement ou séparément, les titulaires des Doyenné et Prébendes canoniales du chapitre par nous éteint et supprimé

Art. 3. Seront les S.rs titulaires desdits Doyenné et Prébendes, aussitôt après la signification de notre présent décret revêtu de Lettres-Patentes enregistrées, exempts de tout *service canonial*, en l'église de S. Pierre et de S. Louis de Gigny; ensemble de toute obligation de résider dans le même lieu, et d'acquitter les fondations dont ils étoient tenus dans ladite église, tant collectivement que séparément. Seront, du consentement de Mgr. l'évêque de S. Claude, lesdites *fondations* acquittées dans l'église paroissiale de Notre-Dame et de S. Taurin de Gigny, par les S.^{rs} curé et vicaire suivant les offres qu'ils en ont faites, et conformément à l'état des mêmes fondations qui sera arrêté par mondit seigneur, d'après l'examen des titres d'icelles, du règlement capitulaire fait par les religieux de l'ancien monastère le 24 octobre 1683, et de la déclaration à nous faite le 12 novembre dernier par le Sr Séchal-député du chapitre, *etc*....

Art. 4. Seront du consentement et de l'autorité de mondit seigneur l'Evêque de S. Claude, la *châsse* dans laquelle repose le corps de *S. Taurin* évêque, et les autres saintes *reliques* actuellement conservées en l'église de S. Pierre et de S. Louis de Gigny, religieusement transportées en l'église paroissiale du même lieu, pour y être à l'avenir conservées et honorées, ainsi qu'elles l'étoient dans l'église collégiale. Seront, le jour même du transport, donnés à ladite église paroissiale, les *vases, linges, ornements* et autres meubles, qui auront été jugés par mondit seigneur les plus utiles à son service et à sa décoration, entre ceux de ladite église collégiale, et ce jusqu'à la concurrence de la valeur de 1000 liv. au moins. Sera le surplus partagé entre les deux établissements auxquels la totalité des biens est unie, lorsque mondit Seigneur aura permis de démolir cette *église* devenue inutile par la suppression du chapitre ou de l'employer à des usages profanes.

Art. 5. Conserveront, pendant leur vie, les Srs Doyen et Chanoines du chapitre éteint et supprimé, la *préséance* en ladite église paroissiale, et les droits honorifiques dont ils y jouissaient comme seigneurs et curés primitifs.

Art. 6. Conservera, pendant sa vie, ledit Sr Doyen la jouissance par lui demandée, et consentie par les dames abbesses et chanoinesses des susdits chapitres, de la vigne appelée *La Pendanne*, laquelle lui avait été cédée par délibération ancienne du chapitre éteint et supprimé, en considération des défrichement et plantation d'icelle.

Art. 7. Jouiront, pendant leur vie, si bon leur semble, lesdits S.rs Doyen et chanoines du droit de *chasse* et de *pêche*, ainsi que des *maisons* canoniales qu'ils occupent, des *jardins* en dépendants, et de la faculté d'opter, comme ils en ont joui ou dû jouir jusqu'à ce jour, *etc...*

Art. 8. Pour tenir lieu auxdits S.rs Doyen et Chanoines des revenus de leurs prébendes éteintes et supprimées, il leur sera payé, selon le vœu de leurs délibérations des 14 octobre 1786 et 17 octobre dernier, une *pension* annuelle et viagère, laquelle commencera à courir du 1.er jour du mois de juillet ou de janvier qui précédera immédiatement la signification de notre présent décret revêtu de Lettres-Patentes enregistrées, et sera jusqu'au 1.er janvier 1790 inclusivement, de 3500 liv. pour chaque chanoine et de 7000 liv. pour le S.r Doyen ; ladite pension payable par moitié le 1.er du mois de janvier ou de juillet qui suivra immédiatement ladite signification, moitié six mois après, et ainsi de suite jusqu'audit jour 1.er juillet 1790 inclusivement; Et depuis ce même jour, ladite pension annuelle et viagère sera de 4000 liv. pour chaque chanoine et de 8000 liv. pour le S.r Doyen, dont moitié sera payable le 1.er janvier 1791, moitié le 1.er juillet suivant, et ainsi de suite, de six mois en six mois, jusqu'au décès de chacun.

Art. 9. Sera ladite pension, fixée dans l'article précédent, *payée* à Gigny, Paris ou Lyon, aux choix de chacun desdits S.rs Doyen et chanoines, *etc...*

Art. 10. Au moyen de ladite pension, *etc...*

Art. 11. Sera payée aux S.rs Marin *Violet*, prêtre, chantre et sacristain, Antoine *Iteney* et François-Xavier *Arnoux*, chantres laïcs de l'église du chapitre éteint et supprimé, en considération de l'ancienneté de leurs services, des espérances auxquelles ils ont renoncé, et des promesses sur la foi desquelles ils s'étoient attachés à ladite église, une pension annuelle et viagère de 300 liv. pour chacun, laquelle demeurera éteinte pour le S.r Violet, dès qu'il sera pourvu d'un bénéfice de 700 liv. de revenu, et pour lesdits S.rs Iteney et Arnoux par leur décès seulement.

Art. 12. Sera donnée au S.r François Gilbert *Clerc*, ancien régisseur des biens du chapitre, une gratification de 2000 liv., en considération du déplacement et de la perte que lui ont occasionnée le séquestre et la suppression.

Art. 13. Sera chargé l'économe séquestre nommé par arrêt du conseil du 1.er octobre 1785, de la régie et administration de touts les biens, droits et revenus *etc...* jusqu'à l'entier et parfait payement des frais occasionnés par l'union *etc...*

Art. 14. La régie de l'économe-séquestre cessera, *etc...*

Art. 15. Depuis le moment auquel cessera la régie *etc...*

Art. 16. Outre l'acquit des charges anciennes du chapitre supprimé et le payement des pensions réglées par les art. 8, 9, 11, *etc...* Seront tenus l'économe-séquestre et les deux chapitres de payer annuellement :

1.º Aux S.rs curé et vicaire de Gigny, pour l'acquit des *fondations* dont ils demeurent chargés par l'art. 3, une somme d'argent égale à la valeur de 100 mesures de bled-froment, mesure du bailliage d'Orgelet, *etc...*

2.º Pour dotation provisoire de la *cure* de Gigny, s'il échoit de la désunir de celle de Véria, la portion congrue de 700 liv. *etc...*

3.º Une somme d'argent égale à la valeur de 870 mesures de bled-froment, au profit d'un établissement de *Sœurs de charité* qui sera fait à Gigny, pour l'éducation des jeunes filles et le soulagement des malades de la Terre et Seigneurie du même lieu, et auquel sera affectée pour habitation la maison destinée aux chantres du chapitre supprimé, icelle actuellement occupée par le S.r abbé de *Molans* chanoine, avec l'un des jardins affectés aux maisons canoniales qui n'en ont point de contigus, lorsqu'il sera vacant par abandon ou décès.

4.º Aux communautés mainmortables de ladite Terre et Seigneurie, une somme d'argent égale à la valeur de 180 mesures de bled-froment, laquelle somme sera distribuée entre les pauvres de toutes lesdites communautés *etc...*

Art. 17. *etc...*

Art. 18. Seront tenus l'économe-séquestre et les deux chapitres, depuis le jour auquel, par le décès ou abandon du S.r abbé de *Faletans* ancien doyen et aumônier, les revenus attachés aux Aumônerie et Prieurés dont il demeure possesseur seront réunis de fait, comme ils le sont de droit, de payer annuellement, outre les sommes mentionnées en l'art. 16, pour remplacement des *aumônes* dont ledit sieur abbé de Faletans est tenu, une somme d'argent égale à la valeur de 700 mesures de bled-fro-

Plan II.

ment, laquelle somme sera distribuée aux *pauvres* de la Terre et Seigneurie de Gigny, etc...

Art. 19. Outre les sommes mentionnées aux art. 16 et 18, seront tenus l'économe-séquestre et les deux chapitres de payer annuellement entre les mains des syndics de la communauté de Gigny, une somme d'argent égale à la valeur de 100 mesures de bled-froment, pour fournir à l'entretien tant de la *Fontaine* située dans l'enceinte dudit chapitre, que de la maison attribuée à l'établissement de charité.

Art. 20. Seront tenus les mêmes économe-séquestre et chapitres de payer annuellement entre les mains des *Fabriciens* de l'église paroissiale de Gigny une somme égale à la valeur de 130 mesures de bled-froment, pour fournir aux réparations et entretien du chœur, clocher, sacristie, livres, linges, vases et ornements de ladite église, au moyen de laquelle redevance la dixme demeurera déchargée de tout entretien et réparations, etc.....

Art. 21. 22...... Les mêmes économe-séquestre et chapitres seront tenus de payer annuellement *etc....*, une somme d'argent égale à la valeur de 1800 mesures de bled-froment, *etc....* pour ladite somme être employée en *pensions d'ecclésiastiques* étudiants au séminaire, pensions de retraite pour les prêtres âgés ou infirmes, et secours pour les curés et vicaires indigents du diocèse de S. Claude; dans la distribution desquels secours et pensions les ecclésiastiques nés en la paroisse de Gigny seront préférés à égalité de mérites et de besoins.

Art. 23. Sera la maison présentement occupée par le sieur abbé de *Lascases* chanoine, cédée au moment où elle sera vacante par abandon ou décès et défaut d'option pour être possédée à perpétuité, avec le jardin qui en dépend, par le sieur vicaire desservant de Gigny ou le sieur curé titulaire (s'il échet de prononcer la désunion de la cure de ce lieu et de celle de Véria) comme *Presbytère* et dépendance du presbytère de ce même lieu ; etc....

Art. 24. etc...

Art. 25........... Seront tenus lesdits abbayes et chapitres de payer annuellement et perpétuellement pour *dotation de la cure* de Gigny, une somme d'argent égale à la valeur de 700 mesures de bled-froment, y compris celle de 700 livres réglée provisoirement dans l'art. 16, etc....

Art. 26. *etc....*

Art. 27. *etc...*

Art. 28........ Seront les *titres* et papiers qui concernent les droits respectifs respectivement conservés dans les archives particulières de chacun des deux chapitres, à la charge de s'aider réciproquement de ceux qui pourroient être nécessaires : Et quant aux titres primordiaux et communs, ils seront déposés dans des archives communes.

Art. 29. *etc....*

Art. 30. *etc....*

Art. 31. Sera compris dans les charges du chapitre de Lons-le-Saunier le remplacement annuel de la rente de 322 livres 10 sous due à l'ancienne dotation du même chapitre sur les biens de celui de Gigny, etc....

Art. 32. 33. 34. 35. 36. *etc...*

Art. 37. Donnons acte aux chapitre et corps municipal de *Cuiseau*, aux sieurs curés de *Cuisia* en Franche-Comté, de *Digna*, de *Loysia*, de *Morges* et à touts autres interressés, de leurs dires respectifs, demandes, réserves et observations contenus ès procès-verbaux par nous dressés, pièces y annexées, et requêtes à nous présentées, les 16, 22, 24, 26, 27, 30 et 31 octobre, 2, 3 et 27 novembre, 20 et 28 décembre derniers ; les renvoyons à se pourvoir sur les objets de leurs demandes par devant les juges qui doivent en connoître *etc....*

Art. 38. Seront les Brevets de Sa Majesté, Bulle de N. S. P. le Pape, Lettres d'attache, Arrêts, Requêtes, Ordonnances, Procès-verbaux, Information, Inventaire, toutes autres pièces de la procédure d'instruction ; ou y annexées, et notre présent Décret déposés aux Archives du Secrétariat du diocèse de Mâcon, pour y être conservés et y avoir recours, si besoin est.

Donné à Paris, sous notre seing, le sceau des armes de Mgr. l'évêque de Mâcon, et le contreseing de notre greffier, le 26 mai 1788.

Signés : l'abbé *Bourdon*, vic. général, commissaire apostolique, *Et plus bas* : Par ordonnance, *Puoys Labaume* greffier.

Et scellé des armes de l'évêque de Mâcon.

152.

1794. Archives de Gigny.

Ce jourd'huy 24 fructidor de l'an II de la république Française, une et indivisible, la Municipalité de Gigny s'étant apperçue, environ les cinq heures du matin du 24 dudit mois, que l'on avoit attaché à l'Arbre de la liberté, dans la nuit du 23 au 24, une tête de mort, et au bas de l'arbre plusieurs ossements pliés dans différents linges, et dans le soupçon que cette tête de mort et ces ossements pouvoient avoir été pris dans la cy-devant sacristie de l'église du chapitre, la Municipalité assemblée s'est transportée aussitôt dans la cy-devant église, pour voir si effectivement les os dont il est parlé cy-dessus y avoient été pris. Elle a reconnu que l'on avoit enlevé un barreau de fer, dans la fenêtre de ladite sacristie du côté de bise, avec une barre de bois en chêne, et que c'étoit par le moyen de ce barreau enlevé que l'on y étoit entré et que l'on avoit fracturé le coffre où étoient renfermés ces ossements ; lequel barreau de fer et laquelle barre nous avons trouvés sur la fenêtre, et lesquels ont été déposés au greffe de notre Municipalité. Les officiers municipaux, outrés d'un pareil attentat commis contre l'arbre de la liberté, et désirant que l'on punisse, selon la rigueur des loix, les scélérats qui ont osé faire un pareil coup, demandent à l'administration du district d'Orgelet de vouloir bien faire toutes les poursuites nécessaires pour découvrir les coupables. En foi de quoi, nous avons dressé le présent procès-verbal, pour être envoyé de suite au district d'Orgelet, pour valoir et servir ce que de raison.

Signés: etc. etc....

FIN DES PREUVES OU PIÈCES JUSTIFICATIVES.

ADDITIONS ET CORRECTIONS.

Page 15, ligne 34, ajoutez en marge : C. 30, 42.
— 18, Note 13, ajoutez qu'en 1660, la cure de La Frette était encore du patronage de l'abbé de Baume. Postérieurement, sa collation a appartenu au prévôt de S. Pierre de Mâcon.
— 27, ligne 22, Payerme, *lis.* Payerne.
— 42, En marge, C. 4, *lis.* C. 54.
— 48, ligne 10 des notes, supprimez les mots : de Besançon.
— 62, ligne 29, hôtel, *lis.* autel.
— 80, ligne pénultième, *Capellano*, lis. *Capellanus*.
— 83, ligne 27, du, *lis.* de.
— 85, ligne 18, terres, *lis.* terre.
— 90, ligne 20, Antoinette, *lis.* Antoine.
— 95, ligne 15, deux piliers, *lis.* quatre piliers.
— 96, ligne 3, Ducrosset, *lis.* Ducroset.
— 98, en marge, Plan A, *lis.* Plan a.
— 99, § 26, ajoutez que le Ban d'août ne doit pas être confondu avec la *Quintaine*, droit appartenant à quelques seigneurs et consistant dans le privilége de vendre vin, durant les quinze premiers jours de mai, à l'exclusion de tous autres.
— 119, ligne 2, ajoutez : et à S. Sernin-du-Bois, près Montcenis.
— 132, ajoutez que, dans l'antique église de S. Martin de Laives près Sennecey, existe la tombe d'un Jean de La Grange, conseiller du duc de Bourgogne, au 15.e siècle.
— 146, ajoutez à la note 93, que l'historien Grégoire de Tours parle déjà, dans le sixième siècle, de l'usage

des cloches dans les monastères, pour convoquer les moines.

Page 151, ajoutez que, dans le 12.ᵉ siècle, on usait de gobelets en corne.

— 152, dans la note, après *Cuisiaci* ajoutez *propè*.

— 155, ajoutez que Grégoire de Tours parle aussi d'une léproserie à Gourdon, près Mont-St.-Vincent.

— 157, ajoutez que le P. Perry dit en 1658, dans son Histoire de Chalon, que « par une rare faveur de Dieu, on ne voit presque plus de lépreux, et pour ce motif, la maison des ladres qui était à S. Jean des Vignes n'existe plus. »

— 229, ligne 29, ajoutez que le même jésuite Perry, auteur presque contemporain, fixe à 60,000 le nombre de ces décès.

— 239, ajoutez à la note que, sous les règnes de Louis XVIII et de Charles X, les anciens gentilshommes de Franche-Comté, reçus chevaliers de S. Georges, reparurent décorés de leur médaille.

— 250, ligne 23, si bien établis, *lis.* si bien situés.

— 252, ligne 26, sur leurs sujets, *lis.* sur les habitants.

— 259, ligne 22, ajoutez : Diverses chartes du 11.ᵉ et du 12.ᵉ siècle prouvent qu'on délimitait les abbayes et les cimetières avec des croix.

— 261, en marge, Plan A, *lis.* Plan a.

— 283, ligne 32, en l'église collégiale, *lis.* en église collégiale.

— 286, ligne 27, relever ces, *lis.* relever ses.

— 287, ligne 26, prieuré, *lis.* prieurés.

— 288, en marge, Plan LL, *lis.* Plan ll.

— 291, ligne 18, ajoutez en note, que la fontaine du cloître, transportée en 1791 sur la place publique du bourg, a continué, pendant plusieurs années, à suffire seule aux besoins des habitants. Un petit nombre de ceux-ci avaient en outre quelques puits particuliers, et d'autres usaient de l'eau de la rivière. Mais, dès 1806, quatre autres fontaines dérivées de la source de la Sarrasine, comme l'ancienne, ont été utilement construites dans les divers quartiers.

Page 309, 310, 323, 334, 335, Menthon, *lis.* Menthon.

— 317, ligne 15, en note, 1007, *lis.* 11007.

— 325, ajoutez à la note 167, qu'anciennement il existait une communauté de prières et d'offices, au nombre de sept, entre l'abbaye de S. Claude et le prieuré de Gigny. Les monastères firent assez généralement entre eux, dans le moyen âge, de ces actes de communauté, association et confraternité de prières. Ces alliances consistaient surtout à célébrer des services funèbres, des anniversaires, des suffrages communs et réciproques, lorsque les religieux venaient à mourir dans l'un ou l'autre des établissements. Ensuite de ces associations, les moines des deux maisons se recevaient aussi et se traitaient mutuellement avec beaucoup d'amitié et de charité, dans leurs cloîtres, réfectoires, dortoirs et églises. Ils avaient même le droit de siéger au chœur, de célébrer à leur tour la messe au grand-autel, de participer aux distributions d'assistance, de délibérer au chapitre, etc...

— 336, en marge de la note, X. h. i., *lis.* x. h. i.

— 352, en marge, inscrivez : Fig 11, deux lignes plus bas.

— 379, ajoutez que le privilège d'un monastère, de n'être point soumis à la juridiction épiscopale, était un indice de sa fondation royale ou princière.

— 394, en marge, Plan FF, *lis.* Plan ff.

— 399, en marge, Plan XG, *lis.* Plan Xg.

— — ligne 19, 56, *lis.* 6.

PAGE 414, ligne 11, donnent, *lis.* donnèrent.

— 435, en marge, C. 133.ᵉʳ, *lis.* C. 123.ᵉʳ.

— 438, ligne 30, Chassigney, *lis.* Chassignet.

— 441, ligne 26, p. 47, *lis.* p. 45.

— 449, ligne 28, et porte la date, *lis.* et sous la date.

— 451, ligne 3, ajoutez en note : L'usage de porter de l'eau bénite, tous les dimanches, dans les maisons, était pratiqué à Gigny, comme à Clairvaux. Il n'y a cessé que depuis deux ans, par la mort du dernier porteur qui faisait sa distribution, le lundi, dans les deux hameaux de Cropet et du Villars. L'indigent auquel ce soin était confié par le curé se présentait dans chaque maison, revêtu d'une double besace percée pour y passer la tête, un pot d'eau bénite à la main gauche et un rameau de buis à la droite. Il aspergeait à l'entrée, en récitant l'oraison *Asperges me Domine,* etc., et recevait ensuite le pain de la charité. Cette distribution a aussi cessé à Tournus depuis quatre à cinq ans environ; mais elle continue d'être faite à S. Amour et à Coligny par les enfants de chœur. Cette pratique était générale autrefois et fort ancienne dans les deux Bourgognes. Chacun sait que Jean Germain, porteur d'eau bénite à Cluny, dans son enfance au commencement du 15.ᵉ siècle, dut à cet humble emploi les évêchés de Nevers et de Chalon S. S., ainsi que la dignité de chancelier de l'ordre de la Toison d'or.

— 463, ligne 1, prieur, *lis.* prieuré.

— — en marge, C. 111, *lis.* C. 113.

— 470, ligne 19, analysée, *lis.* analysé.

— 485, ligne 21, *Claudii,* lis. *Clodii.*

— 525, ligne 15, Royge, *lis.* Boyge.

— 540, ligne 27, ajoutez : On lit seulement que S. Hippolyte et autres martyrs avaient des châsses dans l'église de l'abbaye de S. Martin, et qu'en 1562 on en tira 35 marcs d'argent pour subvenir aux frais de la guerre. (Voy. *Courtépée*, III. 462).

Page 548, ligne 2 de la note, Lautou, *lis.* Lauton.
— 553, ligne 3 des notes, préserva, *lis.* préserve.
— 573, ligne 6 de la note, 1785, *lis.* 1685.

FIN.

TABLE DE L'HISTOIRE.

Nota. Les chiffres indiquent les pages; les lettres ABB. signifient abbaye et abbé; G. Gigny; M. moines; PR. prieur, prieuré; S. Saint; V. Voyez.

A.

Abbaye de G. Sa fondation 4. Ses abbés 4 21 26 28 30. Sa soumission à celle de Cluny 50. Sa conversion en prieuré 55.
Abbé (Office d') 386—391.
Acensements de G. 512.
Acephales (abbayes) 579.
Admission des M. 343 344 345.
Agea 502 504.
Ageon 441.
Aiglepierre 450—452 502.
Alafracte 18 22.
Albin, pr. de G., 421.
Aliments des M. 364.
Allon 422.
Ame de Savoie, pape, 470.
Amendes 97 511.
Amour (S.) 72 150 172 227 228 405 441 463 480 493.
Amusements des M. 375.
Andel (D'), pr. de G., 51 470.
Andellot 52 55 75 510.
Anières 418 502 505 512.
Annates 588.
Anneau épiscopal 586.
Année (Commencement de l') 59.
Antoine (S.). V. Commanderie. Feu.
Apocrisiaires 395.
Aquilin (S.) 551 572.
Arbuans 225 495.
Arc-en-Valois 450.
Ardents (Mal des) 158.
Arinthod 108 446 512.
Arith 422.
Armes. V. Montre.
Armoiries de pr. 387.
Arpentement de G. 275.
Association. V. Garde.
—— de prières 805.
Audépin (L') 395 417 517.
Augea 116 489 502.
Augisey 55.
Aumone (Maison de l') 74 268.
Aumonerie (Pré de l') 598 599.
Aumones de G. 214—216 598.
Aumonier (Office d') 152—155 158

139 215 258 265 397—400 466 486—490.
AUMONIER DE PR. etc... 243 244 461.
AURILLAC, abb., 16.
AVENANS 53 513.
AVENT, V. Carême, Carnaval.
AVOUERIE 53. V. Garde.
AYMON, PR. DE G., 52.

B.

BAGÉ-LE-CHATEL 559.
BAILLIAGE DE G. 95.
BAILLIS DE G. 529.
BAINS DES M. 566.
BALANOD 246 495 502 504.
BALANOISET 256 257 417.
BALAY (Maison de) 292 295 518 517.
BALERNE (abb.) 41 52 470 472.
BALME D'EPY 401 403 502 504. V. S.te Fontaine.
BANALITÉ. V. Battoir, Four, Moulin.
BAN D'AOUT 99 511. V. Quintaine.
BANS 430 502.
BARBE DES M. 354.
BARESIA-Clairvaux 453 502.
— -Montfleur 503.
BATON CANTORAL 387 414.
— PASTORAL 386.
— DE PELERIN. V. Bourdon.
BATTOIR BANAL 98.
BAUME (abb.) 6—8 10 11 51—53.
— DE G. V. Grotte.
— (CL. de la), PR. DE G., 205 219.
— DE SUZE (F. de la), PR DE G., 271.
BEAUFORT 395 399 400 489 490 502 510 518.
BEFFIA 502 505.

BELLESVAUX-EN-B., PR. DE G., 54 55 422.
BELOT (Maison de) 292.
BÉNÉDICTINS RÉFORMÉS 236—241 432.
BÉNÉFICES. V. Consistoriaux, Cumul, Patronage, Permutation.
BENOIT (Règle de S.) 342.
BERNARD (S.) 41 42.
BERNON (S.), ABBÉ-FONDATEUR DE G., 4—21 346. Son testament 18 19. Sa règle 342.
BICHET. V. Pareil, Quartal.
BIENS DU PR. DE G., 262 501—515.
BIOLAYE (La) 443.
BIOLIÈRE (bois) 260.
BISSIA 432 502.
BLANDANS 518.
BLAYER 405. V. Messier.
BLÉRIE (Droit de) 405 407.
BLESNEY 500 502.
BLETTERANS 227.
BLIE. V. Blayer.
BLIEF. V. Blayer.
BOIS COMMUN. DE G., 209 210 256 260 511.
— (Du) 518. V. Pressia.
— DU BAN 502.
— DU PR. DE G., 514.
BOISSIA 452 502.
BOISSIÈRE (La) 402 403 406 407 443 449 502 504 510.
BOISSON DES M. 563.
BONLIEU (Chartr.) 62 155 469 473.
BOUHIER (J.), PR. DE G., 272.
BOUJAILLES 451 452 502.
BOURDON 587.
BOURGEOISIE de G. 207.
BOURGOGNE JURANE, 7 10 11 28 29.

BRANCION. V. Visargent.
BRANGES 441.
BRESILLEY 424.
BRÉVIAIRE de Cluny 571.
BROISSIA 55 68 73 127 502 503.
BRUSSEY 424.
BUCHE DU COULON 97.
BURON 500 502.

C.

CAFÉ 131.
CANTON DE G. 558.
CAR (monnaie) 215.
CARÊME DE LA S. MARTIN 162.
CARNAVAL DE L'AVENT 162.
CASUELS (Droits). V. Curiaux.
CELLERIER (Office de) 75 162 163 237 365 384 417—419 500.
— (Grange du) 163.
CELLES. V. Prieurés.
CENS SEIGNEURIAUX 97 511 512.
CERF APPRIVOISÉ 248.
CESANCEY 476 502 504.
CESERIA 418 442 512.
CESSEY, MONTAGNE DE G., 162 164.
CHALAMONT 561.
CHAMBALLERIE. V. Chambrier.
CHAMBERIA 125 225 407 504 510 512.
CHAMBLY 52 472 473 502. V. Vaux.
CHAMBORNAY, PR. DE G., 425—425 510.
CHAMBRIER (Offic. de) 170 246 592 —597 442—444 491.
CHAMPAGNA 78 128 223 401—403 493—495 505 510. V. Arbuans, Louvarel, Marie, Vaux.
CHAMPAGNE 502 504.
— (Rodolphe de), pr. de G., 117 124 128.

CHAMPDIVERS 472 518.
CHANFLAY (Le) 443.
CHANGIN 430 502.
CHANOINES RÉGUL. 555—575.
— SÉCULIERS DE G. V. Collégiale, Doyens, Séchal, Stage, Statuts.
CHANTRE (Office de) 587 413—415.
— (pré, culée du) 414.
CHANTRES DE LA COLLÉGIALE 288 552 556.
CHAPE. V. Cuculle.
— (Droit de) 347.
CHAPELAINS 80. V. Curés.
— DE PRIEURS 243.
CHAPELLE-NAUDE 395 396 443.
CHAPELLE DE S.te-CROIX à G., 84 85.
CHAPELLES RURALES DE G., 258.
CHAPITRE SÉCUL. DE G. V. Collégiale.
CHAPITRES DE M. 381.
CHARGE DE LA MENSE 516.
CHARIGNOLES 481.
CHARITÉ (Sœurs de) 161.
CHARNAY 158 243 246 503.
CHARNOZ 518 519.
CHARRUES. V. Quarterons.
CHARTES-PARTIES 65 67.
CHASE-DIEU, pr. de G., 405 425 426.
CHASELLES, pr. de G., 405 407 426 465 503.
CHASSE (Droit de) 99 202 375.
CHATAGNA 502 504.
CHATARD (H. de), pr. de G., 144.
— (Maison de) 130 144 147.
CHATEAU DE G., 95 247.
CHATEAU-S.-SALINS, pr. de G., 140 426—438.
— (Foire de la) 428.

CHATEAUX FORTS DE FR.-COMTÉ 55 179.
CHATELARD-EN-BAUGES 422.
CHATEL-CHEVREL, PR. DE G., 26 69 125 127 170 594 596 459—444 505 510.
CHATEL-DE-JOUX 450 452 505.
CHATELAINS (Juges) de G. 528 529.
CHATELLENIE DE G. 95. V. Châtelains.
CHATENOY-LE-ROYAL 555.
CHATILLON (Fr. de), pr. de G., 195.
CHATONNAY, PR. DE G., 58 406 407 444—449 505 510.
CHAUSSIN 167.
CHAUX-LOUVRIÈRE 471.
CHAVANNES-S.-SURAN 145.
CHAVERIA (Jura) 417 418.
CHAVEYRIA (Ain) 559.
CHÉLÈRES 109.
CHEVANNAY 7. V. Montaigu.
CHEVIGNA 459 505.
CHEVIGNES 556 557.
CHEVREAU 26 126 595 442 445 505 504. V. Châtel.
CHICHEVIÈRE 55 66 246 268 596.
CHIFFRES ARABES 47.
CHIRURGIEN DU PR. DE G. 367 408.
— DE L'AUMÔNERIE 597.
CHIRURGIENS DE G. 557.
CHISSÉRIA 505.
CHISSEY 450 452 455 505 519.
CHRISTOPHE S. (Ain) 561.
CILICE 352.
CIMETIÈRES DE G. 86 87.
CIRCATEURS 576.
CIRE D'ABEILLES 118.
CIVRIA 505 510. V. Sivria.
CLAIRVAUDE, VIGNE, 455.
CLAIRVAUX, PR. DE G., 199 227 406

449—456 505 510. V. Clairvaude.
CLAUDE, ARCHEV. (S.), 470 484.
— VILLE (S.), 227 275 805.
— DES BOURGUIGN. (S.) 229.
CLÉMENCEY 7 492.
CLOCHES 146 189 805.
CLOITRE 356.
CLOS DE GIGNY 494.
CLOS S. JEAN 465 514.
CLOUD (S.) 470 483—485.
CLUNY (Abb. de) 13 14 35—56 559 806.
CLUSE S. BERNARD (La), pr. de G., 456.
COADJUTEURS 174.
COGNA 452 505.
COLIGNY 26 27 73 118 125 158 141 572 806.
COLLATION DE BÉNÉFICES. V. Patronage.
— (Conférence) 572.
— (Repas) 573.
COLLEGIALE DE G. 282—294—324.
COLLONOZAY 126 594 595 445.
COLOMBE (S.te), village, 481.
COMBE CHANEL 507.
COMITÉ 225.
COMMANDERIES DE S. ANTOINE 158.
COMMENDE DES MONAST. 173—177.
COMMISE 99.
COMMUNE (vie). V. Vie.
COMPLIES 572.
COMPOTE 422.
CONCORDAT ENTRE LE PR. ET LES M. DE G. 214 247 259 270 560.
— ENTRE L'EV. ET LES M. DE G. 289.
CONDAL 256 257 599 403 418 505 510 512.
CONDAMINES DE G. 570 515.

CONFESSION DES M. 574.
CONFIRMATION (Bulles de) 174.
CONFRATERNITE DE M. 805.
CONFRÉRIE DE DIEU 158.
— DE S. GEORGES 238 239 296 549 804.
— DE S. RENOBERT 567.
— DE S. TAURIN 566.
CONGRÉGATION DE S. VANNE, DE S. HIDULPHE, DE S. MAUR. V. Bénédictins.
CONROY (Droit de) 399 415.
CONSISTORIAUX (Bénéfices) 588.
CONTROLE (Bureau de) 277.
CORMOZ 463 503 519.
CORNOD 227.
CORVÉES 98 236 404 511.
COSTUME DES M. 331—353.
COULE. V. Cuculle.
COULPES (Chapitre des) 373.
COLPONNAGE 98 254. V. Moulins.
COURBOUZON 503.
COURLAOUX 192 519.
COURMANGOUX 459 505.
COUSANCE 393 396 442 443 503 504 510.
COUVETAINE 450 451 503.
CRAIE (Montagne de la) 266.
CRESSIA 58 67 409—411 503 504 510.
CREUSE (La), Faub. de G., 60.
CRÈVECŒUR 489 503.
CRIARD (Table de S.) 25 26.
CRILLA 64 74 431 432.
CROIX DE G. 239 493 804.
— (S.te), VILLAGE, 393 396 443 503 504 510 512.
CROPET 108 110 114 115 128 225 276 402 403 410 417 503.

CROSES 109.
CROSSE ABBATIALE 586.
CRUCHES DE BLÉ 252.
CUCULLE BÉNÉDICTINE 352.
CUISEAUX 141 145—148 394 596 403 406 407 490—493 503 510 516 519 561. V. Aumône, Clairvaude, Foissia, La Madeleine, Marie, Mouz, Moysia, Semon, Vincelles.
CUISIA (Ain), pr. de G., 132 204 406 407 457—460 503 510.
— (Jura) 74 205 393 596 406 443 503 504 510.
CUMUL DE BÉNÉFICES 173.
CURÉS. V. Patronage.
CURES PRIMITIVES 80 118 296—301 443 450.
— DE GIGNY ET VÉRIA, 82 118—125 296—301 353. V. Curiaux, Desservants, Ecclésiastiques, Vicaires.
CURIAUX (Droits) à G. 119—123 297.
CURNY 129.

D.

DÉCHAUX (Le) 526.
DÉCIMATEURS 507. V. Dîmes.
DÉCIMES 513.
DÉCORATION. V. Médaille.
DÉFINITEUR 585.
DÉLIBÉRATIONS CAPIT. 582.
DENRÉE DE TERRE 429.
DÉOLS (abbaye) 15 48.
DÉPOUILLES (Droit de) 122 579.
DÉSAVEU. V. Mainmorte.
DÉSERTEURS (Moines) 558.
DESSERTE DE PR. 464 475 479 492.

DESSERVANTS DE G. 535. V. Curés.
DESSIA 503 504.
DIGNA 69 126 395 396 417 443 503 504 510.
DISTRIBUTIONS D'ASSISTANCE 506 507 372 373.
DIMES 208 254 255 432 502—508. V. Décimateurs, Grabadis, Novales, Quarterons, Tâches.
DOLE (Siége, Coll. de) 225 230 456.
DOMMARTIN 109 115 180 395 396 443 503 504 510.
DON GRATUIT 515 516.
DONNÉS (Oblats) 343.
DONSURE, PR. DE G., 59 417 460—464 503 510.
DORTAN 519.
DORTOIR DES M. 363.
DOUCIER 470.
DOUCY 422.
DOYEN (Office de) 412 413.
DOYENS (Hauts-) DE LA COLL. 294 320.
DRAMELAY 417 444 445 448 503 510.
DURETAL 520.

E.

EAU-BÉNITE 451 806.
EAU-DE-VIE 154.
ÉAUSE 341.
ECCLÉSIASTIQUES DE G. 535.
ÉCHAILLA 503 505.
ÉCOLE (en Savoie) 422.
ÉCOLES DES CLOITRES 203 343.
ÉGLISE PAR. DE G. 80—86 358 567.
— PR. DE G., 186—191 357.
ÉLECTION D'ABBÉ 586.
ENGROGNE (monnaie) 215.

ENTRÉE (Droit d') 547.
ÉPAVES 99.
ÉPÉRIGNA 56 68.
ÉPICES 150.
ÉPY 50 118 180 402 405 503 504 511. V. Balme.
ERMITAGES DE G. 263 264 266 451 458.
ERMITES DE G. 265.
ESCLAVES DES M. 8.
ÉTANGS DE G. 111 136 270 362 515.
ÉTATS DE FR.-COMTÉ 591.
ÉTERNOZ (Maison d') 309.
ÉTIVAL 432 503.
ÉTOILE (L') 524.
ÉTRÉE 180 402 405 479—481 503 511.
ÉVENS (Pont d') 56.
ÉVREUX. V. S. Taurin.
EXARQUE 591.
EXCOMMUNICATION DE M. 376.

F.

FALETANS (J.-Fr. de), HAUT-DOYEN DE G., 294—320.
FAMILIARITÉ DE G. 85.
— DE CLAIRVAUX 450.
FAMINES 228 567.
FARE (J.-J. de la), PR. DE G., 274.
FAUQUIER (Ét. de), PR. DE G., 180.
FAUTES DES M. 376 377.
FAUXBOURGS DE G. 60.
FAY (Jura) 24.
FAYENCE 151.
FÉCAMP. V. S. Taurin.
FEILLENS (P. de), PR. DE G., 117
FELIX V, PAPE, 171.

Fermiers gén. du pr. de G. 261 275.
Fêtes bénédictines 374.
Fitignay 524.
Feu sacré, de S. Antoine, de S. Marcel, 158.
Fief (Devoir de) 66 76 127 138 141 246.
Flacey, pr. de G., 400 441 464—466 489 490 503 511.
Flérin 126.
Florence (S.te) 552 575.
Florentia 35 402 503 504.
Foi et hommage. V. Fief.
Foires de G. 56 100 200 511.
Foissia (Ain) 180 398 — 400 466 479 503 504 511.
— près Cuiseaux 429 593.
Fondations pieuses 84 85 107 108 124 127—129 156 157 159 152 161 171 193 199 201 202 247—249 258 262 429 430.
Fontaine (S.te) 55 68.
Fontaines de G. 4 268 291 357 407 804.
Formariage 102.
Formose, pape, 9.
Fossés d'enceinte de G. 59.
Fosse-s.-la-Roche 313.
Foudras (Maison de) 510.
Four banal de G. 98 260 511.
Fourches patib. 95.
Franchelune (L. de), pr. de G., 196.
Franchises de G. 199 207 210.
Francs-Bourgeois de G. 207.
Franée (La) 452 503.
Frangy 520.
François (Le) 470 472 473 503.
Fretti (Le) 18 803.

Froc. V. Cuculle.
Fromagerie (La) 472 473 503.
Frontenaud 36 109 115 595 596 442 445 503 504 511. V. Chichevière, Croses.
Frontenay 520 527.
Fruits (Gros) 506.
Funérailles (Luxe de) 148 149.
Furieuse, riv., 427.

G.

Galbry (Meix) 159.
Garde du pr. de G. et dépend. 54—61 107 432 443 460 469 478.
Gaufrelde, pr. de G., 103.
Genod 443 503.
Géole. V. Prison.
Georges (S.) V. Confrérie.
Gerbe de passion 125 401 402 503.
Gerberie 403 407.
Germagna 403 503 511.
Germain (J. de S.), pr. de G., 219.
Gesur 424.
Gigny. Dénominations 1. Étymologie 2. Lieux homonymes 2, 62. Maison 88 — 92 109 118. Seigneurie 92—103. Population 341. Incendie 558. — V. Abbaye, Baillis, Bois, Bourgeoisie, Canton, etc.
Gisia 593 443 503 504.
Gonssans. V. Jouffroy.
Grabadis 505.
Graces expectatives 174.
Grammaire (École de) 203.
Grange. V. Cellérier, Isle, Pareau.
— (J. de la), pr. de G., 131 803.
Granges de Non 403 418 503.

GRAYE 66 109—116 252—255 259 260 407 409 410 418 503 504 514. V. Charnay.
GREFFIERS DE G. 550.
GROTTE DE G. 252 263.
GUÉRIN (S.) 455 500.
GUERRES 25 55 179 221 225—228 247.
GUET ET GARDE DU CHATEAU 100.
GUICHARD, PR. DE G., 77.
GUIGUES, PR. DE G., 74—77.
GUILLAUME I, PR. DE G., 106.
— II, PR. DE G., 157.
GUINAN 513.
GUY, ABB. DE G., 21—25.
— DE MUGNET. V. Muguet.
— PR. DE G., 116.
— (S.) 25.

H.

HABIT MONASTIQUE 551.
HAUTECOURT PRES CLAIRV. 452 503.
HÉMINE (mesure) 563.
HENRI IV 221 222.
HERI 426. V. Furieuse. Salins.
HIDULPHE (S.) V. Bénédictins.
HILAIRE (S.), PR. DE G., 467.
HOMMAGE. V. Fief.
HONGROIS (Invas. des) 23.
HOPITAUX DE NOBLESSE 240 548.
HOSPICES DE G. 152—155.
HOSPITALIER. V. Hôtelier, Hôtes.
HOTELIER (Office d') 584.
HOTES (Maison des) 587.
HUGUES (S.), ABB. DE G., 50.—PRIEUR D'ID., 55.
HUILLY 28 441.

HYPOCRAS 154.

I.

ILAY, PR. DE G., 52 62 155 468—474 503.
INCENDIE DE G. 558.
INDULGENCE DE STALIE 572.
INFIRMIER (Office d') 512 567 584 408—412.
INQUISITION EN FR.-COMTÉ 218.
INTERDICTION D'ÉGLISE 44.
ISERON 360.
ISLE (Grange de l') 158—161 246 504 513.

J.

JACENSE 108.
JEAN, PR. DE G., 72.
— DES TREUX (S.) 268 402 405 503 511 514.
JEUNES DES M. 565.
JEUX 575.
JOIDES 155 211—215 225 395 405 406 407 410 416 503 504 511 512. V. Villars, Marcia, Rosières.
JOUFFROY-GONSSANS (Maison) 295 521.
JOUVENÇON 441.
JUGES-DE-PAIX DE G. 550 551.
— PÉDANES, 528.
— SEIGNEURIAUX DE G. 527.
JUJURIEUX 561.
JULES II, PAPE, 184. V. Rovère.
JULIEN (S.) 129 405 406 407 409 —411 418 503 504 511 516.
JURIDICTION MONASTIQUE 579 580 805.
JUSTICE (Haute) DE G. 94 96 107 527.

TABLE.

Justice sous latte 528.
— sous l'orme 10 527 528.
— seigneuriales 94 527.

L.

Ladre (Bois du) 158.
Ladrerie 155 158.
Lancette (vill.) 55 503 504.
Lanéria 402 403 503 504.
Langues (Droit de) 97 409 453 511.
Lapins de garenne 150.
Labrians (Maison de) 522.
Lascases (Maison de) 509.
Laudes 371.
Laurent (S.) la Roche, pr. de G., 56 58 403 426 474—478 503 504 511.
Lauthein (S.) 7 13.
Lavigny 522.
Law (Billets de) 262.
Léchaux (Meix de) 66.
Lecherene 422.
Lécheroux 480 503.
Légna 267 503.
Légnieu 360.
Lejeune (J.), pr. de G., 167.
Léproseries 155—159 804.
Lesney (Port) 430 503.
Lessard-au-royaume 553.
Leyns 35 503 504.
Lezay 522.
Lezoux 552 554 562 570.
Liconna 267.
— (Fromond de), pr. de G., 143.
Lits des M. 565.
Livre de S. Benoit 361.
Livrée de terre 429.

Lods et vends 99 511.
Lons-le-Saunier 19 22 48 62 63 133 227 325 470.
Louhans 595 441.
Louvarel 493.
Louvenne 56 267 314 315 401 403 418 503 504 511. V. Guinan, Loyon.
Loyon 56 314 511.
Loysia 62 — 64 88 105 107 108 113 403 409 410 418 459 503 504 511 512.
Luxeuil 595.
Luyrieux (A. de), pr. de G., 170.
Lyon (Comtes de) 348—350 380 560.

M.

Macornay 242 426 503 512.
Madeleine-s.-Cuis. (La), pr. de G., 594—596 490—493 511.
Mailla 521.
Maille (monnaie) 19.
Mainmise 99.
Mainmorte 100—103 172 255 511.
Maires de G. 538.
Maison des Relig. de G. 308 335 390 594 599 401 405 408 413—415.
Maladies des M. 367.
Malafreta 479 480 503 511.
Malaissard (Prés, Bois) 178.
Malatière 156 158 418.
Mal des Ardents. V. Ardents.
Maltrait (Bêtes de) 129.
Marboz, pr. de G., 26 27 118 180 402 478—483 503 511.
Marcel (S.) abb. 441 563.
Marché de G. 100 107 311.

MARCIA 55 225 395 405 409 495 503 504.
MAREILLE (Droit de) 405 505.
MARGUILLERIE 406. V. Mareille.
MARIAGE D'ECCLESIAST. 219 220.
MARIE 402 405 495.
MARIGNA 157 295 517 518 407 409 503 505 511 512 517. V. Marignette.
— (J. de), PR. DE G., 157.
MARIGNETTE (vigne) 410.
MARIGNY 470.
MARLEYA (bois) 276.
MARNÉZIA 522.
MARNOZ 430—432 455 505.
MARSENAY 124 223 505 504.
MASSAY, ABB., 15 16 48.
MATINES 571 572.
MAUR (S.) 503 505. V. Bénédict.
MAURICE (S.) 431 432 503 511.
— CHAP. A SALINS, 432—457.
MAYEUL, ABB. DE G., 26.
— (S.), ABB. DE CLUNY, 27.
— DE REBUCIN, PR. DE G., 124.
MAYNAL, PR. DE G., 395 398—400 483—490 503 511.
MÉDAILLE DES CHAN. DE G. 289 301 502.
MÉDECIN DU PR. DE G. V. Chirurg.
MÉDECINS DE G. 537.
MEIX. V. Galbry, Léchaux, Revoire, Tâche.
MENTHON (Maison de) 509.
MERLIA 412 503 505.
MÉSEAU 157. V. Ladre, Léproseries.
MESNOIS 500 503.
MESSES DES M. 248 506 573 574.
MESSIA 505 504.

MESSIER 320. V. Blayer.
MESURES. V. Hémine, Pareil, Quartal, Rez.
— DE G. 100.
MEXIMIEUX 561.
MICHEL (S.) 450 451 503.
MIGETTE ABB. 327.
MIROIR (Le) ABB. 59—49.
MISÉRICORDE. V. Indulgence.
MISSION DÉCENNALE A G. 262.
MITRE 586.
MOINES DE G. V. Admission, Aliments, Amusements, Bains, Barbe, etc.
MOLANS (Maison de) 510.
MONNET (Maison de) 58.
MONNETAY 55 516 518 408 409 — 444 503 505 511.
MONNAIE 40 155. V. Car, Engrogne, Maille.
MONTADROIT 525.
MONTAGNA-LE-REC. 505 511.
— -LE-T. 68 75 503 505 511.
MONTAIGU 7 150 227 395 503 505 523.
— (J. de), pr. de G., 150.
MONTBERTHOD 560.
MONTBOZON. V. Belot.
MONTCÉRIA 55 505 505.
MONTCONIS 126.
MONTCUNIN. V. Montconis.
MONT-DRAMELAY (Le) 503.
MONTFAUCON (Maisons de) 182 510.
— (A. de), pr. de G., 181.
MONTFERRAND (B. de), pr. de G., 175.
MONTFLEUR 54 56 58 199 471 503 505 523. V. Éperigna, S. Pierre.
MONTFORT 458 525.

TABLE. 819

Montigny-l.-Ars. 430 431 503.
Montjouvent 523.
Montjuif 481.
Montluel 561.
Montmoret 62 469 523.
Montpezat (Maison de) 310.
Montquoy 132.
Montre d'armes 100.
Montrevel 161 173 393 401 403 418 503 503.
Morel (P. de), pr. de G., 167.
— (C.-M.-G.), curé de Véria 296—304.
Morges 53 162 315—320 403 417 418 493 503 505.
Mort des M. 378.
Morval 55.
Motte (Pr. de la). V. Hay.
— (La) en Savoie 422.
Mouchard 428 451 452 503.
Moulins 98 250 270 511 512.
— (Bois du) 249 251.
Mouthier-en-Bresse 12 25.
— Haute-Pierre 57.
Moutonne 417 418 503 504 512.
Mouz (Pr. de G.). V. Madeleine.
Moyria (J.-B. de), h.-doyen de G., 320 336.
Moysia 53 66. V. La Pérouse.
— (Maison de) 63 123 524.
— (Dîme de) 507.
— (Ponce de), pr. de G., 65—69.
Mugnet. V. Monnet.
— (Guy de), pr. de G., 38.
Mure (Quartier de) 241.
Murailles de G. 39 200 207.
Muysance (B. de la), pr. de G., 172.

N.

Nance 524.
Nancuise 318 407 503 503.
Nantey 55 406 503 511.
Nantua 593.
Necudoy 465.
Néglia 503 512.
Nermier 74.
Nettoyeurs 231.
Neuville-les-Dames 560.
Nevy 431.
Nithier (S.) 454
Nizier (S.) 108 223 277 406 503 505 511 512.
Noblesse 59 237—241 347—351.
Nocturnes 571.
Nombre des relig. à G. 23 77 383.
Noms d'hommes 59.
— de lieux 90 91.
Non. V. Granges.
None 372.
Nonnes 376.
Normands 549—554.
Notaires 63 64 100.
— de G. 531—533.
Nouvelletan 111 346 347.
Nouvelleté (Mandem. de) 527.
Novale 508.
Novices 345 407.

O.

Obédiences 419.
Obédienciers 585.
Oblats 342.
Odon (S.) 17 18.
Office divin 571.

OFFICE DE S. BENOIT 371.
OFFICIERS CLAUSTRAUX DE G. 50 384
—419.
ORBAGNA 489 503.
ORGELET 58 227 338 418 524.
ORGUES 191 216.
ORNANS 524.
OUNANS 429 431 432.
OUSSIA, PR. DE G., 75 495—498 503
511.
OUVRIER (Office d') 216 345 404—
408 494.

P.

PALUD (Maison de la) 524.
PAREAU (Grange de) 431.
PAREIL (mesure), 57 141.
PARIAGE. V. Garde.
PAROY 431 432.
PASQUIER (Maison du) 524.
PASSION. V. Gerbe.
PATIENCE. V. Indulgence.
PATORNAY 452 503.
PATRONAGE DE CURES 80 258 287
395 396 399 400 406 409 432
443 448 450 451 458 459 478
494 500 508—511 516.
PÊCHE (Droit de) 99 202 210 230.
PEINES. V. Punitions.
PELANS. V. Tanneries.
PELISSE 352.
PELOUSEY. V. Prowost.
PELLAPUGIN (Maison de) 524.
PENDANNE 512 413 513.
PERMUTATION DE BÉNÉFICES 174.
PÉROUSE (La) 161 162 242 267 316
405 417 418 503 505. V. Moysia.

PESTE DU 17.e SIÈCLE 229 804.
— NOIRE 431.
PEUPLIERS D'ITALIE 312.
PIERRE (S.) 56. V. Montfleur.
— -LE-VÉNÉRABLE 41 42.
PIÉTELLE 452 503.
PIN (Le) 503 505 524.
PITANCIER (Office de) 154 363 416
417.
PLANE 518.
PLAYNE 524.
POISOUX 402 503 505.
POITTE, PR. DE G., 407 418 419 498
—501 503 511.
POLIGNY 227 524.
PONCE DE MOYSIA. V. Moysia.
PONCTUATEUR 306.
PONT DE G. 252.
— DE LA PIERRE OU DE CORRE 60
252 276.
PONTARLIER 227.
PONT-D'AIN 495—498 503 511.
PONT-DE-VAUX 173.
PORTES DE G. 59 60 61.
PORTIER DE CLOITRE 357 384.
PORTION CONGRUE 508 516.
POUILLA 55.
POULES DE CENS 97 511.
PRÉLATS INFÉRIEURS 509.
PRÉSÉANCE 100 297 301 376 383
400 404 408.
PRÉSENTATION. V. Patronage.
PRESSIA 407 459 460 503 511.
PRÉTIN 428 431 452 503.
PRÊTRES DE G. 535.
PRÉVOT DE MONAST. 384 395.
PRIEUR (Office de) 94 214 386—391.
PRIEUR-CLOITRIER (Office de) 177 391.

PRIEURÉ CONVENTUEL DE G. 33. V. Abbaye, Association, etc.
PRIEURÉS DÉPENDANTS DE G. 303 419 —501. V. Desserte, Obédiences, Responsion.
PRIMACIER 450.
PRIME 371.
PRISE D'HABIT 343.
— DE MEIX 103.
— DE POSSESSION 388.
PRISON DE G. 93 377.
PRIVILÉGES DES M. DE G. 171 223 279 803.
PROCUREURS D'OFFICE DE G. 329.
— DES M. DE G. 275.
PROFESSION MONASTIQUE 343.
PROMENADES 312.
PROTONOTAIRE APOST. 181.
PROVINCIAL 382.
PROVISION (Mandem. de) 174.
PROWOST DE PELOUSEY (Ph.-L. de), pr. de G., 226.
PUNITIONS DES M. 376—378.
PYMORAIN 409 410 503 505.

Q.

QUARTAL (mesure) 138 141.
QUARTERONS 451.
QUARTIERS. V. Muire, Noblesse.
QUINTAINE 803.

R.

RABUTIN. V. Rebucin.
RADEGONDE (S.te) 422.
RAMBEY 489 503.
RANG. V. Préséance.

RANTECHAUX (Maison) 523 526.
RAY (Cl. de), pr. de G., 214 217.
RAYNNANS 524.
REBUCIN. V. Mayeul.
RECEVEURS DU CHAPITRE 273.
RECOMMANDATION (Lettres de) 174.
RÉCRÉATIONS DES M. 375.
RECULOT (Maison) 523.
RÉFECTOIRE 363.
REFECTURIER (Office de) 363 415 416.
RÉFORME. V. Bénédict., Trappistes.
RÉGALE 388.
RÈGLE. V. Benoit, Bernon.
RELIGIEUX DE G. (Liste des) 517—527.
REMI DU MONT (S.) 511.
REMIREMONT 564 566.
RENTES DU PR. DE G. 48 241 312.
REPAS DES M. 363.
— du moyen âge 150.
REPRET 102 418.
RESERVE (Bulles de) 174.
RESIGNATION EN FAVEUR 174.
RESPONSION (Droit de) 420 424 436 453 464 479 490 493 498.
RETRAIT FÉODAL 99.
REVENUS DU PR. DE G. 261 275 501 —315.
REVERMONT 26.
REVOIRE (Meix de) 77.
REZ (mesure) 121 141.
RIBIERS (Les) 402.
RIPAILLE 171.
RIZ 151.
ROGATIONS (Proc. des) 258 259.
ROLLAND, PR. DE G., 70.
RONCHAUX (Maison) 525.
ROSAY 395 396 443 511 512 519.
ROSIÈRES 493 504.

ROTHONAY 407 505 511.
ROUSSILLON (Mont. de) 427.
— (Toppes de) 431.
ROUTES DE G. 276 534.
ROVÈRE (J. de la), pr. de G., 185.
ROYALES (abb.) 379 427 432.
RUFFEY 149 158 318.
RYE (Maison de) 149 203.
— (Majorat de) 226.
— (Cl. de), pr. de G., 214.
— (F. de), pr. de G., 220.
— (L. de), pr. de G., 205.
— (Ph. de), pr. de G., 213.

S.

SACRISTAIN (Office de) 50 85 86 148
— 125 216 400 — 404 432 481
495.
SAIFLOZ 470.
SAFFRE. V. Chichevière.
SAGY (Châtell. de) 59 316.
SAIGNÉES DES M. 366.
SAIX (Chevance du) à G. 598.
SALINS 241 268 426 — 437. V. Sel.
SANCIA 128 503 504.
SAÔNE RIV. 535.
SARREY (H. de), pr. de G., 140.
SARRASINE, font. de G., 4 337 803.
SARRASINS 5 27 491.
SAUVIGNEY 424.
SAVIGNA 267 445 505.
SAVIGNY-s.-SEILLE 441.
SCAPULAIRE 332 334.
SCEAUX DU PRIEURÉ DE G. 49 536; — de
la Collégiale 50 505; — des prieurs
et officiers 50 155; — des gens d'é-
glise au moyen âge 50.

SCEY (N... de), pr. de G., 142.
SCODING 1.
SÉCHAL DE LA COLL. 505.
SÉCULARISATION DU PR. DE G. 277 —
294; — DES PRIEURES RURAUX 503.
SEIGNEURIE DE G. 92 — 96. SES DROITS
96 — 104 164 241 511 512.
SEL (rente de) 244 268.
SEMON 410 495.
SENAUD 75 118 402 503 504.
SERGENTS 528.
SERGETTES 532.
SERMENT (mode de prêter le) 147.
— DE JOY. AVÈNEM. 389.
SESIGNA 503 505.
SENTE 372.
SILENCE 370.
SIVRIA 72 106. V. Civria.
SOBRIÉTÉ 367.
SOLDIE DE TERRE 429.
SOUSSONNE 453 445 505.
SOUVANS 593 428 431 432 433 505.
SOUVIGNY 16 48.
SOYRIA 452 505.
STABAT (Pré du) 85.
STAGE DES CHANOINES 508.
STATUTS DU PR. DE G. 243 341.
— DE LA COLLÉG. 504 — 509.
SUCRE 150 151.
SULLYS 528.
SULPICE (S.) 403 505 511.
SURAN RIV. 54 99 361.
SYNCELLES 243 244 461.

T.

TABELLIONAGE 100 554.
TACHE DES MEIX 57.

TACHES 256.
TANNERIE DE G. 250.
TARCIA 402 503.
TARLET (L. de), pr. de G., 203.
TARTRE (Maison du) 525 526.
TAURIN (S.) D'AUSCH 541.
— D'OSTIE 559 807.
— D'ÉVREUX. Son histoire 559—574. V. S. Thurin.
TENARRE (Maison de) 526.
TERRAGE (Blé de) 232.
TERRIERS DE G. 207 223 235 256 304.
THESUT (Maison de) 243.
— (Abr. de), pr. de G., 243.
— (L. de), pr. de G., 268.
THOIRIA 452 503.
THOULONJON 511 526.
THURIN (S.) 563.
THURON 500 503.
TIERCE 572.
TIERS (Pain, vin de) 153.
TOLLE 498 503.
TONSURE des M. 353.
TOULOUSE (Maison de) 526.
TRAPPISTES 541 553 557 561 563 365—568 570 572 573.
TRAVAIL DES M. 567—570.
TREFFORT 26 27 437.
TRENAL 75.
TRÉSORIER. V. Sacristain.
TRÉTU 451 503.
TREVOUX 560.
TRIVIER DE C. (S.) 116 460—463.
TUILERIE DE G. 251 512.
TUNIQUE DES M. 352.

U.

UGNA 445 503 505 526.
USTENSILES 149 151 155.
UXELLES PRÈS CLAIRV. 432 503.

V.

VADANS 429—432 435 503.
VAISSELLE V. Ustensiles.
VALEMPOULIÈRES 451 452.
VALLEFIN 65 116 162 326.
VANNE (S.). V. Bénédictins.
VARENNES-S.-SAUVEUR 109 115 135 158 595 596 445 503 505 511.
V. Balanoiset, Montjouvent.
VARESSIA 247 268 418 512.
VAUCLUSE (Chartr.) 106.
VAUGRIGNEUSE 522.
VAUX (Champagna) 202 225 277 405 493.
— DE CHAMBLY 503.
VÉCOURS 116.
VENDS. V. Lods.
VÊPRES 372.
VERGY (A. de), pr. de G., 196.
VERIA 75 81 82 102 119 401 403 418 503 505 511 512 526.
— (Petit) 158 418.
VÉRISSEY 250.
VERJON 479 480 503 511.
VERNOIS (Pasquier du) 256 259.
VERRES A BOIRE 151 804.
VERTAMBOZ 431 452 503.
VICAIRES PERPÉTUELS 80 118.
— DE G. 534.

VICAIRES des pr. comm. 176.
VIE COMMUNE DES M. 359.
VIEUX-S.-ALBE, PR. DE G., 501.
VIGNE PLANTEE A G. 512.
VILLARS PRÈS G. (Le) 162—166 211 249 276 403 418 503.
— S. JOUDES (Le) 495.
VILLECHANTRIA 55 407 410 411 503 505 511.
VILLEMOUTIER 242 503.
VILLENEUVE-DONSURE 71 503.
VILLERS-ROBERT 395 428 431 432 435 503.

VILLETTE (La) 521 524 526.
VINCELLES (Chap. de) 494.
VIREMONT 524.
VISARGENT 513 518.
VOEUX MONASTIQUES 346.
VOGNA 78 108 503 504.
WAUCHIER, PR. DE G., 37.
WITT (S.) 25.

Z.

ZANTLIN, ABB. DE G., 28

FIN DE LA TABLE.

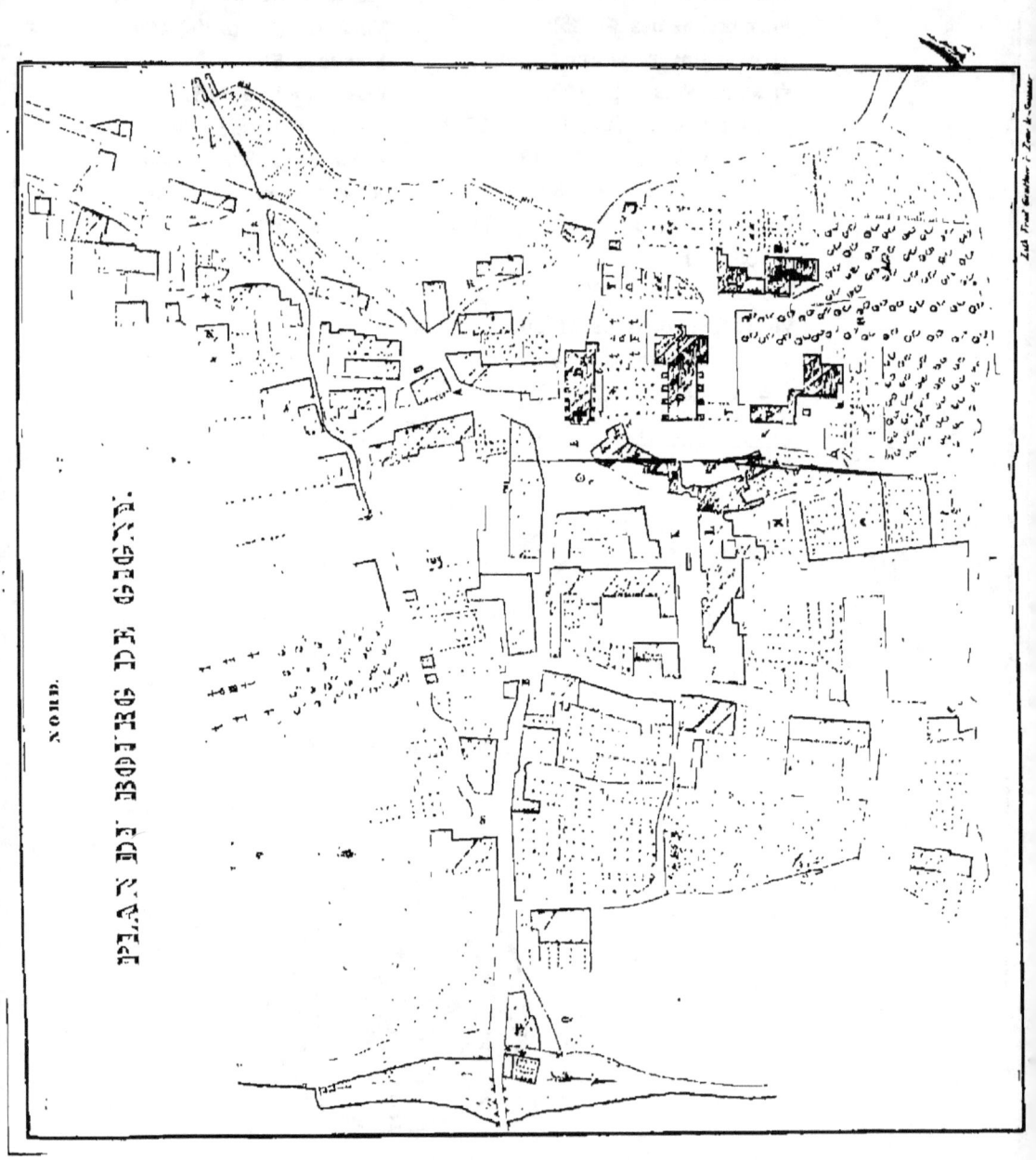

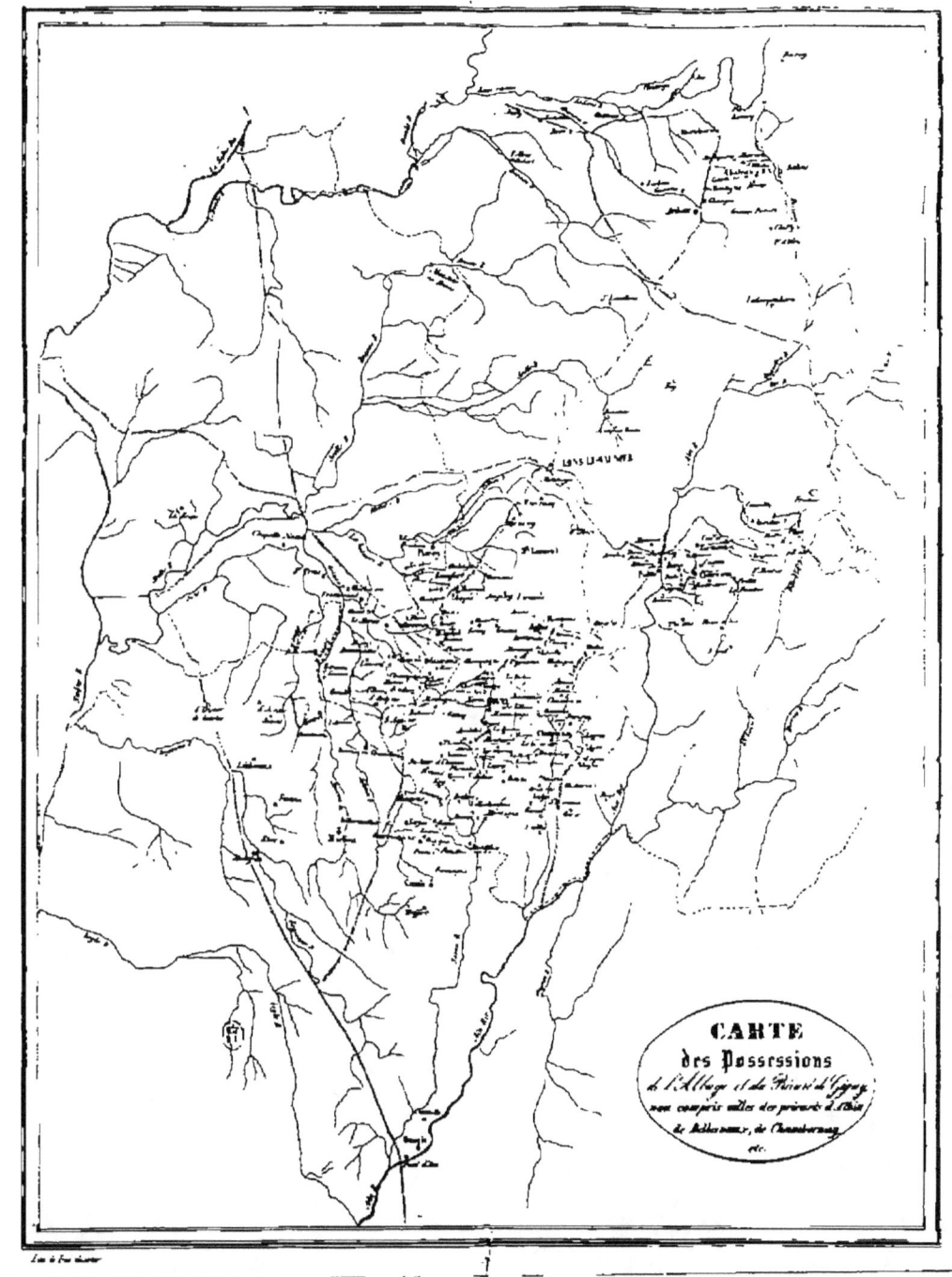

www.ingramcontent.com/pod-product-compliance
Lightning Source LLC
Chambersburg PA
CBHW070859300426
44113CB00008B/893